本书的出版得到上海交通大学中国金融研究院中国金融法治研究中心的鼎力支持
感谢上海交通大学上海高级金融学院金融法治学科发展基金对本书的大力支持

上海交通大学中国金融研究院
中国金融法治研究中心　系列丛书

总主编 / 朱　宁　许多奇
衡平法译丛主编 / 汪其昌

信义法的法理基础

PHILOSOPHICAL FOUNDATIONS OF FIDUCIARY LAW

Andrew S.Gold
Paul B.Miller

[美] 安德鲁 · S.戈尔德
[美] 保罗 · B.米勒　编著
林少伟　赵　吟　译
汪其昌　校

法律出版社 LAW PRESS · CHINA

著作权合同登记号

图字：01-2017-1655

编 委 会

金融何以成为中国重要核心竞争力?

(丛书总序)

朱　宁　许多奇

地球物理学家米兰科维奇(Milutin Milanković)认为,地球的离心力转轴角度和轨道的进动影响了地球和太阳之间的距离,造成地球气候的长期大循环,影响人类的诞生、进化,人们迁徙到全球不同地理环境区域,进而衍生了不同的文明。斯坦福大学历史学教授伊恩·莫里斯(Ian Morris)和他的团队研究发现,从公元前14000年至公元前3000年左右,地球上所有的文明发展程度几乎看不出任何差别,①从公元541年左右直到15世纪,东方一直领先西方。② 自公元1500年左右肇始,文艺复兴、地理大发现和航海贸易使东西方出现了大分流,西方逐渐获得了远远超越东方的发展。③ 其所以如此,西方率先演化出的市场经济制度是一个重要原因。这一整套制度区别于人类历史上以往任何其他文明和不同经济社会发展阶段所创造的制度。第二次世界大战之后,许多国家和地区采用了市场经济制度也获得了飞速发展,这以亚洲"四小龙"和"金砖国家"为代表。我国自1978年至今的改革开放,也正是充分利用了市场经济制度,才获得了中国历史上空前的发展和繁荣,在总量上成为世界经济第二大实体。现在全球所有国家和地区都镶嵌在全球分工体系的现代自由市场经济制度网络之中。

因不同的路径依赖,自由市场经济制度演化到现在,有不同的模式。1991

---

① 参见[美]伊恩·莫里斯著:《西方将主宰多久——从历史的发展模式看世界的未来》,钱峰译,中信出版社2011年版,第72~73页。

② 同注①,第220页。

③ 同注①,第289~297页。

年,世界经济合作与发展组织在《转换到市场经济》的研究报告中提出了成功的三种主要市场经济模式:英国和美国的自由主义市场经济模式;德国和北欧一些国家的社会市场经济模式;法国、日本的行政管理导向型市场经济模式。

自由市场经济是如何运行的?虽然模式不同,但有一些共性,如产权保护、法治、创新、有限政府、以市场为基础的分散决策等。不管哪一种模式(如下表所示),进入知识信息经济社会的现代市场经济,较之于采集狩猎的原始社会、农业社会和工业社会不同之处在于,金融本身作为一种独特的资源,是迂回配置自然资源和社会资源的重要机制,金融成为财富的符号,自然资源和地理环境不再是一国发展的瓶颈。不过不同的市场经济模式对金融资源的利用及其效率有所不同。

社会不同发展阶段与资源的关系

项　目	采集狩猎社会	农业社会	工业社会	知识信息社会
主要技术手段	原始技术,如石器和木器等	农业技术,如青铜器、铁器等	工业技术如机器、电器、社会化生产等	高新技术如信息技术、遗传工程;金融工程等
主要利用资源方式	天然实物如野生动植物	农业资源,如耕地、淡水等	工业资源,如矿产、资金等	金融、制度(包括法律)、信息、知识、人力资本
主要财富	无	土地、谷物、家畜	各种物质商品	金融财富、知识财富
主要生产活动	采集、渔猎	农　业	工　业	包括金融在内的服务性第三产业、知识信息的生产

资料来源:作者整理。

基于全球大势观察,邓小平敏锐地提出“金融是现代市场经济的核心”。④ 2019 年 2 月 22 日习近平总书记在中共中央政治局第十三次集体学习时指出:“金融是国家重要的核心竞争力,金融安全是国家安全的重要组成部分,金融制度是经济社会发展中重要的基础性制度。”金融要为实体经济服务,“金融活,经济活;金融稳,经济稳。经济兴,金融兴;经济强,金融强。经济是肌体,金融是血脉,两者共生共荣”。金融一方面是国家的核心竞争力,需要大力发展;另一方面金融运用不当,又很容易引发金融危机和经济危机,成为打开的潘多拉盒

④ 《邓小平文选》(第 3 卷),人民出版社 1993 年版,第 366 页。

子，摧毁已有的经济社会发展成果，造成一蹶而长期羸弱不振的局面。

那么，如何扬利避弊呢？金融何以成为中国的核心竞争力？这就需要我们以科学的理论指导研究和解决我国金融发展中的重大问题，少走弯路。

现代市场经济是基于正当和普遍的规则自由扩展的合作秩序，内生其中的金融市场更是环环丝丝入扣的规则之治。无论是在一般均衡理论范式中，还是在奥派的演化发展理论中，金融和法律都是油水分离。将两者结合起来的是美国的四位经济学家拉波特、西拉内斯、施莱佛和维什尼（La Porta，Lopez-de-Silanes，Shleifer and Vishny，LLSV），他们在 1997 ~ 2008 年间通过发表系列实证研究论文⑤表明：法律对于金融发展质量是重要的，不同的法系对于金融和经济发展有不同的影响，普通法系法律优于大陆法系。这是因为不同法系的法律对金融发展的影响机制不同，比如行政干预、投资者保护和司法独立的程度不同。之后有相当多的学者追随他们的研究，但没有发展新的理论，只是重复检验他们已有的结论。我们对中国金融法治问题的研究，务必要在 LLSV 开辟的理论基础上进行创新。

如何创新？首先，研究金融与法律问题需要从人的自然和社会本性、金融产业的特质出发。只有制定具有内生于人性和金融产业特质的正当法律规则，才可能形成正当的金融秩序，也才有良法善治。其次，将研究放到金融和经济生态全球化视阈中进行。从最近二百五十多年世界史来看，随着经济和贸易全球化，不断形成多层次的金融中心，金融也在全球化。17 世纪中期荷兰的阿姆斯特丹，18 世纪晚期英国的伦敦，随后是欧洲大陆工业革命后德国的柏林和法国的巴黎，20 世纪美国的纽约，相继成为国际金融中心。"二战"后，除以避税为特征的离岸国际金融中心外，随着新兴市场经济制度国家和地区崛起，又形成东京、新加坡、迪拜及中国香港等新的国际金融中心，由此梯次出现全球性的、区域性的和国家性的多层次国际金融中心。作为一项国家战略，上海应该首先成为区域性然后成为全球性国际金融中心。国际金融中心既是金融又是法律规则的引领者和创新者，良善的法律规则是国际金融中心的核心竞争力。

金融全球化，金融规则全球高度一致。上海作为建设中的国际金融中心也

⑤ See Rafael La Porta，Florencio Lopez-de-Silanes，Andrei Shleifer，and Robert W. Vishny，*Law and Finance*，Journal of Political Economy，1998，vol. 106，no. 6，pp. 1113 – 1155.

会更加开放,要与国际通行规则一致。由此我国的金融法治建设的金融法律规则,不仅是国内法律规则问题,还涉及国际公法、私法和习惯软法及英美法系国家的金融规则。因此,对于金融法治的研究和学习,我们要打通我国成文法系与英美法系之隔阂,协调两大法系之冲突。

再次,我国已经参与谈判通过并正式签署海牙《选择法院协议公约》、[⑥]《承认和执行外国民商事判决公约》,[⑦]提出我们金融法律规则的外国适用、为金融全球竞争解决市场服务等问题。在《承认与执行外国民商事判决公约》序言第一段中的"促进以规则为基础的多边贸易和投资"(Promotion of Rules-based Multilateral Trade and Investment),第二段中的"创设一套统一的核心规则"(the Creation of A Uniform Set of Core Rules),以及第三段中的全新概念"外国判决的全球流通"(the Global Circulation of Foreign Judgments)的引入,都得到中国代表团的大力支持。这说明我国充分认识到了国际商事交易中规则的重要性。作为日益崛起的大国,我们不仅要参与国际金融规则制定,还要引导国际金融规则制定,更要引领创设全球承认的国际金融规则。获得国际金融游戏规则制定权和引导权。

综上,这套中国金融法治丛书下设专著和翻译系列分论丛,研究思路和内容,至少包括如上所述不可分割的三个方面:内生于人性和金融服务特质且服务于实体经济的价值创造和创新;金融全球化中的上海国际金融中心建设;掌握金融规则制定话语权。这一研究不是一蹴而就,是长期的系列研究,内容是多角度多方面的,研究方法是交叉学科的。一言以蔽之,中国金融法治丛书研究要具有强烈的理论指导性、实践性和可操作性,其总目标是服务于如何使金融成为中国重要核心竞争力。

谨为序。

2020 年 1 月

⑥ 至今,《选择法院协议公约》的缔约国共达到了 35 个国家;虽然中国于 2017 年 9 月 12 日已签署《选择法院协议公约》,但尚未完成国内立法批准程序。

⑦ 2019 年 7 月 2 日,海牙国际私法大会代表对《承认与执行外国民商事判决公约》谈判文本(亦即会议最后文件)进行了签署确认。参见 Convention of 2 July 2019 on the Recognition and Enforcement of Foreign Judgments in Civil or Commercial Matters,公约内容参见海牙国际私法会议(Hague Conference on Private International Law)网站,https://www.hcch.net/en/instruments/conventions/full-text/?cid=137。

更加开放的中国更需重视、理解和应用衡平法规则*

（衡平法译丛总序）

汪其昌

一、为什么译介衡平法

（一）人的自由发展与国民财富和经济增长的制度视角

究竟是什么因素使一些国家富裕而另一些国家贫穷？一些国家相对持续稳定增长和繁荣而另一些国家的增长与富裕昙花一现？如何避免历史上多次出现的治乱循环怪圈？这一问题犹如古希腊神话中的米诺斯迷宫，自斯密时代以来，吸引一大批才智绝伦的经济学家和其他学者蝉联探索。政治领袖及其谋士们更是迫切期望发现国家贫富兴衰的秘径，获得烹制盛世豪宴的菜单，成就“治大国若烹小鲜”之事功。

---

* 本译丛和本文所指衡平法为英美法系衡平法。国内许多人认为，中国内地难以学习借鉴英美衡平法，但事实上，国内《公司法》、《证券法》、《信托法》和《证券投资基金法》的基本法理都是普通法系的衡平法，许多条文是普通法系衡平法的直接体现。博登海默、达维德、梅利曼和梅因都认为，大陆法系的衡平原则或者说大陆法系的衡平法也有与普通法系衡平法相通的一面，即软化法律条文僵硬实现个别衡平和诚信原则。参见[美]博登海默著：《法理学：法哲学及其方法》，邓正来、姬敬武译，华夏出版社 1987 年版，第 11 页；[法]勒内・达维德著：《当代主要法律体系》，漆竹生译，上海文艺出版社 1984 年版，第 141 ~ 142页；[美]约翰・亨利・梅利曼著：《大陆法系》，顾培东、禄正平译，法律出版社 2004 年版，第 50 页；[英]梅因著：《古代法》，沈景一译，商务印书馆 1959 年版，第 17 页。其实，大陆法系的衡平原则或者说大陆法系的衡平法与普通法系的衡平法有许多重大差异（参见 E. Koops and W. J. Zwalve (eds.), *Law & Equity: Approaches in Roman Law and Common Law*, Martinus Nijhoff, 2013）。在落实法律的最高原则自然法方面，因有共同人性和面临共同法律事实，大陆法系更有必要向英美法系学习借鉴衡平法。

两百多年过去了,人们没有找到进入这一问题谜宫的捷径,但找到了探索线头展开的路径。这一线头,从理论思维的逻辑起点上讲,源于经济学鼻祖亚当·斯密在《国富论》中形象写的这两段话:

"我们每天所需的食料和饮料,不是出自屠户、酿酒家或者面包师的恩惠,而是出于他们自利的打算。我们不说唤起他们利他心的话,而说唤起他们利己心的话。我们不说自己有需要,而说对他们有利。①

"确实,他既不打算促进公共利益,也不知道自己是在什么程度上促进那种利益。由于宁愿投资支持国内产业而不支持国外产业,他只是盘算他自己的安全;由于他管理产业方式的目的在于使其生产物的价值能达到最大程度,他所盘算的也只是他自己的利益。在这个场合,像在其他许多场合一样,他受着一只无形之手的引导,去尽力达到一个并非他本意想要达到的目的。也并不因为事非出于本意,就对社会有害。他追求自己的利益,往往使他能比在真正出于本意的情况下更有效地促进社会利益。"②

这两段话奠定了探索这一问题的两个基础:一是对人性的认识,二是市场是如何有效运行的。这就是经济人和无形之手原理,后世的探索都由此展开,形成物理学思维的一般均衡范式和奥派的演化自发秩序范式。对于第一个基础问题,斯密写了《道德情操论》;对于第二个基础问题,有斯密结晶《法理学讲义》和《国富论》。人是兼具天使与魔鬼特性的自然与社会之存在物。吸收其他学科的发展成果,经济学对人自身的认识经历了经济人(包括古典经济人、新古典经济人、广义经济人)、社会人、行动人和适应性人的四个阶段,把人从完全理性假设进化到有限理性假设,直到今天的基因、心灵与文化协同演化假设。基于对人性认识的逐次深化,经济学不断深入思考市场运行机制和运用市场手段解放人去增长财富和发展经济的因素。如果我们把国民财富及其增长用 WG 表示的话,那么,经济学探索国民财富及其增长原因的学术成果可以归结为一

---

① [英]亚当·斯密著:《国民财富的原因和性质研究》(上),郭大力、王亚南译,商务印书馆 1996 年版,第 14 页。

② [英]亚当·斯密著:《国民财富的原因和性质研究》(下),郭大力、王亚南译,商务印书馆 1996 年版,第 27 页。

个简明的函数,WG = f(劳动、资本、分工、土地、储蓄与投资、创新与企业家、金融、技术进步、自然地理环境、合作、自由……)。

上述每一个因素都不是孤立存在且线性地发挥作用,那么靠什么将这些基本因素有机结合相互作用发挥功效?是一连串顺乎人性的良好制度。人性如水,随物赋形。邓小平说,好的制度使坏人不敢做坏事,坏的制度使好人无法干好事,甚至还会使好人也变坏。什么是好的制度?[①] 这就涉及制度的正当性。1973 年,诺斯和托马斯在《西方世界的兴起》中指出:资本积累、规模经济、创新勃兴和技术进步等,都是经济增长本身的表现,不是经济增长的原因,经济增长的关键在于有效率的经济组织。其特征是:确立了以产权界定清晰、契约有效执行的制度安排,激励个人从事促进经济增长的活动。随后,诺斯及其合作者在 1981 年的《经济史的结构与变迁》,1990 年的《制度、制度变迁与经济绩效》、2005 年的《理解经济变迁过程》、2009 年的《暴力与社会秩序:一个解读有记录人类史的概念性框架》和 2012 年的《暴力的阴影:政治、经济与发展问题》等著作中,对此进行了持续深入的研究,将"一般性"制度理论(国家理论、产权理论、意识形态理论和路径依赖理论)拓展为从"权利有限准入秩序"到"权利开放准入秩序"的分析框架。随着新制度经济学的科斯、诺斯和威廉姆森等系列杰出学者获诺贝尔经济学奖,将制度视为粘合推动经济增长各因素的重要基础设施已成共识。2001 年阿西莫格鲁、约翰逊和罗宾逊在《美国经济评论》发表《比较发展的殖民地起源:一个经验性调查》,检验了"诺斯命题":有着较好制度的国家会在物质资本和人力资本上进行更多的投资,并且更为有效地利用生产要素达到更高收入水平。2002 年,阿西莫格鲁、约翰逊和罗宾逊在《经济学季刊》发表《财富逆转:地理因素和制度对现代世界收入分配的作用》,发现因制度逆转导致过去 500 多年间原本曾经富有的殖民地(如南美、印度)陷入相对落后甚至贫困的状态,而原本贫穷的殖民地(如北美、澳大利亚)却极为富有。2005 年,阿西莫格鲁、约翰逊和罗宾逊在《美国经济评论》发表了"欧洲的兴起:大西洋贸易、制度变化与经济增长",认为最显著的制度变化和可观的经济收益发生在那

① 戴蒙德对好制度的标准进行了分析,主要有保护私有产权、法治、公共和私人合同得到良好执行、激励公民进行金融资本投资和提供机遇、政府效能等十二项因素,参见[美]贾来德·戴蒙德著,莱奇译,《为什么有的国家富裕,有的国家贫穷》,中信出版社 2017 年版,第 50 ~ 55 页。

些能对君主统治实施制衡的国家。2012 年,阿西莫格鲁和罗宾逊合著的《权力、贫困与繁荣的起源:国家为什么会失败》再次指明,良好制度是长期经济成长的必要条件,坏制度则是经济衰败的充分条件;还进一步探讨了不可或缺的好制度就是包容性制度,可形成政治与经济的可持续的良性循环,坏制度具有攫取性特征,压抑创造性毁灭;威权型增长即使一时增长很快,但可持续性很弱。彭慕兰在《大分流:欧洲、中国及现代世界经济的发展》中,把英格兰与中国长江三角洲的政治权力结构与经济发展关系进行比较研究,再次印证了上述观点。巴泽尔在《国家理论——经济权利、法律权利与国家范围》、奥尔森在《权力与繁荣》和《国家的兴衰》中表达的思想与前述研究相得益彰,互为表里。然而,促进经济持续快速增长有效率的产权制度依赖于国家对产权进行有效界定与保护,国家在此过程中又受交易费用和竞争的双重约束。这很容易产生诺斯悖论,即"国家存在是经济增长的关键,又是经济衰退的根源"。上述学术成果的核心都是从不同视角研究和解决诺斯悖论。

如何解决诺斯悖论?实际上,给定其他条件,这一连串制度最核心和关键的是好的法律制度,韦伯认为,理性的法律制度是资本主义发展的基石。什么是好的法律制度?从目前人类的实践看,是哈耶克在《自由秩序原理》和《法、立法和自由》中所说的普通法系的法治。衡平法是普通法系法治不可分割的重要部分,在限制公权力、保障私权利和自由方面发挥独特作用(这点为我国学者所严重忽略)。① 从政治理论与实践看,解决诺斯悖论相对较好的法律制度是普通法与衡平法相结合的政治信托法律制度。② 那么,普通法与衡平法法律制度又是如何保障自由和促进国民财富与经济增长的呢?泰格和利维在《法律与资本主义的兴起》、康芒斯在《资本主义的法律基础》、安内在《金融稳定,经济增长和法律的作用》、汉南在《自由的基因:我们现代世界的由来》、尔霍普和皮斯托在《法律与资本主义:全球公司危机揭示的法律制度与经济发展的关系》、库特和谢

---

① Paul B. Miller, Conscience and Justice in Equity, *Jerusalem Review of Legal Studies*, April 24, 2019. Which can be downloaded from the Social Science Research Network electronic library at http://ssrn.com/abstract = 3377434; Irit Samet, Equity: Conscience Goes to Market, Oxford University Press, 2018; Dennis Klimechuk, Equity and Rule of Law, Oxford University Press, 2014; Lawence Solum, Equity and Rule of Law, Vol. 36, *The rule of Law* (1994), pp. 120 – 147.

② 伯尔曼和 Frankel 都认为,英美宪法就是衡平法的信义法。事实上,美国《独立宣言》第二段就是政治信托制度的精炼表述,直接来自洛克的《政府论》,与梅特兰和西塞罗的思想一脉相承。

弗在《所罗门之结》等著作中,还有 LLSV 发表的《法与金融》、莫红妮阐述的《普通法与经济增长:也许哈耶克是对的》等系列论文,以宏观视野从不同视角论述了法律,尤其是普通法和衡平法对自由与国民财富和经济增长的相互作用。柯克更是在《美国秩序的根源》中认为普通法和衡平法是美国秩序基因之一。但是,普通法和衡平法如何在微观和宏观机制上具体发挥作用?这些著作和论文都没有细致阐述,国内学界普遍对普通法,尤其是对衡平法也缺乏具体了解。

(二)衡平法与各专门法的关系视角

衡平法融合了自然法、教会法和罗马法的精华,也契合人类行为心理,与普通法和制定法一道成为英美法系的三大渊源之一,构成了一个完整的法律体系。即使在美国,衡平法并没有与狭义的普通法融合,还在独立发挥独特作用,[①]在全球普通法系法域得到裂变与发展。[②] 衡平法至今仍处于幼儿期,还在发育,普遍运用于宪法、公司法、行政法、合同法、证券法、信托法、商法、家庭法等各类部门法之中,以克服普通法的不足,实现个案公平正义,这也是英美法系中治理人类普遍存在的机会主义和懈怠行为的核心和灵魂,有很强的隐蔽性和神秘性,增强了英美法整体的适应性和灵活性,但又不是一个独立的成文法律体系,型构为普通法系国家核心竞争力和软实力的一部分。

全球绝大多数法域都采用英美法。当今经济和金融全球化,英美法也全球化了,包括众多的国际公法、商法、金融法和软法(如国际商会颁布的贸易融资结算规定)在内都是由英美法主导的。这是英美法系与大陆法系几百年自由竞争选择的结果,自有其更适合知识信息经济与金融社会的优势。我国制定的《合同法》《公司法》《证券法》《信托法》《投资基金法》《海商法》《专利法》《著作权法》《民事诉讼法》等重要的经济、金融、知识产权和诉讼法律都深受英美法系的影响,甚至有的以其相关法律为蓝本。我国的这些法律中许多重要和关键条款是以衡平法为法理基础的。2019 年 12 月,中美达成的“第一阶段协议”文本中所涉及知识产权保护、技术转让和金融服务贸易,都涉及衡平法所形成的法律规

① Stephen N. Subrin, How Equity Conqured Common Law: The Federal Rules of Civil Procedure in Historical perspective, *University of Pennsylvania Law Review*, Vol. 135. No. 4 Apr. 1987, pp. 909 – 1002.

② John C. P. Goldberg, Henry E. Smith and P. G. Turner, *Equity and Law Fusion and Fission*, Cambridge University Press, 2019.

则。理解衡平法,有利于我国上述制定法的修改、实施和协议的执行。

(三)已有对衡平法译介和研究的视角

在上述背景下,我国党和国家领导人都极为重视对英美法的翻译介绍、学习,如1997年10月江泽民主席访美,与克林顿总统确定了一套"中美元首法治计划",中国政法大学出版社翻译出版了其中的"美国法律文库"译丛,基本是对普通法的介绍,无衡平法译介。2014年党的十八届四中全会《中共中央关于全面推进依法治国若干重大问题的决定》指出,要"适应对外开放不断深化,完善涉外法律法规体系,促进构建开放型经济新体制。积极参与国际规则制定,推动依法处理涉外经济、社会事务,增强我国在国际法律事务中的话语权和影响力,运用法律手段维护我国主权、安全、发展利益"。2015年习近平主席访美和出席联合国纪念大会,都明确表示遵守国际共同游戏规则(这些游戏规则大部分都是英美主导制定的)。2016年1月10日央视报道,李克强总理会见美国哥伦比亚大学法学教授格林博,表示要加强与其在法学学术领域的教育合作,为中国经济社会持续发展培养更多高层次、国际化人才,更好实现互利共赢。2019年党的十九届四中全会又特别提到包括学习法律在内的国家治理体系和治理能力现代化,为世界提供中国方案。目前我国正在推动的司法改革也是向英美法系借鉴和学习,如法官负责制、陪审制、巡回法庭等。希望参与和引导全球化规则制定,其先决条件是对该制度有不亚于英美人的熟悉;希望成功地移植基于英美的法律制度,其先决条件是对该制度了如指掌。这些都要求我国树立大国立法司法理念,将大国立法司法作为核心竞争力来建设,充分理解和利用已有包括衡平法在内的世界秩序规则。衡平法作为一种法律制度的存在,是英美法系与大陆法系最重要的区别之一。

与此不匹配的是,国内法学界和法律界对衡平法生疏,不甚理解。遍查国内图书馆,我国内地自1979年以降,除了影印斯托克韦尔的《信托法和衡平法》(第5版)和加利·互特的《衡平法和信托法简明案例》(第2版)两本衡平法著作外,另有沈达明编著的《衡平法初论》(对外经贸大学出版社1997年版)、邢建东著的《衡平法推定信托研究——另一类的物权性救济》(法律出版社2007年版)、高鸿钧主编的《英美法原论》(北京大学出版社2013年版)中有部分内容简单介绍衡平法。此外有何宝玉著的《信托法原理与判例》(中国法制出版社2016年版)、薛张敏敏的《棕树下的正义》(北京大学出版社2017年版)、张路教授的《诚信法初论》(法律出版社 2013 年版)和《资本市场诚信法律制度研究》等若干种诚信法著作。[①] 华东政法大学有极少数几个硕士、博士以衡平法史作为学位论文,如冷霞的《英国早期衡平法论》、胡桥的《衡平法的道路》等;张天民的博士学位论文《失去衡平法的信托》认识到我国制定信托法缺少对衡平法的研究。这些学者对衡平法展开了初步但不系统和不深入的研究。衡平法是信托法之母,信托法是衡平法运用最成功的一个领域。自 2017 年始,国民信托公司石俊志先生主编了一套 3 辑几十本的《外国信托法译丛》,法律出版社已出版了十几本,虽涉及衡平法原理介绍,但没有系统性研究衡平法法理、程序、诉讼文本格式与救济方式。除此之外,我国极少有学者介绍与研究衡平法方面的著作,顶多散见于少数学者著述中的寥寥几句,遑论系统性介绍和研究。衡平法与大陆法系的诚信原则有些相似但实质有很大不同,大陆有些人将两者混为一谈。20 世纪 70 年代我国台湾地区学者何孝元先生写过一本专著《诚信信用原则与衡平法》(三民数据 1977 年版),将衡平法与大陆法系的诚信原则进行比较研究。厦门大学罗马法研究权威徐国栋先生所著《民法基本原则解释》对衡平法与诚信原则也做过一些比较研究。这两位学者因对衡平法缺乏系统深刻的研究,进行的比较研究不免满足不了理论研究和实务操作的需要。

(四)缺乏衡平法译介影响的视角

上述研究情形导致我国法律人对衡平法始终如雾里看花,或者矮人看戏人云亦云。这并非卖糖的说糖甜的研究者偏好使然。学术界对于衡平法缺乏系统性介绍与研究的状况,直接导致众多不利影响。

一是我国众多成文法中以衡平法作为基础的法条无法获得有效理解,难以很好地落实到司法审判之中。例如,我国现行《信托法》的缺陷,就与没有展开对衡平法、封建关系法及地产权法的基础研究有很大关系,盲目照搬了日本《信托法》条文。《物权法》中的浮动担保、《证券法》中的几种禁止交易行为与救

---

① 为与中国大陆的既有法律词汇对接,张路教授把英美法系中衡平法的“fiduciary law”译为中国语境中的“诚信法”。沈达明先生译为“被信任者法”。我认为,事实上两者有许多实质差异,译为“信义法”或“受信人法”为妥,况且,“信义”二字可以更好与中国传统道德观念教化、以儒学为代表的传统思想精华、有关佛教和道教教义、民国以前的不少传统司法裁判实例和民众习惯心理习俗语言对接。张路教授的研究试图将我国诚信法原则归复为类似于英美法的信义法地位。

济、《公司法》中的第146条和第147条等,难以有效落实也与此关系极大。

二是不利于我国深入开展商品和各类服务与知识产权的多边贸易,阻碍深入参与国际分工合作。衡平法广泛而成功地运用于商事和金融等各类服务贸易中,况且我国的商品、各类服务贸易对象主要是英美法系国家。我国改革开放通过参与国际分工得到迅速发展,其中一个因素就是利用和享有了英美主导的国际经贸规则。世界贸易组织作为国际商品贸易、金融服务贸易和知识产权贸易领域最具影响力和约束力的多边规则体系,其中一项纠纷解决机制就是衡平法,但是国内知之甚少。上海建设经济、金融、航运和科创四个中心,由于缺乏国际共同承认和遵守的法律和司法制度,成效不甚明显。我国的法官很难有效利用国际通用游戏规则(包括衡平法)进行审判和仲裁,以此在全球范围内保护国内企业及公民的利益。这点与阿联酋迪拜、日本东京、新加坡等及我国香港特区比起来,我国对包括衡平法在内的法律制度理解和运用不足造成的不利影响就很鲜明。

三是不利于我国大学对英美法的法学教育,吸收优秀法律文明成果。古今中外基本的人性是一致的,我国的基本经济制度基础与英美法系国家一样是市场经济。衡平法在处理家庭婚姻事务方面、介入商业贸易、金融、家族财富管理与传承等市场经济运行方面积累了丰富的理论与实务经验,可以为我所借鉴。但是,我国大学的法学教育基本是大陆法系,对于英美法介绍很少,虽然有的大学开设了《英美法导论》的课程,但也只是对英美法系进行概括性介绍,对衡平法几乎没有进行系统的介绍和学习,对英美法的介绍和研究就缺乏整体性和系统性的理解,很难理解普通法系思维和司法特点。由此培养的律师、法官、学者与外交谈判人员从源头上就很难正确和深入理解包括衡平法在内的英美法律制度,就不可避免地加大理解现今国际秩序和拓展国际分工合作秩序的难度,增加不必要的麻烦。

四是不利于增强我国司法制度在全球争议解决市场的核心竞争力。法律是国际秩序和游戏规则很重要的一个组成部分。① 缺乏对衡平法的理解和正确认识,不利于我国正确理解英美主导的国际秩序,不利于我国参与国际游戏规则制定和在既定游戏规则下的政治、经济和金融活动。这与我国日益成为一个有影

---

① 我国参与谈判的海牙《选择法院协议公约》和《承认和执行外国民商事判决公约》,就要求我国的司法裁判,不仅要通过国际通行的说理方式主动获得司法管辖权,还要推动"判决的全球流通",参与"创设一套统一的核心规则",以"促进以规则为基础的多边贸易和投资"。

响的大国地位很不匹配。历史上有德国和日本的教训,我国不可能另起炉灶制定和维护一套新的国际法律规则。我们只有全面和正确认识与理解包括衡平法在内的英美法律制度,才可有效参与国际游戏规则的制定,才可打通大陆法系国家与普通法系国家之间的法律隔阂,增强我国司法制度在全球争议解决市场的吸引力,加强国际司法合作,推进中国判决的全球流通。司法制度是一个国家综合竞争力的重要影响因素。如果我国设立的四个国际商事法庭和上海金融法院,能够运用包括衡平法在内的国际通行的法律制度获得国际司法管辖权和国际承认的司法审判流通权,则可从另一个层次提升我国的综合国力和软实力。

在大陆法系中尤其是商事和金融领域,如何吸收与借鉴普通法系的规则制度,一直是我国立法和司法在理论与实践方面的热点和难点课题。我们应该在开阔的国际学术视野中研究解决中国问题。因此,我认为很有必要主编一套衡平法译丛。译丛主要是翻译介绍衡平法方面的典型著作,向读者展示衡平法理论在英美司法中的实际运用。翻译出版这套书籍,为填补大陆在衡平法研究和运用方面的一些空白提供一个基础。

二、衡平法原理、司法过程和思维与治理特征

人性如水,随物赋形。这里的"物"就是正式和非正式制度规则。人在制度规则下行动,正当的制度规则形成社会和市场运行的良序。衡平法是一套与普通法和制定法相辅相成的法律规则体系,由法律理念、衡平法律关系及其产生的原则和规则①以及司法过程组成,既是观念的表达,又是响应现实需求。法律理念形成的衡平法原则和规则由法官的司法裁判形成。几百年发展过程中形成的衡平法学说与规则体系,体现了迥然不同于大陆法系的法律思维和治理特征。

---

① 在法律英语中,principle 作为法律意义上的原则有如下含义:(1)法律的诸多规则或学说的根本真理或学说,是法律的其他规则或学说或来源;(2)确定的行为规则、程序或法律判决、明晰的原理或前提,除非有更明晰的前提,不能对之证明或反驳,它们构成一个整体或整体的构成部分的实质,从属于一门科学的理论部分。rule 作为法律意义上的规则通常用于具体事项,有如下三重含义:(1)必须遵守的法院指令。(2)根据原则,由法院通过一定程序决定未来适用的指导性准则、细则或者具体行为标准。(3)法庭的裁决或命令。See Henry Compbell Black, *Black's Law Dictionary*, West Publishing Co. ,1979, entry "principle" "rule".

（一）衡平法的价值理念

法律的核心理念是正义。什么是正义？全球公认的正义观是亚里士多德阐述的分配正义、矫正正义、交换正义和回报正义，以及康德的良心和正义伦理观，后世学者从普通法的令状制度中提炼出程序正义。这个由希腊斯多葛学派发展而来的正义观本质上是自然法理论的体现。自然法是全球通认的最高法律准则。自然法理论有四个发展阶段：古代泛神论、中世纪蒙上基督教神学圣光、启蒙时期理性之光照耀和当代科学对人性和大脑的深微研究。劫除了神性和唯理性，现代自然法建立在人的自然本性上。

衡平法是英国历史上一系列耦合事件中阴差阳错形成的：第一，在中世纪的英国，司法获大利，人们认为国王是正义的化身，因此，当普通法由于贵族与国王的利益矛盾使得当事人的利益和正义得不到伸张时，就直接向国王求救。这是国王恩惠和正义的实现形式。由国王的文秘署御前大臣发展而来的衡平大法官就在衡平法院直接审判。因此，衡平法首先是软化普通法的僵硬，熨平普通法的皱褶，是对普通法的补充和救济，实现个案公平，两者有冲突时衡平法优先。这一点至今没有改变。虽然19世纪后期普通法院和衡平法院合并，但两种法律规则没有合并，规定了衡平法院的管辖范围，两种法律竞争仍然存在。在美国的一些州，澳大利亚和新西兰等国家还有单独的衡平法院和衡平法官。第二，衡平法是宗教道德化的法律——良心。这是普通法无法替代的基因，也是理解下文涉及的诸原则和规则的关键。中世纪认为公平和正义来源于上帝，其在人身上的表现就是良心。当时国王大法官法院的大法官都是基督教神学人员担任，大法官是良心知识的客观拥有者和代表上帝的仲裁人，因此，他们将基督教教义与亚里士多德哲学巧妙融合在一起的经院哲学家托马斯的良心原则引入诉讼裁决中，后来通过牛津伯爵案等判决形成了具体的显失公平和昧良心标准。第三，衡平法是一种信义法律关系。① 这是对英国封建法律关系的一个拟制。只要法官认为一方对另一方存在信任、信赖、相信和事实上的不平等

① Evan J. Criddle, Paul B. Miller and Robert H. Sitkoff, *The Oxford Handbook of Fiduciary Law*, Oxford University Press, 2019; Klimchuk, I. Samet and H. Smith (eds.), *Philosophical Foundations of Equity Law*, Oxford University Press, 2019.

交易关系，或者一方行使自由裁量权为另一方的利益行事，或者有昧良心行为，就适用信义法律关系。这使信义法律关系具有开放性响应情势变更。信义法律关系有法律上的和事实上的两种。法律上的信义关系就是法律上明确规定的，主要有委托人与代理人、公司与董事、合伙人之间、医生与患者、律师与委托人、交易商和经纪人与其顾客、信托等。事实上的信义关系就是法律无明文规定的情况下，法官以衡平法的"公平正义"和"良心"的理念，通过拟制推定当事人之间存在信义关系。许多法律上的信义关系由法官判决的事实上的信义关系发展而来。事实上的信义关系由判例发展信任标准、承诺标准和脆弱性标准进行判断。一旦构成信义关系，作为受信人对另一方负有繁重苛刻的信义义务，与其权利不对等。第四，税—权利—权力的互动是推动衡平法兴起和成长的一个重要现实物质力量。衡平法的良心和强加给受信人义务，客观上有助于商业、金融和海外贸易，保护产权和个人权利，与贵族和普通法法庭抗衡和竞争，从而增加国王和后来的政府税收，客观上不经意间促进了英国工业革命的兴起和发展。[①] 当然，我们也不必否认衡平法在兴起和发展过程中的腐败和武断专制。这是在发展过程中依靠司法竞争和政治制衡解决的。

（二）衡平法原则

根据衡平法的法律理念，衡平法逐步形成了自己的一些独特原则（包括格言和学说），并在世界范围内普遍适用。这就要求衡平法必须尽可能根据已有的原则实施，不能任意决断，尤其是要求衡平大法官仅在无先例可援或者与现有规则和原则冲突的情况下，才能依据良心对案件作出裁判。

以格言形式存在的原则，为指引性原则或规则，多达二十条，主要有如下十二条，有些国内最近几年运用频繁或者不谋而合，如清洁之手、适当性原则、穿透、实质重于形式等：(1)衡平法不允许无救济的侵害，即衡平法不受管辖权的限制，公民的任何民事权利受到侵害并在普通法无救济或无适当救济时，就应给予衡平法救济。(2)衡平法凭良心办事，即衡平法应按照社会公平和正义审判案件。(3)求

---

① 因为根据英国封建法，国王靠自己的领地过活，进出口关税是国王的特权。在其他税源应付不了战争和治国理政支出、还不了巨额借款本息的情况下，国王有积极性鼓励贸易和殖民以增加税收，这就增强了下院的谈判地位，促进了私有产权保护、英国工业革命及其配套法律制度的发展。由此，我们可从另一个视角理解"李约瑟之谜"。

助衡平法救济的人必须自证清白,即请求衡平的人必须公正行事,如果提出诉讼的人本身有违法行为或违反衡平原则者,衡平法院应拒绝受理。(4)衡平法“助勤不助懒”。也就是说,原告应及时起诉,无懈怠行使权利。如果请求衡平救济的当事人不及时起诉或采取其他法律手段,衡平法庭不予受理。(5)衡平法对诉讼双方都是公平的,因为衡平即为平等,衡平法对同样的人和事一视同仁。(6)衡平法实质重于形式。即衡平应探求案件的实质内容而后再及于形式,不像普通法那样仅顾诉讼形式而不顾案件的实质。(7)衡平法不允许制定法被用作欺诈工具,即衡平法注重当事人的真实意图,作为对制定法进行解释的辅助工具,防止欺诈,甚至不顾会引发宪法性问题。(8)衡平法将应做之事视为已做之事。(9)衡平法追随普通法,即衡平法并不推翻普通法,而是服从、补充、修正普通法,两者权益相当时,普通法优先。(10)衡平法规则对双方当事人都相同时,先诉者优先,时间在前者优先。(11)衡平法对人行事。这体现了普通法和衡平法的基本差别。普通法只能针对物,衡平法院可以对人实施强制手段(如监禁、查封)。(12)衡平法优先,即衡平法与普通法救济有矛盾冲突时,衡平法优先于普通法。这些格言是法官据以是否实施救济的原则,也是人们的行为准则。

衡平法格言产生了衡平法上的原则、救济和抗辩。建立在上述格言基础上被确信为原则的东西为衡平法学说,是被确认的原则,比格言更加硬性要求被遵循,包括转化、选择、债务消灭、履行、不当影响和禁反言六个内容。转化就是某一财产转化为另一种财产时,视同该财产为所指令的财产种类,即使该财产尚未转化建立在“衡平法视应做之事为已做之事”基础上。选择就是当事人面临两个衡平法救济方式时,只能选择一个,如遗产受赠人只能就立遗嘱人向当事人提供未明确指明的多项遗产中选择一项。债务消灭和履行都建立在格言“衡平法可推定履行义务的意图”基础上,但适用有所区别。债务消灭的意思是一个行为完成是为了替代某项义务的履行,即如果张三死时欠李四 1 万元,在张三的有效遗嘱中留给李四 1 万元,衡平法会认为留给李四的钱是为了消灭债务。履行是一个行为被实施是为了促进某项义务被履行的推定。

不当影响和禁反言为新的衡平法学说,广泛用于规制当事人拥有不平等谈判力的商业交易中。是前述衡平法价值理念第二、三项的具体运用。不当影响与同意相关,适用于一方当事人相对于另一方当事人居于权力和被信任地位,从而导致看似同意的当事人并未给出有效同意的情形。在此情形下,衡平法宣布当事人之间的协议无效。不当影响细分为实际的和推定的不当影响。禁反言本是一个证据规则,衡平法发展为“当人们主张普通法上的权利导致没良心的结果这么做时,禁止他们这么做”原则,细分为财产性禁反言、陈述禁反言和允诺禁反言等。

(三)衡平法规则

为将上述衡平法理念和原则贯彻落实下去,衡平法发展出一系列可执行的规则。这包括抗辩、救济手段和由原则形成的具体规则。

1. 抗辩

被告可能因为衡平法原则,逃避授予针对原告的衡平法救济。这就是对衡平法的抗辩。如果原告求助于衡平法,但其自身不清白,对其争议之事处理就是昧良心的。如果法院对原告执行救济就无法公正行事。

2. 救济

如违反衡平法上述法理理念和原则,衡平法拥有一组数量巨大的救济方法,以纠正不法行为,防止当事人昧良心行事。这些救济不是作为预设权利被获得,而是由衡平法法理和格言所揭示的原则以法官自由裁量获得,对不服从者予以藐视法庭罪处罚,干预昧良心行为。救济的手段主要有声明、补偿、报账、追踪、禁令、特定履行、撤销、更正、衡平法留置权、权利宣告、归复信托和推定信托。这些救济手段又可细分许多更细致的规则种类,如禁令发展出冻结令、中间禁令、预防禁令、强制性禁令、消极禁令五种,每一种具体禁令规则都有适用前提条件和例外。这些救济手段都是通过法官具体判决形成的规则确立的。

3. 衡平法理念和原则的规则

将这些抽象的理念和原则落实下去都是由法官通过具体判例确立更具体规则进行的。如果规定在某一路段不准高速开车是原则,那么规定不准超过四十码就是原则落实形成的具体规则。例如,衡平法价值理念三个判例标准构成信义关系成立,受信人就负有信义义务,包括忠义义务和谨慎义务。什么是忠义义务?就是通过具体判例形成裁判规则的开放性规定:一是受信人不得利用其身份、地位、知识或者机会为自己或者第三方谋取利益;二是受信人在履行其职责范围内,不能同第三方有任何关联关系,除非得到受益人的知情同意或法律授权;三是不能通过不当影响、不能从其犯罪行为中获得利益,如欺诈、非良知;四是不得有不当得利;五是不得自我交易,不得产生利益冲突。法官也可通过具体判例确立免除受信者信义义务拘束的三种例外情形:委托人同意、法院认可和创设受信人职位者的同意。由于衡平法为信托法之母,是衡平法运用最成功的领域,所以,衡平法与信托法通常孪生一起,受信人转化为受托人,受信人信义义务转化为受托人信托义务。

(四)衡平法的司法过程

司法是将应然理念落实到实处的最终保障。衡平法没有基于罗马法形成的大陆法那样的概念、理论和制度,从法律理念到原则和规则的形成都不是立法者意志选择的结果,是法官和法院通过解决具体纠纷及其判例长期累积发展而成,是判例法和法官法,也即是通过司法过程形成的,包括衡平法的管辖和程序、遵循先例、法官创制规则和上诉四个密不可分的部分。

1. 衡平法的管辖和程序

衡平法的管辖具体有难以分割的两个方面:第一个方面是与上述衡平法理第二项和第三项一脉相承,衡平法院是良心法院,以实现实质公正与正义。从法哲学、衡平法几百来实际管辖权和判例看,衡平法的管辖权就是"良心管辖权","纠正人们因违背良心而犯下的欺诈、违反信托义务、过错与压迫行为",[①]"衡平法运行于法律权益所有人的良心之上",[②]管辖从公法到私法的许多部门法有关良心的方面。由此我们不难理解,英美法系的衡平法渗透到各个法律部门之中。具体的良心标准,历史上由多个法官通过系列判例确立的具体准则和规则不断发展。例如,早期大法官的良心标准具有浓厚的宗教神学色彩,就像每一个大法官的脚一样具有非标准的不确定性,后来依次发展为财产禁反悔、家庭同居权、不当得利和显失公平等规则。这些方面,我国以法律条文的形式借鉴不少。第二个方面是衡平法管辖的具体社会和经济生活领域。与上述衡平法价值理念形成的第一项和第四项相对应,形成广泛的衡平权益(利)。与上述衡平法理第一项相对应,衡平法管辖普通法不救济和救济不了的个案。早期为普通法院未能获得充分救济的当事人向国王提起的申诉,14 世纪后,为家庭、

① *Earl of Oxford's Case*(1615)1 Ch Rep 1,6 – 7.

② *Westeusche Bank v Islington. L. B. C.* [1996] AC 669,705.

信托、抵押物回赎和地产权。触发条件为违反信赖、疏忽和欺诈。这点几百年来一直没有改变。家庭事务又细分为婚姻、财产继承和传承、遗嘱、子女等。航海大贸易和工业革命后,衡平法介入政治(如政治人物不得撒谎、政治权力是信托财产权,公职人员是受托人)、浮动担保、海商、环保、气候变化、知识产权、证券化、商业和金融等领域。

衡平法没有普通法那样的严密程序,无事实裁断和法律适用之别,没有陪审团和普通法的令状,实行不否认即承认的默认规则,对人不对物。

2. 法官造法和遵循先例

与上述衡平法理、原则和管辖权实现相呼应的是衡平法法官的自由裁量权。衡平法法官通过具体判例形成原则和规则以及例外即为法律。这种法官通过审判创造的法律规则(也就是判决理由)为判例法,有拘束力的只是判例的判决理由部分,不是判决结果。否则,就只是判决,不具有普遍拘束力,仅是个别衡平。在这一过程中,衡平法官在事实和法律理念规范之间通过归纳、类比论证推理创制规则而建立的联系为发现法律的过程。这就与大陆法系从成文立法中寻找请求权基础的思维方法很不相同。大陆法系通过解释制定法规则或法律原则,使原则和规则中的事实能够涵盖或统摄案件中的关键事实与情节,从而使之为本案推理大前提,衡平法判例所表达的法律规则与其所产生的具体事实和具体情景不可分割。当然法官造法也是一个试错的过程,由法官自己承担立法风险。

但是,衡平法官造法不是肆意而为,而是遵循先例,即类案同判。为此先要通过类比方法找到先例,再通过对先例所适应之规则进行重述,然后将此规则作为演绎前提得出判决。当出现无先例可遵循,或者先例规则不适合案件事实时,衡平法官即可根据手头案件创设新的判例规则。这就出现不跟随判例、区别判例和推翻判例三种情形。当然,对于不服判决,可以向上级法院上诉。先例原则与司法独立结合,既是法治的具体体现,又使得我们学习衡平法需要大量阅读有拘束力的衡平法判例报告,而不是学习抽象法条与结论。

衡平法是严格规则与自由裁量原则的混合体。法官享有高度的自由裁量权,更能适应社会和商业实践的需要循序渐进。衡平法的有效运作,需要衡平管辖权中心人物的衡平法官,对法律熟稔,还要有应对社会需求、良知的感应能力与回应的热情。所以,衡平法及其规则的发展史,是一系列杰出衡平法官的名字串联起来的。衡平法官创造规则时需要在主观性和客观性之间取得微妙平衡。这就是衡平法的司法技艺。

当然,衡平法的价值理念、原则、学说和规则落实到司法中,有许多例外情形,其中最重要的就是"衡平法宠儿",即不知情且支付对价的善意购买人例外。

(五)衡平法的思维与治理特征

衡平法不预设你的实体权利范围,不一定法定列举权利种类,不告诉你应该做什么,只是告诉你不能做什么,即交易中受信人负有繁重的否定性义务:忠义义务和谨慎义务。这一义务超越合同约定义务。衡平法以义务为中心,通过司法救济创设相对方的权利。人类在情感和利益交换中,最大的一个问题就是面对未来不确定性产生的风险,其中一个最大不确定性就是人的行为不确定性,即机会主义和懈怠行为产生的道德风险。这一否定性思维方法与中国大陆传统的权利义务对等的法学思维明显不一样,受信人负有与其权利不对等的苛刻义务,更有利于以更低成本克服交易中普遍存在的不公正、机会主义和懈怠行为,提高交易安全和效率。无效率不正义。1615 年牛津伯爵案审理者艾利斯密尔勋爵认为,"衡平法院之所以存在,就是因为人的行为如此变化不测,一直无法制定一个放之四海皆准的法律"。[①] 衡平法就是降低内生交易成本,克服人的机会主义行为的行为法学。

这一法律思维和治理特征也极为利于创新和自由思想。一旦你有纠纷,法官会根据客观事实所形成的具体情境通过判决书创设权利义务规则,实现公平正义,适应社会发展变化,非常富有弹性。例如,丹宁勋爵创设的同居者居住权;知识产权保护的马瑞禁令;传统衡平法中的公平正义思想拓展为环境保护、野生动物保护和应对气候变化中的代际公平与正义。衡平法进行治理和规制的公信力不是靠国家暴力机器强制赋予的,而是深深扎根社会生活的正当性和民众内心的信仰。

根据格鲁斯曼和哈特等人不完全契约理论,皮斯托和许成钢认为,法律也是不完备的。[②] 法律不完备有三种情形:第一种是法律没有对特定行为进行界

---

① *Earl of Oxford's Case*(1615) 1 *Ch Rep* 1,6.

② Katharina Pistor and Chenggang Xu, *Incomplete Law*, International Law and Politics, Vo. 351, 2003, pp. 931 – 1013.

定或仅列举了少数行为,使得对行为结果的限定很宽泛。第二种是法律虽明确了应予制止的行为,却不能涵盖所有相关行为。这是从行为角度界定法律不完备。第三种是从财产权利的角度看,法律没有明确某种财产权利类型及其是否可以交易。法律的不完备性带来法律的不确定性风险,直接影响到创新和交易。这就需要适应社会和经济状况变化进行解释法律。大陆成文法在此方面非常被动缓慢。因为法官和法院享有剩余立法权和司法权,衡平法通过法官自由裁量权和法官创设判例规则可以快速响应情势变化,克服法律不完备。这使衡平法有动态适应性效率。

衡平法的很多概念、理论、结构、原则和规则及其它们在司法实践中的运用都起源于英国,在其他普通法系国家得到发展,随着时间的推移,很多内容在国际上成为普遍接受的法律原则和规则。所有八百多年间没有被推翻的判例都是法律。在适用衡平法的判例法国家,通过判例形成的理念、原则和规则都是高度认同的法律依据,超越了司法主权国家的界限,不需要对千变万化的主体、客体和他们之间的关系在成文法上预先逐一规定,只要基于良心和正义对信义关系认定一致,对当事人之间的权利义务确定就是水到渠成。这就决定了衡平法在不同的国家和地区适用时有很强的通约性和互动性,甚至成为不少国际软法、国际公法和私法的一部分,大大减少了衡平法在不同国家和地区适用的不确定性、不可预见性和不稳定性,更加利于基于共同规则的一致行动,为拓展自由市场经济合作秩序保驾护航。无论是“斯诺增长”(源于贸易与专业化分工的增长),还是“熊彼特增长”(源于创新的增长),抑或“奥尔森增长”(源于改进激励约束、降低交易成本的制度创新的增长),都需要以人的自由发展为前提,都与衡平法悉悉相关。掩卷沉思,放眼全球,思考北美与南美的发展差异,澳洲、新西兰和新加坡由落后蛮荒之地迅速发展为丰裕国家,再去比较英美法系与大陆法系,我们是否领悟到包括衡平法在内的法律制度为其助推神器?

三、译丛著作内容与作者简介

译丛共十本,主要为法官、律师与大学教授所写,不少是经典名著,为英美法系的法官和学者引用。为读者友好计,下面对十本著作的作者和内容做一个简要介绍,便于读者有个鸟瞰式了解和从不同视角与需要阅读下列著作。

1. 历经多个时代著名学者不断蝉联修改完善的《现代衡平法》(*Modern Equity*)第 21 版已经使用了八十多年,是一本全面和经典地介绍衡平法律体系的教科书,囊括了衡平法在家庭法、信托法、财产权和救济方面的最新判例,讨论了最近的衡平法律问题,如 2009 年禁永久法和累积法、2010 年平等法、2011 年的慈善法、2013 年资本与收益法、禁反言、不当影响等,提供了英国法律委员会关于衡平法方面的最新报告内容,全面介绍了衡平法在信托领域的运用和救济方式。这本书不仅对衡平法做了全面介绍,还可了解衡平法的最新发展。作者是英国林肯律师事务所的出庭律师,也是英国研究地产权和衡平法的权威。该著作具有很强的可读性和实践性,权威、全面、清晰,极受研究生、本科生和实务工作者欢迎。

2. 衡平法运用最成功的领域就是信托。Hayton 和 Mitchell 所著《信托法及其衡平救济:文本、判例和文献》(*On the Law of Trusts & Equitable Remedies: Texts, Cases & Materials*)第 14 版,被视为信托法和对违反信托的衡平救济领域一本杰作,对该领域的最新学术与实务问题做出了清晰简明和富有洞见的介绍和解释。这种介绍和解释是建立在立法、判例、学术论文和其他材料基础上,每一章结尾都有需要进一步阅读的文献和判例,以及要深入讨论的问题。如题目所示,这本著作着重于对违反信义义务和信托的衡平法救济分析和评论。

该著分析和评论的最新判例有:*Shell UK Ltd v Total UK Ltd* (2011), *Crossco No 4 Unlimited v Jolan Ltd* (2012), *R* (*on the application of the Independent Schools Council*) *v Charity Commission* (2012), *Jones v Kernott* (2012), *Independent Trustee Services Ltd v GP Noble Trustees Ltd* (2013), *Pitt v Holt* (2013), *Prest v Petrodel Resources Ltd* (2013), *AIB Group* (*UK*) *plc v Mark Redler & Co* (*a firm*) (2014), *FHR European Ventures LLP v Cedar Capital Partners LLC* (2015) *and Novoship* (*UK*) *Ltd v Mikhaylyuk* (2015)。对这些最新判例的具体阐述就是对衡平法最新发展的阐述。Hayton 是大法官,同时是伦敦大学学院的衡平法与信托法教授,也是这方面的国际权威,是欧洲信托法原则和海牙国际信托公约的主要制定者。Mitchell 是伦敦大学学院的信托法教授。

3. 在商事、金融、政治等实践领域,衡平法在北美和澳洲等国家和地区有了很大发展。信义法是衡平法的核心内容。美国除 Frankel 几十年如一日研究信义法且著有《信义法》外,少有学者对此展开研究。Andrew S Gold 和

Paul B Miller 主编的《信义法的法理基础》(*Philosophical foundations of fiduciary law*)汇集了北美杰出学者对这一问题的论述。该书的主要内容有信义关系的性质、信义义务与道德联系、信义法的经济意义、信义关系在其他方面的运用、信义法与公法和私法的边界等,在各章节讨论了信义法的案例和新的问题。该著不仅对信义法的各个主题进行了理论探讨,还提出了信义法需要进一步研究的议题。对法理的透彻理解,便于律师和法官追寻法律的原意。该书编者 Andrew Gold 为 DePaul 大学法学院教授,哈佛大学和牛津大学访问学者,是北美私法理论研究会的奠基者之一,主要研究信义理论、合同法和矫正正义。另一编者 Paul B. Miller 现为 McGill University 大学法学院副教授,曾任加拿大高等法院法官宾尼的法官助理,在皇后大学教授法律,主要研究信义法、公司法和组织法,也是北美私法理论研究会的奠基者之一。该著的许多内容为北美的法官和律师所写。该著的编者还合编了一本《契约、身份和信义法》。

4. 衡平法和信托法对于大陆法系和英美法系的学生和研究者来说,都是复杂和令人困惑的。Steven Gallagher 所著《衡平法和信托法:数世纪的结晶》(*Equity and the Law of Trusts: Centuries in the Making*)是从历史角度分析衡平法与信托法在英美当代法律体系中的地位和作用及其历史形成,以新的和令人容易理解的方式研究了衡平法的许多概念和原则与判例。作者是出庭律师,曾在英国大学教授法律,现任教香港大学法学院,指导本科生和研究生研究衡平法和信托法,其主要研究领域为衡平法和信托法、跨国公司的商法、返还法。

5. 进入 21 世纪,衡平法在商业、金融贸易、私人交易、成文法规制等方面还在继续发展和发挥作用。虽然主要的衡平法理论已经确立,但是,还有许多棘手难题困扰着全球律师和法官。Jamie Glister 和 Pauline Ridge 主编的《衡平法难题》(*Fault lines in equity*)通过具体案例和判例,运用新的历史材料、比较视角和理论方法阐释了衡平法理论和方法的断层,也即是需要重新阐明的衡平法律规则。这些内容的写作者来自英国、澳大利亚、新西兰等国的律师和杰出学者,讨论了违反衡平义务(包括信义义务)的财产责任和个人责任、破产的衡平权利、非明示信托的创立、自我交易规则、家族破落中的财产分配、阻碍衡平赎回、不当得利的适宜性分析,还探讨了一些特定的问题如方法论、组织法。这些研究对于学者和实务者具有重要价值,也有助于中国的法官发展衡平法规则。该书的编者 Jamie Glister 是 Sydney 大学高级讲师,Pauline Ridge 为澳大利亚国立大学的副教授。两人都研究和教授衡平法。

6. 一般人认为衡平法难以在中国有效移植。结合从殖民时代到当前的所有相关香港判例法和立法，香港大法官 Lawrence Ma 所著《香港的衡平法与信托法》(*Equity and Trusts Law in Hong Kong*)第3版提供了对衡平法规则和原则及其在香港实施的最新和详尽记述，告诉了我们衡平法在中国香港本土化历程。为了让读者能对本书中讨论的主题以及潜在问题及争议有更好的理解，本书还引用了主要英语国家和澳大利亚的判决案例，同时指出香港有几个判例被英国上院承认，获得全球流通，其确立的原则通用英美法系。该著还对2013年香港特区修改信托法的情况做了很好介绍。我国的香港基本法第八条也承认普通法和衡平法在香港繁荣中的作用。在粤港澳大湾区一体化之时，这本书有特别重要的意义。

7. 当我们还在为衡平法一些古老陈旧的问题争论不休时，为将人类最稀缺的智力资源优化配置到有效的研究中，我们可以看看《衡平法讲义》，可以更清晰地知道一些问题的来龙去脉。F. W. Maitland 的《衡平法讲义》(*Equity*)为作者在1887～1888年的剑桥大学演讲汇编而成，是衡平法研究的经典之作，也是系统了解英国衡平法的一把“金钥匙”，与商务印书馆翻译出版他的另一本讲义《普通法的诉讼形式》并驾齐驱，相映生辉。在西方衡平法研究领域，如果不提梅特兰的这本著作，就像研究经济学，不提到亚当·斯密的《国富论》，研究法社会学，不提到马克斯·韦伯的《经济与社会》一样，令人不可思议。如果你结合他的《英格兰宪政史》和《爱德华一世以前的英国法律史》去理解普通法和衡平法，则更可克服大陆法系教义法学思维的缺陷。不理解英国封建关系和地产权的法律制度，也很难理解衡平法。

该书全面论述了衡平法。主要内容分为衡平法的起源、衡平法与用益制的关系、衡平法在信托方面的运用、违反信托的救济、受托人权利与义务、资产管理、衡平法的几种救济方式、衡平法与普通法的关系、衡平地产权。由于作者是衡平法律师，又深入专研了几百年的衡平档案，因而对问题的来龙去脉论述清晰。从该著作中我们看到英国法的稳定性和可预见性，因为书中论述的许多法理和判例原则至今还在适用，仍然是英美法系必须遵守的。因为该著是作者长期演讲结集而成，因而该著语言生动活泼风趣，读者友好，没有一般法学著作的呆板和沉闷。

8. 澳洲和新西兰践行衡平法，Heydon、Leeming 和 Turner 合著的第五版《衡平法原理与救济方式》(*Equity Doctrines &Remedies*, *5th edition*)，为澳大利亚衡平法领域的权威论著和普通法系的杰出教科书，对衡平法原理的学理分析为制定法条文和大多数判例援引，为从业者提供不可多得的透彻阐述。该著囊括了澳洲和普通法系的最新发展分析，所涉衡平法原理和救济方式，除信托外，还论述了英联合王国和澳洲的衡平法发展与历史，以及对普通法系的影响。该著分为八部分，主要内容为：衡平法的历史背景、衡平法的基本概念、确认和转让、非良知交易、衡平法救济、逝者遗产、衡平法抗辩和各种衡平法理论。

该著由受人尊敬和被人承认的团队所写，在法律工作者和司法界中被视为权威，在衡平法专业领域中确立了权威性著作的良好声誉，是衡平法领域综合性和全面备查的著作。Heydon 曾任澳大利亚高等法院大法官，新南威尔士上诉法院法官，现任澳洲皇家工会治理和反腐败委员会主任。Leeming 为新南威尔士高等法院和上诉法院大法官，同时也是悉尼大学法学院 Challis 衡平法讲席教授。Turner, P 是剑桥大学法学院讲师和剑桥大学圣凯瑟琳学院的研究员，拥有悉尼大学的科学与法学学位和剑桥大学冈维尔与凯斯学院的法学博士学位。

9. Hon Peter W. Young Ao, Clyde Croft, Megan Louise Smith 合著的《衡平法论》(*On Euity*)是一本关于衡平法在澳大利亚发展的著作。全书分为三部分，第一部分是将衡平法的历史和概论，主要内容有衡平法的基础概念、衡平法格言、衡平法的实际运用。第二部分是衡平法理论，主要包括：欺诈、执行信托、信义关系、衡平财产、抵押、衡平转让、合同不动产遗嘱和遗嘱管理、衡平禁反言之类的准衡平法问题。第三部分是衡平法救济，包括返还、禁令、损害赔偿等，还有衡平救济的选择、衡平救济的补充、衡平法与成文法救济的关系和衡平抗辩。这书既讲了衡平法的一般原则，又通过具体判例指出在澳洲的发展。

Hon Peter W. Young Ao 为新南威尔士高等法院上诉法官，衡平大法官。Clyde Croft 是 Deakin 大学法学院助理教授，Megan Louise 是新南威尔士高等法院的事务律师。

10. 衡平法在英国是如何运作的？Chapman 和 Lynne Counsell 主编的《衡平诉讼手册》(*Chancery litigation handbook*)对此做了详细介绍。全书分为三部分，第一部分是衡平法院基本管辖介绍，包括审讯、衡平法救济、临时救济、即席判决、衡平法院程序流程、文档设立、抵押贷款、房东与租客、法庭指令土地出售、信托与受托人、诉讼双方有争执的遗嘱检验、慈善、家庭赡养、合伙、金融服务、破产、法定上诉、衡平法院判决执行、伦敦之外的衡平事务、税务诉讼。第二部分,程序指南,包括上述各种衡平法院管辖的诉讼和判决的程序流程。第三部分是诉讼格式与先例,如索赔、通知、证人证词、禁令等格式,先例内容包括衡平法在几百年中形成的仍在遵循的司法判决先例。

这本书为多个有丰富实践和司法经验的衡平法律师与衡平法官所写,由 Vivian Chapman 和 Lynne Counsell 汇编而成。Chapman 是资深林肯律事务所律师,编撰了大量判例汇编,经常担任特委法官和兼职法官。Counsell 是衡平法法官,判决了大量衡平法院管辖的各类民事和商事诉讼,起草过大量金融和商事合同,与人合著有《内幕交易》和《禁令》,为多卷本《艾特金法庭格式》撰写了关于合同、金钱、金融服务、地役权、诉讼时效等方面诉讼格式。

这本书对于我国在英美法系国家跨国诉讼,于律师与法官特别有实用价值。

四、本丛书的读者对象和致谢

从上述对丛书简要介绍,我们不难发现,这套丛书的著者不是纯粹的象牙塔学者。他们既有律师,又有法官,有不少人还是大学衡平法与信托法教授。因此,上述著作是理论与实务结合的典范。译介到中国,既对大学教师和研究人员有重要参考价值,也非常适合律师和法官在诉讼与司法审判中借鉴,更是对国内理解移植英美法相关法律条文的法理基础有很大帮助。因此,这套书受众面很广。

本丛书能够顺利出版,首先,要致谢法律出版社领导具有远见卓识,计划一报上去不到一个星期就批准下来,并且迅速安排人员和经费购买版权与谈判。其次,要感谢上海高级金融学院金融法治中心的慷慨资助。再次,要感谢各位译者博学、精益求精的艰辛工作。因为翻译衡平法的许多术语没有先例,且衡平法的思维方式很不同于大陆法系,根本不是简单的语言转换问题。

2020 年 1 月,上海松江

目　　录

第四部分 私法背景下的信义原则

第五部分 公法背景之下的信义法

导　论

安德鲁·S. 戈尔德(Andrew S. Gold) & 保罗·B. 米勒(Paul B. Miller)

无论是否从关系、权利与义务或者不法行为和救济措施的视角,信义法都是独特的法律体。信义法调整具有权力不对称性特征的关系。受信人享有对受益人的权力。信义法表达一种期待,即受信人为他们的受益人利益而行事。这要通过一系列重要法律义务拘束得以实现。毫无疑问,信义关系至少产生一项独特的法律义务:忠义义务。同时,信义关系通常包含其他法律义务,包括注意、坦诚、信任和善意之义务。遵守这些义务,尤其是忠义义务,具有非常高的要求。针对不正当违反信义义务的救济措施非常严厉。不忠义的受信人应当通过法定信义或返还命令被剥夺不当收益。按照应当要求疏忽大意的受信人比普通法上规范补偿性赔偿的适用更有利的条件,弥补受益人遭受的损失。

信义法也是一个极其重要的法律体。信义义务确保各种各样的关系、机构和组织的诚实正直。它们适用于具有相当私人重要性的关系,包括父母和小孩之间的关系。它们建构起广泛多样的商业关系,包括合伙人、合资企业、代理人和委托人、董事和公司之间的关系。信义义务是规范职业服务提供者和他们的客户之间关系所必需的,包括律师和客户、医生和病人、投资经理和客户之间的关系。信义原则规范为他人管理金钱和财产,如在信托法、房地产法和基金管理法中为信义义务保留核心位置所显示的那样。信义义务在规范私人组织机构方面也居于核心地位,范围包括从大学、医院、博物馆到教堂和协会。信义义务,在私法中可能是独特的,由于其在公法调整中显著重要,挑战了设置私法和公法之间界限的传统方式。实际上,甚至还有关于从信义角度思考国家权力的广为流传的传统。

尽管信义法很重要，令人遗憾的是法律理论者对信义法分析不足。私法理论者把大量注意力放在财产、合同、侵权和不当得利方面。他们研究关于私人所有权的法理问题及其正当性；合同的本质和契约义务；不当得利返还义务的基础；侵权行为的特征和责任基础。然而，信义法相对来说几乎没有受到关注。

鉴于信义法提供了如此多的未发现领域，本书有一个独特的目的。像其他法理基础（Philosophical Foundations）系列丛书一样，本书收录主流法律理论者的文章，他们的文章代表专门法理学分支的当前最高水平。但是，本书又不仅仅限于展现某一领域目前最好的法律理论著作。本书致力于该领域的精深研究。我们相信，此处收录的论文将为后继者对信义法的法理研究指明方向。

我们的撰稿人就信义法发现了一系列广泛深入且具有挑战性的理论问题。其中的问题包括关于信义关系的本质；信义义务的范围；受信人忠义的本质（the nature of fiduciary loyalty）（如它是不是义务或美德的客体）；信义义务的内容；公法和私法规范的信义原则之本质和界域；私人秩序之信义原则和非信义原则之间的关系。当然，我们的撰稿人不止发现具有挑战性的问题，还同时敢于探索原创且有重要意义的答案。所提供的答案发人深省，回应了严密的审查。不过，无论给出的答案最终是否获得认可，这些问题本身具有深远意义。我们希望理论框架和解决这些问题的方式能够培养对这一新的且重要的话题进行理论探索的兴趣。

在此收录的文章，如文章写作所涉领域一样，不是简单的分类。许多文章解决了几个不同的法理问题，它们中间存在不少交错的主题。尽管如此，在组织本书和导论时，我们根据文章的主要关注点进行归类。第一章是一组解决信义关系本质和形成的文章。第二章是一组聚焦于信义义务基础、范围和内容的文章。第三组文章从经济理论视角对信义法提出新的具有建设性的重要见解。第四组文章研究在特定私法领域内贯穿私法制度的信义原则之适用。最后一组文章审视公法和国际法背景下的信义原则。

一、信义关系

信义关系对于信义法至关重要。其是施加、解释和执行信义义务的落脚点。然而，信义关系引起棘手的法理问题。信义关系是法律关系中合乎逻辑的类别,区别于私法关系的其他类别吗?身份或关系的传统特征在信义法中发挥什么样的作用?同意和时效是如何影响信义关系的形成和规范它们的条款之调整的?信义关系是单一的还是存在许多不可再分种类的信义关系?信义关系指向的目的是什么,即它们允许个体,通常是团体,实现什么?信义关系意指什么样的价值?本书的几篇文章解决了关于信义关系的这些和其他一些理论问题。

大部分被视为属于信义范畴的关系被当作身份或惯例的问题。也就是说,一个包含信义身份的关系很容易说,其习惯性地被当作信义关系,如此,一个特定的关系如果属于包含信义身份的关系类别,将被推定为信义关系。合伙人之间、受托人与受益人、代理人与委托人、董事与公司、律师与客户、父母与小孩、国家与原住民以及其他一些人之间的关系,至少在一些司法管辖区内可识别出信义身份。许多人认为,信义法依赖于身份是独特的,其本身内含的身份决定了信义责任规则适用于信义关系。

詹姆斯·埃德尔曼(James Edelman)法官在他的文章中鼓励重新审视关于信义法中身份作用的观点。在其他的文章中,埃德尔曼已经提出信义义务基于受信人自愿承诺而产生。这个观点引致的困惑是其看起来不是在解释身份或通常是关系的特征在信义责任方面的作用。埃德尔曼问道“为什么法院强调特定身份关系中产生的义务?”他的文章给出了答案。法院把身份当作给予受信人所做承诺合理客观解释的证据因素。更为具体地说,身份是解释受信人所承担义务内容和范围的重要部分。身份并非如通常认为的那样决定信义义务的发生范围。相反,其影响一致同意承担之义务的性质。

埃德尔曼将信义法中的承诺和身份视为其他债法中承诺和身份的概念延续。他告诉我们,身份对合同法和公众行业法律中的默认条款发挥重要作用。其在信义法中的作用,尽管同样重要,但并不特别。在此像其他地方一样,身份为司法裁判提供关于“特定义务的合理期待”是否与一项特定的一致同意承诺相关的信息。这暗指我们应当对承诺的信义特征(fiduciary character)少一些倚重。信义的“标签”表明只有法院应当考虑,在所有情况下,据称的受信人是否已经承诺排他地为了受益人的利益而行为。

埃德尔曼的信义义务基于同意理论简单且雅致。然而,简约有时不免有模糊理论化目的的风险。乔舒亚·盖茨勒(Joshua Getzler)在他的文章中认为,这种风险在此变成现实。他解释道“信义义务一般源自同意的评论……[是]……完全有根据的。但它存在将这些评论变为要求涉及所有领域的简单规则扭曲的风险”。同意对于信义义务的归责和界域来说十分重要,但它在不特定领域的作用比我们所相信的基于同意理论更加复杂。

基于同意理论绕开了信义关系本质和有利于信义关系形成分析的义务以及信义义务归因的分析。盖茨勒对此表示质疑。他指出,在许多情形下,同意影响信义义务的界域(limitation)而不是归责(ascription)。即使在其构成归因基础的情形下,同意通常在相互之间以复杂方式关联的合同关系和信义关系的形成中涉及,这并未被基于同意理论所抓住。盖茨勒根据三类规则架构这些复杂问题:强制规则(mandatory rule)、默认规则(default rule)和组合规则(structuring rule)。当适用强制规则时,某人可能经一致同意参与一项活动或关系,但调整这项活动或关系的规则是强制性的。当适用默认规则时,某人同样可能经一致同意参与一项活动或关系,某人可以,但非必须,经一致同意改变(通过事前或事后同意)调整规则。当适用组合规则时,某人可能经一致同意参与一项活动或关系,除非某人明确要求按照其他规则,否则某人会发现其行为受到来源于相关习惯或惯例的规则之调整。盖茨勒揭示,信义法中的同意非常复杂,主要是因为信义关系动态地受到这三类不同规则的调整。实际上,一些关系受到不同种类规则独特结合的调整。这仅仅对信义关系和义务的同意基础更难概括。

盖茨勒通过标示大量法律当前并不明确的问题来表明这些复杂性。例如,同意在经一致同意基于非信义基础而形成但因此变成信义关系的关系时,对于信义义务分配和/或界域的重要性何在?在什么样的情况下某人可以通过引入关系的同意基础来限制信义义务?例如,某人是否可以借助关系的同意基础作为理由,单方面退出关系以寻求一个如果关系存续将无法获得的机会?这些问题应当让理论家停下来:“每一个……都已是重要诉讼的主题,反映出对归因和界域是如何运作的质疑。声称信义义务以同意为基础并不能提供解决此类问题的灵丹妙药,也不能提供分析这类问题的优势说法。”

埃德尔曼和盖茨勒关注信义关系中信义义务的归因问题,保罗·米勒(Paul Miller)的文章关注信义关系的本质。米勒开篇提出一个关于信义法和学术(scholarship)的令人费解的特征。司法观点和实践使信义关系在概念上成为信义义务的核心。但主流学术观点认为,如此这样谈论信义关系毫无意义。这个分歧引出一个问题,信义关系是不是一种独特的且可被定义的法律关系。

米勒认为,信义关系具有独特性且可被定义。他提供了一种信义关系的概念理论,即受信人权力理论(fiduciary power theory),清楚表达和解释了关系的正式特性。在米勒看来,所有的信义关系通过受信人拥有对受益人重要实际利益的自由裁量权得以识别。米勒指出,受信人权力不仅仅是实际的权力,也不是通常霍菲尔德式(Hohfeldian)一般意义上的法律权力(legal power)。受信人权力是一种相当独特的法律权力。它是一种具有来源于某人(通常是受益人或第三方捐助人)法律人格的特殊法律能力(如订立合同或占有、转让或管理财产的能力)的权力形式。因此,受信人权力本质上具有代表性或替代性。在他的文章中,米勒详细阐述了关于受信人权力和信义关系其他特性的观点。然后他指出,该理论可以解释识别出信义身份的几类关系以推定信义本质,可以帮助解决关于其他类型关系之信义特征的争论。

汉诺克·达冈(Hanoch Dagan)和沙龙·汉内斯(Sharon Hannes)在米勒描述层面上同意信义关系涉及受信人享有的权利。但他们对米勒理论的统一野心持保留意见。他们认为信义法,如合同,提供了大量不同类型的关系。同时他们认为,米勒对信义义务正当性的法律解释在深度和广度上有所不足,并未如其本应该那样指出能够使信义义务的施加获得正当性的信义关系的那些方面。在达冈和汉内斯看来,信义关系蕴涵的价值是多元且可变的。

达冈和汉内斯通过私法多元化的框架实现论证,其"包括私法巨大的异质性,肯定作为背景特征的多元形式。"鉴于他们支持背景分析,达冈和汉内斯关注信义关系的一个特定子集,即金融中涉及的信义关系。这并不奇怪,在达冈和汉内斯看来,金融信义关系(financial fiduciary relations)具有独特的性质且包含一套特殊的价值。他们认为,"金融受信人法(the law of financial fiduciaries)是一项旨在通过允许人们安全地授权他人来加强自身的自主权的私法制度……对他们福利主义利益之重要方面的权力。"尽管承认"金融受信人加强自主权的重要作用……作为该项制度的终极目标",但他们认为金融受信人对福利主义(welfarist)利益享有权力的事实支持关于信义义务规则激励效应的规范经济分析。

达冈和汉内斯认为,他们的方法提供了重要的解释优势。金融信义关系涉及特定福利主义利益的差别归类帮助我们理解适用于金融受信人的行为标准的差异(它可以解释为什么忠义之排他利益标准在信义法中而不是公司法中盛行)。同样地,他们的阐释对挑剔评估有争议的信义学说观点(如产生利益冲突的受信人可容忍的报酬形式的实践)提供基础,以避免与概念主义理论相关的“道歉风险”(hazard of apology)。在这些和其他一些方面,一个多元化的路径确保了一个容量较大的分析框架,在其中对基于信义关系和义务产生的不同背景进行比较分析。

二、信义义务

忠义义务(daty of loyalty)是信义法最为显著的特征之一。忠义通常被认为是信义关系必需的,并且在信义背景下,它具有与众不同的特征。这些特征同样引出有趣的法理问题。什么是受信人忠义?受信人如何与一般所讲的忠义相联系?受信人忠义与道德品质、价值和原则之间的关系是什么?受信人忠义是一项美德吗?受信人忠义真正是一项义务内容吗,或以不同的术语理解更好?本章的几篇文章阐明上述及其他一些关于信义义务的问题。

艾瑞特·萨梅特(Irit Samet)指出,信义法可能在清晰或含糊的意义上(in a thin or thick sense)构想忠义(loyalty)。但她认为,信义法采用了含糊意义上的忠义。忠义,如公正一样,要求受信人抑制贪婪,但它做得更多:负有忠义的受信人会有一种感受,他或她忠义的对象之福利优先于受信人自己的利益。负有忠义的受信人会有恰当的情感,即为他或她的委托人做贡献。基于这样的视角,忠义可以被视为是一种美德。正如萨梅特指明,根据康德道德理论的特定解释,将忠义视为一项美德会引起困惑。按照康德的这种解读,道德价值只与基于正当动机的行为相关联,而忠义的动机,与作为道德法基础的动机相反,并不符合要求,因为它们根植于情感。不过有争议的是,按照康德式的方法,忠义要求的个体高度关联构成挑战。但萨梅特认为,这种担忧没有必要,受信人需要含糊意义上的忠义实际上补足了对美德的康德式解读。

萨梅特认为,情感在康德式实践推理解释中发挥重要激励作用。在他看来,一个人可能采取一项行动策略与其道德义务保持一致,同时一个人可能培养符合道德方向的情感,如同情或宽容,设法增加坚持该项策略的可能性。受情感驱动的行为可能因此根植于合乎逻辑的遵守道德法，即使在遵守道德法并未发挥直接的激励作用情形下。按照萨梅特的观点，保持忠义对于认识到自身弱点的道德上值得尊敬的代理人来说成为一项可取的理性策略。以此为基础，她得出结论，受信人忠义能够被理解为一种康德式美德。

莱昂内尔·史密斯（Lionel Smith）也采纳康德的视角，但他关注康德哲学的不同方面。史密斯对研究受信人忠义按照康德对概念的理解作为法定或法律义务是否合适感兴趣。在这种做法上，为了构成一项法律义务，必须可以基于义务承担者可能有的任何目的或宗旨遵守声称的义务（purported duty）。正如史密斯解释道："必须可以在不知道为什么履行的情况下客观地判断义务是否已履行。如果我纳税仅仅是因为我不想进监狱，那么我已经遵守了义务，这表明该项义务是法律义务。"此外，义务必须被狭义地界定，如此人们才能清楚地判断义务是否已经实现。这引出关于受信人忠义之地位的有趣问题。

按照史密斯的观点，受信人忠义义务规定受信人应当如何进行判断。受信人必须判断受信人认为的（perceives）符合受益人最佳利益。相应地，受信人忠义是一项主观要求。有人可能会担心，如果忠义是一项主观要求，那么它将不符合康德关于法律义务必须被狭义界定的要求。然而，史密斯指出，尽管存在主观方面，产生的义务足够狭窄，按照康德的方法符合义务的要求。类比刑法的犯罪意图（mens rea）要件，他解释说一个主观方面不必将一项义务排除在构成一项法定义务之外。也就是说，在史密斯看来，受信人忠义不是真正的义务。相反，它是对受信人的法律约束。忠义的要求类似地作用于合同法中可能使合同无效的特定规则，如载明一些错误类型的规则。不满足这类条件就是不符合规则要求，但不是不符合义务要求。受信人忠义以类似形式运作：受信人权力必须恰当地进行有效行使，即其必须忠义地行使。

詹姆斯·帕纳（James Penner）认为，受信人忠义既不是一项价值也不是一项美德。例如，友谊具有内在价值（intrinsic value），帕纳主张忠义本身没有内在价值。帕纳挑战我们应当纯粹为了忠义而寻求机会保持忠义的观点。他认为，经常强调忠义的人在这方面特征上是品行不端的而不是品德高尚的。另一方面，帕纳提出受信人忠义可能是一项消极美德（negative virtue）。在此，帕纳利用约瑟夫·拉兹（Joseph Raz）关于法治作为一项消极美德的解释。按照拉兹的观点，我们只有在建立起法律制度后才会犯有一些特定的错误，法治是法律制度的一项美德,因为它限制犯此类错误。但按照这个观点,法治不是与生俱来就应有价值;相应地,法治是一项消极美德。如果它是一项消极美德,那么忠义将同样地涉及排除特定类型的轻视或恶行。在这种情况下,不忠义或背叛。帕纳认为,特定关系如友谊为这类错误行为提供了独特的机会。尽管忠义在帕纳看来可能不具有内在价值,但它限制背叛,忠义的当事人不能或至少不乐意犯这些错误。

另外,帕纳反对受信人忠义是一项义务的观点。他从责任的视角看待受信人忠义。受信人没有义务避免利益冲突,处于利益冲突之中本身不是一个错误。即便如此,当受信人在利益冲突中实施行为,结果获得收益,该受信人有义务向其委托人解释该收益。按照帕纳对这项义务的理解,它是主要补救义务的一个例子(在这个层面上类比不当得利法中的主要补救义务)。帕纳的阐释也与信义责任和私法的其他范畴之间的关系相关。独立的非信义的不当行为(如违约)有时被认为符合信义不当行为的要求,至少在基础行为也涉及非忠义的情形下。然而,在帕纳看来,不当行为不能仅仅因为其表现出非忠义就认为是受信人(fiduciary)不当行为。正如他表明,就信义责任而言,问题在于违法行为方已经参与一项交易,并不是该项交易本身是不当的。帕纳的观点对于在与其他私法领域重合的范围内适当拓展信义救济具有重要意义。

安德鲁·戈尔德(Andrew Gold)承认受信人忠义意指一项义务的前提,他将这个前提作为起点。不过,戈尔德考虑了一个特殊的问题:信义法中的忠义概念是否有最小核心内容?许多信义理论家认为有。一些理论家认为,受信人忠义的最小核心内容是禁止利益冲突规则。其他一些人认为,最小核心内容是受信人基于他或她认为的受益人最佳利益行事的要求。戈尔德认为,受信人忠义存在多种形式,潜在地包括(或排除)这些观点中的任何一个。信义法针对不同类型的信义关系采用不同的忠义观点,且其在不同的司法管辖区内采纳不同的观点。

在戈尔德看来,关于受信人忠义的不同观点不能轻而易举地互相转化。而且,每一个占据主导的解释都面临显著的反例。例如,在一些情形下,忠义的受信人不必努力为受益人最佳利益行事;在其他一些情形下,忠义的受信人可以在利益冲突中行事,且这样做不会面临追责。可以说,受信人忠义的每一种类型是单一重要的忠义概念之表达,但即便如此,共同的特征充其量也就为忠义的实质性内容提供一个非常清晰的解释。然而，戈尔德得出结论，受信人忠义的各种方面可能反过来提供对信义法本质的洞察。基于此，忠义概念不断变化的原因本身值得研究。

三、经济理论

传统的经济学观点将信义法看做委托—代理问题的应对之策。由此看来，人们通常认为，代理涉及一方作出的、影响委托人利益的非任意性行为。出于种种原因，这些关系会产生不同的代理成本，仅靠当事方制定明确的事前契约条款往往难策万全。依照契约论的法与经济学理论，信义法就契约中代理人雇佣内容设定相应义务，完善契约内容，以此应对代理费用。此类义务具体内容源于这一预设的协商(hypothetical bargain)：法律规定的条款，正是当事方在零交易费用条件下会选择的条款。

罗伯特·斯蒂科夫(Robert Sitkoff)论述的章节与典型的契约论观点不谋而合。他将信义法视为委托—代理问题的解决方案，目的是在保留代理利益的前提下降低代理成本。斯蒂科夫阐释了新的经济学方法是如何解决早期信义法经济分析的诸多难题，并以此印证经济学理论的解释广度。斯蒂科夫认为，无论是信义关系本身还是特定的信义关系，都存在一定的代理问题，无论是哪种情况，法律都会设定相应的信义义务来解决这些问题。但不同的信义义务，例如，忠义义务和注意义务，自有其不同特点。针对适用情境的复杂性，法律制定了广而泛之的标准，使法院得以针对具体情境作出规定，完善当事人之间的契约，降低错误成本。同时，法律还制定了五花八门的次要规则(subsidiary rules)(如公正义务和信托法中的本金和收益规则)、简化履行信义义务和降低决策成本。这种宽泛标准—详细规则的结构不仅能够削减标准层面的错误成本，还能带来规则层面的决策成本优势。

斯蒂科夫还对信义法的具体特征加以强调。不同的信义关系会导致不同的委托—代理问题，这些问题在法律中都有所体现。信义法的种种变更就是为解决各种信义关系和实施模式种类问题而生。此外，斯蒂科夫指出，强制性规则(mandatory rule)是信义法契约性观点的主要挑战之一。虽然大多数信义法都包含默认规则(default rule)，且当事方可以适当地契约条款变更此类规则，但有些信义义务是不可变更的。他认为,上述强制性规则具有两种功能。其一是保护和预警功能。例如,若委托人不谙世事或并未充分知情,则可适用预防规则。其二是外部分类功能。通过确定具体法律关系对应的具体义务来降低信息成本。最后,斯蒂科夫还就信义法中的补偿和获益性救济提出了功能性观点。在其看来,这两种救济均具有威慑作用。获益性救济则是一种惩罚性默认规则,目的是为了鼓励当事方披露优势信息。

丹尼尔·马可维兹(Daniel Markovits)指出,契约论观点未能捕捉受信人忠义的实际要求。这某种程度上是因为信义法并未像合同法一样允许"效率违约"。严格来讲,马可维兹并未将"效率违约"视为对协议的实质违反(他认为当事方在协议订立之初就已经料到会有这种"违约")。尽管如此,在各种契约关系中仍普遍存在效率违约,标准的预期损失救济恰恰是造成这种结果的帮凶。与合同法不同,获益性救济是信义法的共性之一。这种差异正是契约实践和信义实践的主要区别所在。

更深层而言,马可维兹认为,契约分担与信义分担不同。契约的当事方必须尽可能按契约行事,但彼此之间却可以己方利益为先。契约各方的确负有诚信义务,但这种诚信是基于各方事前已经达成的协议而言。正如马可维兹指出的,契约分担是一种事前分担。相反,信义分担是一种事后分担。就互相关怀而言,契约的当事方逊于受信人,且两者之间存在区别。信义分担与契约诚信规定的分担不同,信义分担要求受信人积极主动的代其受益人行事。因此,事前和事后分担的对比对信义法影响深远。

理查德·布鲁克斯(Richard Brooks)就信义关系提出了效率导向型观点,但侧重点与典型的经济学观点迥然不同。布鲁克斯并未在契约主义能帮助理解信义法的观点上过多纠缠。在其看来,契约性观点忽略了其他重要现象。他更倾向于研究信义法与知情之间的关系,这引发了我们对不同特征的关注。虽然信义法的诸多观点都聚焦注意义务和忠义义务,布鲁克斯则把解释的重点放在受信人(fiduciary)的保密、坦白、披露以及知情等义务之上。

在布鲁克斯看来,对信义法的契约性理解错在将重点置于受信人的知情和专长上。受信人掌握的情况大多是在信义关系存续期间获得的,而非之前。此外,契约性观点通常认为法院或当事方理应能够在事后弥补契约漏洞,即使当事方并无制定合理事前条款的能力。但若事后出现了可验证性问题,法院(和当事方)可能难以在事实发生后制定相应条款,这就可能造成“收缩无能”的问题。正如布鲁克斯解释的那样,设立有关信息管理的信义义务能够帮助我们解决这些问题。

塔玛·弗兰克(Tamar Frankel)着重探讨法律理论对信义法的实际影响。弗兰克认为,可以以不同的方式重新定义信义法,缓和信义义务。她指出,认定信义关系本质上是一种契约关系会切断各方之间的权力关系,同时会削弱法律对受信人良知的影响力。弗兰克认为,若信义法规则是以契约条款的形式展现的,理解就会出现偏差。她还强调,契约主义会降低实践中受信人自由限制规定的可观测性。

弗兰克同样对在信义领域适用其他学科的术语和概念表示质疑。在其看来,代理成本这一术语会引起误解,因为“代理”这个词在经济和法律领域的意义截然不同。广义而言,弗兰克更加关注代理关系本身,即使理解的范畴限定在狭义的法律领域。在特定情况下,属于某种信义类别的信义关系会发生质变,转归入另一信义类别。举例而言,弗兰克指出,当信任关系转化为代理关系时,信义义务就会消减。这两种关系都是信义关系,但受信人的责任则因关系类别而有异。

亨利·史密斯(Henry Smith)另辟蹊径,对信义法展开不同的剖析,将信义法的运行方式视作衡平法的一部分。在其看来,衡平法是打击机会主义的一种手段。鉴于受信人在履行职责的过程中享有相当的自由裁量权,这极有可能滋生机会主义行为。涉及受信人忠义的典型情境(自我交易和利益冲突交易)恰恰印证了机会主义的高风险。史密斯指出,衡平法通常会利用代理和推定来应对机会主义风险。信义法也不例外。但相较于衡平法,信义法适用的规则有更加明确的分类,且其适用的推定也更难推翻。此外,对信义违反行为的救济往往也十分严苛。因此,难点在于如何平衡风险。若从反机会主义的角度看衡平法,问题就是“机会主义代理与其推定的效力是否具有足够的不可预测性,能够令投机者裹足不前,同时不会动摇法律的稳定性”。

人们常常担忧法院会滥用衡平法来维持事后的交易公平。但也有很多种方法能够限定信义法的范围。信义法对公认的道德、社会习俗和行业习惯加以利用。史密斯认为,这些特点在一定程度上能够制约衡平法中的事实导向型分析。信义义务的对人效力同样会限制信义法的信息成本。因此,将信义法置于衡平法系统之中能够更好地解释各种信义学说。史密斯的章节对前述不同特点在解释信义法形式主义和情境主义的合适组合路径加以阐释。

四、私法背景中的信义原则

私法中信义原则的发展、解释和适用无不受到多种情境因素的影响。有些因素根植于各私法制度的差异中,其他则来源于受信人规定限制的种种关系在性质上的差异。大陆法和普通法领域的信义原则同本同源,休戚与共。但在不同的领域中,信义法的发展轨迹却大相径庭,反映出社会、经济和法律历史的影响以及法律传统和文化的差异。信义原则的共性特征在其塑造的种种关系中也有所体现,但信义关系的分类却不尽相同。

情境因素引发了有关司法信义原则的种种理论问题。举例而言,大陆法系和普通法系的信义原则在形式上有何区别?这些不同之处对信义法价值和功能有何意义?在特定领域中(如信托法或代理法)信义关系的性质、信义义务的内容或信义救济的种类有何独特之处?本书多个章节对上述问题以及私法中信义原则产生背景相关的其他问题进行了解答。

米歇尔·格拉齐亚德伊(Michele Graziadei)对大陆法系和普通法系中的信义原则进行了比较评价。许多学者对信义原则的研究范围仅限于英美普通法传统。因此,会将信义法看做是这种传统的特殊产物,更具体而言,衡平法的产物。格拉齐亚德伊表示,这种观点无疑是错误的。在现代大陆法体系中,信义原则举足轻重,“认为信义法对大陆法系国家无关紧要纯属无稽之谈”。且信义原则也不是大陆法或普通法领域特有的概念,无论是在大陆法还是普通法体系中,信义原则的根源都是罗马法。据格拉齐亚德伊阐释,“在欧洲大陆,‘信义关系’这一表达所代表的事实和问题往往迥异于普通法国家相同表达所指的事实和问题”。“尽管在大陆法国家中,信义法并不成体系,但其规制范围相当广泛”,大陆法制定了类似的法律规范来预防或救济滥权和利益冲突。

除了阐释大陆法和普通法的异同点,格拉齐亚德伊证明,比较法制史对于当代法律理论具有重要的借鉴意义。接下来,我们要继续对产生信义关系的经济体中价值冲突造成的问题进行讨论。几百年前,信义关系是建立在“荣誉经济”之上的,这种经济模式将自我牺牲视为一种美德。这种价值在特定非商业性信义关系中仍有体现。但"荣誉经济"在"商业经济"的冲击下溃不成军。格拉齐亚德伊指出,"商业经济"将自利行为合法化,并实现了效用最大化,种种商业信义关系正是这些价值的有力证明。效用价值能在商业信义法中独占鳌头不足为奇。但令人惊讶甚至是担忧的是,这种价值的推广是以牺牲非商业性信义关系的非营利性价值为前提的。关注历史和管辖范围固然有其价值,但格拉齐亚德伊认为,对信义关系产生的社会和经济背景加以更细致的研究才是应有之义。

马丁·盖尔特(Martin Gelter)和吉内瓦维·赫勒林格(Genevieve Helleringer)同样对大陆法和普通法领域的信义义务进行了比较分析。盖尔特和赫勒林格以公司法信义关系和义务的概念化差异以及这些差异造成的影响作为分析重点。在美国,信义关系通常被认为是董事和公司之间的关系,且公司利益等同于股东利益。若忠义指的是对股东利益的忠义,那么公司法信义义务的内容无疑佐证了上述观点。欧洲的一些大陆法国家对公司信义关系和义务有不同的理解。尽管董事仍有义务以公司的最大利益行事,但公司利益的范围大大扩展,囊括了诸多利益相关者。

以上对公司信义法的不同解构反映出对公司构成和公司法倡导价值的不同观点。"利益相关者主义"在欧洲的盛行给理论和实践都带来了不小的挑战。挑战之一就是如何确定利益相关者董事的职责。利益相关者董事代表了利益相关者团体(如雇员或债权人)的利益。在形式上,其信义义务与其他董事并无二致,都需要以公司的利益为上。但在什么范围内利益相关者董事可以优先考虑其代表主体的利益呢?

总的来说,法律并不允许利益相关者董事以其代表主体的利益为上,他们有且只对公司负有信义义务。盖尔特和赫勒林格指出,由于代表基础存在差异、公司利益具有本质上的模糊性以及信义义务是以禁止性行为而非服务的利益为基础制定的,因而上述观点很难自圆其说。他们指出,在解释公司信义义务时,应对董事的权力来源基础多加关注。若授权董事以整个公司的利益行事,那么信义关系就是董事与公司之间的关系,董事只对公司负有义务。然而,若授权董事以利益相关者的利益行事,那么董事与公司之间的信义关系及其对公司负有的义务应以代表对前述利益相关者的为介导。

黛博拉·德莫特(Deborah DeMott)聚焦代理法领域的信义原则。她对代理关系的信义特点展开剖析,指出这些关系与其他被误认为代理关系的信义关系之间的区别。德莫特还对代理法中被法学家忽视但具有普遍意义的话题(法律解释适用的规范视阈)展开讨论。肯特·格里纳沃特(Kent Greenawalt)曾对德莫特有关代理指令解释的文章提出自己的观点,德莫特在本书中对之作出了回应。

德莫特指出,代理信义关系的独特之处就在于委托人对代理人行为所负的责任和享有的控制权。在其他信义关系中,受益人在法律上(通常)是被动的一方,但在代理信义关系中,委托人对"代理人享有控制权"。行使这种权利的手段就是发出指令。尊重委托人的控制权要求我们厘清恰当的指令解释方法。德莫特提出,代理的信义性质本身就是一个合适的规范视阈,"信义基准要求代理人按照委托人的意愿合理的解释指令……未经委托人同意,代理人不得利用委托人指令中的疏漏或含糊指之处为自己或第三方谋取利益"。

充分认识控制权对代理信义关系的根本价值对于代理理论和理解代理的功能优势及不足具有重要意义。霍菲尔德有关代理的观点强调代理人约束委托人的权力,德莫特指出,这种观点本身就存在瑕疵,因其根本无法解释委托人对代理人行使代理权过程中享有的控制权。此外,委托人享有的控制权同样对代理关系的功能性有一定的影响。对于那些希望约束自己或将自由裁量权交予受托人的人而言,委托人可以控制代理人且可在任何时候行使这种控制权不啻于一种噩耗。

阿维海·多尔夫曼(Avihay Dorfman)对信义法中的信义原则进行检验。和德莫特一样,多尔夫曼认为某些信义关系在结构上具有独特性,且这种独特性会继而引发新的规范性问题。他更倾向于从情境而非整体角度对信义关系和义务展开分析,这一点与达冈(Dagan)和汉内斯(Hannes)不谋而合。此外,他还对多元主义青睐有加,并指出"情境固然重要……它随附于信义的形式结构之上……因此,在解释情境之前,需要且应当先理解形式"。因此,多尔夫曼开始像米勒(Miller)一样,着重于认定和研究信义关系的形式特性。但他并不认同米勒概念分析的广度。他指出,"一元论从信义关系最抽象的概括直接转向具体原则,不可避免地忽略了这一事实:不同形式的信义关系中可能存在差异"。

多尔夫曼指出,信义关系中的信托法在功能上有其自身独特性,能够"解决因受益人人格缺失引发的问题”。无能力持有财产和享受所有权权益的受益人(如儿童和无完全行为能力的成人)往往受“过度的所有权”(excesses of ownership)问题困扰(因为人格是享有非限嗣继承所有权的前提条件)。对于这一问题,信托剑走偏锋,“通过受托人和受益人之间常见的所有权和劳动分工,前者被赋予特定资产的所有权,而后者则对该资产享有另一种所有权,以此使普通法法律人格存在瑕疵的受益人取得所有权”。多尔夫曼认为,信托应被理解为所有权的衍生形式。

在多尔夫曼看来,受托人对信托资产享有普通法所有权并不足以定义受托人的地位,还需要进行“身份转换”才能准确定定义。通过身份转换,“受托人才有权以受益人的名义行事和决策”。通过受托人,存在普通法法律人格瑕疵的受益人才能行使自己应有的权力。这对我们多方位理解受信人忠义义务大有裨益。多尔夫曼认为,忠义义务不应与信托形式财产(formal properties of the trust)相对应。忠义义务“是受托人的基本要素之一”。忠义义务是将受信人管理相关收益交予受益人的理论基础,在履行忠义义务的过程中,它要求“受托人对受益人的特殊所有权人格负责”。

五、公法背景中的受信人原则

公共信义理论(public fiduciary theory)历史悠久,诸多伟大的政治理论家,例如约翰·洛克(John Locke)和雨果·格劳秀斯(Hugo Grotius),提出了振聋发聩的国家受信人观点。近年来,公共信义理论再次引起学界关注。行政法、选举法以及审理实践无不从信义原则中汲取养料。此外,信义原则还被视为公民政治义务的依据。随着上述发展,公共信义理论也出现了一些问题。哪一主体能够担任公共受信人(国家、次级国家主体、一个或多个国家机构或公务员)?公共受信人对应的受益人是谁?若参照私法信义原则确定公法信义原则,应以哪种私法信义关系作为蓝本?最后,公共信义理论的范围是什么?例如,公共信义理论是否适用于国际法?本部分章节对以上问题进行了探讨。

埃文·福克斯—迪森特(Even Fox - Decent)指出,信义原则不仅能够解释个人的合法权利,国家的合法权力也不例外。他以约瑟夫·拉兹(Joseph Raz)的权力观点为出发点。依照该观点,只有在权力的指令能够令其主体更合乎情理时,这种权力才是合法的。这一观点的重要组成部分就是常规证成命题(Normal Justification Thesis),即权力的主体若能遵循权力指令的引导,就能更名正言顺。拉兹的观点近期饱受争议,例如,其无法对所述权力申斥和或惩罚违反行为的资格进行解释。福克斯·迪森特有意借鉴拉兹的观点,取其精华,去其糟粕。

福克斯—迪森特有关权力的信义观点融合了常规证成命题,且从亲子关系出发展开分析。他指出,在亲子关系中,亲权是与父母义务相联系的。某种程度上而言,父母有权对子女作出并实施指令,因为他们对子女负有帮助其循规蹈矩的信义义务。鉴于父母对法律上无行为能力的子女享有监护权且存在单边主义的禁止性规定,父母的信义义务由此产生。在亲权中,子女的顺从义务并不明确,因为亲权"仅仅是一种道德权力,子女所负的义务完全由其自己决定"。

福克斯—迪森特指出,国家和公民之间的信义关系与亲子关系并无二致,这种相似性反映出所有信义关系的构成特征。在福克斯—迪森特看来,所有的受信人都对另一主体或其利益享有管理权。受益人"必须是因自身原因(情境无能力)或受信人权力性质(司法无能力)无能力指引或行使这种权力"。在此类情况下,信义义务自然产生并成为受信人权力授予的依据。他指出,为保证受信人权力,受信人需要履行相应服务的理由。就国家—公民关系而言,福克斯—迪森特认为,公民不具有行使公权力的司法行为能力。国家有权"代表所有主体按照与其信义义务相一致的方式建立法律秩序,因为每一主体均是反单边主义的受益者"。然而,在行使受信人权力过程中,国家必须对法律标准负责。这一点至关重要,"只有建立妥善的问责机制,从法律上确保国家无法支配各主体,才能要求各主体履行道德上的服从义务"。

伊森·里布(Ethan Leib)、大卫·波内特(David Ponet)和米歇尔·塞罗塔(Michale Serota)则重点对公共信义理论的关键问题开展论述,即公共信义关系映射。据其所述,私人信义理论一直在受信人和受益人的身份认定问题上纠缠不清。公司法就是典型例证:法院和评论家们往往在股东的信义义务对象是股东、公司还是利益相关者的问题上意见相左。公共信义理论同样也面临类似的问题。

在确定公共受信人时,一些理论家将联邦国家视为受信人,但其他人则将立法机构或单个州或市政府作为受信人。还有些理论家将公务人员作为受信人。一言以蔽之,每一国家行为主体都可以是受信人。公共信义理论若要对公共信义责任作出合理解释,就必须先解决上述问题。此外,受益人的认定同样引发了各种争议。举例而言,一名国会议员作为受信人,其受益人到底是所在选区、所在州还是整个国家的人民?其代表的是当下这一代的人民还是新生代的人民?公务人员的就职宣誓对这一分析可能有一定的借鉴意义。

里布、波内特和塞罗塔充分研究了公共信义关系可能出现的组合,以此证明公共信义关系映射的复杂程度。他们表示,要适用信义原则来解决公法问题,正确的信义关系映射至关重要。由于私法领域内长久以来存在的争论与公共信义理论面临的难题存在相似之处,研究私法对政治理论家解决前述问题大有裨益。典例之一就是公司法领域的股东—利益相关者争论。依照股东至上论,在公共信义中,公务人员仅对选举其担任该职位的利益相关者负有信义义务。相反,依照利益相关者论,该公务人员不仅对选举其担任该职位的利益相关者负有信义义务,同时还要代表需要其保护的更广泛公众的利益。

伊凡·克里德尔(Evan Criddle)从国家法的角度对公共信义理论展开研究。克里德尔指出,在信义情境下,一个国家有责任像保护自己国家人民一样保护其他国家的人民,这是合乎情理的。这一信义原则最早是由弗朗西斯科·德·维多利亚(Francisco de Vitoria)提出的。在16世纪,维多利亚以保护旅至美洲的西班牙公民的自然权利为由,主张西班牙对美洲原住民享有治权。当然,维多利亚也表示要保护原住民的自然权利。这一观点对后来的国际机制产生了深远的影响。西方国家与第一民族之间的种种信义关系便是有力的证明。克里德尔还指出,信义理论为现代军事占领法律奠定了理论基础。

这并不是指信义原则的适用总能求仁得仁。很多情况下,信义原则反而成为国家谋求私利的保护伞。尽管如此,克里德尔认为,若严肃对待信义原则,并据其诚信行事(act in good faith),信义原则的益处还是相当可观的。此外,信义原则还可以成为人权保护相关干涉行为的依据。依照国际法的信义概念,国际社会对干涉人权滥用行为,保护受益人权益负有积极法律义务。据其所述,国际社会对主权国家的认可也是对其之前主权地位的认可。或者说这种认可是前述主权地位的必要条件。无论是哪种理解,国际社会的责任并不只是一种道德理想,而是一种具有法律约束力的义务,根植于国际社会本身的责任之中。

在私法中,当受信人未能履行其对受益人负有的义务,法院有责任对此进行仲裁,在公法领域,当国家受信人未能履行自己的信义职责,国际社会必须予以调停。

本书各章节涵盖了诸多哲学领域的研究。许多情况下,作者们提出的问题都非常新颖,且这些问题的答案也同样具有原创性和挑战性。虽然对某些章节的某些观点达成了一些共识(例如,信义义务的契约论经济研究的成立或不成立)。但对于希望通过本书抛砖引玉的人而言,本书还就信义法的一些根本性哲学问题提出了不同的见解。举例而言,信义关系是否有确定的品质?这些品质是必要且统一的还是或有和具体的?具体有哪些品质?对于这些问题,作者们存在严重的意见分歧。他们对于信义法忠义价值的道德和司法表达也是众说纷纭,有些人将忠义视为一种美德,有的则将其视为一种法律义务,还有的直接否定了这两种观点。此外,对于忠义标准的内容以及这些标准的依据,大家的观点也各不相同。有人认为,在道德和司法层面上,这些标准是固定且正当的,适用于各种信义关系。其他人则提出,这些标准会因特定信义关系的道德价值或特定情况下的经济效率考量发生变化。公共信义理论家们在这一问题上意见较为统一,但也不是众口一词。部分作者认为,公法的活力来源于国家权力本位的信义观点,且独立的公共信义关系佐证了这一观点。其他作者则指出,不同的公共信义关系在构成上存在巨大差异,这一差异会影响信义原则对公共机关的适用。以上仅仅是本书作者对解答信义理论重要问题作出的不同意见。一种法律体系的基础哲学问题居然存在如此大的分歧,对此不感兴趣的人可能会感到诧异和失望。但我们希望读者能够为不同观点的碰撞和严谨论据的提出喝彩。最后,针对这些问题作出不同解答才能真正促进思考,百家争鸣方可百花齐放。

第一部分　信 义 关 系

第一章　身份在债法中的作用

——公众行业，默示条款和信义义务经验

詹姆斯·埃德尔曼(James Edelman)*

即使律师与客户的关系，长期被认为是一种基于身份的信义关系，义务也并非来源于身份。因为在所有这类关系中，义务来源于律师在特定情况下所承担的或者被认为已经承诺的事务。①

在一些[例外的]情况下，客户要求律师事务所对他保持绝对忠诚并且在不相关事务中也不能违反，这种主张实在不合理……[法院将考量各种因素]在决定是否存在律师事务所在不相关事务中不能违背客户之合理期待的时候。②

本书聚焦信义法。本文将探讨居于信义法中心地位的重要且困难的问题，但该问题并不限于信义法，在整个债法(law of obligations)中都有反响。这个问题是指一个人的身份或职责在决定应当承担义务方面所起的作用。对此问题的可能解答可从多视角考察，从而减少信义法的任意性质(tesserarian nature of fiduciary litigation)。

新南威尔士州上诉法院在本文开始的引文中提出一个重要的观点，认为受信人义务不是来源于身份。摘自加拿大最高法院最近一个判决的上述第二段

---

* 非常感谢 Daniella Spencer-Laitt 在研究上给予的帮助。

① *Beach Petroleum v. Kennedy* (1999) 48 NSWLR 1, 188 (Spigelman CJ, and Sheller and Stein JJA). 这句话唯一讽刺的是，客观的承诺并不包括"被认为"或任何虚构。它不是主观思想的衡量指标。

② *Canadian National Railway Co. v. McKercher LLP* [2013] SCC 39 [37] (McLachlin CJ for the Court).

引文陈述了一个类似观点。[③] 但是如果信义义务不是来源于身份,那么这将引致一个难题。为什么法院经常提及信义关系?为什么法院强调特定身份关系中产生的义务?我初步给出的答案是,身份通过表明特定主体所承担的义务成为背景资料的重要组成部分。换句话说,当一项义务因一个明显的或客观的承诺而产生时,身份或一个人承担的职责是决定该主体被合理裁定应当承担义务范围的重要因素。

本文提出一个仅在此简明证成的假说。该假说认为存在客观明显的承诺是依衡平法产生信义义务的前提。我在另一篇文章中已经对此前提做了更为实质的论证。[④] 很多权威都强调需要这样一个承诺。

不是每一项承诺,甚至也不是每一项据称由处于信义关系中的主体作出的承诺,[⑤]都可以被视为信义承诺。权威中的主流观点认为,在一项承诺能够成为信义承诺之前,该项承诺必须包含以特定行为方式作为或表现的保证。有时这种履行承诺的保证行为方式被描述为符合另一方最佳利益的行为要求。有时它被表述为"忠义地"向另一方履行承诺的要求。在其他情况下,它被表述为基于应为"正当目的"履行义务的要求。所有这些陈述都存在问题。但重要的一点是,无论如何表述作为或表现的方式,履行承诺的行为方式不是一项独立的义务。[⑥] 要求"忠义"的"义务"引发出问题有:忠义什么结束?忠义会不断地变化?正如贺拉斯(Horace)阐明,以及欧文(Owen)讽刺的那样:为祖国捐躯的甜美与光荣(*dulce et decorum est pro patria mori*)。在法律中如在生活中一样,不了解要求忠义的履行,便无法理解忠义。就信义义务而言,履行即是承担义务。履行义务的方式是承诺的一部分,但通常认为行为方式引起信义。

有一个因聚焦承诺的解释以决定信义义务内容而产生的难题。这个难题是我们论及信义关系的原因。如果(1)信义义务的内容由客观承诺的内容所决定,且(2)承诺的特殊性或信义本质由履行承诺义务的特定承诺行为方式所决

---

③ *Canadian National Railway Co v. McKercher LLP* [2013] SCC 39.

④ J. Edelman, "When Do Fiduciary Duties Arise?" 126 *LQR* 302 (2010).

⑤ P. Finn, *Fiduciary Obligations* (1977) 2; *Bristol and West Building Society v. Mothew* [1998] Ch 1, 18 (Millett LJ); *Arklow Investments Limited v. Maclean* [2000] 2 NZLR 1 (PC); *Chirnside v. Fay* [2006] NZSC 68; [2007] 1 NZLR 433 [15] (Elias CJ).

⑥ *Pilmer v. The Duke Group (in Liq)* (2001) 207 CLR 165, [70] – [71] (McHugh, Gummow, Hayne, and Callinan JJ).

定,那么为何还要在意承诺是否构成特定关系的一部分？换句话说,身份或关系在决定客观承诺义务内容中的关联是什么？

对此难题的解答是,信义关系的作用依赖于对有关自愿承诺法律中身份作用的理解。本文的基本观点是身份在信义义务中扮演着与通常在债法中一样的角色。

本文分为三个部分。首先,我解释了信义义务的本质:它如何产生和如何确定义务内容。这一部分事实上是我和其他合作者[7]在另一篇文章中更为详细论证的总结。

其次,我转向身份在债法中的通常作用。举了两个例子:涉及默示条款的身份作用和涉及公众行业法律的身份作用。在每一个例子中,我有力地证明了身份构成借以形成合理期待的环境的一部分。

最后,我回到信义义务,并解释理解身份在债法中的作用是如何帮助我们理解它在决定信义承诺内容中的作用。

有一个非常重要的议题被排除在本文的讨论范围之外。本文仅关注衡平法中的信义义务。文章不涉及可能被制定法描述为“信义”的义务,也不涉及衡平法中的信义义务与依据制定法的信义义务之间的相互关系。议会可以创造在衡平法中不认为是“信义”的新义务,并给那些义务附上同样的救济结果。议会甚至可以给那些之前从未被认为是信义的义务贴上“信义”标签。或者它可以重新定义和构造信义义务以及相应的救济结果。例如,在 *United States v. Mitchell*[8] 一案中,马歇尔(Marshall)法官多次提及信义义务“由法案[1887 年《印第安人土地分配法》(Indian General Allotment Act)]确立,以及随后的使该项义务得以明晰和具体化的立法和执法发展。”制定法的义务与衡平法的义务相互影响最突出的例子之一就表现在公司法中。一个公司和它的董事们是章程的创造者。董事们的权力来源于制定法。在很多管辖区域,这些权力尚未被法典化,所以将产生背离衡平法中信义义务之历史背景的制定法构建。

---

⑦ Finn (n 5).

⑧ *United States v. Mitchell*, 445 US 535 [100 S Ct 1349, 63 L Ed 2d 607 (1980)].

一、信义义务的本质

"信义"一词来源于拉丁文信托(*fiducia*),意为信任或者信赖。[9] 信义义务起源有赖于公认不可缺损的概念之间的联系程度,以及一个概念停止发展同时一个新的概念孕育而生的节点。然而,现代信义义务的概念和罗马法信托的概念存在一些关联。在罗马法中,信托是一种盟约(pactum)。它是"财产让与的附属物"。[10] 它主要的功能是指引财产的持有人关注对财产的义务。罗马法中管理信托(*fiducia cum amico*)的概念,[11]仍然存在于民事司法管辖区,[12]要求接受另一方财产的主体善意地管理财产。

为了理解信义义务的作用,有两个重要的初步观点需要解释。

第一,信义义务要求承诺。我已经在别处提出这一观点,[13]但是最著名的观点来自保罗·费恩(Paul Finn)的学术[14]和司法[15]研究成果。本部分的核心观点是信义承诺总是通过信义行为来体现。在这个意义上,信义承诺是自愿的:它不是法律在受信人明显意图之外单独强加的。但它不涉及受信人的主观认知和客观意图。承诺可以通过外在的语言、行为和环境来理解。

与此一个紧密相关的情况是一个人承担的职责。一个人可能被任命为受托人或者律师。在一些情形下,基于任命的主体承诺可能清晰地表明该主体能够以使自己处于冲突地位的行为方式来履行义务,或者允许该主体利用特殊职位以特定的方式获取利益,但很可能以委托事务为代价。衡平法并不禁止这种同意,无论是在合同中或者信托契约、其他协议和承诺中。事实上,在商业信托中,如今受托人通过酬金借助所处职位获取利益的情况非常普遍。在其他情况下,可能没有如此明显的承诺。如果没有,受托人或者律师所承担职责的历史

---

⑨ J Morwood (ed.), *Pocket Oxford Latin Dictionary* (2001) 56; *Oxford English Dictionary* (2nd edn.,1989) definition 3:"从本质上说,起源于信任或者信赖。"

⑩ W Buckland, *A Textbook of Roman Law* (3rd edn.,1996) 431.

⑪ Gaius 2. 60.

⑫ G Gretton, "Trusts without Equity", 49 *ICLQ* 499 (2000) at 501.

⑬ Edelman (n 4).

⑭ P Finn "The Fiduciary Principle", in T Youdan (ed.), *Equity, Fiduciaries and Trust* (1992).

⑮ *Grimaldi v. Chameleon Mining NL* (*No.* 2) [2012] FCAFC 6; (2012) 200 FCR 296 [177].

与本质将伴有特定义务的合理期待。从权利人的角度来看，合理期待是显示于外的承诺的反面。

受信人承诺的重要性并不限于衡平法信义义务范畴。例如，在英国，它在2006年《慈善法》(Charities Act)中起到重要的制定法作用，该法第1条第1款关于慈善定义的核心包含"慈善机构"的概念。第78条第5款用包含"一个信托或承诺"的表述定义慈善机构。1960年《慈善法》在第46条第1款也涉及承诺。

第二个初步观点是在承诺中涉及"信义"这一类别的承诺分支是现代概念。正如西利(Sealy)和费恩数十年前观察到，"信义"术语在19世纪中期才在判例汇编中经常出现。[16] 但是，尽管"信义"承诺的概念最近才出现，承诺本身的概念则十分久远。最初真实后来带有虚构的承诺是允诺(assumpsit)请求(一方承担)的核心。在独特的合同法出现以前，承诺不要求从原告处获取对价以在因不履行承担的责任而引发的诉讼中取得成功。[17]

现今，有对价支撑的承诺通常作为合同而具有法律约束力。然而历史上，承诺要成为具有约束力的允诺并不以对价为必要条件。即使是在今天，没有对价的单边承诺在各种情况下均有拘束力，如契约中的承诺，或者涉及信用证的，抑或享有信托权利的承诺。

描述"信义"承诺特性将被视为是另一种情形的一般性示例，该情形是指法院认定承诺义务具有拘束力，即使是单边的。然而这可能遭到质疑，即致力于识别信义承诺和非信义承诺的准确边界是否有用。结果在于给承诺贴上误导性标签是否几乎确定会导致法律上的混淆。40年前关于受信人的伟大著作*的第1页及其核心观点中，费恩提出"规则是一切。'信义'的描述什么都不是"。[18] "信义"的标签因其基于"信任"和"依赖"的语源也具有误导性。众所周知，在没有信任或依赖关系的情况下，"信义义务"照样能够产生。即使当受托人负有信义义务时，鉴于有时被据称为关系中固有的信托或"信任"，责任并

---

[16] L Sealy "Fiduciary Relationships", [1962] CLJ 69; and [1962] CLJ 119; Finn (n 5) 1.

[17] D Ibbetson, *A Historical Introduction to the Law of Obligations* (1999) 133 and *Powtuary v. Walton* (1598) Ro Abr 1. 10, *Action sur Case*, p. 5.

* 指费恩于1977年出版的《信义义务》(*Fiduciary Obligations*)一书。——校者注

[18] Finn (n 5) 1.

没有产生。在受托人和受益人之间不需要有信任或信赖关系;受益人可能并不知道信托的存在且受益人可能甚至没有出生。[19]

然而,就现行法律来说,通常有必要决定是否应当给特定承诺贴上"信义"标签以确定各种结果是否应当产生。一种观点认为,如果承诺包含以特定方式履行义务的保证,那么它是"信义"承诺。有时这种特定的履行行为方式被界定为符合委托人的"最佳利益"。在美国,斯科特(Scott)在60多年前就提出了这样的观点,指出信义承诺可以是合同的或者无理由的,但关键点是承诺的本质涉及为代表另一方利益作为。[20] 在澳大利亚,关于信义义务主要的澳大利亚式陈述中,麻森(Mason)法官解释说信义关系的重要特征是,受信人"承诺或同意法律意义上或实际意义上在行使影响另一方利益的权力,或自由裁量的过程中为另一方作为或代表另一方利益或为了另一方利益作为"。[21] 在澳大利亚,这一陈述在许多场合被赞同者引用。[22]

在加拿大同样如此。且不论制定法,在 *Galambos v. Perez*[23] 案中,加拿大最高法院论及衡平法上的信义义务,"存在明示的或默示的受信人承诺,受信人将为另一方的最佳利益作为,这对于所有临时的信义义务而言是根本的……在本身(perse)就是信义关系的情况下,这种承诺可以在争论的信义关系种类的性质中找到"。本文第三部分将更详细地分析这一最终的重要陈述。此外,在加拿大最高法院 *Hodgkinson v. Simms*[24] 案中,拉弗雷斯(La Forest),雷·亨瑞克斯-杜拜(L. Heureux-Dubé)和龚提尔(Gonthier)法官引用费恩的话解释道:"每种情况中的'终结点(end point)'是明确一方是否有权期待另一方为自己的利益行事(或者在某些情况下为了他们共同的利益),而不是为了另一方的利益。"最近,加拿大最高法院裁定,即使是在如律师与客户这种本身就是信义关系中,也

---

[19] *Swain v. Law Society* [1982] 1 WLR 17,48 (Fox LJ); J D Heydon and M J Leeming (eds.), *Jacobs' Law of Trusts in Australia* (7th edn. ,2006) 4 [107].

[20] A Scott "The Fiduciary Principle", 37 *Calif Law Rev* 539,544 (1949).

[21] *Hospital Products Ltd v. United States Surgical Corporation* [1984] HCA 64; (1984) 156 CLR 41,96 – 7.

[22] 例如,高等法院审理的案件 *Pilmer v. Duke Group* (*In liq*) (2001) 207 CLR 165,[70] – [71] (McHugh, Gummow, Hayne, and Callinan JJ); *John Alexander Tennis Club v. White City Tennis Club* (2010) 241 CLR 1,[87] (French CJ, Gummow, Hayne, Heydon, and Kiefel JJ)。

[23] *Galambos v. Perez*,[2009] 3 SCR 247,249.

[24] *Hodgkinson v. Simms*,[1994] 3 SCR 377.

可以有律师事务所无须对客户保持绝对忠诚的例子。无论这一观点是否在其他管辖区域，尤其是在不同制定法和条例的语境下适用，最高法院结论的基本依据为客户是否对律师事务所存在此种合理期待。

尽管实现本文的目的不需要对广为接受的关于信义义务要求为委托人最佳利益履行承诺的陈述吹毛求疵，只要说用那样的术语表达观点存在难题就够了。常见的“最佳利益”表述存在三个难题。

第一，受托人可能承诺依照可以分配财产给世界上任何人（包括受托人自己）的一般性权力持有信托财产。未曾有判决认定一般性权力无效。该项权力的存在，如果是有效的，意味着不要求受托人因以特定行为方式作为义务而为受益人的最佳利益行事，有了不这样做的权力，即允许受托人以不符合受益人最佳利益的方式作为。

第二，举个例子。假设受托人基于自由裁量信托（discretionary trust）为三个委托人持有一个信托基金，对全部资金享有完全的自由裁量权，可以将其分配给任何一个人。受托人仔细考虑了受益人情况，将所有的信托资金分配给了委托人 B。受托人不知道委托人 B 一直有赌博的习惯，分配的资金迅速全部输光。假设该分配不符合任何一个主体的最佳利益，更不用说符合所有人的最佳利益，那么是否可以说受托人应当对没有按照信托主体的最佳利益分配信托资金负责？答案是“不”。正如澳大利亚高等法院麦克休（McHugh）、古茂（Gummow）、海恩（Hayne）和卡利南（Callinan）法官在 *Pilmer v. Duke Group*㉕案的共同裁判中解释的，“受信人不会因仅仅为了委托人的最佳利益行事而被苛加准侵权行为责任”。又如澳大利亚上议院和高等法院均强调描述受信人权力行使方式，㉖具体如下：

> 明显无法通过列举来实现，因为不同类型公司中的董事在不同情形下所面临的各种情况是无法预见的。在阁下们看来，使用诸如“善意地为了公司整体利益”或者“为了一些公司目的”的短语也无济于事。这些短语除了重申适用于受信人权力的一般性原则之外，充其量

㉕ *Pilmer v. The Duke Group (in Liq)* [2001] HCA 31; (2001) 207 CLR 165 [74].

㉖ *Howard Smith Ltd v. Ampol Ltd* [1974] AC 821, 835; *Whitehouse v. Carlton Hotel Pty Ltd* [1987] HCA 11; (1987) 162 CLR 285 (Mason, Deane, and Dawson JJ).

> 也就消极地将那些董事部分或不完全作为，即不适当地支持一部分股东对抗另一部分股东的情况排除在有效情况之外。

第三，关于信义义务的“最佳利益”(best interests)或“忠义”(loyalty)的宽泛描述之难题在于，它可以将信义义务“切片”(filleted)为信义和非信义的成分，如承担的注意义务。[27] 它能够在注意的受信人权力和注意的(非)信义义务之间创造区别。[28] 它能够要求信义义务都是互相排斥的(proscriptive)。[29] 这些观点每一个都是有争议的；不同国家和不同法院对此已经有不同的结论。

鉴于此，当前要求“最佳利益”或者“忠义”作为使承诺成为信义承诺的实质要素是存在问题的。但根本的问题还是含有对忠义的合理期待之明示承诺核心内容。支持此种期待的情形包括受信人承担的任何职责，受信人基于任何职责或承诺所说的话或者表现出来的行为。这强调了弗莱彻·默尔顿(Fletcher Moulton)法官近一个世纪以前提出的观点的重要性：“没有一类案件要求法官必须仔细牢记案件事实。”[30]或者如加拿大最高法院认为的，[31]以及在澳大利亚联邦法院合议庭审理的 *Grimaldi v. Chameleon Mining NL*(*No.* 2)[32]一案中认为的：

> 当一个人只要已经承诺为另一方履行职责或者承担起责任，并因此合理地使对方有权期待该主体将排除为他或她自己和第三方的利益行事，那么在此范围内他将与另一方形成信义关系。

二、身份在债法中的演变：两个示例

本部分考虑身份在债法两个领域中的作用。观点为在义务以客观明示的

---

[27] See J D Heydon, “Are the *Duties* of Company Directors to Exercise Care and Skill Fiduciary?”, in S Degeling and J Edelman (eds.), *Equity in Commercial Law* (2005). See also *United States v. White Mountian Apache Tribe* 537 US 465; 249 F 3d 1364 (2003).

[28] Heydon (n 27).

[29] See *Futter v. Revenue & Customs* [2013] UKSC 26.

[30] *Re Coomber* [1911] 1 Ch 723 at 728 – 9.

[31] *Canadian National Railway Co v. McKercher LLP* [2013] SCC 39 [37].

[32] *Grimaldi v. Chameleon Mining NL*(No. 2), [2012] FCAFC 6; (2012) 200 FCR 296 [177].

承诺为基础的领域,正如在这些示例中,身份关系或任职是解释承诺的一个相关因素。

(一)示例1:公众行业(common callings)

身份或职责有时被认为能够决定所负义务之性质的第一个示例是关于“公众行业”。霍尔兹沃思(Holdsworth)主张公众行业的责任来源是具有特定身份的主体受到法律的规制。因此,“像旅馆老板或公共承运人这样的主体,可能还包括如铁匠或外科医生,被认为受到所在行业的约束,在他们各自的行业中展现一定程度的技能”。[33] 霍尔兹沃思声称,行为的基础“在基本公共政策。为了社会利益(就像现在这样)特定行业的主体在遵循他们职业过程中应当展现足够的注意、技能和诚实”。[34]

霍尔兹沃思关于公众行业历史的观点是有争议的。之后 A. W. B. 辛普森(A. W. B. Simpson)认为,从来就不存在公众行业的特定分类。形容词“公众”适用于刽子手、妓女、告密者、士官、工人、律师、旅馆老板、承运人和其他很多,这“意味着仅仅可用于公众”。[35]

无论怎样,公众行业责任的身份概念逐渐减弱。在之后对特定允诺演变的思考中,霍尔兹沃思解释道,至17世纪承诺的中心地位已经意味着采用“这些允诺形式在这些情况下旨在促进和强调从身份向契约的转变”。[36] 已经达成普遍共识,不是个体的特定身份引致公众行业的责任,而是个体所做承诺的性质。

在珀西·温菲尔德(Percy Winfield)先生讨论侵权法中过失的著名历史时,[37]他考察了作为公众行业规则基础的不同概念,包括在 *Ipswich Tailor's Case* 之后可口可乐(Coke)案[38]所创立的公众行业的责任。如公共承运人的责任,是建立在一般性安全运输承诺的基础上的。到了黑石集团(Blackstone)的时候,这个承诺概念居于中心地位。黑石集团解释说这类合同“基于假定产生,即承

---

[33] W S Holdsworth, *A History of English Law*, Vol. 3 (3rd edn. ,1923) 385.

[34] Holdsworth (n 33) 385 – 6.

[35] A. W. B. Simpson, A History of the Common Law of Contract: The Rise of the Action of Assumpsit (1987) 230.

[36] Holdsworth (n 33) 448.

[37] P Winfield, “The History of Negligence in Torts”, 42 *LQR* 184,188 – 90 (1926).

[38] 11 Coke Rep 53a,53b; 77 ER 1218,1219.

担任何职责、职业、信托或义务的主体和雇佣或者委托他诚实、勤勉、技术地履行事务的主体订立合同”。[39]

现代概念已牢牢地扎根于承诺观念中。在澳大利亚最成功的 *James v. Commonwealth*[40] 案件中，狄克逊(Dixon)法官驳回 Commonwealth 公司引诱公共承运人违反职责运输詹姆斯(James)先生水果的论证，裁决承运人未承担公共责任：[41]

> 公共承运人自称或声明的性质可能是明示的，或者可能通常由行业宗旨或者其他行为默示。公共承运人的性质是否已经呈现，这在每一个案件中都是一个事实问题。考虑这个问题，一个重要的因素是承运人是否准备好坚持无偏见地运输所有选择雇佣他或者交给他运输货物者的货物。如果承运人保有选择对象的权利，无关他们的货物是否适合承运人的运输工具，而不是无偏见地邀请所有人使用他的船或车辆，那么他就不是一个公共承运人。

尽管公众行业作为一个承诺问题出现，然而公众行业的一个特殊方面必须加以强调。这个方面指承诺是面向整个公众的。正如狄克逊法官解释的，主体没有被要求向公众作出普遍提供服务的承诺，但是如果他这样做了，那么在没有对单个个体履行的情况下就是违背职责。由于这个原因，产生于公众行业的责任有时被界定为“公众”责任，可能出现基于刑事控告的违约诉讼。[42] 因此，“如果旅馆老板……挂出标牌并为旅行者敞开大门，这是招待途经那里的所有人的默示诺言。基于此一般性允诺，将会存在向他主张损害赔偿的诉讼”。[43] 同样地，一项关于公共承运人拒绝运输货物标准的普通法权利请求如下：[44]

> 被告是供出租的货物公共承运人……原告在合理且适当的时间……

---

[39] J Chitty (ed.), *Blackstone's Commentaries of the Laws of England* (1826) Book III, ch 9, p. 164.

[40] *James v. Commonwealth*, [1939] HCA 9; 62 CLR 339.

[41] *James v. Commonwealth*, [1939] HCA 9; 62 CLR 339 at 367 – 9.

[42] See discussion in *Stapley v. Towing Masters Pty Ltd* (*trading as Dynamic Towing*) [2009] NSWCA 382 [92]; *Pozzi v. Shipton* (1838) 1 Per & Dav 4, 12 per Patteson J (arguendo, although the passage does not appear in the report at [1838] Eng R 205; 8 Ad & E 1106; 112 ER 1106); *Belfast Ropework Co v. Bushell* at 212 per Bailhache J.

[43] Chitty (n 39), Book III, ch 9, p. 165.

[44] E Bullen and S M Leake, *Precedents of Pleadings* (3rd edn., 1868) 277.

向他提出……当其他承运人收到并将货物[待交付]运输给他的时候，在他的营业场所接收将由他运输的货物；然后原告准备好且愿意并提出要支付给被告合理的租金……被告在之后有足够的时间、工具和便利来接收并运输和交付上述货物，能够且应当已经照此完成；然而被告并没有也不会为原告接收和运输上述货物。

公众行业仍然存在。但向公众作出的无偏见提供服务的承诺并不常见。因此，没有保留偏见权利的证明责任由指称特定运输人是公共承运人的主体承担。[45] 问题已转变为对承诺的一种解释。

尽管对承诺问题的一种解释，与身份或承担的职责依然相关。存在一些例子，关于身份导致对承诺是主体在公众行业作为的合理期待。律师和出租车司机就是例子。而且，如果找到一个公众行业，义务人的身份可能影响应当承担的特定权利和义务的性质。一个例子是强加给公众行业服务接受者的"普通法留置权"(common law lien)。凯尼恩(Kenyon)法官将"普通法留置权"从那些普通法通过惯例或协议识别的留置权中区分开来。考虑到公众行业义务被认为是基于公共政策的考量，留置权作为义务人对应的利益具有合理性。据说普通法留置权产生于"当一方依法律有义务接受动产……在这种情况下法律在施加负担的同时也赋予该主体保留以获补偿的权力。"[46]但是，由于公众行业的基础转变为有关承诺的形式，普通法留置权的基础便根植于对在相应行业作为公共义务人的主体身份通常伴有留置权利这样一种期待。至1855年《提单法》(Bills of Lading Act)，公认"提单受让人出具的货物收据是同意受其条款约束的证明。"[47]正如之后上议院解释的，"推论的合同不是一种虚构。它是一份法院推断已经成立的合同，因为依照案件中的证据这是适当的事实裁决。"[48]基于运费或共同海损的普通法留置权作为合同承诺的一部分而产生，"除非提单中

[45] *Stapley v. Towing Masters Pty Ltd.* (*trading as Dynamic Towing*) [2009] NSWCA 382 [98] (Campbell JA).

[46] *Naylor v. Mangles* (1794) 1 Esp 109, 109; 170 ER 295, 296.

[47] *Allen v. Coltarl* (1883) 11 QBD 782, 785, Cave J citing *Young v. Moeller* (1855) 5 E&B 755.

[48] *Borealis Ab v. Stargas Limited and Others and Bergesen DY A/S* [2001] UKHL 17; [2001] 2 All ER 193 [20] (Lord Hobhouse).

包含放弃或否定留置权的表述(如通过在提单上标记‘运费已付’)”。[49]

(二)示例2:默示条款

另一个被认为是根据身份或所承担职责施加义务的领域,条款由主体承担职责或享有身份所在的行业之习惯或惯例默示。但是,正确地理解,在这些情况下身份或职责的作用正在发展为仅仅是决定理性人期待内容的一个因素。

来源于习惯或惯例的义务最初建立的基础是什么并不清楚。“一般习惯”的概念需要参考普通法运作本身来描述:当“有一个新的案件需要解决,如果类推无法作为权威或指引发挥作用,律师必须求助于所谓的自由裁量或常识,这事实上就是习惯的理由”。[50] 从这个关于习惯的宽泛视角来看,源于习惯的所有义务可以被合理地视为是作为法律施加而不是产生于承诺的解释。

但是,习惯作为引入义务的基础的使用更为有限。在 *Hutton v. Warren*[51] 案中,Parke B. 谈到来源于习惯或惯例的义务“以默示方式”被引入租约中。因此强加来源于习惯的义务之基础是默示该项义务是承诺的一项条款。在美国最高法院 *Barnard v. Kellogg*[52] 案中,戴维斯(Davis)法官说:

> 一项商业习惯或惯例的适当功能在于明确或解释合同当事人的意思或目的,无论是书面的或是口头的,没有这个外部证据的辅助将无法判断。它并没有超越这个功能,被用作一种理论上的解释方式,当事人知晓其存在并根据其订立合同……但是如果它与合同内容不一致,或者明显地或通过必然默示与合同相矛盾,那么它就不能作为有效证据被接收以影响合同。

身份或职责的作用是作为一个行业的背景事实,在该行业中特定行为被广泛接受,且从行业中可以推断出协议条款。在 *Browne on Usage and Custom* 案中,以下列方式解释法官由习惯引出的义务受限内容(limited conception of

---

[49] *Borealis Ab v. Stargas Limited and Others and Bergesen DY A/S* [2001] UKHL 17; [2001] 2 All ER 193 [20] (Lord Hobhouse).

[50] J. H. Browne, *The Law of Usages and Customs* (1875) 79.

[51] *Hutton v. Warren* (1837) 1 M&W 466, 475; 150 ER 571, 521.

[52] *Barnard v. Kellogg*, 77 US 383 (1869) [5].

duties)：[53]

> 鉴于习惯只是从大量的个体行为中推断出来的，显然惯例的存在必须由大量特定实例的叠加或聚集来证明；但这些实例在性质上不能是混杂的，而必须有统一原则贯穿始终，并且统一性必须展现特定行业宗旨以及对此的已有理解。

由习惯默示的承诺最有名的例子之一是商人法。商业习惯不断变化。有时它们具有地方性。有时它们具有普遍性。有时商业习惯无须证明便被接受。有时要求证明。在 *Edie v. East India Co.* [54]案中，威尔莫特(Wilmot)法官谈到：“依赖商人之间的习惯事实上是存在一些问题的，如果对习惯存有怀疑，采纳置身其中商人们的观点可能是合适的且适当的；然而那只是法律有疑问的情况下，甚至因此习惯必须由事实而不是仅仅由观点来证明。”

关于义务和对应权利的一个例子是作为身份结果的普通法留置权，它在涉及一个特殊身份的特定关系作为习惯而产生。该项权利的来源是一项默示的承诺。在 *Brandao v. Barnett*[55]案中，坎贝尔(Campbell)法官解释说，这些留置权作为“商人法的一部分”而产生，因为“当一个具有普遍性的惯例经依法判决查明和确立，它就成为商人法的一部分，法院必须知晓和承认。”在澳大利亚，史蒂芬(Stephen)法官解释说：“正是通过这样的程序确立了律师、股票经纪人、代理商和保险经纪人的一般留置权。”[56]

在澳大利亚主要案件 *Con-Stan Industries of Australia Pty Ltd. v. Norwich Winterthur Insurance (Australia) Ltd*[57]案中，澳大利亚高等法院提出同样的观点，将习惯概念的演变描述为：

> 一个人可能受到习惯的约束，尽管事实上他对此一无所知。历史上，法院用截然不同的方法处理该类问题。据说，作为一般性规则，不

---

[53] Browne (n 50) 79.

[54] *Edie v. East India* Co. ,2 Burr 1228.

[55] *Brandao v. Barnett*,(1846) 12 Cl & F 787,805; 8 ER 1622,1629. See also Lord Lyndhurst 810, 1631.

[56] *Majeau Carrying Co Pty Ltd. v. Coastal Rutile Ltd* [1973] HCA 22; (1973) 129 CLR 48.

[57] *Con-Stan Industries of Australia Pty Ltd. v. Norwich Winterthur Insurance (Australia) Ltd.* , [1986] HCA 14; (1986) 160 CLR 226,237 - 8.

> 知道习惯或惯例存在的主体不受其约束。就该规则而言有一个条件，如果习惯是如此臭名昭著以至于所有在圈内交易的主体都能轻易地弄清习惯的性质和内容。那么推定主体具备那样的认知是合理的，尽管他对此一无所知。[58] 照此，臭名昭著的问题扩展至推定认知的问题。达到足够的臭名昭著是推定一个事实上不知晓的主体知晓习惯的必要且充分条件。结果是在现代，没有什么取决于存在或缺乏关于习惯的实际知识；这将有利于或不利于习惯臭名昭著程度问题的解决。被告关于受益人不了解的行业实践不能构成合同默示条款基础的论点不能得到支持。

在加拿大同样如此。[59]

然而，接受条款暗含承诺的并不等同于说该条款作为承诺的解释而产生。在 *Liverpool City Council v. Irwin*[60] 案中，威尔伯福斯（Wilberforce）法官谈到三类不同的条款默示。第一类涉及依习惯的条款默示，据说建立在"双方当事人知道且如果被要求的话将毫不犹豫地同意成为交易当事人"的基础上。第二类是法院给合同添加一个缺少它合同即不能运作的条款。第三类（威尔伯福斯法官表示质疑）是丹宁（Denning）的观点，如果条款是合理的即可以默示。第四类是当事人并没有载明合同的所有条款，法院需要寻找默示的条款以补全承诺。在威尔伯福斯法官看来，只有第四类明显涉及合同或承诺的解释。

但是，如果其他三类默示条款没有真正涉及解释问题，那么为什么它们会产生？利物浦（*Liverpool*）上诉法院丹宁法官的观点是，默示与当事人的意图无关。引自莱特（Wright）法官在霍尔兹沃思俱乐部（Holdsworth Club）所做的法庭职权外的演讲，丹宁法官争论说："事实是法院根据看起来是公正的和合理的来解决问题……在这个意义上，法院是在为当事人制作合同，尽管这样说几乎是亵渎神明的。"[61]不信教的律师可能会对丹宁法官使用"几乎"一词吹毛求疵。卡比（Kirby）法官更近些时候在 *Roxborough v. Rothmans of Pall*

---

[58] *Halsbury's Laws of England* (4th edn., 1973 – 87) Vol. 12, paras. 467 – 8; *Jones v. Canavan* (1972) 2 NSWLR 236, 243.

[59] See, eg., *Georgia Construction Co v. Pacific Great Eastern Railway* [1929] SCR 630; *Gainers Lld and Local* 319 *United Packing House Workers of America* (1964) 47 WWR 544, 552 (Riley J).

[60] *Liverpool City Council v. Irwin*, [1977] 1 AC 239, 253.

[61] *Liverpool v. Irwin*, 未报告的上诉法院的判决, 22 July 1975, p 9.

Mall Austrialia Ltd[62] 案中表达了同样观点。法官阁下说:"当虚构部分完全被省掉,法院率直地承认在确定的情况下,生效法律允许根据所需政策对当事人施加他们疏于明确提供的条款和条件,这样的时代可能已经到来。"本文的最终目的就是反驳这一观点。

枢密院在 *AG of Belize v. Belize Telecom Ltd*[63] 案中解释了为什么这种通往默示条款的"政策"方法是不正确的原因。在那个案件中,霍夫曼(Hoffmann)法官建议枢密院考虑枢密院的裁判规则,该规则经由维多利亚最高法院上诉审判 *BP Refinery(Westernport)Pty Ltd. v. Shire of Hastings*[64] 案所确定。枢密院在那个案件中陈述了条款默示必须"满足"的五项标准。[65] 那些标准是:

(i)必须是合理的和公平的;

(ii)必须是给予合同行业效力所必要的,如此没有条款是默示的,如果合同没有它依然有效;

(iii)必须是"不言而喻"的明显;

(iv)必须能够明确表述;且

(v)必须不与任何合同明示条款相矛盾。

霍夫曼法官反对 *BP Refinery* 签条(indicia)全部满足的建议。相反,法官阁下解释说,因素仅仅是签条被用于评估语言传递给理性收信人的含义。这个方法通过解释吸收了条款默示的作用。就默示而言,霍夫曼法官的方法询问是否此种条款需要用明确的语言表述清楚,根据相关背景解读,工具被合理理解的含义是什么。[66] 霍夫曼法官的方法在新西兰[67]和英国[68]已经得到认可。

---

[62] *Roxborough v. Rothmans of Pall Mall Australia Ltd.* [2001] HCA 68; (2001) 208 CLR 516,575 [159].

[63] *AG of Belize v. Belize Telecom Ltd* [2009] UKPC 10; [2009] 1 WLR 1988 [21] – [27] referred to without disapproval in *The Bell Group Ltd. (in liq) v. Westpac Banking Corporation* [*No* 3] [2012] WASCA 157 [342] (Lee AJA).

[64] *BP Refinery (Westernport) Pty Ltd. v. Shire of Hastings* (1977) 180 CLR 266,283 (Lord Simon and Lord Keith).

[65] *BP Refinery (Westernport) Pty Ltd. v. Shire of Hastings* (1977) 180 CLR 266,283 (Lord Simon and Lord Keith).

[66] *AG of Belize v. Belize Telecom Ltd* [2009] UKPC 10; [2009] 1 WLR 1988 [21].

[67] *Dysart Timbers Ltd. v. Nielsen* [2009] NZSC 43; [2009] 3 NZLR 160 [25] (Tipping and Wilson JJ) [62] (McGrath J).

[68] *Mediterranean Salvage &Towage Ltd. v. Seamar Trading and Commerce Inc* (*The Rebron*) [2009] EWCA Civ 531.

霍夫曼法官的方法同样获得事实的支撑，即法院经常就他们是否置身于运用“暗示”一个条款或通过“提取合同本身语言中暗含的内容”来“解释”合同条款存在分歧。[69] 在澳大利亚，澳大利亚高等法院在许多场合就所采用的方法是否是解释的方法或默示的方法有分歧。例如，在 *Butt v. Long*[70] 案中，高等法院的两位法官认为是解释问题，[71]而首席法官认为是默示问题。[72] 在 *Lewis Construction (Engineering) Pty Ltd. v. Southern Electric Authority of Queensland*[73] 案中，三位法官[74]认为运用的是解释，而两位法官认为是默示问题。[75]

然而，澳大利亚从未采取措施合并默示和解释。在 *Codelfa Construction Pty Ltd. v. State Rail Authority of NSW*[76] 案中，麻森法官[与史蒂芬法官和威尔逊(Wilson)法官一起]认为五项要求是必要条件。麻森法官(史蒂芬法官和威尔逊法官同意)同时阐明：“当我们说默示条款引发关于合同的含义和效力问题，我们并不打算通过这样的陈述来传递信息，即法院已经开始着手在解释合同用语过程中赋予特定条款含义的传统运用。”[77]

有迹象表明该方法在澳大利亚可能发生变化。关于非正式合同，据说五项 *BP Refinery* 标准已经被一个问题所替代：这是不是“在案件情况下那种性质的合同合理的或有效的运作所必需的”。[78] 不过，该种检测默示的表达受制于一个

---

[69] *Brambles Holdings Ltd. v. Bathurst City Council* [2001] NSWCA 61; (2001) 53 NSWLR 153, 165 [30] (Heydon JA); *Boreland v. Docker* [2007] NSWCA 94 [110] - [111] (Beazley JA; Mason P and Ipp JA agreeing).

[70] *Butt v. Long* [1953] HCA 76; (1953) 88 CLR 476.

[71] *Butt v. Long* [1953] HCA 76; (1953) 88 CLR 476, 489 - 90 (Webb J), 490 - 1 (Fullagar J).

[72] *Butt v. Long* [1953] HCA 76; (1953) 88 CLR 476, 487 - 9 (Dixon CJ).

[73] *Lewis Construction (Engineering) Pty Ltd. v. Southern Electric Authority of Queensland* (1976) 50 ALJR 769.

[74] *Lewis Construction (Engineering) Pty Ltd. v. Southern Electric Authority of Queensland* (1976) 50 ALJR 769, 770 - 1 (Barwick CJ, dissenting), 773 - 5 (Gibbs J), 778 (Mason J).

[75] *Lewis Construction (Engineering) Pty Ltd. v. Southern Electric Authority of Queensland* (1976) 50 ALJR 769, 777 (Stephen and Murphy JJ).

[76] *Codelfa Construction Pty Ltd. v. State Rail Authority of* NSW [1982] HCA 24; (1982) 149 CLR 337, 345.

[77] *Codelfa Construction Pty Ltd. v. State Rail Authority of* NSW [1982] HCA 24; (1982) 149 CLR 337, 347. See also *Secured Income Real Estate (Australia) Ltd. v. St Martins Investments Pty Ltd* [1979] HCA 51; (1979) 144 CLR 596, 605 - 6 (Mason J).

[78] *Hawkins v. Clayton* (1998) 164 CLR 539, 573 (Deane J); *Breen v. Williams* (1996) 186 CLR 71, 90 - 1 (Dawson and Toohey JJ), 123 - 4 (Gummow J).

附带条件："一个条款在合同中可能由已建立的商业惯例或职业实践或由过去的交易宗旨暗示。"[79]因此法律的规定是不同方法可用于识别承诺条款，通过(i)明确正式的合同或合约；(ii)非正式的合同；或者(iii)习惯或惯例。但共同的特征是每一个都是相关当事人意图所显现的承诺一部分。

三、身份和信义承诺

了解身份在影响承诺之客观解释中的作用后，我们来看"信义关系"的含义。本文开始的时候就提出一个问题：如果信义义务是由明显承诺内容所决定，那么信义关系的关联是什么？

这个问题的答案一定是关系通常为承诺的解释提供重要语境。例如，在信义义务作为合同一部分的情形下，关系不会"叠加"(superimposed)在那些义务上。相反，它会影响义务的内容。通常，关系构成为什么承诺义务是信义之原因。亦即，关系是要求义务履行的原因，该义务的履行事涉委托人利益。

拉弗雷斯(La Forest)，雷·亨瑞克斯－杜拜(L'Heureux-Dubé)和龚提尔(Gonthier)法官在 *Hodgkinson v. Simms*[80] 案中的多数共同裁判中表达了这样的观点。就代理关系和当事人作为代理人的身份而言，法官阁下们认为：

> ……许多合约的法律事件产生信义义务。这类合同的范例是代理协议，在合同中关于权利和责任的分配本身就能够产生信义期待。[81]然而在其他合同关系中，围绕关系的事实引致信义的推断，围绕关系的法律事件并不能得出这样的结论……但是，如费恩教授阐明的，每种情况中的"终结点"是明确是否"一方有权期待另一方为自己的利益行事(或者在某些情况下为了他们共同的利益)，而不是为了另一方的利益。"[82]

---

[79] *Hawkins v. Clayton* (1998) 164 CLR 539,573 (Deane J); *Breen v. Williams* (1996) 186 CLR 71,91 (Dawson and Toohey JJ).

[80] *Hodgkinson v. Simms*, [1994] 3 SCR 377.

[81] *Johnson v. Birkett* (1910) 21 OLR 319; *McLeod v. Sweezey* [1944] SCR 111; P D Finn, "Contract and the Fiduciary Principle", 12 *UNSWLJ* 76 (1989).

[82] Finn (n 81) 88.

信义法中最著名的段落之一可以照此容易解读。澳大利亚高等法院、枢密院、[83]上议院[84]和加拿大最高法院[85]的各类裁决中均认可并强调来自澳大利亚高等法院麻森法官的关键节段的重要性:[86]

> ……基础合同关系的存在已经在许多情况下为信义关系的建立提供依据。在这些情况下,合同依据都很重要,因为是合同在调整各方当事人的基本权利和责任。信义关系如果存在,必须使自身适应合同条款,从而与其保持一致并符合合同条款。信义关系不能叠加于合同之上,以改变根据真实解释合同旨在实现的运作。

麻森法官提出的观点是,信义"关系"是影响合同项下条款的事物。关系因此要使自己"适应"合同,不是"叠加"于合同之上。如果根据相关情况,一项特定的"信义"义务没有在合同中予以明示或默示,那么它就不能被强加于各方当事人。[87]

这样的解释可以明晰为什么身份不是信义义务存在所必不可少的。受信人概念的经典英语阐释是"身份"的一种。受信人的典型被认为是受托人。[88]考虑到公司董事享有处理公司财产的权力,他们被认为是受信人一个明显的延伸。[89] 这是错误的。在信义法发展的早期,受信人的理解已经扩展至远远超过这样的类推,以致受信人"身份"概念不再有任何真正的解释力。现在,尽管缺

---

[83] *Kelly v. Cooper* [1993] AC 205,215.

[84] *Hilton v. Barker Booth & Eastwood* [2005] UKHL 8; [2005] 1 WLR 567 [30].

[85] *Strother v.* 3464920 *Cananda Inc* [2007] 2 SCR 177; 2007 SCC 24 [141] (McLachlin CJ, Bastarache, LeBel, and Abella JJ agreeing).

[86] *Hospital Products Ltd. v. United States Surgical Corp* (1984) 156 CLR 41,97.

[87] *ASIC v. Citigroup Global Markets Australia Pty Ltd.* (*No.* 4), (2007) 160 FCR 35,77 [281] (Jacobson J); *Henderson v. Merrett Syndicates Ltd* [1994] UKHL 5; [1995] 2 AC 145,206 (Lord Browne-Wilkinson); *Canberra Residential Developments Pty Ltd. v. Brenads* [2010] FCAFC 125; (2010) 188 FCR 140 [36]; *Noranda Australia Ltd. v. Lachland Resources NL* (1988) 14 NSWLR 1 [17] (Bryson J). 比较主审法官 French 和法官 Gummow, Hayne, Heydon 及 Kiefel 在 *John Alexander Tennis Club v. White City Tennis Club* [2010] HCA 19; (2010) 241 CLR 1 [87]案中更具尝试性表达,即"在那样的有限合同上叠加建议的信义义务是非常难的。"

[88] P Birks, "The Content of Fiduciary Obligation" *TLI* 34 (2002).

[89] *Regal (Hastings) Ltd. v. Gulliver* [1967] 2 AC 134.

少任何适当的联系，信义义务被认可存在于：律师与客户、[90]医生与病人、[91]合伙人与合伙人、[92]受托人与委托人、[93]股票经纪人与客户、[94]合资人与合资人、[95]父母与小孩、[96]国家与土著居民[97]之间。并且，它们被承认存在于那些无法归入任何身份类别的主体之间：在加拿大这个剩余类别被描述为临时信义关系。早在1885年，菲尔德（Field）法官就指出“所谓的信义关系不依赖于任何特定情况。它几乎以任何形态存在。”[98]

四、结论

16世纪英国伊丽莎白时期，莎士比亚观察到如后所述之重要性，“谁都恪守着自身等级和地位，遵循着各自不变的轨道，依照着一定的范围、季节和方式，履行它们经常的职责”。但是，“没有了纪律，就像琴弦绷断，听吧！刺耳的噪音随之而来；一切都是互相抵触……”。[99] 在各种法律义务范畴，包括源于公众行业的义务和源于习惯或惯例的义务，都认为义务是因主体的身份或职责而被强加于该主体。

这个观点不再站得住脚。相反，身份或职责是作为能够在义务人承诺中推断出默示意思的基础。那样的默示建立在义务人明显表现或客观行为的基础上。义务人具有的职责或身份将形成理性人都有的对他们行为的理解。

涉及受信人承担的义务之身份作用同样如此。法律关于信义义务的主要看法是，当承诺包含以特定行为方式作为或表现时，一项承诺将成为信义承诺。

---

[90] *Maguire v. Makaronis* (1997) 188 CLR 449.

[91] *Norberg v. Wynrib* [1992] 2 SCR 226; *Breen v. Williams* (1996) 186 CLR 71 (Gaudron, McHugh, and Gummow JJ; contra Brennan CJ, Dawson and Toohey JJ).

[92] *Helmore v. Smith* (1886) 35 Ch D 436 at 444.

[93] *Hallett's Estate*; *Knatchbull v. Hallett* (1879) 13 Ch D 696 at 709.

[94] *Daly v. Sydney Stock Exchange Ltd* (1986) 160 CLR 371.

[95] *United Dominions Corporation Ltd. v. Brian Pty Ltd.* (1985) 157 CLR 1; *Chirnside v. Fay* [2006] NZSC 58; [2007] PNLR 6.

[96] *M(K) v. M(H)* [1992] 3 SCR 6; *Plowright v. Lambert* (1885) 52 LT 646 at 652; Clay v. Clay (2001) 202 CLR 410.

[97] *Guerin* v. R [1984] 2 SCR 335.

[98] *Plowright v. Lambert* (1885) 52 LT 646 at 652.

[99] *Troilus & Cressida*, I, iii.

承诺和履行承诺的行为方式可能会受到作为承诺的主体之身份或职责的影响。但是，在各种情况下，最终的问题都是解释或默示的问题。

这个涉及信义义务、公众行业以及由习惯默示条款的观点并未获得普遍支持。仍然有一些观点认为，这些条款是基于政策考量或者合理性司法评估而被默示，独立于当事人的明显意图。

这将导致一个重大的危机，除非我们警惕理解身份仅仅是解释或默示承诺条款过程中的一个因素。危机产生是因为相同的身份可以描述许多不同的关系类型。"原型的"(archetypal)受信人，[100]即受托人，可以作为一个例子。

历史上，信托术语几乎仅仅用于描述宣示信托(declared trust)的情形，即明显地或默示地宣布。在 *Cook v. Fountain*[101] 案中，钱塞勒(Chancellor)法官和诺丁汉(Nottingham)法官给出了各自的以及两位首席法官的意见，论及宣示信托：

> 明示信托(express trust)通过语言或书面文字宣布；这些宣告由直接的和明显的证据显示，或者进行强制的且必要的推定。后者通常被称为推定信托(presumptive trust)；* 即使指法院基于所有情况的考量推定存在一个宣告，无论是口头的或者书面的，尽管不存在清晰且直接的证据。

在这段时期，"几乎所有的英国土地都被用于"逃避"封建土地保有制(feudal tenures)的严谨解释(hardship)……[并且]确保地产不因叛国罪而被没收。"[102]因此，对于受信人一般承诺附有特定义务存在共识也就不令人吃惊了。当土地交由另一个人来管理时，存在一个共同的可能近乎普遍的源于接受这一职责的期待。在 *Ex parte Lacey*[103] 案中，埃尔登(Eldon)法官说一个"被委托替他人出售和管理的受托人，在他成为受托人的同时承诺不为自己的利益和好处

[100] *Maguire v. Makaronis* [1997] HCA 23; (1997) 188 CLR 449, 473 quoting *Hospital Products Ltd. v. United States Surgical Corporation* [1984] HCA 64; (1984) 156 CLR 41 at 68 (Gibbs CJ).

[101] Cook v. Fountain, (1676) 3 Swan 585, 591; (1676) 36 ER 984, 987.

* 这是普通法的推定信托，不同于衡平法的推定信托(constructive trust)，是根据事务性质所体现的当事人意志并适用法律而产生的信托。——校者注

[102] W Cruise *An Essay on Uses* (1795) 30; see also T Plucknett and J Barton, *St German's Doctor and Student* (1523; edn 1974) ch 22, p 222, "Howe uses of lande began and by what law and the cause why so moche lande is put in use"; W Swadling, "Explaining Resulting Trusts", 124 *LQR* 72, 80 (2008).

[103] (1802) 6 Vesey Junior 625, 626 - 7, 31 ER 1228, 1228 - 9.

实施管理”。

如今,情况并非如此。受托人的职责呈现出许多不同的形式,且信托的本质显著地变化。有很多明示信托可以轻易地做出埃尔登法官的暗示。但这并不普遍。众所周知,一些受托人根本就不负有信义义务。[104] 其他可能通常负有信义义务的受托人,如果明示或默示的信托工具条款否定那些义务,便不承担信义义务。[105] 在各种情况下,法院必须警惕不能未经仔细审查承诺条款便强加特定义务。虽然主体作为受托人身份或职责是解释源于此的承诺和义务之范围的重要相关因素,但它只是调查有关承诺解释的一部分。

对于处在如金融顾问这样位置上的主体来说也是一样的。在最近一个澳大利亚的案子中,有人提议金融顾问是信义代理人“众所周知类别”中的一类。[106] 但同时强调,这是因为金融顾问已经“自愿承担众所周知的已建立的对客户负有的义务……引起上述信义义务的关系,没有合同的或其他形式的修正,两个多世纪以来在众所周知的类别中已经覆盖信义代理人之间的合同交易,如金融顾问、股票经纪人、房地产经纪人、当然有律师和他们的客户。”在 *Commonwealth Bank of Australia v. Smith*[107] 案中有同样的观点,戴维斯(Davies),谢泊德(Sheppard)和古茂法官指出,当银行给它的客户关于金融事务的建议时,“它可能已经在客户中创造一种期待,不管怎样它都会基于客户的利益就建议性投资的知识提供意见。”正如杰戈特(Jagot)法官最近解释的,金融咨询公司如果超越了作为“纯粹的推销员”将负有信义义务。[108]

有可能,这个关于信义关系和信义义务作用的理解会最终证明四十多年前费恩提出的观点,即“信义”标签是一项结论的非必要表述。事实上,已有很多

---

[104] *Giumelli v. Giumelli* [1999] HCA 10; (1999) 196 CLR 101,112 [5] (Gleeson CJ, McHugh, Gummow, and Callinan JJ).

[105] *Sargeat v. National Westminister Bank* (1990) 61 P&CR 518; *Hayim v. Citibank NA* [1987] AC 730; *Citibank NA v. QVT Financial LP* [2007] EWCA 11,1 All ER (Comm) 475; *Elovalis v. Elovalis* [2008] WASCA 141 [67] (Buss JA); *Re Beatty* [1990] 1 WLR 1503,1506 (Hoffmann J); *Edge v. Pensions Ombudsman* [2000] Ch 602,621,627–30 (Chadwick LJ for the Court of Appeal).

[106] *Wingecarribee Shire Council v. Lehman Bros Australia Ltd.* (*in liq*) [2012] FCA 1208 [733] (Rares J).

[107] [1991] FCA 375; (1991) 42 FCR 390,391.

[108] *Bathurst Regional Council v. Local Government Financial Services Pty Ltd.* (*No.* 5) [2012] FCA 1200 [2324].

法律发挥功能的领域，并且长期发挥功能，无须靠标签来决定结果。一个例子是雇员的义务。雇员对雇主负有类似于诚实和忠义义务的信义义务。在 *Hospital Products Ltd. v. United States Surgical Corporation*[109] 案中，雇佣关系被认定为是负有信义义务的关系类别之一。但是，在很多默示条款案件中，采用具有相同结果的同样的信义分析，不需要信义的别称（epithet）。因此，在 *Pearce v. Foster*[110] 案中，英国上诉法院裁定雇员违反了默示的合同义务，因为他"故意地使自己处于一个致使自己的利益与义务相冲突的位置"。[111] 义务是默示的，因为"雇主和雇员的关系必然暗含雇员应当处于适当地且忠诚地履行义务的地位"。[112] 此外，在 *Malik v. Bank of Credit and Commerce International SA*[113] 案中，上议院接受并适当做出让步，雇佣合同包含默示条款，"没有合理的和适当的理由，银行不能以可能破坏或者严重损害雇主和雇员之间的信赖和信任关系的方式行为"。[114] 斯泰恩（Steyn）法官注意到，这种法律上的默示条款可能只是法律上长期建立起来的默示条款的一部分，"忠义地（loyally）服务于雇主，不做违背雇主利益的事"。[115]

---

[109] [1984] HCA 64；(1984) 156 CLR 41, 68 (Gibbs CJ), 96 (Mason J), 141 (Dawson J).

[110] (1886) 17 QBD 536. See also *Sterling Engineering Co. Ltd. v. Patchett* [1995] AC 534.

[111] (1886) 17 QBD 536 at 541 – 2 (Lindley LJ).

[112] (1886) 17 QBD 536 at 539 (Lord Esher MR). See also at 543 "他们的地位是高级受信人" (Lopes LJ).

[113] [1998] AC 20.

[114] [1998] AC 20 at 34 – 5 (Lord Nicholls). See also at 45 (Lord Steyn).

[115] [1998] AC 20 at 46 (Lord Steyn).

第二章 信义义务的归责和界域

——理解同意的运作过程

乔舒亚·盖茨勒(Joshua Getzler)

引 言

信义法存在的理想状态是一种乌托邦,即确保受信人全心全意服务于对其合理信任之人的利益。但现实有些残酷,信任和信赖也意味着欺诈和剥削:容易被自己最信任的人欺骗,一旦信任破裂,法律保护往往软弱无力、挂一漏万。[①]然而,就像爱情一样,信任和依赖关系中信义义务的理想状态,似乎也在各种背叛中幸存下来,法院继续援引信义法提供的保护,即便其无法就信义法应如何运作达成一致。

也许是应对传统信义法乌托邦式的道德语汇,当代法学家已在寻找新的依据,来解释这些要求信任和利他主义的令人困惑的义务。其中有两项较有新意,试图澄清现状。其一,信义义务只能被适当地称为消极不作为义务,必须摆脱既定积极履行标准的规范义务(prescriptive duties);[②]信义义务被重新定义为"寄

---

① Robert Axelrod, *The Evolution of Cooperation* (1984, rev edn 2006); Diego Gambetta, *Trust: Making and Breaking Cooperative Relationships* (1988). Tamar Frankel 曾对信任和欺诈的逻辑论证进行了案例研究。See Tamar Frankel, *The Ponzi Scheme Puzzle: A History and Analysis of Con Artists and Victims* (2012).

② *Girardet v. Crease & Co.* (1987) 11 BCLR (2d) 361, 362; *Breen v. Williams* (1996) 186 CLR 71, 113 (HCA); *Bristol & West Building Society v. Mothew* [1998] Ch 1, 16 – 18; *Pilmer v. The Duke Group Limited (in liq)* (2001) 207 CLR 165, 198 (HCA); *Friend v. Brooker* (2009) 255 ALR 601 at [84] (HCA).

生"(parasitic)义务,其存在仅是为了保护源自信义法之外的履行义务。③ 其二,该等信义义务本身基于同意,由此被解释为最终源自各方意愿的客观承诺。因此,法律不是针对善行立法,而是根据克己受信条款实现当事人彼此各自所愿。④

认为信义义务一般源自同意且通常禁止特定行为的各种说法,都是完全有根据的。但这会造成扭曲的风险,将其简单制式化,声称涵盖整个领域,可充分解释信义义务的来源、内容以及违约的适当救济。这个问题在许多当代理论中重现,这些理论基于微观经济学或道德哲学中的简约建模模式,试图使法律处于抽象原则的受约束核心周围。我们在合同、侵权或财产等其他法律领域看到它在发挥作用,理论家宣称,基于法院和立法机关长期形成的学理知识,可以不无道理地说"X 以 Y 为基础",其中 X 是对法律体系的某种同步构造,Y 是某种受青睐的一元道德原则(无论是自主意愿、磋商神圣性、康德式的信守允诺、危害原则、集体福利最大化、各种形式矫正正义,抑或其他)。此外,通常情况是,规范性论点"X 应以 Y 为基础"的背后是意在解决问题的积极说明(resolutive positiue description)。为了方便起见,我们可以将该方法称为"基础/上层结构"模型,其中基础的某项重要原则支撑着具体法律的上层结构。"基础/上层结构"模型是完全有效的操作,但其他分析方法可以更真实地捕捉实际法律推理的本质。法律权利和义务通常由对多项相反主张进行逻辑论证产生:"如果事实 A 相关,则产生足以作出推定或一般情况下的义务 B,除非 B 受到抗辩事由或相反主张 C 的反驳;但是,C 可能被因素 D 修改或因其丧失效力,如此等等。"此处的法律方法涉及对特定常规核心案件进行初始归责;然后,通过引入新的因素证明对初始归责背离的正当性或免除责任,对归责进行限制或使其全部或部分无效。

归责和限制的技术,最初是依据普通法辩护的个案模式作为一种道德判断方法,随后在赫伯特·哈特(Herbert Hart)20 世纪 40 年代末关于语言哲学的早

---

③ Peter Birks, "The Content of Fiduciary Obligation", in *Israel L Rev* 3 (34), 2000; Matthew Conaglen, *Fiduciary Loyalty: Protecting the Due Performance of Non-fiduciary Duties* (2010) 7 – 11 and ff.

④ *Hospital Products Ltd. v. United States Surgical Corporation* (1984) 156 CLR 41, 96 – 7 (HCA) per Mason J; *Vivendi SA Centenary Holdings Ⅲ Ltd. v. Richards* [2013] EWHC 3006 (Ch); James Edelman, "When do Fiduciary Duties Arise?", in *LQR* 302 (126), 2010, and "The Importance of the Fiduciary Undertaking", in *J Equity* 128(7), 2013.

期作品[5]以及哈特的同事及合作者约翰·奥斯汀(John L Austin)的同期作品中得以发展。[6] 该技术随后又回归法律语境,20 世纪 60 年代托尼·奥诺雷(Tony Honore)将其运用于财产法,[7]70 年代理查德·爱泼斯坦(Richard Epstein)将其运用于侵权法,[8]直至 80 年代休·科林斯(Hugh Collins)才将其运用于合同法学。[9] 本章试图将归责和免责技术运用于信义法,看其是否能拓宽我们的思路。但我们首先必须一窥全貌,确定哪些义务可归责,哪些义务随后可免责。我们会发现,同意在信义义务的归责和限制中均发挥着作用,但同意的运作并不简单,且无法解释一切。

一、信义义务的范围和运作

(一)什么是信义义务?——拒绝、最大利益和职位

换种方式表达上述副标题:该等义务对受信人有何要求?其核心是一系列义务,旨在消除任何牺牲受益人利益的诱惑。[10] 换句话说,如果重要的是应防止某人因利益或义务冲突而分散其作为权利人和权力持有人角色的注意力或产生腐败,则适用信义义务。消除诱惑或预防政策至关重要,即使证明无损于受益人利益,甚至表明存在善意,仍可采取各种救济,确保不存在影响受信人行为

---

⑤ H. L. A. (Herbert) Hart,"The Ascription of Responsibility and Rights", in *Proceedings of the Aristotelian Society* (ns) 171 (49),1948, reprinted in Anthony Flew (ed.), *Logic and Language* (1951) 145. 该归责模式后来被哈特所否认,但仍然吸引着捍卫者和诋毁者,比如,J R Lucas,"The Ascription of Actions" (MS *c*1975), at <http://users. ox. ac. uk/ ~ jrlucas/ascript. html#r - 1>。

⑥ J L Austin,"A Plea for Excuses," 57 *Proceedings of the Aristolelian Society* (ns) 1 (1956 - 7), reprinted in J O Urmson and G J Warnock (eds.), *Philosophical Papers* (1961) 175.

⑦ A M (Tony) Honoré,"Rights of Exclusion and Immunities against Divesting", 34 *Tulane L Rev* 453 (1960).

⑧ Richard Epstein,"Defenses and Subsequent Pleas in a System of Strict Liability", 3 *J of Leg Stud* 165 (1974); "Pleading and Presumptions", 40 *U Chi L Rev* 556 (1973). 想要详细了解民事侵权行为的可废除性,以及借口,正当理由,无行为能力和否认责任的区别。See James Goudkamp, *Tort Law Defences* (2013).

⑨ Hugh Collins, *The Law of Contract* (1986).

⑩ *Harris v. Digital Pulse* (2003) 56 NSWLR 298 (NSWCA) at [404] - [420] and [470] per Heydon JA. Nullification of temptation is often described as "prophylaxis"; Lionel Smith explores this concept in "Deterrence, Prophylaxis and Punishment in Fiduciary Obligations", 7 *J Equity* 87 (2013).

的任何瑕疵。从这个意义上说,核心规则可与公法对决策者的控制相媲美,例如涉及偏见、不正当目的和避免无关决策标准的严格规则。[11]

消除诱惑的主要义务包括(1)有义务不从受信人职位中获利;[12](2)有义务确保不存在阻止或可能抑制对受益人全心全意服务的利益或义务冲突。[13] 这与针对受益人的各种权利相关,即选择撤销任何不一致的已履行或待履行交易,只要不存在撤销限制;或者确认在信义义务范围内进行任何牟利交易,如同代表受益人进行一样,并获得所有收益;最终拒绝承认任何有害交易,并要求赔偿损失或恢复原状,如同从未发生违约一样。[14]

禁止冲突利益和义务是一项还是两项禁止?自利通常随着冲突义务,如受信人从多份职位获得报酬。在法律上,冲突义务和冲突利益之间界限模糊,而且自利或自益是最常诉诸诉讼且更为引人注目的违法行为。法律历来倾向于将冲突受信人视为以本人身份参与相矛盾的二次雇佣。但后来人们认识到,抛开或者在不存在任何利益的情况下,也可能产生义务冲突,比如身处相冲突的无偿关系。如果没有获利,信义法在对具有多重职位的代理人进行约束时会更仁慈,要看是否有证据证明冲突的存在降低了充分服务的质量。即便针对多重职位存在某种同意,法律仍可能对有意偏袒服务客户一方的受信人实施制裁。[15] 当不法收益问责是首要问题时,无须提出伤害或故意的证据。[16]

更有争议的是,有主张认为存在需要受信人实施积极行为的积极信义义务。基本的积极义务被规定为实现受益人"最大利益"的义务,这似乎与为自身

---

⑪ Matthew Conaglen, "Public-Private Intersection: Comparing Fiduciary Conflict Doctrine and Bias", *Public L* 58 (2008). 关键的现代案例仍然存在于 *Attorney-General for Hong Kong v. Reid* [1994] 1 AC 324 (PC). 信托学说有一个历史背景,即其通过使用源于信托权发展而来的测试标准更广泛运用于规范公职人员:see, eg, *R v. Windham* (1776) 1 Cowp 377, 98 Eng Rep 1139 (*The Wadham College case*); *Charitable Corporation v. Sutton* (1746) 2 Atk 400; 26 Eng Rep 642.

⑫ *Keech v. Sandford* (1726) Sel Cas Ch 61; 25 Eng Rep 223; *Boardman v. Phipps* [1967] 2 AC 46.

⑬ *Commonwealth Bank of Australia v. Smith* [1991] FCA 375; 102 ALR 453 per Davies, Sheppard, and Gummow JJ; *Kelly v. Cooper* [1993] AC 205 (PC); *Bristol and West Building Society v. Mothew* [1998] Ch 1 at 18 – 19 per Millett LJ.

⑭ Joshua Getzler, "'As If:' Accountability and Counterfactual Trust", 91 *BU L Rev* 931 (2011); Charles Mitchell, "Equitable Compensation for Breach of Fiduciary Duty", 66 *Current Legal Problems* 307 (2013).

⑮ *Hilton v. Barker Booth & Eastwood* [2005] 1 WLR 567 (HL).

⑯ 也有人认为,全面问责不法收益可能触发不诚实因素(*Swindle v. Harrison* [1997] 4 All ER 705 (CA)),但这一立场并没有得到支持:Conaglen (n 3) 90 – 4。

利益服务的权利相关。范围广泛的“最大利益”义务可分为多个组成部分,例如提供应有注意和审慎管理;为了适当目的行使权力和酌情裁量,并且仅注意适当决策的考量因素;善意行事。其中多数往往是带有主观因素的程序义务,说明受信人应追求的目标,而非必须实现的目标。积极履行的义务至少在某种程度上得到多数普通法司法管辖区的承认。[17] 此外,美国信义法普遍认为,积极义务构成信义的一部分。[18] 然而,英国、澳大利亚和其他地区有影响力的上诉法院判决现在认为,不存在严格的积极信义义务;该等义务必须源自合同或侵权行为,或者基于其他衡平原则。[19]

还有另一种理论,认为信义义务构成一项职位或身份。这一观点来自古罗马的概念“职位”(*officium*),指与具有公认责任的人相关的一套标准的主要义务。该职位的性质将侧重和塑造任职人员的所有相关的积极和消极义务。这意味着受信人向受益人所负义务的深度或强度,要大于店主或水管工对购买商品和服务的顾客所负义务。连接西塞罗的“职位”概念和现代信义法的桥梁贯通了市民法和教会法的诸多概念,进入普通法中遗嘱执行人身份的语境。[20] 这

---

⑰ See,eg. ,*Cowan v. Scargill* (1985) Ch 270,286 – 7; *Item Software* (UK) *Ltd. v. Fassihi* [2004] EWCA Civ 1244; [2005] 2 BLHC 91 at [40] – [44]; *Gwembe Vally Development Company Ltd. v. Koshy* [2003] EWCA Civ 1048; [2004] 1 BCLC 131.

⑱ See,eg. ,*In Re ElPaso Corporation Shareholder Litigation*,41 A 3d 432 (Del Ch,29 Feb 2012) per Chancellor Strine; *In re Answers Corp Shareholder Litigation* (*No.* 1),WL 1253072 and (No. 2) 2014 Del Ch LEXIS 17 (Del Ch,11 Apr 2012 &3 Feb 2014) per Vice Chancellor Noble; *In re Trados INc Shareholders Litigation* 73 A 3d 17 (Del Ch,21 May 2013) per Vice Chancellor Laster; Skadden Arps,*Delaware Corporate Litigation*: 2012 *In Review* (11 Jan 2013) at: <http://www. skadden. com/sites/default/files/publications/Del. %20Corporate%20Litigation_2012%20In%20Review. pdf>.

⑲ 重要案例有 *Bristol Building Society v. Mothew* [1998] Ch 1 (CA); *Breen v. Williams* (1996) 186 CLR 71 (HCA); 其中蕴含的意思,在 Conaglen 一文有所阐述:Conaglen (n 3),32 – 58,201 – 3. 在最近的西澳大利亚诉讼中,*Breen* 一案所陈述的规范性理论遭受质疑,甚至可能有意被回避: see *Bell Group* (*in liq*) *v. Westpac Banking Corporation* (2008) 39 WAR 1 per Owen J; [2012] WASCA 157; J Dyson Heydon,“The Duty to Act in Good Faith in the Best Interests of the Company,in the Light of the *Bell Group* Case” (Paper at the annual Corporate Law Conference,Supreme Court of New South Wales,27 Aug 2013).

⑳ See especially A M (Tony) Honoré,“On Fitting Trusts into Civil Law Jurisdictions”, 27 *Oxford Legal Studies Research Paper* (2008), <http://ssrn. com/abstract = 1270179>; *Honoré's South African Law of Trusts* (1st edn. ,1966; 5th edn. ,2002); “Trust”, in Reinhard Zimmermann and Daniel Visser (eds.),*Southern Cross*: *Civil Law and Common Law in South Africa* (1996) 849; Michele Graziadei,“The Development of *Fiducia* in Italian and French Law from the 14th Century to the End of the Ancien Régime”, in Richard Helmholz and Reinhard Zimmermann (eds.),*Itinera Fiduciae*: *Trust and Treuhand in Historical Perspective* (1998) 327; Maurizio Lupoi,“Trust and Confidence”, 125 *LQR* 253 (2009).

一古老理论并没有在普通法世界被完全抛弃，因为法院经常认定，特定身份会仅因行为人的职位或性质而推定产生将补充、强化和限制所有交易的信义义务，例如，受托人、合伙人、代理人、董事、财务和其他顾问，医生等专业人员，配偶、父母、宗教领袖和其他导师等亲密角色。[21]

因此，我们有三种不同理论解释信义义务的核心性质：避免冲突，从而消除不当履行的诱惑；促进受益人最大利益；履行职务从而维护身份关系。

（二）何时施加信义义务？——酌情、监督和脆弱性

如果一方对另一方拥有持续权限或权力，则法院倾向于施加信义义务，但这难以监控，也使委托方面临特殊的脆弱性。[22] 在许多情况下，脆弱性被认为是强制履行的主要原因，但也受责任的其他要件约束。一个人容易受到其汽车修理工的影响，但可通过向另一修车行展示该修理工的工作进行轻松监督，但对于基金受托人或投资经纪人就并非如此了。[23] 传统上，在信义义务获得承认前，重要的是要表明一人持续控制他人资产或事务，且对该资产所发生之事负责；信义义务调整的是关系，而不仅仅是交易。[24] 涉及所有权权力的托管信托便是明显一例，但是，如果一人对他人事务行使任何相当大的权力，无论基于合同权限还是其他授权，包括单方面控制他人事务，一如因侵权而成的拟制受托人，信托法也可适用。在所有此种情况下，信义法使易受损害的一方对受信人的专注行为产生信心，这也是信任并托付（信托）某人相当贴切的描述了。[25] 与此同时，受信人报账义务包括向受益人提供关于如何执行信托的信息；受信人有义

---

[21] See, eg., Jeffrey Hackney, "More than a Trace of the Old Philosophy", in Peter Birks (ed.), *The Classification of Obligations* (1997) 123; Paul B. Miller in this volume; and for classical common law authority, *Birtchnell v. Equity Trustees, Executors and Agency Co Ltd.* (1929) 42 CLR 384 (HCA) per Dixon J.

[22] Tamar Frankel, "Fiduciary Duties as Default Rules", 74 *Or L Rev* 1209 (1995); "Fiduciary Law", 71 *Cal L Rev* 795 (1983); *Fiduciary Law* (2010); Robert Flannigan, "The Core Nature of fiduciary Accountability," *NZ L Rev* 375 (2009).

[23] Cf Robert Flannigan, "Fiduciary Mechanics", 14 *Can J Lab & Emp L* 25 (2008).

[24] Joshua Getzler, "Rumford Market and Genesis of Fiduciary Obligations", in Andrew Burrows and Alan Rodger (eds.), *Mapping the Law: Essays in Memory of Peter Birks* (2006) 577.

[25] Tamar Frankel, Trust and Honesty: *America's Business Culture at a Crossroad* (2005).

务代表受益人自我监督,法院具有确保财务信息真实可靠的监督管辖权。㉖

重建脆弱性标准的另一方法是,询问义务人的职位或所负义务的性质是否有任何特殊之处,会因权利人处于存在冲突和无拘束自由裁量权之境地而受到损害。我们看到有人提出,信义义务是积极作为的保护,有助于正当履行肯定性非信义义务。但是,该模式并未解释哪些非信义义务值得信义保护,以及禁止冲突有利于履行的原因。

一种解决方法是更严格地审查积极义务所涉及的损害行为。莱昂内尔·史密斯(Lionel Smith)指出,损害行为是带有偏见或已动摇的动机。㉗ 但这又提出另一问题:动机何时对调整义务具有重要意义?重建积极作为理论的另一方法是区分竞争利益和义务与冲突利益和义务,前者指存在对代理资源(如注意力、努力、时间和技能)的竞争,后者指对一方承担义务会损害另一方的利益。在前一情况下,对资源的竞争可以被视为零和博弈,最好由合同和侵权的分发或分配规则来控制。但是,当代理人被认定为存在冲突利益和义务时,关注自身或他人利益就会对受益人造成更积极的损害。此处,竞争利益不仅仅是竞争,而是无法共存。这是信义法发挥其特殊积极作为角色的地方。实际上,可能难以区分破坏性冲突和无害性冲突。法院早就发现,在存在高度依赖和信任的情况下,履行严重不足可能表明更深程度且更具破坏性的不忠行为,对此受托人只是推卸责任。㉘

从埃尔登大法官在 *Lacey*(1802)案的经典论述中,我们可以找到所有三个要件:酌情、监督困难和极具脆弱性。该案涉及受托人出价为自身购买其在公开拍卖中所售的信托财产,由此属于违反信义义务:

> 我认为规则不是受托人不能从其信托受益人处购买,而是不得向自身购买……受托为他人销售和管理财产的受托人,在其成为受托人的同时,承诺不得为其自身利益和优势地位进行管理。这并不排除与

㉖ Getzler (n 14);重要现代案例,参见 *Schmidt v. Rosewood Trust Ltd.* [2003] 2 AC 709 (PC)。

㉗ Lionel Smith, "The Motive, Not the Deed," in Joshua Getzler (ed.), *Rationalizing Property, Equity and Trusts: Essays in Honour of Edward Burn* (2003) 53; and Lionel Smith in this volume.

㉘ Joshua Getzler, "Duty of Care", in Peter Birks and Arianna Pretto (eds.), *Breach of Trust* (2002) 41; Leon Fioris, "Precluding Prescriptive Duties in Fiduciary Relationships: The Problems with the Proscriptive Delimitation", 40 *Austl Bus L Rev* 166 (2012).

其他信托者订立新合同，也不妨碍其针对不再担任受托人进行磋商。信托受益人可订立新合同解除受托人职位，但即便如此，信托受益人据以解除受托人职位的行为，也必须根据本法院适用的规则以最挑剔的眼光进行审视。为此原因，法律假定受托人已获得其可能获得的所有信息，可能对其大有裨益；但是，法院无法确定，在其订立解除职位的新合同时是否向信托受益人披露该信息。我否认……受托人必须从中获利。我说的是，如果似乎没有以令人满意的方式解除联系，其是否会从中获利；如果受托人未从中获利，信托受益人可选择是否收回财产。基于此，尽管可能在特定案件中发现其并未获利，但是在一百起案件中，有九十九起案件都完全不可能通过法院。其实我指的是当事人，以令人满意的证据证明其是否从中获利。假设受托人购买了一块土地，根据以受托人身份获得的信息，在其下发现了有价值的煤矿；在对此闭口不谈的情况下与信托受益人订立合同：如果他拒不承认，法院如何查明真相？可能情况是，怀有该目的的受托人永远不会披露，实际上信托受益人受到欺诈。[29]

旧信义法认为自我监督和披露具有重要性，并非所有法学家均接受其具有根本性。约翰·郎本(John Langbein)认为，随着现代纸质、电子跟踪和专业审计时代下监控能力的增强，可以放松传统信义法禁止行为，代之以追求受益人最大利益的一般性义务，不需要抑制代理人的全面禁止行为。[30] 自郎本教授发表此观点以来，公司和金融经济深度暴露的违反信义无助于证实其论点有效。

(三)如何施加信义义务？——预期、身份和同意

我们至此已确定了一些看似合理的适用信义义务的法律政策，但确切原因(施加义务的法律触发点)为何？该原因如何加深我们对信义制度本身的理解？

保罗·费恩在开创其对该法律领域的研究时主张，一个人“不是因为他是

---

[29] *Ex parte Lacey* (1802) 6 Ves Jun 625, 626 – 7; 31 Eng Rep 1228, 1228 – 9 (LC). See also *York Buildings Co v. MacKenzie* (1795) 8 Bro 42; 3 Eng Rep 432.

[30] John H Langbein, "Questioning the Trust-Law Duty of Loyalty: Sole Interest or Best Interest?", 114 *Yale LJ* 929 (2005).

受信人而应承担信义义务，而是因为他应承担信义义务而成为受信人”。[31] 这可以看作是对信义义务身份论的批判，该观点认为强制性条款适用于某些已确定的关系类型。[32] 费恩法官另一常被援引的主张是，一个人如果存在获得信义义务保护的正当合法预期，就可以要求履行信义义务。[33] 费恩的反概念法影响了一个时代的英联邦法院，也许是因为其开放式标准允许法官在确定信义义务何时产生时行使自由裁量权。

在过去 20 年的法律思想转变中，越来越多的人将信义义务视为直接基于同意和自愿承诺，而非基于身份或预期。用美国经济分析的话来说，在当事人的交易持续性和固有自由裁量权导致难以订立完全合同的情况下，法律将信义义务确立为默示法律。因此，保管信托[34]和公司信义义务[35]都可以定性为合同法的分支。反对者驳斥道：“契约论的分析没有抓住信义法律的独特特征，包括其对默示条款和强制性条款的混合、广泛救济组合高度强调的问责。”[36]

在英联邦法律传统中对同意理论表述截然不同。首先，其认为同意可以变更现存信义关系的运作，而非同意是该类关系的起源。也就是说，同意往往被视为免责的一个方面，而非归责。

这一区别可从麻森法官在澳大利亚审理的 *Hospital Products v. USSC* 案的少数意见中看出。该案中，一家不负责任的经销商利用海外制造商给予的信任，以其仿造产品充斥当地市场。除了合同损失赔偿之外，能否适用信义义务

---

[31] Paul Finn, *Fiduciary Obligations* (1977), 2, cited *inter alia* by Millett LJ in *Bristol and West Building Society v. Mothew* [1998] Ch 1,18; and by the Privy Council in *Arklow Investments Ltd. & Wingate v. Maclean* [2000] 1 WLR 594; [1999] UKPC 51.

[32] See *Birtchnell v. Equity Trustees, Executors and Agency Co Ltd* (1929) 42 CLR 384 (HCA) per Dixon J, and discussion herein, following n 19.

[33] Paul Finn, "The Fiduciary Principle," in Timothy Youdan (ed.), *Equity, Fiduciaries and Trust* (1992) 1,26; 类似的路径，也可参见 Deborah A DeMott, "Breach of Fiduciary Duty: On Justifiable Expectations of Loyalty and their Consequences", 48 *Ariz L Rev* 925 (2006)。

[34] John H Langbein, "The Contractarian Basis of the Law of Trusts", 105 *Yale LJ* 625 (1995); Robert H. Sitkoff, "An Agency Costs Theory of Trust Law," 89 *Cornell L Rev* 621 (2004).

[35] Frank Easterbrook and Daniel Fischel, "Contract and Fiduciary Duty," 36 *J of L and Econ* 425 (1993); Robert H. Sitkoff, "The Economic Structure of Fiduciary Law," 91 *BU L Rev* 1039 (2011).

[36] Deborah DeMott, "Beyond Metaphor: An Analysis of Fiduciary Obligation", 37 *Duke LJ* 879 (1988); Scott Fitzgibbon, "Fiduciary Relationships Are Not Contracts", 82 *Marq L Rev* 303 (1999); Tamar Frankel, *Fiduciary Law* (2011); M W Lau, *The Economic Structure of Trusts* (2011) 21 – 58; Getzler (n 14).

支持要求退还非法所得救济？多数法官意见裁定，该关系的契约性和相互逐利性必然排除认定存在信义义务。麻森法官对该认定反驳如下：

> 合同和信义关系可以在相同当事人间共存，这一点从未受到质疑。事实上，基本合同关系的存在在许多情况下为建立信义关系提供了基础。在该等情况下，合同基础极为重要，因为其规定了双方的基本权利和责任。信义关系要存在，就必须适应合同条款，与合同条款保持一致。信义关系不能叠加在合同之上，变更合同根据其真实解释旨在实现的运作。㊲

麻森法官的论点在众多普通法司法管辖区被多次采纳，颇具影响。从其判决中可得出多项结论。㊳ 麻森法官认为，该案中设立密切商业关系的合同与信义关系是分开的；这两类“共存”，由此信义义务建立在合同基础上，以“符合”合同。合同关系的性质有助于确定信义义务的范围、强度及其存在性。但这并不意味着合同和随之而来的信义义务是相同的，或者具有相同的法律渊源。㊴

接下来，我们必须指出，*Hospital Products* 案的问题主要是救济性的。主张信义义务是为了证明，通过推定信托对利润的解释是更为有效的利润剥离救济，增加了破产保护的效果。可以说，更合理的分析不是在经销商关系本身中找到信义义务，而是将轻率或故意剥削性违反经销合同的行为认定为损害行为，并可施加剥夺利润的救济。㊵ 实际上，麻森法官提议的是，将弱化的信义义务适用于合同，以强化适当履行的义务，限制缔约方效益违约的权力。换句话说，由于信义法的重叠，所归因的合同变得部分无效，而非相反情况。今天，我们可以通过默示存在善意履行义务作为提供剥夺利润救济的途径，或者普遍扩

㊲ *Hospital Products Ltd. v. United States Surgical Corporation* (1984) 156 CLR 41, 97 (HCA).

㊳ Eg *Kelly v. Cooper* [1993] AC 205 (PC)，有一百多个其他案例引用了该案的判决，eg *Benedetti v. Sawiris* [2009] EWHC 1330 (Ch) at [502] per Patten J; *Rossetti Marketing Ltd. v. Diamond Sofa Company Ltd.* [2012] EWCA Civ 1021 at [21] per Lord Neuberger MR。

㊴ *In re Coomber* (1911) 1 Ch 723, at 728 – 9; *Hospital Products Ltd. v. United States Surgical Corporation* (1984) 156 CLR 41 at [27] – [39] (HCA) per Gibbs CJ; Mark Leeming, "The Scope of Fiduciary Obligations: How Contract Informs, But Does Not Determine, the Scope of Fiduciary Obligations," 3 *J Equity* 181 (2009).

㊵ Peter Birks, "Restitutionary Damages for Breach of Contract: Snepp and the Fusion of Law and Equity," *Lloyds Maritime and Commercial LQ* 421 (1987).

大违约救济的范围,由此更直接地解决该问题。

有关 *Hospital Products* 案的最后一点是关于麻森法官判决的权威。吉布斯(Gibbs)大法官在多数判决中的结论更为保守,虽拒绝将经销商关系定性为信义关系,但提供了一组丰富的标准用以衡量信义义务是否存在及其范围,其中大部分基于先前的身份模式。麻森法官没有获得多数支持,但其契约论观点显然比吉布斯大法官的传统方法更具远见。㊶

(四)同意理论重述

上诉法官米勒特(Millett)在著名的 *Bristol Building Society v. Mothew* 案中重申了同意理论:

> 受信人是指在产生信任和保密关系的情况中针对某一特定事项承诺为他人或代表他人行事的人。㊷

从这一点来看,尚不完全清楚承诺如何导致信义责任。义务可以由一方自觉或主观表示同意;或由法律作为客观默示条款进行规定,但可予以撤销;或者由法律将自愿行为作为强制性条款或义务进行规定。

詹姆斯·埃德尔曼(James Edelman)对承诺理论进行进一步重述,提出默示解释,而非主观同意或强制性条款解释。㊸ 他还反对麻森的合同模式以及信义法"合规"或相互作用,辩称信义义务等同于将双方带入其关系的协议。在他看来,信义义务"仅基于对承诺本身的解释,确定各方承担的明示或默示义务"。这也成为超越米勒特法官 *Mothew* 案的更具试探性的表述,因为其将承诺本身视为有效原因,尽管使用的是合同中的客观解释标准来确定条款。㊹ 该理论借

㊶ *Hospital Products* at [30] - [40] per Gibbs CJ. The minority status of Mason J's judgment is affirmed by the High Court of Australia in *John Alexander's Clubs Pty Limited v. White City Tennis Club Limited* (2010) 241 CLR 1 at [86] (HCA).

㊷ *Bristol Building Society v. Mothew* [1998] Ch 1 at 18 per Millett LJ.

㊸ Edelman, "When Do Fiduciary Duties Arise?" and "The Importance of the Fiduciary Undertaking" (n 4), further articulated in James Edelman's chapter in this volume. See also Anthony Duggan, "Contracts, Fiduciaries and the Primacy of the Deal," in Elise Bant and Matthew Harding (eds.), *Exploring Private Law* (2010) 275; Colin Feasby, "Fiduciary Obligations and Exculpatory Clauses," 36 *Alta L Rev* 923 (1998).

㊹ See also *Twinsectra Ltd. v. Yardley* [2002] 2 AC 164, 185 [71] per Lord Millett, and *Byrnes v. Kendle* (2011) 243 CLR 253 (HCA) where settlement of trusts was also held to be voluntaristic but based on an objective test.

鉴了最近英国法律中的一种趋势,那就是视合同产生的所有主义务和从义务视为根植于双方的意图,而不是法律针对自愿行为的事实所施加的义务。[45] 还必须指出,在救济方面,埃德尔曼认为,应该更广泛地使用剥夺利润的救济措施来确认义务,将信义法的救济措施纳入合同本身,[46]从而为 *Hospital Products* 案引发的令人愤世嫉俗的违约问题提供替代答案。这一建议尚未被法院接受。[47] 信义关系可能已经变得更像合同,但合同并没有变得更像信义关系。尽管如此,因不存在能出其右的救济论点,埃德尔曼法官的承诺论已被一些法院引用并获得认可。[48] 因此,我们需要了解该基于客观同意的新流行信义承诺理论会将我们带往何处。

二、信义义务和客观同意——一般意义

(一)客观化将同意与法律义务相结合

一些法学家将客观化对行为的法律解释视为成熟法律制度的本质,[49]无论我们谈及的是影响第三方的单方自愿行为,还是涉及共同事业的合意行为。为了便于阐述,我们可以将同意的客观化进一步分为三种理想类型:强制性条款、默认性条款和组合性条款。

举例说明第一类:自愿选择开车的人会发现法律要求其应尽注意义务,这

---

[45] *Investors Compensation Scheme v. West Bromwich Building Society* [1998] 1 WLR 896 (HL) per Lord Hoffmann; see also Lord Hoffmann, "'The Achilleas,'" 14 *Edin L Rev* 47 (2010). 霍夫曼(Hoffmann)法官还通过准备使用外在证据,将客观测试转化为对各方对其各自意思表达的概念追求,以此将英国法律倾向于寻求当事人的合意表示:see *Chartbrook Ltd. v. Persimmon Homes Ltd* [2009] 1 AC 1101, criticized by J Dyson Heydon, "Implications of Chartbrook Ltd. v. Persimmon Homes Ltd. for the Law of Trusts" (Paper at the STEP Annual Trusts Symposium, Adelaide, 18 Feb 2011).

[46] James Edelman, *Gain-Based Damages* (2002); "Fiduciaries and Profit Disgorgement for Breach of Contract," 6 *J of Equity* 115 (2012).

[47] *Devenish Nutrition Ltd. v. Sanofi-Aventis SA (France)* [2009] Ch 390 (CA).

[48] See, eg., *John Alexander's Clubs Pty Limited v. White Cith Tennis Club Limited* (2010) 241 CLR 1, [44] (HCA); *Red Hill Iron Ltd. v. API Management Pty Ltd* [2012] WASC 323, [372]; *F & C Alternative Investments (Holdings) Ltd. v. Barthelemy* [2012] Ch 613, [225]; *Vivendi SA Centenary Holdings* Ⅲ *Ltd. v. Richards* [2013] EWHC 3006, [137] (Ch).

[49] See, eg., H. L. A. Hart, "Diamonds and Strings: Holmes on the Common Law," in *Essays in Jurisprudence and Philosophy* (1983) 278; Peter Cane, "Mens Rea in Tort," 20 *OJLS* 533 (2000).

是对自愿行为的强制性要求,无论是否愿意履行注意义务;同样,选择生孩子的人会发现随之伴有完全超出其意愿的众多法律义务。广而言之,自愿进入某一法域的人被视为受该法域法律约束,无论该人是否知悉和同意。在该等情况下,一个人的意愿或同意不能决定随之而来的义务;相反,一般法适用调整特定类型自发行为的规则。

第二类通常适用于相互同意行为。此处,客观化可能涉及用于确定默示承担或接受义务的证据方法,这又可通过进一步同意的证据加以改变。例如,控制性立法所列多项货物销售条款可由当事人任意变更。

第三类客观解释模式,此处被称为"组合性"解释,合并前两种依法同意和推定同意理论。法院可能会假定,作为私法的一种启发,当事人会期望将普通法、实践或行业习惯所赋予的常规义务作为默示或推定条款纳入合同。因此,一般或特别实践会构成该实践范围所有法律关系的条款。这意味着,即便自愿承诺产生的所有义务均被视为基于双方意图并由此获得正当性,人们仍将不得不求助于一般法或普遍实践以确定客观上"意图"产生或承担的义务。的确,不但法律上的信托、合同和侵权规则,而且成文条例也成为"自愿"交易的一部分,除非以某种方式排除在外。这一点是 1827 年美国联邦最高法院在著名的 *Ogden v. Saunders* 案中判决的关键,该案涉及对美国宪法中合同条款的解释。[50]其还在信义法相关领域发挥作用,例如,归复信托、推定信托和禁反言,法院通过参照合理预期和正当行为的标准来认定处置行为的意图。有人认为,早先的不当得利"准合同"理论使用了该默示方式。[51]

法院在将信义义务描述为承诺时,不一定会区分合意义务的模式。但是,正如基于不当得利法律上的默示合同,受信人的新"准合同"或客观承诺理论一样混乱,需要改进以更准确地确定同意在确定义务中的作用。关键问题可通过归责和免责的视角进行研究,在实践中,特别是在特定法律领域,当事人如何能够设计和变更通常系列的受信人权利和义务。本章其余部分将继续探究该

[50] 25 US 213 (1827); and see Joseph Story, *Commentaries on the Constitution of the United States* (1833), Vol. 3, ch 34: Prohibitions on the States-Impairing Contracts § § 1368 – 94.

[51] Peter Birks and Grant McLeod, "The Implied Theory of Quasi-Contract," 6 *OJLS* 46 (1986); cf Samuel J Stoljar, *The Law of Quasi-Contract* (2nd edn. ,1989),将"准合同"视为适用于放弃不当得利的法律义务的形容词而非实质性或因果关系。

问题。

（二）变更的权力和不可减损的核心

在承担的多项义务属于第一类强制性、不可撤销的要求的情况下。只是因为通过自愿行为承担"一揽子"法律义务，并不一定意味着有权从通常系列的权利和义务中东挑西选。法律可能会认为整套义务不可分割；选择进入该领域，即必须承担法律要求的"一揽子"义务。该要求可能基于政策原因。例如，受权利人行为影响的人可能无法作为相对方针对义务水平进行谈判。鲁莽司机在其车上贴有警告行人不要挡道的标识，即使行人看到该标识，但因其危险驾驶而受伤，该司机仍应承担责任；法律不会接受其免责声明，因为司机不能强迫他人接受其对他人生命漠不关心的行为。在其他情况下，处于明显合意关系中的当事人可能无法有效地进行磋商，以定义和确定可接受的履约水平，由此保护其利益。例如，签字同意做手术的病人可能发现难以评估医生的医术。标准化反映的事实是，法律的"一揽子"强制性规定通常对希望（或必须）加入游戏的多数玩家来说是最佳的，或者加以变更，让需要非标准条款的各方能够通过谈判达到期望的平衡。

在其他情况下，试图从通常的"一揽子"义务中提出豁免规定将被视为不利于或违背基本承诺；或可说是"减损许可"。因此，减损主要义务的免责条款无法生效，原因是其旨在创造一项不对称的交易，损害合同的对价要求。而且，减损通常秘密进行而令人怀疑。此外，即使在非压迫情况下，法律也可能不允许对基准进行重新谈判，这样可能动摇从履行标准义务中获益的所有其他方的立场。

当信托财产是信义承诺内容时，该类问题尤其相关。此处，我们发现强制性规则和默认规则的混合，许多通常的"一揽子"义务可通过协议排除。然而，法院认定，并非所有条款都可以排除，否则信托制度将不复存在。在该类情况下，我们发现与所有权相关的信义义务存在"不可减损的核心"，[52]即信托要存

---

[52] See David Hayton, "The Irreducible Core Content of Trusteeship", in A J Oakley (ed.), *Trends in Contemporary Trust Law* (1996) 47.

在必须维持的最低限度，特别是为了证明信托的强大资产分割效果。[53] 上诉法院法官米勒特在 *Armitage v. Nurse* 案中使用了该措辞，他以忠义义务是不可减损的这一核心概念来限定信托豁免条款，同时允许排除甚至是重大过失的责任。[54]

相反的做法是拒绝不可减损的核心这一概念，声称受托人的权利和义务可由当事人随意设定，完全与第三方影响的问题不相干。根据该观点，受托人可与委托人（或委托人—受益人）协商任何条款，只要在谈判过程中不存在压迫。这样，信托法就径直沦为任意法，没有显著重要的核心。但是，信托义务当真不存在逻辑上的最低限度，甚至忠义义务也可豁免？法院已尝试过该类想法，并且发现，只要对受托人加以限制使其将财产视为受托人自己的财产进行对待，信托中可规定最低义务。这就解释了 *Citibank v. MBIA* 案的判决，法官认为，信托协议可以许可冲突义务，并减少考虑受益人最大利益的任何一般要求。[55] 有关 *Citibank* 案的事实是，一份结构性融资协议允许受托人无视其债务权利被信托包裹的受益人主张，而根据各方协议通过的条款允许受托人指示向外部非受益人的金融机构进行付款。青睐外人的权力被认定为有效，尽管其将受益人的信托权利几乎削减至消失殆尽，因为这是经信托当事人预先同意的。由于受托人不能进行自我交易或侵吞财产，所以，仍然存在信托关系，因此，资产分割在受托人不当转让或资不抵债的情况下仍然有效。该案件的判决结果被认为有些极端。[56] 接下来，我们将

---

[53] 在关于第三方资产隔离效应必须维护信托或非信托义务方面，Sitkoff 对信托法的强制性条款进行了有趣的经济解释，英联邦目前对此问题争论不断。See *Attornry-General for Hong Kong v. Reid* [1994] 1 AC 324 (PC); *Ultraframe* (UK) *Ltd. v. Fielding &Ors* [2005] EWHC 1638(4) (Ch); *Sinclair Investments* (*UK*) *Ltd. v. Versailles Trade Finance Ltd* [2012] Ch 453 (CA); *Grimaldi v. Chameleon Mining NL* (No. 2) (2012) 200 FCR 296; 287 ALR 22; *FHR European Ventures LLP v. Ramsey Makarious* [2013] 3 WLR 466 (CA). 关于此重要问题的讨论将不得不推迟到另一个场合进行。

[54] *Armitage v. Nurse*, [1998] Ch 241 (CA); and see *Spread Trustees Co Ltd. v. Hutcheson* [2012] 2 AC 194 (PC); James Penner, "Exemptions," in Peter Birks and Arianna Pretto (eds.), *Breach of Trust* (2002) 241.

[55] *Citibank NA v.* (1) *MBLA Assurance SA* (2) *QVT Financial LP* (3) *Fixed-Link Finance BV* [2006] EWHC 3215 (Ch); [2007] EWCA Civ 11.

[56] Alexander Trukhtanov, "The Irreducible Core of Trust Obligations," 123 *LQR* 342 (2007); 关于削减此类信托义务的更多讨论。See Adam Hofri-Winogradow, "The Stripping of the trust: From Evolution Scripts to Distributive Results," 75 *Ohio St LJ* 529 (2014)。英格兰和威尔士法律委员会于 2003 年审查了对豁免条款的控制，但最终决定让法定规则获得广泛的豁免：*Trustee Exemption Clauses* (Law Com No 301, Cmd 6874, 2006)。由于担心财务标准不佳，该问题再次受到法律委员会的审查：*Fiduciary Duties of Investment Intermediaries* (Law Com CP No 215, 2013) 65 – 99。

探讨在其他各方声称变更其信义义务的领域，同意(consent)* 是如何以更微妙的方式生效的(operate)。

三、基于信义义务同意的生效——七个实际问题

(一)重新确立基于客观同意(objective consent)义务

如果当事人先前不具有任何关系，则重新归责信义义务受客观同意约束。但这一空白规则产生的结果会迥然不同。如果法院发现社区或部门存在期望均衡，认为此类关系通常需要信义监管，即使当事人并未论及或希望施加该等义务，客观性也意味着信义义务。[57]

然而，客观性可以切断防止归责的另一条路。在法律关系建立前，双方可以通过正常合同谈判缩小或者完全排除任何信义义务的范围。即使在通常会导致推定信义保护的敏感关系中，也是如此。要求不适用更严格的知情同意，因为双方尚未建立信义关系；其可像排除任何默示条款一样，自行排除信义义务。这项规则显然对受托人、管理和咨询服务影响巨大，尤其是向非专业买方提供金融服务；由于双方经常将信义控制排除在金融工具之外，立法机构已经做出回应，通过开放式监管义务来加强对买方的保护。[58]

客观同意排除信义义务也可以在不经正式讨论的情况下默示生效，条件是市场的一般标准允许在特定类型的管理或代理关系中发生利益和义务冲突。

---

* 同意是合同和信义法律关系的基本构成要素，指不存在胁迫、欺诈或错误理解等情况，是对殴打、损害名誉、侵占、不法侵入等侵权行为的抗辩理由。——校者注

[57] *McKenzie v. McDonald* [1927] VLR 134 per Dixon J, and developed in *Daly v. Sydney Stock Exchange Ltd* (1986) 160 CLR 371 (HCA); *Hospital Products Ltd. v. United States Surgical Corporation* (1984) 156 CLR 41 (HCA) at [27] - [39] per Gibbs CJ; *Wingecarribee Shire Council v. Lehman Brothers Australia Ltd.* (in Liq) [2012] FCA 1028; *Bathurst Regional Council v. Local Government Financial Services Pty Ltd* (No. 5) [2012] FCA 1200; John Glover, "Reflections on Identification of fiduciaries", in Peter Birks (ed.), *Privacy and Loyalty* (1997) 270; Laura Hoyano, "The Flight to the Fiduciary Haven", in Birks (ed.), *Privacy and Loyalty*, 169.

[58] See, eg., *Financial Conduct Authority Handbook* (2013)；尤其是在 Conduct of Business Sourcebook 一文中，将最佳利益(best interest)标准运用到金融产品的控制销售方面。在规则这个领域，此策略又再一次被讨论：Parliamentary Joint Committee on Corporations and Financial Services, *Inquiry into Financial Products and Services in Australia* (2009)。

例如，在 *Kelly v. Cooper* 案中，[59]枢密院认定，行业习惯或一般交易过程可以限制忠义义务的范围，从而允许同时代表相互竞争的客户。根据市场实践，客户委托代理人销售不动产时，应被视为知悉该代理人可能会代理其他客户，向为数有限的买方销售类似不动产；类似规则也适用于交易商和经纪人。[60] *Kelly v. Cooper* 案被认为是对特别用于城市金融、法律和会计的策略的合法化，专业公司会竖起一道信息和人员高墙，竞争客户可以分别与同一组织内的独立受信人联系，该等受信人也与公司的交易部门相分隔。或者认为有利于各方，甚至可以同意公开混合义务和利益，如银行客户同意通过联合实现信息共享。推定客户知悉和同意该实践，并要求客户应给予适当注意。[61]

在有些案件中，法院过度延伸默示客观同意原则的范围。在一起重要的英国养老金信托案件中，根据养老金管理惯例，默示许可由受托人委员会进行决策，其中一部分受益人的代表代替另一受益人团体进行决策，后一受益人团体缺少代表，但其利益直接受到受托人自利盈余分配决定的影响。[62]

澳大利亚联邦法院在 *ASIC v. Citygroup* 案中径直提出了在重新确定的关系中客观同意的界限。[63] 法院必须确定，要在通常预计会产生信义义务的财务管理关系中消除信义义务，披露和获悉文件条款要达到何种必要程度。在该案中，一家公司为了对第三方实体发起敌意收购，在与投资银行进行公平磋商后，同意基于非信义关系委托该投资银行。如果委托有效，会将信义关系的范围缩至全无。该委托文件解释道："花旗集团（Citygroup）作为一家'大银行'必须保持其为可能具有紧张关系的多家客户服务的自由，但其承诺，即使信义义务被排除在外，仍会尊重客户的保密信息。"客户同意委托后，一名花旗集团高管无

---

[59] [1993] AC 205, 214 – 15 (PC).

[60] *Parker v. Parker* [2003] EWHC 1846 (Ch) at [248] per Lewison J; *In Plus Group v. Pyke* [2002] EWCA Civ 370 at [79] – [90] per Sedley LJ.

[61] *Prince Jefri Bolkiah v. KPMG* [1999] 2 AC 222; Law Commission of England and Wales, *Fiduciary Duties and Regulatory Rules* (Law Com No. 236, 1995).

[62] *Edge v. Pensions Ombudsman* [2000] Ch 602 (CA); cf Jonathan Hilliard, "The Flexibility of Fiduciary Doctrine in Trust Law: How Far Does it Stretch in Practice?," 23 *Trust Law International* 119 (2009).

[63] *ASIC v. Citigroup Global Markets Australia Pty Limited* (2007) 241 ALR 705; analyzed in Joshua Getzler, "*ASIC v. Citigroup*: Bankers' Conflict of Interest and the Contractual Exclusion of Fiduciary Duties," 2 *J of Equity* 62 (2007).

意中向悉尼资本市场发出明确信号,表示交易有望达成。基于此,位于内部信息隔离墙另一边的一家花旗集团自营交易商受到诱惑,欲为该银行在收购目标中持有投机性股份。该交易商随后被花旗集团银行顾问方的一名高管召集参加临时会议,并被告知停止购买目标股份。这样做是为了使银行摆脱与其顾问客户相竞争的立场,因为其收购会抬高目标股价。然而,交易商认为所得信息是交易停止的内部消息,随即抛售银行持有的所有目标股份。突然抛售的行为本身就释放了明显市场信号,即花旗集团正在寻求避免利益冲突,由此透露收购的可能性,激起进一步公开交易,对客户项目造成不利影响。虽然收购最终获得成功,但成本大增。澳大利亚证券和投资委员会(ASIC)作为监管机构随后针对花旗集团提起监管诉讼,指控其违反了法定义务,类似于一般法下的信义义务。杰各布森(Jacobson)法官裁定,排除信义义务在合同上具有约束力,其涵盖利益冲突和义务冲突的范围。因此,无法认定违反信义义务,因为不存在信义义务,即使同意客户可能并未谈及花旗集团最终所犯不法行为。该案难点在于,在被告银行和客户之间的关系升级至完全顾问关系前,已存在被告银行向客户提出的非自由裁量的银行和经纪服务关系。在未获得充分解释受委托银行敌意自营交易风险且披露敏感信息的情况下,客户对非信义关系委托的形式同意被认定有效,尽管在进行新委托前,存在密切关系。不得不说,该案实现了微妙平衡。奇怪的是,澳大利亚证券和投资委员会并未援引高等法院在 *United Dominions Corporation v. Brian* 案中的判决,在该案中,麻森、布伦南(Brennan)和迪恩(Deane)法官裁定:"即使双方之间并未且可能永远没有就调整他们之间安排的合意条款达成协议,也可能产生信义关系,存在信义义务。"[64] 相比之下,在 *John Alexander's Clubs* 案中,高等法院判决允许一系列抵押合同默示排除双方之间的任何新生信义关系,[65]尽管下级法院法官和评论员并不认为该案的判决理由易于理解或遵循。[66] 法律对此并非泾渭分明。

---

[64] *United Dominions Corporation Ltd. v. Brian Pty Ltd.* (1985) 157 CLR 1 at 11 – 12 (HCA).

[65] *John Alexander's Clubs Pty Limited v. White City Tennis Club Limited* (2010) 241 CLR 1 (HCA).

[66] *Thomas v. SMP International* (No. 4) [2010] NSWSC 984 at [70] per Pembroke J; *Red Hill Iron Ltd. v. API Management Pty Ltd.* [2012] WASC 323 at [358] – [382] per Beech J; Robert Flannigan, "Collateral Contracting Implicitly May Vary Fiduciary Accountability," 126 *LQR* 496 (2010); cf "The Joint Venture Fable," 50 *Am J of Legal Hist* 200 (2010).

(二)基于知情同意(informed consent)重新谈判或中止的义务

事后对信义义务进行重新谈判时,必须加强程序保护,因为受信人可能在该关系内隐藏必要信息和滥用其权力。[67] 信义义务在某种意义上是双重的:不仅受信人在履行该关系产生的义务时必须表明存在诚信和忠义,而且变更信义保护的任何尝试本身均受制于问责、披露和诚信的信义标准。法院以各种形式提出该类要求。在 *Maguire v. Makaronis* 案中,法院指出,现有受信人——

> 要逃避逆向认定存在违反信义义务的污名和随后救济,就应当以抗辩的形式证明[受益人]……对……相抵触的忠义义务表示知情同意。完全知情同意是个案所有情况中的一个事实问题。案件情况可包括……从第三方获得独立和成熟建议的重要性。[68]

上述主张既不明确,也无法提供指导。在利益冲突的案件中,针对"知情"同意的要求截然有异;有些案件认为,披露机会但随后由受益人或为受益人的利益而放弃,就意味着同意受信人自行利用该机会;[69]而其他判决要求受益人了解法律和事实情况,并同意受信人获取任何利益。[70] 另一不确定性的来源是知

---

[67] Cf *Erlanger v. New Sombrero Phosphate Co.* (1878) 3 App Cas 1218. Note also Lord Eldon's policy of disclosure in *Ex parte Lacey* (n 29).

[68] (1997) 188 CLR 449 at 466 (HCA) (脚注省略). *Maguire* 案支持知情同意的必要性,以防止信托义务的违反,这在另一个案子中也有所体现:*Birtchnell v. Equity Trustees, Executors and Agency Co. Ltd.* (1929) 42 CLR 384 at 398 (HCA),在此案中,Isaacs J 主要关注将同意的证据负担放在监护人身上;与此形成比较的是,Dixon J 寻找的是合作之前所给予的有关合作机会的知识和信息。Maguire 案所提及到的其他权威人士认为同意违背信托法与信托不忠的意思大相径庭,以下是其主张理由:1. 受益人自愿同意不当任命是否要求他理解他这种行为实际是为了防止自己被起诉(回答:不)而同意违反信托法的规定[*In re Pauling's Settlement Trusts* [1962] 1 WLR 86 at 108 (Ch) per Wilberforce J]; *Spellson v. George* (1992) 26 NSWLR 666 at 669 –70, 673 –5, 680 per Hope JA; 2. 是否知悉不当付款本身就等于默许或同意(回答:不)。See *Life Association of Scotland v. Siddal* (1861) 3 De G F & J 58 at 73; 45 Eng Rep 800 at 806. 涉及律师起草意愿的案件很清楚,立遗嘱人必须充分理解所有条款的法律和实际后果。

[69] *Queensl and Mines Ltd. v. Hudson* (1978) 18 ALR 1.

[70] *Boardman v. Phipps* [1967] 2 AC 46, 109 per Lord Hodson; *Murad v. Al-Saraj* [2005] EWCA Civ 959; and note especially *Bogg v. Raper* (1998) 1 ITELR 267; [1998] EWCA Civ 661 per Millett LJ (一个对遗嘱感兴趣的律师仍然可以起草有利于自己的条款,但在此种情况下不能被允许,即"如果草案人员插入条款时没有要求委托人注意它,并且知道委托人没有意识到条款的效果").

情同意的法律效力，是消除既存义务[71]还是在不消除义务的情况下成立抗辩事由？[72] 这一问题涉及核心理论点和具有实际重要性，但法官意见不一。

最令人感兴趣的讨论源自涉及义务冲突的案例。[73] 新西兰上诉法院的理查德森（Richardson）法官在广为援引的表述中指出：

> 律师对其委托人的忠义不得分割。如果一名委托人的利益与另一委托人的利益相对立，他就不能恰当履行其义务。如果他对一方或双方的责任发生冲突，他必须确保向双方委托人充分披露重要事实，并获得他们对律师如此行事的知情同意……在某些情况下，即使进行披露，律师也不可能公平且充分地为双方行事。[74]

1991 年，澳大利亚联邦法院指出：

> 受信人不但必须避免未经知情同意将自身置于义务和个人利益相冲突的境地，还必须避免相冲突的代理。原因是由于多重代理，受信人可能无法在不与相对一方义务产生冲突的情况下充分履行针对另一方的义务。因此……如果一名销售顾问同时也是未披露的买方顾问，就会出现实际义务冲突。[75]

上诉法院法官米勒特在 *Mothew* 案中援引该判决作为其重申的基础：

> 受信人必须注意，不要将自己置于存在实际义务冲突的境地。这样他在履行对一方委托人义务时，就无法履行对另一方委托人的义

[71] “根据一般法律，充分披露和知情同意仅仅只是防止违反义务的发生：” *Eastland Technology Australia Pty Ltd. v. Whisson* [2005] WASCA 144 at [73] per McLure JA。

[72] *In re Pauling's Settlement Trusts* [1962] 1 WLR 86; [1961] 3 All ER 713 per Wilberforce J.

[73] See further Matthew Conaglen, “Fiduciary Regulation of Conflicts between Duties,” 125 *LQR* 111 (2009); “Remedial Ramifications of Conflicts between a Fiduciary's Duties,” 126 *LQR* 72 (2010); Conaglen (n 3) 142 – 76.

[74] *Farrington v. Rowe McBride & Partners* [1985] 1 NZLR 83 at 90 (NZCA), approved in *Clark Boyce v. Mouat* [1994] 1 AC 428 (PC); *Maguire v. Makaronis* (1997) 188 CLR 449 at 465 (HCA); *Beach Petroleum NL v. Abbott Tout Russell Kennedy & Ors* [1999] NSWCA 408 at [203].

[75] *Commonwealth Bank of Australia v. Smith* [1991] FCA 375; 102 ALR 453 at [81], citing Finn (n 31) 253 – 4.

务。[76] 否则,他可能别无选择,至少停止一方代理,最好停止双方代理。要履行针对一方委托人的义务,就必须违反针对另一方委托人的义务,这一事实并不能免除他的责任。[77]

然而,在存在潜在义务冲突的情况下,各方可能希望继续代理行为。律师可以有效地为交易双方服务;银行人员可能希望为同一市场中的众多竞争对手服务。同样,代销商、代理商、财务顾问和专业服务提供商通常会发现,同时或连续接受潜在义务冲突方的委托更为方便。共享信息和节省成本的益处大于潜在损失,即使因此会摒弃信义法的根本性禁止规定。回顾一下判例法就会发现,这不仅仅是一个现代问题,而是历来如此。1802 年,在 *Lacey* 案中,埃尔登大法官无可奈何地承认,律师在同一交易中同时代理买方和卖方的做法非常普遍,尽管他持谴责态度,事实上,现代法院也时有为之。[78] 信义法中的这一窘境根深蒂固,一方面谴责相冲突的忠义义务,另一方面又在实践中对冲突持容忍态度,提供一系列允许撤销义务的方法。

也许关于这点的讨论,从 2005 年上议院在 *Hilton v. Barker Booth & Eastwood* 案中的判决可见一斑。[79] *Hilton* 案是作为合同案件审理的,但是沃克(Walker)法官在其主要判决中似乎假定,律师代理所设立的合同义务类似于信义义务。[80] 合同框架意味着有可能确定以当事人最大利益行事的积极主要义务,包括披露有助于当事人信息的义务,以及对当事人的任何敏感信息予以保密的义务。

Hilton 案的问题源于禁止双重代理的性质。在著名的 *Moody v. Cox and*

---

[76] *Citing Moody v. Cox and Hatt* [1917] 2 Ch 71; *Commonwealth Bank of Australia v. Smith* (1991) 102 ALR 453.

[77] *Bristol Building Society v. Mothew* [1998] Ch 1 at 19. To like effect, *Prince Jefri Bolkiah v. KPMG* [1999] 2 AC 222,233 – 7 per Lord Millett.

[78] *EX Parte Lacey* (1802) 6 Ves Jun 625,631,31 Eng Rep 1228,1231:“根据一般原则,任何一方当事人都不应该雇佣同一个律师。而在许多情况下,这肯定能大大节省开支。但如果是在财产买卖或债务支付的案件中,双方当事人都雇佣同一律师,则会产生很大麻烦;” *Commonwealth Bank of Australia v. Smith* [1991] FCA 375; 102 ALR 453 at [84]:“我们停止说这件事,即不同司法管辖区中的多数法院已经公开谴责一个律师可以同时为供应商和购买者服务这种做法……它不是一个令人满意的做法,并且它也不应该被允许。”相似的结果,参见 *Hilton v. Barker Booth &Eastwood* [2005] 1 WLR 567 (HL)。

[79] [2005] 1 WLR 567 (HL).

[80] For detail see Joshua Getzler, “Inconsistent Fiduciary Duties and Implied Consent,” 122 *LQR* 1 (2006).

Hatt 案中，[81]英国上诉法院裁定，受信人针对多人承担冲突义务的行为本身就违反了信义义务，并指出，向一方当事人负有义务，不能成为针对另一方当事人违反义务的正当理由。受信人必须遵守所有受保护关系的主要义务；否则，受信人必须针对任何违约行为进行赔偿。我们可称为"双重违约"理论，其一，达成可能妨碍服务的潜在冲突关系；其二，实际发生冲突。[82] 在英格兰、新南威尔士和其他普通法区域，即使获得豁免，律师规则也不承认律师有履行相冲突义务的自由，由此防止该等违约行为；[83]但这只是监管压力，不是法律（且必须始终判断，义务是否真正相冲突，或者律师是否只是为交易双方履行非自由裁量或辅助性义务，没有冲突空间，如简单转让）。在 *Hilton* 案中，律师代理土地交易双方，但对卖方隐瞒(1)律师曾在刑事诉讼中为买方辩护，知道买方是个骗子，为人不可靠，有犯罪记录，且(2)律师对交易存在秘密利害关系，因为保证金是他借给买方的。违反禁止利益冲突的规定只会有损于律师的诚信，不会引起责任。更严重的是双重义务冲突：被告律师要履行其义务并向原告当事人披露数据，就不得不违反其针对另一当事人的平行保密义务。上诉法院裁定，由于双方当事人均授权律师为双方代理，其各自均默示同意收缩最大利益义务的范围，放弃披露对方保密或敏感信息的权利。该模式受沃克法官的抨击，理由有二：其一，接受严重冲突的委托首先就违反了 *Moody and Cox* 案关于实际禁止服务的禁令；其二，允许默示同意缩小义务的前提是充分披露所面临的风险类型。律师在接受信义委托后，就应向希尔顿披露与另一方当事人的交易风险。但这将违反对另一方的义务，也可能会使交易失败。这表明 *Kelly v. Cooper* 案的默示同意冲突理论，源自根据市场环境判断的各方实践，并不适用于所有信义关系。沃克法官还谈及上诉法院基于"若非"因果推理得出的违约（未规避双

---

[81] [1917] 2 Ch 71.

[82] 这种区分在 Conaglen 一文中有所阐述，see Conaglen (n 3) 142 – 76; also "Fiduciary Regulation of Conflict between Duties" and "Remedial Ramifications of Conflicts between a Fiduciary's Duties" (n 73). 在 *Mothew* 案中，米勒特法官进一步建议，如果在一些涉及冲突风险的，双方达成双倍费用的有效合意，那么有意识地采取行动使一方对抗另一方则构成违反义务，因为双方同意的同等对待服务（balanced service）受到禁止。

[83] Eg, NSW 修订了 1995 年的"职业操守和实践规则"，规则 9.3 表示："当一个从业者在任何的诉讼程序或交易中为至少一方当事人提供服务时，如其因不以违背其中一个或多个当事人利益的方式行事而以此认为不能继续为所有当事人服务时，则该从业者必须随即停止位所有当事人行事。" Cf Solicitors' Code of Conduct 2007 (England and Wales), Rule 3.02 (1)(2)。

重代理)并未导致相关损失的裁定(因为希尔顿很可能会继而委托另一名律师,该律师不会知道源自买方的风险,也不会警告希尔顿避免该交易)。与第二项义务(披露数据以促进希尔顿的最大利益)相关的违约(未警告希尔顿该骗子的不良记录)是卖方亏损交易的原因之一,即使该警告会违反对该骗子的保密义务和促进其利益最大化的义务。上诉法院发明出所谓的"内部中国墙"理论,[84]即律师只需向当事人警告实际交易产生的信息,而非从其他交易中收集的信息,但最终还是倾向于默示同意缩小义务的理论。这正是沃尔克法官在上诉中推翻的理论,因为一个人不能对未向其解释的危险表示同意。对于知情同意应该如何运作以控制信义义务的范围而言,这是最有力的案件之一。但是同样有力的案件 *Kelly v. Cooper* 却反其道而行之。法律对此暧昧不明。

接下来的领域特别麻烦,涉及信义关系的豁免和信义关系的有无转换。

(三)从现有的非信义关系转变为信义关系

如果双方已开始某项业务或亲密关系,但还未明确其关系的最终形式,当双方逐渐加深关系时会发生什么?一方能否从初始关系中获益,并且即使在作出承诺并转移或交换有价资产和信息后,仍可追求最大利润或退出以单独推进项目,而不考虑另一方的利益?随着双方对彼此利益获取的权力越来越大,信义控制会加强该关系吗?强势方通常会主张,对随后关系属于非信义关系已存在有效同意。弱势方会主张合法预期,即随着关系加深,将适用信义保护,要求一方同意获利或退出。当基于新基础的在后关系出现时,在先关系的一方要变更或排除信义义务,必须获得知情同意,还是只需正式同意?[85] 法律对此不甚明了。

(四)将信义义务适用于关系中的新情况

举例说明,双方在建立关系时,事先正式同意一系列有限信义义务,但却未

---

[84] 来源于 Chadwick J 关于抵押律师义务的判断。See *Bristol & West Building Society v. Baden, Narnes and Grove* [2000] Lloyd's Rep PN 241 at 263.

[85] This issue was also raised in *ASIC v. Citigroup Global Markets Australia Pty Ltd* (2007) 241 ALR 705. In a context of joint venture: *Cobbe v. Yeoman's Row Management Ltd* [2008] UKHL 55; [2008] 1 WLR 1752; Joshua Getzler, "Quantum Meruit, Estoppel, and the Primacy of Contract," 125 *LQR* 196 (2009). See further Ben Mcfarlane, "The Problem of Pre-Contractual Reliance: Three Ways to a Third Way" (NYU Working Paper, 15 October 2006). Available at SSRN: <http://ssrn.com/abstract=138134>.

考虑同意的程度。例如,委托人同意代理人为了所有相关各方利益接受多重委托。随后,代理人以委托人未预见的方式追求私利,直接损害了委托人的利益。代理人能否依赖表面上免除其所有信义义务的正式同意?合伙人同意组成合伙企业,或者董事向公司提供管理服务,或者代理人协助家庭信托进行投资,都是在业务范围内承担默示信托义务。如果出现新的业务,由谁决定其是否属于信义保护的范围?[86] 法律对此含糊其辞。

(五)从信义关系走向没有关系

如果双方已终止具有信义性质的密切关系,但一方继续利用源自该先前关系的机会、信息或者其他利益,怎么办?受信人何时才能与前客户的竞争对手合作,或与前客户竞争以追求自身利益?终止信义关系会增加随后滥用该关系的风险。受信人必须针对终止关系后的冲突寻求知情同意,还是从信义关系的终止可推定已终止所有义务?[87] 法律对此不明不白。

(六)勿涉敏感信义服务(no sensitive fiduciary service is at stake)

如果为交易双方服务的专业人员不行使任何辅助酌情权,仅提供机械性服务,如要求为交易双方服务的律师简单解释转让条款及完成文书工作,则可能无须信义保护。由于这部分工作通常不适用信义保护,未被要求以受信人身份服务的人员在工作时,无须担心义务冲突。[88] 但难点是辨别该关系中哪些部分属于信义关系,哪些部分不属于信义关系。法律对此模模糊糊。

---

[86] An issue identified by Robert Austin in his influential article "Fiduciary Accountability for Business Opportunities," in Paul Finn (ed.), *Equity and Commercial Relationships* (1987) 141, cited in *Western Areas Exploration Pty Ltd. v. Streeter* [*No* 3] [2009] WASC 213 at [51]. 同样的问题在以下案中得到充分体现:*Boardman v. Phipps* [1967] 2 AC 46, and further explored in *Hilton v. Barker Booth &Eastwood* [2005] 1 WLR 567 (HL) and *Rossetti Marketing Ltd. v. Diamond Sofa Company Ltd.* [2012] EWCA Civ 1021 (CA).

[87] *Strother v.* 3464920 *Canada Inc* [2007] SCC 24.

[88] *Clark Boyce v. Mouat* [1994] 1 AC 428 (PC); *Pilmer v. The Duke Group Limited* (*in liq*) (2001) 207 CLR 165 (HCA); cf John Glover, "Conflicts of Interest, Conflicts of Duty and the Information Professional", 23 *Adel L Rev* 215 (2002).

（七）客体分离（subject separation）

如果某信义关系在范围上受限，其涵盖的活动领域异于另一信义关系，则受信人可合法地服务二主。[89] 与此同时，如果某信义关系的客体范围有限，允许受信人代理人（fiduciary agent）获得该客体范围外的利益。*London and Mashonaland Exploration Co Ltd. v. New Mashonaland Exploration Co. Ltd.* 案反映了该原则，[90]该案假定董事的职责范围受到其聘用合同和公司业务的限制。在一般情况下，忠义无须不可分割，董事可自行担任竞争公司的董事；潜在冲突是可接受的，只要其不使用保密信息并避免实际冲突。这一原则可能反映了公司被明确规定的公司宗旨所束缚的年代；对比合伙关系，合伙人享有普遍的认可权或广泛的表见代理权；此处，受信原则更忌讳向另一实体提供竞争服务。[91] 2009 年，在 *Western Areas Exploration Pty Ltd. v. Streeter* [No. 3] 案中，希南（Heenan）法官提出重要表述，总结了 *Mashonaland* 案原则并对其加以限制：

> 其并没有超出下列主张的范围，即仅作为一家公司的董事，而该公司与该人亦担任董事的另一家公司相竞争，至少在没有滥用另一公司保密信息或资产或联系的情况下，不构成对信义义务的任何违反。该观点本身基于下列假设，即处于双重职位的董事偶尔可能会面临的情况是，其本应参与其中的一家公司的某些决策或活动与另一公司的利益存在直接利益冲突，但在该情况下，董事将承认该冲突，并放弃参与相关行动或活动。[92]

这是高度敏感的领域。公司、合伙和较松散的合资企业会产生特殊问题，

---

[89] *Lagunas Nitrate Company v. Lagunas Syndicate* [1899] 2 Ch 392; cf *Erlanger v. New Sombrero Phosphate Co.* (1878) 3 App Cas 1218, and in the different context of conflict of interest and wrongful profits, *New Zealand Netherlands Society "Oranje" Inc v. Kuys* [1973] 1 WLR 1126 (PC); *Aas v. Benham* [1891] 2 Ch 244, interpreted in *Birtchnell v. Equity Trustees, Executors and Agency Co. Ltd.* (1929) 42 CLR 384 (HCA) per Dixon J; *Boardman v. Phipps* [1967] AC 46, at 108 per Lord Hodson, at 117 per Lord Guest; *O'Donnell v. Shanahan* [2009] EWCA Civ 751 per Rimer LJ; *Links Golf Tasmania Pty Ltd. v. Sattler* [2012] FCA 634.

[90] [1891] WN 165; approved *Bell v. Lever Brothers Ltd* [1932] AC 161, 195 per Lord Blanesburgh.

[91] See *Birtchnell* (n 21) per Isaacs J, Dixon J.

[92] [2009] WASC 213 at [77] – [78]，上诉后基于不同理由而改判：[2011] WASCA 17。

因为具有多种角色的行为人可能会将自身利益与针对交叉实体的多项义务相混淆。实例各不相同,且不胜枚举。因此,对认购人负有一系列义务的公司发起人,在其成为董事后,可能对公司本身负有不同且相互冲突的义务。一群合伙人或董事可能会自立门户,追求可能属于母合伙企业或公司的商业机会;在该情况下,除个人非法获利问题外,这些单干的合伙人或董事可能会对新合伙企业或公司负有不一致的信义义务。另一种情况是,股份受托人为了保护信托利益而担任公司董事。公司利益可能会偏离信托利益,即使信托控制多数或全部股权。[93] 同样,事后知情同意的要求似乎已完全满足。[94] 但是,确定现存信义关系的范围向来都绝非易事。法律对此模棱两可。

这七个领域均涉及一系列信义义务的变更或限制,都产生过重大诉讼,反映了对归责和限制如何运作的疑问。信义义务基于同意的主张并不能产生解决该类问题的灵丹妙药,也不是分析问题的高级语言(superior language)。关键问题是如何在变更信义义务强度和范围的情况下设定披露和同意的标准,因为在该等情况下基于关系的敏感性,通常会适用该等义务。一项重要结论是,制定基于同意的免责规则必须独立于归责原因。

结　论

同意的排除和重塑信义义务屡见不鲜,部分评论人员甚至认为应废除当前的默认规则,即当事人非经明确规定,不承担忠义义务。[95] 更合理的分析是,此处的信义法可作为法学家和经济学家所称的"惩罚性默认规则"。[96] 这也许是一个大多数市场参与者都不会选择的平衡规则;对坚持默认规则的惩罚会鼓励自觉理性的行为人进行信息披露和揭示偏好,由其对条款重新谈判并根据需求调整保护水平。在信义法中,默认规则对利益和义务冲突所设置的保护很高,

---

[93] Tony Molloy, "Trustees of Controlling Shareholdings Who Take Directorships or Senior Executive Posts in the Company", 16 *Tr & Trustees* 741 (2010).

[94] *Erlanger v. New Sombrero Phosphate Co.* (1877 – 8) LR 3 App Cas 1218 (HL); *Boardman v. Phipps* [1967] 2 AC 46 (HL); [1964] 1 WLR 993(Ch) per Wilberforce J.

[95] Langbein (n 30).

[96] Cf Ian Ayres and Robert Gertner, "Filling Gaps in Incomplete Contracts: An Economic Theory of Default Rules", 99 *Yale LJ* 87 (1989).

也许过高;如果该类规则会产生抵销优势,各方可自行调整。此时,法律可以为不太精明的行为人保留高度保护的默认规则,因为其不太善于磋商或不了解磋商的均衡点。因此,信义法的出现,是对惩罚性默认规则和标准有效默认规则结合的精心设计。如果法律适用严格披露规则以确保充分理解对默认规则的任何偏离,且同意在完全知情的情况下作出,就会减少道德风险和滥用受信人权力重塑关系偏袒受信人的诱惑。虽然迫使众多或大多数当事人围绕默认规则进行磋商成本高昂,但诚信和忠义服务对个人和社会的回报更是千金难买。[97]受信人披露和同意规则确保将风险和保护之间的平衡设置为各方在获得充分信息和完全知悉的情况下所实际接受的水平。如果没有该同意,默认规则就会对受信人过于严苛。换言之,信义标准适用于变更信义标准的企图,属于预防性双重防护,如果双方真正愿意,仍可予以变更。如果多数当事人无法从披露信息和针对具体合同标准设置进行磋商获取过多价值,或许有必要在一般合同订立中设定有效而非惩罚性默认规则。此处,客观同意就足以改变规则。[98] 但在长期自由裁量信义关系中,价值很容易被机会主义者摧毁或侵吞,法律必须帮助双方制定可行的激励措施,这意味着应该首先鼓励双方保证放弃自身利益和相抵触的忠义义务作为服务条件,与限定期间或非自由裁量合同相比,同意变更减少保护更难以实现;在后一情况下,滥用的可能性减少,市场约束最为有效。如果法院允许知情同意变为正式程序,其将破坏信义和非信义交易之间这一微妙平衡的制度;正如我们所见,有大量先例帮助法官保持不变,防止过于容易地限制最初规定的义务。因为现在多数制定标准的重要工作,都发生在限制或废除义务领域。如今,迫切的问题不是“谁是受信人”或“什么是信义义务”,而是“信义义务怎样发生变化”。

---

[97] Conaglen (n 3) 219 – 21, drawing from Michael Whincop, “Of Fault and Default: Contractarianism as a Theory of Anglo-Australian Corporate Law”, 21 *Melb UL Rev* 187 (1997).

[98] Eric Posner, “There are No Penalty Default Rules in Contract Law”, 33 *Fla St UL Rev* 563 (2006).

第三章 信义关系

保罗·B. 米勒(Paul B. Miller)*

引 言

私法的概念结构在相当程度上是有形式的,私人责任的原则是通过相对稳定的行为、互动和组织的形式加以调解。私法的形式属性体现在这样一个事实上,即责任规则的适用往往以司法裁决为前提,原告和被告的相互作用属于某种形式(或种类)的行为、互动或组织,在此意义上某些强制性或默认性规则才有用武之地。因此,例如一个简单的基于违反合同的索赔便会转化为合同履行的主要义务,而合同履行的主要义务又基于特定形式的法律关系,即合同关系。[①] 除非索赔人能够确定基础关系实际上是合同关系,即具有合同的形式属性(有效条件),否则基于合同违约的索赔将功亏一篑。同样,侵犯不动产的索赔也会转化为对所有权的确立或产生对不动产拥有独占权的某种次级权益(如租赁权益)。在此,我们也有一种责任规则,其适用条件取决于诉讼人(所有权人和非所有权人、承租人和非承租人)之间的关系形式,同时,亦可对于规则的修改或偏离从形式上进行确定(例如,房东与承租人之间关系的性质即决定前者在租赁财产上正当权利的规定)。

---

* 我很感谢参加 Notre Dame 法学院 2013 年信托法研讨会的参与者。我也很感谢德保罗法学院举办的信托法哲学基础研讨会的与会者提出的问题和意见。对于详细评论,在此特别感谢 Christopher Bruner,Evan Fox-Decent,Andrew Gold 和 Julian Velasco。

① 给定的形式(如合同)可能有几个变体,这并不会减损责任的形式属性。相反,其反映了作为理性建构的法律形式的可变性和复杂性。关于合同的多样性,see Hanoch Dagan and Michael Heller, *Freedom of Contracts*, forthcoming.

私法中的许多行为、互动和组织的形式都得到很好的理解或至少得到广泛的分析。然而,对信义法而言,情况并非如此。信义义务的基础、性质、范围以及其正当性仍存在相当大的不确定性,而这些不确定性必然会引起信义法的结构问题。

信义责任是否像衡平干预的其他基础一样,主要源于自由裁量(discretionary)?[②]还是说它至少是部分形式结构化的?解决这一问题需要考虑到学理以及律师和法官司法实践的共同经验。在确定信义责任规则是否适用时,我们在多大程度上关注当事人之间关系的一般性质?假设我们对此有所关注,是否视之有所不同?目前,我们要(作为一种实践)且应当(作为一个分析问题)密切关注信义关系及其独特性和形式属性。

让我们用思想和言语习惯,从前临界(pre-critical)的层面入手。作为律师和法学者,我觉得可以公平地说,将人们称为受信人的习惯,以及将职位(offices)和关系视为具有信义特征,意味着他们是同一种类型或类别的实例。[③]因此,例如我们可以确切地说律师、董事、代理人和受托人是受信人,但当父母、医生和公职人员被视为(或应当被视为)受信人时,情况则有所差异。同样,我们说,职位(offices)也有受信人的特征(并且作为延伸,我们将职业因素作为考虑一个人是否为受信人或一种关系是否为信义关系的理由)。最后,我们将人和职位纳入某种信义关系中。因此,我们说律师与客户具有信义关系、董事与其所任职的公司也具有信义关系等。在关键层面上,种类状态(kind-status)可以从正面确定受信人的共同特征。[④] 它也可负面反映在我们的意见、信念和决定(无论是否具有权威性)中,即认定某些人不是也不能是受信人。

这些实践可能只是反映了一种共同直觉,即他们之间有显著的相似性,而这一系列相关的术语(受信人、受信职位、受信关系)可适当并简要概括这种相

---

② 正如莱科克(Laycock)在他关于衡平性对普通法的影响的论文中所言。See Douglas Laycock, "The Triumph of Equity", 56 *Law & Contemp* Probs 53 (1993). See also Peter Birks, "Equity in the Modern Law: An Exercise in Taxonomy", 26 *UW Austl L Rev* 1 (1996).

③ 以下,我将用"种类"和"形式"来简称角色、职位和关系的一般类型或类别。

④ See generally Tamar Frankel, Fiduciary Law (2001) 4 – 6; and Laura Hoyano, "The Flight to the Fiduciary Haven", in Peter Birks (ed.), Privacy and Loyalty (Oxford: Clarendon Press, 1997) 169.

似性。⑤ 但鉴于这些是技术性法律术语,且源于律师实践,因此,这似乎更有可能反映出他们由习惯使用所产生的概念和实践的迫切需求。在法律上,使用意味着更多的参照。将人、职位或关系视为受信人则意味着某种重大的法律后果。受信人须承担一系列独特且严格的法律义务。⑥

根据习惯用法,认为信义关系是一种无法定义的结构这一观点可能看起来令人惊讶。然而,这是主流信义法学者的传统智慧之所在。在本章第二节,我将通过司法实践和相关学理观点进行对比来介绍并质疑这一观点。在第三节,我将提出一个以关系定义为中心的信义关系理论,即信义关系的受信人权力理论(fiduciary power of theory)(以下简称受信人权力理论)。定义的可行性在一定程度上通常具有包含被定义术语所示现象能力的功能。因此,在第四节中,我将说明受信人权理论如何解释一系列被广泛视为受信人关系的种类状态。定义的效用在于其分化现象的能力,并能揭示出由于混杂的相似性而导致的难以分化。因此,在第五节中,我将阐述受信人权理论如何能够有条理地解决其他关系的信义特征分歧。在第六节中,我将进行简要总结。

一、信义关系的冲突观点

目前关于信义法的思考,有两种主流观点。一种盛行的学术观点认为信义关系是无法定义的,⑦另一种盛行的司法观点则认为这种关系的存在是信义责

---

⑤ As suggested by John Glover,"The Identification of Fiduciaries", in Peter Birks (ed.),Privacy and Loyalty (Oxford: Clarendon Press,1997) 269.

⑥ See generally Peter Birks,"The Content of the Fiduciary Obligation", 34 Israel L Rev 3 (2000).

⑦ 我把这个观点主要归功于学者,因为定义推理本身在很大程度上是学术上的关注,在这一点上很难找到直接的司法公告。但在 Wilson J,dissenting in *Frame v. Smith* [1987] 2 SCR 99 (SCC) 135 中,他指出:"受信人这个概念在其产生的背景之外,没有具体的界定"。同样地,Brennan 法官在 *Breen v. Williams* (1996) 186 CLR 71 (HCA) 92 中指出:"迄今为止,法律还没有能够对一个人在与另一人的关系中成为受信人的情况作出精确或全面的定义。" Fletcher Moulton LJ 在 *Coomber v. Coomber* [1911] 1 Ch 723 的著名提醒是:信义法中的"不假思索地诉诸口头公式"被一些人解释为对定义推理的批判。但是我认为,对 *Coomber* 案中这个格言最好的解释是 Millett LJ 在 *Bristol & West Building Society v. Mothew* [1998] ch 1 给出的论断。Millett LJ 认为,术语的定义需要更多的关注。因此,他开始分析一个关于疏忽的违反信义的说法,指出"必须从定义一个术语开始"。更具体地说,我们有必要用与其不同的概念来思考信义法(尽管 Millett L. J. 关注的是确定什么是有关信义义务的独特性,而对信义关系的独特性关注甚少)。

任产生的先决条件。这两种观点针锋相对，法官将信义关系视为信义责任的核心概念，主流学术界则否认这一概念的一致性。这种冲突是相互矛盾的。法官认为属于一般类型或类别内关系的存在是信义责任的条件，但很多学者坚持认为这是虚幻或不连贯的，而且它对我们理解信义义务造成了某种复杂性，这种悖论本身令人困扰不已。判例法显著表明信义义务对信义关系性质的某些东西有所反应，因此，信义责任是形式结构化的，但盛行的学术观点似乎另有暗示。

（一）无法定义的信义关系

认为信义关系无法定义的观点值得重视，它也被证明是流传百世的。[⑧] 伦恩·西利（Len Sealy）是这一观点的早期倡导者，在一篇关于信义关系的文章中，西利回避了"信义关系现状的定义问题"。[⑨] 他最终得出结论，认为这个问题是不可解决的："'信义'一词并不是一个有着固定规则和原则适用的单一类别确定关系。……如果说约翰（John）处于信义关系之中，那么对我来说，这种表述仅仅意味着在某些方面，他有着类似受托人（trustee-like）的地位。"[⑩]

保罗·费恩在其经典名作《信义义务》（Fiduciary Obligations）一书中认同上述观点。[⑪] 该书基于他直截了当和毫不犹豫地驳斥了以下观点：信义关系是一种独特和连贯的法律关系。在书的首页，费恩就表明：

> 谈论这种信义关系是没有意义的，一旦人们看到实际上已经演变的规则和原则，很快就会发现，把一个人都……描述成为受信人是毫无意义的……规则是一切，"信义"则毫无紧要。[⑫]

---

⑧ 尽管我们一直在界定信义关系或澄清其基本性质方面不断作出新的尝试，但情况确实如此。See especially Ernest J. Weinrib, "The Fiduciary Obligation", 25 *U Toronto LJ* 1 (1975); JC Shepherd, "Towards a Unified Concept of Fiduciary Relationships," 97 *LQR* 51 (1981); and D. Gordon Smith, "The Critical Resource Theory of Fiduciary Duty", 55 *Vand L Rev* 1399 (2002).

⑨ L. S. Sealy, "Fiduciary Relationships", Cambridage *LJ* 69, at 69 (1962).

⑩ Sealy, "Fiduciary Relationships", at 73 (original emphasis).

⑪ P. D. Finn, *Fiduciary Obligations* (1977).

⑫ Finn, *Fiduciary Obligations.* 有趣的是，在他后来的著作中，费恩对"受信人"这个词的混乱使用表达了担忧："我们目前的不确定性被认为是由于对受信人缺乏一个可行和无懈可击的定义而加剧的……定义，即使不完善，也有其意义。" P. D. Finn, "The Fiduciary Principle in Equity," T. G. Youdan (ed.), *Equity, Fiduciaries and Trusts* (1989) 26.

西利和费恩的观点已被证明具有广泛影响力，并被当代主流学者所认可。例如，德波拉·德莫特（Deborach DeMott）认为，信义法是“通过判例的类推而非原理发展而成”，并坚信“信义义务的法律是具体特定法”（situation-specific）。[13] 法律的具体特定性使定义推理徒劳无益。德莫特认为，“即便是标准或常规信义关系的特征也具有太大的可变性，以至于人们无法以任何令人满意的方式提炼出单一的本质或者特性”。[14]

同样，马修·康纳隆（Matthew Conaglen）认为，对信义义务的分析可以且应当独立于信义关系。[15] 同时他也认识到，在一些类别的关系中，“信义责任无疑是存在的”，但将它们作为一种类别或类型进行分析时，则几无所获。[16] 事实上，他声称，对于界定信义关系所做的努力只是“徒然的希望”。[17]

最后，詹姆斯·埃德尔曼提出，无须探究信义关系的性质，也可以分析信义义务的归属。[18] 他认为：“假如我们将信义义务视为基于对另一个人的自愿承诺所表现的义务，那么只有当这种义务出现时，我们才能理解信义义务。”[19]埃德尔曼认为没有必要描述这些性质，并声称信义义务“不一定是指关系或身份”。[20]

（二）基于信义责任的信义关系

信义关系无法定义的观点与当前的司法意见相冲突，根据这一观点，信义责任的前提是违反由信义关系形成而引起的一项或多项责任。与埃德尔曼观点相反的是，信义义务在历史上一直是“必然涉及一种关系”，它与信义关系相伴随，并在此关系范围内规制受信人行为无论这个范围有多宽广。

---

⑬ Deborah A. DeMott, “Beyond Metaphor: An Analysis of Fiduciary Obligation”, 37 *Duke LJ* 879, 879 (1988).

⑭ Deborah A. DeMott, “Breach of Fiduciary Duty: On Justifiable Expectations of Loyalty and their Consequences”, 48 *Ariz L Rev* 925, 934 – 5 (2006).

⑮ Matthew Conaglen, “The Nature and Function of Fiduciary Loyalty”, 121 *LQR* 452 (2005).

⑯ Conaglen (n 15) at 454.

⑰ Matthew Conaglen, *Fiduciary Loyalty: Protecting the Due Performance of Non-Fiduciary Duties* (2010) 9.

⑱ James Edelman, “When do Fiduciary Duties Arise?”, 126 *LQR* 302 (2010).

⑲ Edelman (n 18) at 302.

⑳ Edelman (n 18) at 302.

法官的传统智慧意味着他们在信义责任结构中会优先分析关系，而非义务。这种优先性反映在法官对信义责任的看法以及他们在裁决责任划分时的做法。

让我们从最重要的事情开始——诉讼当事人主张、法官裁决和信义责任索赔的实践做法。在此，关系特征显著集中。原告并非简单的主张义务和提出对方违约事实。相反，他们首先声称与被告是信义关系。更具体地说，他们声称在身份或事实层面上，这是信义关系。㉑ 法院据此裁定索赔。他们要确定这种关系作为一种身份或事实是否为信义关系。一旦肯定，就确认为信义义务，继而再对违约指控进行分析。

要理解关系特征在信义责任中的角色，就需要简要解释识别信义关系的主要方法。㉒ 通常情况下，原告会声称其与被告是一种信义关系。大多数被认为信义关系的都会被视为源于某种身份（例如，代理人和委托人、受托人和顾问、董事和公司）。面对此种诉称，法院会确定这种关系是否为已被确认的信义身份类型，如是，则基本上就会确认是信义关系，而被告也会因此受到信义责任的约束。

也会出现罕见情况，即原告无法证明该种关系属于已被确认的信义身份类型，其可以辩称，认为这种身份是重新延伸的，或者说这种信义关系的判断是一次性的。有时，诉讼当事人会千方百计地说服法庭，即身份的延伸是有序可循的。不过，考虑到判例的影响，法庭对此要求非常高。因此，更为典型的一种辩护是通过实际（而不是假定的）特征认定其是信义关系。在此分析的要点在于事实，而非身份。通过判断是否具有公认的信义关系特征（已经确认的信义身份）来确认信义关系。法官对信义关系的特征分歧很大，㉓然而他们通常在考量时，会引用包括裁量权、权力、不平等、脆弱性、信任和信心等特征来加以判别。

我在其他地方批评过这些判别信义关系的方法，㉔在此并不讨论此种批评

㉑ See Smith (n 8).

㉒ 我在下文中详细讨论了这一方法，Paul B. Miller, "A Theory of Fiduciary Liability", 56 *McGill LJ* 235 (2011). See also Smith (n 8) and Glover (n 5).

㉓ Hoyano (n 4).

㉔ Miller (n 22).

的正当性。目前关键的一点是,关系的种类状态(无论是其自身权利还是凭借其身份)决定了信义义务是否适用。即使我们并不了解信义义务所依据关系的形式属性,信义责任也是有形式结构的。

鉴于关系特征是索赔责任形成和裁判的核心,那么法官对此经常表达意见也就并不令人吃惊。在 *Guerin v. Canada* 案中,迪克逊(Dickson)法官只能在信义责任的发生是完全(并且仅仅)受身份控制还是源于信义关系的某些特性这两种标准当中进行确定,他认为后者正确:

> 有时,信义关系的性质由代理人、受托人、合伙人和董事等类似标准之人所涵盖。我不同意这一观点,信义义务由关系的性质所导致,而非特定类别的行为者所引发。㉕

在识别信义关系的方法方面,有些评论也颇具启发性。例如,在 *Lac Minerals Ltd. v. International Corona Resources Ltd* 案中,拉弗雷斯法官对基于身份的识别方式评论如下:

> 重点在于对关系的确定,原因在于考虑到这些关系的内在目的、推定事实或法律事件,法庭会对一方施加信义义务,以让其有所为或不得为。㉖

对基于事实的识别方式,他也评论道:

> 信义义务的施加不局限于产生这种义务而事先假定的那些关系。相反,信义义务可以作为一种事实从关系的具体情形中产生。㉗

其他主要判例也有类似表述,例如,在 *Hospital Products Ltd. v. United States Surgical Corporation* 案中,道森(Dawson)法官明确指出,信义义务不仅源自信义关系属性,还会对其作出反馈:

> 所有信义义务背后都存在一种观念,即关系的性质本身有其内在的

㉕ [1984] 2 SCR 335 (SCC) 341 (emphasis supplied).

㉖ *Lac Minerals Ltd. v. International Corona Resources Ltd.* , [1989] 2 SCR 574 (SCC) 646 (emphasis supplied).

㉗ *Lac Minerals Ltd. v. International Corona Resources Ltd.* , [1989] 2 SCR 574 (SCC) at 648 (emphasis supplied).

> 特点，即存在一方当事人处于不利或脆弱的地位……这意味着一个负有信义义务的人不得将其自身利益处于与信义义务相冲突的地位。[28]

在美国，法院也强调信义义务源自信义关系。例如，在 *United States v. Chestman* 案中，美国第二巡回上诉法院指出：

> 信义关系涉及自由裁量权和依赖性……信义关系的受益人可以委托受信人保管各种财产。由于受信人是为服务于信义关系目的而获得该财产，他便有不得将该财产用于私益的义务。[29]

当然，不可避免的是，法院在信义关系的性质或信义关系与信义责任之间的关系上所持观点并不统一，但仍存在一种主流的观点，即信义关系产生信义义务，并继而导致信义责任。

二、解决冲突：信义关系中的受信人权力理论

在信义关系方面，有两种重要但相互矛盾的观点。主流学者认为，信义关系无法定义，而法官则将其视为责任的关键所在。学术观点反映了信义关系性质真实的不确定性。然而，在其与司法意见之间的冲突中，后者必须获胜。律师和法官的理由和行为表明，信义关系似乎是一种具有独特形式或种类的法律关系，这不得不予以认真对待。事实上，我建议他们应当提出定义推理的基础。我以前就对信义关系提出过一个可行定义，将其作为更广泛的基于受信人权力理论的信义责任的一部分。[30] 在此，我将对其涵义展开更为充分的讨论，解释其内涵，并探讨其可行性与效用。

（一）信义关系的定义

我认为信义关系是一种独特且连贯的法律关系，并可作如下定义：

---

[28] （1984）156 CLR 41（HCA）142（emphasis supplied）.

[29] 947 F 2d 551，569（2d Cir 1991）（emphasis supplied）. See also the Restatement（Third）of Trusts § 2 cmt. b：“尽管各受托人所处的法律环境和承担的责任存在差异，但所有人都有一个共同特征：与另一个人建立信托关系的人有责任对关系范围内的事项为对方的利益行事。”

[30] Miller（n 22）at 261－5.

> 信义关系是指一方(受信人)对另一方(受益人)的重大实际利益行使自由裁量权。[31]

上述定义指出了信义关系的形式属性。这些属性将关系的内容和参数确定为一般的法律关系,有些是确定属性(definitive properties),有些是结构属性(structural properties)。确定属性是种类定义的术语,从而驱动着由定义挑选的关系种类或类别的分类功能。种类定义术语使定义对特征进行排序、分类和区分变得可能。结构属性确定了种类身份对属于其内在关系的各方的影响。

我们可以先探讨受信人权力理论下信义关系的确定属性,当中最为重要的显然是受信人对受益人权力的行使。一般认为,受信人拥有对其他人的权力,[32]但权力在概念上是模糊的。权力可能意味着控制、权威、力量或影响力等。但反过来,这些概念本身也是模棱两可。即便霍费尔德(Hohfeld)对法律权力之定义众所周知,他也没能阐述清楚。[33] 霍费尔德认为,通常而言,法律权力是一种可改变他人法律地位或关系的能力(依法设置或批准)。[34] 无论这种表述是否充分说明一般意义上法律权力的司法特征,它都没有将受信人权力囊括在内或者表达出其司法特性。有些受信人在某些情况下对受益人(如医生和父母)本身,而非其法律利益施加权力,并以此影响这些受益人,而非其法律地位。这种权力改变了权力的受信人、受益人所拥有的条件(因为拥有这些权力需要下述意义上的授权),但对这些权力的行使无须改变这些关系或其他关系的法律性质,更不用说其当事人的法律地位。这些关系中的受信人所掌控之权力,并

---

[31] Miller (n 22) at 262.

[32] *United States v. Chestman* (n 29); *Hospital Products Ltd. v. United States Surgical Corporation* (n 28); *Norberg v. Wynrib* [1992] 2 SCR 226 (SCC); and *Galambos v. Perez* 2009 SCC 48 (SCC). See also Shepherd (n 8); Smith (n 8); Evan Criddle, "Fiduciary Administration: Rethinking Popular Representation in Agency Rulemaking," 88 *Texas L Rev* 441 (2010); and Evan Fox-Decent, *Sovereignty's Promise: The State as Fiduciary* (2012). 尽管许多法院从权力的角度来分析这种关系,但有些人认为应从信任的角度来考虑此种关系。See the judgment og Millett LJ in *Mothew* (n 7), at 18:"受托人是在某种情况下为了或代表另一个人行事的人,从而产生信任关系"。我的观点是,作出"代表他人行事"的承诺意味着产生下文第二节第(一)部分所述的那种权力关系。这一观点与梅森 · J. 的说法是一致的,*Hospital Products* at 96 - 7,"信义关系的一个重要特征是受托人承诺或同意以行使权力或自由裁量的方式为了或代表他人的利益而行事,这种权力的行使将会影响对方在法律上的利益或实际利益(重点强调)。"

[33] Compare Lionel Smith, "Can We Be Obliged to Be Selfless?" in this volume.

[34] See Wesley N. Hohfeld, "Some Fundamental Legal Conceptions as Applied in Judicial Reasoning", 23 *Yale LJ* 16, 55 (1913):"权力是一个人对特定法律关系(相对于另一法律关系)的积极'控制'"。

不在霍费尔德的法律权力定义之中。同样地,尽管有些人所掌控之权力显然属于霍费尔德意义上的法律权力,但并不能被合理地视为受信人权力。最简单的例子可能是契约上所固有的履行权(如在固定期限内以商定的价格购买土地的选择权)。履行权的行使会影响另一个人的法律地位或关系(至少赋予对方履行权且受此约束的对方当事人),但行使履行权的权力不是(或至少不是内在的㉟)出于对他人利益的关心;相反,其行使可能更多出于私利的考虑。简单地说,信义关系是一个人对另一个人拥有权力,甚至是某种法定权力。这种定义显然是不足够的,受信人权力的概念区别于其他类别的权力。

我认为,受信人权力与其他类别的权力是有区别的,因为它通常源于另一自然人或法人法律人格的一种权威形式。㊱ 因其所被赋予之权力,受信人可代替受益人或捐助人行使通常来自受益人或捐助人法律人格的法律行为能力。㊲个人法律行为能力包括以法律有效的方式采取行动的能力以及对这种行为后

㉟ 我承认,在信托责任的情况下,履行权可能被持有,但在这种情况下,履行权的行使表现为另一种方式,即受托人有义务为受益人的利益行事。但这也反映了一个事实,即履行权(一种合法权力)的行使受到受信人权力(另一种法定权力)行使的限制。履行权本身的法律性质没有使之成为一种引起信义义务的权力。

㊱ 因此,我遵循霍布斯的设想,认为信义权威具有天然的代表性,并根植于人格概念之中;那些以他们的法律人格所固有并且与其人或财产相关的能力行事的人不需要声明自己的权威,因为他们行为的正当性来源于能力与其人格之间的联系。人们在行使这些权力或能力时可以说是有权威的,但是在谈到权威时,我们通常关心的是他们从何处获得权威——具有法律代表所依赖的权威。作为表现形式的权威表明行使被赋予(获得)的权力是正当的。拥有受信人权力的人总是作为这样的一种有权威的代表;因此,霍布斯说,那些有权威的人代表着另一方行事,这正如"伪装"成另一个人一样。在这个意义上,根据权威而行事是通过代表行为延伸了他人(或自己作为赋权给他人的授权者)的人格。See Thomas Hobbes, *Leviathan*, ed R Tuck (1996) 112:"采取任何行动的权利,被称为权威,有时候也称为保证。因此,权威总是被理解为做任何行为的权利;其可以由拥有权利的人委托、授权或许可行使。"霍布斯对权力的描述能够包含私人和公共形式的受信人权力,这是其特别之处。关于受信人这一概念在我们对国家的认识以及对公共权力运用方面的意义,see Fox-Decent (n 32), at 5 – 13。See also David Runciman, *Pluralism and the Personality of the State* (1997) 6 – 33.

㊲ 我要重申的是,权力是"通常"的衍生工具,因为在有限的情况下,受信人可能会宣称,在受信的基础上,此后他将为受益人利益而施展自己的能力。通过声明将个人权力转变为受信人权力可能是受益的重要组成部分(自我声明信托也是如此),但这也可能出现在公司设立或合伙关系中(如董事或合伙人将个人财产转变为公司或合伙企业的财产)。在这种情况下,受信人权力的代表性特征所反映的不再是派生性,而是由于潜在的利益或交易,权力一直被用于一个目标,因此不再属于受信人可以用于追求自己个人利益的剩余权力。因某种权力(通常是相关财产)的处置,而使受信人代替了其受益人,因为其现在的受信人权力已经用于其选择的受益人的目的。他是为了或代表受益人行使这些权力,而非为了自己的利益。关于受托权的替代性或代表性, see the judgement of Mason J in *Hospital Products* (n 28), at 97:"'为'、'代表'和'为了……的利益'的表述表示受信人的行为以'代表性'为特征。"

果负责的敏感性。正是通过行使法律能力,人才能成为法律上的人。[38]

由于受信人权力是代替行使法律行为能力,受信人权力的类别也反映了法律能力的多样性。因此,受信人权力可能具有以下法律能力:与另一方达成具有法律约束力的关系,包括合同关系;获得、投资、使用、管理或转让由另一人拥有或持有的财产;授权使用他人的姓名、肖像或机密信息;许可或允许接触、联系或使用另一人的身体或财产;作出与另一人健康和个人福利有关的决定;享有并要求享受福利待遇;提起法律诉讼,强制执行或寻求证实对另一人享有法律权力;以及对另一人的民事、刑事或监管责任有所响应或承担责任。[39]

作为一种权威形式,受信人权力意味着具有从事某种行为的自由,具体而言,是做出某个决定的自由,这并不对其享有者开放。[40] 这是因为与法律人格相关的能力本身是个人的。拥有人格的个人被推定为能以自己的名义行事的法定行为能力者,其不仅被承认,也对其行事负责。因此,订立合同的能力推定为属于个人本身而非代理人(如是代理,则要求须有授权)。同样,决定是否同意治疗的能力也推定为由患者享有(替代决策同样需要证明授权)。受信人所获之授权具有变革性作用。它改变了受信人、受益人和捐助者互动的规范基础,并使得受信人能够(从字面上授权)以那些原为法律所禁止或无力规范的方式采取行动。

在某些情况下,对法律能力的替代行使可能会延长另一人享有的法律人格的能力。例如,一个人可能会向另一个人转让某项能力,但会明确指明如何行使该能力。在此种情况下,这种替代的法律和实际效果是有限的,因为行使能力的人只能实现能力所源自之人的意愿。诚然法律确实有助于在此相当薄弱的意义上代替行使能力。然而,这些权力通常不被视为信义。正如一些主要权

---

[38] 法律行为能力的行使通常是有意识的,但这并不绝对,有时,尽管一个人并非特意作出某种行为(更不用说带来相关的法律后果),但其仍可能被认为是以一种合法有效的方式行事。

[39] 该清单是说明性的,并非详尽无遗。

[40] 对于大多数受信人来说,这应该是没有争议的,然而,即使看似很荒谬,但事实确实如此。有人可能会认为,如果一个受信人宣称某些个人权力是以信托为基础的,那么在其后以受信人的身份行使这些权力时,除了他在以个人身份行使权力时可以自由行事外,他不能做任何信义权以外的事情。但是这个观点是错误的,因为当权力被授予给受益人时,它无法解释利益或交易的规范性含义。不论权力性质的变化是通过赠与还是通过契约来实现的,只有在授权形式正式化之时起,权力才能被视为归属于受益人(受益人、合伙人或公司,视情况而定)。除非已经得到恰当的信托(除非他已被有效地授权去以新的受信人身份继续行使权力),否则受信人不能行使作为受信人的权力。

威学者所确证,只有自由裁量权,通常才能被视为受信人权力。[41] 自由裁量权意味着在行使权力时具有选择权。[42] 反过来这又意味着受益人和资助人不仅仅受到受信人的行为束缚,他们也受限于受信人的意志。受信人除为他人行事外,还可替他人做出决定。

自由裁量权这一要件固然重要,但不应被夸大。受信人具有选择权和行事自由,但并非毫无限制。事实上,它也是指定受信人权力的一个基本特征。这种指定通常出现在授权的明示条款中,有时法律也会有所规定。受信人权力可以通过多种方式来指定,它可能受限于某些条件的触发(在某特定日期或某些事件发生时才产生权力),也通常受限于限定其范围(为特定事项或授权保留给受信人的判断)或约束其行使(如法定或优先的考虑事项)的条件。

受信人权力本身也是固有的关系。私人受信人并非高高在上的君主,他们对立场分化且利益明显异化的普罗大众并不享有权威。相反,他们的权力只体现在具有明确定义的个人或共同利益的特定受益人和捐助者身上。受信人行使权力,因而对第三人具有相关性,但他们所享有的权利仅仅是相对于具体的个人或群体而言。受信人权力的关系特征是其衍生和隐含目的的一个功能。信义权源于另一个人的法律人格,并且(或)明确地用于另一方的目的。无论如何,这里都存在一种关系,即一方所为是为实现另一方的目的。

受信人权力的关系特征为信义关系的另一个确定属性提供了一个自然的过渡,即受益人的实际利益构成受信人权力的基础。实际利益包括人格、福利或与个人权利或其成因有关的事项。人格事项包括确定无能力人士的利益;福利事项包括与人的身体、精神和物质福祉有关的决定或事态发展;权利事项包括有关人员的法律权利、义务、权力和责任的行使、执行、履行、解除或转让的决定。作为概念必要性的一个问题,实际利益可以通过个人以其一项或多项法律能力的行为来体现。这必然要求显著性(significance),显著性不在于价值的功

---

[41] See *United States v. Chestman* (n 29), at 569:"信义关系涉及自由裁量权和依赖性";*Galambos v. Perez* (n 32), at para. 70:"信托法律所关注的特定关系是指一方当事人有自由裁量权去影响另一方的法定或重要的实际利益";以及 Weinrib (n 8) at 5:"如果受信人没有任何建议或谈判的自由裁量权,并且如果对他们的指示是狭隘和确切的,那么受信人的义务便无处可依。" See also authorities cited in Miller (n 22) at 261 - 3 and Smith (n 8) at 1397.

[42] 关于合同履行中的自由裁量权与受信人委托执行之间关系,see D. Gordon Smith and Jordan Lee, "Fiduciary Discretion," 75 *Ohio St LJ* 609 (2014)。

能或利益的重要性。相反,这是利益客观存在的问题,法律可以承认这一点。如果不经意的观察者看不到法律能力的行使(可能)如何影响利益,那么利益在这个意义上就不具有显著性。

信义关系的结构形式属性在上述关系定义中并未立即显现。然而,它们也反映了受信人权力的性质,从而构成了信义关系的信义权理论中关于信义关系的重要部分。信义关系具有三个相关的结构属性。第一个属性是不平等。受信人仅凭借信义关系的建立,就处于支配地位(相对于受信人而言)。只要一个人享有对他人实际利益的自由裁量权,他们在拥有和行使受信人权力方面的关系就不平等。必须强调的是,这种结构性不平等独立于双方之间可能存在的任何间接不平等的问题。在拥有和行使受信人权力方面,受益人一直处于从属地位,尽管在其他方面其可能占据优势。

信义关系的第二个和第三个结构属性是依赖性(*dependence*)和脆弱性(*vulnerability*)。这些属性反过来又反映了形成信义关系所产生的结构性不平等。受信人权力会产生影响,其中包括产生不利影响的风险。受信人所行使之权力,无非是为了实现受益人的某些目的。因此,受益人总是依赖于受信人行使权力,以对其实际利益施加影响。脆弱性是依赖的必然结果。我们会期待受信人善意行使权力,但受益人的利益仍可能岌岌可危,且有被舍弃的风险。受益人所面临的脆弱程度可通过各种方式加以控制(例如,通过激励、监督和执行机制),但终究无法消除。受益人对受信人在信义权行使中所产生影响的敏感性,会有产生不利影响的风险。

(二)理论意蕴

信义关系的受信人权力理论蕴含了一些重要理论问题。本文只能提及部分问题,并进行简单评述,包括信义关系的确定、信义义务的产生及其范围。

只需厘清信义关系的形式属性,便可得知受信人权力理论的最重要意蕴。一般而言,受信人权力理论有助于更广泛地绘制私法概念格局。[43] 一方面,通过阐明信义关系的性质,使其与其他类别的私法关系得以区分;另一方面,则须澄

[43] Peter Birks, *English Private Law* (2004) and Andrew Burrows and Lord Rodger of Earlsferry (eds.), *Mapping the Law: Essays in Memory of Peter Birks* (2006).

清相对其他私法义务而言,信义义务的成因与功能。更为重要的是,受信人权力理论中信义关系的定义决定了主要的分类功能。现有的识别信义关系的分类是通过近似的方法,因此,它们不能很好地执行这一功能。[44] 相比之下,这里提供的分类的定义允许直接通过整个企业所属的种类或类别的属性进行分类。面对特定的关系,人们可以简单地确定它是否具有构成关系种类或类别的属性,并由此确定其归属。

另一个重要的问题是确定信义义务的产生。何时才出现信义义务?正如埃德尔曼所述,这是一个不确定的问题。[45] 主流司法观点提供了一个恰如其分的答案:当信义关系成立时,信义义务便产生。这一回答非常重要,但无法令人满意,因为对信义关系性质的认识普遍混乱。如果无法确定信义关系的构成要素,也就无法确定信义关系何时及以何种方式建立。进而,信义义务何时产生也就无法确定。受信人权力理论对此能够提供解释,当一个人接受或承担对另一个人重大实际利益的裁量权时,信义义务由此诞生。关系的性质决定了其可能形成的方式,这些关系形成方式则构成授权的模式。

授权模式主要有三种:双方同意、单方承诺和法令。在大多数情况下,考虑到权力让与的性质,这种关系一般通过双方同意而建立。同意一般通过合同表示,但也可能通过其他方式显现(如通过书面同意、口头协议或者默示)。无论如何证明,一旦双方同意,则产生信义关系,并在转让方和受让方之间出现权力转移。权力转移是恩惠的一部分,恩惠(benefation)本身含有捐赠的意图。更为罕见的是,信义关系可以通过受信人的单方面承诺(如自愿承担受信人权力)或法令(如通过立法或法院命令)建立。通常,当受益人或捐助人丧失作出同意允诺的能力,或者根据具体情况无法做出授权声明时,则需诉诸这些授权方式。[46]

最后一个问题是确定信义义务的范围。[47] 这在商业信义关系中尤其紧迫,在此种关系中,受信人通常会在受益人拥有或可能拥有相同利益的业务领域中

---

[44] See Miller (n 22) at 247 - 52.

[45] See Edelman (n 18).

[46] 虽然是在个人权力的情况下被宣布为受信人,但单方承诺是唯一适当的授权方式,受益人无权同意或反对此授权。

[47] Lionel Smith, "The Motive, Not the Deed", in J Getzler (ed.), *Rationalizing Property, Equity and Trusts* (2003) 53.

具有经济利益,这意味着实际上潜在的冲突是不可避免的。在涉嫌商业机会褫夺的案件中,这一点尤为明显。[48] 因此,心灰意冷的受益人便有足够的动机来扩大信义义务的范围,以便让受信人有机会来为他实现利润。法院也意识到界定信义义务范围的重要性,但仍在为寻求划分的原则性基础和方式而继续努力。

受信人权力理论可填补这一漏洞。根据这一理论,信义关系奠定信义义务的基础,并决定其范围。它表明,信义义务可确保受信人权力以与受益人独有主张相一致的方式行使。信义义务不具有独立引起它们关系的司法目的,这意味着,要确定信义义务的范围,就必须先界定信义关系的范围。这在构建特定受信人授权条款中,必然是一种基于事实的行为。然而,关注信义关系的形式特征,可以把重点放在关系构建方面。

要确定信义关系的范围,并因此确定信义义务的界限,有必要明确受信人与受益人在有关授权下的相互定位。我们必须要明确受信人所被赋予之能力以及受益人因此而直接受到影响的实际利益。我们还必须明确某些特定目的在授权中是否具体(或得到暗示)。通过上述方式,我们就可以通过确定受信人行使哪些权力为受益人做什么,进而来确定信义义务的范围。信义责任将受信人的行为限制在所确定的关系范围内,不得逾越此范围。

三、受信人权力理论的检验:核心案例

信义关系的受信人权力理论认为,信义关系的识别应通过定义式推理进行。任何对信义关系定义的关键检验在于其是否包含无可置疑的受信人身份关系之能力。身份是定义式推理不尽如人意的一个代表,但是如果它不符合概念的通常用法,我们就没有理由仍对其抱有信心。在信义法中,我们对几个核心关系类别的信义性质最有信心。在本节中,我将介绍信义关系的受信人权力理论如何解释受托人、代理人和公司董事的推定受信人身份。

---

[48] See, eg., *Peso Silver Mines Ltd.* (*NPL*) *v. Cropper* [1966] SCR 673 (SCC); *Industrial Development Consultants v. Cooley* [1972] 1 WLR 443; *Canadian Aero Service Ltd. v. O'Malley* [1974] SCR 592 (SCC); and *Bhullar v. Bhullar* [2003] EWCA Civ 424.

(一)作为受信人的受托人

受托人被广泛认为是典型的受信人。[49] 当被问及是什么使受托人成为受信人时,有人倾向于将之归因于拉丁文 *fiducia* 及其意义,即人们对财产的授信及其授信的社会实践活动之意义。[50] 目前尚不清楚这是否具有洞察力(主要是因为不清楚授予和承担信任的一般意义),但即便假设托管制度体现了信任的社会经济,受托人也是一个被授予合法权利的人。

鉴于对信托财产拥有法定权力,受托人被视为受信人的概念并不新鲜。[51] 尽管如此,这些权力的信义特征基础很少得到解释。我认为,一般托管权(管理权和处分权)是上述第二节第(一)部分所解释的受信人权利。私人捐赠信托的受托人通过他所享有的权利担任受托人,这项权力是法律能力的本质,即以与信托财产有关的合法有效之方式行事。受托人的权力有时(也许是误导性的)被认为是由信托财产的合法所有权所引起的权力。对这些权力的精确划分最好是留给那些论述作者,但即使是粗略的分析也表明受托人行使通常与法定所有权有关的法律能力。这些能力包括任命、分配、维持和晋升的权力。[52] 另外还包括授权、债务清

---

[49] 我所指的"受托人"是指主要以捐赠为目的的普通信托受托人。我在此不探讨与公共信托、商业信托和救济性信托相关的复杂性。

[50] Birks (n 6).

[51] 在界定信托的性质或托管职位处的性质时,许多权威人士都提到这些权力。有几项法规也指向托管信托财产方面的行政和投资权力。See,eg. ,*Halsbury's Laws of England*,Vol. 25 at 5:"现代意义上和狭义上的信托,是指一个人对他拥有财产或他可以对该财产行使权力的信心,这意味着他可以持有财产或行使权力,以为他人或其他目标而牟利";还如 Lord Eldon in *Brown v. Higgs* (1801) 8 Ves Jun 561,570,574:"这不仅仅是一种信托或一种权力,而且法院也知道赋予该权力的一方也有权去执行,对于这种权力,法院认为它具有信托的性质和特征,如果被施加权力者没有履行此义务,那么法院将在一定程度上依其身份要求其履行职责。" See also *Restatement* (*Second*) *of Trusts*,Vol 1,Ch 7.3 – "Powers of the Trustee;" Trustee Act,1925,15 Geo 5 Ch 19(描述受托人的一般权力和特殊权力); Trustee Act,RSO 1990,c T23(同样,以拥有权力为特征来表征托管); J E Penner,*The Law of Trusts* (6th edn. ,2008) 21,解释说,凭借合法和公平的所有权划分,"受托人具有与财产有关的所有法定权利与权力",并解释三方成员之间在权力和约束方面的信任和关系,以及 Graham Virgo,*The Principles of Equity and Trusts* (2012) 381,解释说:"一旦被任命,受托人有各种各样的权力",并解释托管权不仅受托管权限的限制,还受到其他限制。虽然有些人尽力地去区分信托和托管权,但法院认为权力的概念对信托的本质而言至关重要,因此这种区分是人为的。See *McPhail v. Doulton* [1971] AC 242 (HL) 448G per Lord Wilberforce:"令人惊讶的是,信托之间的区别是多么狭窄,且该区别在某种程度上是人为创造的……在信托之间,或者是因特定类型的信托而被称为信托权力……我认为一个外行的逻辑学家会很难理解到此种区别。"

[52] See Virgo (n 51) at 459 – 78.

偿和处分债权的权力。[53] 毋庸置疑，只有拥有所有权（自己所有或者基于信托持有）才有权作出投资或保有财产、许可他人使用或自己使用财产的决定等。

受托人所拥有的权力是派生的、可自由裁量的、相互关联的，且在受信人权力理论意义上是特定的。对于大多数受信人来说，大多数受托人都是以派生的方式获得权力。除了宣言信托的受托人外，他们通过另一方授权获得权力。在某些情况下（如逝世的无国籍人信托财产），受托人通过法令（如根据《受托人法》）获得权力。然而，在大多数情况下，该权力通过信托契约从委托人处获得。以捐赠为目的的普通明示信托是为了另一方的利益，实现财产和权力上的施惠。这些权力和财产均源于委托人，相比赠与转让权利而言，他们可以通过信托实现更多的目的。

受托人的权力是特定的。如"三个确定性"要求所反映，特定性是明示信托有效的条件之一。[54] 其中，要使一个声称的信托声明有效创建信义关系，授予受托人的权力在其本身的术语、他们的目标（目的或受益人）及其所涉财产等方面必须是确定的。除了这些最低限度的要求之外，受托人的权力通常在信托契约中进一步予以明确。

受托人权力的自由裁量性反映在被动信托（bare trust）相对固定信托和全权信托（discretionary trusts）之间的传统区分上。在被动信托下，受托人在信托管理方面没有自由裁量权。他只是一名代名人，虽取得所有权，但应按照财产受益人的指示行事。被动信托的受托人仅有维护财产的消极责任，没有积极信托义务所要求的独立判断义务。正因如此，被动信托的受托人不是受信人。[55] 与全权信托相比，固定信托的受托人在确定信托财产受益人的利益时没有自由裁量权。但固定信托和全权信托的受托人在管理信托方面有自由裁量权（例如，在进行投资和维

[53] Virgo (n 51) at 454 - 7 and 458.

[54] *Knight v. Knight* (1840) 3 Beav 148.

[55] See *Ironside v. Smith*, 1998 ABCA 366, (Fruman J："当一个人仅代替另一个人保管财产而不承担作为受托人的所有繁重任务时，该受托人就被称为被动受托人。除了按要求将财产转移给受益人，被动受托人没有进一步履行责任的义务，只要他持有财产，就要对该财产进行合理的维护或投资。" *Financial Management Inc. v. Associated Financial Planners Ltd* (2006) 367 WAC 70 (per McFayden, Picard and O'Brien JJ："尽管受托人可能对受益人承担某种义务，但被动受托人并不承担该等义务"。) See also Penner (n 51), at 435 - 6, 关于被动信托的描述："回顾一下信托义务的产生，即受托人履行职责时必须拥有一定的自由裁量权或余地。在代名关系中，代名人没有这样的自由裁量权或余地，他只能严格遵循受益人的指示。如果代名人以某种方式违反了指示，他肯定将对此承担责任。但据我们所知，并非所有违反指示的行为都是违反信义义务的。"

护财产决策时)。因此,毋庸置疑,固定信托和全权信托的受托人具有受信人性质。

受托人的权力也是**关系性的**(relational)。但不管信托如何生效,受托人通过有意的财产和权力转移而获得其权威。权力须与财产一起以信托的方式转移,因为这对于委托人实现其转让目的至关重要。比如,设立一个间接的或者是大多数情形下有条件的捐赠(benefaction)。一般而言,授权具有重要的相关效应。在大多数信义关系中,它改变了受托人和受益人相互关系的法律基础,因为信托的介入使关系更加错综复杂。因此,授权根据不同性质的信托以不同的方式改变委托人、受托人和受益人之间的关系。

在自我宣示信托中,声明需要改变以信托方式授予财产所持有权力的性质,这些权力藉借宣示由委托人——受托人(settlor-trustee)为了受益人的利益而以信托方式持有,并进而使各方在财产及其管理方面形成新的法律关系。委托人—受托人(settlor-trustee)在解决信托问题时,赋予在有条件转移财产的过程中本来属于个人的受信人权力。因此,受益人在行使权力和处置相关财产方面获得与委托人有关的新权利。

在普通的书面信托中,有效的信托声明实现了从委托人到受托人的权力转移。受托人享有原委托人作为合法所有人的财产权。但是,由于私人捐赠信托首先是一种恩惠,所以最重要的关系效应是受托人与受益人之间的相互作用。一个普通的书面信托是一种方式,通过这种方式可以产生一种本来也许没有的中介收益。在建立信任而不是赠与的过程中,委托人将受托人置于自己与受益人之间。受托人的内在意义在于,受益人在信托中的权益取决于受托人所获的授权。根据信托的条款,受托人可以决定在信托财产的维持、投资、处置和分配中是否、何时、如何以及在多大程度上服务于受益人实益。

人们有时会说,信托的一个明显特征就是受托人获得了与财产有关的权利或权力,这些权利或权力应服务于为受益人谋利的义务。[56] 我们现在可以更好

---

[56] F. W. Maitland, *Equity* (1936) 44:"我应该用以下方式来对信托进行界定:当一个人有权利代表另一个人行使权利或者为了达到某种特定目的时,他被认为因他人信任或为其目的而拥有这种权利,由此他就被称为所谓的受托人"。*Underhill on Trusts* (2010) 1:"信托是一种公平的义务,无论是自愿承担的还是法院责令承担,根据该义务,义务人(也称受托人)有义务为了某些人(也称受益人或信托受益人)的利益来管理他所控制的某项财产(也称信托财产)";以及 Lionel Smith,"Trust and Patrimony", 38 *Rev Gen Droit* 379,381 (2008):"信托受益人对受托人持有的信托财产享有权利(原来的重点)。"

地理解这种表述的含义。受托人是受信人,其受到信义义务的约束,仅因其作为受托人所获的权力性质。

(二)作为受信人的代理人

代理的推定信义特征也是一个普遍共识。与受托人一样,代理人也享有与受益人相关的权力。[57] 这些权力显然也是信托的。

代理权是第二节第(一)部分所述意义上的权力,即它们是从另一个人的法律人格衍生的法律能力。在代理方面,该人是被代理人。技术法律意义上的代理人是有权为其被代理人作出具有法律约束力的决定之人。[58] 这种权力采取特定法律能力的形式,而此种能力是被代理人的推定个人能力。比如最典型的代理权,即代表被代理人签订具有法律效力合同的权力。订立合同的权力是具有实际行动能力的人(一个精神健全的成年人)的法律人格固有的合法能力。对代理人的这种权力授予使替代成为可能。代理人代表被代理人行使权力,制定、履行、违反或放弃合同。这些合同将约束被代理人,如同这些权力由其亲自行使一样。再如另一种代理权,亦即律师代表客户提交、回答、修改和捍卫诉求,起草和提交法律文件,向监管机构提交文件或进行交易谈判。[59] 律师行使的代理权,也是由被代表人(客户)的法律人格所产生的法律行为能力。人们也许有时也会反对过激的建议,而亲自来行使这些能力。但通常情况下,他们还是把权力授予律师,也就是他们授权律师代替他们行事。律师在接受聘任并承担与之相关的权力时,充当了客户的受信人。

代理权也是派生的、可自由裁量的、具有关系性的,并且在信义关系的受信人权力理论意义上被指定。他们的派生特点是显而易见的,代理人不会自发地

---

[57] Restatement (Third) of Agency, § 1. 01, Comment c:"正如普通法所定义的那样,代理概念提出了一种共同的关系:一方作为另一方的代表人行事或一方享有能够影响另一方法定权利和义务的权力……普通法对代理人的定义要求代理人拥有权力";*Mecham on Agency* s 26 (2nd edn. ,1914):"'代理人'指有权(明示或默示)代表他人('当事人')行事的人,并通过其行为或违约行为来约束他人";Warren A Seavey,"The Rationale of Agency," 29 *Yale LJ* 859,861 (1920):"代理人行使权力的后果由被代理人承担(但应明确区分权威与权力)";Deborah A DeMott,"Disloyal Agents," 58 *Ala L Rev* 1049, 1050 - 1 (2007),从代理的标准定义上解释"代表",即"有权影响被代理人法律关系的一种代理行为"。

[58] 我赞同 DeMott (n 57)将代理的法律概念同其他领域的概念(如经济方面)进行区分。

[59] See generally Deborah A DeMott,"The Lawyer as Agent," 67 *Fordham L Rev* 301 (1998).

行使其权力。一般来说,没有人有权为另一个人做出具有法律约束力的决定。然而,代理权是从被代理人的法律人格中衍生出来的,在未获授权时代理人不能擅自行事(作为代理人),因为其权力完全来自被代理人的授权。[60]

代理权的指定性在实践中得到了充分的证明。合同、持有人等以各种方式指定代理的权力。权力本身通常会被明确(如订立特定类型合同的权力),权力的目的通常也将被规定(如重新谈判劳动合同的权力)。同时,代理权会被设定明确的时间期限。最后,代理权的行使必须以委托人的指示为条件。[61]

与受托人不同,代理人根据其受益人的指示行事。然而,尽管存在指示,事实上所有代理人在行使权力时仍具有自由裁量权。[62] 即使受益人的指示已经精细入微,只要代理人被授予解释的权力,情况也是如此。在采购代理中,按照指示行事的代理人必须以指定的最高价格获得特定货物,但其他采购条款则允许其自由协商。代理人的自由裁量权受到事前指令的限制,还可能会受到事后咨询的进一步限制,但很少会被完全排除。这并不稀奇,因为通常而言,若不给予其一定的自由裁量权,聘请代理人是毫无意义的。如果被代理人不想利用自己的判断力,他也会亲自行使权力。

最后,代理权是相互关联的。代理人有权代表被代理人和为其利益与第三方打交道。代理人授权改变了相关当事人之间相互作用的基础。被代理人将对代理人行使的特定授权行为负责,如同该行为是由其亲自所为一样。若未获得此种授权,代理人不能约束被代理人。拥有和行使代理权也改变了代理人和被代理人与第三方互动的基础。若代理关系已被告知,代理人与第三方签订的合同或进行的其他交易将约束被代理人而非代理人。大多数普通法律安排的直接性、个人性和双边性由此被代理所改变。

---

[60] See Restatement (Third) of Agency, § 1.01, Comment c:"具有实际权力的代理人由于委托人的自愿授权而拥有权力,并且就被代理人而言,其享有行使该权力的优先权"。

[61] See DeMott (n 57) at 1051:"根据普通法,代理关系的定义特点是被代理人有权向代理人发出临时指示,尽管被代理人和代理人事先约定其不会给予指示,且这种指示会使被代理人违反与代理人之间的合同。这种权力是被代理人对代理人控制的一个关键方面,因为代理人本身有权使被代理人对第三方承担责任。"

[62] 信义责任的人身特征及对行使所被赋予权力的自由裁量权之依赖程度,反映(即使只是间接反映)在禁止代理人委托规则当中(即使代理人拥有自由裁量权)。*Summers v. Commercial Union Assurance Co* (1881), 6 SCR 19 (SCC).

(三)作为受信人的董事

公司董事是典型的受信人。[63] 而且,他们通常也因为享有权力地位而被认为是受信人。[64] 事实上,公司的信义管理早已与信托的管理类似,理由是董事和受托人一样为了他人利益掌握着财产上的权力。[65]

正如我们现在所理解的,类比的相关基础在于权力的性质而非它的客体。公司董事只能通过对公司行使某些权力而行事。董事的权力在大多数公司章程下是自然剩余的,这些权力十分广泛,几乎牵涉董事为实现公司生产性和其他职能所做的一切。这些权力包括雇用雇员、获得和延长信贷、供应、财产、授权和监督官员、决定一般和特殊事务以及对外部受托人保留或者发出指示。

董事的权力异常广泛,尽管如此,他们仍然属于第二节第(一)部分所述意义上的受信人。董事的权力来源于另一人或一群人的法定能力。根据一般法规注册成立的公司,通常按照其明确条款赋予董事权力。反过来,这些权力就是法律人格向公司让步的必要条件。公司从国家获得法律人格,但只能通过董事及其代表行事,即行使特定的法律能力。

董事的权力是派生的、可自由裁量的、具有关系性的和指定的。他们权力的派生性来源于"没有人天然地享有代表一个组织的权力"这一共识,他们必须由立法或成员的明确意愿授权而行事。董事权力的派生特征可能是最显而易见的,因为他们很容易被废除或重新任命(reclamation)。根据一般公司法规,国家通常保留解散公司和/或撤换董事的权利。股东通常也有权通过在选举中投票表决来罢免董事或者根据股东协议来主张其权力。

---

[63] Justice J Walsh, "The Fiduciary Foundation of Corporate Law", 27 J *Corp L* 333 (2002) and Leo Strine et al, "Loyalty's Core Demand: The Defining Role of Good Faith in Corporation Law", 98 *Geo LJ* 629 (2010).

[64] See Strine (n 63) at 633:"特拉华州的法律一直遵循法定公司法对权力使用的规定,即正当的出于公司利益的考虑是行使信义权的重要条件,该等权力不能用于任何个人事务";另,Margaret Blair and Lynn Stout, "A Team Production Theory of Corporate Law," 85 *Va L Rev* 247, 291 (1999):"与受托人一样,董事一旦当选,就拥有公司内部的最终决策权,并主要受其信义义务的制约。"

[65] Adolf Berle, "Corporate Powers as Powers in Trust", 44 *Harv L Rev* 1049 (1931); Merrick Dodd, "For Whom Are Corporate Managers Trustees?," 45 *Harv L Rev* 1145 (1932); and Adolf Berle, "For Whom Corporate Managers Are Trustees", 45 *Harv L Rev* 1365 (1932).

董事权力的指定性可能不太明显,因为它本身是剩余权力,而且是非常宽泛的。[66] 然而,尽管宽泛,董事权力仍是有限的。为真正实现公司目的,董事只能行使公司或其成员享有的权力,并且只能在其任期内行使。[67] 此外,不管董事的权力是否已经被指定,他们很容易受到事前确定性文件限定或者公司成员事后决议修改的影响。

董事权力的可自由裁量性是众所周知的。董事由股东选举产生,并对股东负责。但是,根据法律规定,董事在权力范围内的事务上并不一定要遵守股东的明确意愿。[68] 相反,他们可以自由为公司获取最大利益行使裁量权。在某些司法管辖区,董事享有裁量权的范围由商业裁判规则确定。规则的制定方式各不相同,但一般而言,规定司法审查的权力不得有损董事行使权力的自由裁量权。

董事的权力也是关系性的。首先考虑一个公司形式的旧变体即契约式公司(memorandum)。在这种公司中,总体而言董事基于股东的授权为其行事。股东对董事的任命改变了其与之交往的基础。董事行使权力的关系性体现在,由于董事会成员的身份,他必须共同和分别代表股东行事。个性化公司使这种分析复杂化,但影响不大。在此,国家授予董事对依法成立的公司的某些权力,这使得董事有了社会公职的外观。然而,外观具有误导性。就公司职务与公职的所有相似之处而言,公司职务都是私人的,与其相关的权力在组织本身的组成部分方面是相互关联的。个性化仅仅是指董事是从组织处而不是其成员处直接获得权力,并直接与组织有关。这些权力改变了董事和组织(包括股东,通过确定其与拟人化实体的利益)相互作用的条件,因为只有通过受信管理,组织才能够像人类一样行事。

---

[66] 在合同法和特别法公司中,特殊性更为明显,因为这些公司的董事仅拥有少数特别授权。

[67] Berle,"Corporate Powers" (n 65); *Re Smith and Fawcett Ltd* [1942] Ch 304; and *Teck Corp Ltd. v. Millar* (1972) 33 DLR (3d) 288 (BCSC).

[68] *Automatic Self-Cleansing Filter Syndicate Co Ltd. v. Cuninghame* [1906] 2 Ch 34 (CA); and *Scott v. Scott* [1943] 1 All ER 582 (Ch D).

四、检验受信人权力理论:复杂情况

定义功能的基本检验标准,是它能否允许确认那些事前已被人们认为应为完整定义所囊括的情况。上面的核心例子为受信人权力理论所规定的信义关系定义提供了一个检验。当然,基本的检验不一定是最好的检验。在现实世界中,将特定事物识别为已定义种类或类别并不总是简单的。一个更严格的测试就是在复杂的情况下通过区分来进行识别(需要分辨可能混淆的相似或不同的情况)。[69]

事实上,在信义法中存在几个关系表征的复杂情况。法院和评论家有时非常激烈地争论某个人、某种职务或者关系是否应该被视为受信。受信人权力理论确保这些争论能够得到原则性解决。我在此考虑三种复杂情况:第一,一般来说,考虑到咨询关系的属性,顾问通常是否应被视为受信人;第二,知情人员通常是否应被视为受信人;第三,涉及公职人员,此处的问题在于,公职或国家权力的性质是否能够表明公职人员是受信人。

(一)作为受信人的顾问

有时候人们认为,仅仅因为他们的咨询功能,所有的顾问,包括律师、医生、银行家、税务和投资顾问等,都是他们客户的受信人。[70] 在粗略比较的基础上,

---

[69] 在此意义上的复杂情况已被证明难以解决,因为混淆的相似性会使分化所依据的种类状态标准受到限制。事实证明,通过长期普遍认同的经验很难解决这个问题。当然,从另一个角度来看,情况可能更复杂。从习惯和共识的角度来看,这里可能存在信义关系,但从信义权理论的角度来看,似乎难以作出这样的理解。让我们设想一下受信人对多个受益人的利益拥有权力的这种复杂关系。在这种情况下,多个受益人的存在使这一观点(受信人从涉及能力转移的授权过程中获得权力)变得复杂化。在有一个受信人、一个受益人(也许是一个捐助人)的情况下,能力的转移很容易确定。但在其他情况下则不太容易确定,如父母与子女的关系。在许多普通法管辖区,即使不是大多数,亲子关系也被视为信义关系。父母对自己的孩子拥有自由裁量权。但是,儿童缺乏能力。因此,尽管法律可能坚持(或暗示)将父母理解为拥有来自儿童法律人格的权力,但父母的权力不能被理解为儿童能力的表现形式,因为儿童的人格并不能产生(实现)能力。我相信受信人权力理论可以对这些情形都进行恰当的解释,然而在此应用上的意义来说,这两者都不是难题。他们理论地解释了潜力极限,但是他们无法解决某些关系的受信特征争议。我很感谢埃文·福克斯(Evan Fox-Decent)能够提出这个问题。

[70] J. C. Shepherd, *The Law of Fiduciaries* (1984) 28:“任何人都可以以特定方式向另一方提出建议,从而产生由所建立关系的保密性引起的信义义务,该义务限制了‘建议者’与‘被建议者’之间的交易。”

这种说法似乎是合理的。像受托人一样,某些顾问有权控制他人的财产。许多顾问为客户提供咨询意见时得以自由裁量。咨询关系往往以信任、信心、不平等和脆弱性为特征。[71] 那么,为什么我们不能说顾问一般都是其客户的受信人呢?

有人可能会认为我们不应该这样说,因为这是不正确的。[72] 粗略的比较不足以支持一般的表述,特别是表征如此重要的地方。*Hodgkinson v. Simms* 案提出了顾问关系受信人特征的问题,加拿大最高法院不得不确定财务顾问是否为提供税务和投资建议的受信人。[73] 法院在若干问题上都有争议,但他们一致认为顾问关系并非固有的信义关系。拉弗雷斯大法官站在多数人的立场解释说,若要说顾问关系是信义关系,"一方所承担的一定不仅是为另一方提供信息和执行命令这种简单的义务。"[74]对此持异议的法官则同意顾问应为受信人。麦克拉克林(McLachlin)法官提醒说:"信义义务的错误指标是这种关系所属的范畴。像医生和律师客户这样的专业关系往往具有信义关系。但同样,根据这些关系承担的许多任务可能不是信托的,也不是受信人的义务。"[75]

受信人权力理论为这一观点提供了必要的概念支持,其主张顾问本身不是受信人,也就是说,顾问不因提供建议而成为受信人。[76] 相反,只有在顾问对其客户的实际利益行使自由裁量权的情况下,他们才是受信人。在这种情况下,提供咨询意见是自由裁量权所附带的。

这与调查咨询关系是或可能成为信义关系的情况相一致。比如,在 *Hodgkinson* 案中,麦克拉克林法官指出,"这些案例表明,单纯意见建议和引起信义义务的建议之间的显著区别是一方的有效权力是否让与另一方。正是这种相互授权和对权力的接受创造了特殊和繁重的信任义务。[77] 投资顾问和经纪

---

[71] Kenneth M. Lodge and Thomas J. Cunningham, "The Banker as Inadvertent Fiduciary: Beware a Borrower's Special Trust and Confidence," 98 *Comm LJ* 277 (1993).

[72] Jill E. Fisch, "Fiduciary Duties and the Analyst Scandals," 58 *Ala L Rev* 1083 (2007).

[73] [1994] 3 SCR 377 (SCC).

[74] [1994] 3 SCR 377 (SCC) at 409 – 10.

[75] [1994] 3 SCR 377 (SCC) at 464.

[76] 除了在罕见情况下,被建议者过度依赖顾问,以至于他不能依据建议进行独立判断从而决定如何行事。在完全依赖的情况下,顾问享有有效的自由裁量权,虽然没有获得正式的能力让与,但被建议者对其权力的行使完全取决于顾问所给出的建议。

[77] *Hodgkinson v. Simms*, [1994] 3 SCR 377 (SCC) at 466 (emphasis supplied).

人在美国法律上的区别也大致相同。投资顾问被假定为受信人,因为他们为客户作出投资决定时被推定享有自由裁量权;经纪人并不被认为是受信人,因为他们缺乏这种权力。吉尔·菲施(Jill Fisch)解释说:“一般来说,经纪人不需要对其客户承担广泛的信义义务……但特殊情况下,例如经纪人被授予自由裁量权的特殊情况可能导致信义原则的适用。”[78]同样,阿瑟·拉比(Arthur Laby)指出:“任何法院都坚持一个基本原则,那就是除非经纪人拥有对账户的投资决定权,否则他们不受信义义务的约束。”[79]

受信人权力理论的启用可能有助于解决关于特定种类咨询关系的信义性质的争论。例如,医患关系的信义特征被证明是非常有争议的。[80] 受信人权力理论为医患关系之间的差异提供了基础。如果要进行的服务是医生必须得到授权才能对患者采取行动(如进行侵入性操作),那这必然要求其独立作出判断,医生就是受信人。但是,如果医生的角色仅限于提供信息以使患者能够独立作出判断,或者医生向第三方提供信息,其本身并不行使权力,也就不是受信人。

(二)作为受信人的知情人

通常认为知情者是或应被视为受信人。这有时存在语义上的缝隙,[81]“相信”(Confidence)被理解为“信任”(trust)或“信赖”(reliance)的同义词。[82] 在此意义上说,对他人给予信任是对一个人在其所关注的利益上相信他,以及/或者期待他们对自己有明确的态度或者倾向于以某种方式为己行事。为了当前的目的,我对信任关系是信义关系的特殊说法颇有兴趣,其中“信任”在于披露和

---

[78] Fisch (n 72) at 1094 –5.

[79] Arthur Laby,“Fiduciary Obligations of Broker-Dealers,” 55 *Vill L Rev* 701,704 –5 (2010). See also Donald C Langevoort,“Brokers as Fiduciaries,” 71 *U Pitt L Rev* 439 (2010).

[80] *Norberg v. Wynrib* (n 32); *Breen v. Williams* (n 7); Peter Bartlett,“Doctors as Fiduciaries: Equitable Regulation of the Doctor-Patient Relationship,” 5 *Mod LR* 193 (1997).

[81] See generally Dennis Klinck,“Things of Confidence: Loyalty, Secrecy and Fiduciary Obligation,” 54 *Sask L Rev* 73 (1990).

[82] Klinck (n 81) at 77 –9, citing by way of illustration, *Billage v. Southee* (1852) 9 Hare 534,540 (68 ER 623) (Ch),乔治·特纳爵士在其中说:“法院管辖权最有益的部分在于监督彼此间存在信任关系的人之间的交易……管辖权建立在纠正滥用信任的原则上,我坚决认为,它应该被适用。在信任的性质和它所维持的当事方之间的关系的问题处理上,我都把这个原则作为普遍适用的原则,我们对以下案件已经行使管辖权,即受托人和信托受益人、监护人和被监护人、律师和客户、医生和病人,这些都是上述原则的例子。”

对于接收机密信息的知情。一些法院和评论家认为,这种意义上的知情人员是受信人。[83] 该表征在粗略比较的情况下似乎也能得到支持。知情人员,如同受信人一样,可以获得"属于"他人的"资源"(信息)。此外,像许多信义关系一样,信任关系涉及信任或产生信赖。尽管如此,其他人坚持认为知情人员不是受信人。[84]

受信人权力理论也可以帮助解决这个争议。其认为虽然知情人员能够获晓被披露的保密信息,但与顾问一样,它并不因此而成为受信人。相反,当人们披露了保密信息而同时知情人员又偶然行使了与他人实际利益相关的自由裁量权时,该知情人员则为受信人。通常,权力的行使总是要披露和使用保密信息,权力的信义规则将限制这些信息的处理,但这些后果是附带的。

我们应当认识到,受信人往往能获知保密信息。[85] 事实上,披露这些信息对于适当履行一些信义任务是非常必要的。尽管如此,作为一个概念性的问题,披露和接收保密信息并没有改变判断某种关系是否为信义关系的基础。当一个人拥有受信人权力的时候,其就是受信人,无论接收权力的命令和行使权力的情况是否涉及披露保密信息。

(三)作为受信人的公职人员

迄今为止,我们一直把信义关系视为一种独特的私法关系。这是恰当的,因为信义义务首先是私权的表现,它们调整某些私人机构和民间社会关系的管理。不过,有人可能会问,在某种情况下,公职人员是否可能为受信人?

---

[83] See *Lac Minerals* (n 26) per Wilson J(据此,在一方向另一方披露与合资企业有关的机密信息基础上,两家公司之间建立起信义关系。)Finn (n 11) at 36:"披露机密信息……将在英联邦司法管辖区内得到信义法律的保护,但条件是该机密信息足以引起忠义保密义务";R A Brait,"The Unauthorized Use of Confidential Information," 18 *Can Bus LJ* 323, 336 (1991); Robert Flannigan, "The Fiduciary Obligation," 9 *Oxford J Legal Stud* 285,286 (1989); and Daniel Bayliss,"Breach of Confidence as a Breach of Fiduciary Obligations: A Theory," 9 *Auck U L Rev* 702 (2000)。

[84] See *Lac Minerals* (n 26) per Sopinka J (dissenting) at 600:"机密信息被获取和滥用的事实本身不能产生信义义务";RG Hammond,"Is Breach of Confidence Properly Analyzed in Fiduciary Terms?," 25 *McGill LJ* 244 (1979); and Tamar Frankel,"Fiduciary Law," 71 *Cal L Rev* 795,825 (1983),解释说:"仅仅是忠义保密义务本身还不足以对知情者施加信义义务,"转引自 *Vai v. Bank of America* (1961) 56 Cal 2d 329,337 - 8。

[85] See Klinck (n 81) at 80:"受信人通常被置于一个能够获取信息的地位。"

大量日益增长的公法理论相关著作认为公职人员是受信人。[86] 这个观点是以不同的方式发展起来的。例如,伊凡·克里德尔(Evan Criddle)认为,行政国家本质上是具有信义性质的,行政法的原则可以从这个角度进行有益的重新解释。[87] 泰迪·拉维(Teddy Rave)认为,政治家应该被视为受信人,因此被禁止收受贿赂。[88] 宋金辉认为,政治代表的信义性质能够限制国会内部的交易。[89] 伊森·里布(Ethan Leib)认为法官是受信人,这对我们理解审判原则、司法伦理和司法机构在民主政府中的地位有重要意义。[90] 埃文·福克斯-迪斯特提供了一个成熟的观点,即在他的著作《主权的诺言》[91]中,各种公职人员都是受信人。埃文·福克斯-迪斯特认为,公职人员是受信人,因为执行官方职能依赖于主权的确认,而主权的声张只有以信义为条件才是合法的。[92]

公职人员是受信人的说法受到了一些质疑。正如福克斯-迪斯特(Fox-Decent)所解释的那样,"许多普通法院都对于把一线决策者和他们的服从者之间的关系定性为信义关系表现出极大的不情愿。"[93]例如,在 *Harris v. Canada* 案中,道森法官认为联邦部长不能成为受信人,以免面临对多个受益人的相互矛盾而不可调和的责任。[94] 最近,在 *Alberta v. Elder Adoocates of Alberta Society* 案中,麦克拉克林首席法官(McLachlin C. J.)指出:"政府责任和职能的特殊性意味着只有在有限和特殊的情况下,政府才会承担信义义务",[95]并进一步说"没有对公众的整体责任。"[96]首席大法官重申了道森法官(Dawson J.)在

---

[86] 虽然著名的私法学者也认为公职人员是受托人。See Paul Finn,"The Forgotten 'Trust': The People and the State," in M Cope (ed.), *Equity: Issues and Trends* (1995) and Frankel (n 4).

[87] Evan J. Criddle,"Fiduciary Foundations of Administrative Law," 54 *UCLA L Rev* 117 (2006).

[88] D. Theodore Rave,"Politicians as Fiduciaries," 126 *Harv L Rev* 671 (2013).

[89] Sung H. Kim,"The Last Temptation of Congress: Legislator Insider Trading and the Fiduciary Norm Against Corruption," 98 *Cornell L Rev* 845 (2013).

[90] Ethan J. Leib, David L. Ponet, and Michael Serota,"A Fiduciary Theory of Judging," 101 *Cal L Rev* 699 (2013).

[91] Fox-Decent (n 32).

[92] 根据 Wilson J 对 *Frame v. Smith* 中信义关系的分析,福克斯-迪斯特更具体地指出,只要满足以下条件,公职人员就是受信人:(1)掌权;(2)与他人的实际利益相关;(3)在无法行使或者控制权力的情况下,他人处于弱势地位;(4)被推定为受托人,(n 32) at 89-112.

[93] Fox-Decent (n 32) at 152.

[94] 2001 FCR 1408 (FCTD).

[95] [2011] 2 SCR 261 (SCC) at para. 37.

[96] [2011] 2 SCR 261 (SCC) at para. 50.

Harris 案中所提出的担忧，认为强加忠义义务对国家而言“在本质上，与其职责相违背，即为实现整个社会的最佳利益而行事以及在同样寻求帮助的竞争团体之间分配有限资源”。[97]

Harris 案和 *Elder Advocates* 案的判决反映了从私法到公法的转换问题，即如何调和公职人员的责任，以回应所有公民的各种各自（往往是冲突的）利益，对公民的忠义义务导致个别公民的私人行动要求特别考虑其利益。这个问题虽然真实无疑的，却忽略了这个重点。很少有人认为公职的受信制度会产生私法义务，违反这种义务可能会引起私人的诉权。公法理论家反而认为，公职人员是受信人的认识为公认的公法原则（如行政自由裁量权的限制）或公共政策立场（如限制改划选区令）提供了有价值的解释和规范观点。就私法权利和义务的讨论而言，它主张公共法律原则是出于同源的担忧（例如，对利己主义滥用权力的关注）。

与我们在私法方面的复杂情况一样，如果不明确信义关系本身的性质，就难以确定将公职人员视为受信人的合理性。[98] 在受信人权力理论下，公职人员可能以两种方式被视为是受信人，区分这两种方式尤为重要。一种方式是，正如普通的私人信托一样，公职人员可以被视为个人或特定组织的受信人，表明通过私人诉权强制执行的私法义务同样适用于公职人员。另一种方式是，有人可能会说，鉴于国家与人民之间关系的性质，公职人员是公众的特殊受信人。这种说法并不一定意味着公职人员要承担私法义务。相反，它可能意味着公职的信义性质影响了现有的公法原则（如果可能的话，通常是强制执行的）。受信人权力理论的一个优点是它允许我们作出这样的区分，并对各种理论下公职的信义性质进行独立的评价。

---

[97] ［2011］2 SCR 261（SCC）at para. 44. 公众授权与忠诚义务之间的不一致可能部分归因于法官对于忠诚义务内容的狭隘观点。See Andrew Gold, “The Loyalties of Fiduciary Law,” in this volume. See also Andrew Gold, “Reflections on the State as Fiduciary,” 63 *U Toronto LJ* 655（2013）.

[98] 许多声称公职人员是受信人的人总体上对信义关系所述甚少。但是，福克斯 - 迪斯特对信义关系的性质提供了特别详细的说明。我们同意，信义关系蕴含着一个人对另一个人行使自由裁量权。但是，我们的解释存在重大差异。我们都把受信人权力理解为一种权威的形式，但福克斯 - 迪斯特并不认为受信人权力植根于法律人格的概念之中。有时候，他似乎认为受信人权力可能是事实权力或法律权力的表现形式。我也认为福克斯 - 迪斯特所赋予给受信人权力的一些特征是无关紧要的（例如，其所谓的行政性和制度性特征）。此外，福克斯 - 迪斯特认为，信任和脆弱性是信义关系的显著特征之一，它们与受信义务的法律裁决息息相关，对这两种观点我不能苟同。

Elder Advocates 案中,法官否认国家总体上是公众的普通受信人,这无疑是正确的,也就是说,这种关系引起了通过私人诉权强制执行的私法义务。但这并不意味着公职人员不是公众的特殊受信人。但现在让我们考虑一下,公职人员可能是普通意义上的受信人。*Elder Advocates* 案清楚地认为会有这种情况。麦克拉克林法官说:"一般来说,与信义关系的传统类型之一密切相关的是寻求对政府隐含的信义义务之先决条件。"[99]她还解释说,受害者必须建立"一个特定的私人法律利益,而该人具有预先存在的独特和完整的法律权利"。[100] 最后,最有趣的是,她认为国家对受益人的权力必须是直接的,其原话如下:

> 在信义关系产生前,政府对有关权益的控制程度必须等同于或类似于直接管理该权益。通常因行使法定权力而产生对利益的法律控制程度是不够的。否则,在大多数政府的日常职能中,信义义务就会出现,使公共事业的总体行动寸步难行。[101]

这些条件与信义关系的受信人权力理论是一致的。公职人员只有在对个人或团体的实际利益直接享有自由裁量权的情况下,才能成为个人或特定团体的受信人。在这些情况下,官员必须承担与私人受信人持有的相同权力。这些权力具有普通法责任的性质,通常从某个特定的个人受益人或者捐助者(或者团体)的法律人格中获得。此种意义上的受信人权力不是与国家特有的法律人格(其立法、行政、警察或司法权力)有关的能力。相反,其是法律人格权力的简化(例如,制定、变更或执行合同,管理、让与或投资财产等能力)。通常,这些权力授予作为受信人的个人。但在某些情况下,国家可能会获得这些权力。例如,国家可以承担管理原住民土地的权力;[102]国家也可作为最后处分人的遗嘱执行人或受托人,管理无遗嘱者或未能有效任命遗嘱执行人或受托人的人的财产;它还可能有权为退伍军人投资养老金;[103]或者它可以承担被遗弃的

---

[99] [2011] 2 SCR 261 (SCC) at para. 47.

[100] [2011] 2 SCR 261 (SCC) at para. 51.

[101] [2011] 2 SCR 261 (SCC) at para. 53.

[102] *Guerin v. The Queen* (n 25).

[103] *Authorson v. Canada* (*Attorney General*) (2002) 58 OR (3d) 417; rev'd (on other grounds) 2003 SCC 39.

儿童的监护权。[104]

这表明公职人员的某些任务并没有明显公开。公职人员可能会承担具有固有信义性质的特定个人或团体的权力。在这些情况下,国家作为受托人、代理人、执行人或监护人。此时,它可以行使国家的某些特权(例如,对被忽略或受虐待的儿童行使管辖权),但这种受信人权力与私人受托人所行使的权力是无法区分的。对于特定的个人或群体,国家负有普通的私法义务,即为了个人或群体的利益而行使其信义权力。

现在让我们来看看公共部门本质上是受信人的说法。我们已经确定,受信人权力是由普通人的法律人格衍生的法律行为能力的一种形式。正如刚才所指出的那样,在这个意义上国家有时也会承担权力。我们可以说,总体来说,公职人员是受信人,因为官方职能的实现总是要求行使国家法律人格固有的能力。虽然这一论点看起来很有说服力,但它提出了一个明显的问题,即国家的人格是特殊的。国家的人格与私人的人格相比有两个相似之处:(1)它包含某些法律能力;(2)其中某些能力是个人所有的能力。然而,相似之处是有限的。国家除了具有普通人格的权力外,还具有根本不同性质的权力。这是国家权力,允许国家行使其职能,即作为一个能够制定、提供和执行法律的组织。国家权力的基本范畴表现了国家人格的独特性。包括立法权力(制定普遍适用的法律的权力)、行政权力(例如,通过行政机关来管理国家的权力、管理创收和授益计划)、执法权力(通过警务和检察确保法律得以遵守的权力)和司法权力(例如,裁决民事、刑事和其他法律纠纷的权力)。如果说公职本质上是具有信义性质的,那绝不可能是因为国家权力与普通人格权力相同。因此,有必要考察国家权力与普通人格在多大程度上拥有共同属性。

要正确探索这些共同点并不容易,它要求我们能对普通人格和国家人格概念进行更细致的分析。然而,看似合理的论据可能会表明,这两种权力最终都以反映个人自决能力的法律人格的相同形式为根基。一般人格权力是个人在法律上自我决定的手段,也就是说,他们可以通过这种方式来解决和追求自我目标,且能够为之负责。国家权力涉及个人通过国家人民要求建立适当条件的能力。如果国家的人格和权威必须被理解为最终来自我们自决的道德能力,那

---

[104] *KLB v. British Columbia* [2003] 2 SCR 403 (SCC).

么国家的权力就可能具有普通人格的权力。两种形式的权力在本质上都具有代表性,其立足点均是代表他人、为他人行事,并以他人的利益为唯一追求。

结 论

信义责任的前提是受信人与受益人之间关系的性质。然而,权威学者认为讨论信义关系毫无意义。信义关系不是一种独特而连贯的一般法律关系,这意味着信义原则可以并且只能通过对产生它们的关系之一般特征进行抽象分析来理解。

在此,我认为这个观点是错误的。信义关系是一种独特而连贯的一般法律关系,这是能够定义的。此外,考虑到构造在信义法概念结构中所起的中心作用,对信义关系进行定义尤为重要。

除了认为信义关系是可以并且应当界定的,在此我提供了自己对于信义关系的定义和相关理论。受信人权力理论认为,所有信义关系的本质特征是受信人对于受益人实际利益所享有的自由裁量权。受信人权力以派生于人的法律人格(通常是受信人以外的他人人格——受益人或第三方捐助人)之法律行为能力为其表现形式。上文已经指出,受信人权力理论可以解释已被确认的受托人地位关系的推定受信人性质,并且可以推动关于其他关系中受信人性质的讨论。但是,受信人权力理论最重要的价值证明是支持信义法统一理论的能力。这有待进一步分析信义法中信义关系的重要性。

第四章 财富管理:作为私法制度的金融受信人法

汉诺克·达冈(Hanoch Dagan)和沙龙·汉内斯(Sharon Hannes)*

引 言

法院和评论人士援引受信义务的范围颇为广泛,各类关系不一而足,最密切的有之(父母和子女),最商业的有之(董事和股东),中间更是充斥着各类其他关系(包括律师、医生、代理人、受信人和监护人等)。① 本文重点介绍一类受信人,即管理我们资金的受信人。② 这些金融受信人的典型是职业受托人,但其中部分可能既非职业也非受信人。③ 金融受信人(financial fiduciary)负责管理个人储蓄、养老金和可遗赠财产。据估算,美国养老金系统的受托人单独管理大约 14 万亿美元的巨额资金,④对受托人和该巨额资金受益人之间的关系应予

---

* 以色列特拉维夫大学法学院教授。我们感谢以下研究人员的帮助:Rick Brooks,Deborah DeMott, Avihay Dorfman, Matthew Harding, Ron Harris, Adam Hofri-Winogradow, Shelly Kreiczer-Levy, Roy Kreitner,Shay N. Lavie,Amir Licht,Yoram Margalioth,Daniel Markovits,Paul Miller,Ariel Porat,Irit Samet, Rob Sitkoff,以及 Stewart Sterk 为我们提供了宝贵意见,Osher Ben-Ami,Dana Goldstein 以及 Guy Goldstein 为我们的研究提供了援助,同时也感谢 Cegla 跨学科法学研究中心的资助。

① See,eg. ,Paul B. Miller,"Justifying Fiduciary Duties," 58 *McGill LJ* 969,971 (2013).

② 如文中所示,我们在此狭义定义财富管理者范围,不为比较目的涉及公司受信人(corporate fiduciaries)。

③ 并非受托人的金融受信人包括遗嘱执行人、保管人、破产管理人以及破产法中的受托人(尽管头衔是受信人,但实质上他们并不是受托人)*Restatement* (*Third*) *of Trust* § 5 (1992)。

④ See Federal Reserve Statistical Release,Flow of Funds Accounts of the United States 113 (6 Dec. 2012),available at <http://www. federalreserve. gov/releases/z1/Current/z1. pdf>. 我们认为,部分养老金账户持有者至少会作出一些自己的投资决定。但另一方面,正如本文所述,虽然由养老金受托人管理的基金可能是由受托人管理的所有基金之最大组成部分,但也有由金融受托人管理的其他基金,他们的组成和数量透明度较低。无论怎样,我们通过对比发现美国家庭直接持有的全部公司股份价值约为 9 万亿美元,他们所持不动产的市场价值经估为 17 万亿美元,其中 9. 5 万亿美元存在抵押。

特别注意，即使本文的结论不适用于其他类型（当然同等重要的）信义关系。

与其他受信人相同，金融受信人亦受忠义义务拘束，这通常（合理地）被视为信义法的基本特征之一（即使并非唯一特征）。[⑤] 如受信人被认定为违反该项义务，其将被要求退回所得，该项救济亦被视为该领域法律的特征之一。[⑥] 然而，尽管针对信义关系的核心内容及其潜在救济影响无可争议，但该法律体系的规范性基础以及众多具体学理问题，包括忠义义务的确切内容，远未得到解决。另一争议是，我们是否应将信义法视为类财产法、类合同法，抑或自成一体（sui generis），对此，我们先搁置一旁，随后原因说明。

我们指出，金融受信人法是一项旨在通过允许个人将其福利利益的重要部分安全地委托他人（通常是专业人士）进行管理以强化其自主权的私法制度。[⑦] 在本文中，我们将解释，为什么金融受信人和其所管理资金的（真正）所有者之间的关系这一概念，就规范性而言颇具吸引力。我们将说明，其如何囊括该领域部分现有路径的真知灼见，并探讨我们如何既阐明该原理精髓所在，又提出一些尖锐批判，重申某些争议规则并就其他规则提出改良建议。

第一部分简要概述我们所探讨问题的概念性和规范性框架：一套多元化制度的私法建构，旨在赋予个人能力，使其成为生活的主宰。第二部分从现有信义法的文献中提取部分理论基础：私法形式主义者坚持认为，我们应将信义法视为私法的一部分，由此应注重当事人之间的关系及其权利和义务，这不无道理；法经济学家提醒我们，人们寻求让他人管理其资金的主要目的从性质上说是功利性的，这入情入理；伦理学家则强调，忠义义务需要在培养诸如授权委托的复杂关系中扮演物质性和表意性角色，这也言之有理。

以此为鉴，在第三部分，我们继而发展自身理论：对金融受信人法律的启发性原则进行辩护，探讨其规则，并研究其理论含义。我们认为，安全授权他人管理资金是增强自主性的表现，因为其允许人们聘请他人完成这一日益复杂的任

---

⑤ See, eg., Ernest J. Weinrib, "The Fiduciary Obligation", 25 *U Toronto LJ* 1, 16 (1975).

⑥ See, eg., Hanoch Dagan, *The Law and Ethics of Restitution* (2004) 237.

⑦ 可以肯定的是，不同于私法纯粹主义者，我们不主张与相关主体无关的担忧从来不是私法制度的合法考量。See Hanoch Dagan, *Reconstructing American Legal Realism & Rethinking Private Law Theory* (2013) ch 5. 考量是微观经济学还是金融受信法的分配结果能达到这方面的合法性门槛超出了本文的讨论范畴。Cf Joshua Getzler, "'As If:' Accountability and Counterfactual Trust", 91 *BUL Rev* 973, 975 – 76 (2012).

务,这样就可将自身时间和注意力集中在更具内在价值的项目上。我们进一步解释,靠授权实现资金管理为何要在(法经济学家强调的)物质效果和(伦理学家强调的)表意效果之间达成微妙平衡。金融受信人法必须予以调整,适应由管理他人资金这一特殊任务所产生的复杂激励结构,这意味着会产生某种特别易受疏忽和滥用的自由裁量权。但除实现最佳激励外,金融受信人法还应力求渗透浓缩忠义禁令的道德语汇,因为受托人和与其类似的金融受信人作为经济主体⑧中道德主体的典型,其文化感知对这一私法制度的运行,发挥着即使是辅助但也意义重大的作用。

将这些要求转化为法律技术,恰能够解释和说明忠义义务传统结构的正当性,其由严格的单一利益原则和一系列例外和免责构成。然而,更重要的是,我们的分析表明,为了适当塑造金融受信人的投资政策,以及由此产生的其注意义务的内容,立法者应评核其费用结构,我们进一步指出,应将受信人薪酬作为忠义义务的例外,予以仔细审查、定期重新评估。最后,根据我们的讨论,金融受信人法的规则虽不应强制适用,但应成为黏性默示规则(sticky defaults rule),偏向位微言轻、未经世故的受益人(或委托人)。

一、私法的结构多元化

通常,私法理论家努力针对财产、合同、侵权和赔偿制定涵盖范围广泛的单一规范理论。这些结构一元论的观点表明,在上述纷繁复杂的部门法的各项学说背后,存在(或应当存在)一项规范性原则,即一项价值或特定价值平衡。结构多元论对这一主导范式表示异议,其支持私法的高度异质性,为表征其图景的多重形式喝彩。根据这一观点,多重性既非混乱的标志,亦非困惑的来源。恰恰相反:由于一元论试图将一个异质场(财产和合同等)的全部领域都归于一项规范原则,因此,一元论看来的毫无章法,结构多元化看来却是色彩斑斓的马赛克。对于人们的自主权而言,这种马赛克极具价值,甚至不

⑧ See Ritu Birla, *Stages of Capital: Law, Culture, and Market Governance in Late Colonial India* (2009) 71.

可或缺。[⑨]

要了解原因,就得将自主权的概念理解为自我主宰,人们在某种程度上应是自我生活的主宰,选择有价值的生活规划,并有能力追求这些选择。正如约瑟夫·拉兹(Joseph Raz)所言,自主不仅需要适当的心智能力和独立性,还需要"充分的选择范围。"[⑩]尽管在追求自主理想的社会中,人们可获得一系列广泛的社会形态(social forms),"如果这些为社会所支持的社会形态并没有为个人选择留下足够空间,那么自主也无法实现"。选择要有效,自主要有意义(在其他条件相等的情况下),必须要有"比可选择更有价值的选择,且其必须显著不同",这样选择才意味着"权衡,需要为一项利益而放弃另一项利益"。因此,由于自主容许并且确实强调"存在各类千差万别追求的价值,个人可从中自由选择",重视自主将不可避免地"导致支持道德多元论"。

考虑到自主个人能从中选择的可接受人类利益具有多样性,其构成价值亦各式各样,国家必须确认一组足够多样化的稳健框架,人们可据以组织其生活。而且,若非可行法律制度积极支持,众多该类价值亦难以实现,故私法应尽量确保该类便利制度广泛适用。因此,尽管一元论统领财产和合同等各私法领域颇引人注目,但法律囊括多套原则,继而发展多套相一致的原则,也是合理的,甚至是可取的。[⑪] 相应地,对于各主要类别的人类活动或互动,结构多元化的私法必须包括种类足够多样化的机制,每项机制都受一项独特规范原则(不同价值或不同价值平衡)调整。各机制之间的界限也必须是开放的,让人们能够自由选择其目标、原则、生活形式和团体。

通过结构多元化积极促进私法多样性会遏制法律权力,但无损于其规范性(normativity)。法律制定者拥有看似平凡却可利用国家垄断权力实施其判断的能力,而单调划一和散乱无章的特征则会淡化法律强制力,两者相结合,便要求在授予立法者较大权力时应谨慎以对,因为立法者作为我们中的一员也会犯

---

⑨ 下文总结了哈诺·达冈提出的争议问题,"Pluralism and Perfectionism in Private Law", 112 *Colum L Rev* 1409 (2012)。关于在财产法中的具体应用以及在合同中的初步应用,see Hanoch Dagan, *Property: Values and Institutions* (2011); Hanoch Dagan, "Autonomy, Pluralism, and Contract Law Theory", 76 *Law & Contemp Probs* 19 (2013) [hereinafter Dagan, "Contract Theory"]。

⑩ Joseph Raz, *The Morality of Freedom* (1986) 372, 381, 395, 398 - 9.

⑪ See Joseph Raz, *The Relevance of Coherence*, in Ethics in the Public Domain: Essays in the Morality of Law and Politics 261, 281 - 82, 291 - 04 (1994).

错,有时甚至会为私利而损公益。结构多元化便遵守了这一要求,因为其开放了选择的替代方案,而不是将所有人引向法律特许的一种可能性。因此,多元化的私法制度允许个人自行选择路径,绕开特定法律规定,避免其影响,并由此规避法律制定者的权力。

结构多元论对法律权力的严重关切不会导致其无视法律的规范性。[12] 恰恰相反:结构多元化的私法才真正具有规范性。其每个范畴均包含一套内容明确的规则和信息充分的标准,由一项独特规范原则发展而成。尽管该类规则和标准仅起到默示规则作用,一如其在以自主权为基础的私法制度中本应发挥的作用,但私法所促进的社会互动和合作的框架,必定在数量上受到限制,且其内容也相对标准化。该类特征使私法不但巩固了人们对主要人际关系类型的期待,还表达了法律针对该类型社会互动的规范理想。

结构多元论主张私法理论应实现重大转向,这也是本文立论所在:我们不应针对财产、合同、侵权、赔偿以及整个信义法,寻求统一的规范性叙述,而应定位于恢复对具体私法制度的探究。因此,私法理论的主要任务是对体现在各类私法制度中的独特人类理想进行提炼,并阐明每项该类制度如何促进人类繁荣。可以肯定的是,尽管私法制度众多,法律常常无法实现其规范原则主张代表的人类理想。但是,该等差异不是为了挑战结构多元论,只是凸显其作为批评和改革源泉的实际意义,迫使私法制度不辜负其内隐承诺,并推动立法者发展创新私法制度。

二、旧观念,新解读

我们对信义法的理解完全符合私法结构多元化概念。对我们而言,金融受信人法,作为本文所讨论的信义法的分支,是一项旨在通过将委托人福利利益的重要方面安全委托他人(通常是专家)以扩大其自主权的私法制度。与其他私法制度相同,充分阐明信义法的规范性原则可强化我们对这一重要法律制度的理解,亦可指出其改革路径。但在我们概述这一理解并探讨其理论含义前,

---

⑫ 法律权力和法律规范性的包容性是结构多元论依赖于法律现实主义概念的一种表现形式。See Dagan (n 6) at chs 1,8,9.

有必要了解关于信义法的三个视角。虽然我们不能全盘吸收，但其对我们自身理论建设也不无裨益。

（一）形式主义

针对受信义务和受信救济的“法律证成性”（juridical justification），保罗·米勒（Paul Miller）的讨论深入精微。米勒的理论并非将信义法视为“证立对象”（object of justification），而是“将信义法的法律性质视为证立源泉之一……”寻求“揭示”嵌入在该责任中的“法律概念或形式”的“内部组织原则”。[13] 由此，米勒声称，其形式说明“意味着在个人责任（特定基础）规范结构的一致性之上再无其他”，[14]但他坚称，其的确“针对哲学证立具有分析优势”。[15]

米勒主张，“受信义务与众不同，其基础源自信义关系的形式属性。”[16]他将信义关系定义为“一方（受托人）针对另一方（受益人）的重大实际利益行使自由裁量权的关系。”[17]具体而言，受信人权力，作为“信义关系的构成特征”，是“一种源自构成另一人（通常是受益人）法律人格能力的权力形式”。该权力适用于“通常属于向受托人授予权力之人排他性法律能力范围内的各类决策对象”，从“缺乏法律能力的法人或自然人的人格方面”到法人和自然人的权利或福利问题，不一而足。在所有该等事项中，“受托人被赋予权力，可为受益人或代表受益人行事，或以其他方式为其利益服务”，提供“本应属非法的合法行为”。这一受信人权力有三项重要特征：其“在性质上可自由裁量”，允许“被赋予权力之人在确定权力行使时拥有判断余地”；其与“特定个人或群体”具有“关系性”，是他人法律能力的“衍生”；其是“具体的”，而非“绝对的”。[18]

考虑到上述“信义关系的形式属性”，就不难理解米勒将信义关系视为“他人法律人格不可或缺的一项能力”；对他而言，其也构成了忠义义务内容和功能的基础。受信人权力通过允许受信人行使“受益人或捐赠人的法律能力”而使

---

⑬ Paul B. Miller, “Justifying Fiduciary Remedies,” 63 *U Toronto LJ* 570, 582 (2013).

⑭ Miller (n 1) at 1008.

⑮ Miller (n 12) at 584.

⑯ Miller (n 1) at 1023.

⑰ Paul B. Miller, “A Theory of Fiduciary Liability”, 56 *McGill LJ* 235, 262 (2011).

⑱ Miller (n 1) at 1013.

“有限形式的法律替代”合法化。这意味着“信义关系具有不对称的形式结构”，受信人处于“支配地位”，从而使依赖性和权力滥用(或疏忽行使)易损性成为该关系的固有特征。此外，“受信人持有受信人权力的目的”亦“隐含在该替代性中”。受信人权力“使一人有目的性地代表另一人行事”。更重要的是(至少对于我们来说)，“赋予受信人权力的能力……强化了个人有效实现其目的的能力，因为其在允许受信人代其行使某项能力时，便可使他利用受信人的资源(如技能、知识、经验和专业许可证)”。[19]

米勒主张，信义关系的替代性证明了信义义务和对违反该义务所造成典型后果救济的正当性。受信人权力作为“其据以获得能力之人法律人格的延伸”，应被视为“源于且专于受益人”的一种手段，因此，“正当且排他地属于”受益人，且“仅为促进其利益而持有”。[20] 忠义义务“通过禁止受信人挪用该权力”以“确认受信人权力保持该状态”，[21]从而确保受益人针对受信人权力的主张“始终具有排他性”。[22] 换句话说，由于该主张源自受益人的人格，受信人不忠“就人仅被视为手段这一意义而言，意味着剥削”。米勒指出，这就是退还非法所得这一严厉的典型信义法救济原理所在。“因行使受信人权力而获得不当利益”的受信人将该权力视为“其自身所有”，而非仅为受益人的利益行使该权力。对受益人这一排他性权利的违反“必然延及与受信人行使该权力有关的收益”，因为该等收益“作为附属于其针对构成其人格权力的排他性主张”“属于”受益人。因此，对退还非法所得的恰当理解是，其只是为了通过向受益人返还“其因该权力和其法律证成性而有权获得的收益”以维护受益人权利。[23]

米勒认为，其理论的解释力，因可阐明疑难案件而得以加强，当前这些案件可获得完全退还非法所得的救济，尽管“不法行为仅是技术性的”。例如，即使当受信人“深信其如此行事是为了受益人的最大利益”，米勒亦接受冲突规则的适用性。虽然受信人的“有益动机”可能“在道义和实际上对受信人和受益人意义重大”，严格来说，其不具有法律意义，因为“不会要求受信人仅因担心冲突判

[19] Miller (n 1) at 1019.
[20] Miller (n 1) at 1020.
[21] Miller (n 1) at 1021.
[22] Miller (n 12) at 611.
[23] Miller (n 12) at 617.

断可能造成潜在不利结果而避免冲突”,“原因是通过判断行事的权力本身是基于受益人排他性所有权”。同样,如果“受信人从冲突中获益,但未对受益人造成损害,或甚至为受益人带来益处”,米勒仍支持严格适用退还非法所得,因为“结果对受益人获得该类利益的法律权利来说无关紧要”,其“根植于他对受信人权力作为手段的排他性主张”。同理,米勒强调,其理论完美地解释了为何利益冲突规则关注的是“在执行授权期间产生的”的个人利益,而非受信人“获得报酬的利益”,后者在“执行授权前已确定,且各方理解其执行授权将以受益人的利益为准”。尽管意识到针对薪酬的安排方式可能产生冲突,米勒似乎满足于其不属于冲突规则范围的传统观点。[24]

米勒(几乎一笔带过地)提及信义关系的自主性强化功能(autonomy-enhancing function),但其法律分析并不依赖于该目的(*telos*)。相反,其分析的动力在于主张,对于受信人权力,受益人必然拥有“独一无二和专制性的支配权”[25](米勒不断援引布莱克斯通对财产概念的叙述作为类比[26])。他认为,声称受益人具有排他权必要性的原因,在于该权力从性质上说是受益人人格的延伸。

米勒的说法似乎基于以下假设,即在信义法某些领域,受信人的权力与受益人的福利利益有关,而在其他领域,其关乎“权利问题”和“人格层面”。实际上,如果将所有该等性质迥异的利益必然地混在一起,可能需要对受益人针对受信人权力的主张进行“平衡”,以防止利用受益人作为受信人实现目的的手段。这样,排他性就可被理解为具有概念上的必要性。但是,至少以我们的结构多元主义角度来看,没必要(当然并非作为先验)假定,所有该等利益的委托只受一项单独监管原则调整。[27] 相反,我们所了解的各类利益彼此之间存在实质性差异,应分别对待;也就是说,信义法可囊括多项不同私法制度。[28] 我们一旦将关注点限于福利利益,就没有必要将受益人获得受信人权力的权利在概念

---

[24] Miller (n 12) at 606.

[25] William Blackstone, *Commentaries on the laws of England* (1765 – 9; 1979 edn) Vol. 2, * 2.

[26] Miller (n 12) at 998, 1006; Miller (n 12) at 611.

[27] 该评论也为本文中的艾维赫·多尔夫曼(Avihay Dorfman)所采用。

[28] Cf Tamar Frankel, *Fiduciary Law* (2011) 8 – 10.

上视为具有排他性。[29] 当然,该结论并不表明,受益人并非排他性地有权获得受托人的权力,或米勒讨论的具体规则必然错误。但是,无法试图从该义务的法律形式中得出忠义义务的内容及非忠义的意义,意味着该等主张不应被视为给定内容。此外,对于米勒赞颂其理论可成功解释看似实质上有问题的规则,我们还应保持谨慎,因为,像其他法律理论将公认的裁判法视为其正当性来源一样,其信义法理论也易受到"职业危害"。[30]

然而,尽管存在错误,米勒的论述有两个重要启示。其一,虽然形式(或法律正当性)比实质(或规范正当性)更具分析优势,或甚至能在排除实质的情况下对形式进行适当分析的说法具有误导性,但应该在私法框架内分析信义法(而非作为促进总福利或社会整体道德的手段)这一思想本身是有价值的。其二,尽管米勒的理论将信义法的目的搁置一旁有些不妥,但其提及信义法作为私法制度可促进善,同时又暗指其具有强化自主性的潜力,却大有裨益。

正如我们在第三部分所论,理解金融受信人法律并指引其适当解释和未来发展的关键是,弄清楚其在以自主权为基础的私法中的确切作用,并研究实现该功能的最佳途径。在开展这项工作时,为了避免过度抽象的"法律陷阱"(juridical trap),我们需留意本文关注的受益人利益具体类型。虽然我们的讨论始于作为私法终极价值的自主性,以及信义法律制度的动态价值,但我们也认真考虑了结构多元主义的要求,在其理论贡献范围内塑造私法制度。就信义关系的福利层面类型而言,这意味着我们以自主权为基础的观点必然对信义法的经济分析感兴趣,并应尽可能将其纳入其中。

(二)效率

传统经济分析将私法明示或默示地定义为一套促使潜在交易者最大化社会总福利的复杂激励措施,而这通常从偏好满意度的层面进行解释。[31] 但是,信义法从经济层面进行的主流和最明显的阐释关注的是信义法预期的微观互动,而非其总体结果,因此有助于我们的分析。

---

[29] 该评论所呼应的,是对布莱克斯东式财产观的概念批判。See generally Dagan (n 6) AGAN Part I.

[30] Cf Robin West, *Normative Jurisrudence: An Introduction* (2011) 26 – 7.

[31] See, eg., Robert Cooter and Thomas Ulen, *Law & Economics* (6th edn., 2011) 307.

弗兰克·伊斯特布鲁克(Frank Easterbrook)和丹尼尔·费舍尔(Daniel Fischel)提出的信义关系契约论,使其他理论丧失立足之地:“信义义务不是特殊义务,不存在道德基础,且与其他合同承诺无异,均属同类义务,产生和实施方式相同。”[32]当某人寻求他人助其实现特定目标时,如任务足够简单,且付出的努力可充分观察和验证,双方可就此订立明确合同。但是,“如任务复杂、履行时间过长、委托人无法衡量(或评估)代理人努力程度、结果评估无法完全替代过程评价……那么制定详尽合同的想法就有些愚不可及了”。[33] 在这个充斥着不完备契约的世界,[34]如果对代理人努力和成就的监控难乎其难,信义义务便会取代明确合同约定。忠义义务中易于观察和验证的无冲突规则确保代理人致力于实现合同目的,[35]而注意义务确保其履行职责时表现良好。最重要的是,“由于该过程具有合同性,因为委托人和代理人作出保证的目的是为了获利,其规定应最大化该利益,再由缔约方进行分配”。[36] 根据这一观点,法律决策者必须规定信义义务的内容是最大化当事人福利。这也是当事人在完备合同世界中会履行的义务,而不是遵循可能会挫败其意愿的任何道德考量。正如法律不能“通过要求所有公寓都有三间卧室以改善租户状况”,[37]其也不能通过使受信人承担高于其在假定合同中本同意承担的标准来增加受益人利益。将信义义务向前推进一步的任何努力都将注定失败,因为“如果受益人对新服务或更高忠实水平的估价不超过其所提供的成本,情况只会更糟,这也与法院的目标相左”。[38]

这种界定信义义务内容的方法,解释了不同类型信义关系的实质性差异。

---

[32] Frank H Easterbrook and Daniel R Fischel,“Contract and Fiduciary Duty”, 36 *JL & Econ* 425,427 (1993). See also,eg,Richard A. Posner,*Economic Analysis of Law* (3rd edn. ,1986) 100 – 1.

[33] Easterbrook and Fischel (n 33) at 426.

[34] See generally Oliver Hart and John Moore, “Incomplete Contracts and Renegotiation”, 56 *Econometrica* 755 (1988); Oliver Hart and John Moore,“Foundations of Incomplete Contracts”, 66 *Rev Econ Stud* 115 (1999).

[35] See Robert Cooter and Bradley J Freedman,“The Fiduciary Relationship: Its Economic Character and Legal Consequences”, 66 *NYU L Rev* 1045,1074 (1991).

[36] Easterbrook and Fischel (n 33) at 426.

[37] Easterbrook and Fischel (n 33) at 431.

[38] See John Langbein,“The Contractarian Basis of the Law of Trusts”, 105 *Yale LJ* 625,629 (1995). See also,eg,Easterbrook and Fischel (n 33) at 429; Henry Hansmann and Ugo Mattei,“The Function of Trust Law: A Comparative Legal and Economic Analysis”, 73 *NYU L Rev* 434,447 (1998).

注意义务在公司层面颇为松懈。管理者可免责做出商业决策,这得益于商业判断规则(business judgment rule)从理论和经验两方面使管理者免于承担责任,但极其恶劣的情况除外。[39] 相反,在信托法中,注意义务相当严格。受托人应遵守相对严格的谨慎标准。[40] 经济分析利用福利最大化的假定合同标准,为这一差异提供了理据。由于公司管理者需从事风险投资,当其决策失误时,必须免受法官和陪审团后见之明的判断。由于股东愿意管理者进行该等风险投资,其也会同意保护管理者免受该偏见。[41] 相比之下,受托人通常可多样化其信托投资以保护受益人,且成本较低。[42] 因此,注意义务间的差异,源自各项义务受益人的不同利益。

最后,通过关注代表信义关系的激励结构,经济分析为退还非法所得作为不忠救济提供了强有力的依据。正如罗伯特·库特(Robert Cooter)和布拉德利·弗里德曼(Bradley Freedman)所指,违反忠义义务的行为,与违反其他合同承诺不同,可能难以发现,原因是信义关系存在以下两项结构特征。[43] 其一,受益人的利益受制于受信人的酌处权(fiduciary's discretion)。受信人负责控制和管理资产,服务于受益人的最大利益,且必须运用其专业知识和判断力。其二,管理相关资产涉及固有风险和不确定性,故不能轻易将不良结果与违反忠义义务相联系。在该条件下,法律执行经济学表明,"违反忠义义务的最佳惩处必须超过受信人的获益"。[44] 信义法以退还非法所得的救济实现该要求,并以举证责任倒置规则和严格推定加以强化。[45]

如此理解退还非法所得意味着,其可得性关乎威慑问题。这就可以解释为何在某些信义关系中,特别是某类公司(尤其在美国),退还非法所得不太常见。

---

[39] See Bernard Black et al, "Outside Director Liability", 58 *Stan L Rev* 1055, 1064 – 74 (2006).

[40] See text accompanying nn 116 – 20.

[41] See Hal R. Arkes and Cindy A. Schipani, "Medical Malpractice v. the Business Judgment Rule: Differences in Hindsight Bias", 73 *Or L Rev* 587, 613 – 17 (1994); Jeffrey J. Rachlinski, "A Positive Psychological Theory of Judging in Hindsight", 65 *U Chi L Rev* 571, 574, 619 – 23 (1998).

[42] 我们提炼了第三部分第(二)节第3点的条文内容。

[43] See Cooter and Freedman (n 36) at 1046 – 47.

[44] Easterbrook and Fischel (n 33) at 426. See generally Steven Shavell, *Foundationd of Economic Analysis of Law* (2004) 351 – 54.

[45] See Cooter and Freedman (n 36) at 1053 – 55.

在此类情境中,为了“激励受信人发现并利用机会”,[46]威慑不足反而有益,因为市场机制为受信人提供了“激励补偿”以使其调整自身利益与受益人保持一致。[47] 当然,在众多(大多数?)信义关系中,建立最有效的救济措施是一项错综复杂的工作。但即使在该类情况下,关注各方激励措施有助于解释退还非法所得作为“惩罚默认”规则(Punish the default rule)的普遍性,促使受信人在合同中明确规定,受信人应与受益人商议确保其对表面上违反忠义义务的交易表示明确同意。[48]

经济分析认为私法只是提高整体福利的一种监管方式,不能与其他监管制度区分开来,这便激起熟悉的讨论,即以总体偏好满意度定义公共品(public good)是否必要,以及,与我们的目的更相关,利用私法实现该集体主义目的是否合法。[49] 此处没必要再梳理该争议。[50] 上文已对信义法的经济分析进行概括,尽管其是由一些认为效率乃法律终极目标的最直率捍卫者所提出,但其却以完全不同的方式明确提出福利最大化。[51] 此处,福利是一种工具性价值(instrumental good)*,其本身并不重要,而是因为其是利用金融受信人法之人的典型目的。以此为框架,福利主义分析为以自主权为基础讨论金融受信人法提供了重要数据,使该法同该制度可帮助人们获取的福利待遇(welfarist goods)相符合。因此,最要紧的是,法律为人们提供本来实际上难以获得的各项选择。说福利主义考量重要,原因在于,金融受信人法提供的相关选择取决于其产生福利主义结果的程度,以允许人们安全委托针对其福利利益重要方面的权力。

然而,信义法这一权威经济分析,强调信义关系并无特殊之处(“没有对

---

[46] See Easterbrook and Fischel (n 33) at 436.

[47] Roberta Romano,“Comment on Easterbrook and Fischel,‘Contract and Fiduciary Duty’”, 36 *JL & Econ* 447,449 - 50 (1993).

[48] See Easterbrook and Fischel (n 33) at 445; Getzler (n 6) at 989. See generally Ian Ayres and Robert Gertner,“Filling Gaps in Incomplete Contracts: An Economic Theory of Default Rules”, 99 *Yale LJ* 87 (1989).

[49] See, eg., Ernest J. Weinrib, *The Idea of Private Law* (1995).

[50] 该争论的简单回顾, see Dagan (n 6) at ch 5。

[51] 我们不否认逆向阅读的可能性,在这种情况下,当事人的选择只有基于认识论的原因,才有意义,并作为确保总效用最大化的方式之一。

* 是与内在价值(善)(instrinsic good)相对的一个意义,可理解为外在价值(善)。——校者注

象”)[52],令人失望。首先,认为将信义关系视为一类合同的说法解决了我们的理论问题,这有所误导。正确的理解是,合同并非简单统一的原则体系,而是一个宽松的伞状结构,涵盖一系列种类繁多合同类型。[53] 合同法积极赋权,为合同各类相关领域的风险承诺提供范围广、多样化的背景制度(家庭、亲密关系、职场和商业),让人们达成自愿合作安排——时间可长可短,关系可亲可疏。因此,基于自主权的合同理论应注意结构多元化要求,为人们提供足够多样化的框架以组织其各项事业和人际关系。[54] 那么,即使我们将信义法定义为合同形式之一,但本文不做讨论,我们仍须考虑该合同类型的特征及其理论含义。

在该情况下,经济分析当然并非一无是处。对我们而言,其主要观点阐明了允许人们针对其重要份额财产进行授权以扩大自主权所固有的挑战——易于滥用权力。经济分析不无道理地告诉我们,在确定如何应对该挑战时,鉴于不同法律制度向各方提出的各式各样激励,我们应谨记所有相关各方的福利主义目的和可能产生的不同后果。这一分析思路说明了忠义义务和退还非法所得救济的重要性。事实上,不同于与其相对应的形式主义,经济分析解释了受信人不忠情况下的典型救济,但未规定受益人权利的内容,由此,这为细化其详情提供了有用工具。[55]

然而,由于不考虑信义法作为私法制度的独特性质,如主张“只要交易成本特别高,某些人就开始将特定合同关系称为‘信义’”[56],法律经济学家掩盖了、甚至可能破坏该法律体系的重要方面。要了解原因,回想一下,根据结构多元主义,私法制度有两项主要功能:稳定诉诸法律之人的预期,表达我们针对私法制度的社会理念。忽视信义法的规范性核心会使这些功能失效,鉴于其相互之

---

[52] Easterbrook and Fischel(n 32) at 438.

[53] See Roy Kreitner, “Multiplicity in Contract Remedies”, in Nili Cohen and Ewan McKendrick (eds.), *Comparative Remedies for Breach of Contracts* (2005) 19,19 – 20; Roy Kreitner, “On the New Pluralism in ‘Contract Theory’”, 45 *Suffolk U L Rev* 915,915,923 – 4 (2012).

[54] See Dagan, “Contract Theory” (n 8); Hanoch Dagan and Michael A Heller, “Freedom of Contracts”(未出版的手稿,在作者的存档中).

[55] See also Joshua Getzler, “Rumford Market and the Genesis of Fiduciary Obligations”, in Andrew Burrows and Alan Rodger (eds.), *Mappimg the Law: Essay in Memory of Peter Birks* (2006) 577,586.

[56] Easterbrook and Fischel (n 33) at 438.

间的微妙作用,这尤其有害。正如梅兰妮·莱斯利(Melanie Leslie)所说,将信义义务剥离其道德内容可能会"冲淡机会主义行为的污名"。[57] 她认为,考虑到防止金融受托人滥用权力的其他手段(如威胁退出、相关方监督或市场惩戒)所具有的典型缺点,这些令人遗憾的外显意含结果(expressive consequence)可能反过来又对实质性层面产生影响。[58] 削弱忠义义务的规范力不仅会损害金融受信人法的功能,还会减损其有效促进自主权的能力。因此,我们以自主权为基础的金融受信人法理论必须从对该制度的优点说明中获取些许真知灼见。

(三)美德

彼得·伯克斯(Peter Birks)曾建议,为了捕捉信义法(涉及金融受信人学说的典范)的显著特征,我们应根据其所蕴含的"利他程度"(degree of altruism)来组织"该法承认的主要责任"。一般来说,"法律慎之又慎,恪守极简主义",仅要求我们"在合理注意便可防止发生合理可预见损害的情况下考虑他人,就要控制对自身利益的追求"。只有在"特殊情况"下,法律才会超越第一级消极的"法律强制利他程度",并"要求我们采取积极行动,改善他人状态"。最终,"第三级即法律强制利他的最高程度"是受信人责任,因为其"必须不仅考虑他人利益,还要不存在任何利害关系",[59]即"不受其自身任何冲突利益影响"。[60] 的确,对伯克斯而言,"核心信义义务(核心信托义务)是一项复合责任,既应积极注意,又不得存在任何利害关系"。该"颇为罕见的第三级利他责任可见于明示受托人"。与我们针对信义制度多样性的谨慎态度相一致,伯克斯补充说,尽管"受信人"一词可合理用以指代"处于受信人地位之人",但我们应小心使用,因为该程度的利他主义"并不适于所有受信人"。[61]

莱昂内尔·史密斯(Lionel Smith)主张,伯克斯的"积极责任"方法"不完

---

[57] Melanie B. Leslie, "Trusting Trustees: Fiduciary Duties and the Limits of Default Rules", 94 *Geo LJ* 67, 90 (2005).

[58] See Melanie B. Leslie, "In Defense of the No Further Inquiry Rule: A Response to Professor John Lengbein", 47 *Wm &Mary L Rev* 541, 555 - 63 (2005).

[59] See also Leonard I. Rotman, *Fiduciary Law* (2005) 244.

[60] See also *Meinard v. Salmon* 164 NE 545, 546 - 8 (NY 1928) (per Cardozo CJ).

[61] Peter Birks, "The Content of the Fiduciary Obligation", 34 *Isr L Rev* 3, 17 - 20, 37 - 8 (2000).

整”,[62]应从两方面加以改进。首先,史密斯强调,应将信义关系理解为“以自愿承诺担任法律对其附加信义义务的职位或……将他人利益置于自身利益之上为前提”。这确保了信义法的预防性规则并非“与私法的内部合理性不一致”,即其适当关注“原告和被告之间的关系,及其引起诉讼的行为”,而非试图“影响他人将来的行为”。其次,史密斯的第二项改进,忠义义务与其他义务在性质上存在差异。忠义义务“在性质上与众不同,而非只是其规定的超高标准”,因此试图“从结果层面理解常常会以失败告终”。忠义义务“是一种履行义务(adjectival obligation)”,注重“人的行事方式”。受信人必须“以其认为符合受益人最大利益”的方式行使受信人权力。因此,忠义义务的“真正核心”在于“动机的正当性”,是“以正确动机作为(或不作为)的义务”。[63]

按照此种理解,信义法的预防性规则不是为了防止产生“任何特定结果”,而是为了保护“免受不忠影响,且不忠并非出于伤害本身,而是出于动机”。当然,史密斯承认,判定这些类义务(无冲突规则和无获利规则)“不是由动机,而是根据具体事件裁判”;但他坚持,其“适当发展源于自愿承担忠义义务”。触发该类规则的条件是,“因受信人面临相冲突的动机压力,由此特别难了解其行为动机”。在此种情况下,“让受益人怀疑其是否不忠,或强迫其证明不忠”会与“忠义的承诺”“不相符合”。[64]

单独而论,从道德层面针对信义法进行论述似乎有所不妥。为何受信人[*]负有最高程度利他义务(如伯克斯所述),或为何法律应特别关注信义关系中的动机(如史密斯所述),这尚不清楚。毕竟,正如安妮特·贝尔(Annette Baier)所言,在道德关系中,忠义是合乎道德的,而在不道德关系中,忠义是违背道德的,“破坏信托”(trust-busting)实际上可能是“合乎道德的目标”。[65] 虽然多数(也许大多数)信义关系都是合乎道德的,但伯克斯和史密斯都没有解释为何(如伯克斯所指)其道德标准要高于所有其他类型的人际关系。此外,尽管与其

---

[62] 这可能源于伯克斯对法律利他主义的引用,而这意味着他的叙述并非基于道德主义的立场。

[63] Lionel Smith,“The Motive,Not the Deed”, in Joshua Getzler (ed.),*Rationalizing Equity,Property and Trusts* (2003) 53,61 -2,65,69 -70. 在本书章节中,史密斯在一定程度上修正了他的观点。

[64] Smith (n 63) at 73 -6.

[*] 原文为受益人(beneficiaries),应为受信人,疑著者有笔误。——校者注

[65] Annette Baier,“Trust and Antitrust”, 96 *Ethics* 231,232 (1986).

他部分私法制度(如婚姻财产和特定类型的关系合同)相似,信托可被理解为该关系的本质内在价值组成部分,[66]在我们与资金管理人的关系中,不存在平行固有的共同资产(intrinsic communal goods)。该关系对我们而言纯属工具性,也就是说,人们关心的是其财富,而不是管理人的美德。一项法律,如果(必须)尊重人们通常诉诸该私法制度的原因,也应同样尊重其应对该关系的方式。[67] 因此,“受信人违反信义义务并不必然违反道德”,也就不足为奇了。[68]

与效率分析一样,我们了解信义法的道德论述,不是将其作为独立理论,而是作为我们对基于自主权理论(autonomy-based account)的有益投入。该解读的出发点是改进史密斯的理论,其将信义关系构建为自愿义务(voluntary obligation)的一种形式[69],我们称为私法制度,特点是(甚至依赖于)强调受信人其他方面的要求。然而,为了理解为何“道德主题”(“忠义、尽责、信任和信用”)应构成该私法制度的“基本语汇”,[70]我们需要回顾针对信义关系中固有的反常激励进行经济分析的部分观点,并与莱斯利(Leslie)一道领会忠义在应对这些激励发挥的有益作用。[71]

艾瑞特·萨梅特(Irit Samet)对因不忠而严格退还非法所得的论证强化了该点。她指出,受信人易于滥用自由裁量权,原因是,受信人在发生潜在利益冲突时面临利益诱惑,“极易自欺欺人,判断难免偏颇”。这风险不小,他认为,“人们实在太容易对自身行为和动机赋予合理解释,由此危及任何基于信任和诚实的社会制度”。自欺欺人“使善人为其不实狡辩”,“因放弃倾听良知的内在呼唤,反让道败德之行丧失自我察觉(tun【ing】off the inner voice of conscience so

---

[66] See respectively Dagan (n 8) ch 9; Ian Macneil, “The New Social Contract: An Inquiry into Modern Contractual Relations,” in David Campbell (ed.), *The Relational Theory of Contract* (2001) 127, 136.

[67] 因此,虽然我们赞同马修·哈丁所述,“信义法的一个主要目的应当是使人们能够形成,维持和发展以信任和信赖为特征的关系”,但我们坚信,在金融受托人背景下,当事人的态度仅具有工具价值,因此通过“效仿信托法世界的规范性”以促使此种关系“疏离”亦非“憾事”。Matthew Harding,“Trust and Fiduciary Law,” 33 *Oxford J Legal Stud* 81,96-7,100-2 (2013).

[68] Matthew Conaglen, *Fiduciary Loyalty: Protecting the Due Performance of Non-Fiduciary Duties* (2010) 108.

[69] See also James Edelman,“When Do Fiduciary Duties Arise”, 126 *Law Q Rev* 302 (2010).

[70] Tamar Frankel,“Towards Universal Fiduciary Principles” (2013) § 5(未出版的手稿).

[71] 该作用可能在信义关系仅由道德(法律之外)标准管理的时代中有其历史根基。See David J Seipp,“Trust and Fiduciary Duty in the Early Common Law,” 91 *BU L Rev* 1011,1016 (2011).

that immorality can go through undected by the conscious self)”,“破坏证据程序和妨碍(subverting process of evidence and weighing)……误导人们将非法行为视为允许(甚至规定)。”萨梅特认为,在此情况下解决问题的唯一办法(或至少是办法之一)是“消除考虑过程”。也就是说,必须防止受信人“自问符合受信人利益的交易是否有利于其委托人”,这也正是法律明确规定无冲突原则的目的所在。[72]

三、为自主权服务的金融受信人

(一)金融受信人法的监管原则

我们对金融受信人法(the law of financial fiduciaries)的主要主张源自对信义法形式、经济和道德论述的研究:如前所述,形式主义试图从信义法的法律形式中衍生出信义法的核心,我们排斥该做法;对所有信义类型必须符合同一原则的假设,我们也持谨慎态度。但我们支持应将金融受信人法(financial fiduciary law)作为私法制度加以分析的观点,并进一步接受,作为该制度的目的,金融受信人对受益人和/或捐赠人强化自主权的重要作用。[73] 为此,我们亦赞同经济层面论述的主张,即金融受信人法必须符合援引该法之人的利益,从性质上说该利益属福利主义:人们希望能够依靠他人的时间和专业来管理其福利利益的重要方面。

要理解这些教训,我们需回到起点,即私法的作用是通过促进有利于人类繁荣的人际交往以增强其自主权。当然,人们无须诉诸其中任一私法制度。这些私法制度只是人们在考虑项目和选择结果时可获得自愿安排的各类可靠结

---

[72] Irit Samet, “Guarding the Fiduciary’s Conscience—A Justification of a Stringent Profit-stripping Rule,” 28 *Oxford J Legal Stud* 763,765,773 – 5,781 (2008). See also Margaret M Blair and Lynn A Stout, “Trust, Trustworthiness, and the Behavioral Foundations of Corporate Law,” 149 *U Pa L Rev* 1735,1785, 1787 (2001).

[73] 正如文中所述,我们的解释涵盖了受益人自主性和捐赠人自主性之间可能冲突的难题。该难题中最糟糕的方面是处在这样的一种困境(特别易发生在家庭和其他私人信托中):“不能同时允许和完全捍卫处置财产的个人自由。如果某财产利益的捐赠人欲限制受赠人处置该利益的自由,那法律系统在决定是执行或避免该限制时,必须确定它将维护何人的自由,是捐赠人还是受赠人。” Gregory S. Alexander, “The Dead Hand and the Law of Trusts in the Nineteenth Century,” 37 *Stan L Rev* 1189,1189 (1985).

构的集合。我们认为,金融受信人法例证了结构多元化的一项主要原则,即法律是促进众多这些互动形式的重要工具。这些互动形式面临着局部性困难,如(对称和不对称)信息成本、认知偏差和机会主义行为的高风险,更多的文化障碍,也让其难以想象未广泛认可和命名的互动形式。特别是在现代,认可和命名的任务通常由法律完成。的确,私法强化自主权的功能很少通过针对合同自由的不干涉政策和接受性方法来实现。相反,法律必须积极赋权给其制度性安排,包括针对反机会主义行为的可靠保证。⑭

金融受信人法是这些安排中特别有挑战性的类型之一,⑮符合拉兹强化自主权的禁令,因为其增加了一个有价值的选项:针对个人福利利益的重要可信授权(the reliable delegation of authority)。授权支撑着自主权,因为其使我们能够获得出众的技能、知识和经验(以及由此可能做出的明智判断)或他人拥有的专业许可,以完成对我们多数人而言至关重要的任务,或影响今后我们自身财务状况(如储蓄和养老金),或影响我们保护所爱之人福祉或促进我们死后仍牵挂的事业(如众多信托)。允许该授权会增强自主权,还因为考虑到适当管理资金所需(时间和专业知识)资源,替代方案似乎令人生畏。能够将此任务安全委托他人,就能摆脱这些负担,让我们关注本质上有价值的项目。

为适当履行该双重自主权强化作用,金融受信人法必须响应援引该法的目的,即管理受益人(全部或大部分)资产。其必须适合由其固有情况产生的特别激励结构,其中酌情权极易受到疏忽和(甚至更突出的是)滥用的影响。因此,信义法公开预防不忠,不应被理解为(正如私法形式主义者常辩称)非法利用私法促进集体主义目的。⑯ 相反,对这一脆弱人际关系的热望推进意味着,信义法

---

⑭ See generally Dagan and Heller (n 54) at pt Ⅲ. A.

⑮ Cf J. E. Penner, "An Untheory of the Law of Trusts, or Some Notes Towards Understanding the Structure of Trust Law Doctrine," 63 *Cur Legal Probs* 653,665 (2010). 帕纳以类似于我们定义的方式,将信托法界定为"一种特殊的法律服务,法律主体对其的运用本质上促使他们能追求难以追求之事业",即一种便利的法律服务。但彭纳亦认为在对法律核心原则争论的过程中强调道德原则是毫无意义的(at 665-7)。在该种意义上,我们通过金融受信人法确立的便捷私法制度的释义,就像下两个文段所强调的,完全不同于帕纳,因为我们强调它的内部规范基础。我们在下面对这些不同学说的评述可以视为一种阐述,即规范性争论可以也应该在现行制度的解释、阐明和发展中发挥作用。

⑯ See,eg. ,Ernest J. Weinrib, "Restitutionary Damages as Corrective Justice," 1 *Theoretical Inquiries L* 1,33-4 (1999).

的核心任务是以防止滥用的方式安排当事人之间的事前权利。[77]

尽管受信人法的经济分析为金融受信人法完整性和可行性的威慑意义提供了最深刻的说明,但如我们所见,令人惊讶地,其忽略了实现该威慑作用最重要的方式之一。由于放弃信义法的规范性,经济分析无法领会法律在维护、维持和强化社会规范方面的作用,社会规范对该类信义关系的运行至关重要。[78] 法律,包括调整金融受信人的法律,不仅仅是一套激励措施,还是作为预测偏离或遵守其规定的某些或敌对或友好的外部反应的基础。哈特曾对备受诟病的法律预测说提出批判,他指出,法律规范亦被作为索赔、主张和批评的基础,作为行为和判断的标准和指南。[79] 结构多元主义认真对待私法的规范性;事实上,除稳定预期外,如前所述,法律的这一表达性作用是结构多元主义赋予私法制度内部一致性以重要性的原因。[80] 因此,结构多元主义认为,除追求妥善管理他人资金的最佳激励外,金融受信人法应继续灌输针对受托人和类似金融受信人的传统文化观念,将其作为"经济主体中道德主体的典型"。[81]

履行这两种职能是金融受信人法的唯一(或至少是主要)挑战。[82] 考虑到该法据以援引的显著福利主义目的,这一私法制度基于自主权的概念不能低估其激励的重要性,形式主义者和道德主义者却有低估激励倾向。要尊重受信人法的做法——强化人们自主权的特定方式,负责决策者必须考虑其所规定规则对预期受益人的影响。但由于这些影响受到受信人自我角色定位调和,而自我

---

[77] See Dagan (n 5) at 236. See generally Dagan (n 6) at ch 5.

[78] 对法律表达功能以及其在加强合理社会规范方面的附随作用的忽略与法律经济分析不相符合。See Robert Cooter, "Expressive Law and Economics," 27 *J Legal Stud* 585 (1998). 然而,这似乎不是偶然,即法律解释及经济专家在第二部分第(二)节中所述内容未能将该作用纳入考虑范畴;对难以估计的此因素的意义进行回避可能是经济学家的职业病。

[79] See H. L. A. Hart, *The Concept of Law* (1961) 79 - 88.

[80] See text accompanying n 12.

[81] Birla (n 7) at 71. 我们当然不否认法律规范作用存在局限性,甚至在某些情况下,法律干预会因排挤内在动机效应而适得其反。有关法律和文化的动态互动关系的学说不一而足,See Yuval Feldman and Tom R. Tyler, "Mandated Justice: The Potential Promise and Possible Pitfalls of Mandating Procedural Justice in the Workplace," *Reg & Gov't* 46 (2012)。而显然我们不打算在这里解决该问题。然而,我们没有理由质疑这样的道德抗议,它会逐渐削弱金融受信人法传统表达作用所发挥的工具性有益作用。

[82] 我们没有说这是我们理论的唯一挑战。我们这里没有强调的另外一个重要挑战,是批判性地探讨在信托法目前所推动的诸多便利中,是否存在一些削弱而非增强自主性的效应。有助于这类研究的一个潜在主题便是禁止挥霍信托。See, eg. , Gregory S. Alexander and Hanoch Dagan, *Properties of Property* (2012) 306 - 7.

角色定位又受法律表达的规范性内容影响,我们的理论也必须对激励的潜在反效果保持敏感,其可能削弱金融受信人法的规范性,从而破坏其实质功能。[83] 如何尽可能平衡该等影响,可能没有明确答案。因此,对金融受信人法律规制性原则的阐述,要以批判的眼光审视其主要学理特征,同时着眼于调整物质激励和表达性效果的需求,以及在任何特定学理结点可获得的法律技术。[84] 本文剩余部分将探讨该问题。

(二)安慰和批判(Reassurance and critique)

1. 单一还是最佳利益?

我们从信托法最重要的学说理论开始:受托人的忠义标准。传统忠义标准较为严格,规定"受托人负有仅为受益人的利益管理信托的义务",[85]由此禁止牵涉受托人个人利益的任何交易,即使其能证明该交易符合受益人的最大利益。然而,该"单一利益"标准及其附带的"无须进一步询问"规则并非绝对。尽管法院大肆宣扬,但正如约翰·郎本事无巨细地证明所示,单一利益规则受制于多项除外和绝对例外的情形。因受托人得益而具有瑕疵但仍符合受益人最大利益的一项或一组交易,如受托人获得信托创立人授权、受益人知情同意或法院事先批准,将被视为可接受。同样,法院和立法机构已豁免牵涉受托人自身利益的多项交易类别,向金融服务业的机构受托人赋予特权,如可将信托基金存于与受托人集团内部交易有联系的金融机构。[86]

从福利主义角度出发,郎本认为,传统的单一利益规则应被"最大利益"规则取代,尽管他仍要求由受托人承担某交易具有公平性的证明责任。他指出,这项改革将与公司法转向并行;考虑到现有一系列除外和例外情况均旨在激励能最大限度促进受益人利益的交易,其还将使信托法更为透明;最后,这项改革可适当保护善意非专业受托人,他们是传统规则的主要(出人意料的)受害

---

[83] Cf Lynn Stout, *Cultivating Conscience* (2011) 106 – 08, 249 – 52.

[84] Cf Penner (n 76) at 668, 670.

[85] *Restatement* (*Second*) *of Trusts* (1959) § 170(1).

[86] John H. Langbein, "Questioning the Trust Law Duty of Loyalty: Sole Interest or Best Interest?," 114 *Yale LJ* 929, 931 – 2, 963 – 5, 968 – 79 (2005).

者。[87] 我们赞成郎本提出的多项前提,与他一样,我们拒绝所谓的信托法道德基础,以及对单一利益标准提供概念基础的尝试。此外,虽然我们基于自主权理论的金融受信人法致力于制定能最大化受益人福利的法律,但我们不支持其改革建议。

郎本从公司法中汲取的经验缺乏被其所赋予的影响力(force),原因有三。第一个原因与我们普遍强调的信义形式多样性相一致。虽然公司法认为高管、董事和控股股东均属受信人,但郎本的类比忽视了其与信托法项下受托人之间的重要区别。正如他人论证的那样,这些差异意义重大,可表明信托法相对苛刻的正当性,因为公司法提供了确保忠义的替代方案(特别是,股东退出的可能性和股东取代管理团队的能力),或者因为公司董事工作相对复杂。[88] 深入了解这些差异的影响超出了本文讨论范围,[89]但足以说明问题的是应对这一类比持谨慎态度。[90] 第二个原因是触动公司法发展(特别是涉及股东和管理者间冲突)的,可能不是无关痛痒地追求股东利益最大化,而是各州针对公司成立费用和声誉竞相降低门槛(race to the bottom),以及支配公司资金管理者的欲求。[91]

最后,也许最具说服力的是第三个原因,公司法的类比可能违反郎本的规范性要求(normative prescription)。因为过去十多年的主导趋势是从“最大利益”转向“单一利益”[92],公司发生了三个重要(也许是最重要)领域的利益冲突

---

[87] Langbein (n 87) at 980 - 2,989,987,984 - 5.

[88] See,eg. ,respectively,Robert H. Sitkoff,“The Economic Structure of Fiduciary Law,” 91 *BU L Rev* 1039,1045 (2011); Leslie (n 57) at 99 - 100. 并且,公司董事关于股东资金的决定涉及许多其他人,而我们的例子缺乏此种复杂性。

[89] 是退出的可能性还是更换管理团队的能力有力地保护了股东利益,这尚无定论。当股东在管理权遭到滥用时退出,其所获得的退股款价格较低,因此,退出机制并没有为股东提供太多保护。虽然股东退出的可能性可以通过对管理人施压,影响他们的行为而获益,但这样的收购需要复杂的集体行为和相当大的成本,且常常受到现任管理人所采取的反收购措施的阻止。See Sharon Hannes,“The Market for Takeover Defenses,” 101 *Nw U L Rev* 125 (2007).

[90] 另一错乱根源于股东,不是公司的单一受益人。See Andrew S. Gold,“Dy-namic Fiduciary Duty”,34 Cardozo L Rev 491(2012).

[91] 这是一个公认的有争议的主张。Compare, eg, Lucian Arye Bebchuk, “Federalism and the Corporation: The Desirable Limits on State Competition in Corporate Law,” 105 *Harv L Rev* 1435,1441 (1992) with Marcel Kahan and Ehud Kamar,“The Myth of State Competition in Corporate Law,” 55 *Stan L Rev* 679 (2002).

[92] 即本聚焦于公司法的早期发展,但为了支持其论点,公司法一直没有推翻其所偏好的论点。

交易:管理层贷款、高管薪酬和"排挤式"兼并。因此,21 世纪初,管理人员滥用机会从公司借款,且愈演愈烈。美国公司大都对向高管提供高额贷款习以为常,[93]这些贷款到底能产生多大效益,公众则无从得知。[94] 鉴于层出不穷的权力滥用,美国国会颁布了《2002 年萨班斯—奥克斯利法案》(2002 Sarbanes-Oxley Act),几乎无一例外地禁止公众公司向其高管贷款,即使符合股东最大利益[95](甚至经股东事先批准[96])。类似发展如综合来看,似乎表明公司法"单一利益规则"的"光荣复兴",包括新出现的立法要求,即管理层薪酬必须获得股东批准,[97]以及最近特拉华州法院针对排挤式兼并(freeze-out merger)的转向,[98]由"对少数股东完全公平"标准[99](典型的宽松式最大利益规则)转为多数小股东事先批准的类单一利益要求。[100]

这些发展正朝向信托法长期偏好的路径演进,尽管这一事实并不表示明确的改革,但其的确表明,在抛弃传统信托法原则前需稍加谨慎。在我们看来,金融受信人法项下的规范性原则也支持这点,传统信托法有大量例外规定但影响深远的规则,这些规则的规范性结构虽貌似不好用,但金融受信人法极力维护之。

---

[93] See, eg. , Paul Hodgson, *My Big Fat Corporate Loan* (2002) 1.

[94] See Lucian A Bebchuk and Robert J Jackson, Jr, "Executive Pensions," 30 J Corp L 823, 824 n 2 (2005). 并且,经营贷款通常全部或者部分为公司所免除——这是迄今为止管理人的另一福利。Kathleen M Kahle and Kuldeep Shastri, "Executive Loans," 39 *J Fin & Quant Analusis* 791, 798 (2004).

[95] 常见的情形是通过贷款来支付管理人搬迁费或供他们购买公司股份的费用,从而使管理人和股东的激励机制相一致。

[96] Section 402 of the Sarbanes-Oxley Act, which added s 13(k) to the Exchange Act of 1934 (48 Stat 894). Sarbanes-Oxley Act § 402(a), Pub L No 107 - 204, 2002 USCCAN (116 Stat) at 745, 787 [codified at 15 USC § 78m(k) (Supp 2006)].

[97] See text accompanying nn 165 - 70.

[98] 排挤式兼并是指控股股东为了购尽公司的公众股份从而使其私有化而采取的策略,这也许是利益冲突交易中最为极端的例子。

[99] Robert C Clark, *Corporate Law* (1986) 518 - 30.

[100] See *In re Pure Resources, Inc*, Shareholder Litigation 808 A 2d 421 (Del Ch 2002); Guhan Subramanian, "Fixing Freezeouts," 115 *Yale LJ* 2, 59 (2005). 的确,特拉华州仍然让控股股东在没有少数股东事先批准的情况进行排挤式合并。但是,特拉华州法院通过对控股股东施加繁重的负担来尽力阻止该实践,该负担也因法院相应的态度而加重。See, eg, *In re Emerging Communications, Inc*, Shareholders Litigation No 16415, 2004 Del Ch LEXIS 79 (Del Ch 3 May 2004). 并且,从比较的角度来看,现代的公司法准则赋予了少数股东对重要自我交易的否决权,包括排挤式兼并。Related Party Transactions and Minority Shareholder Rights 30 - 6 (OECD 2012) available at <http://www.oecd.org/daf/ca/50089215.pdf>.

以服务受益人福利利益为主要目的的金融受信人法,应像信托法那样,积极寻求单一利益规则例外情况,在涵盖最大化受益人利益的同时允许受托人获得某些附带利益。因此,不同于形式主义和道德主义对该学说的论述,我们的理论不为该类例外情况增多所动摇。事实上,由于赞成郎本针对善意非职业受托人所受待遇的批评,我们不愿与米勒一道支持与此相关的传统法律规定,[101]相反却对新出现的判例赞赏有加,只因其对这些(相对罕见的)情况设定了新的例外情况。[102] 但是,郎本的严格经济学观点意味着,一旦单一利益规则的"刀子嘴"变成了"豆腐心",[103]应撤销其基线(baseline)*,我们赞成以合理福利论述所要求的尽可能多的例外规定补充以单一利益为基线的学理结构。我们对金融受信人法的论述表明,这一结合会形成一套与金融受信人法规范性原则的主要理论挑战相契合的法律体系。

信托法忠义义务的独特发展似乎巧妙地(可能不是故意地)利用了法律实质效果和其表达功能间的差距,以适应法律明确表达的实质目标(expressive and material goals)。由于金融受信人法通常针对的是能获得充分法律建议且富有经验的专业人士,多数学理规定很可能被转化为激励措施并产生相应行为结果。但学理规定却很少能引起广泛文化后果,因此,更难以影响更大范围的社会规范。相反,可能影响人们偏好和价值观以及更大范围社会规范的是"更基本的法律概念和制度"。[104] 因此,尽管对单一利益规则有诸多改进,信托法坚持受托人在道义上有义务仅为受益人服务这一概念,便强化了这一社会普遍观念,有助于(相对)促进安全地代表受托人福利利益。

在郎本看来,信托法忠义义务的现有结构和措辞的确显得令人困惑,但郎本没有考虑到受托人善良形象所产生的社会预期的工具价值(instrumental value),以及信托法对产生和维持该社会形象的潜在贡献。相比之下,我们的分析赞赏了法律的表达影响,赞赏了广泛的社会规范,连同其可能巩固的相应道

---

[101] See text accompanying n 24.

[102] Leslie (n 61) at 570, 574, 579.

[103] Langbein (n 87) at 933.

* 基线本是网球和软件术语,是以线为基础、参照和边界等。线可能是实际的边线,也可能是时间线。基线概念后来亦用于项目管理中。在本文中,基线应指分析的基准和参照。——校者注

[104] Dagan (n 8) at 133.

德承诺和声誉考量,对金融受信人的行为也产生了令人满意的行为效果。由此,我们警告不要丢弃现有理论设计,其完全符合金融受信人法的目的,即必须既巩固该社会规范,又在普遍服务受益人利益的情况下允许冲突交易。

信托法的独特结构还有另一好处,也是其应对的另一挑战,在郎本提议的改革面前也存在风险。将对单一利益规则的偏离视为例外情况,暗示有必要对其正当性进行审查。持续调查极易滥用的各类例外情况,可持续促进金融受信人法作为强化自主权的私法制度功能。

例如,考虑一下针对《统一信托法》(Uniform Trust Code)2003 年修订的辩论,该修订允许受托人从与其有关联的公司购买投资服务。[105] 这样,机构受托人便可投资于其关联公司管理的共同基金,并可由此获得所需费用和佣金。郎本主张,新规定言之有理,既然信托创立人选择受托人是因为其投资专长,也就必然希望从该受托人创建的投资工具(共同基金)中获益,而不是使用非由信托创立人选择的第三方提供投资服务。[106] 莱斯利并不同意,认为即使没有该项规定,信托创立人(或受益人)也可通过预先批准投资策略来获得该主张的利益,新规定可能鼓励受托人投资劣质工具以获得额外费用,由此需要交易中的劣势方(信托创立人或受益人)在其认为必要时寻求保护。[107]

我们并不认为可轻而易举地确定该新规则是否可取。恰恰相反,需仔细比较该创新例外的优劣。具体来说,先针对该规则积累充分数据,然后以实证研究受托人作为发起人的共同基金与独立共同基金的相对表现,以及受托人投资关联基金时受益人的投资组合回报(考虑扣除所有费用和佣金后的收益)与其他受益人收益相比的相对表现。规定允许受托人进行自利投资的例外情况会使其成为调查目标,而撤销基线则可能掩盖对标的的比较分析意义。[108]

---

[105] Unif Trust Code § 802(f) (amended 2003).

[106] Langbein (n 87) at 976 – 8.

[107] Leslie (n 61) at 570, 574, 579.

[108] 然而,我们承认以附有经常生效的例外规定的规则为基础的系统,会对不谙世事的主体施加额外负担。这个发现可能意味着金融受信人法应当规定至少披露一些例外规定适用的先决条件[例如,当受托人使用他管理的投资工具时有关双重委托所获得的利益,如共同基金,Leslie (n 61) at 576 – 7]。它也强调了我们在第三部分第(二)节第 3 点中所讨论的黏性之意义。

2. 投资政策

现在,我们转向受托人承担的第二项重要义务,即注意或审慎义务,重点关注受托人应代表受益人采取的投资策略。虽然忠义义务可能是信义法的最显著特征,但注意义务,更具体地说,其规定的投资政策,在使人们安全授权他人管理其经济资源的强化自主性允诺背景下,才至关重要。

可以预期,投资政策相关文献多有经济意义。但有趣的是,其起点与我们的方法一致,我们所讨论的效率意味着投资政策应符合特定受益人偏好。[109] 以此为背景,针对从 2008 年国际金融危机中吸取的关于受托人投资政策监管的经验教训,各家莫衷一是,我们在本节中也试图贡献一二。为了给讨论奠定基础,我们从一些传统观点入手,其认为,对不同类型的受托人而言,投资政策中满足注意义务的审慎标准应当是不同的。我们的结构多元化方法也对此表示支持,对受托人注意义务的说明,不应寻求单一的统一原则,必须仔细分析各类受托人实施的差异性工作。[110]

一般人倾向于使消极投资多样化。[111] 他们无须坚持任何一项具体金融理论,就知道不能把所有鸡蛋放在一个篮子里。这一常识性概念与现代投资组合理论不谋而合,后者认为,多样化(在经济学上被称为“唯一的免费午餐”)允许投资者避免单项投资具有的特殊风险。[112] 一段时间以来,公司管理层行事好似公司财富就是其自身财富,只不过是多样化“他们的”投资组合。由此,20 世纪 60 年代和 70 年代规模庞大的集团企业横空出世,旗下控制着不同经济部门的多家子公司。然而,实践证明,这种内部多元化战略尤其有害无益:随之产生的公司结构纷繁复杂,难以管理,中枢管理日常开支庞大,却无甚明显的管理价值。企业管理不透明,分析家不明就里,市场难以规范。此外,其促进交叉补贴逐步蔓延,集团企业中的亏损子公司获得健康子公司补贴,从而扭曲部门管理者的积极性,[113]而在其任期内亦

---

[109] See Max H. Schanzenbach and Robert H. Sitkoff, “The Prudent Investor Rule: A Theoretical and Empirical Reassessment” (2013) 17 (未出版的手稿).

[110] 回顾一下,这些差异也会影响注意义务的相关标准。See text accompanying nn 39 – 41.

[111] 当一个人管理自己的生意时,她就无法使自己的财富多样化。但考虑到被动投资和证券交易所等流动性市场,多样化可以以相对较低的成本实现。

[112] See Harry M. Markowitz, “Portfolio Selection,” 7 *J Fin* 77 (1952).

[113] 具体来说,这样的交叉补贴能缓解表现不佳的部门经理身上的压力,也能通过吸纳基金未来运作所需的资金来制裁优秀的部门经理。

不会受到具体经济部门发展低迷的影响。[114] 这些集团企业(及其股东)随后遭受的损失导致"去集团化"过程贯穿整个20世纪80年代。[115] 一旦市场意识到内部企业多元化的危害性,又会达成共识,认为公司管理层应坚守单一专业领域,让投资者自行或通过资金管理受托人服务,注意其投资组合多元化。

与企业受托人的最佳投资策略形成鲜明对比的是,资金管理受托人一般应多样化信托投资组合的资产,一如谨慎投资者通常对待其自身投资组合那样。可以肯定的是,至少在当前严格形式下,对金融受信人法来说,多样化要求仍相对较新颖。传统普通法规则详尽地罗列了允许的投资形式,其中包括(极其)保险的投资形式,也明确排除风险证券。[116] 随后,该标准在英国和美国逐渐转向所谓的(旧有)"审慎人"标准,取消了确定性投资列表,指示受托人坚持审慎市场投资者标准。[117] 然而,法院继续偏爱较安全的投资。[118] 由于传统的受托人薪酬体系并不允许受托人在信托利润中分得一杯羹,而承担责任的风险威胁,无论多么轻微,都会让受托人在投资策略上高度保守。学者们开始辩称,应修改法律,鼓励受托人根据现代投资组合理论为受益人进行高风险投资。[119] 最终,法律获得修订,主要集中在20世纪90年代,迈向现代"审慎投资者"标准。[120] 根据这项新标准,受托人获准自行酌情投资其认为合适的任何资产。尽管其仍需考虑信托创立人和受益人的风险偏好,但风险评估相对的是整个投资组合,而不是其具体投资。"应对所有资产进行整体评估"这一规则的原理是,任何具体投

---

[114] See David S. Scharfstein and Jermey C. Stein, "The Dark Side of Internal Capital Markets: Divisional Rent-Seeking and Inefficient Investment," 55 *J Fin* 2537 (2000); Owen Lamont, "Cash Flow and Investment Evidence from Internal Capital Markets," 52 *J Fin* 83 (1997).

[115] See Sanjai Bhagat et al., "Hostile Takeovers in the 1980: The Return to Corporate Specialization," in *Brookings Paper on Economic Activity: Microeconomics* (1990) 1; Steven N Kaplan and Michael S Weisbach, "The Success of Acquisitions: Evidence from Divestitures," 47 *J Fin* 107 (1992).

[116] See Joshua Getzler, "Fiduciary Investment in the Shadow of Financial Crisis: Was Lord Eldon Right?," 3 *J Equity* 1, 13 – 16 (2009).

[117] *Restatement (Second) of Trusts* (1959) § 227; *Harvard College v. Armory*, 26 Mass (9 Pick) 446, 461 (1830); *In re Speight*; *Speight v. Gaunt* [1883] 22 Ch D 727 (CA); [1883] 9 App Cas 1; 48 JP 84; 53 LJ Ch 419; 50 LT 330 (HL).

[118] See Bevis Longstreth, *Modern Investment Management and the Prudent Man Rule* (1985) 5.

[119] See, eg., John H. Langbein and Richard S. Posner, "Market Funds and Trust Investment Law," 3 *Am B. Found Res J* 1 (1976).

[120] Unif Prudent Investor Act § 2 cmt (1994); *Restatement (Third) of Trust* (1992) § 227; Pensions Act 1995 § 34(1); Trustee Act 2000 § 3(1).

资风险,无论其危险程度有多大都可能与其他投资风险无关。因此,将风险投资纳入投资组合在可能增加回报的同时,不会产生重大风险。实证研究表明,对法律的这一修订,虽然与其他先前标准一样只是一项默认规则,但却改变了机构受托人实施信托的方式。实际上,一般信托投资组合投资于股票的比例提高了4.5%。[121]

2008年股市大跌后,一些学者认为,最近这些变化并没有使受益人获益,应予以重新评估。乔舒亚·盖茨勒主要关注英国,认为应考虑回归——不但要回到审慎人标准,还要恢复至完全禁止投资公司股票等特定投资类型的"法院清单"规则。[122] 斯图尔特·斯特克(Stewart Sterk)也对新谨慎投资者标准不利于投资者表示担忧,但他提出了一项限制较少的建议。斯特克主张,应制定两项安全港规则:一项是在受托人将信托投资组合少于60%的份额投资于股票时,使受托人免予因风险过度而承担责任。另一项是在受托人将至少40%的投资组合投资于股票时,使受托人免于因风险不足而承担责任。此外,为了防止受托人投资于具体高估资产(因为假定偶发性市场泡沫不可避免),斯特克会要求从事积极投资实践的受托人针对其投资失误向法院解释,其做出每项具体投资的原因何在。斯特克声称,一旦允许受托人随意投资,无须担心责任承担,他们就会考虑风险极高但回报颇丰的投资。获得高回报后,又通过对回报大肆宣传,对风险轻描淡写,吸引更多客户。斯特克进一步指出,在市场低迷期间,相互竞争的资金管理者根本不太可能宣传其回报,因此,高风险投资策略对受托人造成的风险甚微。斯特克认为,引入他的安全港规则(safe harbors)*将有助于降低这些过度风险水平。[123]

马克斯·尚岑巴赫(Max Schanzenbach)和罗伯特·斯特考夫(Robert Sitkoff)拒绝了斯特克的提议以及现代审慎投资者标准的任何其他替代方案。他们辩称,首先,没有证据表明替代投资方案会在近期发生的危机中更好地为受益人服务。其次,他们提供自身实证研究,表明机构受托人在实施现代审慎投资者

---

[121] Max M. Schanzenbach and Robert H. Sitkoff, "Did Reform of Prudent Trust Investment Laws Change Trust Portfolio Allocation?," 50 *JL & Econ* 681,707 (2007).

[122] Getzler (n 115) at 26 – 7.

* 安全港规则是指符合法定条件减轻或免除责任的法律条款,或指少缴纳税的会计处理方式。安全港规则又称驱鲨剂(shark repellent),指用来反并购策略。——校者注

[123] Stewart E. Sterk, "Rethinking Trust Law Reform: How Prudent Is Modern Prudent Investor Doctrine?," 95 *Cornell L Rev* 851,882,887 – 8,891,896 (2010).

标准后信托投资的大额增加,只能说明这些受益人适合承担额外风险。最后,也是最重要的是,尚岑巴赫和斯特考夫声称,受托人在遵循特定指引规定的情况下便可免责的安全港规则,会导致其他受托人纷纷效仿:“提供安全港或创设‘可疑’股票类别必须与受托人——受益人关系中代理成本这一现实相权衡。只要受托人仅根据信托财产按比例获得报酬,他们增加收益的动机就微乎其微。”[124]

辩论双方都有理有据,至少理论上如此。的确,正如尚岑巴赫和斯特考夫所指,旧制度并不鼓励充分冒险行为,而且“先前不受欢迎的资产”实际上可能是“多元化战略的重要组成部分”,只要其“不与其他资产类别完全关联”。[125] 同样,尽管考虑到受益人偏好存在异质性,我们仍然不赞成对股权投资设定一般性立法刚性阈值(即使被设计为安全港)的想法。[126] 斯特克认为,新的更具弹性的标准会驱使受托人过度冒险,特别是在市场泡沫和高估股票存在的时候。可以肯定的是,如果制定规则防止受托人过度宣传高收益以吸引客户,斯特克的部分担忧可(且应)得到缓解:受托人在宣传以往收益时必须提供长期信息和投资风险相关数据,如其股本投资比例。但这些措施是否可以充分克服对过度冒险的担忧,尚不得而知。

上述评论人员的关注既有理有据,也相互冲突。这在很大程度上归因于受托人(和信托顾问)传统报酬方式产生的有害影响,其报酬主要是以信托资产价值的固定年化百分比计算(“基于信托财产百分比的报酬”)。[127] 如果能够将投机投资相对轻微的责任威胁与某种绩效薪酬相结合,允许受托人享受更多丰厚投资收益,审慎人标准可能会有更好效果。[128] 同样,如果受托人能通过适当费用计算公式分担风险(或分享投资本身),也会降低过度冒险的威胁。此外,如果市场存在泡沫,可轻易获得高估的投资机会,当前受托人费用结构造成的危害更难以估量。原因是,根据资产百分比费用结构,金融受信人的得失主要取决于获得

---

[124] Schanzenbach and Sitkoff (109) at 2,7,13,26 - 40.

[125] Schanzenbach and Sitkoff (109) at 10.

[126] 就像本文所示,如果一种特定的投资是由监管机构监管,如养老金监管机构监督,那么由它根据具体情况制定并定期修改门槛似乎是合理的。

[127] See Robert C. Illig, “The Promise of Hedge Fund Governance: How Incentive Compensation Can Enhance Institutional Investor Monitoring,” 60 *Ala L Rev* 41,68 (2008).

[128] 受托人在本金基础百分比薪酬结构下的收益是非常少的。例如,如果获得的年回报率是5%,本金百分比是1%,则受托人仅享有其管理的资产0.05%的好处。

市场份额的大小，这样会产生或强化"羊群效应"。因此，只要同行不会表现过于优秀，资金管理者即使表现差强人意，也几乎无甚损失。而且，要比市场上其他同行表现优异，上升空间同样相当有限，至少短期内是如此，那么，资金管理者常会选择简单模仿他人的投资策略。在出现市场泡沫时，这种"羊群效应"可能尤其危险，因为其会加剧泡沫化。由于这可能是最近金融危机（特别是次贷危机）发生的背景因素之一，[129]我们认为，改变金融受信人的传统报酬结构可能正当时。[130]

就本文而言，没有必要详细讨论什么样的报酬结构才能对资金管理者的投资政策产生最佳激励，但得出两项结论似乎是适当的。首先，我们主张，要分析金融受信人投资政策，必须重新审视其报酬结构（该结论在一定程度上推动了我们上一节对受托人报酬和忠义义务之间关系的处理）。其次，尽管我们认为，按对冲基金经理的报酬计算金融受信人报酬的建议过于激进，因为其可获取丰厚利润份额（通常是20%），[131]但我们认为还是可以达成一项平衡安排。例如，报酬结构可如同向公司管理者限制性授予股票那样，由此受托人将与受益人同甘共苦。[132] 这种报酬结构是对称的，管理者可享受部分成果，但由其承担损失亦可防止其过度冒险。

3. 选择退出

我们开始忠义义务的学理研究，就像单一利益规则一样重申其传统内容，因为这是信义法的最大特征。除此之外，我们先前讨论了针对不忠的退还非法所得救济，[133]刚刚又论及了注意义务，对于金融受信人法的学理结构，我们已窥见一斑。我们接下来将探讨该学科现状：其是否正如典型经济分析所言，像其他默认规则，"理所当然"可能与当事人约定相反，[134]或者其应被视为不可变，一

---

[129] See generally Adam J. Levitin and Susan M. Wachte, "Explaining the Housing Bubble," 100 *Geo LJ* 1177 (2012).

[130] 即使今天在投资顾问的激励计划中仍然存在非传统的收费结构。在一个指导性的信托基金中，可以将投资职能外包给一个投资顾问，指导受托人如何投资信托的资产。在这种情形下，为顾问找到成功的费用安排和非传统的费用安排是很常见的。有趣的是，目前还不清楚投资顾问在多大程度上符合信托法的要求。对于受指导的受托人的讨论以及投资顾问在信托基金中的作用，See Jesse Dukeminier and Robert H. Sitkoff, *Wills, Trusts and Estates* (9th edn. ,2013) 654。

[131] Illig (n 126) at 102.

[132] See Kevin J. Murphy, "Executive Compensation: Where We Are, and How We Got There," in George Constantinides et al (eds.), *Handbook of the Economics of Finance*, 295 – 99 (2013).

[133] See text accompanying nn 43 – 8.

[134] See Sitkoff (n 89) at 1045. See also text accompanying n 38.

如忠义义务的道德论述所表明，至少如果这被认为是合乎逻辑的结论？我们认为其两样都不是。并非包含“只是”默认或完全强制性规则，我们将金融受信人法理解为被两项标准（忠义义务和注意义务）包裹着的一系列“黏性”默示规则[135]，虽同样可以减损其效力，但不能完全无视。

我们的出发点是结构多元化对私法自主性强化作用的强调，这意味着缔约自由范围广泛。对多元论者而言，私法制度为核心人际关系类型提供了统一的规范化理想标准。根据该方法，人们应该能够考虑其特定需求和情况，根据其自身对善及实现善的必要方式的理解，从该等制度中做出选择。一般来说，这种对自我主导的根本性承诺，随着对大权在握的立法者所实施的法律制度带有一定程度的谨慎，要求人们不仅能够从各种私法制度中做出选择，还要能够在每项制度里做出选择。从这个角度来看，不变性有些麻烦，因为其不能容纳异质性，更不用说特性了，也无法充分容纳产生错误规则的可能性。因此，在不危及第三方负面外部性的情况下，私法不应强制适用其规则；相反，人们应该能够“根据自身选择，订立私人协议，变更相关制度规则，按照其对人际关系的偏好方式度身安排”。当然，在某些情况下，法律会合理监管，有时甚至严格审查这些选择退出，以保证其确实反映人们的知情和理性选择。尽管如此，私法应尽可能试图克服信息不对称和认知偏见等问题，方式是通过规定黏性默示规则，而非通过强制性规则剥夺选择。[136]

很难看出为何金融受信人法的任何具体规则不应受这些结论约束。[137] 毕竟关乎着受益人的重大福利利益，在分析现状和选择最佳解决方案方面，政府官员也不太必然优于当事人。尽管私人当事人确实存在认知缺陷，如行为偏见、

---

[135] 黏性默示规则，见 Ian Ayres，“Regulating Opt Out：An Economic Theory of Altering Rules”，121 Yale LJ 2032，2084 - 8（2012）.

[136] See Dagan（n 8）at 1436.

[137] 我们没有详细讨论关于投资决策授权的规则，但它可以说明这一点。在 1994 年《普通审慎投资者法》之前，受信人委托他人作出投资决策属于违约行为，但如果受信人确实决定委托，则他应对投资顾问的任何相关行为负责。鉴于多元化的责任形式增加，因此，委托投资决策显得更为必要，《统一谨慎投资者法》第 9 条更改了关于违约的规定，受托人目前仅对疏忽选择投资顾问的行为负责。Schanzenbach and Sitkoff（n 108）at 14，虽然赞同该改变，但斯塔克仍倾向于旧的默认规则，whereas Sterk（n 122）at 898. 我们将选择一个中间立场的默认规则，即如果受托人委托给一个实体或自然人，其（1）不会专业性节约或（2）缺乏可能承担潜在责任的财务资源或保险，则对受信人施加责任。受信人在警示委托人或者获得受益人的许可后，可以选择退出该标准。

意志力薄弱以及众多其他不足（这可有力证明黏性规则的适当性），公共官员也不一定就有免疫力，或就此而言，也会存在其他类似（有人认为更严重的）偏见。[138] 甚至忠义义务的表达功能也不能证明不变性（immutability）相对于黏性（stickiness）具有正当性。可以肯定的是，我们并不否认，不变性可能发出明确且有力的信息支持和强化特定社会规范。我们也承认，在某些情况下，要表达这一信息，没有其他可行方式（调整证券法内幕交易的法律制度可能就是这种情况之一）。但我们争论的是，所有默认规则，无论其结构和黏性程度如何，针对法律的表达性信息而言，不含有对规范性内容或信号的忽视。虽然漏洞填补和可选性的表述可能削弱该表达功能，[139]但法律可对其原则加以调整，以保留、甚至灌输其认为有价值的社会规范，同时亦不牺牲人们选择退出其规则的能力。[140]

金融受信人法可以，并且在某种程度上已经，既解决行为和表达问题，又避免了不变性。其重要方法之一便是将忠义和注意作为默认规则。正如我们所言，在接纳传统单一利益规则的同时，该默认规则，就注意义务而言，与其对应的合理性一样，起着重要的表达功能，特别是在一个越来越需要剥离例外和豁免的环境中。这些传统的默认规则基于行为理由也具有正当性，这似乎与人微言轻、不经事故的当事人尤其相关。即使多数受益人宁愿选择不同默认规则，与针对不经事故的受益人（和信托创立人）的更微妙默认规则所产生的预期成本相比，选择退出单一利益规则似乎产生的预期成本较低。因此，即使证明多数信托关系选择退出单一利益默认规则，如授权特定具有利害关系的交易，金融受信人法也不应以简单多数规则取代其较高要求的默认规则。[141]

第二种同样重要的法律手段，既能帮助金融受信人法在选择退出和表现性之间达到微妙平衡，也能妥善解决这类行为问题，就是“阻碍变更规则”（impeding altering rules）。[142] 我们与莱斯利的观点一致，坚持认为，虽然各方应

---

[138] See Christine Jolls et al, “A Behavioral Approach to Law and Economics,” 50 *Stan L Rev* 1471, 1543 (1998).

[139] See Leslie (n 57) at 69 – 70, 91, 116.

[140] See Dagan (n 8) at 1436. But cf Leslie (n 57) at 89.

[141] Cf Lucian Bebchuk, “The Debate on Contractual Freedom in Corporate Law,” 89 *Colum L Rev* 1395 (1989). Contra Langbein (n 39) at 660; Langbein (87) at 987 – 90.

[142] Ayres (n 134) at 2086.

当能够(并且实际上能够)“授权原本会违反(忠义)义务的特定行为”,但只能以“有限明确的初始弃权”方式允许,并且他们不应当(并且实际上不能)“同意完全免除责任”。彻底免责条款与金融受信人法作为私法制度的核心社会意义背道而驰,完全知情的信托创立人也不太可能同意。[143] 我们也同意莱斯利的主张,即对于专业金融受信人的注意义务,亦应该适用类似方法,[144]或至少法律应诉诸“深思熟虑变更规则”,[145]要求规定广泛免责条款允诺折扣的受托人,为两类服务提供不同价格。[146]

其他阻碍变更规则可进一步使选择退出成为可能,不会淡化金融受信人法的规范力或冒次优选择退出的风险,特别针对那些涉世不深的当事人,可能被受托人法似是而非的表达功能误导。莱斯利支持要求提出“可疑”免责(如投资自身投资工具由此获得双重佣金)的金融受信人至少将其利益冲突告知其受益人(如未被要求选择佣金类型),对此我们也表示赞成。[147] 同样,金融受信人法可利用(如采取适当立法措施)“可逆性变更规则”(reversibility altering rule),以应对针对情势变更和倾向于受托人的规范变得过时的担忧,而受益人却往往难以适应。[148] 这项规则可以采取落日条款(sunset provision)* 的形式,要求受益人定期确认其仍对这些条款具有利害关系。[149] 或者,可授权立法机关或法院,在发现市场出现广泛情势变更,对信托关系各方先前所做所有选择提出疑问时,

---

[143] Leslie (n 57) at 112 - 13.

[144] See Leslie (n 57) at 116. But cf Adam S Hofri-Winogradow,“The Stripping of the Fund: From Evolutionary Scripts to Distributive Results”(未出版的手稿)(以有关委托人对免责条款态度的英国实证研究为基础,指出了“大部分委托人不太可能充分意识到该条款的实际含义”).

[145] Ayres (n 134) at 2069 - 71.

[146] Leslie (n 57) at 102.

[147] See Leslie (n 57) at 116. 这一义务似乎是因坦诚责任而产生。

[148] See Ayres (n 134) at 2083 - 4. 艾尔斯没有提到我们推荐的那种日落条款。他所举例的可逆性改变规则——冷静期——能够产生对最初错误决定进行重新考量的效果,且对激进的市场营销技巧尤其有效。日落条款在允许人们根据改变后的情况纠正决定这一方面来讲非常重要,因为这些变化表明他们最初的决定是错误的或者不再恰当地服务于预期利益。

* 指制定法、行政规定或协议中说明自某日期废止无效和不执行的条款。——校者注

[149] 有关日落条款的例子,see Hong Kong law on prolonged interested party transactions, Related Party Transaction and Minority Shareholder Rights (n 98) at 35, and similar legislation in Israel, Companies Law 5759 - 1999, 44 LSI 119 § 275(a1), § 121(c) (1999). 然而,受益人再确认的要求可能在特定情形下产生阻碍问题,这一点值得谨记。

创设新的面向未来的默认规则。[150] 这一独特的变更规则将推翻先前针对反信托规则的所有选择退出,但与此同时,允许各方重新确认其愿意再次选择退出以偏离默认规则。

这些和其他合理措施均旨在确保当且仅当选择退出符合下列要求时,法院才会视其有效:(1)足够详细且提及受益人(或遗嘱人)可事前进行合理评估的情况(该要求意味着,不应总括性批准所有可能免责情况);和(2)以符合变更规则的方式进行,且变更规则应量身定制解决该类免责对人微言轻、不经世故的受益人(或遗嘱人)可能提出的问题。[151] 当然,关注后者才是对金融受信人法进行自主性分析最重要的要求(考虑到无法轻易将受益人进行分类)。

4. 受托人报酬

我们最后且非常关键的一个理论问题涉及受托人报酬。虽然从历史上看,典型的金融受信人都是有声望的家庭或社区成员无偿履行托管工作,现在,其已成为专业盈利性资金管理公司。[152] 这一发展并不必然有害,事实上,考虑到所涉工作日益复杂,这也无可厚非。我们真切觉得令人担忧的是,信义法对受托人报酬向来兴趣索然,尽管该报酬由受益人承担已是老生常谈,但这却被认为是忠实义务的外生性问题。[153]

对此解释有二。米勒认为,由于忠义义务关注的是受托人对受益人命令的执行,其无法从概念上涵盖报酬安排,这是在受托人任职前就确定的。[154] 莱斯利提供实际支持,得出同样令人欣慰的结论:"允许信托创立人向专业受托人支付报酬,会对信托产生明显益处,不存在抵销风险。"[155]我们认为,上述观点均无法令人信服。也许当前普遍的报酬安排确实瑕不掩瑜,但这是一个偶发性结论。

---

[150] See Sharon Hannes, "Corporate Stagnation: Discussion and Reform Proposal," 30 *J Corp L* 51, 61 - 73 (2004).

[151] 有趣的是,我们可以发现公司法采取类似立场的案例。例如,当特拉华州允许公司免除董事违反注意义务的责任时,仍保持了完整的违约责任,尽管正如预期的那样,绝大多数的公司会立即决定对他们的董事免除责任或豁免。See Henry N Butler, "*Smith v. Van Gorkom*, Jurisdictional Competition, and the Role of Random Mutations in the Evolution of Corporate Law", 45 *Washburn LJ* 267 (2006). 该少数主义标准可能是合理的,以保护那些倾向于保留责任的股东,但会发现很难从反向无责任标准中选择退出。

[152] See Leslie (n 57) at 86.

[153] See text accompanying n 24.

[154] Miller (n 12) at 606; see also text accompanying n 24.

[155] Leslie (n 58) at 568.

重要的是要知道,将受托人报酬视为属忠义义务范围之外是误导的,甚至具有潜在破坏性。这可能是我们讨论最具理论意义之处。

如果信义法中有一个领域能从公司经验中获益,那就是受托人报酬,因为对过去十多年间发生的两次超大金融危机而言,现代高管薪酬制度的作用不容小觑。公司经验表明,受托人报酬不能被视为信托关系的暂时性外在因素,因为报酬通常要在这一长期关系持续期间进行调整。事实上,四十多年来,针对高管薪酬的调整急速上升。[156] 此外,正如卢西恩·别布丘克(Lucian Bebchuk)和杰西·弗里德(Jesse Fried)所言,高管薪酬发生上升转变,部分原因是由于管理者能影响其所得薪酬金额。[157] 该"管理权假说"(managerial power hypothesis)令人信服,其在信托环境中也意义重大,因为受托人报酬同样是在关系存续期间确定,由此也受受托人影响。然而,传统公司法似乎也难辞其咎,促成了该不合理趋势。尽管我们批判传统上受托人报酬与信义关系相脱离,但美国公司法并没有将确定薪酬视为利益冲突交易,因此,也没有规定适当的保障措施。[158]

这一告诫说明所依赖的事实是,莱斯利请恕我直言,薪酬计算标准会产生利益冲突,这些冲突的潜在影响既严重又难以在初期进行预测。由此,公司经验又提供了另一令人不安的教训:旨在强化受托人激励措施并使其利益与受益人利益保持一致的薪酬标准可能加剧代理问题,并加重受托人滥用该权力的可能性。因此,公司高管薪酬激增,在很大程度上可归因于向高管授予股票期权的显著增长。[159] 此外,实证研究有力地证明,股权薪酬具有负面影响,随着工资

---

[156] 在调整通货膨胀后,美国最大公司的首席执行官的平均薪酬收入从 1970 年的 110 万美元上升到 2000 年的 1770 万美元;然而,在 2010 年,该数据跌至 1020 万美元。See Murphy (n 131) at 14. 首席执行官平均薪酬总额的增加在 1993 年至 2000 年期间是更加惊人的,从 370 万美元增加到多于 1700 万美元。See Lucian A Bebchuk and Yaniv Grinstein, "The Growth of Executive Pay," 21 *Oxford Rev Econ Pol'y* 283, 285 tbl 1 (2005).

[157] Lucian A Bebchuk and Jesse Fried, *Pay without Performance: The Unfulfilled Promise of Executive Compansation* (2004) 80.

[158] See Clark (n 98) at 192.

[159] 在 1985 年,认股权仅代表美国最大公司首席执行官平均薪酬总额价值的 8%。See Linda J Barris, "The Overcompensation Problem: A Collective Approach to Controlling Executive Pay," 68 *Ind LJ* 59, 64 (1992). 然而,他们在 1990 年以薪酬为中心又快又稳地增长,在 2000 年和 2001 年达到巅峰,即 78% 和 76%。See Bebchuk and Grinstein (n 98) at 290 tbl 4; 为了理解该转变的重要性,要注意 2000 年首席执行官报酬的薪金构成平均为 100 万美元,而同年给与首席执行官的认股权平均价值超过 1200 万美元。See also Kevin J. Murphy, "Explain Executive Compensation: Managerial Power Versus the Perceived Cost of Stock Options," *U Chi L Rev* 847, 848 (2002).

与选择权或(更一般地)与奖金相形见绌,这一影响会愈演愈烈。[160] 股权薪酬恰巧是所有形式公司虚假陈述的主要催化剂,从违反会计处理洗白或粉饰有害披露,到敷衍了事、公然欺诈。简单地说,一旦管理者薪酬与股价挂钩,就很难将其改善公司的动机与人为虚报公司业绩的动机相分离。[161] 因此,即使在2001~2002年多起会计丑闻造成严重影响后,国会已制定法律使管理层难以从事投机行为,[162]但有害激励薪酬在实践中仍无削弱之势。股票期权和年终奖会产生不对称收益:顺风顺水则利润丰厚,东窗事发也惩罚轻微。因此,高管薪酬的这一特征被广泛认为造成过度风险,最终酿成金融危机之果,也就不足为奇了。[163]

最终,国会不得不改弦易辙,认识到高管薪酬应仔细应对,由此将"薪酬话语权"纳入《多德—弗兰克法案》(Dodd-Frank Act)。[164] 尽管股东表决结果目前在美国仅具有请求性,[165]但可能很快就会在国外具有约束力。[166] 对于薪酬话语权要求,英国比美国经验丰富,当前正转向股东表决对高管薪酬具有约束力。[167] 在美国,股东批准薪酬的新要求与传统信托法利益冲突交易的结构[单一利益规则和与其相配的受益人(此处为股东)批准交易例外情况]不谋而合绝非偶

---

[160] 回顾有关的文献,see Sharon Hannes and Avi Tabbach,"Executive Stock Options: The Effects of Manipulation on Risk Taking," 38 *J Corp L* 533 (2013)。

[161] See, eg., John C. Coffee, Jr, "What Caused Enron? A Capsule Social and Economic History of the 1990s," 89 *Cornell L Rev* 269 (2004).

[162] See Sarbanes-Oxley Act of 2002, HR 3763, 107th Cong (2002); Sharon Hannes, "Compensating for Executive Compensation: The Case for Gatekeeper Incentive Pay," 98 *Cal L Rev* 385 (2010).

[163] See, eg., Sanjai Bhagat and Roberta Romano, "Reforming Executive Compensation: Focusing and Committing to the Long-Term," 26 *Yale J on Reg* 359 (2009); Lucian A Bebchuk and Holger Spamann, "Regulating Bankers' Pay," 98 *Geo LJ* 247 (2010).

[164] Dodd-Frank Wall Street Reform and Consumer Protection Act § 951 (codified as section 14A of the Securities Exchange Act of 1934, 15 USC § 78a).

[165] 针对股东反对的董事薪酬议案,股东为此而提起的对抗董事的诉讼一再以失败告终。See, eg, *Raul v. Rynd* No 11-560-LPS, 2012 US Dist LEXIS 25256, at 28-32 (D Del 14 March 2013). 然而,尽管股东投票具有咨询性质,实证证据表明,超过一半的公司通过与投资者接洽和修改他们的薪酬计划来应对不利的股东投票。许多其他公司努力通过适应股东预期的愿望,在开始时避免该后果。

[166] 英国出台的一个政府资助的草案旨在应对这一转变。Dep't for Bus Innovation & Skills, Enterprise & Regulatory Reform Bill: Directors' Pay, <http://discuss.bis.gov.uk/enterprise-bill/files/2012/11/12-1255-enterprise-regulatory-reform-bill-directors-pay.pdf>.

[167] See Yonca Ertimur et al., *Shareholder Vote and Proxy Advisors: Evidence from Say on Pay* (2013), available at <http://papers.ssrn.com/sol3/papers.cfm?abtract_id=2019239>. 许多其他公司在一开始就通过适应股东的预期愿望来避免这种结果的发生。

然。因此,薪酬安排不得因其明显违反单一利益规则而被视为本质上超出忠义义务的范围。最近,特拉华州衡平法院(背离先前判决)在公司股东已一般性批准股票期权计划的情况下,判决对一名董事的股票期权计划进行审查,看其是否违反忠义义务,该案由此确认了上述重要认识。[168]

这些变化是由最近金融危机产生的巨大影响所触发,但其背后却是活生生的人,信任遭受背叛,财富被掏空。公司法必须经历悲剧后方能切身体会,应将公司高管薪酬视为单一利益规则的例外,因此,高管薪酬计划非经事先批准和仔细审查,不得生效。在这一方面,受托人薪酬并无不同,金融受信人理论要与其寻求强化自主权之人的最高利益相协调,就不能忽视这些教训(也不能因下列事实而摇摆不定,即导致受托人激励失真的补偿计划,并不必然违反道德,也不牵涉受益人的人格方面)。在这一点上,金融受信人薪酬很可能是该私法制度无法避免的。因此,有理由成为单一利益规则的例外情况。但将其视为外生于信托关系,是错误的,且正如我们所见,其后果可能是毁灭性的。将受托人薪酬视为该规则的例外,就意味着制定或实施薪酬计划的人必须牢记受益人的利益。其还保留了下列假设,即考虑到受托人在其中的个人利益,该类交易应予以仔细审查并定期重新审查。

总体来说,该结论具有前瞻性:当前,金融受信人的典型薪酬计划还未遭受最严重问题的折磨,而公司领域却深受其害。但如前所述,更复杂的薪酬结构可能正在成形,需要特定保障措施。因此,目前,养老金计划受托人的报酬结构,基于其所监管资产的固定年度百分比,[169]不会刺激短期主义或激进冒险行为。恰恰相反:在该计划下,不但资金管理人无法从短期收益或过度风险投资中立即获利,而且还可以期望获得长期成功的回报。因为一旦绩效可以评估,更多资金就可能流入最佳资金管理人之手,由此,按其所管理资产的特定比例计算的费用也会增加。但考虑到该传统报酬结构对金融受信人投资策略会造成重大扭曲(上文提及),[170]这一公式最终会改变。如果发生这种情况,要牢记更复杂薪酬结构可能产生的利益冲突。将监督受托人薪酬作为单一利益规则

---

[168] *Seinfeld v. Slager* Civ No 6462 – VCG, 2012 WL 2501105 at ∗32 (Del Ch 29 June 2012). Cf *In re 3COM Corp Shareholders Litigation* No CA 16721, 1999 WL 1009210, at ∗1 (Del Ch 25 Oct 1999).

[169] See text accompanying nn 127 – 32.

[170] See text accompanying nn 127 – 32.

的例外，并为了经济和其养老金、存款和遗产恐有不测的受益人利益定期重新审查其影响，其重要性便系于此。

最后，即使时至今日，资金管理人的传统薪酬方案仍牢不可破，但需谨记的是，其薪酬只不过是单一利益规则的例外。这也是仔细审查及我们从公司法中得到首个教训的正当性所在：受托人薪酬通常并非公平交易。能说明该问题的一个案例是 *Jones v. Harris* 案，[171]该案围绕法院针对共同基金顾问（基金的实际资金管理人）薪酬的审查标准展开，而根据法律该基金顾问"应被视为针对所获薪酬承担受托人义务"。[172] 伊斯特布鲁克法官拒绝审查顾问薪酬的"合理性"，[173]波斯纳（Posner）法官对此表示强烈异议，认为"本案的特别关注点是，顾问向其专属基金收取的费用，是独立基金的两倍多"。波斯纳的意见强调了顾问对其自身薪酬设定机制的影响力，并主张应更仔细地审查顾问薪酬安排的范围，[174]这点显然更可取。此外，由于受托人薪酬应同单一利益规则其他类似偏离情况一样遵循相同规范，波斯纳的方法应适用于非由市场机制或其他可靠机制规定受托人薪酬的所有情况。

结　论

金融受信人法是探索私法对个人自主权贡献的一项重要案例研究。世界错综复杂，我们管理自身财务和确保自身福利的能力面临日益严峻的挑战，金融受信人法提供了将权力授予他人的选择权。为了使该选择权切实可行，让我们能专注于有内在价值的项目，法律必须意识到授予该自由裁量权所固有的权力滥用和疏忽大意的风险，同时牢记受益人的福利目的。因此，金融受信人法应调整其规则，为受信人提供最佳激励，同时，维持甚至灌输将该规则与信任和忠义的美德相联系的社会规范。

本文赞赏传统金融受信人法的结构，其通过确立符合受益人最佳利益的严

[171] *Jones v. Harris Assoc LP* 527 F 3d 627 (No. 07 - 1624) (7th Cir 19 May 2008), reh'g denied, 537 F 3d 728 (7th Cir 8 Aug 2008).

[172] Investment Company Act of 1940 § 36(b), 15 USC § 80a - 35(b).

[173] *Jones* 537 F 3d at 733.

[174] *Jones* (n 171) at 731 - 2.

格单一利益规则和多项例外和免责情况,以期实现富有挑战性的使命。同时,也为改革提供了方向,进一步促进法律履行该任务的能力。金融受信人法应允许选择退出,也应设计一系列黏性默认规则,以应对相对弱势和经验不足的受益人的需求。法律还应意识到重新审视受信人薪酬结构和重新审查其投资政策规定的重要性。最后,亦为最重要的是,应放弃对受信人薪酬的传统观念,使其不再被认为是外生于忠义义务。

第二部分　信义义务

第五章　作为康德式美德的受信人忠义

艾瑞特·萨梅特(lrit Samet)*

引　言

忠义**(loyalty)的概念承载着丰富内涵。它使人想起对家庭、故乡和朋友的深情。它的反义词非忠义(disloralty),与报复和羞辱相连。因此,忠义几乎不是你可以在著名私法学说的核心处找到的那类概念。但是,一些关于受信人的案件和学术作品经同意引用米勒特大法官在 *Bristol & West* 案中的陈述:“受信人的独特义务(distinguishing obligation)是忠义义务。”①所以,问题就成为200多年前第一次被援引的一个概念,当时在衡平法院中明确要求人际道德是普遍的,这对于现代法律规制经济关系仍然必不可少。一些学者如彼得·伯克斯,认为忠义概念“并没有什么用,因为无法一针见血”。② 然而,大部分将忠义义务视为他们信义学说理论的核心部分。

就信义法中忠义概念重要性的合意并没有终结关于受信人对委托人负有的忠义义务之精确本质(precise nature)。事实上,关于忠义义务是否具有独立内容存在分歧。如马修·康纳隆(Matthew Conaglen),主张信义义务起到单纯

---

* 我非常感谢 Hanoch Dagan, Andrew Gold, Ori Herstein, Nick McBride, Paul Miller, Prince Saprai, Lionel Smith, Sandy Steel 以及信义法的法理基础讨论会的其他参与者发表的有益意见。The usual caveat applies.

** 国内大多数将 loyalty 译为“忠信”“忠诚”“诚信”之义,将 loyalty duties/obligations 译为“忠实义务”“诚信义务”之类。校者一概将上述词译为“忠义”“忠义义务”,因为前述译法忽略了受信人要克服利益冲突等规制,且“义”与孔孟伦理观中的“义”有诸多相通之处。——校者注

① *Bristol and West Building Society v. Mothew* [1998] Ch 1 CA.

② Peter Birks, “The Content of Fiduciary Obligation,” 34 *Israel Law Journal* 3, 12 (2000).

的预防作用，确保其他非信义义务（像注意义务）能够被遵守。[③] 我目前不参与有关忠义义务（duty of loyalty）内容的争论。反而，我更加接受莱昂内尔·史密斯（Lionel Smith）的相反观点，忠义义务含有如下高度具体的内容：在决定如何履行有关委托人的事务时，受信人不得考虑除了委托人利益进展以外的任何事项。因为受信人被置于一个与众不同的授权地位，处于这个位置他必须为他人的资源（有时甚至是身体）作出决定，当其有利信息（总是）和权力（经常）与他的利益存在严重冲突时，我们能够借助忠义义务的如上解释期待法律规范他的决策过程。

按照这样的解释，忠义义务要求受信人以维护委托人利益作为其行动的唯一目的。义务进一步以非冲突规则为根据，禁止受信人从事任何（未经授权）可能（即使是偶然地）为其自身利益服务的行为。这些严格的规则是恰当的，因为在冲突的情况下，委托人最佳利益以外的一些东西影响受信人的风险是很高的。人类心智的运作方式是，如果不是不可能，在涉及决策者自身利益的情况下判断一项适当行为（如忠义义务所要求的）极度困难。[④] 在为他人事务作出决策时禁止冲突并非仅仅针对受信人：正如莱昂内尔·史密斯指出的，相似的规则散布于整个行政法。[⑤]

然而，只在信义法中，忽视无关考虑的要求以“忠义”（loyalty）为措词。在本文中，我想要问为什么衡平法诉诸这个意味深长（freighted）的概念。“忠义”仅仅是一个浪漫的名字，它反映了信义学说的实质性内容，衡平法用“忠义”来指示一些精细的和不同的东西或者它敲打出词语的内容充实感？在本文中我主张后者是问题的根本。通过引入伦理学和社会学内容充实忠义概念内涵，衡平法努力概括信义关系精细和复杂的一面。受信人忠义不仅仅包含与禁止规则相关对忠义清晰（thin）的理解，它同时也包含对忠义更模糊（thicker）的理解。

---

③ “‘忠义’的概念……这样操作是为了增加受信人忠实履行义务的可能性……通过保护受信人不受可能干涉受信人合理履行非信义义务事情的影响。”Matthew Conaglen, *Fiduciary Loyalty: Protecting the Due performance of Non—fiduciary Duties* (2010) 61。

④ 甚至受信人自己也不能明确辨别某决定是否涉及不合理的事项；关于此详见 Irit Samet, “Guarding the Fiduciary’s Conscience—A Justification of a Stringent Profit-stripping Rule,” 28 *Oxford Journal of Legal Studies* 763 (2008)。

⑤ Lionel Smith “Fiduciary Obligations: Ensuring the Loyal Exercise of Judgement,” a lecture given at King’s College, London, in March 2013.

为了说明这个问题，我将在第一部分中分析忠义的概念，接着给出关于衡平法如何将其视为受信人养成美德的初步解释。然后在第二部分考量针对此观点的一个可能的异议。在第三部分中我尽力反驳这种担忧。

一、忠义，模糊与清晰（thick and thin）

忠义如爱和妒忌一样，根据它所系的关系类型，有不同的表现形式，延续各种各样的情绪状态。忠义的预期从一种关系类型到另一种关系类型存在巨大的不同，以致我们质疑将忠义作为一个统一的概念来讨论是否真正有意义。是否存在一个共同的思路贯穿于妻子对生病的丈夫，黑手党成员（mafioso）对家族（famiglia），士兵对他的国家，以及消费者对一个品牌的除臭剂的忠诚之中？乔治·弗莱彻（George Fletcher）在他的专题文章中提出了忠义的范围，从仅仅期待不被背叛跨越到在忠义义务人与权利主体之间对联合的全覆盖式期待。[⑥]然而，他发现所有的忠义表现出一个共同的特性：它们难以脱离特定关系。阿尔伯特·赫希曼（Albert Hirschman）开创性研究了经济关系中的忠义，证明了提高“脱售价格”（exit price）对形成忠义倾向有极大好处。忠诚的雇员或消费者在遇到困难时不会选择竞争对手；相反，他会大胆说出令他不高兴的事情，进而给组织一个有价值的巩固机会，巩固在此过程中不失去利益相关者所必需巩固之事。赫希曼说，忠义的标志是“尽管不同意，仍不愿退出”。[⑦] 在个体关系中，如友谊和婚姻，不愿意放弃不可避免的压力有助于维持关系。

在弗莱彻所述范围中，受信人的忠义处于最低程度。但是，如果忠义的核心是面对困难时的坚持，那么很难明白我们为什么要在信义法中将其作为一个有机概念（organizing concept）使用。毕竟，受信人通常可以自由离开他

⑥　George P Fletcher, *Loyalty: An Essay on the Morality of Relationships* (1993) 41 – 77. 我认为，Fletcher 的方法比 Simon Keller 的更准确可靠，他开始寻找可以涵盖所有关于忠义实例的概念界定。在他预期不能找到这样一个定义时，他认为“忠义是一个相当清晰的概念。它并没有告诉你……太多……关于忠义的人是如何思考和行为的”。这样，Keller 就错过了许多模糊意义上忠义概念中根深蒂固的细微差别和深刻见解［Simon Keller, *The Limits of Loyalty* (2007) 21］。

⑦　Albert O Hirschman, *Exit, Voice, and Loyalty: Responses to Decline in Firms, Organizations, and States* (1970) 98.

所处的位置。[⑧] 然而，如果深究不愿意退出的根基，我们会发现是不顾自身利益的意愿。雇员继续在一家处于困境中的企业工作，妻子努力维持婚姻，著名演员选择支付“高额税款”而不是移居到俄罗斯——促使他们坚持的是对关系（relationship）的忠义。[⑨] 这种无私的态度也是信义义务的核心。无论如何概念化，将他人利益置于自己利益之上的要求是信义义务的基础。

然而，这种无私奉献的观念有阴暗面。例如，乔赛亚·罗伊斯（Josiah Royce）要求忠义者人应当声明：“我是我忠义目标的奴仆，它的情理，它的意愿，它的奉献工具，如此我不能看也不能说，服从目标的指挥。”[⑩]这种奴役和无知的暗示令人担忧。这暗指忠义可以不加注意地指向无价值的目标，即使当目标有价值时，它仍可以轻易地让我们无视关系之外的主体的需求和权利。我将首先分析无价值目标的风险，然后讨论偏见问题。

忠义能够在最令人震惊的情境中找到，并激发可怕的行为。[⑪] 这将使我们产生疑问，忠义作为一项美德的理念是否有合理性。一种简单向前推进方式是将忠义与正义联系起来。例如，大卫·拉德（David Ladd）将忠义的定义为：“最起码，忠义要求自身私利完全从属有利于得其所得。”[⑫]如果我们参照“应得的”来描述忠义，我们便将其目标范围限制在值得做的事务范畴。但不幸的是，这并没有用。“忠义的纳粹党人”表达很清楚，“非忠义的纳粹党人”（如政党成员因贿赂而违背政党原则）恰好缺少那类我们试图获得的忠义概念之出色品质。[⑬]

---

⑧ *Hunter Kane Limited Watkins* [2002] EWHC 186 (Ch). 当然，那并不意味着，受信人可以逃脱他们的义务（例如，不利用公司机会）仅通过辞职[see for instance, *Canadian Aero Services v. O'Malley* [1974] 1 SCR 592 (SCC)]。

⑨ 当然事情比这更复杂。忠义倾向于依附身份关系。在这种类型的亲密关系中，服务于“我”的行为、服务于“你”的行为以及服务于“我们”的行为之间的区别并不总是明确的。然而，即使在最亲密的关系中，无私的行为也是忠义的标志。

⑩ Josiah Royce, *The Philosophy of Loyalty* (1908) 106. See also David Ladd：“至少，忠义需要完全服务于自己的私人利益，支持给予应得的东西，或许还需要排除其他合法利益。”[R E Ewin, “Loyalty and Virtues,” 42 *Philosophical Quarterly* 403, at 405 (1992)].

⑪ 这有一个极端的例子：“我们教导我们的党卫军，在这个地球上有许多可以被宽恕的东西，无论它们有多邪恶，但有一点绝对不可宽恕：对元首不忠；” Heinrich Himmler, Die *Schutzstaffel* (1938), cited in Eric Felten, *Loyalty: The Vexing Virtue* (2011) 11.

⑫ Ewin (n 10) at 405.

⑬ Ewin (n 10) at 415; Keller (n 6) 22.

像真诚、正直和(有争议地)勇气一样,忠义是一种美德,不保证其所表明的行为的道德品质。不过,你可以认为缺少这些品性的代理人(agents)之特性因此而被削弱。忠义的纳粹党人可能不会让你想到有德行,但在期待忠义的场合,冷漠的或者不忠诚的人令人厌恶。我们倾向于认为这些行为存在道德上的(morally)错误,这很好地指出了忠义与美德之间的概念性联系。⑭ 相反地,当忠义附属于道德上相匹配的目标时,我们感觉到它在展示出忠义的代理人上反映良好。正因如此,对于一些作者而言,忠义是美德的基石,是从自利到无私之重大转变的表现。⑮ 然而,无价值的目标问题对于受信人忠义来说仅仅是次要的。在绝大多数案例中,忠义的受信人追求委托人最佳利益的决定与正义要求相一致。⑯ 但这提出一个不同的问题:当正义的要求与信义忠信相一致,忠信为正义添加了什么?换句话说,忠义义务人与正义之人的行为以什么样的方式区分,甚至优于仅仅是正义的行为?这是针对我在本文开篇所提问题的一种更为普遍的提问方式;即模糊意义上的忠义为界定受信人应当做和不应当做的法律义务添加了什么?

为了理解正义与忠义之间的关系,我们必须更好地理解美德。在古代哲学家看来,美德是一种由道德高尚之人培育的稳定的品性(disposition),因为她知道(knows)具备高尚品德的人会做正确的事。但是,正如亚里士多德(Aristotle)指出,即使美德的培育是由理性所驱使,情感在道德高尚之人的道德心理中起到重要作用。因为道德高尚之人不仅仅被期待使自身的情感受制于

⑭ Ewin (n 10) at 407; compare with Keller (n 6) 159,他认为只有人们结束了在他们身上产生忠诚的自然情感才应受道义上的责备。

⑮ Ewin (n 10) 418:为了克服无价值目标的问题,Ewin 认为,忠义并不是一种美德,而是"美德的原材料。"Fletcher 还为忠义制定了一个极为宏伟的计划:在他看来,它可以作为道德理论的另一种基础,它将取代康德和边沁错误的客观主义伦理学 [Fletcher (n 6) especially 164 – 8]。相反,Keller 认为忠义没有内在价值,也就是说,一种独立于内在关系的价值,就像友谊和父母亲情一样 [Keller (n 6) 146]。因此,他认为形成忠义联系的倾向不在美德之中且不是美德本身 (155)。一般来说,忠义是否是一种美德的问题超出了本章的范围。但我认为,诚实的受信人所宣称的那种忠义是非常有价值的(see Dagan and Hannes in this volume)。让我们在这里一直忙碌的问题是,诚实的受信人是否显示了道德(*moral*)美德。

⑯ 当然,你可以想到一个并非如此的情况。例如,受信人的妻子需要一种昂贵的药品,而唯一的支付方式是利用受信人的地位给受信人带来的机会。另一个不幸的例子是受托人有义务参与一些不道德的行为,比如"抬价改售,"如果那会增加出售所托管土地的利润(*Buttle v. Saunders* [1950] 2 All ER 193)。我将忽略这些有问题的案例。

理性,还被期待训练其情感使之与美德所要求的相协调。[17] 亚里士多德关于美德中理性与情感相互影响的观点,在两个对立的供选择的解释中居于中间立场。根据斯多葛学派(the stoics)的观点,情感在美德获取或表达中没有重要位置。他们认为,道德高尚之人设法使自己摆脱作出判断时所具有的感情和模糊作用。[18]

在另一个极端,我们发现对于大卫·休谟(David Hume)而言,美德是关于情感的一切。他说,美德是一种引发在特定情形下适当的感情的品性(如怜悯、同情或厌恶)。[19] 但无论是休谟还是斯多葛学派的解释,在分析受信人义务方面均无多大用处。一方面,用斯多葛学派的观念很难将正义受信人与忠义受信人区分开来。如果使主体的情感受制于理性即是美德的一切,那么不同的美德只能根据被抑制的特定情感加以区分(如"害怕"之于勇气,或者"性爱"之于节欲)。但在受信人语境下,正义和忠义压制相同的倾向,即"贪婪"。然而,斯多葛学派更为根本的问题是其内容非常贫乏。当涉及像忠义和信任这类美德,斯多葛学派的解释完全不能令人满意。根据"应得的",忠义为行动所添加的恰好是被译为情感(feeling)的附属物,即忠义对象之福利优先于自身的利益。[20] 道德高尚的受信人不仅仅是压制贪婪,他同样拥有适当的情感(proper emotion),即忠于委托人。休谟关于美德的解释,如你所预料的,从相反的方向陷入困境。与对母亲或同学的忠义不同,这些忠义更易受到基于单纯情感的分析的影响,受信人的忠义建立在对受信人与委托人之间错综复杂的权利关系之成熟客观的认识基础上。休谟的解释没能把握在道德高尚的受信人忠义中情感与理性的相互依赖,因此有所欠缺。

如果我们回过头来看亚里士多德关于美德的观点,我们会发现道德高尚之

---

[17] Aristotle, *The Ethics of Aristotle: the Nicomachean ethics* (rev edn., 1976) 1102a13 – 1103a3, 1104b4 – 9. 关于亚里士多德对美德中情感角色的看法的详尽描述,请参见 Nancy Sherman, *Making a Necessity of Virtue: Aristotle and Kant on Virtue* (1997) ch 2。

[18] Eg, Seneca in the *De Matrimonio* says that "聪明人爱他的妻子,靠的是判断而不是感情" [cited in Martha Craven Nussbaum, *Upheavals of Thought: The Intelligence of Emotions* (2001) 235 n 118]

[19] David Hume, *A Treatise of Human Nature* (2nd edn., 1978) 498.

[20] 关于将情感作为忠义的必要组成部分的类似强调,参见 Ewin (n 10):"忠义是美德和恶习的情感环境," at 418; Felten (n 11):"忠义,相对于义务,是一种情感反应;它在我们体内涌起,带着我们前进", at 44; 和在 Keller (n 6) 15 – 17 中的讨论,以及"当我们仔细观察自己表现出的忠义时,就会发现一种情感依恋"的结论 (17)。

人的形象是一个泰然自若的人，情感的一面与理性的一面之间呈现合作与一致，而非冲突与不协调。[21] 因此，当我们说受信人展示出忠义的美德，我们就是在暗示他的情感（emotions）反映出对他受信人身份要求无私行为的理解（understanding）。在灵魂意欲中重新安排优先顺序的忠义潜能正是衡平法推进受信人保持忠义的内容。所以，受信人的地位被描述为“忠义是义务性的……因此，如果你能够做出强化忠义情感的选择……你在道德上被要求这样做。”[22]当然，不能确保伴有义务理解的忠义情感将有效抑制贪婪，但忠义确实是抵御诱惑的良药。

模糊意义上的忠义在引导受信人行为上具有重要作用：信义义务与忠义的联系向受信人传递了一个很强的信息，如果他希望做好工作，他应当在他与委托人关系的情境下发展和培育忠义的美德。事实上，品性的接受是不能被强制的。关于这点，伯克斯评论到，“当法律要求利他时所要求的至多是为他人利益而行为，是结果而非动机”。[23] 但是，法律的功能不限于发布可强制执行的指令。法律可以许多方式影响社会规范。如法律表现理论提醒我们，法律规范的价值不能仅仅用实施结果来衡量；其价值的一个重要部分在于它所做的“声明”。因此，很容易得出法律“宣布或表明社会规则的变化但是不伴随太多的实施活动”（*unaccompanied by much by way of enforcement activity*）。[24] 这种法律的真正重要性在于它们所发出信息的长期效果，关于特定行为的不适当性和它们反复灌输的社会规则的变化以及行为的社会意义。

因此，通过将忠义表达为受信人法律义务的组织主题，衡平法表明如果受信人发展出对委托人的忠义意识，遵守这项义务更为可能。通过利用对忠义的共识，衡平法传递出一个关于适合于受信人的品性的有力信息。尽管它不能被强制执行，但该项建议仍然十分重要，因为“社会价值的表达……可能是法院最

---

[21] 有些人会说太沉着。亚里士多德对美德培养情感和实现内心真正宁静而非仅仅是控制的能力非常乐观。康德在这一点上持怀疑态度，参见注释 66 和 Sherman（注释 17）136 –7 的文本。

[22] Keller（n 6）144 and ch 6.

[23] Birks（n 2）17.

[24] Cass Sunstein，“On the Expressive Function of Law，” 144 *University of Pennsylvania Law Review* 2021，2032（1996）；对于表现主义法律理论的充分展示，参见 Elizabeth S Anderson and Richard H Pildes，“Expressive Theories of Law：A General Restatement，” 148 *University of Pennsylvania Law Review* 1503（2000）。显而易见的例子是法律禁止乱扔垃圾，或者不执行鸡奸法。

重要的功能。”[25]

接下来,我确认并试图解决在信义关系背景下对忠义术语的这种解释所面临的严峻挑战。随着我努力排除困难,我希望就作为受信人正当品性的忠义提出一个更为丰富细致的理解。

二、忠义与作为道德事业的信义关系

将受信人忠义解释为建议接受忠义的品性引发一个有趣的问题。难题基于观察,信义义务之最能令人信服的正当理由表明它们体现出能够由国家正当地强制执行的道德义务。尽管有争议,这一观点已经在大量的案件中被采纳。[26]该领域一些认真的作者致力于找寻准确的道德原则以解释信义义务,并提出有关试图阻止或纠正的“道德损害”(moral mischief)的有趣建议。[27] 对此,我赞同这种对信义义务目的的解读,不再进一步展开评论。

本书的许多文章聚焦于作为违反信义义务之基础的道德违反。但损害的可能性只是故事的一个方面。事实上,信义关系是道德可取的关注他人行为的展现舞台。在管理他人的金钱时,受信人使他们更加容易安排自己的生活事业;[28]在为非专业人士提供建议时,受信人让他们在获知信息的前提下做出有关人身和财产的选择;当他为不健康的人和未成年人管理财产时,受信人能够使他们更少地依赖于可能有自己日程安排的家庭成员。无论是一种职业或是对朋友的一次帮忙,委托人—受信人关系能够为人们提供足够的做好事的机会。

---

[25] Robert Cooter,“Expressive Law and Economics,” 27 *The Journal of Legal Studies* 585,585 – 6 (1998).

[26] 参见 *Parker v. McKenna* (1874 – 5) LR 10 Ch App 96 CA,Lord Cairns LC 表达观点认为禁止利益冲突原则是“建立在最高和最真实的道德原则之上的规则”(118);类似地参见 McCardie J in *Armstrong v. Jackson*,the “rule is not one merely of law but of obvious morality” ([1917] 2 KB 822,824)。

[27] 相反观点的来源可参见 Matthew Harding,“Manifesting Trust,” 29 *Oxford Journal of Legal Studies* 245 n 26 (2009) and Arthur B. Laby,“The Fiduciary Obligation as the Adoption of Ends,” 56 *Buffalo Law Review* 99 n 1 (2008)。对该等对于受信人义务合同上的和其他抽象的辩护进行的系统驳斥参见 Paul B. Miller,“Justifying Fiduciary Duties,” 58 *McGill LJ* 12 – 30 (2013)。但请注意,即使信义义务确实体现了道德义务,也并不意味着信义义务与道德义务相结合没有其他的正当理由。情况很可能是,法律应当根据这些其他的理由来作出回应和制定。

[28] See Dagan and Hannes in the volume.

如许多受信人多半会做的那样，一个小心谨慎履行职责的受信人将从事善意的活动，能够促成她作为正直的人的自我塑造（*Bildung*）。这忽视了诚实受信人的视角，对其而言，与委托人的关系是道德上有价值的活动的理由，将是我在此论述的核心。

如前所述，表明信义义务体现道德义务超越了我目前的研究范围。但是假定，许多最成功的解释将信义义务解读为尊重自治的康德式义务的体现，这是很明显的。例如，马修·哈丁（Matthew Harding）认为禁止利益冲突规则是尊重每个人人性之义务的附带条件。㉙ 利用你承担受信人角色所获得的机会，未经委托人的允许，你其实是将其仅仅作为达到你自己目的的手段。㉚ 相反，为委托人最佳利益行事的受信人表现出对他的人性的尊重。基于同样的精神，阿瑟·拉比主张，受信人有义务"接纳委托人的目的、目标或终点"。㉛

直接适用康德（Kantian）关于相对义务（imperfect duties）的解释是有问题的。㉜ 但莱昂内尔·史密斯建议一种改进的分析：当一个人有权力代表另一个人作出决定时，他已经获得对方自治权的一部分。如果受信人打算利用这些控制作为金钱财产，他将利用对方主体作为达到目的的手段。㉝ 再者，反之亦然：当受信人放弃增加自身利益的机会，代之以关注委托人的单一利益，他承认委托人不可削减的人性。受信人的地位应因此给你大量从事道德上有价值的活动的机会。同样地，保罗·米勒提出一个"法律的"解释，易于接受史密斯基于自治的解释。㉞ 他在仔细阅读判例法之后得出结论，受信人权力"作为源于主体

㉙ 康德关于绝对命令的第二个准则，参见 Immanuel Kant, *Groundwork of the Metaphysics of Morals*, trans Mary J Gregor, introd Christine M Korsgaard (1998) 4：428。

㉚ Harding (n 27) 93 – 4. Harding 提出这一观点，是对"禁止利益冲突"规则之辩护理由的致敬。但是，如果我们接受 Lionel Smith 对忠义义务的定义，这个论证就适用于一般的信义义务。Herding 对信义学说的解读是拉兹式的（Razian）：在这种情况下，国家强制执行是合法的，为了有价值的社会实践可以繁荣发展，遵循具有必要性，即基于信任的关系形成（s IV）；see also P D Finn, *Fiduciary Obligations* (1977) at 26。另一些人，比如 Tamar Frankel 和 Robert Flannigan 认为信义义务所根除的道德错误是对信任的滥用［Robert Flaningan, "The Fiduciary Obligation," 9 *Oxford Journal of Legal Studies* 285, at 297 (1989)；Tamar Frankel, *Fiduciary Law* (2011) at 78］。对于信任滥用争论的解答具有挑战性，在这里我不讨论这个问题［see Miller (n 27) 32 – 6］。

㉛ Laby (n 27) 129 and s Ⅱ.

㉜ See Lionel Smith in this volume.

㉝ Lionel Smith："Fiduciary Obligations：Ensuring the Loyal Exercise of Judgment," a lecture given at King's College in March 2013.

㉞ Miller (n 27) 65.

资格的法律人格的延伸,是……适当地理解为一种手段……正当地属于受益人。”[35]

由此我们可以发现,康德关于尊重人性的准则,其中道德义务被视为是源于有关我们人类的观念真实(conceptual truth),为确定信义义务的道德功能提供了一个最为适当的框架。康德在展示客观道德法则如何能够推动代理人实施巨大牺牲行为方面取得的巨大成就,使他的理论对一些人尤其具有吸引力,这些人寻求解释在对惩罚的害怕无法起到阻止作用的情况下无私追求他人利益的义务。康德理论另一个具有吸引力的特点在于道德义务的根源(*source*)是实践理性,要求不考虑时间和个体自然倾向的义务之普遍适用。

但这引发一个问题:如果我们采用康德的理论框架理解信义义务,模糊意义上的忠义应当使委托人知悉受信人的态度之建议,看起来剥夺了受信人以道德可嘉的方式行事的机会。换句话说,受信人采纳法则的建议基于忠义的品性行事,将不能认识到受信人所处地位的道德潜能,因为他的行为从道德视角来看毫无价值。这也是为什么,一旦受信人按照道德法则所要求的方式行事(避免利益冲突),他就不会做错事。但康德认为,道德价值(*worth*)仅附属于基于正当目的(*motive*)所实施的行为。[36] 并且,如果我们遵循普遍接受的康德道德理论描述,出于忠义意识实施行为的受信人没有显示出正当目的,那么他们的行为将因此缺乏任何道德价值。有人争论说,忠义永远不能是一项道德的美德,出于忠义所实施的行为(在我所阐释的意义上)不能有任何道德价值,基于以下两方面的原因:

1. 在道德行为基础上的品性和情感站不住脚,因为它们是无意识的和不可靠的。认为情感值得道德上的赞扬或指责与康德最重要的目标之一相矛盾,即,将道德价值从命运无常和人情冷暖中解放出来。

2. 忠义是特殊的。当你问忠义者“为什么你以那样的方式行为?”,他给的

---

[35] Miller (n 27) 62,and later on,“忠义的义务确保受益人的合法期望,即信义权力,作为他的手段之一,只会被用来实现他的目的……受信人非忠义的错误本质是受信人将受信人权力视为他自行支配的手段”(64 –5)。

[36] 关于康德就“独立论题”(independence thesis)的观点之具体分析参见 Mark Timmons,“Motive and Rightness in Kant's Ethical System,” in Mark Timmons (ed.), *Kant's Metaphysics of Morals*: *Interpretative Essays* (2002)。

理由会是“我为 X 做这些,因为他是我的 Y(如合伙人/同学/委托人等)。”这个答案与道德(*moral*)理性的框架不一致,按照后者他会说“我做这些,因为 X 是一个人,我应当给予他尊重,不能利用他作为达到目的的手段”。

康德道德理论的这种解释十分常见,即只有相当独特的“对道德法则的敬重”之情感才能激励道德上有价值的行为。例如,伯纳德·威廉姆斯(Bernard Williams)对此谈道:

> 如果有人打算暗示所做的那些事是作为特定情感的表达,这有助于我们将其视为道德的代理人。进一步,如果有人打算说(可能我并未表达清楚,但我很乐意说)某人就值得尊敬之人的认识暗示他应当有意做出特定种类的情感反应,不是对别人,那就必须试图回答康德关于这是不可能的非常有力的主张。㊲

事实上,这种对康德观点的常见解释在《道德形而上学原理》(*Groundwork*)中有着坚实的文本基础。在该文中,康德将美德定义为出于对道德法则的敬重而履行义务的品性(4:435)。其他积极的自然倾向如同情和友善,他说,“值得赞扬和鼓励,但不是尊敬”(4:398)。正如康德在引言中阐明,倾向和其他情感(排除“对道德法则的敬重”)不能作为道德法则的基础之理由在于,它们未完成两项重要的任务:(1)制定告知我们何为道德义务之要求的规则(*rule*),同时(2)为依照道德义务指示所实施的行为注入可靠的(*reliable*)动机(4:390)。结果是,如果我们想要拥有道德义务的适当概念,我们必须确定一项独立于情感且不附属于团体或个体的先天的法则。康德的聪明在于,他提出理性既是我们对他人所负道德义务的基础(如值得高度尊重的人性的至高表达),也是决定这些义务内容的基础。㊳

在这个早期的《道德形而上学原理》(Groundwork)描述中,使康德理论对信义义务的解释者有吸引力的各项要素均已具备:普遍的适用性和代理人的透明度,以及义务的激励功能;但对委托人的忠义(模糊意义上的)并未相融合。

㊲ Bernard Williams, “Morality and the Emotions,” in *Problems of the Self* (1973) at 226.

㊳ 这是康德不同于亚里士多德的一个重要观点,因为实践推理是道德实践的一个基本组成部分,但不是自主人性的根源或依附于他们的责任[Sherman (n 17) 137 – 8]。当然,正如我们所见,这导致了他们各自的美德概念之间的差异。

因为忠义看起来扩大了作为道德价值之基础的情感的一切错误。正如玛莎·巴伦(Marcia Baron)说道:"'因为这是我的'是一种什么样的理由?……忠义看起来最多是愚蠢。"[39]如果"愚蠢"与忠义曾经得到的一样好,那么在许多其他情况下,它仅仅是偏见的同义词。当道德法则的基础是一般的人性,很难明白高度个体依附的忠义如何在道德上值得称赞。即使是在认为美德是展示适当情感之倾向的大卫·休谟看来,忠义比"偏执和迷信"更糟糕。[40] 从相反的视角,忠义的坚定赞赏者乔治·弗莱彻认为,因忠义和他所谓的"公正道德"(impartial morality)之间的摩擦,忠义恰恰可以作为非康德伦理观的基石。[41]

无论你将忠义视为道德短视,抑或现代异化困境的终极答案,在信义义务的争论中探索内涵于概念中的客观性与不公正之间有着何种紧张关系是一件有趣的事情。因此,我们发现阿瑟·拉比谈道,"经由与委托人确认的受信人角色要求他调整自己的道德观念,远离追求事务的整体最佳状态,促进代理人导向的目标之实现。就像配偶一样,父母和朋友更偏向于与他们密切有关的利益。"[42]对于诚实的受信人来说,这是坏消息。尽管听从衡平法的建议培养对委托人的忠义意识能够创造实施道德上正当(*right*)行为的机会,但一旦由忠义意识所驱动,她的行为将没有道德价值,因为行为是以道德无涉的主体性原则为前提的。鉴于此,如果你行为理由的最好描述是"我为 X 做这些,因为我对她保有忠义",那么你的行为即使是无私的,即使取得了极好的结果,也不是适当的道德推理的产物,你无法为此得到道德上的称颂。这对于那些将自己的角色(当然地)设想为具有道德价值的事业的受信人来说无疑是悲惨困境。

接下来,我会论证这是一个虚幻的问题。事实上,期待受信人应具备的模糊意义上的忠义正好作为一项康德式的美德加以分析,补充完善康德理论中那些对受信人学说的解释者具有吸引力的特征,而非与之冲突。基于忠义实施的行为明显地缺乏道德价值的论断也是对康德自身立场的误解。因为与弗莱彻和威廉姆斯给他划定的界限不同,康德有一套复杂的、心理敏感的方法界定情感在道德的美德中的地位。使其出名以及使其理论极具吸引力的深刻见解不

---

[39] Marcia Baron, *The Moral Status of Loyalty* (1984) 6; see also Ewin (n 10) 412.

[40] Hume (n 19) 562.

[41] Fletcher (n 6) 13 – 16.

[42] Laby (n 27) 134.

需要(也不会)让他呆板地否定美德中情感的地位和个体依附。接着,我会用康德对自己的著作来表明,模糊意义上的忠义如何补充完善对作为康德关于尊重每个人人性的义务之一个例示的信义义务的理解。在第三部分中,我考虑促使衡平法院发展信义规则的关注如何回应康德就人性弱点之主题的作品;同时我也会论述康德关于情感在帮助我们克服弱点时所扮演的角色之观点如何解释作为美德的受信人忠义。

如你可能期待的那样,康德关于美德的观点与休谟"美德是关于情感的一切"之解释大相径庭;同时其与斯多葛学派"情感毫无地位"的解释也相去甚远。这也并非亚里士多德的观点。在康德看来,亚里士多德用习惯来识别美德是错误的,即"通过频繁的重复,行为的一致性成为一种必然。"[43]他说,美德,

> 不能仅仅定义和评估为一种自然倾向(*aptitude*)和通过实践获得的道德良好行为的习惯(*habit*)。因为除非该种自然倾向来源于经过深思熟虑的、严格的且不断净化的原则……其既不能应付所有的情况,也无法充分确保抵御新的诱惑可能引发的变化。[44]

在该文中,康德指出亚里士多德关于"良好习惯之美德"的观点存在两个难题:第一,习惯一旦养成,代理人就不再会对行为方式进行反思或者提出批判(如询问"负责人违背了他的诺言,是否还值得我为他效忠?");第二,紧密相关的问题是,旧的习惯不足以在与迄今为止经历过的情况十分不同的情况下促进正当行为(如"这次我不会围着蛋糕,因为新的邻居是一对同性恋伴侣")。这两个问题与受信人直接相关。正如我们已经看到的,(法律上的)忠义义务仅仅(only)在裁判情况下适用。[45] 信义关系的重点在于允许专业人士在异常情况下作出裁判,该种情况无法借助产生信义关系的协议中的任何明确规定加以确定。[46] 当受信人开始工作时,源源不断的委托人可获得的新机会要求他保持持续的勤勉。根植于旧规程中的忠义不足以确保,当受信人面临异常情况时,作

---

[43] Kant (n 29) 6: 407.

[44] Kant (n 29) 6: 383-4; and 6: 409 *remark*:"如果实践美德成为一种习惯,在采纳他关于区分行动与责任的准则时,这个主体将承受失去自由的代价。"

[45] See Lionel Smith in this volume.

[46] Robert D Cooter and Bradley J Freedman, "The Fiduciary Relationship: Its Economic Character and Legal Consequences," 66 New York *University Law Review* 1045, at 1046 (1991).

出决策的过程中不会含有不正当的想法。康德针对习惯作为美德之基础的缺陷提出的解决办法,如我们目前所见的,是将美德建立在反思的和批判的理性(*reason*)之上。然而,这种以理性为基础的办法不需要将情感从道德的美德之舞台上流放。

将积极的情感和品性融入康德关于道德上有价值之行为的描述中所面临的最大障碍在于,它们看起来并非是自由选择的产物。[47] 我们只对我们自由选择的结果负责是康德伦理观非常(如果不是"最")基础的原则。[48] 所以,在《道德形而上学原理》(*Metaphysics of Morals*)中,情绪(我们不能完全控制)和先天的倾向与不受外部限制的实践理性完全区分开来,因而在道德的美德之界定中被略去。不过,在《实践理性批判》(*Critique of Practical Reason*,*CPR*)一书中已经有关于在情感和道德之间发展更为复杂的联系的论述。与我们在《道德形而上学原理》中发现的描述形成对比,《实践理性批判》将情感和理性之间的关系设想为一种动态关系,而非一束固定的自然倾向和任意分类的情感。我们发现灵魂中可以与理性相互作用并受理性影响的相当和谐的情感部分,康德说,道德良好的人会因为完成自己的义务而满怀欣喜。[49] 著作《单纯理性限度内的宗教》(*Religion*)对这种满怀欣喜效果的解读更加明确:"在履行(*prosecution*)义务中的喜悦心情……是道德品性之真谛的标志。"[50]

然而,这种理性选择对情感的半自动作用,通过真正包含引致喜悦精神的道德义务,在发展和践行美德中分配给情感一个相当小的角色。在《道德形而上学原理》中,康德关于理性和情感之间的关系的看法更为成熟,他开始领会到情感在帮助我们达至美德过程中的巨大潜能。《道德形而上学原理》限定一项以情感为运作基础的义务,并使之支持和补充理性。康德说,"培育我们自然的

---

[47] Paul Guyer, *Kant and the Experience of Freedom*: *Essays on Aesthetics and Morality* (1993) 344–5; Barbara Herman, *The Practice of Moral Judgment* (1993) ch 1.

[48] "只有……那些不符合我的意愿……或者至少把它排除在做出选择的计划中,能够是尊重的对象,并因此是一项命令;"Kant (n 29) 4: 400。

[49] Guyer (n 47) 344–5.

[50] Immanuel Kant, "Religion within the Limits of Reason Alone," in Allen W Wood (ed.), *Religion and Rational Theology* (1996) 6: 23–4 n; and"不是乐意做而是仅仅作为义务的服务没有内在价值,因为他是以这种方式来履行职责……而不是源于喜爱;"Kant (n 29) 6: 484; Guyer (n 47) 367。

力量(精神的力量,思想和身体)作为各种可能目的的手段”是我们的义务。[51] 在《道德形而上学原理》艰涩难懂(complec)的原著(mafrix)中,康德一方面区分了法律义务和道德义务(*juridical and ethical duties*),另一方面区别了绝对义务和相对义务(perfect and imperfect duties)*,在道德义务的主题下产生从事情感指导的义务。[52] 培养有益的品性和积极的情感是我们归因于自己和他人的事。[53] 义务的这两个方面紧密相连,正如我们将看到的,均与受信人忠义高度关联。

训练情感使之成为达至道德上有价值之目的的手段并非易事。通向自我完善之路漫长且痛苦。康德告诉我们“美德是力量的概念”。[54] 这种他在《道德形而上学原理》中反复强调的道德力量,不仅适合抵销情感部分的破坏可能(如斯多葛学派认为的那样)。我们也需要用大量的这种意志力量不断努力地“培养自己富有同情心的自然(美的)情感,利用它们作为达至基于道德原则的同情和与之相适合的情感的多种手段。”[55]情感和个体依附能够在几个方面帮助我们做出道德上正当的选择:首先,情感是注意的一种方式。例如,同情能够在对待痛苦的难民方面给予我们正当性,帮助我们忽视难民和政府释放的各种烟幕。[56] 康德在《道德形而上学原理》的著名段落中阐述了情感的这种辅助功能,他提倡定期走访债务人监狱和医院。[57]

其次,情感也是我们向他人传递道德上利益的重要工具。[58] 通过称赞情感在道德心理和行为中的作用,康德纠正了其在《道德形而上学原理》中推荐无情

---

[51] Kant (n 29),6:444.

* 在康德道德哲学中,绝对义务是消极的,是指针对某些具体行为尤其是恶习提出的要求。这类义务通常以“必须做”或“禁止做”的命令提出行动上的要求。相对义务是允许为了偏好的利益存在行动上的例外,有自由任性选择的空间,即履行方式上自由选择,对履行义务的程度、节奏上等细节自主把握。——校者注

[52] 因为只有对他人的绝对义务才能从外部强制执行,see Kant (n 29) 6:38.

[53] 自己责任的概念被批评为不合逻辑,并且与康德的哲学体系完全无关。然而,这些观点可以被反驳,参见 Robert B. Louden, *Kant's Human Being: Essays on his Theory of Human Nature* (2011) 17。

[54] Kant (n 29) 6:392.

[55] Kant (n 29) 6:457.

[56] Sherman (n 17) 145 – 6.

[57] Kant (n 29),6:457.

[58] Sherman (n 17) 147 – 9.

行为的坏印象。[59] 但是,对我们来说真正重要的问题是,在康德的理论体系中情感是否具有激发性的(*motivational*)作用。在亚里士多德看来,在需要怜悯、同情等情感的情形下出于这些情感实施行为,恰好是正当道德的(*moral*)反应。显然在康德这里情况并非如此。但是,积极的情感是激发道德上良好行为的必要部分(*part*)吗? 如果答案如我所想的是肯定的,那么忠义的受信人就是道德上良好之代理人的象征。

三、支持正直的受信人

康德道德理论中有助于解释信义义务的一项核心原则是,道德上有价值的行为由对我们每个人人性的尊重所支持。行为的基本"准则"(指导性原则)必须是"不能将人性简单地作为手段,应当总是同时作为目的"的。[60] 这项普遍的法则就是道德行为的基础,而不是将一些主观的、偶然的个体附属(*attachment*)作为基础。康德从来没有放弃他就因为尊重人性而实施行为的极大意义的立场,以及对允许我们的主观感受和/或先天倾向在道德问题上引导我们的风险的立场。在他晚期的一部著作《单纯理性限度内的宗教》(*Religion within the Boundary of Reason Alone*)中,他将不道德的中间阶段描述为一种"不纯粹的心灵"(impure heart)状态,即心灵"没有单纯地接受其原本应该接受的道德法则作为充足的动机;相反,它常常(可能是每一次)将对其他动机的需要置于此之前,以决定实施义务所要求之行为的意愿"。[61] 依照忠义行为的代理人难道就绝对不会显示出"不纯粹的心灵"吗?

如果康德有关独立于不稳定的情感、无意识的倾向和自私的目的之行为的道德优先性的立场,与其在《道德形而上学原理》中有关美德的吸引人的解释相一致,那么我们必须重新思考他关于所有的道德上有价值的行为均仅仅由(道德)义务的意识(由"对道德法则的敬重")所驱动的观点。在回应康德道德理论中的"美德伦理"批判时,奥诺拉·奥尼尔(Onora O'Neill)解释说我们必须理

---

[59] 4: 398.

[60] Kant (n 29) 4: 428.

[61] Kant (n 50) I, ii (6: 29 – 30).

解康德关于"准则指的是借此代理人得以精心安排大量的更为具体的意图之根本意图(*underlying intention*)……"的观点。[62] 因此,康德要求道德上有价值的行为应当以合乎逻辑的行为规则为基础,意味着出于"对道德法则的敬重",你必须总是实施义务所要求的行为。"对道德法则的敬重"被理解为第二顺位的动机,激励代理人的行为作为一个整体(*whole*),而不是作为每一个具体的(*specific*)行为背后的动机。[63] 所以,只有"对道德法则的敬重"而不是其他情感才是行为背后的动机,这项要求不涉及具体的行为,仅仅关涉如何确定行动方向的根本性政策(*policy*)决定。意愿驱使为了自己而遵守道德法则,你应当采用如下策略:我将努力发展全部的(*all*)精神力量,以帮助我实施自己的政策,即总是根据我的道德义务行动。如同情和友善这种道德导向的情感的培育自然是策略的一部分。同情、友善等类似情感驱动的具体行为因此可以归因于"对道德法则的敬重"之根本情感,即使它在这种情况下对驱动代理人没有发挥直接的作用。

所有的这些可以在信义行为语境下直接适用于忠义的情感。认识到对委托人承诺的深度并由此培养对他具有忠义意识之受信人,是这个自我完善内部过程的完美示例。这类受信人会更好地摆正位置抵制自私行为的诱惑。[64] 道德高尚的受信人对道德法则命令受信人只能认可(*recognition*)追求委托人利益,被其对委托人诚挚的责任感(*feeling*)所强化。这使他更容易辨识自己的私利可能影响其决定的情况;帮助他避免自欺,并利用委托人的情感厌恶来促进道德上正当的动机(*motivation*)。

一些作者试图提出"康德伦理观的美德解读",其基本原则是:"你必须争取这样一种生活方式,所有的行为都彰显出与道德法则相一致的特点。"即使将康德看作是美德伦理学家太过牵强,但很明显,他将情感纳入道德高尚之人的动机构成中引致道德美德和人类心理之间的关系之高度可行的描述。重要的是,

---

[62] Onora O'Neill,"Kant after Virtue," 26 *Inquiry* 387, at 393 (1983).

[63] Guyer (n 47) 380; Lara Denis, "Kant's Conception of Virtue," in Paul Guyer (ed.), *The Cambridge Companion to Kant and Modern Philosophy* (2006) 513; Sherman (n 17) 33.

[64] 害怕被抓住、被惩罚、被羞辱,对于履行信义义务,这是一个相当微弱的动机。这是因为这种关系本身就很难检测到受信人的不当行为,参见 n 47 in Irit Samet,"What Conscience Can Do for Equity," 3 *Jurisprudence* 13 (2012)。大量违反信义义务的机会将不被发现,这是导致这种极其严格执行的原因之一。这种严酷的治疗是否确实能激励履行承诺是一个悬而未决的问题,但无论如何,对受信人不法行为之内在抵抗的强化是至关重要的:Samet,775。

这种情感在道德美德中的作用的解释支持和补充了他著名的关于获得完全纯粹心灵的悲观主义。[65]

将情感纳入美德的基本结构是由对人类罪恶本性的实在领会所驱动的妥协。[66]人类不具备“神圣的意志”(holy will)的事实对康德来说至关重要。作为被赋予理性但没有神圣意志的有限的人,我们的自然倾向而不是道德法则的指示总是引诱我们行为。这种易受诱惑的弱点是康德义务论体系的出发点。[67] 美德和诱惑之间的紧密联系已经在《实践理性批判》中得到阐述:在那里康德告诉我们“美德”是“服从源于所敬重律法(from the respect for the law)的法则的一种品性,并因此意识到持续的违反倾向。”[68]结果是,人类的美德只能接近至善的意志。[69] 培养正当道德情感对于认识到有自身先天弱点且道德上值得敬仰的代理人来说是明智的策略。[70] 情感的补充和帮助解释促使我们做善事的倾向事实上是对我们罪恶意志的让步,但如果我们希望抑制自爱并促进对道德法则的敬重之态度的形成,我们必须这样做。正如劳拉·丹尼斯(Lara Dennis)解释说,在康德那里,美德应当被理解为不那么雄心勃勃的术语,作为“没有神圣意志的理性人表达其最高道德承诺的形式”。[71]

可能我们不能在任何其他法律中找到比在信义法中更为明确地对这场抵御诱惑的战争的承认。在早期的一个案例中,独立的信义学说开始出现——*Whichcote v. Lawrence*(1798)——屈服于以他人为代价的轻松获利之诱惑的危险被清楚地认识到:“如果受信人有为自己牟利的预期,犯有过失对他来说是一个巨大的诱惑。”[72]一百年后的情况并未好转,上诉法院解释信义义务不同寻常

---

[65] 这种悲观主义的例子数不胜数,参见如 *Virtue* s 11,6: 436; or Kant (n 50) 6: 32,他公然宣称“人是天生的恶魔。”

[66] 他通过有趣的方式把它放在一处:“传播中的每一种人类美德都有微小的变化;只有孩子把它当真正的黄金。尽管如此,传播的口袋片总比什么都没有要好。最后,他们可以变成真正的金币……”[Immanuel Kant,*Anthropology from a Pragmatic Point of View* (1978) 39].

[67] Kant (n 29) 4: 414.

[68] Immanuel Kant,*Critique of Practical Reason*,ed Mary J Gregor (1997) 5: 128.

[69] Louden (n 53) 7.

[70] Louden (n 53) 7.

[71] Denis (n 63) 513.

[72] *Whichcote v. Lawrence* (1798) 34 Eng Rep CC,at [751].

的严格,是作为排除“从事必然受到质疑的事务的诱惑”的必要手段。[73] 更近些时候,在 *Harris v. Digital* 案中,海登(Haydon)上诉法官生动地解释信义规则“旨在防止受信人生诱惑的疾病。”[74]提到“疾病”,暗指一种道德的异常状态,其不仅威胁到委托人,同时也威胁到希望做好工作但屈服于超越其控制的力量的受信人。正如康德提醒我们的,即使是承诺遵守道德义务的受信人也不具备至善的、神圣的意志;他们的权力地位必然会诱使他们追求自身利益。

鉴于受信人身份必然包含诱惑和内部斗争,希望恪守本分的受信人必须采用长期的策略来抵御诱惑。策略的一项重要内容是当且应当试图控制情感使其成为遵守义务的原因。在此引出模糊意义上的忠义。真正担忧自利行为诱惑之侵蚀作用的受信人会努力发展对委托人的忠义意识。如果知道何为正当的受信人发现因自己的忠义情感自觉的行为更加容易了,他基于这种原因的无私行为仍然值得称赞。由于他的忠义情感是在自由意志的表达中出于对道德法则的敬重而养成,这种敬重因此成为他为委托人行为的最终动机,他因此在道德的游戏中获得满分。对委托人保有忠义是一项真正的美德,受其影响的行为显示出极大的道德精神。

结 论

在本文中,我论证了“忠义”术语在信义义务语境下有两层含义:一是技术上的忠义,代表着对受信人只能为受益人*的最佳利益行事的要求。在这个“清晰”意义上的忠义,保持忠义的义务体现为“法律上的”道德义务,即能够由国家合法地强制执行的以特定方式行事的义务。二是“模糊”意义上的忠义,暗含具体的指向委托人的情感和理性的目标。无私的行为来得容易,弱点的利用毫无可能,这是一种态度。通过启用这个内涵丰富的忠义概念,衡平法院警示受信人,他们做出的严肃承诺要求具备不一般的品性。受信人与委托人之间关系的一种分离的、单纯工具性的处理方式使受信人能够遵守其法律义务。但对他人

---

[73] *De Bussche v. Alt* (1878) 8 Ch D 286, at 316.

[74] *Harris v. Digital Pulse Pty Ltd* (2003) 56 NSWLR 298.

* 原文为委托人,疑作者有笔误,应为受益人而不是委托人。全文中的“委托人”都应为“受益人”。——校者注

享有巨大权力的独特地位,加之信息差,致使权力滥用不太可能被察觉,由此产生很难克服的实施错误行为的诱惑。这对于诚实的、善意的受信人而言也是如此。

所以,培养对委托人的忠义意识是十分明智的,即使是对最尽责的受信人来说也是一样。在本文中,我想要说明推荐采纳成熟的忠义立场可以融入康德的信义义务分析。受信人的职位是无私的立场——道德上可嘉的行为自然要求的舞台。如果这意味着采纳这种立场的受信人因此而放弃所有的信义关系之道德塑造(*Bildung*)的可能性,那么其可能已经成为在此建议的忠义之解释的极大障碍。但是,如我们所见,此种对康德理论框架的狭隘解读是没有根据的,按其观点忠义像任何情感一样不能成为道德可嘉行为背后的推动力量。康德鼓励读者作出策略性的决定,培养可能帮助其履行义务的情感。谋取情感部分的帮助以对抗恶的意志之有意识的决定本身由对道德法则的敬重所推动,正是这种根本的动机赋予具体行为(出于情感)以道德价值。

忠义的受信人是根据如下建议实施行为的代理人之典型例子:鉴于抵制利用自身地位谋取私利的诱惑有着巨大困难,受信人从事旨在培养对委托人忠义意识的自我情感指导——一种他在情感上很难背叛委托人信任的感情。因此,他作出忠义的具体行为基于对道德法则的深深敬重和对人类自身不足的清醒认识而采纳的政策所引导。这是对道德法则的承诺和使忠义的受信人成为道德高尚的代理人的谦逊之结合。

第六章　我们有义务无私吗?

莱昂内尔·D. 史密斯*

引　言

本文力求研究一个有关信义义务(fiducianry obligations)的问题。通常认为,该部分法律涉及在某些方面有关忠义义务。我希望探讨的问题是,是否存在法定的(*legal*)忠义义务;如果存在,它的要求是什么?

为了表明为什么我对这个问题感兴趣,我先介绍两位作者的最近分析。一位是马修·康纳隆(Matthew Conaglen)。在他的专著第一页写道:“忠义概念现已被确立为(事实上是定义为)信义原理的核心概念。”①在著作的最后,他总结陈述:“……信义的忠义概念如在英国和澳大利亚法律原则中使用的那样,最好理解为各种专门适用于受信人规则的总结,而非可以凭借自身力量直接强制执行的法律义务。”②换言之,尽管受信人独特地受制于禁止利益冲突规则和禁止谋利规则,但没有法律上的忠义义务如此。

另一个是阿瑟·拉比(Arthur Laby)所做的分析。他对忠义义务作出积极的定义,认为义务“包含受信人将委托人的宗旨,目标或目的视为自己的并

---

* 非常感谢 Matthew Conaglen, Stephen Galoob, Andrew Gold, Arthur Laby 和 Irit Samet 提供的有益建议,以及 Dennis Klimchuk 提供的建议和讨论,在很长一段时间内对本文所提到的许多观点的有益意见。

① M Conaglen, *Fiduciary Loyalty: Protecting the Due Performance of Non-Fiduciary Duties* (2010) at 1, with a long list (in n 5) of case citations.

② Conaglen (n 1) at 269. 在探索“英国和澳大利亚法律原则”概念的过程中,Conaglen 在他的观点中暗示,英国和澳大利亚的法律在这一点上保持一致,而其他普通法系司法管辖区则未必如此。参见 24 - 6,他在这个意义上说的涉及一个相关的但是不同的观点,即哪些义务被正确地称为信义义务。

推动其实现的承诺”。[③] 从表面上看,这似乎是一个比康纳隆所述更强有力的忠义义务观念。不过,拉比好像得出与康纳隆相似的结论。采纳康德的分析,拉比主张他定义的义务是一项相对义务(imperfect duty),因为它没有规定具体的作为或不作为,基于这个理由它不是一项法定义务(legal duty)。[④]

乔治·弗莱彻的著作《论忠义》(*Loyalty*)没有述及信义义务,但更关注忠义本质的维度。[⑤] 他对此讨论的兴趣体现在两章的标题中。第 3 章的标题是“最低限度的忠义:‘你不得背叛我’”。这看起来契合了康纳隆关于法律如何通过禁止未授权的冲突和利益落实忠义的理解。第 4 章的标题是“最大限度的忠义:‘你必须和我站在一边’”。这看起来契合了拉比强有力的忠义义务观念,尽管拉比明显得出结论认为该项义务不能作为法律义务执行。康纳隆和拉比都没有在法律不要求忠义的意义上说不存在法定的忠义义务。他们都是忠义之法律执行的支持者,但他们认为法律不会或不能直接强制执行忠义。

在我看来,两位评论者的论证中既有重要的事实,也有严重的缺陷。我将主张存在法定的(*legal*)忠义要求,其存于信义义务的制定法中,且与法律要求的哲学基础相一致。但是,可能与康纳隆和拉比相类似,我将表明法定的忠义要求不宜称为一项义务。

一、合法性范畴

在本部分中,我将阐明帮助我们判断一项义务能否成为法定义务的标准。像拉比一样,我会使用康德的理论框架。在康德看来,合法性的范畴(“权利的概念”[⑥]对照美德的概念)在较大程度上普遍具有三个方面的特点:第一,其“仅关注人与人之间在行为的范围内能够(直接或间接)相互影响的外在的和真正

③ A. B. Laby, “The Fiduciary Obligation as the Adoption of Ends,” 56 *Buffalo L Rev* 99, at 129 (2008).

④ 这就是我读 Laby (n-3) at 140-3 的方式。他在 143 页的第 190 个冗长注释中,以一种不是完全不同于 Conaglen 的方式提出观点,法律使用其他义务来间接地强制执行忠诚义务。不同于 Conaglen 和 Laby 侧重注意义务。

⑤ G. P. Fletcher, *Loyalty*: *An Essay on the Morality of Relationships* (1993).

⑥ I. Kant, *The Metaphysics of Morals*, trans M Gregor (1996), at 6: 230.

的实践关系。”[⑦]第二，其没有论述一个人的选择与另一个人的独立完成的(*mere*)愿望或需求之间的关系，仅仅讨论一个人的选择与另一个人的选择之间的关系。选择实现另一个人的需求可能具有道德上的价值，但这不是法律关系的范畴，法律关系仅关注且起因于我们自治权的外在表现。第三，法律上的关系不涉及“每个人心里想要的目的”。[⑧] 一个人是否履行了义务的问题与一个人引导自己行为的理由相分离。这三项要素均包含外在性方面，其是康德理论中区分法律义务领域与道德义务领域的重要特征。[⑨]

更具体地说，康德对合法性范畴的理解，引致必须内在于一项义务中使其具备作为法定义务资格的特别要素。一项义务能够成为权利的义务即法定的义务。如果它“不包含法律义务的动机并借此承认动机而非义务观念本身。”[⑩]换句话说，必须可以基于主体拥有的任何目的或宗旨来遵守义务。[⑪] 这尤其与上述第一项和第三项要素相关：在权利的义务范畴，必须可以在不知道为什么履行的情况下客观地判断义务是否已履行。如果我纳税仅仅是因为我不想进监狱，那么我已经遵守了义务，这表明该项义务是法定义务。

康德的分析中还有一个论证不那么显著的区别，存在于广义的(*weit*)和狭义的(*eng*)义务之间。这个区别关涉义务如何准确地具体化要求的行为或禁止的行为。广义的义务提供一系列履行方式的选择范围。在康德那里，权利的义务必须被狭义地界定，如此才可能清楚地判断义务是否已经履行。[⑫] 相反，美德的义务是广义的义务(尽管它们也可能是狭义的)。康德也将广义的义务描述

⑦ Kant (n 6).

⑧ Kant (n 6).

⑨ 分析三项要素及其相互关系，参见 E Weinrib, *The Idea of Private Law* (1995) at 94 – 100。

⑩ Kant (n 6) at 6: 230. See also at 6: 383: “美德的义务与权利的义务之本质区别在于，外部约束对后一种义务是确实可能的，而前者只基于自由的自我约束。”

⑪ 相反，美德的义务是针对特定目的的义务，例如，改善他人的福利，因此只有(*only*)通过采纳相应的目的才能实现美德的义务。

⑫ Kant (n 6) at 6: 390, 6: 411. See also Kant’s footnote to 6: 433, the importance of which is discussed in the Introduction by Roger J. Sullivan (at xix). In E Weinrib, “The Case for a Duty to Rescue,” 90 *Yale LJ* 247 (1980), Weinrib 认为，普通法系应该识别出在紧急情况下简单救援的义务，并指出，如果适当地按固有模式制定义务，这在康德的观念里是狭隘的。

为相对义务(*unvollkommen*)。[13]

二、忠义义务的表达

每个人都认为信义义务在某种程度上就是保持忠义。在本部分中,我将研究关于忠义要求如何翻译成法律的不同理解。

(一)为受益人最佳利益行事的义务

论及信义义务,无论是在案件中还是在评论中,不断地提到为受益人利益或最佳利益行为的义务。因此,忠义义务的一种表达是简单地作为为受益人最佳利益行为的义务。加拿大最高法院用这种方式描述该项义务。[14] 这听起来貌似有理,但是字面的理解直接导致严重的困境。这完全是开放式的。任何受信人总能做一些更符合受益人利益的事;不仅要求过多,而且不管怎样我们都无从知晓义务已经履行完毕。[15] 在康德的术语中,义务内涵非常宽泛,像慈善的义务那样,基于此它只能是美德的义务,不能是权利的义务。

但是除了康德,该项义务的不确定性会使任何一个法律人同意这不是自己的正确表达。事实上,尽管加拿大最高法院以这种方式论证忠义义务,但当一项基于此种表达的主张提出时,其拒绝接受这种表达。在 *KLB v. British Columbia*[16] 案中,原告作为孩子在寄养家庭中遭到虐待。被告克朗(Crown)是孩子的代替父母(*in loco parentis*),根据加拿大法律,这意味着克朗与孩子之间形成信义关系。其中一项主张是克朗违反了"为寄养孩子最佳利益行为"的信

---

[13] Kant (n 6) at 6: 390. 这可以说是令人困惑的,因为有一种不同的"相对义务"观念,其旨在抓住一种有关没有人拥有合法的强制执行权利的义务概念。Laby (n 3) at 140 – 1,他将这一概念的起源追溯至 Grotius 和 pufendorf,他把这种"相对"的观念视为康德的广义义务的同义表达。但在 Grotian 的观念里似乎一种义务可能是不完全的,但可以被完全清晰地界定(且在康德区分广义和狭义义务的观念里是"狭义"的)。一个例子是,在法律强制执行时效期间超过后,清偿债务的义务。康德(在 6:383)提到没有强制权利的义务,并将其排除在权利的义务范围之外。

[14] *BCE Inc v.* 1976 *Debentureholders* 2008 SCC 69; [2008] 3 SCR 560, at [37]:"董事对公司的信义义务……是为公司的最佳利益采取行动的义务。"

[15] 这一缺陷无法通过将义务修正为依受信人认为的(*in what the fiduciary perceives*)符合受益人最佳利益的方式行事的义务来弥补。然而,我们将看到这一补充是正确制定忠义要求的重要组成部分。

[16] *KLB v. British Columbia* [2003] 2 SCR 403; 230 DLR (4th) 513.

义义务。克朗竭力主张更狭窄的义务，法院支持了克朗，裁决："为孩子最佳利益行事的一项简单禁令，尽管值得称赞，但没有为分配法律责任提供可行的基础"，并且父母的信义义务"不包括广义的、不具体的为孩子最佳利益行事的义务"。更确切地说，忠义义务是"不能以滥用孩子信任的行为方式将自己的或他人的利益置于孩子的利益之前。"[17]

以这种方式表达义务存在的困难导致出乎意料的结果。在 *McInerney v. MacDonald*[18] 案中，加拿大最高法院裁定医生与病人之间存在信义关系，其结果是病人有权知晓所有用于实施治疗的医疗记录。[19] 结果并不直接基于为病人最佳利益行事的义务，而是基于病人有知情权的理论，因为这是为了病人的利益。[20] 后来，在 *Breen v. Williams* 案中，澳大利亚一位病人向医生寻求信息，力图证实她有权利获取医疗记录（仅仅对比知晓信息或者其中部分信息的权利）。[21] 澳大利亚高等法院没有完全反对这种关系是信义关系的观点。[22] 但是法院驳回了关于信义责任包含获取记录的权的主张。[23]

戈德龙（Gaudron）和麦克休法官的这种裁判在某种程度上产生重要的、可能无法预料的结果。那些法官只想反驳病人获取记录的权利源于医生为病人最佳利益行为之义务的观点。如此一来，他们基于不足的权威将澳大利亚法律区别于加拿大法律，声称"加拿大的案例也揭示了将信义义务视为兼有禁止性和命令性的趋势。不过，澳大利亚法院只认可禁止性的信义义务。"[24]在我看来，这是对加拿大法律和澳大利亚法律的不当特性描述。就加拿大法律而言，法官

---

⑰ *KLB v. British Columbia* (n 16) at [46],[47],[49].

⑱ *McInerney v. MacDonald* [1992] 2 SCR 138; 93 DLR (4th) 415.

⑲ 然而，身体检查记录通常属于医生。

⑳ *McInerney* (n 18) at 150,424.

㉑ *Breen v. Williams* (1995) 186 CLR 71,HCA.

㉒ Gummow J（在 134 页）表示，这段关系是信义关系。也可以参见 Dawson and Toohey JJ（at 92 – 3）and Gaudron and McHugh JJ（在 107 – 108），承认这种关系的某些方面可能本质上属于信义关系。

㉓ 澳大利亚高等法院的一些法官对加拿大最高法院的判决相当严苛；参见 Gaudron and McHugh JJ（在 111 – 112），尤其是 Dawson and Toohey J. J.（在 95）。然而，这种判决本身并非没有瑕疵。它（在 93 页）指出，信义义务是"不恰当的"，因为这种关系受到合同和侵权的调整，"不需要，甚至没有余地，施加信义义务。"但这根本不符合，因为这三种法律都适用于许多情况。法官注意到（在 93 – 94 页），这削弱了他们自己的观点，这样他们犯了一个基本法理的错误："可以想象，医生可能会把自己置于一个潜在利益冲突的位置——例如，如果医生对医院或病理学实验室有经济利益——就会产生信义义务。但事实并非如此。"这不是违反义务而造成的义务。如果没有信义义务，医生就被允许处于利益冲突中。

㉔ *Breen v. Williams* (n 21) at 113.

看起来相信在 *McInerney* 案中认可的知情权是基于“最佳利益”义务，被理解为一项命令性义务。但不仅如我已经看到的，“最佳利益”义务不是一项开放式的行为义务，而且知情权也不是以此为基础的，它建立在医生为病人的利益获得信息且必须如此保存的事实之上。对于澳大利亚法律而言，这个裁判已经导致一个更为深远的不为普通法世界其他国家所熟悉的教义，即信义义务仅仅是禁止性的：它们禁止某些事，但不要求作为。这使评论者认为“最佳利益”义务不是信义义务，因为它可以被理解为一项命令性义务，即使它看起来处于信义法的核心。[25] 类似地，这种“仅仅禁止的”方式导致关于受信人的披露义务不是信义义务的观点。[26] 可以推测，这也必然意味着受信人移交未授权的利益不是信义义务，即使其产生于明显是信义法组成部分的禁止牟利规则。

（二）采纳委托人的宗旨、目标或目的的义务

如我们所见，这是拉比的表达。拉比是否认为他所表达的义务是一项法律义务，这并不完全清楚。他表明，在其看起来接受的康德的理论框架中，这不是一项法律义务，因为在成为广义的义务而非狭义的义务的意义上说，它是一种不完全义务，它没有规定具体的行为。[27] 他认为，这帮助我们看清“为什么信义法多年来困扰着法院和评论者”。[28] 但他继续主张“法院采用非完全义务作为法律标准”，[29]尽管根据康德的观点，这不仅仅是不明智的认识，而且事实上是不可能的。

拉比关于忠义义务的表达还存在另一个问题。如我们已经看到的，康德对权利的义务的理解暗含一个意思，即必须可能基于头脑中的任何目的来履行。

---

[25] 在 G Thomas, “The Duty of Trustees to Act in the ‘Best Interests’ of Their Beneficiaries” 2 *J of Equity* 177 (2008) 一文中，据说这是“基础性的”，其肯定代表了主流观点。最近，西澳大利亚上诉法院裁定，与“唯一规定的”方法相反，公司董事的“最佳利益”义务是一项信义义务：*Westpac Banking Corporation v. The Bell Group Ltd.* (*in liq*) (*No.* 3) [2012] WASCA 157。对澳大利亚辩论的概述，请参见 R T Langford, “Solving the Fiduciary Puzzle: The Bona Fide and Proper Purpose Duties of Company Directors,” 41 *Australian Business L Rev* 127 (2013)，他不顾 *Breen v. Williams* 案认为“最佳利益”义务可以是一项信义义务。

[26] V. J. Vann, “Solicitors and the Duty to Disclose”, 2 *Univ of New England LJ* (2005) 67.

[27] 另一种“相对义务”，参见脚注 13。

[28] Laby (n 3) at 142.

[29] Laby (n 3) at 142.

然而，接纳另一个人的目的之义务可能仅仅被某些人遵守，因为他们已经接纳了其他人的目的。[30] 在康德的分析中，设置一个目的作为某人的行为目的之义务只能是美德的义务，不能是权利的义务。当然，这两个问题相互关联，因为两者均与权利的义务之外在方面有关。

因此，拉比关于忠义义务的表达不是一项法定义务，至少在康德对法定义务本质的理解范畴内是这样的。

（三）没有独立的忠义义务

如我们所看到的，这是康纳隆的路径。他认为，尽管法院清楚地说出忠义义务，但并不存在独立的忠义义务。法律旨在仅借助禁止利益冲突规则和禁止牟利规则引出忠义。

康纳隆是如何得出这个结论的？他采用的方法论是询问哪些义务是受信人特有的，只有这些可能被称为"信义义务"，可能被理解为康纳隆所谓的"受信人忠义"之法律实施的一部分。[31] 因此，可以假定所有的受信人都负有的注意、技能、勤勉义务就不是信义义务，因为非受信人也负有这项义务。[32] 康纳隆最终得出结论，经过这种排除后仅剩下的义务是禁止利益冲突规则和禁止谋利规则，因此他称其为"特有的信义义务"（peculiarly fiduciary duties）。[33]

他如何推断许多人认为处于信义法核心地位的"最佳利益"义务不是一项信义义务？他怎么能说"尽管一些受信人负有为他们的委托人之最佳利益行为

---

[30] 有人可能会问，A 是否仅仅因为 A 作为一个专业的受信人想要赚取费用，就不能采用 B 的目的。但这是对利用他人目的的一种误解。一个人，A，为自己的目的或目标，不能接受另一个人，B。如果 A 采用 B 的目的，那么 A 就会把 B 的目的加入 A 的目的；B 的目的变成 A 的目的。相反，如果 A 是为其他目的而行动，比如作为一名专业的受信人获得报酬，那么 A 采用 B 的目的是不正确的。不过，A 好像（*as though*）采取了 B 的目的，他的行为也可能是正确的。然而，这种行为的法律责任仍然会遇到它过于宽泛和不明确的困境。

[31] Conaglen（n 1）ch 3.

[32] 然而，不同于过失责任中一般的注意义务，完全不作为不能实现受信人负担的注意、技能和勤勉义务。从这个意义上说，通常相类似地被简称为"注意义务"的义务之间存在重要的区别。

[33] 然而并不清楚，这些规则（*rules*），如它们传统上被称的那样，在通常意义上是义务（*duties*），即一个人通过违反这些规则实施非法行为。我在后文将回到这一点上。

的义务,但义务本身并非一项信义义务”?[34] 康纳隆采用了上述路径,即信义义务是单纯禁止性的。[35] 鉴于“最佳利益”义务要求积极的作为,因此,他说该项义务可能规定注意、技能、勤勉义务所要求的行为,其部分是命令性的,且按照康纳隆的分析不是特有的信义义务。鉴于该项义务要求善意行事,它规定诚信义务(duty of good faith)所要求的行为,这在康纳隆看来又不是特有的信义义务,因为非受信人可能负有诚信义务。另外,鉴于该项义务要求基于正当目的行使受信人权力可推导出同样的结果,因为康纳隆注意到权力的行使可能受到客观的“正当目的”原则约束,即使权力被非受信人享有。最后,他表明“最佳利益”义务是这三种义务的合成物,由于三种义务都不是特有的信义,所以合成物也不是。[36]

总体上看,康纳隆在他的分析中保持着谨慎和周密。然而,这部分的论证并不令人满意。通过不到三页纸的内容,他得出结论认为受信人(在某种程度上)为其委托人最佳利益行事的要求不是信义法的构成部分,这与整个普通法世界的基本认识相反(澳大利亚可能是例外)。[37] 在得出这个结论的过程中,康纳隆甚至没有始终坚持他自己的方法论。即使他是正确的,“最佳利益”义务是其他三种义务的混合物,在他看来其中任何一种都不是信义的,但也不能得出“最佳利益”义务不是信义义务的结论。这是因为康纳隆的方法论建立在识别仅由受信人负有的义务的基础上。他没有指向任何负有为他人最佳利益行为之义务的非受信人。

更重要的是,他的分析在没有尝试解读判例法以给予更为准确的内容的情况下就将该项义务看做一种混合物,这无法令人满意;尽管公平地说,当前的文章完全是围绕企业的困境展开。康纳隆正确地注意到,注意、技能、勤勉义务是客观的,而“最佳利益”义务是单纯主观的:它是(在某种程度上)受信人主观地

---

[34] Conaglen (n 1) at 57. 这意味着一些受信人不负担这样的义务,在同一页上,Conaglen 认为受托人和律师不负担这样的义务。这似乎令人费解,但如果在这个问题上,Conaglen 考虑到第二部分第(一)节中被考虑和拒绝的开放式构想,那么没有人会因为这样的原因负担这样的义务很可能是真的。

[35] Conaglen (n 1) at 59. 他的权力清单开始于 *Breen v. Williams*,除了在英国上诉法院的一个判决中的法官附带意见(*dictum*)(后来转向不同的观点,其本身只引用 *Breen*),完全由澳大利亚的案件组成。

[36] Conaglen (n 1) at 55 –6.

[37] 我的对冲插入(hedging insertion)(“在某种意义上”)是有道理的,因为在本文的这一部分,我正在测试这一义务的不同形式。澳大利亚可能的例外是由于“唯一”教条的主导地位,导致许多评论人士开始思考“最佳利益”义务不是信义义务。

相信(*what the fiduciary subjectively believes*)符合受益人最佳利益的行为义务。[38] 这本身足以告诉我们,它不仅区别于注意、技能、勤勉义务,而且区别于有关正当目的的客观规则。另外,明显可见,当一个人负有诚信义务时,他并不负有要求他为另一个人的最佳利益行事之义务。因此,“最佳利益”义务事实上与康纳隆认为的构成其三种义务几乎没有相同之处。至少,不能由此推断它必然缺乏三种义务单独缺乏的特性(如成为特有的信义义务)。没有哪一种火药成分单独具有爆炸性。

总的来说,康纳隆引向的观点是法律有着对忠义最低限度的理解。在他看来,忠义只不过是适当地履行某人(非受信人)的义务。[39] “特有的信义义务”之存在仅仅使那样的结果更加可能。[40] 当然,每个人有义务履行自己的职责,无论他们是否是受信人。因此,信义法作为特殊的存在,适用于某些人的具有威慑力的处罚,旨在使他们做无论如何有义务做的事变得更加可能。[41] 至于结果,受信人忠义与非受信人忠义一样。

(四)对受信人认为符合受益人最佳利益作出判断的一项要求

这是我关于忠义义务的表达。其旨在解释由忠义义务、禁止利益冲突规则和禁止牟利规则组成的信义义务的范围之全面说明的一部分。在我的说明中,每一项都是统一整体的构成要素。

1. 全面论证的概要

论证可以非常简要地概括如下。信义关系的判别要素是受信人对受益人

---

[38] Conaglen (n 1) at 55.

[39] Conaglen (n 1) at 202.

[40] 由此可见,康纳隆对禁止利益冲突规则的理解是,如果受信人的自身利益和受信人负担的任何(*any*)义务之间存在冲突,那么它就禁止采取行动。这导致对冲突非常宽泛的理解。如果一个公司的官员被提供贿赂来交换公司的秘密,在 Conaglen 的观念里,无论这个提议是否被认真对待,他都处于利益冲突中。事实上,如果他觉得受到了自身利益的诱惑想请假一天,未获得这样的权利,即使他后来拒绝了这种诱惑,他也陷入了一种矛盾之中。但在这些情况下,哪些行为根据禁止冲突规则应当被禁止?它只能是已经被可适用的非信义义务所禁止的行为。关于禁止利益冲突规则的更好理解是,当受信人实施判断容易受到自身利益考量的影响时,它禁止行使受信人能力范围内的判断。在第二部分第(四)节第1点中进一步讨论了这种在独立的操作范围内给出规则的理解。

[41] 关于信义法的威慑理由是不充分的全面论证,参见 L. Smith,“Deterrence, Prophylaxis and Punishment in Fiduciary Obligations,” 7 *J of Equity* 87 (2013)。

负有对其认为符合受益人最佳利益作出判断的义务。当一个人有权作出影响另一个人法律状况的自由决定时,以及当基于适当的授权解释授权允许被授予者处理他人事务时,在任何情况下其都负有该项义务。说明的第二部分区分不同情形,当一个人在信义情形下仅仅有权支配(*over*)他人时,和一个人有权代表(*on behalf of*)他人时。忠义义务也在真正咨询的情形下产生,即当一个人保证为他人提供建议以帮助其做出决定时。在两种情形中,即享有法定权力,以及在咨询的情形下,一个人拥有对他人的一些控制,但是代表他人且为他人的利益拥有这些控制。

忠义义务不是命令性的义务,因为它没有规定任何具体的行为过程。不过,它规定了如何作出判断,但是以完全主观的方式。它要求受信人判断受信人认为的(what the fiduciary perceives)符合受益人最佳利益。这意味着要求处在相同情形下的不同受信人作出不同的决定。这不意味着那些受信人不受制于客观法律的约束。首先,注意、技能、勤勉义务与客观的合理性标准相联系。[42]其次,禁止利益冲突规则和禁止牟利规则不与任何主观因素相联系。但是,忠义义务之主观性质的重要性在于,义务不评价受信人是否已经良好地完成本职工作,但要评价他们是否已经忠义地完成本职工作,即仅仅着眼于他们所认为的符合受益人最佳利益。[43]

这种表达有助于我们理解所有适用于受信人的代理规则。普通法(在某些场合被制定法修正)认为,受信人只能代理执行的职能。换言之,就是那些不涉及作出判断的职能。

这种表达也解释了对超出利益冲突规则援引范围的信义决策进行的审查。如果受信人没有按照他认为的符合受益人最佳利益作出决策,那么她会发现决策可以被审查并被撤销。最近的一个例子是英国最高法院在 *Pitt v. Holt* 案中做出的裁决。[44] 该案的上诉罕见地由七名法官组成合议庭审理,以强调其重要

---

[42] D. W. M. Waters, M. Gillen and L. Smith, *Waters' Law of Trusts in Canada* (4th edn. ,2012) at 908 – 9.

[43] See *Bristol & West Building Society v. Mothew* [1998] Ch 1, CA at 18:"忠实地为主人尽其不称职义务的仆人,没有不忠,且不违反信义义务。"

[44] *Pitt v. Holt* [2013] UKSC 26. 这只是最近对一个长期原则的肯定。参见 L. Smith, "The Motive, Not the Deed," in J Getzler (ed.), *Rationalizing Property, Equity and Trusts: Essays in Honour of Edward Burn* (2003) 53, at 68 – 73,从信托法和公司法的角度讨论案例。

性。他们全体一致同意上诉法院的裁决，产生的效果是受信人做出的决定是“可撤销的，如何且仅仅如果它显示已经违反了信义义务。”[45]由于案件与禁止利益冲突规则和禁止牟利规则无关，这寓意着讨论的“违反信义义务”事实上是一项独立的信义法规则。[46]

同时，我的解释为禁止利益冲突规则划定了明确的作用和范围。当受信人作出判断时，其判断的实施可能受其自身利益的影响，自利和义务之间的冲突由此产生。他的自利以不会与非信义义务相冲突的方式与忠义义务相冲突，因为忠义义务恰好关于判断符合受益人的（不是受信人的）最佳利益。当受信人作出判断，其判断的实施可能受他对第三人负有的忠义义务的影响。而且，因为两项忠义义务都要求考量两个不同主体的最佳利益以作出决定，冲突因此产生。

利益冲突规则仅适用（在完全私法的框架内）于受信人，因为只有受信人负有要求判断受信人相信符合另一方最佳利益的忠义义务。但这有助于我们明白为什么在其他情形下我们有类似的担忧：一个人应当主动退出奖学金评审委员会，如果他的亲属是候选人，同时，一名政治家不得参与政策的制定，如果涉及他自身的经济利益。所有我们担心产生冲突的情形是主体被要求以利他的、非利己的方式作出判断的情形。

忠义义务是主观的，因此，（不像在非信义义务的情况下）其是否被遵守有赖于受信人内部的决策过程。而且，即使是善意的决策者在冲突情形下也无法确信自己已经成功地排除了相互矛盾的考量。法律意识到这点，所以，通常要求受信人避免在冲突的情形下作出责无旁贷的判断。[47] 善意不能适用，因为它没有解决判断不可能排除外来影响的问题。[48] 结果是，当违反禁止利益冲突规

---

[45] *Pitt v. Holt* [2011] EWCA Civ 197; [2011] 2 All ER 450, CA, at [127]，如上，最高法院引用了这些，在 70 页，并在以下段落中予以支持。

[46] 与 Conaglen 的观点相反，禁止利益冲突和禁止谋利规则穷尽了信义法的规范：参见注释 2 中的文本。

[47] Compare I. Samet, "Guarding the Fiduciary's Conscience—A Justification of a Stringent Profit-stripping Rule," 28 *OJLS* 763 (2008).

[48] 这部分的论证很大程度上归功于 Dr Remus Valsan 和他的博士论文，“Understanding Fiduciary Duties: Conflict of Interest and proper Exercise of Judgment in Private Law” (2012)。

则行使受信人权力时，其是可撤销的，就像违反忠义义务的行使一样。[49] 这强调了禁止利益冲突规则与忠义义务之间的联系。

禁止谋利规则有不同的功能。重复一下，信义关系以忠义义务为特征，当一个人有权作出影响另一个人状况的自由决定时，以及当基于适当的授权解释授权允许被授予者处理他人事务时，在任何情况下其都负有该项义务。正如我们所看到的，禁止利益冲突规则的存在保证判断的忠义实施。禁止谋利规则的存在是因为受信人代表（*on behalf of*）受益人行事（不是代表自己）。关系是受信人在确定的范围内处理受益人的事务。在这种关系的逻辑内，受信人合法地在信义管理范围内提取财富（除有授权外）是不可能的。相反，那个范围内的一切均属于受益人。

正如信义管理的成本归于受益人一样（受信人有权要求偿还费用），利益也是如此。根据禁止谋利规则，受信人在实施责无旁贷的管理过程中获得的利益或好处，作为一项基本权利归属于受益人。[50] 这甚至适用于未经授权获取的利益，如果受益人这样选择。当我说"作为一项基本权利"时，我的意思是这项规则不是对错误行为的处罚。它不依赖于违反任何义务的证明。这也是为什么禁止利益冲突规则可以适用于完全善意的人。

尽管信息在严格的法律意义上不属于任何人，适用于利益的相同归责原则能够解释受信人与信息有关的义务。受托人必须告知受益人信托的存在；受托人和其他管理财产的受信人必须置备账簿；受信人需要对因没有披露自身利益与义务之间的冲突、义务与义务之间的冲突以及其他披露义务的违反而导致的损失负责。[51] 再者，由于受信人代表受益人且为受益人的利益实施一定范围内活动，受益人有权接收所有该活动范围内的相关信息。

2. 这项义务太过宽泛以至于不能成为一项法定义务吗？

如我们所见，按照康德的路径，一项义务不能成为法定义务，除非它足够狭

---

[49] Conaglen（n 1）at 76－9. 正如他所指出的（77 页），如果善意第三人的利益受到不利影响，无效可能会被拒绝。像许多作者一样，Conaglen 使用术语"解除"（rescission）；我使用术语"可撤销"（voidable）和"无效"（avoidance）意在指代完全相同的追索补偿。

[50] 同样，受信人可能保留任何授权的利益。我的观点和 P. Miller，"Justifying Fiduciary Remedies"，63 *UTLJ* 570（2013）相似。不过，我的观点（可能与 Miller 的观点不同）不依赖于不忠义或其他任何不道德行为，来解释受益人的权利。

[51] 我在注释 71 的文本中展开。

窄地具体化它所要求的行为。如我已经表达的忠义义务，没有规定具体的行为过程。同时，在我看来，它并没有太过宽泛的缺陷。这不像某些表达，说受信人必须为受益人的利益行事，但又没说要求什么样的行为。[52] 我就义务的表达也没有说受信人必须按照他认为的符合受益人最佳利益实施行事（*act*），那也是一项开放式的义务，看起来要求行为，但没有说要求什么样的行为。如我所述，该项义务只说当（*when*）受信人在义务适用的情形下作出判断时，其必须以特定的方式进行。在这个意义上，义务是狭义的，它没有要求未界定的行为，它仅适用于受信人实施责无旁贷之判断的情形。当它适用时，它非常清楚地表明判断如何实施：依受信人认为的符合受益人最佳利益。

告知受信人具体做什么落于其他义务范畴。一份信托的条款可能要求特定的行为，一份代理人或公务员的合同条款亦是如此。经由其他义务规定，是否存在受信人必须将其注意力转向其基于受信人权限所享有的权力之行使的一些最低频率。如果一份信托或合同的条款没有明确地规定这种最低频率，其通常由客观的与合理性标准相关联的注意、技能、勤勉义务加以规定。

我所述的忠义义务因是主观的而太过宽泛吗？它在要求受信人依其相信的（*he or she believes to be*）符合受益人最佳利益作出判断的意义上是主观的。这系于判断由受信人作出的事实。没有人，甚至是基于权限行为的法官也不能说判断被错误地作出，仅仅因为当事人本可以实施不同的判断。但是这个主观的要素本身不会使义务太过宽泛。在此，我们可以注意刑法的某些方面。大部分"真正的"犯罪要有主观的犯罪意图（*mens rea*）作为要件。典型地，它们要求有引起某些结果的主观意图。谋杀罪要求有杀害的主观意图。[53] 但是，这种主观意图本身被理解为一种事实。

同样，就受信人作出判断而言，他考虑哪些因素的问题是一个事实和证据的问题。如果法院推断他考虑了错误因素，将裁决违反义务以及未适当实施判断。一个令人印象深刻的例子是，受托人考虑了信托受益人违背受托人意愿结

---

[52] 此处指第二部分第（一）节。

[53] 当康德提到自杀时，他说如果是故意的（*willkürlich*），那自杀是在谋杀自己：Kant（n 6）at 6：422。Gregor 把这翻译成"故意地"，其他翻译的是"自愿的"或"任意的"，在技术意义上是"仅由意志强加"的。这意味着康德明白无论谋杀还是自杀都需要主观意愿；这并没有阻止他将它们视为被狭义的、完全的职责所禁止［在谋杀的情况下，这是一种权利的义务，而在自杀的情况下，这是一种（狭义）的美德的义务］。

婚的因素。[54]

3. 这是一项采纳目的的义务?

如我们已经看到的,在康德那里,采纳目的的义务只能是美德的义务,不是权利的义务。相反地,为任何目的履行权利的义务是可能的。在我看来,忠义义务如我所表达的,它不是一项采纳目的的义务(a duty of adopt an end),因此它可以成为权利的义务。受托人能够行使他的权力,依他真诚地认为符合受益人最佳利益确定投资选择,尽管这样做仅仅是因为他想要取得商定的报酬;或者因为害怕被认定违反信托而承担责任;抑或因为任何其他的动机。如此一来,他会忠义地行为。

在一篇早期的文章中,我这样描述忠义义务:"信义义务是一项基于特定的动机作为(或不作为)的义务:你必须依你认为的符合受益人最佳利益作为(或不作为)。"[55]现在我改变关于忠义义务要求内容的表达:它不是一项作为或不作为的义务,而是一项以利他方式作出判断的义务。通过这样的限制,主体可以提出关于禁止利益冲突规则的辩护理由,包括它们的范围及与忠义义务的关系。这涉及禁止冲突的责无旁贷的、利他的判断之实施。[56]

4. 它真的是一项义务吗?

然而,这种忠义义务的表达存在一个问题。通常,如我已经阐述的,它支配着受信人权力的行使。如果权力的行使违反义务,任何由此产生的法律交易均可撤销。这典型地适用于合同,尽管它也可能是公司股份的问题,或者受托人对单务契约的执行,如行使处置性的自由裁量权。如我们所见,如果这类交易被认定为违反一项禁止利益冲突规则,那么将产生同样的结果。[57]

---

[54] *Klug v. Klug* [1998] 2 Ch 67; *Fox v. Fox* (1996) 28 OR (3d) 496, CA. 这些是关于行使(或不行使)决定性自由裁量权的示例,其中忠义的要求略有不同;我将在第二部分第(四)节第4点中回到这个问题。

[55] Smith (n 44) at 73.

[56] 此外,我不再认为根据动机来制定义务是必要的甚至是可取的。的确,许多关于受信人权力审查决定都是这样说的。他们想要抓住的是受信人主观决策过程的可诉性,而不是它的客观结果。但从动机的要求来看,这个问题很接近于表明有必要采取一种结束的方式。关于理由,判断,确信,意图和动机之间关系的详细哲学分析,参见 J. Broome, "Motivation," 75 *Theoria* 79 (2009)。

[57] 在许多情况下,受益人不考虑合同无效问题,而是关注受信人获得的利益。最近的例子是 *FHR European Ventures LLP v. Mankarious* [2013] EWCA Civ 17。虽然这些判决涉及利益冲突,但处理此类案件的唯一规则是禁止谋利规则。

我们假定受信人签订了一份合同，由于他没有相信合同符合受益人最佳利益，所以该合同是可撤销的。疑问在于是否有必要或有帮助或是正确的，在严格意义上查明使合同因违反义务而可撤销的根本问题。一项义务在霍费尔德认为的严格意义上，对应义务指向相对方享有的请求权。[58] 不过，有许多重要的法律关系并不是这种严格意义上的义务。其中一些被不准确地称为义务。例如，“减损义务”(duty to mitigate)就不是一项义务。[59]

如果我们转向影响法律交易有效性规则，我们会观察到为了转让普通法上的地产，你必须使用契约。我们并不是说你有义务使用契约。如果你不使用契约，你就不能转让地产。一个更为相关的类推是关于其他因素，如违反忠义“义务”使合同可撤销(不是无效)：如果合同是在某种误解或某种压迫下签订的，那么它是可撤销的。我们并没有说主体有义务不被误解或压迫。合同取决于意志，意志因误解和压迫而失效。因此，我们也许会与哈特说已经有过未能实现规则(*rule*)的、而非义务的要求的失败；尤其是授予个体权力的规则。[60]

同样地，为了实现受信人权力的有效行使，其不得不以正当的方式实施，代之有人或许会说：受信人必须依他认为的符合受益人最佳利益作出判断；如果他不那样做，法律行为就会被撤销，因为权力没有按照支配其行使的规则来行使。[61] 这没有表明严格意义上的根据那些规则作出判断的义务(*duty*)。如果忠

---

[58] W. N. Hohfeld, *Fundamental Legal Conceptions as Applied in Judicial Reasoning*, 3rd printing with new foreword by A L Corbin (1964) at 36 – 8.

[59] *Southcott Estates Inc v. Toronto Catholic District School Board* 2012 SCC 51; [2012] 2 SCR 675 at [72]：“原告从合同的角度没有义务减少损失，在这个意义上，‘减损义务’一词具有误导性。”

[60] H. L. A. Hart, *The Concept of Law* (3rd edn. ,2012) at 26 – 42. 当然，同样的事实可能会揭示出违反义务和未能遵守权力授予规则。如果我把财产作为礼物送给 A，是因为我受到了 A 的暴力威胁，我可以主张赠与无效并收回我的财产。A 明显违反了义务；对于我来说，如果我可能选择在收回财产的同时寻求精神损害赔偿，我可以依靠这个。但是，如果我把财产作为礼物送给 A，是因为我受到了 B 的暴力威胁，A 完全无辜，那么没有遵守权力授予规则的独立性会被揭露出来。我可以向没有违反义务的 A 主张赠与无效并收回我的财产，因为我的意志被破坏了。我还可以向不是赠与当事人的 B 主张损害赔偿。

[61] 法律行为是可撤销的，而不是无效的，这一事实很重要。法律不认为它是完全没有效力的。受益人可以选择让它继续存在，就像一个人在重大误解或非法胁迫下订立合同并让它有效。在信义语境中，这就是为什么我们不能将忠义“义务”简单地理解为对受信人权力的客观限制。如果一个受托人享有一项信义权力，将财产给予 A、B 和 C 中的任何一个或全部，那么在权力之外将财产处分给 D 是无效的(至少是公平的)。如果他把所有的财产都给了 A 和 B，因为他不喜欢已经结了婚的 C，这个处分是可以被撤销的(参见注释 54)。这并不是(*not*)因为他没有权力这样做；他显然可以这样做；这是因为他没有恰当地行使权力。参见 P. Watts, “Authority and Mismotivation,” 121 *LQR* 4 (2005)。

义的要求被视为一项规则,或者作为权力授予规则要求的一部分,它仍然是法律上的,不是道德上的构造。但它不是霍费尔德认为的意义上的义务,即有人享有对应的请求权,受信人必须以特定方式作为或不作为。

如果我所谓的"忠义义务"真正要求的是受信人权力行使方式,那么结果是其地位与康纳隆和拉比所描述的并没有什么不同,尽管根据一系列推理其与两者描述的十分不同。忠义会对受信人施加法律上的限制,但并不相当于在最严格意义上讲的义务。

让我来探究一下那种路径的一些含意。主张处于信义法核心的忠义义务根本不是一项义务,这看起来很奇怪。但在另一方面,如我们所见,信义关系的一个核心特征是受信人总是(*always*)享有为受益人利益的自由裁量权力。此种权力在本质上不是(*not*)义务;它们既没有禁止也没有要求行为。[62] 忠义的要求包含在涉及这些权力作出判断的过程中,受信人必须依他认为的符合受益人最佳利益行为。这是一项法律上的要求,如我们已经看到的,它有可能使法律行为可撤销;但它不能构造成改变受信人权力之基本自由裁量特征。这不能使其转变为严格意义上的义务。将其视为要求的行使方式可以避免这一点。

而且,以这种方式看待忠义"义务"有助于我们更好地理解它如何适用于处置权。以如下案例作为例子,财产是为 A 托管的,但是受托人享有对信托财产的指定权(power of appointment)支持 B。这项权力的对象是 B,其利益可能与信托受益人 A 的利益相反(*opposed*)。[63] 一般来说,忠义"义务"由受托人对受益人承担,要求受托人依他认为的符合受益人最佳利益行为。例如,在行使管理权时(如为信托财产投保的权力),受托人必须如此行为。但涉及处置权,地位有所不同。受托人有明示授权支持非受益人之 B 的利益,优于基本忠义"义

[62] 只有在有自由裁量权的地方(包括给予建议),才需要整个信义法系统。如果一个人被要求做一些客观定义的事情,比如支付 100 美元或不因不合理的粗心行为造成伤害,那么我们就直接看义务是否被实现。我们不关心判决的执行方式。参见 *Varity Corp v. Howe* 516 US 489 (1996) at 504:"信义义务的主要功能是限制自由裁量权(*discretionary*)的行使,信托工具和法律制度没有对此施加其他具体的义务来加以控制。如果信义义务只适用于已经被其他具体法律责任所控制的活动,那么它就没有任何目的。"(强调处于原始状态)

[63] 通常情况是,权力的对象与信托的受益人是相同的,在这种情况下,相反观点就不那么明确了。即使在这里,他们作为权力对象的利益与他们作为信托受益人的利益截然不同。例如,权力允许所有(*all*)的信托财产被给予一个受益人,以击败其他受益人的利益。

务”指向的受益人之 A 的利益；实际上，受托人可以将所有的信托财产给 B，以排除 A 的利益。然而，受托人没有被要求（*required*）支持 B，甚至有权不给 B 任何东西。如果法律要求受托人仅受 A 的最佳利益引导，那么可推测受托人永远不会或很少会使用处置权支持 B。另一方面，如果受托人有义务依他认为的符合 B 的最佳利益行使权力，可以推测几乎所有的情况下，他会有效地被要求行使权力支持 B。法律是如何处理这个问题的呢？据说在行使处置权过程中，受信人不被要求受一个或更多的受益人之最佳利益引导，也不受权力作用对象之最佳利益的引导。相反，他被要求做他认为将最好地实现权力授予之目的的事情。[64] 这更容易理解为行使权力的要求方式，而不是作为一项真正的义务，因为它要求受信人牢记一个抽象的目的而不是任何人的利益。[65]

视忠义“义务”为行使受信人权力的要求方式同时加强了与禁止利益冲突规则的联系。那些规则本身不是义务，它们部分地排除了受信人在冲突情形下行使他们的权力。[66] 如我们所见，这是因为冲突情形下即使是善意的受信人也不能确信遵守忠义的要求。从这一观点来看，忠义“义务”以及保护它的禁止利益冲突规则都不是严格意义上的义务。这是值得肯定的，因为案例没有揭示受信人被裁决对因违反忠义要求或禁止利益冲突规则要求而引起的损失承担责任。径直（*directly*）关注受信人是否遵守了忠义要求的案例——没有援引禁止谋利或禁止利益冲突规则以及违反披露义务的案例——是审查受信人权力之行使的案例。[67] 当法院裁决受信人没有适当地行为，他们通常撤销如此实施的

---

[64] *Vatcher v. Paull* [1915] AC 372, PC, at 378; *Klug v. Klug* [1918] 2 Ch 67, at 71; *McPhail v. Doulton* [1971] AC 424, HL, at 449, 457; *Re Hay's Settlement Trusts* [1982] 1 WLR 202, Ch D, at 209; *Turner v. Turner* [1984] Ch 100, Ch D, at 109 – 10; *Re Beatty* [1990] 1 WLR 1503, Ch D, at 1506; *Hayim v. Citibank NA* [1987] AC 730, PC, at 746.

[65] 当然，仍然需要根据经营规则决定谁能够引起任何未能遵守这项要求的失败行为，但这在信托法中并没有太多疑问；假设通常是，信托受益人和决定性权力对象具有地位。

还应指出，这种分析也有助于我们理解在私法范围之外的类似“义务”。例如，作出判决的法官不被要求以任何特定人的利益行事；更确切地说，是为了司法的利益。因为这是一种以无私的方式进行判决的要求，法律对适用私法的人适用类似的限制；例如，法官们受制于禁止利益冲突规则，这可以使他们的判决无效｛参见 *Ex Parte Pinochet* (*No.* 2) [1999] UKHL 1; [2000] 1 AC 119｝。更容易把这套规则看做是一种需要的作出判断的方式，而不是严格意义上的义务；认为法官对诉讼当事人负有义务（在严格的私法意义上），这似乎是违反直觉的。

[66] “部分”是因为权力行使是可撤销的，而不是无效的。

[67] See n 44.

行为;他们并没有像他们在真正义务情形下推定会做的那样,宣告受信人有责任赔偿由此引起的损失。[68] 当然,存在涉及赔偿受信人引起的损失的案例,但这些案例不是直接基于违反忠义的要求,甚至也不是基于违反禁止利益冲突规则。[69] 一些案例可能基于违反注意、技能、勤勉义务,这项义务明显是严格意义上的义务。[70] 其他的赔偿案例产生于违反禁止利益冲突甚至禁止牟利规则,但是仔细解读后,这些案例实际上是关于弥补未披露(*failure to disclose*)

---

[68] 就有责任持有财产的受信人而言,如受托人,撤销不适当的交易意味着在会计流程中交易是不被允许的。在这种情况下,受托人将有义务恢复任何在不允许的交易中被异化的财产的价值。参见 *Campbell v. Hogg* [1930] 3 DLR6 73,PC; *Estate of Rothko* 372 NE2d 291 (NY,1977),discussed in A W Scott,W F Fratcher,and M L Ascher,*Scott and Ascher on Trusts*,Vol. 4 (2007) § 24. 10。这是一种非常重要的主张,虽然它实际上并不是一种针对违反义务而造成的损失的主张;原告的理论是直接执行最初的义务,如果必要的话可以用一笔钱来代替。这就是为什么这种主张经常被称为"赔偿",以及为什么他们不要求原告证明因果关系或关注间接损失。这一主张类似于原告寻求合同实际履行的货币价值,而不是要求赔偿因违约而造成的损失(这可能或多或少取决于事实)。这两项主张都是通过金钱来替代执行既存义务;它们是由违约引起的,但它们并没有因违约所造成的损失而被量化。在信托的情况下,受益人执行既存义务,为受益人的利益持有该财产;一旦处分交易不被允许,既存义务得以恢复,并可以作为一种金钱主张而不是对损失的主张加以强制执行。但基于这一理论的主张只适用于为受益人的利益持有财产的受信人。更全面的论证,参见 L. Smith,"The Measurement of Compensation Claims against Trustees and Fiduciaries," in E Bant and M. Harding (eds.),*Exploring Private Law* (2010) 363。

[69] 一些作者认为,违反禁止利益冲突规则可以引起补偿:参见 C Mitchell,"Equitable Compensation for Breach of Fiduciary Duty," *CLP* 307 [2013]。但这至少创造了两个难题。第一,一个人可以在不知情的情况下处于利益冲突之中;如果一个律师有两个客户,他们的利益相互对立,那么他甚至在还没有意识到这一点时就处于冲突的状态。把这看做违反义务是很奇怪的。然后我们可能会问,其是否仅是一种故意地(*knowingly*)陷入冲突中的违反行为,尽管在判例法中没有这样的区分。第二,虽然一项交易无效的主张不需要被框定为以违反任何义务为基础,但基于违反义务的任何索赔都必须确认违反行为、损失以及违反义务与损失之间的因果关系。很难看出受益人是如何表明他的损失仅仅是由于冲突的存在(*presence*)而造成,无论受信人是否意识到这一点。这需要表明,在没有冲突的情况下,损失并不会发生。另一方面,注释71中的案例显示,对损失的索赔可以是,并且被认为是由于违反披露义务而引起的:受益人的主张是,如果受信人披露了冲突,损失就不会发生,因为受益人本可以采取不同的行为。

[70] 特拉华州公司法的最新发展提出一个问题:在其司法管辖范围内,忠义是否延伸到比一般理解范围更广泛的情况。参见 A. Gold,"The New Concept of Loyalty in Corporate Law," 43 *UC Davis L Rev* 457 (2009),especially at 472 – 83。然而,在我看来,所讨论的行为类型——例如,故意不履行职责或不诚实——显然涉及违反其他义务:例如,注意、技能和勤勉的客观义务;服务或就业合同的明示或默示条款;或法定职责。是否存在从严格意义上来讲属于义务的善意的信义义务,与忠诚的要求相区别,这还有一些争议;然而如果存在的话,其很有可能因这种故意违法行为而被违反。再重复一下,当争议的行为受到严格意义上的义务的调整,根据忠义的另一层面的分析能够得到什么并不清楚;参见注释62。

受信人有义务（在负有义务的严格意义上）披露之信息引起的损失。[71] 受信人被要求披露关于其角色的一切，包括任何冲突的存在，或未授权利益之获取的存在。[72] 不予披露引起的损失因此是错误引起的损失是由严格意义上的义务之违反引起的。

忠义不是一项义务而是一种行使权力的要求方式的观点有助于阐明信义法的另一个特征。受信人可推定负有注意、技能、勤勉义务；不过，这项义务通常可以由协议排除。同样地，禁止牟利规则和禁止利益冲突规则经常在特定情形下被排除或预先被修改。然而，忠义"义务"的排除必然破坏信义关系。受托人享有财产及对应的权力，但可以合法地为自己的利益使用财产，那他不可能被称为受信人。[73] 一个人处于公司董事的位置，对公司享有决策权，但能够合法地使用这些权力为自己牟利，那他不可能适当地被称为董事。如此等等。但为什么必须是这样呢？如果采用合同的视角来看待信义关系（我不会这样做），这就很难理解，关系事件会随着当事人的意愿不断变化。但是，即使有人不认为

---

[71] 例子包括 *Nocton v. Lord Ashburon* [1914] AC 932, HL, at 965 ("the duty of making a full and not a misleading disclosure of facts known to him when advising his client")；*London Loan &Savings Co v. Brickenden* [1934] 3 DLR 465, PC, at 468 ("the appellant's non-disclosure of these two mortgages was a breach of his duty as solicitor to the Loan Company, particularly in view of his personal interest in them")；*Canson Enterprises Ltd. v. Boughton &Co* [1991] 3 SCR 534；85 DLR (4th) 129 (the plaintiff's case, as summarized by both majorty and dissent, was for compensation for loss caused by non-disclosure of conflict of duty and duty)；*Hodgkinson v. Simms* [1994] 3 SCR 377；117 DLR (4th) 161 (the plaintiff's case, as summarized by both majority and dissent, was for compensation for loss caused by non-disclosure of conflict of self-interest and duty)；*Item Software (UK) Ltd. v. Fassihi* [2004] EWCA Civ 1244；[2005] 2 BCLC 91 (liability for loss caused by non-disclosure of breach of the non-profit rule)。*Brickenden* 因采纳不可反驳的因果关系推定而备受争议；在 *Swindle v. Harrison* [1997] 4 All ER 705, CA 中并没有跟进，在其中没有建立因果关系，但有关的违约行为被描述为（at 718）违反披露义务。

[72] 正如我所表明的，这是因为信义管理领域的一切（无论是权利还是信息）都归属于受益人。在信息的语境中，这种归属创造了披露义务。

[73] 这就是为什么在19世纪，英国法院裁定，抵押权人和抵押人之间的关系不是一种信托，即使（在一种典型的运输工具法定抵押中）抵押权人享有法定财产权，而抵押人的衡平法上的赎回权则相当于受益所有权：参见 D. W. M. Waters, *The Constructive Trust*（1964）ch Ⅲ。由于抵押权人可以为自己的利益行事，因此它不是受信人，英国法院继续裁定（在不确定的情况下）这段关系并不是信托关系。我认为，一个人在不负信义义务的情况下成为受托人是有可能的，因为他已经获得受到推定信托约束的财产，但他还没有意识到信托的存在或产生它的因素：参见 L. Smith, "Constructive Fiduciaries?," in P Birks (ed.), *Privacy and Loyalty* (1997) 249；L. Smith, "Legal Epistemology in the Restatement (Third) of Restitution and Unjust Enrichment," 92 *Boston University L Rev* 899, at 907 – 16 (2012)。这就转变为一个人如何定义普通法上的信托，这个问题在当前的争论中是不需要解决的。

所有的信义关系都基于协议而产生,这仍然是一个困惑。当然,自主的当事人(至少)应该能够自由地改变任何法律义务。当我们将忠义"义务"视为行使权力的要求方式时,信义法的这项特征事实上更有意义;信义关系是所有的且唯有的关系,在其中享有的权力只有依一方认为符合另一方利益行使,才能被不容置疑地行使。如果忠义义务确实是一项义务,就不会说它必须为所有的这些关系所固有,但是,如果它是一种行使权力的要求方式,它必然产生于关系的性质和其界定的特征。换言之,忠义的要求为受信人的权力所固有。[74]

这种解释是不是沿循了澳大利亚的路径方向,即信义义务仅是禁止性的不是命令性的? 是又不是。是,在这种解释提出信义法的核心为不是命令性义务的忠义要求(*requirement*)的意义上;但又不是,基于我的分析路径,它根本就不是一项义务的意义上,的确也不是禁止利益冲突规则和禁止牟利规则。所有的这些都是用于调整每个受信人享有的自由裁量权的法律规则。它们都不能被适当地称为义务,既不是命令性的,也不是禁止性的。作为受信人角色的直接结果落于受信人的义务也即交出未授权的利益以及披露信息的义务,这是命令性的义务。

我在此提出的解释之一个潜在的难题是有关于顾问的。明显地,一些受信人在严格(霍费尔德认为的)意义上没有权力。他们只是给出建议,不实施任何约束其受益人的法律交易。律师通常在这个行列,不动产代理人通常也是。投资顾问,当他们是受信人时,通常是建议者。在一些司法管辖区内,医生也是受信人,他们也是建议者,除非在极少情况下,他们获得的授权超过了提供建议的范围,允许代表病人作出治疗决定。许多关于信义义务的重要裁判都涉及这类建议型的受信人。[75]

忠义作为有效行使自由裁量(霍费尔德认为的)权力之要求的观点在这些顾问的情形下并不那么适合,因为给出建议只是一个事件,它不能被宣布无效或者被撤销。但仍然可以说,在这些情形下只有一种适当的方式给出建议,即依照建议者认为的符合被建议者最佳利益的方式给出,这正是法律所说的。而

---

[74] J. C. Shepherd, *The Law of Fiduciaries* (1981) at 48.

[75] *Nocton*, *Brickenden* 和 *Canson* (n 71) 都是涉及律师的案件,就像 *Strother v.* 3464920 *Canada Inc* 2007 SCC 24;281 DLR (4th) 640;*Hodgkinson* (n 71) 涉及一名投资顾问;*Soulos v. Korkontzilas* [1997] 2 SCR 217;146 DLR (4th) 214 涉及房地产经纪人。

且,由于在此种情形下给出建议是实施利他的判断,法院会毫不犹豫地适用信义法的其他内容,即禁止利益冲突规则和禁止牟利规则,以及披露信息的义务,包括冲突存在的信息。这提供了一个适当的受益人保护法律框架。在所有的信义关系中,法律将财产和产生于信义管理范围内的机会划归受益人,其允许弥补任何由未告知任何信义规则之违反引起的损失。[76]

结 论

信义关系是在其中一方拥有权力作出影响另一方状况的自由裁量所决定,以及基于适当的授权解释,授权允许被授予者管理他人事务的关系。在这些情况下,法律连接两套相关规则。

第一套涉及判断如何作出。法律施加受信人依其认为的符合受益人最佳利益作出判断的要求。这项要求受禁止利益冲突规则的保护,因为即使是善意的受信人也无法确定能够排除对判断之实施的不适当影响。禁止委托规则(除了执行性的事务,不要求判断)也是这套规则的一部分。这套规则中的任何一项都不是严格意义上的义务或职责,尽管根据第二套规则违反它们会产生责任。

第二套规则涉及由信义管理产生的成本和利益的分配。正如成本必须由受益人负担一样,所有的利益和机会也都归于受益人。当受信人从信义管理中获得权利,禁止牟利规则要求那些权利是为受益人的利益而享有。同样的原则要求受信人向受益人披露所有有关信义管理范围的信息。由此产生提报供账和信息的义务——信义法中众所周知的义务。不太好理解的是,由此也产生了提供关于违反禁止利益冲突规则或禁止牟利规则信息的义务。这些提供信息的义务是严格意义上的义务,对它们的违反会正当化赔偿能够表明由此导致的任何损失之命令。

---

[76] 来看注释 75 中的案例,*Strother* 和 *Soulos* 涉及根据禁止牟利规则将财产分配给受益人(尽管对于 *Soulos*,这个机会实际上是一个亏损的机会,这表明,规则不是关于利润,而是关于机会);*Nocton*, *Brickenden* 和 *Hodgkinson* 涉及因未披露冲突而引起的损失补偿。*Canson* 实际上考虑了这两种补偿。核心主张针对未披露冲突而造成的损失,除非是由于第三方疏忽造成的损失被认为太过遥远,否则就可以得到。原告随后能够收回被告获得的未经授权的利润:*Canson Enterprises Ltd. v. Boughton & Co* (1995) 11 BCLR (3d) 262,CA。

第七章 忠义是一项美德吗？即使是，它真的能帮助解释信义责任吗？

J. E. 帕纳(J. E. Penner) *

毫无疑问，忠义观念被用于构造信义关系的本质。以下是典型示例：

> 在产生信赖和信任关系的情形下，受信人是就特定事务为或代表另一人从行事者。受信人的独特义务是忠义义务。委托人有权获得其受信人专一的忠义。这项核心责任体现在几个方面：受信人必须善意地行事；他不得从信任中牟利；他不得将自己置于与其义务和利益可能发生冲突的境地；没有委托人的知情同意，他不能为自己的利益或第三人的利益行事。这并不是旨在成为一张穷尽所有情形的清单，但这足以表明信义义务的本质。①

我在本文中的主张是，这种对受信人以及他们对委托人所“负有”义务特征的描述，具有严重的误导性。依照我支持的观点来看，信义法的核心方面是：严格地说，受信人根本不是作为受信人对委托人的义务之承担者，至少不是受信人——委托人关系的核心情况。相反，受信人受到某种责任的约束，即(1)受信人被要求返还其在利益冲突情形下获得的任何收益(此种情形适当地受关系范

---

* 非常感谢2013年7月19日和20日在美国迪堡大学法学院举办的信义法的法理基础研讨会的参与者，以及2013年5月23日到25日在纽约大学法学院举办的财产法律和理论研讨会的参与者提出有益建议和批评。我还要感谢Rob Chambers，Hanoch Dagan，Avihay Dorfman，Jamie Edelman，Chris Essert，Josh Getzler Andrew Gold，Michele Graziadei，Larissa Katz，Dan Kelly，Paul Miller，Irit Samet，Henry Smith，Lionel Smith，Martin Stone，Richard Walker和Leif Wenar对初稿的建议和有益讨论。余下的任何无稽之谈都是我自己的错误。

① *Bristol & West Building Society v. Mothew* [1988] Ch 1 at 18 per Millett L. J.

围的限制)，以及(2)因信义关系，在为委托人提供建议和做得不好引导致委托人损失时，受信人有义务披露利益，有责任赔偿其委托人。[②] 本文中，我将聚焦于这类责任的第一个方面。基于这种对信义责任的理解，米勒特(如他后来)所说的或至少暗示的一个观点是错误的：受信人没有义务不将自己置于利益冲突的境地，如果他想要确信他不对委托人负责，对于受信人而言这样做是一件明智的事。但这取决于他自己。更明白地说，因为仅仅处于利益冲突的境地本身不会导致违法行为。

我会进一步如下分析：首先，我会考虑忠义的性质和其归属的价值或美德类别。我会指出，将忠义视为一项独立的价值是种误解，将作为性格特征的忠义视为一项美德也是种误解。我会表明，忠义本质上是一项“消极的”价值或美德，即将忠义适当地理解为没有某种反面价值或恶行：非忠义(*disloyalty*)或背叛(*betrayal*)。而且，我会表明非忠义或背叛的违法行为是一种有犯罪意图的违法行为，法律应当规制非忠义的违法行为之程度应当限于刑法范畴——与犯罪意图(区别于故意)无关的民法中没有其存在的空间。转向法律，我会审视法律中的信义责任，尤其关注英国著名的案例 *Boardman v. Phipps*。[③] 借助这个案例，我希望阐明通过附加忠义标准于信义责任来解释信义责任是不适当的。因此，在利益冲突情形下对从事自由裁量行为所构造的信义责任的传统理解提供了对信义关系更好的道德理解。

一、忠义的价值或美德

在此，我尽可能地坚持我们就价值和美德的共同观念。本来，说价值得以

② *Nocton v. Lord A shburton* [1994] AC 932 是个经典的英国案例。这是信义义务的一个方面，我还未详细阐述过对此的观点，但它与“违反信义义务”的一般概念有关。忠义不仅没有真正地抓住利益冲突的规范性意义，而且它也无助于该种规范性意义的合理延伸(*extension*)，针对“违反信义义务”的情形扩大信义责任的概念。有一些被称为“信义”违约的违反行为，例如，违反披露义务，法律将其作为一种规范利益冲突的手段。与公司法相近，这里的观点是处理利益冲突的一种方法，即当受信人认识到自己处于冲突的情况下，例如，披露允许委托人同意受信人继续采取行动，或引入一项规则来规范冲突，如一位有披露利益的董事可能不能投票支持他感兴趣的决议。如果受信人未能履行披露义务，那么公平地说，这是“违反信义义务”，因为该义务是为了处理利益冲突而施加的。但我认为，这并没有偏离本文的主旨，即受信人受制于一种责任制度，而不是一种义务制度，尤其不是一种反映忠义义务的制度。

③ [1967] 2 AC 46.

实现和美德得以展现似乎是正当的。当某人制作了一幅好的艺术作品,当某人很宽容,当某人让我们笑,艺术、善良、智慧等的价值得以实现。相比之下,美德起初主要是代理人在适当场合所展示的一种属性或性格特征。作为能够在世上实现的东西,勇气、善良和智慧是这种意义上的价值,当一个人倾向于勇敢地行为,在交流中保持宽容和智慧,那么他是品性正直的人。当然,相关的分析适用于反面价值和恶行。怯懦、残忍和迟钝是反面价值,在其发生时得以实现,当一个人倾向于胆小地行为,残忍地对待他人,交流中乏味无聊,那么他是"品行不端的"(vicious)人。

一项制度可以是公正的,只要其基于旨在实现特定的价值而形成。一所大学展现美德,例如当其基于实现表达自由、公正调查、分享权力等价值而组建。

关于忠义的哲学文献较少,④关于受信人应对其委托人所负忠义义务的哲学文献完全没有。的确,就后者而言,弗莱彻(Fletcher)似乎表明这类忠义是非核心或次要的,其本质上要求专业人士只为其客户利益行事。⑤ 仅有的关于忠信概念本身的持续研究由西蒙·凯勒(Simon Keller)所做,⑥在此我将对其著作进行讨论。哲学文献中关于忠义的讨论通常涉及两个方面:(1)鉴于道德伦理(moral reasoning)的普遍性,忠义要求对家庭、部族、国家等的偏爱是否是从道德上可辩⑦,例如,对我孩子的特殊情感,如何能够被看做是比起其他孩子,或者更宽泛地说比起其他任何人的利益,更加注重我的孩子利益的理由?(2)通常与社群主义的观点相联系的主张,即忠义是道德的一种基础,通常基于人类是相互具有深刻依附关系的社会创造物的观点。⑧ 这两方面尽管可能是重要的,但均对推进米勒特上诉法官的概念援引的忠义之共同观念没有任何真正的影响。

---

④ See John Kleinig, "Loyalty," *Stanford Encyclopedia of Philosophy* (2007), < http://plato.standford.edu/entries/loyalty >; Andrew Oldenquist, "Loyalties," 79 *The Journal of Philosophy* 173 – 93 (1982); John Cottingham, "Favouritism and Morality," 36 *The Philosophical Quarterly* 357 – 73 (1986); Philip Pettit, "The Paradox of Loyalty," 25 *American Philosophical Quarterly* 163 – 71 (1988).

⑤ George P Fletcher, *Loyalty: An Essay on the Morality of Relationships* (1993) 23.

⑥ Simon Keller, *The Limits of Loyatly* (2007).

⑦ See, eg., *Brian Feltam and John Cottingham (eds.), Partiality and Impartiality: Morality, Special Relationships* 以及 *the Wider World* (2010); Simon Keller, *Partiality* (2013); Troy Jollimore, *On Loyalty* (2013);不管其标题,在我看来,这一点更多是关于公正性问题的一般性研究,而不是专注于忠诚本身的通识概念。

⑧ See, eg., Fletcher (n 5); Keller (n 6), chs 7 – 10; Jollimore (n 7) ch 4.

另一方面，西蒙·凯勒（Simon Keller）关于忠义的分析与众不同地阐明了忠义本身的共识性概念。这可以说是他对概念的“分析”：[9]

> 忠义是由个人站在某事物一边和按一定动机如此行事（*individual's taking something's side*）所构成的态度和行为模式，即在本质上部分是情感的动机，涉及对该事件本身（the thing itself）和特定关系做出实质考察后的反应，这种关系是在他和他所忠义的事情之间人们习惯形成的。

“站在某人或某事的一边”是解释的实质。尽管我赞成一个人应当对实体而不是个体保持忠义，如对球队、慈善机构或国家，但我将讨论限于个体，因为作为忠义的对象，他们与忠义的概念是否阐明或模糊了信义责任联系最为密切。凯勒认为，忠义可以不同的方式表现，例如，通过给予另一个人的利益以相对于他人的通常基于协商的优先性（“协商优先”），通过在交往中保护他们对抗他人的反面观点，通过参加典礼以示对忠义对象的尊敬，通过等同于忠诚对象（“认同”），或者通过获取或抵抗有关忠义对象的某种信念（认知偏差）。[10] 这些各种忠义的表现，不是每一种都在真正忠义的情况下存在，联结它们的是它们均表现为忠义的主体以“积极关注的态度”对待忠义对象。[11]

凯勒引述的另一项因素也是必要的。首先，忠义是情感承诺的一种形式。这一点由双方关系之性质对相关个体的情感参与的事实所表明。一个人感觉受其约束，当成功时感到快乐，当处于困境时感到担忧，如此等等。这显然是一项必要但非充分的条件，因为一个人可能情感上受到个体机遇的约束，其可能不会表现出任何的忠义。也许我钦佩并喜欢亨利·史密斯（Henry Smith），当他取得学术成就时为其感到高兴，当他出版无价值的东西时感到沮丧，但我对他没有任何意义上的忠义可言。其次，忠义指向具备个体资格的个人，而非适于一般性描述的人，这点很重要。对亨利·史密斯保持忠义是对亨利·史密斯这个人保持忠义，不是对哈佛大学研究财产权的法学教授保持忠义，即使只有亨

---

⑨ Keller (n 6) at 21.

⑩ Keller (n 6) at 3 – 7.

⑪ Keller (n 6) at 21.

利·史密斯一个人符合那样的描述。[12] 最后,必须存在一个特别的关系,如友谊或父母对小孩(反之亦然)、姐妹对兄弟的家庭关系,其形成一种常见的与忠义对象衔接的基础。通俗地讲,某人不只是一个忠义的人,同时也是一个忠义的朋友,或一个忠义的姐妹。

忠义是一项价值或一项美德吗?这个问题在此比较棘手,我只能提供判断其基于平衡两者都不是的基本原理之梗概。[13] 要成为一项价值,其必须具有内在的、不仅仅是工具性的价值。友谊本身具有内在的价值,没有友谊的生活是贫乏的。一个人应当寻找机会以凯勒提及的各种方式为了自身的利益表现忠信以表明自己是忠义的人吗?很难明白为什么。对比忠义,在信守承诺的价值或美德范围内。很难明白为什么一个人应当寻求承诺,无关任何特定协议指向的特定目的价值,仅仅是为了达成或遵守协议。拥有友谊通常引发一些时机,在其中一个人必须为他的朋友辩护对抗他人的相反观点,或者给予你朋友相对于他人的协商优先,明白这一点至关重要。但是,认为在那些场合表现出任何特别的价值,除了出于对友谊本身的尊重所衍生要求的,这看起来有点奇怪。对此一种思考方式是,[14]一个人可以完美地保持忠义,完美地表现友谊在行为可以被描述为忠义的情况下所要求的,无须评估忠义本身的价值,无须“为了忠义”而行为。例如,我被夹在各种方式之中,相对于其他我可能承担的推定义务,我优先考虑我朋友,这个事实可以被理解为我在我们的友谊关系中正确地摆放了我朋友的利益和我自己的利益的价值反映。我的行为也许能够被准确地定性为忠义,但我不必(我自己,不需要)将自己的行为视为是一种忠义,或任何忠义价值中我所拥有的信念的反映。我实施行为是出于我发现我们之间存在友谊的价值。

还有忠义的另一方面,凯勒花费了相当多的时间在上面,[15]其也会削弱我们拥有的任何有关忠义是一项价值的认识,即忠义趋向于导致某些反面价值的方式。在友谊的情形下,趋向是认知偏差:我们倾向于相信我们朋友最好的方面,抵制有关他们不好的信念。同样地,爱国者倾向于坚持未经证明的有关他们国

---

[12] Keller (n 6) at 17 – 18.

[13] 虽然我们的理由在重要方面有所不同,但我依赖 Keller (n 6) ch 7。

[14] Emphasized by Keller (n 6) 149 – 51.

[15] Keller (n 6) chs 2 and 4.

家特殊功绩的信念，拒绝相信有关他们国家的令人不愉快的真相，如凯勒强调的，其通常导致一种不忠的形式。

最后，忠义作为一项独立的价值专门被援用为行为正当的理由，其总是有害的，这看起来似乎有道理。一个人不必援引极端的例子如拒绝作证（*omertà*）守则来看清这一点。当涉及一项经过深思熟虑的且可能是艰难的判断，有关我的一个朋友实施了不光彩的行为，我对于我朋友的辩解的积极反应是我忽视了自己的判断，相信了其他方面，或者好像事情是相反的那样实施行为，基于如果我不那样做我就是不忠义的认识，这里没有显而易见的价值。[16]

就忠义的美德而言，其由为了自己的利益重视忠义的人所拥有，且会在忠义得以展现的特别关系中找出"忠义"。正如前述理由表明，没有此种美德，因为没有为自己的利益重视忠义的理由，也没有寻找机会实现忠义的理由。具有一般性忠义意识的人展现的不是美德，而是相当小的恶行，如不分青红皂白（indiscriminateness），[17]如有些人交"朋友"特别容易。

遗憾的是，以英语语言措辞，"忠义"还有另外一个含义，我必须将其与我已经详细论述的含义区别开来。"忠义的"还可以是"坚定的"（committed）或"忠实的"（devoted）同义词。一个"忠义的朋友"，用我们现在的说法，是为了朋友"在那里"同甘共苦。但是，在"忠实的"意义上，一个"忠义的"朋友就我们已经考虑的意义而言同时可能是非"忠义的"。一个忠实的朋友，可能在对朋友的成功产生非典型怨恨的时候会背叛，或者更普遍地，许多总是愿意"在那里"的忠实的朋友会成为根深蒂固的流言蜚语，他们既违反了信赖义务，又完全没有以其他方式站在朋友这一边，如保护他们抵制他人的反面评论，即使结果多半是微不足道的。"忠义的"这两层含义是有区别的。[18]

二、忠义作为一项消极的价值或美德

如果一个人对他的朋友有合法的偏爱，那么这个人就处于有可能滥用友谊

---

⑯ 当然，这并不意味着，在这种情况下，我不能以任何其他方式充当真正的朋友。

⑰ Keller（n 6）156－8.

⑱ Cf Keller（n 6）at 153－5.

的位置。[19] 以朋友之间产生的信赖义务为例。我不会讨论我与你以及他人之间友谊的亲密方面。因为信赖关系,我会做错事,如果没有信赖关系,我就不会做错事。因为如果我没有朋友,我就不会违反任何产生于友谊的信赖义务。简言之,同样地我不会违反协议,除非我订立了协议,或者我不会违反我审理争议双方纠纷的义务,除非我是这个争议的裁判者,我不会不公正地对待朋友,除非我有朋友——这些类别的违法行为因协议、审判制度和友谊而成为可能。它们不是独立存在的。正因如此,关于忠义(遵守协议)、矫正正义(在审判中)、忠义(对朋友)的美德存在一个疑问:这些所谓的美德是"积极的"还是"消极的"?即,它们是否有任何种类的除了在紧要关头未遵守义务的反面之外的积极价值,以致这些美德的所有道德内容真正存在于没有代表违反那些义务的特定方式的恶行的情形中?如果它们没有,那么它们就是消极的美德。

消极的美德观念起初由约瑟夫·拉兹在他关于法治的美德论述中有最为清晰的解释(据我所知)。[20] 基本观点是,有些错误我们只有在建立起法律制度后才会犯,如错误地制定具有溯及力的法律。其认为法治是一项消极的价值或美德之基本要点是,如果将其视为一项价值,经由法律制度实现,或者如果将其视为一项美德,由法律制度所拥有,那么该法律制度在极大程度上会避免犯只有法律才会犯的错误。然而重要的是,没有能够与法治相联系的积极的价值或美德,以致从某种角度来讲法律制度本身就可以被视为价值,即依照法律治理独自地成为一项价值,与其解决的问题或取得的成绩无关。从另外的角度看,这在某种程度上是迷信法律。我发现这个思路很有吸引力,而其他的没有。例如,杰里米·沃尔德伦(Jeremy Waldron)[21]认为,依照法律调整我们的事务,尤其是经过审判的冲突,本身是有价值的,因为其对待法律主体的方式是将其视为智慧的中心。就此无论谁是正确的(我马上会回到这个问题),我认为,消极的价值或美德之观念已经足够清晰,所以,我们可以进一步展开下面的论述。

举第二个例子,考虑所谓的矫正正义之价值。沃尔德伦关于法治作为一项

---

[19] Keller 对不忠的解释在 Keller (n 6) ch 10。我们的解释主要的不同在于,他认为"不忠"是一个与忠义完全不同的概念,而我,在随后的文本中,将忠义作为一种消极的美德,或多或少直接地与非忠义的反面价值有关。

[20] J Raz,"The Rule of Law and its Virtue," *The Authority of Law* (2nd edn. ,2009) 210.

[21] Jeremy Waldron,"The Concept and the Rule of Law," 43 *Georgia L Rev* 1 – 61 (2008).

积极价值的主张对我们有一些影响，因为我们可以尝试将法律制度设想为相较于（至少部分）其他替代选择而言处理我们事务非常好的方式。另一方面，我认为有理由怀疑说矫正正义具有同样价值，因为理论上我们应当希望其没有实例化的机会，即理想地说永远不会发生任何需要判决处理的违法行为，因此，理论上我们永远不会遇到矫正正义。另一种表述方式是，我们永远不会寻求生活于存在矫正正义的世界，同样我们永远不会寻求生活于有战争的世界，甚至仅仅是战争，因为生活在一个没有战争的世界要好得多，与它们会是什么样子的无关。然而，由于存在需要判决解决的冲突，所以，我们需要建立审判机关来处理这些冲突，正如自然正义原则告诉我们的，审判机关能够做的某些事情使他们的判决不公正。当然，按照沃尔德伦的思路，我们可以主张矫正正义是一项价值，因为判决解决以相较于（至少部分）其他替代选择在道德上更优的纠纷解决方式证明我们的人性。但鉴于多元纠纷解决机制（ADR）的增加和非常不同的民事审判程序的比较，我认为我们有权起码质疑这种思路。而且，我认为很容易把握矫正不正义（*injustice*）的违法行为（*wrong*），其恶行或反面价值，如违反自然正义法则，但很难确切地指出矫正正义的“正当”、“善行”、“价值”或“美德”的本质是什么，而非矫正不正义的不存在。在我看来，其不是简单地“尊重主体为智慧活跃的中心”之类的，因为这种尊重会伴随我们所有的交往，毕竟那正是绝对命令（categorical imperative）的一种表达，总是在任何时候适用于所有的人。良好的裁判奉行它的事实不会使裁判本身形成特殊的美德。

以这种方式继续展开，我同时发现像忠义这样的美德，在遵守协议的范围内为例，没有特别的内容。遵守协议只不过是适当地履行一方自愿承担的义务。对人尽力而为的义务（attending to one’s obligations）是一项道德责任（moral duty），不是一个有义务履行尽力而为义务的单独概念。并且，我没有发现在符合某人道德义务的行为中有任何特别的美德。另一方面，所有种类的恶行都可以被列举为没有如此做：恶意、不诚实（如承担自己没有实现意图的义务）、懒惰、贪婪等。在这个意义上，非忠义是有趣的（*interesting*），因为它有内容。对此另一个有启发性的视角是，如果忠义是一项真正的积极的美德，人们应当努力创造那些能够以示例说明的情形。我们应当基于非工具性的理由达成协议，只为我们能够有机会忠实于协议所设定的义务。我认为这是荒谬的。像法律一样，协议的价值是纯工具性的。只有盲目崇拜忠义的奇怪种类才会劝告我们仅仅为能够忠于义务的目的达成协议。这不是一时否定达成协议的规范性权力是一个好东西。事实上我在其他地方已经提出这项权力具有普遍性，如果你愿意的话是自然法则的一部分。[22] 然而，基于已给出的理由，如此并不会产生有关遵守协议的特殊美德。

现在回到忠义和非忠义。“背叛”和“非忠义”（disloyalty）仅用于表征特定的对朋友违法行为种类。忽视朋友的需求是一种过失，但如此不是非忠义。我可能是疏忽大意的或者懒惰的，但不是非忠义的。当然，如果我故意不满足朋友的一项重要义务，因为我贪婪且想用一些额外的时间赚钱，那么这就有一种非忠义的感觉。但我认为，这告诉我们非忠义以及更糟糕的背叛不是严格责任的罪行。它们要求有犯罪意图（*mens rea*）。更明确地说，一个人能够在某种意义上背叛他的朋友或者非有意地或错误地对朋友非忠义。比如，我无心地发送了一封有我朋友敏感信息的邮件给会利用这些信息的第三方。我肯定会对此感到内疚，感到我的行为背叛了朋友对我的信任。但可以确信的是，任何朋友都会接受我就此行为的道歉——这不是完全意义上的背叛行为，即我故意地不理睬我的朋友且故意地泄露敏感信息，那才是真正的非忠义，真正的背叛。依我看来，我们认为朋友是忠义的，仅在我们认为他们没有能力或本质上不愿以这种方式背叛我们的范围内。因此，基于这种解释，认为忠义是一项消极的价值或美德似乎是正确的。如友谊等特定关系提供了犯错误的机会，没有这些关系就不会有错误存在。犯那些错误，知道有人那样做，[23]就是非忠义的。

三、忠义作为信义法中的义务来源

依照前述观点，似乎通常意义上理解的忠义是用于解释信义义务的非常不适当的（*inapt*）概念。首先，思考凯勒认可的忠义表现。[24] 我们可以将礼节性的忠义表现留给一方，在交往中保护忠义的对象，因为他们明显与受信人对其委

---

[22] James Penner, “Promises, Agreements, and Contracts,” in Gregory Klass, George Letsas, and Prince Saprai (eds.), *Philosophical Foundations of Contract Law* 116 (2014).

[23] 这是一个有趣的问题，一个人能否在没有意识到的情形下真正地非忠义，特别是通过自我欺骗或通过理性化。参见 Keller (n 6) at 204 – 6。

[24] Text to n 10.

托人承担的任何义务无关。委托人认同的协商优先和认知偏差值得注意，尽管没有数量支持用建立在忠义的基础上来表征受信人—委托人之间的关系。

乍一看，协商优先似乎是对立的，是因为在商议中给予委托人利益以优先性不是受信人的义务吗（在他承担义务的范围内）？事实上，答案是否定的，由此引出受信人角色和忠义的朋友的角色之间重要的不同。不是协商的优先性（*priority*），在涉及自身利益时给予委托人利益优先地位，而是受信人应给予委托人协商的排他性（*exclusivity*）。他在实施自由裁量的过程中，只能考虑委托人的利益。这不是说好像受信人可以侥幸逃脱自由裁量的任何实施，尽管考虑了自己的最佳利益，但受信人可以主张决定是好的，因为他给予委托人利益更大的（*greater*）权重（虽然有时阅读有关公司董事代表公司决定放弃一个机会后又据为己有的案例，有人会感觉使用了这类推理）。最清楚的例子是作为受托人的受信人，在进行自由裁量决定投资这个或那个时，受信人的利益完全不相关，最直接的原因是这不是他的财产，而是受益人的财产（*not his property, but the beneficiary's*）。

朋友的例子完全不同。以各种方式涉及我的朋友，说我给予他们的利益以超越自己的（*over my own*）协商优先是一种误解。这里所讨论的协商优先是我给予我朋友以超越非朋友的（*over non-friends*）协商优先。对比不是我朋友的他人我"站在朋友这一边"。在和朋友打交道时，我不是无私地行为，不考虑自己的利益，或者要么给予自己要么给予朋友协商优先，考虑我们自身狭隘的利益。[25] 相反，我根据朋友对我的价值以及友谊的价值来实施行为，因为这样行为是符合我的自己最佳利益（*in my own best interests*）的行为，这两种价值对我来说都是有价值的。当然，我的这项利益可能与我的其他利益相冲突（包括对其他朋友，友谊），但没有困惑。这正是生活的事实，鉴于时间、精力等的限制，我无法完全实现我所能触及的完全程度上的所有价值。如果这些都是对的，那么协商优先并没有捕获受信人对于委托人应有的态度；反之，他们在实施自由裁量过程中应给予委托人协商的排他性。

再看忠义的"认同"展示，显然有一种感觉，受信人应当认同他们的委托人，一般认为他们为委托人服务的角色是值得花时间的。这种情况尤其适合慈善

㉕ 我很感激 Richard Walker 帮助我看到这一点。

受托人或公司董事。这种认同不仅仅是对慈善团体或公司所追求的东西的喜爱，而是对其目标和策略的一种熟悉。但是，解雇慈善受托人或公司董事不要求任何这类同情，即慈善团体或公司获得成功时，受信人的生活会如何以任何真正重要的方式步入正轨。毕竟，这只是一份工作。考虑传统家族信托中受托人与受益人之间的信义关系的示例，论点会更加尖锐。家族受托人—受信人的主要任务是置身事外，看清他的受益人，不受个人“认同”的感染，利用对受益人的个体了解，但不受喜欢或不喜欢的影响。至于受益人，就像有些其他人一样，可能是糟糕透顶的人，认同其也许是灾难性的。无论如何，把自己的身份与受益人的身份看做有密切联系不是受托人管理范围的一部分。[26]

最后，就认知偏差而言。法律上的受信人承担代表委托人行使各种权力的义务。如果在行使权力过程中，受信人形成了错误的信念，无论那些错误信念多么与委托人意气相投，这项义务都不能被适当地免除。的确，在家族信托中，将权力交于受托人手中的全部目的之一，是为有关如何管理长期的家族事业的错误信念提供矫正方法。思考一下：家族信托中多个受托人之一是家庭成员的情况并不罕见，通常是受益人，压倒性的情况是委托人因受托人公正（*impartiality*）对待受益人而选择他们；如果受信人的忠义被真正重视，可以看到反面情况——委托人选择亲密的家庭成员为家族信托的受托人，但如我所说的情况几乎永远不会出现。

总的来说，我们接受有关前面详述的忠信之共同观念的分析，在这个程度上可以发现，其本质上无关或相当肯定地与我们在法律上对受信人的要求不一致。

四、信义法："禁止利益冲突"规则和非忠义

“禁止利益冲突”规则是规制受信人的基本规则。[27] 通常说来，当受信人从

---

[26] 因此，在这本书中，我与 Irit Samet 部分合作，她认为，一种涉及对委托人的情感依附的忠义之“模糊的概念”，是受信人所期望的。对一个受信人如受托人来说，成为“冷酷的人”并不是一种失败。我也不认为康德关于“道德力量”的观点，即服从道德法律的一般倾向，尽管它可以培养且培养可以（必须）涉及情感，等同于康德对任何特定美德如忠义的认可，即使是在最小意义上帮助一个人遵守道德法则。

[27] 参见 Matthew Conaglen, *Fiduciary Loyalty: Protecting the Due Performance of Non-Fiduciary Duties* (2010)，尤其是 ch 3，有力地捍卫“禁止利益冲突”规则是调整受信人的法律之核心。

事一项交易时，其自身的利益可能会与委托人的利益相冲突，其有责任返还任何源于该项交易（未授权）的收益。禁止利益冲突规则是规制受信人的更为具体的规则基础，尤其是“禁止未授权的利润”规则、自我交易规则（受信人代表交易“双方”实施行为的交易可以依法当然地予以撤销，如果不，受信人必须返还他所获得的收益）以及公平交易规则（受信人与其委托人交易必须确保交易是公平的，否则可以被撤销，如果不，受信人必须返还他所获得的收益）。根据禁止利益冲突规则，受信人有责任返还其在自身利益可能（*may*）与其对委托人的义务相冲突的情况下获得的任何收益。

这项规则异常严格，被构造为——“可能相冲突”——以冲突的可能性遁词，而不是以存在实际的利益冲突为遁词。甚至在某些情形下，有人可能会说即使没有冲突，规则依然适用，因为委托人基于一些原因不能就所提及的获利享有利益。*Keech v. Sandford*（1726）是典型的英国案例。一位受托人为一位未成年的受益人持有一份租约，受益人寻求续约。出租人拒绝与受益人续订租赁合同。受托人为自己的利益签订了一份新的租赁合同。大法官金（King）命令受托人以信托的形式为受益人持有租约，尽管当其获得利益时，利益严格说来并未与其对受益人的义务相冲突，因为出租人完全拒绝与未成年受益人续约。大法官金同意规则适用的结果是：

> ……受托人是所有人中唯一一个不能获得租约的；但规则应当被严格地适用，不能有一点放松，这是非常适当的；因为在拒绝与信托受益人续约时，非常明显就是让受托人续租。[28]

禁止利益冲突规则所指出的意思是一个众所周知的观念，即一个人不应成为自己案件的法官，以及关于有偏见的推理的类似观念。[29] 这与错误或恶意无关。举一个例子，[30]某人不得不担任一场足球赛的裁判，他的小孩在其中一支队伍中。在这种情况下，公正地裁判几乎是不可能的——最诚实的人易于过度补

---

[28] *Keech v. Sandford*, 2 Equity Cases Abridged 741, 22 ER 629 at 741, 629.

[29] Cf Irit Samet, "Guarding the Fiduciaries' Conscience-A Justification of a Stringent Profit-stripping Rule," 28 *Oxford Journal of Legal Studies* 763 (2008)，其证明这条规则是正当的，与法律对受信人自我欺骗之风险的回应有些不同。

[30] 这应该归功于 Lionel Smith。

偿和不公正地裁判其小孩所在的队伍,以确保他没有过多地考虑自己小孩的利益。在此,进一步的平衡部分是人的合理化能力(不同于当某人享有利益时试图公平裁判的困境,这指向人类通病)。人们倾向于合理化自己的行为使其可以接受,尤其是当造成"无伤害"时;在 *Keech* 案中,受托人可能已经感觉到签订租约不会对受益人造成伤害。以这种方式解释禁止利益冲突规则的本质之优势在于,构造规则以契合受信人地位引发的问题:当人们承担受信人的角色,即通过以某种方式而非另一种方式实施自由裁量,必须承担单方面控制另一方的法律地位的角色,[31]他们必须为委托人的利益行为。通常来说,这非常容易。就是遵守一方根据合同或信托自愿承担的就自由裁量的承诺,并尽所能做出正确判断。但当冲突产生时,鉴于人类无能力克服偏见以及合理化的能力,所有这些都会被破坏。

五、*Boardman v. Phipps* 案

Boardman v. Phipps 案引起了大量争论,[32]但正如迈克尔·布莱恩(Michael Bryan)指出的,[33]可能除了大法官尤约翰(Upjohn)认为(如果是他的观点)禁止利益冲突规则之"可能相冲突"方面的严格性应当放宽外,所有的法官在上诉法院的初审时以及在上议院中都支持该项法律原则;在各个层级的难题是如何将法律适用于事实。简言之,事实是这样的:被告是博德曼(Boardman),一位代理菲利普(Phipps)家族信托受托人的律师,汤姆·菲利普(Tom Phipps)是委托人的儿子且是受益人之一。其他受益人是委托人的遗孀(审判时已经死亡)、汤姆的兄弟约翰·菲利普、他们的姐妹以及另一个兄弟的遗孀。信托对私人公司拥有绝对的控制,公司正面临经营困境。博德曼和汤姆·菲利普决定采用新的有效的管理模式,使公司能够给股东带来巨大的利润。经两个积极受托人(第三

---

[31] 关于规范受信人的法律之"自由裁量理论"也可以参见 Ernest Weinrib, "The Fiducary Obligation," 25 *University of Toronto LJ* 1 (1975); Paul Miller, Irit Samet and Lionel Smith in this volume。经典的司法陈述在 *Varity Corp v. Howe* (1996) 516 US 489 at 504。

[32] See Michael Bryan, "*Boardman v. phipps*: Doing Equity Inequitably," in Charles Mitchell and Paul Mitchell (eds.), *Landmark Cases in Equity* (2012), 581 - 610.

[33] Bryan (n 32) 585 - 9.

个受托人是委托人的遗孀，其一直患有痴呆症，没有参与和关注引起法律诉讼的那些行为）知情同意后，博德曼和汤姆·菲利普作为信托股权的代理人，试图让汤姆被选入董事会，结果失败了。他们针对在菲利普和其他主要集团股东之间进行经营分割的谈判也失败了。两个积极受托人明确表示不会为信托再行购买更多的股份。最后，博德曼和菲利普在受托人的支持下用他们自己的钱买入了足够的股票，以使自己能够控制公司。结果是，他们能够廉价卖掉某些公司资产，分配大量的股利，同时维持较高的股价。汤姆的兄弟约翰·菲利普起诉博德曼和汤姆·菲利普，要求他们返还在购买的股票上赚取的利润，作为受信人他们应当对利润负责，因为是在利益冲突中获得的。上议院以3：2的比例裁决博德曼和菲利普有责任返还他们赚取的利润。

有关博德曼和菲利普的责任之最佳解释，如布莱恩详细阐明的，对于作为整体的各级法院判决以及基于事实确定他们的责任的裁判来说都是正确的。正如裁判表明的且不可推翻的，博德曼和菲利普本质上成为无权（*de son tort*）代理人，即未适当地任命，但事实上是对菲利普在公司中的股权具有利益的那些人的代理人，当然包括约翰·菲利普。当他们向受托人和约翰提供一些信息时，他们没有完全告知他们的活动，但自始至终代表其他股东，他们不仅仅为自己的利益行为，也代表股东菲利普。因此，他们处于受信人的位置，这使他们对在利益冲突中获得的未经委托人适当授权的任何收益负责。从这个视角来看，冲突很明显：通过寻求获得公司股份，他们利用作为所有菲利普受益人之代表的地位为自己获取利益。除非这种利用经过对菲利普股份享有利益的其他人授权：约翰、他们的姐妹和遗孀，否则他们有责任返还他们的收益；法院认为他们没有这样的授权，所以他们有责任返还（当然，他们有权扣除他们在股票上支付的总额）。

威斯康特·迪尔霍恩（Viscount Dilhorne）的异议表明，法律于事实的这种适用不是必然正确的，并且解释了为什么该案的读者总是对结果有种矛盾的直觉。他解释说，当受托人坚定地坚持他们不再进一步购买股票时，自那以后博德曼和菲利普以及受托人可以说是采取了联合行动从公司中获益；博德曼和菲利普做了所有的工作，受托人同意为博德曼和菲利普投票以获得对公司的控制。

无论如何，这个案件代表了规制受信人法律中的一个重要命题，即在利益冲突情形下获得未经授权的受信人有责任返还收益,不必然披露任何非忠义事项(*does not necessarily disclose any disloyalty whatsoever*)。支持博德曼的所有法官强调,被告尤其是博德曼一直诚实地、正直地实施行为。大法官科恩(Cohen)这样解释:

> 我想要重申,上诉人的正直是不容置疑的。他们自始至终完全诚实地实施行为,被上诉人是幸运的人,衡平法的严格规定使其能够分享源于上诉人在1959年3月实施的购买股票且自担风险的行为的利润。正如裁判文书的最后一段清楚地表明,初审法官明显同意这个观点。他直接调查根据上诉人在获得前述股票及利润中付出的工作和技能,分配多少利润给上诉人或他们中的任何一个是合适的。初审法官通过表明偿还应当在自由的范围内之观点作出裁判。我尊敬地赞同这种审查。[34]

判决的另一个重要特征是,没有任何一个法官暗示博德曼和菲利普有解决或排除利益冲突的普通法或衡平法上的义务——说他们有这样的义务至少在道德上是有问题的,因为他们基于善意没有认识到有这样的义务,[35]或者他们几乎确定地已经获得不仅是受托人还有约翰·菲利普和能够代表委托人遗孀实施行为之人的正式书面同意。当一个人认识到自己处于利益冲突之中时,他明智的选择是要么获得委托人就尽管存在冲突仍实施行为的同意,要么解决冲突,通过辞职或者向法院提出申请批准其打算做的决定。但是,处于冲突之中本身是没有错的;从而没有义务避免冲突。我们可以用假设的和实践中经常发生的真实情形来强化这一点。假设博德曼凭借菲利普以外的一个股东的远亲身份,在远亲死亡后偶然继承一大宗公司股票。此种继承也许已经将其置于与汤姆的冲突中,因为他之后已经处于独自获得大部分股权的位置(姑且说)。作为汤姆的合作者,他必须披露他新的利益,经汤姆同意后与汤姆像之前那样继续合作,否则有责任返还以自己名义进一步获得的股份。但正如这个示例表明

㉞ At 104.

㉟ 我并不否认,一个人受到道德规范的支配,而事实上,该人不能遵守道德规范,也不否认,服从道德规范要求一个人必须意识到该种道德规范适用于自己的处境。在此我的主张是,这不是负有解决利益冲突之义务的情形。

的，一个人不会仅仅因为处于利益冲突之中而实施违法行为，这种利益冲突甚至可能因法律的实施（通过适用继承规则）而发生于一方。这是假定的情形，现在再来看为常见的真实情形。设想一个获得授权购买 XYZ 有限公司信托股票的受托人。实际上，受托人自己在公司中有股份。因此，在某种意义上，受托人发现自己处于利益冲突之中，因为他可以（*could*）将自己的股票卖给信托。但是如果受托人在公开市场上购买 XYZ 公司的股票，他的购买行为是无可指责的，因为交易本身（*the very transaction itself*）没有反映出那种利益冲突。仅当受托人从事交易本身涉及利益冲突的交易时，责任才产生。

在这个方面，受信责任规则类似于不当得利规则。两者都是主要的、救济的（*primary*，*remedial*）责任。[36] 没有人有义务拒绝一项错误支付，但是接受者有责任返还得利，即采取救济措施。同样地，受信人没有义务不在利益冲突中实施行为，但是当他们那样做了且因此获利，他们就有责任将获利返还给委托人。

人们有解决利益冲突的普通法义务之观点作为一般普遍规则绝对说不过去，但是它在特殊情形下还是可以适用的。博德曼和菲利普尽管如法院裁定的是自封的代理人，但没有义务继续进行股票购买和公司重组。但在某些情形，受信人有义务这样做。最佳的例子是，一位律师承担为交易双方不同的客户提供建议的义务，律师从一方获得事关另一方重要利益的有关即将进行之交易本身的秘密信息。[37] 在此种情形下，律师处于两难境地：他要么违背对一方的保密义务，要么违反对另一方的披露义务。在这种情形下，他无法“解决”冲突——他只能退出为双方客户提供服务，从而不用实施行为。他为交易任何一方实施的任何行为都将违反对一方或另一方的义务。

六、民法和刑法中的忠义义务

对委托人负有忠义义务的人除了被视为民法上的行为者外，一些评论者[38]

---

[36] Stephen A. Smith, "Unjust Enrichment: Nearer to Tort than Contract," in Robert Chambers, Charles Mitchell, and James Penner (eds.), *Philosophical Foundations of Unjust Enrichment* (2009) 181.

[37] 最近的一个例子，参见 *Hilton v. Barker, Booth & Eastwood* [2005] UKHL 8; [2005] 1 WLR 567。

[38] Peter Birks, "The Content of Fiduciary Obligation," 34 *Israel Law Review* 3 (2000). 这篇论文整体上有很多优点；我只是反对在“利他主义”的基础上构建信义概念。

构造了受信人在其中必须“利他地”实施行为的信义关系。我认为这完全是误导性的。我敢肯定,大部分专业信托公司在他们的认识中或规划中没有任何的利他主义;尊重隐私、信任、自由裁量、判断、管理能力是肯定的,但不是“利他主义”,看看他们的收费条款就知道了。在此有害的想法是,某些民事违法行为可以表征为特别的自我服务或者非忠义。但我想要提出,这与信义关系(除非产生误解)和一般的民事法律责任无关。正如我已经阐释的,受信人在实施自由裁量的过程中应给予委托人利益以“协商的排他性”,但这只是工作的一部分(*part of the job*)。完成工作,实现自己自愿承担的义务,不应当被认为是无私或利他的实例,因为那会暗示这样做多少有些例外,在此种情形下主体自身的利益因另一方的利益而受阻或被忽略。坦率地说这是错误的,如果这是正确的,那么没有商人愿意担任受信人的角色。

抛开我到目前为止所说的一切,当被称为“受信人”的人实施了一项违法行为,一项违法行为不“仅仅是违法的”,而且可以被认为是对忠义的滥用,在这些案例中信义义务被做了各种延伸是事实(在我看来不适当)。一个典型的例子是加拿大最高法院在 *M*(*K*) *v.* *M*(*H*)案中所作的判决。[39] 在 M(K)案中,原告遭到其父亲被告的性虐待,从 8 岁开始一直到 16 岁。她遭受了各种心理问题,经过心理治疗后,在 28 岁起诉其父亲侵权要求损害赔偿。陪审团支持了她的请求,判决一般损害赔偿 10000 加元和惩罚性损害赔偿 40000 加元。然而,主审法官撤销了判决驳回起诉,理由是该项请求被安大略省《时效法令》(Limitations Act)所禁止。上诉至加拿大最高法院,原告/上诉人认为基于各项理由,《时效法令》不应当用于禁止她的侵权主张,因此,她的上诉应当获得支持。但她同时认为,她父亲乱伦的侵犯人身行为构成对信义义务的违反;鉴于事实是没有关于违反信义义务的法定时效期限,如果她以此理由获得支持,她将处于更加有利的位置,避免侵犯人身行为因她起诉他父亲之间时间的经过而被禁止。最高法院采纳了她关于其父亲侵犯其人身违反了信义义务的观点。

虐待儿童当然是糟糕的违法行为,由父母或监护人实施时也严重违反忠义和善意,似乎是后者的考量促使最高法院接受虐待行为违反信义义务。[40] 但是

---

[39] [1992] 3 SCR 6. See also *Norberg v. Wynrib* (1992) DLR (4th) 449, Can SC.

[40] R. Flannigan, "Fiduciary Regulation of Sexual Exploitation," 79 *Canadian Bar Review* 301 (2000).

虐待儿童是犯罪和民事违法行为。没有人有法律权力或自由裁量权实施虐待儿童的行为，即依符合小孩最佳利益或不符合的方式实施的权力或自由裁量权。信义义务旨在确保受信人作出决定，他根据信托或代理或聘用，要么获得法律上的授权，要么有义务以某种方式或另一种方式承诺（*that he is otherwise legally empowered or obliged to undertake in one way or another under his trust or agency or retainer*），以最好地服务于委托人利益的方式行事。鉴于受信人的信义义务，对合法（*legitimate*）权力或自由裁量权的合理（*legitimate*）行使可能转变为（*turned into*）一个"违法行为"，致使受信人承担责任，因为义务是在利益冲突中承担的。任何传统义务的违反，无论是如侵犯人身或虐待儿童的侵权，还是违反合同，都不会简单地成为对信义义务的违反，因为除了本身是一种违法行为外，信义义务还（*also*）揭示自利、非忠义或恶意；那些行为不属于构成受信人自由裁量权之延伸的决定范畴，在此范畴且仅在此范畴受信人的信义责任才适用。如大法官米勒特在另一个背景中已经阐述的：

> 性侵犯一名男孩不是照看他的不适当方式。这本身是一个独立的行为，不是做其他事情的不适当方式。㊶

所以，仅仅因为违法行为出现，除其本身的不正当、非忠义，不会使其变为"违反信义义务"。基于这个观点，*M*(*K*) *v.* *M*(*H*)案中的父亲并未违反信义义务，因为性侵犯行为无论谁实施显然都是违法行为。该行为由本应该值得信任的父母实施加重（*aggravates*）其不法性；但是，这不会使其转变为不同种类的违法行为，即"违反信义义务"，因为这不是一个人在利益冲突中行使权力或自由裁量权的情形，该权力或自由裁量权因他们与另一方的关系而享有，必须为另一方的利益而行使——没有人有权力或自由裁量权对任何人实施性侵犯。㊷ 确实，从这个观点来看，说违法行为的本质是"利益冲突"的出现，轻视了（*belittles*）违法行为的严重性，即性侵犯的不法性在于令人发指地侵害了受害人

㊶ *Dubai Aluminium v. Salaam* [2002] UKHL 48, para. 123; [2003] 2 AC 366, 400. 文本是关于严格责任的讨论，Lord Millett 强调，可能存在错误行为的替代责任，其不能被认为是一种不适当的履行职责的方式。

㊷ 关于沿循这些思路的类似推理，参见 Lionel Smith, "Deterrence, Prophylaxis and Punishment in Fiduciary Obligations," 7 *Journal of Equity* 87 at 98–100 (2013)。

身体的完整性，不主要是其表明非忠义，更不是因为犯罪者“支持自己的利益”而非受害者的利益。信义责任的本质是受信人是参与交易的违法行为方（*wrong party*），而不是交易本身是违法行为。受信人不是其委托人财产的适当购买者，因为在同自己缔约时，他明显在利益冲突中实施行为。但是，性侵犯的违法行为不是因为实施侵犯行为的人是不法之人（*wrong person*）而具有违法性。其属于违法行为是因为侵犯行为本身是违法的，无论谁实施。

我不否认，当监护人或父母实施性侵犯，其不仅可以被定性为一种侵犯人身的侵权行为，而且可以被定性为违反忠义或信任，这正好是刑法中可以恰当考虑的加重因素，如为判刑的目的。守卫收受贿赂让窃贼进入，或者一个人偷其雇主的东西，或雇主欺骗其雇员，如经常性地少算工作时间，情况同样如此。我们对看门狗比对吃掉鸡的狐狸更加生气。但我不明白这类加重与民法有什么联系，除了民法通过惩罚性损害赔偿具有惩罚性功能外。[43]

在 M（K）案中，麦克拉克林法官在她的并存意见（concurring opinion）* 中说道：[44]

> 我补充关于损害赔偿总额的问题，我不同意侵犯人身的损害赔偿总额必然与违反信义义务的赔偿一样。在我看来，问题在于诉因所包含的违法行为是否是相同的。侵权人身的侵权包含的违法行为与违反信义义务的诉讼所包含的违法行为不同。例如，后者导致对信赖关系的损害，而前者没有。违反信义义务的诉讼与要求承担损害赔偿以防止未来违反联系更加密切；如我在 *Canson Enterprises Ltd. v. Boughton & Co.* [1991] 3 S. C. R. 534, at pp. 587 – 588 中指出的，受托人总是负有最严格的责任，在某种程度上严于侵权行为者的责任。简言之，尽管我同意我同事的观点，即两个不同的诉因以相同的政策目

---

[43] 我不是一个关于民法的纯粹主义者。在某些情况下，条件允许的话，民事法庭可以（也应该）考虑到实施不当行为的动机，信义法也不例外。在董事——受信人领域一个具有启发性的（且有趣的）例子，参见 Edward B. Rock, “Saints and Sinners: How Does Delaware Corporate Law Work?” 44 *UCLA Law Review* 1009 (1996 – 7)。我很感激 Andrew Gold 的推荐。

* 并存意见是法官撰写的法律意见书。这种意见书同意主要意见书的判决，但是同意的理由与其他法官不同，以示意见分歧。当某一判决无法形成绝大多数主要意见书时，会有多个并存意见书。能得到大多数支持的并存意见书，被称为复数意见书（plurality opinion）。——校者注

[44] At para. 118.

标为基础，相同的损害赔偿金额可能是适当的（paras. 105 – 106, supra），然而我不认为，违反这种性质的信义义务涉及的政策目标或违法行为必然与侵犯人身之侵权的基础相一致。

因已给出的理由，我不同意几乎这一整段的阐述。在实际信托案例中，信托法不赔偿"信赖关系损害"。为什么在这里就应当赔偿呢？鉴于信义责任是无罪的，为什么一个人要加重对被告的判定呢（我从这一段话中得出清晰的认识，"违反信义义务的损害赔偿"应当大于或附加于侵犯人身的赔偿）？这不是民法预防的目的，无论经济学家们怎么说。[45] 信义责任在某种意义上是严格责任，它不问动机，只问获益的情形，即存在利益冲突，因此，有时被称为"预防剂"，并没有使它成为一股威慑力量。最后，"受托人总是负有最严格的责任，在某种程度上严于侵权行为者的责任"是夸张的说法，要不就是胡说八道。这种观点偶尔会被法官滔滔不绝地说，[46]但在法律现实中没有基础。受托人和受信人就像其他法律上的义务承担者一样，被要求遵守他们的义务，没有其他的。由于拥有自由裁量权，他们有责任在自己进入利益冲突时撤销交易，并有责任返还在利益冲突的交易中获得的收益。这不是对他们适用更高的标准，这完全是对人类决策中的偏见方式和合理化因素的明智道德回应。

---

[45] 参见 Smith（n 44）。Hanoch Dagan 建议我在此注意。他认为，威慑的概念是复杂的。在某种程度上，维护权利，即加强共同体中的权利存在是民法的功能之一，这以一种威慑的方式发挥作用，通过引导关注我们的权利义务结构。然而，在此通过威慑，我仅仅指作为努力治愈之正当理由的威慑概念，即它将会基于观察者的意识，而不是在认知模式下，帮助他们意识到他们和其他人有什么权利，但在谨慎的模式下，由于（或多或少）可能产生的后果，激励他们避免某些行为。

[46] 最著名的例子是 *Meinhard v. Salmon*（1928）164 NE 545 at 546 per Cardozo CJ；相关章节被本书中的 Michele Graziadei n 2 引用。

第八章　论信义法之忠义

安德鲁·S. 戈尔德(Andrew S. Gold)*

忠义影响着法律的方方面面,并非信托法之专属。秉承诚实信用和公平交易原则订立的契约便是忠义的例证之一。[①] 契约可以明确设立信义关系之外的忠义义务,就职宣誓可能包含忠义誓言的相关内容。法律制度必须对忠义多加考量,概因其是一种不可或缺的品德。[②] 然而,虽然上述情形都指向忠义,但与信义法之间并无必然联系。

另外,信义法难以脱离忠义而存在。虽然忠义的适用范围极其广泛,但对于信义关系而言,忠义却是独一无二的。我们通常认为,若所谓的受信人对受益人不负忠义义务,那么两者之间的关系便称不上信义关系。从这一角度看,忠义义务可谓是信义法的本质特征。笔者对这一观点表示赞同,并将之作为以下论述的前提条件和出发点。

信义法具有诸多一般特点,但忠义并非其中之一。对于信义关系而言,忠义义务不仅仅是其必要构成部分,还是信义实践的核心元素。这不禁令人对信义关系产生这样的疑问:忠义义务是信义法的关键特征,这一点已获广泛认同,

---

* 非常感谢 Evan Fox-Decent, Scott Hershovitz, Paul Miller 和 Deborah Tuerkheimer 对本章所提的有益建议。同时,本文章的形成也得益于在美国迪堡大学法学院举行的信义法的法理基础会议以及在圣母大学法学院举行的信义法工作坊,本人对此心存感激。最后,感谢 Elise Addis 提供的出色研究帮助。当然,文责自负。

① See, eg., D. Gordon Smith, "The Critical Resource Theory of Fiduciary Duty," 55 *Vand L Rev* 1399, 1487 - 8 (2002) ("信义义务和诚信义务是同一主旨的变体。两者都是法律强加的忠义义务,旨在减少信义关系中可能发生的潜在机会主义发生"). But cf Daniel Markovits in this volume.

② See John Gardner, "The Virtue of Justice and the Character of Law," in Law as a Leap of Faith (2012) 238, 240 (认为法律制度"应该是诚信、忠诚、值得信赖、温和、人道、体贴、慈善、勤勉、公正、谨慎等"的可能性).

可为何理论家们对此的解释却大相径庭？忠义，作为信义关系的本质特征，是否具有实质性的内容？本文对此展开探讨，并得出否定的结论。

相关的方法论问题对此讨论具有非常重要的指导意义。无论是阐述信义法中可能存在的忠义理想概念，还是调和平衡特定忠义概念与其先例之间的关系，抑或是对法律改革后受信人忠义(fiduciary loyalty)概念的相应改变进行合理解释，都不是本章的重点。相反，本章旨在探讨理解信义法实践中的忠义概念。③ 为此，本章将从法律角度出发，并将法院判案提出的主张作为以上概念在实际应用中的体现。④

这并非理解受信人忠义的唯一法门，但这一方法对概念变革的适应性极强，因而对理解和诠释信托法颇有助益。随着新信义关系的产生(例如，特拉华有限责任公司)以及信义义务新学说的提出(例如，特拉华州将受信人诚信纳入为忠义义务)，信义法的内部解释也在不断发生改变。至于法律中常见的界限划分问题，信义法同样难以避免，尤其在信义概念跨入至公法领域的情况下，信义法对于这一问题更是避无可避。⑤ 学者们就国家及其管理机构的信义责任提出不同的观点。鉴于此，为了提出更切合实际的解释理论(至少要在观念上与法院及立法机构步调一致)，我们势必要与时俱进，不断优化信托概念。⑥

本文所提方法对论证受信人忠义大有裨益，令研究者脱离单法的窠臼，不再孤立地看待问题。近来就有理论家提出了有关忠义的综合理论，虽然“该理论仍是以英/澳信义学说为特定背景展开的”，⑦但毫无疑问，这一全新的研究角

---

③ 在这方面，这种观点受到 Jules Coleman 和 Benjamin Zipursky 的实用概念主义的很大影响。See Jules Coleman, *The Practice of Principle*: *In Defense of a Pragmatist Approach to Legal Theory* (2001); Benjamin C. Zipursky, “Pragmatic Conceptualism,” 6 *Legal Theory*457 (2000). 然而，读者不需要采用这些作者的精确解释方法，来认识信义法中所包含的显示本章所描述变化的概念。

④ 换言之，本章将采用透明度标准。关于在私法理论中采用透明度标准的重要性，see Stephen A Smith, Contract Theory (2004) 24 – 32。

⑤ 近期在公法背景下对信义原则的分析包括：Evan Fox-Decent, *Sovereignty's Promise*: *The State as Fiduciary* (2011); Evan Criddle, “Fiduciary Foundations of Administrative Law,” 54 *UCLA L Rev* 117 (2006); Ethan J Leib, David L Ponet and Michael Serota, “A Fiduciary Theory of Judging,” 101 *Cal L Rev* 699 (2013); D Theodore Rave, “Politicians as Fiduciaries,” 126 *Harv L Rev* 671 (2013); Andrew S Gold, “Reflections on the State as Fiduciary,” 63 *U. Toronto LJ* 655 (2013)。

⑥ 正如 Paul Miller 所述，如果公职人员是独特的受信人，情况更甚。具体可参见 Paul Miller 在本书中的相关论述。

⑦ See Matthew Conaglen, “The Nature and Function of Fiduciary Loyalty,” 121 *LQR* 452, 460 (2005).

度会令我们获益匪浅。此外，由此出发，我们学会因地制宜地看待信义概念，结合其脱胎的地域和法律环境（包括美国法、加拿大法、欧洲法以及国际法）对信义概念加以理解和诠释。同理，这一方法还可以延伸适用于其他特定的排他性信义关系当中。信用机构可以称得上是信义关系的原始形态，但早已不是研究的唯一重点。[⑧] 若继续围绕英/澳法律或信托法开展讨论，就很难捕捉到英/澳忠义概念与美国或加拿大忠义概念之间的联系，也很难把握信托法忠义概念与公司法或代理法忠义概念之间的联系。

最后，尽管本文将法律概念作为研究对象，笔者并未忽略其他领域忠义概念的重要性。相反，笔者认为，想要全面深入地理解法律层面的受信人忠义，从忠义性质的法外理解着手可能会带来意想不到的收获。此外，抛开法律层面，忠义概念千差万别。古语有云，"橘生淮南则为橘，生于淮北则为枳"，忠义概念也不例外，不同环境中，忠义的意义也会发生相应的变化。因此，我们有理由相信，多了解法律领域之外不同的忠义义务能够令信义法内忠义义务的研究事半功倍。

一、五花八门的忠义概念

判例法和学术文献中有关受信人忠义的观点多如牛毛，笔者择善而从，选取极具代表性的观点进行论证。所选观点之间或有重合之处，甚至存在相互包含关系，但由于其本身具有丰富的研究和借鉴价值，且紧紧围绕信义关系展开，因而并不妨碍笔者将之作为以下讨论的内容。在本部分，笔者将会展开分类分析，探讨评估各观点对信义关系中忠义义务的重要性。

（一）避免受信人利益冲突之忠义义务

避免利益冲突是忠义的应有之义，这是受信人忠义的主要观点之一。保罗·米勒对这类广义的忠义义务进行了详细阐述，将之定义为一种忠诚责任

⑧ 事实上，在不信任的环境中致力适用信义法的相关概念有时可能会产生问题。See Edward Rock and Michael Wachter, "Dangerous Liaisons: Corporate Law, Trust Law, and Interdoctrinal Legal Transplants," 96 *Nw U L Rev* 651 (2002).

(duty of faithfulness)。据其描述,避免冲突包含两项原则:

> 首先是利益冲突原则,即受信人应当避免谋取个人利益和履行为受益人牟利之义务之间的冲突;其次是义务冲突原则,即受信人应当避免个人义务与为他人牟利之间的冲突。⑨

总而言之,避免冲突义务构成受信人忠实义务的核心。

有关受信人忠义的另一观点所涵摄的范围则相对狭窄。支持这一观点的学者认为,义务冲突原则在某种程度上并不一定是忠义义务的构成要件,利益冲突原则才是。⑩ 这一受信人忠义观点同样与防冲突义务(避免利益冲突之义务)有关,但并未要求受信人对受益人完全忠义,全权负责。综上所述,笔者将有关忠义义务的不同防冲突观点加以总结,合称为"防冲突"观点。

防冲突原则或许能够有效限制受信人的自利行为,但我们仍需注意,不要将防冲突忠义义务与绝对的无私奉献混为一谈。在日常生活中,受信人通常是可以参与某些自利行为的。换言之,受信人"必须避免参与的,是那些会损害受益人利益的自利行为。"⑪因此,理论家往往对防冲突义务和参与涉他行为之义务加以区分。

有趣的是,防冲突观点并不符合当下的社会规范。受信人忠义的这一般特征能否契合法律领域外的忠义观念还有待商榷。举例而言,甲作为乙的代表,在履行代表义务的过程中与乙存在利益冲突,但乙并不会因此就认定甲不忠义。然而,当公司董事代表股东参与某项行为,且该行为涉及利益冲突时,法院往往会认定该董事违反忠义义务。这种防冲突受信人忠义在法律理解中可谓独树一帜。⑫

---

⑨ See Paul B. Miller, "A Theory of Fiduciary Liability," 6 *McGILL LJ* 235, 257 (2011).

⑩ See Smith (n 1) at 1410 – 11 ("法院通常对自利行为保留'忠义'标签。以牺牲受益人为代价而有益第三方的行为通常被视为注意义务的违反").

⑪ See Smith (n 1) at 1410.

⑫ 在注意到这种区别时,我绝不会质疑这些规则是否是理想的,或者它们是否符合忠义。相反,我想强调的是,法律概念和法外概念是不同的。法律忠义与法外忠义之间的差别是一个既有趣又独立的问题。可以说,这种分歧可能会引起适用者的关注,类似于合同法规范和道德承诺准则之间可能存在的区别。Cf Seana Valentine Shiffrin, "The Divergence of Contract and Promise," 120 *Harv L Rev* 708 (2007). 另一方面,忠义的要求和道德的要求本身可能有所不同,因此,在可能情形下,适用者会从不同的角度提出问题。我感谢 Richard Brooks 注意到信义法可能会引起的适用者关注问题。

尽管法律和非法律领域对忠义的理解不尽相同，防冲突忠义观点在成文法律原则中仍占据十分重要的地位，同时也是信义法的显著特征之一。防冲突原则存在于一系列广泛的信义关系中，无论是信托法、公司法，还是代理法，都不难寻到该原则的踪迹。只要我们仍将法律实践当作分析对象，就应当率先分析防冲突原则，以期厘清忠义的条件。

（二）作为积极奉献之忠义义务

受信人忠义的另一观点指出，受信人必须以受益人的最佳利益为先（或者更准确地说，受信人主观上必须以受益人的最佳利益为先）。鉴于防冲突原则旨在提升信托人以受益人最佳利益为先的概率，这一观点与前述防冲突观点可谓是相辅相成。尽管如此，两者仍各有其独特之处，不可混为一谈。

莱曼·约翰逊（Lyman Johnson）对此观点的阐述可谓翔实可信。近期，约翰逊以乔治·弗莱彻的忠义理论为基础，提出受信人忠义存在两个标准："最低标准"和"最高标准"。⑬ 依照最低标准，受信人不得背叛其"效忠对象"。以此类推，公司受信人不得自我交易或篡夺公司机会以谋取私益。而依照最高标准，受信人对受益人负有积极奉献义务，要求受信人应当（或主观上应当）以受益人的最佳利益为先。

传统防冲突原则反映出忠义的最低标准。冲突理论并非研究受信人忠义的唯一方法。本部分阐述的"积极奉献"同样具有相当的可行性。特拉华州作为美国公司法的发源地，提出这一新观点，即忠义应当包括积极奉献。⑭ 近来受信人忠义的相关案件（如今已被视为忠义案件）有力证明：积极奉献作为一种忠义义务，已经获得广泛认可。

此外，虽然在实践中，当事人很难以董事或管理人员未做积极奉献为由胜诉，但积极奉献义务在法律上是具有可执行性的。在特拉华州，董事的受信人忠义义务在某种程度上与其行为目的相关。在某些案件中，该义务至关重要。例如，董事需对公司财产浪费负责。而相关非忠义行为也可以其他方式进行解

---

⑬ See Lyman Johnson, "After Enron: Remembering Loyalty Discourse in Corporate Law," 28 *Del J Corp L* 27, 37 – 8 (2003) [citing George P Fletcher, *Loyalty: An Essay on The Morality of Relationships* (1993) 9].

⑭ 正如法院在 *Stone v. Ritter* 案中所述，911 A 2d 362 (Del 2006)。

读。典型情形如受信人需对其故意推卸责任的行为负责；[15]董事应为其故意损害公司利益的行为负责（虽然这种情况比较罕见）。由此可见，在某些情况下，积极奉献义务是具有约束力的。简言之，积极奉献乃受信人忠义的必要构成部分。

（三）诚实守信之忠义义务

相较于前两种忠义义务，“诚实守信”有其独特性。虽然在信义法律体系中，这一义务并不突出，但其在非法律领域却占据相当重要的地位，并在近年来的公司法纠纷中发挥了重要作用。

西蒙·凯勒（Simon Keller）就这一义务指出：

> 提起“忠义”，我们必然会联想到“可靠”、“值得信赖”、“尽职”或“真诚”（取自“率直真诚”）这些概念。若说某人很忠义，就意味着这个人值得信任，不会耍阴谋诡计、蒙骗欺诈或控制欲强，同样不会做出出卖他人的行为，此人必重信守诺，言出必行。[16]

约瑟夫·拉兹（Joseph Raz）同样就“诚信（being true）”提出自己的见解。在《自由的道德》一书中，拉兹对某些类型的行为态度与特定关系之间的矛盾进行分析，并指出：“所有的社会形态，无论是其涉及的项目还是由其定义的各种关系都离不开诚信。”[17]拉兹还指出，现实中的确存在主观善意但客观违规的情况：

> 事实上，人们的确会为了保障朋友利益而选择背叛。许多肥皂剧中都有这样狗血桥段，即主人公为了自己心爱的人能够过得更好，忍痛选择分手，背叛两人的海誓山盟。[18]

拉兹一语道破：“由此可知，某些情况下，背叛或许情有可原，但即便如此，

---

[15] See *In re Walt Disney Co Deriv Litig* 906 A 2d 27，67（Del 2006）（这表明“当受信人在面对已知的履行义务时故意不采取行动，就表明他有意识地漠视其职责”，此时可能发生受信人的违约行为）.

[16] See Simon Keller，*The Limits of Loyalty*（2007）154.

[17] See Joseph Raz，*The Morality of Freedom*（1986）354.

[18] Raz（n 17）354.

背叛依旧是背叛。”[19]

综上所述,诚信(being true)的含义具有多重性。拉兹从社会关系的角度对诚信展开讨论。而凯勒提出的“诚信”观点则更加通俗,所涉及的范围也更为有限。他认为“诚信”指的就是诚实、可靠和值得信任。就此看来,两者均捕捉到“诚信”的精髓。值得注意的是,存在这种可能:受信人避免了利益或义务冲突,对他人积极奉献,但仅仅因为未能履行诚信义务,就被认定为非忠义。无论是凯勒还是拉兹提出的观点,都指向一种非忠义,且这种非忠义与防冲突原则之违反或积极奉献义务之欠缺均无甚相关。

“善意的谎言”(white lie)便是一个很好的例子。假设甲是乙的朋友,甲为保护乙不受巨大打击,选择隐瞒某些信息,且乙的确无须知道这些信息。暂且抛开撒谎的道德性不谈,甲为保护乙不受伤害而选择编造一个善意的谎言,这种行为是否算得上忠义?当然,甲可以说在这种情况下,撒谎才能最大限度地保护乙的利益。我们也可以认定,甲与乙并无利益冲突,既不会影响其判断,与第三方也不存在义务冲突。若依照凯勒的观点,将“诚信”纳入忠义义务的范畴,那么甲撒谎的行为就会被认定为非忠义。[20] 反之,甲撒谎的行为就是忠义行为的最佳例证(至少在某些方面是这样的)。无论哪种情况,甲的行为忠义都与其行为是否以乙的最佳利益为先或者防冲突原则无关。

具有以上特点的受信人忠义观点正逐渐为法院接受认可。[21]在近期的期权倒签案件中,特拉华州的法官们指出,对股东撒谎应属非忠义行为。[22] 尽管这种谎言可能并不涉及利益冲突,且受信人已履行积极奉献义务,并未危害股东利益。[23] 同样地,法院还认定,受信人违背其与股东订立协议的行为以及故意违法

---

[19] Raz (n 17) 354.

[20] 说谎是否是忠于信义关系的体现是另一个问题。对于某些关系,说谎不是忠义的体现,但在某些情谊中,说谎恰恰是信义关系的要求,或者至少是允许的。

[21] See generally Andrew S Gold,“The New Concept of Loyalty in Corporate Law,” 43 *UC Davis L Rev* 457 (2009).

[22] See Gold (n 21) at 477 – 9 (描述判例法). But cf Lionel Smith,“The Motive,Not the Deed,” in Joshua Getzler(ed.),*Rationalizing Property*,*Equity*,*and Trusts*: *Essays in Honour of Edward Burn* (2003) 53,81 (这表明善意谎言可以是“忠诚欺骗的行为”).

[23] 不要幻想董事会会认为,具误导性的股东有时会促进股东的最大利益,这完全是幻想。Cf. *Basic Inc v. Levinson*, 485 US 224,234 – 5 (1988) (讨论公司员工是否会通过对股东信息保密来提高股东利益的问题).

的行为都应被认定为非忠义(disloyalty)。[24] 这些情况殊途同归,都具有相同的特性和模式。即使受信人的行为不涉及利益冲突,且其主观上以受益人的最佳利益为先,其仍有可能被认定为不忠义。这些例子似乎证明,诚信的确是忠义的特征之一。

(四)假设协商之忠义义务

从信义法的法律和经济分析维度出发,本部分阐述的忠义观点有别于前述观点。这一观点将受信人忠义视为一种假设协商(hypothetical bargain)。与积极奉献观点和诚信观点不同,假设协商观点与法律领域外的忠义观点并无明显关联。但就忠义义务的内容而言,假设协商是重要理论之一。

弗兰克·伊斯特布鲁克(Frank Easterbrook)法官和丹尼尔·费希尔(Daniel Fischer)从这一角度出发,提出极具影响力的论点。正如两者所言:

> 诸如"忠义义务"之类的术语到底意味着什么?由于义务的缔结是通过契约实现的,无论是委托人还是代理人都明白,订立契约是为获取利益,因此忠义义务的具体内容应当围绕契约当事方可分利益的最大化展开。[25]

此类观点通常具有多数主义性质,即这是大多数人在同等条件下会做出的选择。但各观点的内容却不尽相同。理论上来讲,多数主义补充观点可以等同于防冲突原则,或积极奉献义务,抑或是各种忠义观点的结合体。在伊斯特布鲁克和费希尔看来,对信义义务内容的不同排列组合都属于多数主义观点。

假设协商的相关论点还存在许多争议。依照另一种契约论构想,法院应当采用信义关系特定当事方可能选用的方式。[26] 因此,此处所指的仍是假设协商,

---

[24] See Gold (n 21) at 479 – 80 (描述判例法).

[25] Frank H. Easterbrook and Daniel R Fischel, "Contract and Fiduciary Duty," 36 *JL & Econ* 425, 426 (1993). 关于近期的重新评估, see Robert H. Sitkoff, "The Economic Structure of Fiduciary Law," 91 *BU L Rev* 1039 (2011); Robert H. Sitkoff in this volume.

[26] 关于假设协商方法的各种有益讨论, see David Charny, "Hypothetical Bargains: The Normative Structure of Contract Interpretation," 89 *Mich L Rev* 1815, 1821 (1991).

但其针对的却是特定对象,而非多数人。[27] 这一构想内容丰富,涵摄多种忠义之变体,且依照契约主义观点,这些变体可被抽象为受信人忠义。[28]

(五)公平公正之忠义义务

毫无疑问,当受信人需要代表多方受益人行事时,公平公正就顺理成章地成为忠义的必然要求。艾文·福克斯–蒂森特(Evan Fox-Decent)在其研究中对这一观点进行阐述,并指出,对于国家公民而言,国家行为人(state actors)就是受信人。[29] 但若将国家视为受信人,则其必定无法做到面面俱到,代表每位公民最佳利益行事,因为这样做必然与代表整体公众最佳利益行事相冲突。[30] 同样地,由于国家同时对多方受益人负有公平合理义务,防冲突原则亦难以践行。

福克斯–蒂森特指出,"有自由裁量权的受信人之忠义义务必然会转化为公平合理义务。"[31]他认为,这一结果的基础在于信义原则"能够授权受信人运用受信人权力尊重每个人作为受益人的同等地位,这些受益人都是根据信义原则授权受信人权力使用的对象"。[32] 在公法领域中,也能得出相同的观点。

无论如何,从概念层面来讲,公平合理义务具有其必要性。针对不同受益人,受信人忠义的内容发生相应变化不足为奇。有人可能认为这种忠义仅仅是上述忠义概念因地制宜的产物,甚至含沙射影地指向福克斯–蒂森特所提的"转化的"忠义义务。然而,即便忠义的公平观点是以其他忠义观点(如积极奉献)为基础发展而来,其内容仍具有不可替代性。相较于其他忠义观点,这一观点相当于一个"备选方案",但把对受益人一视同仁与以受益人最佳利益为先划等号必定是错的。否则,国家作为受信人就会变成空谈。

---

[27] 另一种可能是采取协商—模仿的违约。See Omri Ben-Shahar, "A Bargaining Power Theory of Default Rules," 109 *Colum L Rev* 396 (2009). 关于这种方法与信义义务的相关性, see Andrew S Gold, "Dynamic Fiduciary Duties," 34 *Cardozo L Rev* 491 (2012).

[28] 请注意,如果我们将忠义解释为对信义关系的诚信,那么似乎会出现相似的问题。不同的社会结构中,每一信义关系要求的诚信需要匹配不同程度的忠义。

[29] See Evan Fox-Decent, *Sovereignty's Promise: The State as Fiduciary* (2011).

[30] See Fox-Decent (n 29) at 34. 对公职人员来说,确定哪些受益人是受信人忠义的对象也很重要,正如 Ethan Leib 所述,具体可参见 David Ponet, and Michael Serota 在本书中的相关论述。

[31] See Fox-Decent (n 29) at 34.

[32] See Fox-Decent (n 29) at 35.

二、忠义之最低核心内容

纵观以上所有忠义观点,以下几项可谓是受信人忠义的最低核心内容。防冲突观点和积极奉献观点已经广为人知,各有其拥趸。但其他观点也有其闪光点。本部分将对信义法中是否存在忠义的本质内容进行论证。

(一)防冲突观点

要明确这一点,受信人忠义的最低要求便是受信人对受益人负有避免冲突之义务。以保罗·米勒之研究为例。在一篇颇具分量的文章中,米勒指出,法律并未强制规定受信人有义务以受益人的利益为先。[33] 但避免冲突之义务在法律上具有可执行性,因此,当受信人违反信义义务,受益人理所当然可以得到获益救济。事实上,米勒不仅肯定了防冲突原则对受信人忠义的重要性,还认为避免利益和义务冲突就是忠义的意义所在:"换言之,受信人非忠义,本质上就是利益冲突的体现。"[34]接下来,笔者将对此类论点进行阐述。

首先,我们或许会质疑,防冲突义务可否独立于积极奉献义务而存在。彼得·伯克斯对此进行论证。据其所言:"公正无私义务是促进和保护义务的附属物,两者之间的关系难以割裂。脱离主义务研究从义务纯属空中楼阁,不切实际。"[35]事实上,伯克斯的观点要更为激进,他认为公正无私义务纯属"无稽之谈"。[36]

从概念层面上,这种观点有些过激。举例而言,依据合同条款,受信人可能有义务完成某项任务,同时,不得以使自己获利的方式履行前述义务。在此过程中,积极奉献并非必要条件。可以说,这种义务架构同样适用于信义法。受信人可能被赋予一定的自由裁量权,得以在一定选择范围内行事,但不得利用这种自由裁量权为自己谋取利益,同时,其也无须履行积极奉献义务。[37] 这种独

[33] See Paul B. Miller, "Justifying Fiduciary Remedies," 63 *U Toronto LJ* 570, 610 (2013).

[34] See Miller (n 33) at 607.

[35] Peter Birks, "The Content of Fiduciary Obligation," 34 *Israel L Rev* 3, 28 (2000).

[36] See Birks (n35) ("避免追求个人利益的单独义务是无法理解的,甚至是不可能的").

[37] Cf Larry Ribstein, "Fencing Fiduciary Duties," 91 *BU L Rev* 899, 909 (2011) ("避免自我交易的忠义义务并不是参照受信人必须代表其行事的具体当事人来界定的").

特的义务架构在赋予受信人自由的同时,也给其施加一定的压力。一旦违反义务,就有名誉扫地的风险,因此,可以更好地保护受益人。至于法律如何看待这一架构,还另当别论,至少会对之多加思量。

伯克斯(Birks)并非唯一一个对防冲突义务观点提出质疑的人。质疑防冲突义务观点的理由之一就是,对于某些信义关系而言,受信人遇到义务冲突是必然事件。[38] 无论在国家是受托人的情况下,还是其他更为普通的情况下,义务冲突难以避免。契约受信人在其信义责任范围内,可能面临义务冲突。公司董事随时随地都面临义务冲突。一般合伙企业的合伙人(尤其在合伙人数超过两人时)也同样面临这一问题。

此外,对于某些特定信义关系而言,只要当事方事先有约定,法律允许利益冲突的存在。《美国修订统一合伙法》(The Revised Uniform Partnership Act)就是典例之一,据其规定,可部分免除忠义义务。特拉华州有限公司法(Delaware LLC's)更是这一观点的力证,其对防冲突原则全盘否定,将之从法律中废除。有人可能会指出,在这些有限公司的纠纷案件中,争议的法律关系已经不属于信义关系范畴,但归根结底,争议的关系是不是信义关系并不重要。从有限责任公司管理人员的剩余义务(可能包括积极奉献义务)看,若争议的关系仍属于信义关系,那么防冲突原则就不是受信人忠义的最低核心内容。

防冲突原则在某些时候能够充当受信人忠义的保护伞,但就其本身而言,并不足以代表受信人忠义。[39] 若将防冲突原则当作处理实际忠义问题(受信人是否做到积极奉献)的预防机制,那么受信人忠义和零冲突之间就不存在必然的概念联系。至少在一些司法管辖区,这一观点与司法和立法废除防冲突义务的意愿不谋而合。[40] 同时,也可以称得上是忠义义务的主流诠释。

此外,也存在这种情况:受信人并未违反防冲突原则,但仍为受信人非忠

---

[38] 关于该讨论发生的背景,see Steven L Schwarcz,"Fiduciaries with Conflicting Obligations," 94 *Minn L Rev* 1867 (2010). 建议公司董事有一定的自由裁量权选择支持哪些受益人,see Gold (n 27) at 499 - 502.

[39] See Smith (n 22) at 56 ("相反,我认为'避免冲突的义务'是对信义义务最有效的保护,但并不是信义义务的本质").

[40] 在某些情况下,如果双方事后同意,或者交易完全公平,则法律也允许存在利益冲突交易。关于忠诚义务的含义有待讨论,但这些法律实践也符合防冲突原则的观点,即预防的目的。

义。公司法领域中这种情况比比皆是，就以 *Stone v. Ritter* 案为例。[41] 特拉华州法院承认，受信人的不诚信可以被认定为非忠义，由此开创认定无冲突受信人非忠义行为之先河。诚然，受信人忠义义务可以与防冲突原则分离，但这并不意味着信义关系的当事方可以完全抛开防冲突原则。此类案件的真正意义在于证明，信义关系应以忠义为要义，而非防冲突。

简言之，我们常常会发现这种情况，有的受信人明明违反了防冲突原则，但其忠义并未受到任何质疑；而有的受信人并未违反防冲突原则，却仍被认定为非忠义。虽然在很多情况下，未能防止冲突的受信人就是非忠义的，但因此就将防冲突原则作为受信人忠义的最低核心内容，难免有些牵强。

（二）积极奉献观点

众所周知，防冲突原则旨在预防较为基本的忠义义务违反行为（违反积极奉献义务），鉴于此，有必要对积极奉献是不是受信人忠义的核心内容进行探讨论证。莱昂内尔·史密斯在其早期的研究中提出这一观点，指出："动机的监督和可诉性才是信义义务的核心之所在"。[42] 由此看来，受信人"必须权衡利弊，以最符合受益人利益的方式作为（或不作为）"。[43] 但这一观点同样存在争议。

质疑积极奉献观点的理由之一就是，在很多情况下，积极奉献义务并不具有法律上的强制执行力。[44] 或许有人能够以实际问题为例提出反证。虽然积极奉献义务在认定方面存在一定的问题，很难得到执行，但其仍是一种法律义务。长久以来，公司法对受信人行为准则和审查准则都有明确的区分。[45] 但受信人的主观意图很难窥探，商业判断规则也很难对该事实予以体现。即使是在积极奉献义务难以执行的情况下，这一义务仍旧是一项法律行为准则。实践中，当事方提出要求受信人履行积极奉献义务的，往往不会得到法院支持，且在某些情况下，法院还会认定这种诉求不具可执行性，因此，上述质疑理由具有一定的

---

[41] 911 A 2d 362（Del 2006）（因此受信人诚信义务归属于受信人忠义义务）.

[42] See 911 A 2d 362（Del 2006）at 67.

[43] See 911 A 2d 362（Del 2006）at 67.

[44] See Miller（n 33）at 610（表明该类义务是不可依法强制执行的，并援引一个关于亲子关系的案例来支撑）。如上所述，这项义务在某些情况下可以依法强制执行，但可能无法在所有法域内执行。

[45] See Melvin Aron Eisenberg, "The Divergence of Standards of Conduct and Standards of Review in Corporate Law," 62 *Fordham L Rev* 437（1993）.

道理。

此外,法院有时可不考虑冲突问题,而直接判处受信人履行积极奉献义务;同样,其也可不考虑积极奉献问题,要求受信人执行防冲突原则。诚然,这种做法某种程度上是为了威慑受信人,督促其积极履行忠义义务(或者是因为法院担心受信人会作出自我欺骗的行为),但事实上,即便我们相信受信人主观上有意为受益人谋取利益,其仍需为利益冲突及因此造成的损害负责。[46]

还需注意的是,当事方可以在省略相关义务的前提下,缔结合理的信义关系,也就是一种忠义义务关系。假设在一家特拉华有限责任公司中,当事方达成共识,明确规定积极奉献义务不属于其所缔结关系的义务范畴,同时还规定防冲突原则具有充分的法律效力。鉴于防冲突原则作为忠义义务的组成部分,已被学界广泛认可,即使缺少积极奉献义务,特拉华有限责任公司仍会遵守受信人忠义义务。另外,积极奉献义务存在执行难的问题,这种实际困难,无论是有限责任公司还是其他商业组织,都很难妥善应对。[47]

(三)契约观点

信义义务的契约观点也是忠义最低核心内容的合适观点之一。从这一观点出发,当交易成本为零时,受信人忠义就无异于假设协商。以此为前提,自然可以将积极奉献义务和防冲突义务视为契约补充观点的变体。这一观点的有趣之处就在于能够将积极奉献义务和防冲突义务联结起来。虽然多数主义假设协商(遑论特定假设协商)的内容还有很多地方值得商榷,这种契约观点能够拓宽受信人忠义的选择范围,这一点毋庸置疑,但前提是,相关测试条件必须是既定不变的。依照这一测试,可以得出结论:无论是忠义的防冲突观点还是积极奉献观点都是忠义的最低核心内容,因为两者都是假设协商的产物。

契约观点的最大弊病就在于其与忠义的内在观点不符。毫无疑问,有些法院在处理受信人忠义问题时,尤其是在涉及商业组织的情况下,往往会采用假

---

[46] 关于受信人存在利益冲突的自我欺骗问题,see Irit Samet,"Guarding the Fiduciary's Conscience - A Justification of a Stringent Profit-stripping Rule," 28 *Oxford J Legal Stud* 763 (2008)。

[47] See Stephen R Galoob and Ethan J Leib, "Intentions, Compliance, and Fiduciary Obligations" 20 *Legal Theory* 106 (2014).

设协商的方式。[48] 然而,司法语言和推理却常常与契约观点,甚至是假设协商推理相矛盾。无论是从功能理论还是解释理论角度来诠释信义法,都必须从法律行为人的角度理解以上观点。[49] 这是忠义的内在主旨,但在很多情况下,契约观点都与之不符。

即使以上问题都能够解决,契约观点仍存在明显的短板。法院在适用信义法时引用哪种观点暂且不论,并非所有信义关系都是契约关系。例如,虽然有些司法管辖区并不认可亲子关系具有信义性质,但通常情况下,我们都认为亲子之间确实存在信义关系。[50] 追本溯源,亲子关系并不具有契约性,且父母对子女负有的忠义义务也并非源于契约。因此,并不存在可以违反的契约义务,在这种情况下,假设协商对于法律推理也难以成立。

(四)其他观点

笔者尝试着将防冲突义务与积极奉献要求相结合,提出一种新的折衷的观点。[51] 但前提是要认可防冲突义务或积极奉献义务的重要性,否则这种观点重要与否必然也会存在争议。若想新的观点完整统一,防冲突义务与积极奉献义务缺一不可。当然,这并不是我们唯一的选择。还有许多有关忠义的观点可供参考,比如上述的"诚信"观点。然而,在笔者仔细考量研究防冲突和积极奉献观点后,发现这两种观点都反映出信义义务的精髓,因此,才从众多观点中脱颖而出。

若说有什么不同的话,公平公正观点相较于其他观点,更不可能成为忠义的核心义务。公平观点可以用来描述不够忠义的行为,也可以描述远超忠义标准的行为。在日常生活用语中,尽管公平可能是忠义的基本要求,但我们并不会将公平和忠义画等号。此外,即使在某些情况下,公平是忠义的要义所在,但

---

[48] See, eg. , *Jordan v. Duff & Phelps*, *Inc* 815 F 2d 429 (7th Cir 1987), cert dismissed, 485 US 901 (1988).

[49] See Andrew S. Gold & Henry E. Smith, "How Private Law Is Simply Moral" (分析私法的功能和解释理论之间的趋同领域)(作者手稿存档). 对信义法律语言重要功能的进一步思考, see Gregory S. Alexander, "A Cognitive Theory of Fiduciary Relationships," 85 *Cornell L Rev* 767 (2000).

[50] See Elizabeth S Scott and Robert E Scott, "Parents as Fiduciaries," 8 1 *Va L Rev* 2401 (1995).

[51] See Birks (n 35) at 28 (描述了受信人忠义的概念,其中"无私的义务不能从促进和保护的义务中分离出来"); Smith (n 22) at 76 (这表明承诺忠义可以直接产生信义义务,以符合受益人最佳利益的原则行事,并可以间接产生预防性规则).

这并不意味着公平是受信人忠义的核心内容。

换个角度来看这一问题，我们会发现，不同信义关系中，信义义务的强度也千差万别，并可以此得出结论：防冲突观点或积极奉献观点，两者的差异仅仅在于忠义的强度不同。据此，两者中忠义强度较弱的一方可以称得上是忠义的最低核心内容。就这一点而言，莱曼·约翰逊提出的忠义的最高和最低标准值得借鉴。

虽然受信人忠义因信托关系强度而异，但防冲突义务和积极奉献义务孰强孰弱仍未有定论。[52] 在某些情况下，尽管不存在任何利益冲突，但若受信人故意不为受益人谋取最佳利益，因而仍需为其不忠义行为负责。相反，即使受信人已经积极履行奉献义务，尽力为受益人谋取最佳利益，但由于造成利益冲突，其仍需为不忠义行为负责。从理论家的角度出发，没有哪一忠义观点可以符合核心内容的要求。

一方面，若将忠义视为诚信，那么忠义义务就意味着受信人不得对股东撒谎、故意违法或违背其向受益人许下的承诺；另一方面，西娜·希夫林（Seana Shiffrin）指出，受义人对于契约违反是否具有作为义务是一个非常有趣的问题。[53] 以与股东订立的契约为例，假设忠义观点未对凯勒提出的“诚信”义务进行硬性规定，而是非常重视积极奉献义务，依照这一观点，若违背向受益人许下的承诺是以为受益人谋取最佳利益的前提，那么受信人就必须这样做。要求受信人违反义务或撒谎的忠义必定是一种高强度的忠义。同理，禁止受信人撒谎的忠义强度也不遑多让。如何评判不同忠义观点的强度呢？是否存在统一的判断标准呢？有些观点或许更具竞争力，但这另当别论。

三、忠义的其他“核心”内容

由于不同信义关系之间存在诸多差异，理论家们难以在受信人忠义的最低核心义务问题上达成一致便不足为奇。鉴于侵权法、合同法、反不当得利法和物权法各有其核心特点，私法理论充斥着诸多分歧，信义法理论亦是如此。对

---

[52] 还应该指出的是，并不是每个人都接受这样的观点，即受信人忠义在不同情形中的强度不同。See Smith（n 22）at 77（不同意“通说，即信义义务存在不同‘强度’”）.

[53] See Shiffrin（n 12）at 729 n 41.

受信人忠义，理论家们更是众说纷纭，不仅在受信人忠义的内容上难以达成共识，甚至对受信人忠义作为一种义务的合理性提出质疑。[54] 然而，理不辩不明，存在分歧是必然的。问题在于现行的法律学说是否具有足够的包容性，能够令理论家们充分施展其才能，就受信人忠义的核心内容得出合理的定论。

之所以出现如此大的分歧，一部分原因在于，就"核心"法律概念内容展开的测试过于严苛。[55] 想从受信人忠义的必要特征出发来透彻理解其法律概念是远远不够的。[56] 探究信义关系的普遍本质对于理解核心忠义义务并无益处，反而会帮倒忙。或许存在某种具有压倒性优势的忠义观点，理论家们可以以之为基础发散思维，集思广益。或许某种忠义观点能够反映忠义的精髓，而其他观点做不到。换言之，"核心"内容的测试过于严苛，应当依据不同的测试目的加以调整。

虽然这些观点具有相当的可行性，但若想以这些观点解决所有分歧，或者由之推导出更为妥善的解决方案，未免为时尚早。一旦以这种方式拓宽选择的范围，就会出现百花齐放，多种核心忠义义务并存的情况，其中每种义务都能自证其合理性，且都符合特定司法管辖区的典型案件。总体而言，这或许是信义法理论化的理想方式，但对于消除分歧，达成一致并无多大助益。

无论如何，若这一策略奏效，我们就必须承认受信人忠义具有例外存在。（想必这些例外情况会适用受信人忠义的非核心观点）。但这就引发了新的问题，即针对例外情况，并没有相应的测试与之匹配。既然受信人忠义的理论化可以有例外情况，那信义关系评估为何不可？在信义法契约理论家看来，亲子关系就是信义关系的例外；在物权理论家看来，信托案件的核心在于财产的自由裁量权，财产的确权就是例外；更有许多理论家赞成特拉华州有限责任公司就是信义关系的另一典型例外。受信人忠义和信义关系的争议前路未卜，既有

---

[54] See, eg. , James Penner and Lionel Smith in this volume.

[55] 在一般判例背景中可能会出现大致类似的问题，其中一些人否定通过研究其必要特征来理解法律概念的方法。See, eg. , Frederick Schauer, "Was Austin Right After All? On the Role of Sanctions in a Theory of Law," 23 *Ratio Juris* 1, 11 (2010); Danny Priel, "Jurisprudence and Necessity," 20 *Can JL & Juris* 173, 182 (2007).

[56] 我们还应该小心，不要混淆为使受义人忠义所必需的那些功能与法律规定的信义法律的特征。以特拉华州有限责任公司的情况为例，这种区别最容易被理解。在该情况中，根本没有强制性的信义义务。作为法律问题，任何信义义务都可以通过此种商业组织的合同来消除。也就是说，如果合同消除了某些职责，那么他们的缺失可能意味着有限责任公司的关系不再包括忠义义务（并且根据假设，它不再是信义关系）。如果证明任何信义义务具有后一种特征，则按照本章描述的意义，它们是必要的。

可能愈演愈烈,也有可能趋于统一。[57]

纵然困难重重,我们仍要从不同角度研究受信人忠义的核心内容。一种理论方法存在争议并不意味着失败,实践出真知,从理论家们对不同种类忠义义务(包括广为人知的、功能主义的、道德上合法的或者是对法律实践具有重要意义的忠义义务)的研究中,我们能够获益良多。另一方面,若可行的话,探索受信人忠义的最低核心内容并非无用功。若这一假设成立,那么具体应该怎样执行?找到符合受信人忠义主流观点的本质内容似乎不太可能。探索受信人忠义的本质内容则需要降低最低核心义务的标准。笔者将在下一节对此展开讨论。

四、抽象的忠义即为核心义务

通过以下方法,我们可以确定受信人忠义的本质内容。信义关系要求受信人履行法定忠义义务。没有哪个忠义观点能够适用于所有信义关系,但所有信义关系都必须反映某种忠义观点。[58] 最低核心内容由此产生,即该义务必须是忠义义务,即使该忠义义务的种类并不明确。依照这种观点,受信人忠义和不同类型行为之间的界限得以明晰。举例而言,争议忠义所涵摄的范围必须大于适用于契约诚信和公平交易的忠义。[59] 但由于受信人忠义和不同类型行为之间存在界限,受信人义忠义的核心内容很难真正确定下来。

在此需对上述观点加以澄清。上节称受信人忠义的最低核心内容难以确定,并不是说受信人忠义没有任何内容,仅仅是空谈。尽管许多凭空想象的内容符合忠义的概念,但并非所有都符合。在实际案件中,上述观点也不会造成

---

[57] 关于信义法解释核心的重要性也可能存在分歧。See William Lucy, "Method and Fit: Two Problems for Contemporary Philosophies of Tort Law," 52 *McGILL LJ* 605, 623 – 4 (2007) (存在这样一种质疑,即"只有那些以机构及其实践的观点为核心的参与者才能在该机构的任何理论说明中获得认真对待").

[58] 打个比方,一篮水果必须包含水果才符合要求。它不需要有苹果、橘子或香蕉。没有特定需要的水果,但篮子中的任何物品都必须是水果。受信人忠义可能也同样如此。为了符合这种条件,任何一种类型的忠义都可以满足,而且可能无必须存在的特定类型的忠义。但是,为了让我们知道受信人的忠义是具备的,还是必须有一些可识别的忠义概念。笔者感谢 Robert Sitkoff 举的这个例子。

[59] 受信人忠义的内容也可能总是包含特定方向的义务。也就是说,受义人必须至少对信义关系中的受益人负有忠义义务。具体可参考 Markovits 在本书中的相关论述。

法律的不确定性。若以信义法为一个整体开展研究,那么受信人忠义的核心内容就会变得非常含混不清,但一旦细化到特定案件、特定信义关系种类以及特定司法管辖区中,其内容就会变得清晰明了。

还有一点值得注意:忠义概念对信义关系理论化仍有一定帮助,即便没有具体的内容。法律适用的各忠义观点之间存在惊人的相似之处,或者说,忠义内容的不确定性本身就是一种优势。我们可能会从信义关系包含特定忠义观点(对此笔者表示质疑)的角度理解信义关系,同样,法律中的忠义可能包含多种元素也可以成为我们理解信义关系的切入点。信义关系形成的原因是多元化的,相应的权利与义务存在差异也就不足为奇。

然而,对忠义含义的考量应当严肃谨慎。采纳信义法包含受信人忠义义务这一观点,但忠义的内容不明,难免会引发误解。其一,忠义的具体内容不明,并不会影响忠义作为信义法最重要的元素的地位。即便没有具体内容,也不意味忠义对信义关系不具重要性。博弈可能是特定社会关系的关键要素,即便其内容含混不清。[60] 同理,即使在信义法中,忠义并无任何具体内容,其重要性仍不容小觑。

此外,就算特定信义关系或特定司法管辖区认可的各忠义观点的内容互不相容,在抽象层面,忠义仍可能存在具体的要求。忠义是对普遍忠义概念的独特诠释,即便这种诠释在种类和程度上大相径庭。例如,假设忠义谴责违反信义行为,这就体现出某些关系的特点。[61] 不同类型的关系反映出的信义种类也不尽相同,例如,董事股东关系、雇佣关系、亲子关系以及夫妻关系。反过来,上述关系对违反信义的行为定义也不同。有些信义关系只对积极奉献作出规定,是否存在利益冲突并不在其考量范围;有的则禁止利益冲突,毫不在意受信人是否做出积极奉献。有些关系允许(甚至要求)善意谎言的存在,有些则严令禁止。这些忠义的衍生形式或许称不上是忠义的变体,至少在层次上称不上,但对于存在争议的特定信义关系而言,其足以代表忠义。

---

[60] 关于博弈及其特征的经典讨论在:Ludwig Wittgenstein, *Philosophical Investigations*, trans G E M Anscombe (3rd edn. ,1958) § §66 - 71.

[61] 我感谢 Scott Hershovitz 提出了一个可能非常重要的忠义概念。我对这种说法的理解是,它同信托关系中保持诚信的观点有相似的特征,但诚信是更为狭窄的范围。我还要感谢 Paul Miller 强调这样一个观点,即我们可能观察到的是忠义概念的不同表达。有关诚信如何在信义法中发挥作用的有益分析,see Matthew Harding, "Trust and Fiduciary Law," 33 *Oxford J Legal Stud* 81 (2013); Joshua Getzler, "'As If'. Accountability and Counterfactual Trust," 91 *BU L Rev* 973 (2011)。

其二,纵然忠义这一概念的内容相对不确定,但这并不影响统一的信义法诠释方式的形成。即使有影响,忠义的不确定性也不是主要推手。例如,在侵权法领域,民事追索权理论家针对侵权法,提出有力的侵权型观点,但侵权法对不同种类侵权行为进行详细的区分。民事追索权理论家将各种不法行为结合起来,形成一个"大杂烩问题",但仍提出了统一的侵权观点。[62] 信义法的特性很可能同样包含多种价值观和概念,但大体上,信义法仍具有完整统一的理论架构。

事实上,忠义观点的多样性本身就体现信义法体系的独到之处。汉诺克·达冈(Hannock Dagan)提出的私法多元论就证明了这一点。他指出,诸如物权法等私法领域,其实包含多元化的价值观。[63] 这些领域内的特定制度必然能体现特定的价值模式。达冈认为,结构的多元性赋予个体更多的自由,可以在多种制度中择一适用,因此可以称得上是一种促进自治权的理想机制。[64] 正如达冈和沙龙·汉内斯(Sharon Hannes)提出的,以上观点可以为理解信义法提供新思路。[65] 受信人忠义的不确定性观点(这是显而易见的)反映出信义法在结构上的多元性。若这一假设成立,形成统一的受信人忠义观点便指日可待。按照这种观点,通过单一的自治原则,私法的多元性在抽象层面上得以统一。[66]

其三,与前述观点有关,虽然受信人忠义具有不确定性,但因此就认定无法对信义关系的性质展开概念推理却是大错特错。不可否认,并非所有人都认为应当从忠义义务出发来探讨信义关系的存在问题。是应当依据信义关系来推导忠义义务,还是应当依据忠义义务推导信义关系,两种方式哪种更为合理才是争议的核心。[67] 本章提出的论点并不能解释这类问题。无论在上述任何一种

---

[62] See John C. P. Goldberg and Benjamin C. Zipursky, "Torts as Wrongs," 88 *Tex L Rev* 917, 941 (2010) ("虽然承认多种错误和各种类型的错误可能会破灭一些理论家寻求侵权本质主义论的希望,但这远远好过产生基于错误的侵权主义理论").

[63] See Hanoch Dagan, "Pluralism and Perfectionism in Private Law," 112 *Colum L Rev* 1409 (2012).

[64] See Dagan (n 63) at 1423 – 5 [citing Joseph Raz, *The Morality of Freedom* (1986) 372].

[65] 具体可参见 Hanoch Dagan 和 Sharon Hanne 在本书中的相关论述。

[66] 人们也可以像史密斯那样根据功能性方法预估独特的忠义义务,其关注公平的背景特征。See Henry E. Smith in this volume (这表明,鉴于反机会主义问题的变化,我们只应期待各种信义关系之间的"某种松散的联系").

[67] Compare James Edelman, "When do Fiduciary Duties Arise?," 126 *LQR* 302, 316 (2010) (描述了这样一种观点:"'信义'标签是一个只有在应负的具体责任被确定后才能达成的结论。"), with Paul B. Miller, "Justifying Fiduciary Duties," 58 *McGill LJ* 969, 978 – 9 (2013) (表明信义关系对责任的分析优先性), and Paul B. Miller in this volume.

情况下，信义法都能够给出可以自圆其说的观点。即使这些观点存在缺陷，信义法的局部连贯性也不会因此受到影响。[68]

一旦否决受信人忠义必须有具体内容这一观点，就需要重新评估某些信义关系理论。举例而言，若理论家坚持用防冲突原则来解释信义关系，那么忠义的不确定性观点就很难解释得通。相反，其他信义关系观点则能够借助不确定性观点自圆其说。黛博拉·狄莫特（Deborah DeMott）就提出，从符合忠义要求及其不确定性观点的情形出发，能够更好地理解信义关系。[69] 被选中的理论自然很重要。尽管受信人忠义本质特征的重要观点具有一定启发性，但次要观点未必一无是处。

其四，还有一处问题值得注意。理论家或许会得出这一结论：受信人忠义的不确定性观点并未对忠义进行充分清晰的定义，因而不能算一种合理的解释。解决这一问题的方法之一就是将信义法置于特定环境中进行评估。如前所述，在具体环境中，忠义的法律概念是非常确切的；只有在笼统地将信义法当作一个整体进行考量时，才会产生适才所提的不确定性。也就是说，批评家可以将信义法作为一个整体来考量其确定性，但不应仅仅从单个信义法制度出发。这种反对观点难以服众。即使忠义的变体证明信义法作为一个整体，在内容上存在模糊性，也不意味对此所做的诠释就是错误的。[70] 首先，法律学说也可能存在部分模糊性（若将之视为缺陷，则必须改革法律）。对于解释性观点而言，适用性是重中之重的问题，寻找受信人忠义的某种确定性解释，使其适用于所有法律学说可谓难于上青天。其次，忠义的不确定性观点并不构成信义法现行概念架构的缺陷；相反，这一观点彰显出信义法在概念上的张力。例如，若受信人忠义义务内容不确定，董事就可以因时而异，以不同方式诠释其忠义义务，

---

[68] 有关法律制度局部一致性的分析，see Joseph Raz，"The Relevance of Coherence，" *in Ethics in the Public Domain* (1994) 277，314 – 15（描述局部一致性的可能性）。

[69] See Deborah A. DeMott，"Breach of Fiduciary Duty：On Justifiable Expectations of Loyalty and Their Consequences，" 48 *Ariz L Rev* 925，926 (2006)（这表明"有关信义义务的法律可以理解为对行为人的行为是否忠于他人利益的证明"）.

[70] But cf Jody S. Kraus，"Transparency and Determinacy in Common Law Adjudication：A Philosophical Defense of Explanatory Economic Analysis，" 93 *Va L Rev* 287，302 (2007)（为私法领域的解释理论提出了一个确定性标准）.

更好地履行其职责。[71] 反过来,这种机制也能够刺激和推动创新。正如西娜·希夫林所指,特定法律概念的模糊性赋予监管方开展道德审议的权利。[72] 忠义或许有许多相似的特征。[73] 尽管这些可能性并不一定成立,概念层面的不确定性却是受信人忠义的理想特征。这种可能性很可能会被受信人忠义的确定性解释方法所掩盖。事实上,若想得到适用于所有情景的统一确切的忠义观点,难免要有所取舍,舍弃信义法某些最显著的特征。

五、结论

本章旨在对信义法中忠义的最低核心内容加以探讨。从某些角度看来,本章还存在许多不足之处。忠义义务是信义关系的本质特征之一,但单一的忠义观点并不能充分解释忠义,受信人负有忠义义务,且这种义务可能不包括防冲突原则,也可能不包括积极奉献义务,还可能不符合契约观点或者凯勒提出的“诚信”观点。但无论如何,只要受信人负有的忠义义务能够体现其中一种观点,就足以称之为忠义义务,至于具体体现哪种观点并不重要。

忠义的重要性自然不言而喻,但这种重要性并不必然延续至忠义的一般法律特征。对受益人进行指导是受信人最基本义务,而忠义则意味着受信人不得违反代表某种特定关系的信义。然而,理论家们通常考虑得更加深远。缺少适用于所有关系和司法管辖区的具体内容是否会成为信义理论的难点,这另当别论。若理论家们从忠义的基本类型角度诠释信义法,则也需重新进行评估。此外,信义法的独特之处其实就在于其针对不同种类的关系,提出不同的忠义要求。社会实践中,忠义的概念是不断变化的,法律作为社会生活的一部分,其间的忠义内容也是不断变化的。

---

[71] See Gold (n 27) at 495.

[72] See Seana Valentine Shiffrin, “Inducing Moral Deliberation: On the Occasional Virtues of Fog,” 123 *Harv L Rev* 1214 (2010).

[73] 这个可能的观点表明忠义与道德如何联系在一起的问题。这个话题超出了本章的范围,但它是信义理论可能积极追寻的另一个问题。值得注意的是,关于忠义所需要的考量与道德所要求的考量是否涉及相同的考虑因素是模糊的。

第三部分　经济理论：建设性和批判性的观点

第九章　信义法的经济理论

[美]罗伯特·H. 斯蒂科夫(Robert H. Sitkoff)*

引　言

距库特(Cooter)、弗里德曼(Friedman)①(于 1991 年)和伊斯特布鲁克、费舍尔②(于 1993 年)发表对信义法进行经济分析的开创性论文,已过去将近二十年,这两篇文章共同为当今通行的信义法经济和合同模型奠定了基础。③ 而

---

* 本文是罗伯特·H. 斯蒂科夫的扩展版本,"The Economic Structure of Fiduciary Law," 91 *BU L Rev* 1036 (2011)。根据哈佛法学院关于利益冲突的政策,作者披露了某些外部活动,其中的一项或多项可能涉及本文的主题,at <http://www.law.harvard.edu/faculty/COI/2013_Stikoff_Robert.html>。

① Robert Cooter & Bradley J Freedman,"The Fiduciary Relationship: Its Economic Character and Legal Consequences," 66 *NYU L Rev* 1045 (1991).

② Frank H Easterbrook & Daniel R Fischel,"Contract and Fiduciary Duty," 36 *JL & Econ* 425 (1993).

③ 在这种情况下,契约主义者旨在参照经济契约理论和以自愿和基于协议为特征的信义关系,而并非介于信义法和合同法之间的身份。当然,也有关于信义法的大量文献。See,eg.,Matthew Conaglen, *Fiduciary Loyalty: Protecting the Due Performance of Non-Fiduciary Duties* (2010); Tamar Frankel, *Fiduciary Law* (2011); Leonard I. Rotman, *Fiduciary Law* (2005); Gregory S. Alexander,"A Cognitive Theory of Fiduciary Relationships," 85 *Cornell L Rev* 767 (2000); Rob Atkinson,"Obedience as the Foundation of Fiduciary Duty," 34 *J Corp L* 43 (2008); Henry N. Butler and Larry E. Ribstein,"Opting Out of Fiduciary Duties: A Response to the Anti-Contractarians," 65 *Wash L Rev* 1 (1990); Robert C Clark,"Agency Costs Versus Fiduciary Duties," in John W Pratt and Richard J Zeckhauser (eds.),*Principals and Agents: The Structure of Business* (1985) 55; Deborah A. DeMott,"Beyond Metaphor: An Analysis of Fiduciary Obligation," *Duke LJ* 879 (1988); Claire Moore Dickerson, "From Behind the Looking Glass: Good Faith,Fiduciary Duty & Permitted Harm," 22 *Fla St U L Rev* 955 (1995); James Edelman,"When Do Fiduciary Duties Arise?" 126 *LQ Rev* 302 (2010); Scott FitzGibbon,"Fiduciary Relationships Are Not Contracts," 82 *Marq L Rev* 303 (1999); Robert Flannigan,"The Economics of Fiduciary Accountability," 32 *Del J Corp L* 393 (2007); Tamar Frankel,"Fiduciary Duties as Default Rules," 74 *Or L Rev* 1209 (1995); Arthur B. Laby,"The Fiduciary Obligation as the Adoption of Ends," 56 *Buff L Rev* 99 (2008); Melanie B. Leslie,"Trusting Trustees: Fiduciary Duties and the Limits of Default Rules," 94 *Geo LJ* 67 (2005); Paul B. Miller,"Justifying Fiduciary Duties," 58 *McGill LJ* 969 (2013); Paul B. Miller,"A Theory of Fiduciary Liability," 56 *McGill LJ* 235 (2011); R. C. Nolan,"Controlling Fiduciary Power," 68 *Cambridge LJ* 293 (2009); L. S. Sealy,"Fiduciary Relationships," *Cambridge LJ* 69 (1962); J. C. Shepherd,"Towards a Unified Concept of Fiduciary Relationships," 97 *LQ Rev* 51 (1981); D. Gordon Smith,"The Critical Resource Theory of Fiduciary Duty," 55 *Vand L Rev* 1399 (2002); Ernest J. Weinrib,"The Fiduciary Obligation," 25 *U Toronto LJ* 1 (1975).

推动这些论文的委托—代理经济理论已经普遍渗透到关于法律和法律制度的文献中。[④] 通过发展新的理论工具,深化对先前所用概念的理解,法律与经济运动如今已越发成熟。本文的目的,正是希望通过与时俱进和通俗易懂的综述,重新阐述信义法的经济理论。

在重述信义法的经济理论时,本文作出了三个新的贡献。第一,它通过阐明作为所有信义关系核心的代理问题,详细描述了早期的工作。由于所有信义关系具有共同的经济结构,因此也存在一个共同的理论结构,即跨越在不同情况下的应用信义原则。然而,在这种共同结构中,特定的信义义务依据所讨论的信义关系中代理问题的具体情况而有所不同。这一点解释了所谓的信义原则的难以捉摸。它还解释了为什么法院都明确地适用信义法,例如在受托人和(法律)代理人,以及特别是涉及引起代理问题的信托保密义务中。

第二,本文还明确了主要信义规则和辅助信义规则之间的功能区别。我们发现,在所有信义关系中,忠义和注意的一般义务,通常被称为标准,它禁止利益冲突,并规定客观的注意标准。但是,我们还发现具体的附属信义义务(subsidiary fiduciary duties),通常被称为规则,它详细阐述忠义和注意义务对于特定形式信义关系在普遍重现的情况下的应用。总之,忠义和注意的一般主要义务以及具体的附属规则通过规则和标准的混合提供治理方式,这些规则和标准发挥了两者的优点,同时减轻了它们各自的弱点。

第三,本文重新讨论了为什么信义法为何包括了强制性规则之谜,即如果双方当事人处于被认为具有信义义务的关系中,它们就不能放弃该强制性规则。从事对合同进行经济分析的学者,如伊斯特布鲁克和费舍尔,难以解释为什么信义关系的当事人没有完全的合同自由。[⑤] 这个问题的答案是,信义法的强制性核心在信义关系中发挥着警示和保护作用,以及明确第三方权利的外部分类职能。因此,强制性信义核心的存在可以与信义法的经济理论相协调。

---

④ 例如,我在别的地方也提出了信托法的代理理论。See Robert H. Sitkoff, "An Agency Theory of Trust Law," 89 *Cornell L Rev* 621 (2004); see also Jonathan Klick and Robert H. Sitkoff, "Agency Costs, Charitable Trusts, and Corporate Control: Evidence from Hershey's Kiss-Off," 108 *Colum L Rev* 749, 779 – 83 (2008); Robert H. Sitkff, "Trust Law as Fiduciary Governance Plus Asset Partitioning," in Lionel Smith (ed.), *The Worlds of the Trust* (2013) 428.

⑤ See text accompanying n 42.

本文的其余部分组织如下：第一部分探讨代理问题，即作为信义关系核心的共同经济结构。第二部分探讨了在信义关系中包含代理成本的信义管理策略。第三部分探讨了阻碍先前经济分析的信义法强制性规则。第四部分探讨了信义法的救济结构，重点是补偿和追缴的救济办法。随后是简短的结论。

一、代理问题

在经济学家称之为“委托—代理”或者“代理问题”* 的情形下，法律倾向于设定一个信义义务（fiduciary obligation）。只要一个人（委托人）雇佣另一个人（代理人）实施他无法完全予以监督的自主行为，且该行为会影响委托人的利益，就会产生代理问题。⑥ 因此，代理问题并非仅存在于由普通代理法调整的法律关系中，也出现在信托法、公司法和许多其他法律中。

代理问题普遍存在，因为任何人都没有足够的时间与技能做到凡事都亲力亲为，并且每次任务都有一个机会成本。通过将任务委托给代理人，委托人能得益于专业服务，并且可以自由地进行一些其他活动。但是，如果赋予代理人难以监督或查证的自主行事权，那么上述裨益是以授权容易遭受滥用为代价的。在这种情况下，当代理人偏离委托人的利益时，他们可能倾向于谋取自身的利益。这种由于利益的不一致造成的损失和其他低效率被称为“代理成本”。⑦

取消或限制代理人的自主权并不能令人满意地解决代理问题。委托人事先通常无法完整列举代理人在日后可能出现的各种情形中应采取何种具体行动。产生这一“不完全缔约”问题的原因乃是“交易成本”的存在：即委托人不可能预料到所有可能发生的未来事件，即便是为他能预料到的每一未来事件写明具体指令，也不具有可行性。此外，很多情况下，若不允许代理人发挥其专业技能，以委托人的名义自主应对不断变化的情况，恰恰违背了雇佣具有专门技

---

* 经济学中的委托—代理问题根本不同于法律中的委托—代理问题。经济学中的代理人是指处于信息优势者和专业优势者，委托人是处于信息弱势者和专业弱势者。委托人与代理人处于信息不完全不对称状况。——校者注

⑥ See Michael C. Jensen and William H Meckling, "Theory of the Firm: Managerial Behavior, Agency Costs and Ownership Structure," 3 *J Fin Econ* 305, 308 (1976).

⑦ See Jensen and Mecklng (n 6) at 308.

能之代理人的初衷。消极代理使委托人免受错误或不当行为的损害,但也会使代理人无法对委托人采取对其有益的行为。

要解决代理问题,积极监督也并非令人满意的答案。即使委托人明确了代理人在特定情况下应如何行动,要监督代理人是否遵照指令行事对委托人来说也常常不具有可行性。委托人之所以要雇佣代理人,往往是因为他缺乏亲自处理事务所需的专业技能。在这种情况下,专业技能的缺乏,不但迫使委托人必须雇佣代理人,同时也限制了委托人监督代理人的能力。

根据代理人的业绩来评判代理人同样也非解决代理问题的完美机制,因为代理人的绩效,可能会受到超出其控制范围的事由的影响。例如,某一房屋中介未能以房主期望的价格为该房屋找到合适的买家,房主通常难以确定,代理人之所以失败究竟是因为他未尽足够努力,还是因为房主定价过高或市场不景气。房主之所以缺乏评估代理人失败原因的能力,是因为存在后合同性信息不对称,这种后合同性信息不对称被称为隐蔽行为(hidden action) 或者道德风险(moral hazard)。[8]

另一种改善代理问题的可能性是激励性报酬协议。例如,房屋中介通常获得销售价格的一定百分比作为报酬,以此作为经济激励,促使代理人实现最高的销售价格。但是,除非将房屋卖给中介本人,否则任何报酬协议都不可能完全排除存在利益分歧的可能性以及由此产生的代理人优先谋取自身利益的结果。假设某房屋中介将销售价格的百分之五作为报酬,则该中介不可能有任何动力去付出 100 美元的额外努力将售价提高 1000 美元,因为他这样做所得到的收益仅为 50 美元(1000 美元的百分之五)。[9] 相反,如果他拥有该房子,则他将会付出 100 美元的额外努力以求将售价提高 1000 美元。但通过将房屋卖给代理人来解决激励问题(实际上是取消代理人)常常很不实际。一般的房屋中介不能承担购买其委托人的房屋再转售所带来的风险 (风险分担问题[10]),且其

⑧ See,eg. ,Jean-Jacques Laffont and David Martimort,*The Theory of Incentives*: *The Principal-Agent Model* (2002) 3.

⑨ 这个例子源于 Frank H Easterbrook and Daniel R Fischel,*The Economic Structure of Corporate Law* (1991) 91。

⑩ 换句话说,代理关系中既存在激励问题,也存在风险分担问题。See,eg. ,Cooter and Freedman at 1068; Kathleen M Eisenhardt,"Agency Theory: An Assessment and Review," 14 *Acad Mgmt Rev* 57,58 (1989).

委托人在确定房屋价格时仍须依赖该中介的诚信(隐藏信息或者逆向选择问题⑪)。

总之,法律制度设计的困难任务是“保护委托人免受任何代理关系造成的脆弱性,通过将委托人的财产或利益更广泛地暴露于代理人的自我利益行动的风险中”。⑫ 换句话说,这个任务就是设计一套适用于代理关系的法律体系,最小化代理成本,同时保持代理的优势。

二、受信人治理策略

(一)分类和特定威慑

代理问题是分类信义关系,诸如受托人与受益人、监护人与被监护人、委托人与代理人(法律上)、董事与公司以及律师与客户之间的决定性标志。如果你是受托人、监护人、代理人、董事或律师,你几乎肯定享有一种难以监督的自主决定权,该权利影响着产生代理问题的委托人利益。因此,作为一项绝对事项,你是受制于信义义务的受托人,并且你的自主权以受托人的身份持有。《信托重述(三)》(The Restatement (Third) of Trusts)称之为“信托管理的基本原则”,即“推定受托人拥有管理信托产业的全面权力,并以其他方式实现信托的条款及目的,但所有以受托人身份持有的权力,必须根据受托人的信义义务而行使或不行使”。⑬

但是,分类信义关系并不会只存在于代理问题的领域。根据情况,其他关系中可能出现代理问题。因此,法院特别在“信托保密”的关系中施加信义义务,这种关系提供了一个代理问题,但不是绝对信义。⑭ 伯德特诉米勒案中

---

⑪ See, eg., Laffont and Martimort (n 8) at 3.

⑫ *Restatement (Third) of Agency* (2006) § 8.01 cmt b. 虽然引文指向普通法代理,但该点涉及在经济意义上而非法律意义上使用该术语的所有代理关系。

⑬ *Restatement (Third) of Trusts* (2007) § 70 cmt a.

⑭ See, eg., *Wiener v. Lazard Freres & Co* 672 NYS2d 8, 14 (App Div 1998) (指出“一方信任另一方并合理地依赖另一方的优秀专长或知识,可能会产生信义义务”); *Restatement (Third) of Agency* § 8.01 cmt c(指出信义义务的施加“是在这样的基础上的:关系的一方实际上已经对另一方建立了信任以及信赖,并且已经连续对其进行了邀请”)。

(*Burdett v. willer*),[15]法官波斯纳的意见是具有说明性的。他提到“投资顾问与他建议的人之间的关系”不是一种本身的受托类别,法院对被告投资顾问施加信义义务。[16] 原告人对被告人“寄托信托和保密义务”,被告自称“既是专家也是值得信赖的”。[17] 被告人凭借他所声称的“专家知识”(原告人不能监督的部分)获得原告人的“影响力和优越性”。[18]

在分类和特别信义申请中,施加信义义务都意味着改善潜在的代理问题。根据信义治理策略,代理人事前被赋予广泛的自主决定权,但委托人事后有权审查代理人的行为是否真正符合委托人的最佳利益。抛开法律形式主义和道德化的论证,[19]信义义务的功能性核心是威慑(deterrence)。[20] 通过威胁代理人,如果他不是为委托人的最大利益而行动将要承担事后责任,促使他如此行动。代理人被授予广泛的自由决定权,但其必须为委托人的最大利益而行使自由决定权,否则将要承担损害赔偿责任以及返还所得利益。

(二)忠义和注意

由此观之,信义义务的运作过程就变得一目了然。信义义务的核心是忠义义务和注意义务。忠义义务禁止代理人滥用代理权,并要求受托人为委托人的“最大”利益或甚至“只”为委托人的利益而行动,以此来协调利益冲突。忠义义务推定性地禁止受托人进行自我交易,规定委托人对此类交易行为的同意需满足一定的程序上和实体上的保护性要件,其中主要的保护性要件是规定受信

---

⑮ 957 F2d 1375 (7th Cir 1992).

⑯ 957 F2d 1375 (n 15) at 1381.

⑰ 957 F2d 1375 (n 15) at 1381.

⑱ 957 F2d 1375 (n 15) at 1381; See also *Patsos v. First Albany Corp* 741 NE2d 841,849 – 50 (Mass 2001)(向投资顾问施加特别信义义务).

⑲ 最著名的言论在法官卡多佐(Cardozo)对 Meinhard Salmon 案的审判中:

许多在平日里被允许的日常行为,在受信义关系束缚的人身上是被禁止的。对受托人的行为要求比市场道德要求的更为严格。不仅仅是诚实,对荣誉有足够的敏感性也是其行为的标准。对于这一点已经形成了一个根深蒂固的传统。当被请求通过特定例外的“瓦解侵蚀”来破坏不可分割的忠义原则时,衡平法院将采取毫不妥协的严厉态度。因此,只有这样,才能使受信人的行为水平保持高于普通人群的水平。它绝不会因法院的任何判决而降低。

164 NE 545,546 (NY 1928) (citation omitted).

⑳ See Frank H Easterbook and Daniel R Fischel,“Corporate Control Transactions,” 91 *Yale LJ* 698, 702 (1982).

人负有完全和公正披露的义务。[21] 这样规定的目的,是促使受信人要么不从事自我交易,要么披露交易的重要事实以及利益冲突可能以何种方式妨碍受信人的判断,从而使委托人在知情的基础上,得以作出是否同意此类交易的决定。[22] 因此,与违反信义义务时的返还所得利益的救济措施一样,对自我交易进行预防性禁止的目的,是为了促进披露或者警示。[23]

注意义务则通过设定一个"合理"(reasonableness)或者"谨慎"(prudence)的标准,来确定受信人应当如何行为的标准。该"合理"或者"谨慎"标准中的合理或谨慎的含义,是根据行业规范和实践来确定的。这一注意标准是客观的,通过参照一个理智的或者谨慎的人在相似情况下可能采取何种行为来确定。[24] 如果受托人具有与委托人委托的事务相关的专业技能,则适用的注意标准就以一个拥有此种专业技能的理智或谨慎的人为参照。[25]

代理问题的产生归因于不完全缔约,所以,作为信义义务核心的忠义义务与注意义务都是以开放性的、可扩张的词语来描述的。因此,忠义义务和注意义务乃这样的标准(standards)——其使法院可以在综合考虑所有事实与情况后,判断受信人采取之行动,是否与假设合同双方能预见到上述事实与情况时所可能同意采取的行动相一致。实际上,忠义和注意标准使法院可以补充完善当事人双方订立的合同,如同双方考虑到这些事实和情况真正发生时所要约定的那样。因此,信义法使交易成本最小化。合同双方仅需对那些重要的且值得付出交易成本来明文约定的可能事件进行明确规定,而无须试图为所有的将来事件都设立条款。对于所有的其他可能事件,信义义务会填补空缺。

作为使法院能对所有相关事实和情况都加以综合考虑的标准,忠义义务和注意义务同样也使**错误成本**(error costs)最小化。但是,错误成本的减少乃是以**不确定性**(uncertainty)和**裁决成本**(decision costs)的增加为代价,这是标准

---

[21] See, eg., *Restatement (Third) of Trusts* § 78 cmts c, d; *Restatement (Third) of Agency* § § 8.01 – 8.06; *Principles of Corporate Governance: Analysis and Recommendations* (1994) § § 5.01 – 5.02.

[22] See, eg., *Restatement (Third) of Agency* § 8.06 cmt b.

[23] See text accompanying n 55.

[24] See, eg., *Restatement (Third) of Trusts* § 77; *Restatement (Third) of Agency* § 8.08; *Principles of Corporate Governance: Analysis and Recommendations* § 4.01 (a).

[25] See, eg., *Unif Prudent Investor Act* § 2(f) (1994); *Restatement (Third) of Trusts* § 77 (3); *Restatement (Third) of Agency* § 8.08.

（相对于规则）所具有的典型特性。[26] 标准具有高度情境性（highly contextual nature）使预测更加困难，并要求法院扮演更加重要的角色。

但是，普通法在其正常的发展过程中，通过产生大量针对信义问题的权威解释，已经改善了这个问题。通过为如何在变化万千的案件中适用忠义与注意义务提供有益的指引，这些浩繁的权威解释改善了可预测性。其同样也解决了当事人在多大程度上可以通过明示协议排除信义义务，以及在受信人违反义务时可以为委托人提供何种救济的问题。[27]

（三）附属规则或实施规则（Subsidiary or implementing rules）

由作为标准的忠义和注意义务的性质引起的不确定性，通过具体的附属规则的发展得到进一步缓和，这些规则明确了忠义和注意义务在反复出现的案件中应如何应用。这一点也许最好通过说明来解释。

在信托法中，谨慎投资规则适用于投资功能时，明确了注意义务（在信托用语中被称为谨慎）。[28] 关于监管和管理功能，忠义和谨慎义务是由收集、保护、指定用途而不是交付信托财产的附属规则明确的，以此提出和捍卫权利要求。[29] 公正义务和本金收益规则详细阐述了对具有不同利益的多个受益人的忠义和谨慎义务。[30] 另一个附属规则要求受托人要事先向受益人披露信托管理中的重大发展事项或者非常规交易行为。[31]

在代理法中，忠义义务在涉及冲突交易，与委托人相竞争，保密义务等方面有更具体的阐述。[32] 在公司中，公司机会主义理论阐述了忠义在董事或官员篡夺商业机会的诱惑反复出现的情况下如何适用，这些机会本可以是对公司有益

---

[26] See, eg., Louis Kaplow, "Rules Versus Standards: An Economic Analysis," 42 *Duke LJ* 557 (1992).

[27] See Sections Ⅲ – Ⅳ.

[28] See, eg., John H. Langbein, "The Uniform Prudent Investor Act and the Future of Trust Investing," 81 *Iowa L Rev* 641 (1996); Max M. Schanzenbach and Robert H. Sitkoff, "Did Reform of Prudent Trust Investment Laws Change Trust Portfolio Allocation?," 50 *JL & Econ* 681 (2007).

[29] See Jesse Dukeminier and Robert H. Sitkoff, *Wills, Trusts, and Estates* (9th edn., 2013) 646 – 9.

[30] See Dukeminier and Sitkoff (n 29) at 657 – 67.

[31] See *Restatement (Third) of Trusts* § 82 cmt d.

[32] See *Restatement (Third) of Agency* §§ 8.01 – 8.06.

处的。[33]

附属规则使将信义义务适用于其调整范围内的案件更加简单,减少了裁决成本。[34] 例如,如果能援引一项规定了持续准确文件记录义务的附属规则,则无须证明注意义务要求进行准确文件记录。而且,附属规则具有简单规则普遍具有的好处,即减少裁决成本,同时又不会因为为策略性的规避行为提供指引而增加错误成本。如果受托人的行为侵害了委托人的利益,但并不属于某一项附属规则或其他附属规则所规定的情形,则委托人可以援引适用范围更广的、开放性的忠义义务和注意义务。通过结合适用,一般的忠义和注意义务加上特别的附属规则,可以同时提供减少的规则裁决成本和减少的标准错误成本方面的优势。[35]

(四)不同特例的共同结构(Common structure with varied particulars)

由于信义法规定的是对受信人行为是否符合规定的事后审查,且代理问题在不同的信义关系中各不相同,所以信义义务的具体内容在不同的信义关系中也有所差异。例如,信托法中的信义义务一般来说就比公司法中的信义义务更加严格。但这些差异反映了不同的信义关系背景。在家族信托中,受益人并无任何退出选择权(exit option),且家族信托是由无法被轻易取代的公司受信人经营的,故家族信托中的代理问题,就显著有别于那些股东可以通过在不透明(thick)证券市场上出售股份而轻松脱身("华尔街规则")的大型公众公司中的代理问题。[36]

同样,基于代理问题在不同的信义关系中各不相同,附属信义规则在不同的代理问题中的信义关系适用也各不相同。由于信托是关于财产的信义关系,

---

[33] See Stephen M. Bainbridge, *Corporate Law* (2nd edn. ,2009) § 7.3.

[34] See Sitkoff, "An Agency Costs Theory of Trust Law" (n 4) at 682 - 3.

[35] 我曾在别处将此种治理模式称为与"以例外调和规则"(rules tempered by exceptions)相对的"以假设调和标准"(standards tempered by presumptions)。Dukeminier and Sitkoff (n 29) at 379 - 80. 动态的信义法与传统的财产法因而处于截然不同的立场。当机会主义者发现新的欺诈情形时,忠义和注意的"泥巴"就会变成附属规则的"水晶"来解决这个问题。Cf Carol M. Rose, "Crystals and Mud in Property Law," 40 *Stan L Rev* 577 (1988).

[36] See Robert H. Sitkoff, "Trust Law, Corporate Law, and Capital Market Efficiency," 28 *J Corp Law* 565 (2003); see also Stephen M. Bainbridge, "The Case for Limited Shareholder Voting Rights," 53 *UCLA L Rev* 601, 619 (2006).

所以许多信托受信人利用子规则来进行财产管理。由于典型(法律)代理人代表委托人在商业企业中行事,因此,许多代理受托子规则关注委托人和保密这两方面的竞争。

因此,将所谓的信义法的易损性视为具体情境下的适应更合适。信义义务的灵活性解释了受信人治理策略之所以成功的原因。法院多年以来一直都在援用忠义和注意义务,立法机关最近也开始予以接受,并发展出附属和实施义务(subsidiary and implementing duties) 理论,以适应相关代理问题各自具有的特殊性。

三、强制性规则与默认性规则(Mandatory and default rules)

一般来说,当事人双方的约定优先于信义义务。受信人治理乃是一项允许法院在事后补充完善合同以使代理成本最小化的威慑制度,从受信人治理实质,可以当然地推出这一原则。信义法要求受信人为委托人的最佳利益行事(可以通过假设双方在考虑到了某一情况发生时会作出何种约定,来确定什么是为委托人的最佳利益行事),但如果双方通过明确的协议,对受信人在某一特定情形发生时应当如何行事进行了约定,此时就不再适用信义法的这一要求。信义法绝大部分由默认规则(default rules)构成,除非当事人双方另有约定,否则自动适用。

当事人各方一致同意修改。[37] 如果委托人对受信人进行特定的自我交易发出知情同意书,忠义义务下禁止自我交易的预防性规则的根本目的就会落空。此种情况下,如果受信人善意行事,且该交易客观上公平并符合委托人最佳利益(best interests),那么受信人就可以进行特定自我交易。[38]

尽管如此,诚如诚信、公平和最佳利益所暗示的那样,信义法中存在一些不得通过协议加以排除的强制性规则(mandatory rules)。这在信托法中得到了很好的体现,例如,"无论信托在授予受托人权力从事涉及委托人和个人利益冲突

---

[37] See, eg., Uniform Power of Attorney Act § 114(b) (2006); *Restatement (Third) of Trusts* § 78 cmt c(2); *Restatement (Third) of Agency* § 8.06.

[38] See, eg., *Restatement (Third) of Trusts* § 78 cmts c, d; *Restatement (Third) of Agency* § 8.06; *Principles of Corporate Governance: Analysis and Recommendations* § 5.02.

的自我交易,或者其他交易中的规定如何广泛,受托人对委托人都不得违反忠义义务,即不得以恶意或者不公平的方式行事。"[39]信托人可能会得到豁免,但绝不是"因为违反信托,非忠义或漠视受托人信义义务,违反信托条款或宗旨或受益人的利益而做出的信托"而得到豁免。[40]

更广泛地说,当委托人授权受信人进行自我交易时,信义法强制规定了实质性和程序性保护。受信人必须善意并公平地与委托人进行交易,受信人须向委托人披露有合理根据可能会影响委托人判断的重要事实,确保委托人可以在知情基础上作出是否同意的决定,从而为委托人提供程序上的保护。[41]

信义法的强制性核心规则的存在,为前一代经济分析学者增添了不少烦恼。坚定的合同论者,在解释信义关系双方为何没有完全的合同自由来变更信义关系内容时,曾面临困难。伊斯特布鲁克和费舍尔甚至错误地断言,在信托法中,"所有的规则都可以通过提前变更合同来自由变化"。[42] 这个回答不是否认强制信义法规则的存在,而是要看到他们发挥着内部保护与警示功能(internal protective and cautionary function),以保护委托人,同时发挥着外部分类功能(external categorization function),以保护与受信人进行交易的第三人,并且以此阐明双方的关系。

在内部保护和警示功能方面,强制性核心规则隔离了信义义务的随意性,即使是一个完全知情的、富有经验的委托人也无法通过协议排除法律预先的强制性规定。当然,在个案中,某一特定的委托人可能完全知情并有充足理由想要通过协议来排除强制性核心规则的部分规定。但是,此类情形十分罕见,因此,预防性(即便是父爱主义式的)强制规范仍可谓合理,至少在传统的信义法领域是如此。以信托法和代理法为例,此类法律领域中的委托人,一般并非经验丰富和完全知情。

在外部分类功能方面,强制性核心规则适应了在不同的法律关系之间划分

---

[39] *Restatement* (*Third*) *of Trusts* § 78 cmt c(2); see also Unif Power of Attorney Act § 114(a); Unif Trust Code § 105(b)(2) (amended 2005); *Restatement* (*Third*) *of Agency* § 8.06(1)(a),(2)(a).

[40] *Restatement* (*Third*) *of Trusts* § 96(1)(a); see also Unif Trust Code § 1008 (2000).

[41] See,eg. ,Unif Trust Code § 1009 (amended 2001); *Restatement* (*Third*) *of Trusts* § 78 cmt c(2); *Restatement* (*Third*) *of Agency* § 8.06.

[42] Easterbrook and Fischel (n 2) at 432.

清晰界限,以满足第三方信息成本最小化的需要。[43] 从这个角度来看,信义义务是某些法律类别的必要组成元素,如信托法和代理法。因此,在《代理重述(三)》中,我们发现,双方之间的关系是,一方有权采取影响另一方法律关系的行为,而不考虑行为是否针对该方的利益。这样的关系不是(法律上的)代理关系。[44] 同样,在《信托重述(三)》中,我们发现这样的申明,"委托人的自由受到限制"以放弃信义义务,"从而保护法律承认的具有信义特征的信托关系的基本当事人"。[45]

因此,信义法的强制性核心规则划清了信义关系与绝对所有权(fee simple)*或其他类似制度之间的界限。某人可能也会将财产转让给他人并授权其可对财产进行任意处分。但是,此类财产转移模式是无条件赠与(absolute gift),而此种持有财产的模式是所有权。也许在美国案件中这一点最主要的申明是由特拉华州最高法院通过 *McNeil v. McNeil* 案作出的。[46] 在这种情况下,在信托文书中有一项条款,规定受托人的决定"不受任何法院审查"。[47] 法院认为法院"明确拒绝执行使受托人承担所有法律责任的条款",尽管如此,法院依然审查了受托人的诉讼。[48] 这是因为:"没有对受托人法律约束力义务的信托只是名义上的信托,更多具有绝对地产权(absolute estate)或授予财产的绝对所有权(fee simple grant of property)的性质。"[49]

从分类功能以及第三方信息成本的角度出发对强制性核心规则所作的这

---

[43] 这种标准化功能在当代财产理论学习中得到了强调。See, eg., Henry Hansmann and Reinier Kraakman, "Property, Contract, and Verification: The Numerus Clausus Problem and the Divisibility of Rights," 31 *J Legal Stud* S373 (2002); Thomas W Merrill and Henry E. Smith, "The Property/Contract Interface," 101 *Colum L Rev* 773 (2001); Thomas W Merrill and Henry E. Smith, "Optimal Standardization in the Law of Property: The *Numerus Clausus* Principle," 110 *Yale LJ* 1 (2000); see also Sitkoff, "An Agency Costs Theory of Trust Law" (n 4) at 643.

[44] *Restatement (Third) of Agency* § 8.06 cmt b.

[45] *Restatement (Third) of Trusts* § 78 cmt c(2).

* 英美法上的绝对所有权由无限嗣继承地产权发展而来,指继承、转让无任何时间和其他条件的限制,根本不同于大陆法系中的绝对所有权的内涵和外延。——校者注

[46] *McNeil v. McNeil* 798 A2d 503 (Del 2002).

[47] *McNeil v. McNeil* (n 46) at 509.

[48] *McNeil v. McNeil* (n 46) at 509.

[49] *McNeil v. McNeil* (n 46) at 509. 几年前,在 Armitage v. Nurse 案中,米勒大法官将同样的原则应用于英国信托中:"这是受托人对受益人所承担义务的不可或缺的核心,并且是信托概念的基础。如果受益人对受托人没有可执行的权利,则不存在信托。"[1998] Ch 241 at 253 (CA 1997) (Eng).

一解释，在诸如代理和普通法上的信托等没有公示登记制度的信义关系中体现得最为强烈。对诸如公司和有限责任公司*等须登记的团体而言，该解释的体现则有所弱化，因为公示登记同样可以为第三方提供公告。正因如此，同时亦由于须登记的受信实体（fiduciary entities）中合同双方更有可能属于完全知情和富有经验的人士，与代理法和信托法中的强制性核心规则相比，前者对强制性核心规则的适用不甚发达而且争议较多。[50] 与该分析相吻合的是，我们发现，虽然在信义法领域最新的统一法典中，强制性规范地位仍不可动摇，但针对须登记的受信实体适用的强制性规范，与无须登记的信义关系相比则更加灵活。[51]

四、损害赔偿与返还所得利益（Compensation and disgorgement）

若受信人违反信义义务，委托人有权选择要求损害赔偿以弥补所有损失或补偿因受信人违反义务而丧失的所有收益，或者要求受信人与违反返还义务所取得的所有收益。[52] 前者是标准的完全损害赔偿措施，后者则是通过衡平法中旨在防止不当得利的推定信托（constructive trust）进行返还救济。[53]

---

* Limited Liability Companies，不同于我国公司法上的有限责任公司，是封闭式的私人公司。——校者注

[50] See，eg，*Gatz Properties，LLC v. Auriga Capital Corp* 59 A3d 1206，1218－20（Del 2012）（指出："对于有限责任公司章程是否应加强默示信义义务的问题，每个理性人都有不同的看法"）；Larry E Ribstein，*The Rise of the Uncorporation*（2010）219－22；Andrew S Gold，"On the Elimination of Fiduciary Duties：A Theory of Good Faith for Unincorporated Firms，" 41 *Wake Forest L Rev* 123（2006）. 特拉华州最近的立法澄清，信托法适用于非法人实体。Del Code Ann Tit 6，§ 18－1104（2013）（Limited Liability Company Act）；Del Code Ann tit 6，§ 17－1105（Delaware Revised Uniform Limited Partnership Act）.

[51] Compare Uniform Statutory Trust Entity Act § 104（2009），and Revised Unif Limited Liability Company Act § 110（2006），and Unif Limited Partnership Act § 110（2001），and Revised Unif Partnership Act § 103（1997），and Unif Limited Liability Company Act § 103（1996），and Mark J Loewenstein，"Fiduciary Duties and Unincorporated Business Entities：In Defense of the 'Manifestly Unreasonable' Standard，" 41 *Tulsa L Rev* 411（2006）（在统一的替代实体行为中讨论强制性规则），with Unif Power of Attorney Act § 114（2006），and Unif Trust Code § 105（amended 2005），and John H Langbein，"Mandatory Rules in the Law of Trusts，" 98 *Nw U L Rev* 1105（2004）（讨论统一信托法中的强制性规定）.

[52] See，eg.，Unif Trust Code § 1002（a）（2000）；Austin Wakeman Scott，William Franklin Fratcher，and Mark L Ascher，*Scott and Ascher on Trusts*（4th edn.，2007）§ 24.9.

[53] See *Restatement（Third）of Restitution and Unjust Enrichment*（2011）§ 55. For criticism of the American tradition，see Lionel Smith，"Legal Epistemology in the *Restatement*（*Third*）*of Restitution and Unjust Enrichment*，" 92 *BU L Rev* 899，907－16（2012）.

损害赔偿救济的可适用性,通过一般合同理论就可以很容易地解释。委托人本来就有权获得交易的利益,因此也有权就遭受的损失或者因违信行为而丧失的收益获得赔偿。但损害赔偿制度仅在违约方的收益小于守约方的损失时才能够阻止违约。如果仅有损害赔偿制度可供选择,且违约方因违信行为而获得的收益超过守约方的损失,则违约是有效的。[54] 受信人将没有动力避免违约,并且也不会在违约前与受信人就因违约而产生的额外收益的分配进行谈判。

相比之下,返还所得利益的救济措施,即允许委托人取得受信人的收益,其数额甚至可以超过赔偿委托人所需的数额,其适用则体现了信义法除填补损失外进行威慑和促进披露的目的。[55] 因为受信人无权获得通过违反义务而取得的收益,故受信人受到威慑不得单方违反义务,取而代之的是给予受信人以激励,促使其披露违反义务所可能带来的潜在收益并寻求委托人的同意。亦即是说,信义法中的默示规则就是:除非双方对此有特别约定,与信义关系有关的全部收益都应当归委托人所有。这一默认规则不符合掌握更多信息一方的利益,提供了惩罚违约意义上的威慑。[56] 这样看来,返还所得利益补救措施是促使受信人披露信息的事前条款。

但是若狡猾的受信人认为委托人可能不会发现秘密利润时会怎么样呢?在这样的案件中,现代法律对这种严重违反信义义务的惩罚性赔偿的承认是向最佳威慑方向迈进的一个迹象。[57] 例如,在《信托重述(三)》中确认了将“阻止类似的不当行为”的需要作为给予惩罚性损害赔偿的基础。[58]

五、结论

与合同各方可自由谋取自己利益的其他普通法律关系不同,在信义关系中,法律要求受信人必须考虑他人利益,原因在于此种关系的代理结构使授权

---

[54] See, eg. , Richard A Posner, *Economic Analysis of Law* (8th edn. ,2011) § 4. 10.

[55] See nn 21 –2 and accompanying text.

[56] See Ian Ayres and Robert Gertner, "Filling Gaps in Incomplete Contracts: An Economic Theory of Default Rules," 99 *Yale LJ* 87 (1989).

[57] See *Restatement* (*Third*) *of Trusts* (2012) § 100 cmt d; A Mitchell Polinsky and Steven Shavell, "Punitive Damages: An Economic Analysis," 111 *Harv L Rev* 869 (1998).

[58] *Restatement* (*Third*) *of Trusts* § 100 cmt d.

存在被滥用的可能。至于考虑他人利益的内涵,则可以通过对受信人默认的忠义义务和注意义务以及一系列实施性附属规则等予以确定。双方可以通过协议对这些义务加以细化,只要不免除受信人须善意和为委托人的利益而行动的义务即可。代理理论,尤其是其对信息不对称情况下的机会主义问题的强调,勾勒了信义法原理的基本轮廓。

在重述信义法的经济理论时,本文作出了三个新的贡献。首先,它通过明确作为所有信义关系核心的代理问题,扩展了早期工作。这种共同经济结构的事实解释了跨越信义关系的共同理论结构。但是,信义义务的特定情况依据所涉及代理问题的具体情况在不同的信义关系中有所不同。除了解释所谓信义法的可能性之外,这一点还解释了为什么法院都很明确地适用信义法,例如在信托法、代理法和公司法中,以及特定的涉及信托和代理问题引致的保密。

其次,本文确定了主要信义义务和附属信义义务之间的功能区别。在信义关系中,我们发现忠义和注意的一般主要义务,通常被称为标准,其禁止利益冲突并规定了注意义务的客观标准。我们还发现特定的附属义务规则,阐述了忠义和注意义务在特定类型信义关系中的经常性情况下的应用。同时,忠义和注意义务的一般主要义务以及特定的附属规则通过规则和标准的混合提供了管理方法,这些标准和规则发挥了两者的优势,同时减轻了它们各自的弱点。

最后,本文重新讨论了为什么信义法中包含了一个这样的强制性核心规则,即如果双方当事人处于被认为具有信义义务的关系中,它们就不能放弃该强制性核心规则。这个问题的答案是,强制性核心规则在信义关系中发挥着警示和保护作用,以及外部分类功能以此来确认第三方的权利,划分不同类型的关系之间清晰的界限。

第十章　事前分享和事后分享

——信义关系的非合同基础

丹尼尔·马可维兹(Daniel Markovits)*

《合同法重述》(第二版)[*Restatement* (*second*) *of Contracts*]注意到,在合同法其他的陈词滥调中,预期损害赔偿构成违反合同的首选救济。① 正如法学专业学生第一年学到的,这种救济至少允许或可能鼓励"效率违约"(efficient breach)。相比,对违约方所获利益的返还性追缴构成违反信义义务的常见救济。②

---

* 感谢 Andrew Gold 和 Paul Miller 邀请我们参加创作本章的研讨会,感谢 Erik Stegemiller 的杰出研究帮助。最后,感谢 Andrew Gold,Anthony Kronman 和 Alan Schwartz 对早期草稿的评论。

① 参见 *Restatement* (*Second*) *of Contracts* (1981) § 344。该部分的评论明确表示:

通常情况下,当法院认定有违反合同的情况时,它会通过保护受害方在订立合同时的期望来履行诺言。这样做的目的是为了让他处于有利地位如同合同被正常执行一样,也就是说,像没有违约一样。以这种方式保护的利益被称为"期待利益"。

Restatement (*Second*) *of Contracts* § 344,cmt a.

② 参见 *Restatement* (*Third*) *of Trusts* (2012) § 100 ["违反信托的受托人须缴付(a)恢复信托财产和信托分配在受到违反行为影响的信托部分得到适当管理情形下本应有的价值数额;或(b)受托人个人因违反行为而获得的任何利益数额"];*Restatement* (*Second*) *of Trusts* (1959) § § 205,206,cmt a ("如果受托人违反他负有的忠义义务,他须缴付因违反义务造成的信托财产价值的任何损失或贬值,或他通过违反义务获得的任何利润,或如果没有违反义务应计入信托财产的任何利润"); Uniform Trust Code § 1002(a) (2000) 7C ULA 253 (Supp) ["违反信托的受托人对受影响较大的受益人负有责任:(1)恢复信托财产和信托分配价值所需要的数额,以使其不发生违约;(2)或者受托人因违约而产生的利润"];29 USC § 1109 ("受信人应对恢复受信人使用该计划所产生的任何利润负个人责任")。也可以参见 Hanoch Dagan,*The Law and Ethics of Restitution* (2004) 237(把返还收益救济看作信义法的特征)。

法律因此拒绝对信义义务的效率违反。[3] 可能与以往略为不同的是,合同法将履行中的强制诚信义务(duty of good faith)确定为重要的合同义务。[4] 相比,受信人的核心义务不是合同上的诚信,而是忠义和注意。[5]

这两项连通的区别使合同当事人和受信人处于不同的协商位置,并根据不同的分享模式构成合同关系和信义关系。合同当事人事前(*ex ante*)分享,受信人事后(*ex post*)分享。

这种不同的分享模式反过来推衍出,信义关系及其包含的义务不能居于合同形式中。目前基于合同模式研究信义法的主流是致力于改革(*reform*)规定信义义务的实体规范,以使它们更好地保障受益人的利益。[6] 但是,合同模式只

---

③ 其他人也观察到了这种差异。参见例子 William S. Dodge,"The Case for Punitive Damages in Contracts," 48 *Duke LJ* 629,636 (1999)(只有涉及违反信义义务的合同案件都是典型的合同惩罚性损害赔偿的例外)。补救措施的区别在合同和信义法的边界上引起了紧张,例如与"不忠的仆人"规则有关。参见例子 Charles A. Sullivan,"Mastering the Faithless Servant? Reconciling Employment Law,Contract Law, and Fiduciary Duty," 2011 *Wisc L Rev* 777。

④ 参见例子 *Restatement (Second) of Contracts* § 205 cmt a("每一份合同都赋予双方在履行和执行方面的诚实和公平交易的义务");Uniform Commercial Code § 1-304 (2003) [hereinafter UCC](在UCC 范围内强制执行对每一份合同的诚信义务)。

⑤ 对受信人忠义的一般观察,参见例子 Ernest Weinrib,"The Fiduciary Obligation," 25 *U Toronto LJ* 1,16 (1975) and Hanoch Dagan and Sharon Hannes in this volume[和其他受信人一样,这些财务受信人受到忠义义务的约束,这通常(无可非议地)被认为是(如果不是)信义法的典型特征]。

例如,在信义关系范围内的这些义务,参见例子 29 USC § 1104 (pension trustee-beneficiary); 15 USC § 80(b)(6) (investment adviser-client); 29 USC § 501 (a) (labor union-employee); Unif Partnership Act § 404(a) (1997) (partner-partner); Indiana Code Ann § 29-3-8-3 (West 2013) (guardian-ward); *Restatement (Third) of Trusts* (2007) §§ 77-78 (trustee-beneficiary); Model Rules of Prof'l Conduct pmbl (2011) (attorney-client); *Perlman v. Feldman* 219 F2d 173 (2d Cir 1955) (majority investor-minority investor); *Osei v. Countrywide Home Loans* 692 F Supp 2d 1240,1249 (ED Cal 2010); *Stone v. Ritter* 911 A2d 362 (Del 2006) (corporate manager-investor); *Hoffnagle v. McDonald's Corporation* 522 NW 2d 808,813 (Iowa 1994) (franchisor-franchisee). See also Frank H Easterbrook and Daniel R. Fischel,"Contract and Fiduciary Duty," 36 *J L & Econ* 423,433-4 (1993)(概述了上述关系的信义义务)。

⑥ 例如,合同模式保持对信义法传统的单一利益规则进行有力的攻击,该种规则禁止受托人与信托人就信托财产订立合同。批判的推力是,规则应该被废止,简单来说(*tout court*),支持最佳利益规则。参见,eg,John H Langbein,"Questioning the Trust Law Duty of Loyalty: Sole Interest or Best Interest?" 114 *Yale LJ* 929 (2005)。

单一利益规则长期以来都是失败的。例如,单一利益规则是默认规则。参见 *Restatement (Third) of Trusts* (2007) § 78 cmt c(2)("许多受托人是被信托条款授权的,明示或默示的,可以参与交易,否则就会被不可分割的忠义规则所禁止");*Restatement (Second) of Trusts* (1959) § 170(1) cmt t; Unif Trust Code § 802(b) (1),7C ULA 229 (Supp)。当受托人从法院获得事先的批准,从单一利益规则出发也可能被允许。参见 *Restatement (Second) of Trusts* (1959) § 170(1) cmt f("受托人可以经法院批准,自行适当购买信托财产");Unif Trust Code § 802(b)(2),7C ULA 229 (Supp)。规则中存在各种例外。参见例子 Langbein,"Questioning the Trust Law Duty of Loyalty," at 968 ff。最后,信义法相关的领域允许冲突的人充当受信人。参见例子 Langbein,"Questioning the Trust Law Duty of Loyalty," at 942 ff(讨论 Uniform Health-Care Decisions Act 允许的冲突受信人)。

会引起关于信义关系本质和信义法正式司法结构的混乱。合同分享和信义分享在性质上不同,合同关系和信义关系显示出不同的结构。所以,信义法不能基于合同模式理解(*understood*)。

理解信义法要求一个合同以外的模式。本文将合同关系和信义关系做对比,根据对比引出信义法的一个新模式。[7]

一、合同事前分享

合同法通过预期损害赔偿证实受约人的权利。[8] 这种损害赔偿要求违约的允诺人向受约人支付相当于自己履约价值的金钱赔偿。因此,预期损害赔偿要求允诺人通过确保受约人的履约利益以防违约。这种制度安排旨在使受约人事后在履约和违约加损害赔偿之间保持中立。同时,这种制度允许允诺人为自己保留与事后获得的效率相联系的利益,如通过将承诺履行转给有更高估价的第三方。

伦理学家常常抱怨,预期损害赔偿和与之相关的"效率违约"鼓励合同当事

⑦ 这个论证利用理想类型推进,这显然属于合同或信义的阵营。这有助于完善想法和简化阐述。与此同时,正如 Genevieve Helleringer 在会议上指出的那样,生命——世界产生的关系同时调用了两个法律类别。

这些关系(最好被认为是多种多样的而不是混合的)构成复杂的道德和法律问题。合同和信义义务可以相互加强,也可以互相损害。甚至有一种义务形式给予另一方外在的、因果的支持,即使它破坏了另一方的内在结构。个人生活的一个例子说明了这最后的可能性:类似合同的承诺可以为类似信义的爱的关系提供因果支持,通过保护脆弱的一方不被利用,从而鼓励他们继续保持信义关系;但是同时,承诺也可能破坏我们正确理解的分享爱的内在标准。参见 Daniel Markovits,"Promise as an Arm's Length Relation," in Hanoch Sheinman (ed.),*Promises and Agreements: Philosophical Essays* (2011)。

⑧ 这里所述的预期损害赔偿和效率违约的解释得到 Daniel Markovits 和 Alan Schwartz 更为详细的发展,"The Myth of Efficient Breach: New Defenses of the Expectation Interest," 97 *Virginia Law Review* 1939 (2011) [hereinafter Markovits and Schwartz,"Myth of Efficient Breach"]; Daniel Markovits and Alan Schwartz,"The Expectation Remedy and the Promissory Basis of Contract," 45 *Suffolk Law Review* 799 (2012) (symposium in honor of the 30th anniversary of the publication of Contract as Promise); Daniel Markovits and Alan Schwartz,"The Expectation Remedy Revisited," 98 *Virginia Law Review* 1093 (2012)。对诚信的叙述遵循了 Daniel Markovits,"Good Faith as Contract's Core Value," in Gregory Klass, George Letsas, and Prince Saprai (eds.), *The Philosophical Foundations of Contract Law* 272 (2014) [hereinafter Markovits, Good Faith]。

人漠视甚至不尊敬自己的允诺义务。[9] 然而,这种抱怨是以一个错误为基础的。识别这个错误要开启对合同分享结构及合同关系特征的认识。合同由履行和确立对比情况的方式所揭示的观点,有助于阐明信义关系的特征。

通常来说,当事人订立合同是因为他们期望他们的交易能够产生收益。即他们期望买方的交易价值能够超过卖方的成本,这样交易就能产生联合盈余(joint surplus)。[10] 但情况是,在订立合同与交易的时间差内,买方的估价可能降低,或者卖方的成本可能提高(卖方的成本当然包括其机会成本,如前文例子中表明的,产生于与第三方交易的潜在收益)。

所以,正如当事人期望从交易中获益,当情况发生变化时,不(*not*)交易将使当事人的联合盈余最大化,总是有可能的。通常,卖方比买方更能意识到不交易的收益——他们能够在更低的交易成本上识别并追求这种收益,尽管不是所有的情况都必然如此。[11] 基于这个原因,缔约当事人(要寻求最大化可供他们分享的联合盈余)会给予卖方当非交易收益产生时获取它们的权利。预期损害赔偿和与之相关的"效率违约"实施了这种安排。

当缔约当事人修改合同条款时,这种逻辑当然适用。所以,在履行中保有获取非交易收益之权利的卖方会在合同成立时预先为该项权利付费——他可以支付更低的价格(顺便提一下,更低的价格将卖方"效率违约"的权利在合同

---

⑨ 参见例子 Seana Shiffrin,"Could Breach of Contract Be Immoral?",107 *Mich L Rev* 1551 (2009); Seana Valentine Shiffrin,"The Divergence of Contract and Promise," 120 *Harv L Rev* 708 (2007); Richard R W Brooks,"The Efficient Performance Hypothesis," 116 *Yale LJ* 568 (2006); Melvin Eisenberg,"The Disgorgement Interest in Contract Law," 105 *Mich L Rev* 559 (2006); Melvin Eisenberg,"Actual and Virtual Specific Performance,the Theory of Efficient Breach,and the Indifference Principle in Contract Law," 93 *Calif L Rev* 975 (2005); Daniel Friedmann,"The Efficient Breach Fallacy," 18 *J legal Stud* 1 (1989)。

⑩ 只有在没有丧失一般性的情况下,我指的是作为卖方的要约人和作为买方的承诺者。

⑪ 在买家更容易实现非交易收益的地方,双方可能会通过采用 Richard Brooks 所称的"有效履行"来鼓励这种做法。参见 Brooks (n 9)。在这一制度下,买方可以选择 (1) 坚持交易(根据传统的实际履行救济措施);(2) 要求(*requiring*)卖方进行"效率违约",并返还由此获得的收益。因此,有效履行救济反映了效率违约:这两种救济措施都使作出有关履行决定的一方内化其选择的全部成本和收益。

注意买方控制卖方行为的程度,这种"有效履行"制度包括:很容易说是一个可以命令他的卖家与第三方交易的买家,并将他的收益从卖方手中获得。很容易就会说,一个可以命令卖方与第三方交易并返还所得收益的买家,实际上控制(*owns*)卖方。

有人甚至会说,借鉴科斯的公司理论,在"效率违约"和"有效履行"之间的选择,反映了在超越公司边界的通过合同的合作和在公司边界内的通过命令和控制的合作之间的选择。这表明预期损害赔偿和"效率违约"几乎是合同的组成部分。关于这些观点的更多信息,参见 Markovits and Schwartz,"Myth of Efficient Breach" (n 8) at 1978。

中载明,或者至少在事实上而非法律上予以默示。为此,“效率违约”不是真正的违约,只是合同成立时已由当事人达成了默契,因此,“效率违约”加上引号),而且,更低的价格加大了买方估价与合同价格之间的差别,如果后续发生违约,也加大了与买方预期损害赔偿之间的差别。因此,尽管预期损害赔偿看起来允许卖方从“效率违约”中完全获益,但这种表象具有欺骗性。价格机制使买方分享合同的所有收益,包括与“效率违约”相联系的非交易收益。

的确,支付有关预期损害赔偿的更低价格的买方,后来坚持实际履行合同(或者退还由“效率违约”产生的非交易收益),声明其获得了没有实际支付的好处,甚至放弃好处(通过价格条款)。有人甚至可以说此类买方是恶意行为。

解释这个需要花一些工夫,因为要求的解释涉及合同关系的结构性核心。履约中的诚信义务(duty of good faith),在普通法中规范所有的合同,是众所周知地难以具体化。但是,对该项义务最佳的理解是,强调诚信不是附加于合同义务内容,而是表达对合同的一种态度,合同的实质性义务建立在其他基础上。正如《美国统一商法典》(the Uniform Commercial Code)强调的:履约中的诚信义务“不支持因没有诚信地履行或执行而产生的独立的诉因;”相反,“没有诚信地履行或执行合同项下一项专门的职责或义务,构成违反合同。”⑫因此,一个著名的观点认为:诚信“不是合同法中新奇的父爱主义福利制度或者利他负担的沉积。”⑬相反,正如另一个法院所说的,诚信义务仅仅反映出,“在每个合同中都有一个默示的契约,任何一方都不得做任何具有破坏或侵犯另一方获取合同成果之权利的效果的事。”⑭这正是(*is*)“诚信和公平交易的默示契约”。⑮

故履行中的诚信义务的衡量标准是合同本身;不守信用通常表达为包含履行中自由裁量夺回合同成立时已经放弃的机会。⑯ “效率违约”符合诚信,因为

---

⑫ UCC § 1 – 304 cmt 1.

⑬ *MKt St Assocs Ltd. P'ship v. Frey* 941 F 2d 588,595 (7th Cir 1991) (Posner J).

⑭ *Kieke La Shelle Co v. Paul Armstrong* Co 263 NY 79,87,188 NE 163,167 (1933). 该案件涉及一份无声电影时代的协议,分享一个剧本“动作画面”的权利,以及根据剧本改编为“有声电影”的权利是否属于协议范围的问题。法院裁定它们不属于。在许多人看来,这是事实的错误(在前面“有声电影”合同中,“动作画面”一词包含“有声电影”)。也可以参见 *Bartsch v Metro-Goldwyn-Mayer, Inc* 391 F 2d 150 (2d Cir),cert denied,393 US 826 (1968)。

⑮ *Kirke La Shelle* (n 14) at 167.

⑯ Steven J Burton,“Breach of Contract and the Common Law Duty to Perform in Good Faith,” 94 *Harv L Rev* 369,387 (1980).

违约的卖方只是利用了一项由合同分配给他的已付费的有利于自己的权利。坚持实际履行的买方表现出不守信用，他寻求在履行中夺回其在合同成立时已放弃的且从未付费的非交易收益。

最后，这些内涵的原则，即借此预期损害赔偿为履行中的诚信义务提供了实质性的说明，阐明了合同分享的本质和合同关系的特征。合同法允许缔约当事人像没有订立合同那样在合同关系内保有自利，只是他们必须根据合同约定条款限制自己对私人利益的追求。受约人可能强迫其允诺人按照合同规定走一里路，但允诺人不必同受约人走二里路，甚至不必比他事先同意的多一英寸。合同分享不要求利他主义，没有随着发展促进受约人利益的一般倾向，甚至没有任何公正地平衡受约人利益与自己利益的意愿。

而且，如此理解的合同分享不是简单的比利他主义少一些（*less*）关注他人，而是以另一种方式（*differently*）关注他人。当情况事后发生变化时，利他主义者必须无限制地调整以符合另一方的利益。但是，合同允诺人适当地不用关注受约人事后变化的利益，只需要关注合同本身（*to the contract*）。因而合同分享是一种事前分享。其将合同条款视为其指导原则。

这对合同关系具有深刻的作用。可能最深层次的涉及合同分享之事前特征和合同自由之间的联系。由于合同分享固定为事前，合同当事人仅仅（*only*）通过媒介及依据合同条款彼此约束。履行中的诚信义务，如一个法院所说的，“禁止机会主义类型的行为”，这些行为可能破坏“未预见问题发生时的最低程度合作”，要求确保合同“启动”的“合作企业”的成功。[17] 但是，基于合同的合作单纯是合同自身的产物，仅沿着合同指定的路径延伸至远方。诚信地参与合同分享的允诺人因此在表面意义上实现合同中载明的受约人意图。他不需要甚至不必在任何其他方面对其受约人负担责任，包括利他方面的有关他对受约人利益的事后信赖。

合同采用诚信代替利他主义，从而与合同的反父爱主义相连接，通过这个与合同自由相联系。利他主义也许总是（基于事后的发展）要求家长式地增加或甚至违反事先的合同约定，以致受允诺人的利他之约束的受约人不能依赖合

---

⑰ *MKt St Assocs Ltd. P'ship v. Frey* 941 F 2d 588,595 (7th Cir 1991) (Posner J)（内部引号和引文省略）.

同作为追求自身目的的可靠手段。履行中的诚信义务,包括通过抵抗利他主义以及认可(单边约束)在合同关系范围内自利,从而通过实施双方已作出的合同安排促进合同自由。

最后,合同当事人因此抽象地彼此约束,通过他们一般的表意能力(intentional capacities),保证他们一般的道德品性——在合同安排中予以明示。合同当事人并不具体地彼此约束,而是通过他们特殊的利益,允诺现在或将来发展的独特个体(particular persons)。[18]

二、受信人事后分享

合同事前分享的特征和合同诚信的本质本身具有重要意义;[19]但本文介绍合同分享的目的在于与受信人事后分享进行对比。事前分享和事后分享的对比表明受信人分享的特征。

"受信人"的标签涵盖广泛的、各种各样的关系。典型的包括:受托人—受益人(在有偿和无偿的情况下都是);监护人—受监护人;律师—客户;合伙人—合伙人;公司经理—投资人;多数投资者—少数投资者;投资顾问—客户;工会—雇员;贷款人—借款人;授予特许者—特许经营者。[20] 毋庸置疑,信义义务的制定法在这些关系中有实质上的差别。这些差别可能非常大,以致信义义务的实例无法通过任何必要且充分的系列条件加以识别,相互之间仅有族群相似性(family resemblance)。然而,一些突出的规则试图与信义关系产生联系。其中最重要的可能是合同要求诚信,受信人通常必须以忠义和注意义务(loylaty and care)对待其受益人。[21]

包括忠义和注意的信义义务反映出对通常产生信义关系的结构性问题的自然回应。一个信义关系变得有吸引力,部分因为委托人可以要求其代理人以其不能事先实质性具体说明的或不能事后直接评估的方式实施行为。在这种

---

⑱ 我在其他地方更详细地解释了这个问题。参见 Daniel Markovits,"Contract and Collaboration," 113 *Yale LJ* 1417 (2004); Markovits (n 7)。

⑲ 此处参见 Markovits,"Good Faith"(注释 8)。

⑳ 参见 Easterbrook and Fischel(注释 5) at 432 –4。

㉑ 例如,在一系列信义语境下的忠义和注意义务,参见注释 5。

情形下,信义义务代替合同义务的具体规定以及履行的确认。因此一项最近的有关信义法之传统观点的概括性陈述总结为:“对比一项标准的理解为合同的关系,在其中各方当事人都能自由地自我服务,在信义关系中法律要求受信人关注他人,因为受信人有可能滥用内在于该项关系的代理结构。”[22]

诚然,受信人忠义和注意施加的实质性标准因信义法的领域而有所不同。例如,推定受托人必须只为受益人的利益行为,[23]“受托人为了自己的利益达成的涉及信托财产的交易如果没有进一步证明是可撤销的。”[24][而且,如果信托的是受美国《雇员退休收入保障法案》(ERISA)规范的养老金或福利计划,单一利益原则不能通过合同排除。[25]]此外,受托人的注意义务须施加高度谨慎的标准。[26] 相比之下,投资顾问对其客户的忠义义务仅要求投资顾问避免利益冲突。在这种情况下,受信人的注意义务仅对他施加了过失标准。[27] 其他情形更进一步改变了信义义务。例如,根据1934年的《证券交易法》以及证券交易委员会颁布的规则,证券经纪人或交易商与客户订立的合同甚至可能允许其在客户之前“优先交易”,在处理客户订单之前为自己的利益买入或卖出股票。[28] 尽管公司经理是股权投资者的受信人,但商业判断规则使他们的注意义务要求有效地

---

[22] Robert H. Sitkoff,“The Economic Structure of Fiduciary Law,” 91 *BU L Rev* 1039,1049 (2011) (symposium on Fiduciary Law in the Twenty-First Century).

[23] 参见例子 *Restatement (Second) of Trusts* (1959) § 170(1)(忠义义务要求受托人“仅依受益人的利益来管理信托”);Unif Trust Code § 802(a) (2000),7C ULA 229 (Supp 2004)(“受托人应当仅仅按照受益人的利益管理信托”)。

[24] Unif Trust Code § 802 cmt,7C ULA 230 (Supp).

[25] 信托的一般法律允许通过信托条款放弃单一利益规则。参见 *Restatement (Second) of Trusts* (1959) § 170(1) cmt t(“根据信托条款,受托人可以单独地将信托财产出售给自己,或者作为受托人单独购买财产,或者将其在信托中管理的钱借给自己,或者以其他方式自行处理信托财产”)。也可以参见 *Restatement (Third) of Trusts* (2007) § 78 cmt c (2)(“受托人可能根据信托条款获得授权,明示或默示,可以参与交易,否则就会被不可分割的忠诚规则所禁止”);Unif Trust Code § (802)(b)(1) (2000),7C ULA 229 (Supp 2004)(除非“该事务由信托条款授权”,否则该交易是可撤销的)。

对于受《雇员退休收入保障法》(ERISA)规范的养老金信托来说,即使通过合同,也不能放弃单一利益规则。参见使单一利益规则具有强制性的29 USC § 1104(a)(1)(A)(i),使信托形式具有强制性的29 USC § 1103(a)。

[26] 参见 *Restatement (Third) of Trusts* § 77(描述了信托法上的谨慎责任)。

[27] 参见15 USCA &80(b)(6) (2010)(禁止投资顾问进行交易)。

[28] 参见 *EF Hutton* & Co,CCH Fed Sec L Rep para. 84,303 (SEC Re No. 25887,6 July 1988)[“很可能Hutton本来能够表明,解除代理人避免未披露的自我偏好行为的义务。本可以如此做,通过表明在岗(Manning)知道其操作行为,或通过表明在岗操作(Manning)作为一个成熟投资者,应当知道所有成熟投资者都知道的操作行为”]。

低于一般侵权法的过失标准。[29]

尽管存在巨大的内部差异，但所有这些信义义务版本在性质上不同于合同诚信。回顾一下，合同允诺人必须信守合同，但不必做得更多；尽管合同事先约定的条款对允诺人事后自利施加了单边限制，但他可以如事前那样在事后保持专一的自利。尤其是，诚信从不（*never*）要求合同允诺人在寻求新的机会上听从其受约人，或者甚至承受一项新的且未预期的负担以确保合同的顺利实施。一般认为，普通法有一个"标志……其没有禁止权利滥用原则：如果一个人享有实施一项行为的权利，该人通常能够基于任何他希望的理由实施行为。"[30]这意味着"除非合同当事人同时处于信义关系中，否则自利是允许的，且实际上是合同权利行使中的准则。"[31]

理解信义分享的关键在于，信义关系实际上为普通法一般规则提供了一个例外。[32] 受信人必须**主动**（*initiative*）代表其受益人利益。实际上，信义关系的要点［已写进族类结构（generic structure）中］是受信人以这种方式采取主动。毕竟，受益人聘请受信人正好是因为他不能通过合同充分地安排其事务。有人

---

[29] 参见例子 *Shlensky v. Wrigley* 95 Ⅰll App 2d 173，179（App Ct 1968）［quoting *Helfman v. American Light &Traction Co* 121 NJ Eq 1，20（1936）（在纯商业公司……公司经营中董事的权力必须被认为是绝对的，当他们在法律界限内采取行动时，法院没有权力用它们的判断来代替董事的判断）］。

[30] Jack Beatson，"Public Law Influences in Contract Law，" in Jack Beatson and Daniel Friedmann（eds.），*Good Faith and Fault in Contract Law*（1995）263－88，266－7.

[31] Beatson（n 30） at 267.

[32] 出于这个原因，人们普遍认为，受信人利他在某种意义上超过合同利他，因此受信人忠义和注意包括所有合同诚信义务，并添加一些进一步的义务。这种认识是错误的。受信人忠义和注意并不比合同诚信更重要，而是与合同诚信不同，因此，义务和态度都不包括彼此。

合同的诚信并不包含忠义和注意，这是显而易见的。任何数量的案件都认为忠诚的信义义务尤其比合同诚信的义务要求更高。参见例子 *Stone v. Ritter* 911 A2d 362（Del 2006），*In re Walt Disney Co Deriv Litig* 906 A 2d 27，66（Del 2006）。

这种忠义和注意并不能包含合同诚信，这在合同体现得不是很明显。在正文中，信义关系的结构描述解释了为什么不能：非常粗略地说，忠义和注意需要家长式作风，而诚信不需要，因此合同诚信尊重允诺人的自由，但受信人忠义和注意不尊重受益人的自由。

学说提供了进一步的证据，证明忠义和注意与诚信不同，不是单纯地大于诚信。例如，有一些案例认为，针对恶意违约的法定救济措施仅在与平等的合同相联系的时候有效，不适用于违反合资协议和相关信义义务。参见例子 *Ray-Tek Services，Inc v. Parker* 64 Mass App Ct 165，831 NE 2d 948，953（2005）。当然，合资企业建立自己的信托权利和义务。但信义关系排除与合同诚信相关的权利和义务，而非仅仅是添加。然而，这是一个有争议的领域，并不是所有的案例都采用了这种路径。参见例子 *Starr v. Fordham* 420 Mass 178，184，648 NE2d 1261，1266（1995）（"因此，不公平地确定合作伙伴的收入份额，不仅违反了信义义务……也违反了善意、信仰和公平交易的隐含条款"）（引用省略）。

可能甚至会说受益人购买其受信人的主动(*buys her fiduciary's initiative*)。

这就是信义关系必然涉及事后分享而不是事前分享的道理,受信人积极主动地代表受益人的利益,如此做以无限制地平衡自身和受益人的利益。事先排演的受信人忠义和注意的各种实质性工作调整规范受信人事后分享标准。尽管存在巨大的实质性变化,但它们均(实际在表面上)宣示抽象的标准,而非在特定情况下完全修复行为的具体规则。这几项标准赋予受信人涉他不同的形态,但是没有一项标准简单地(*tout court*)排除关注他人或允许受信人在所处关系中如没有处于该种关系中那样保有自利(仅受制于一些狭义的类规则单边约束)。只是受信人的主动在于什么会随着情况发生变化,但总是要求无限制的主动。信义分享或多或少是无私的,但它总是关注他人,所以总是要求事后分享。

这意味着合同诚信贯彻合同自由,受信人忠义和注意为每一项信义关系建立家长式的衡量标准。正如一个著名的法院观察到,鉴于合同上的诚信义务"关注过去"并指向合同订立时的当事人的意愿,受信人忠义构成一项"在违法行为发生时适用的'自由浮动的'义务。"[33]因此,受信人在履行信义义务时必须进行独立判断(有关其受益人的真正利益)。受信人独立及与之相关的家长式作风经常被写进法律:例如,美国律师《职业行为示范规则》(*Model Rules of Professional Conduct*)赋予律师就追求经客户修正之目的所采用的手段以最终控制权;[34]医学伦理规则禁止医生采用某些手段(如使用未获批药物)及接受某些目的(如自杀),尽管病人选择这些。[35] 而且,即使信义上的家长式作风未由

---

[33] *Gerber v. Enterprise Products Holdings* LLC,67 A3d 400 (Del 2013),discussing *ASB Allegiance Real Estate Fund v. Scion Breckenridge Managing Member* LLC,50 A3d 434,440 - 2 (Del Ch 2012),aff'd in part,rev'd in part on other grounds,68 A3d 665,2013 WL 1914714 (Del 2013). 感谢 Andrew Gold 向我介绍这些案例。

[34] 参见 Model Rules of Prof'l Conduct Rule 12(a) (2011)。("一个律师应遵守客户关于代理目标的决定,根据第 14 条的规定,应与客户就从事事务的方式进行协商。律师可以代表客户采取这样的行动,并被默示地授权执行代理")。

[35] 参见 American Medical Association,*AMA Code of Medical Ethics* (1996),Opinion 8. 06("医生应该根据药物注意事项和病人的需要,以及对特定病人的药物、设备或其他治疗的有效性的合理预期,开出药物、设备和其他治疗方法");Opinion 2. 11("一些极端的病人——比如那些身患绝症、痛苦而虚弱的病人——可能会认为死亡比活着更好,尽管悲剧,这是可以理解的……医生们不能参与辅助自杀,而是必须积极应对生命末期病人的需求")。

法律具体要求或允许，其依然融入信义关系中：如前所述，受益人恰恰寻求受信人独立的且（在相应标准上）不可复查的判断，所以，实施该种判断不可避免地涉及家长式作风。

此外，即使受信人忠义和注意的标准可能事前经由当事人之间的协议被改变，这种分析仍然是准确的。当事人可以在众多标准中进行选择调整他们的信义关系，这并不意味着信义关系纯粹（*simply*）是他们意图的产物，如在合同的模式上。缔约当事人预先精巧地设计分享条款，甚至合同草案条款从当事人预期中获得意义，而信义关系的当事人选择一种或另一种由背景法律提供的相对不规范的标准。再一次证明这是合同分享事前固定之事实的不可避免的结果，而信义分享事后才产生。信义关系的要点在于受益人无法事前完全明确其希望受信人承担的义务。受益人因此必须选择一种内容事后不完全由其确定的法律制度。

事前分享的义务可能由当事人具体确定，在这个意义上可能仅是当事人意愿的纯粹选择产物。即使是不可避免的合同的不完备性也不能改变。合同当事人意识到他们最初的协议是不完备的，期望通过再谈判（*renegotiations*）填补合同空白，公平地（*arm's length*）执行（基于合同模式），在履行中只受诚信义务的约束。信义义务在这方面非常不同。事后分享的义务不能纯粹由当事人选择——它们在很大程度上是法律的产物。信义关系的当事人因此期望受信人单方面地（*unilaterally*）以关注他人的（*other-regarding*）方式调整适应新的情况，受法律规定的且可由法院独立直接强制执行的忠义和注意义务的约束。㊱

最后，这些观察结果揭示了一些有关信义约束的重要东西。对比合同再一次阐明问题。合同分享的事前结构及与之相关的自利和反父爱主义，反映出合同当事人之间彼此抽象地约束，担保他们一般的品性——即他们单纯地基于正式缔约能力签订合同，在表面价值上接受彼此声明的意图，从不事后推测彼此实质上的目的。相比之下，信义分享的事后结构以及以这种方式分享的受信人所必然显示出的利他主义和父爱主义，反映出受信人与他们的受益人彼此具体地约束，担保特定的人格，即受信人只能通过根据其受益人特别的、实质的利益调整其行为来履行忠义和注意义务，其对此必须形成自己的意见。这种区别兢

㊱ 这一重要观点的制定得益于与 Alan Schwartz 的交流。

兢业业地实现对两类关系的管理。合同允诺人不需要了解其受约人,除了写入合同的内容,除非他拥有缔约能力。相比,受信人在信义参与过程中必须小心留意其受益人利益和目的的发展变化。否则,受信人将不知围绕什么部署忠义和注意义务。

三、作为身份的信义关系

已经成为传统智慧的信义法之契约模式强调信义法与合同法保持连续性。正如弗兰克·伊斯特布鲁克(Frank Easterbook)和丹尼尔·费舍尔在影响巨大的著作中提出的:“合同中的诚信模糊地而非线条式地并入信义义务。”㊲实际上,伊斯特布鲁克和费舍尔追求契约模式的逻辑结论,坚持认为信义法事实上不构成一个统一的或独特的原则秩序:“寻求有关信义义务的恰当定义不是一个特别的难题。简言之,在此没有主题,基于假定其特殊性的前提致力于统一信义义务的努力注定失败。”㊳从这一观点来看,信义法过于多变,不够区别于其邻近领域以构成一个与众不同的实践或研究对象。

契约路径依据本身的主张没有错。但是其结论反映出它的推定与偏见(preoccupottion),因此遗漏了信义法实质的重要方面。

首先,契约路径过度强调(正确的)观察结果,即当事人也许在众多受信人忠义和注意的实质性规范中进行选择,甚至(经常)放弃这些义务的某些要素;该路径没有充分认识到信义事后分享必须受到法律而非当事人的规制。其次,契约路径过度强调(也是正确的)事实,即当事人采用信义安排作为工具服务先行确定的目的;其没有充分认识到信义关系可能对法律秩序和当事人均有内在价值。

在这两个方面,信义法的契约路径所犯错误没有如部分真理那样严重。在这两个方面,契约路径所揭示的和掩饰的模式反映出其作为一个特例的更广泛的法律经济分析方法之优势和劣势。尤其是,信义法之合同解释的两方面不足反映出对围绕事前法律利益之进与退的法律规则之实质性结果的偏见。两方

㊲ Easterbrook and Fischel (n 5) at 438.

㊳ Easterbrook and Fischel (n 5) at 438.

面均忽视了法律关系的正式结构和内在于法律形式的价值。

从契约路径的第一个疏漏开始,涉及信义关系中选择的作用。当事人通常必须选择建立信义关系,他们可能经常改变忠义和注意之信义义务的实质性内容:回到先前的例子,信托中一个明示条款也许常常修正单一利益原则,甚至授权受托人与信托相竞争。[39] 但是,当事人拥有正式权力放弃或改变详细阐述受信人的忠义和注意义务的某些规则,甚至他们有时能够从这些义务可供选择的解释中进行自由选择,这样的事实并没有赋予信义义务契约性质。信义义务回应信义约定之当事人的意图是一回事,这些义务如在合同模式中那样纯粹作为当事人意图的产物而产生却是另外一回事。

婚姻关系生动地表明了这种区别。尽管婚姻关系很少出现在信义法的传统讨论中,婚姻关系的当事人没有公正地互相交易,但受到通常构成信义关系

---

[39] 例如,合同模式保持对信义法传统的单一利益规则进行有力的攻击,该种规则禁止受托人与信托人就信托财产订立合同。批判的推力是,规则应该被废止,简单来说(*tout court*),支持最佳利益规则。参见,eg,John H Langbein,"Questioning the Trust Law Duty of Loyalty: Sole Interest or Best Interest?" 114 *Yale LJ* 929 (2005)。

单一利益规则长期以来都是失败的。例如,单一利益规则是默认规则。参见 *Restatement (Third) of Trusts* (2007) § 78 cmt c(2)("许多受托人是被信托条款授权的,明示或默示的,可以参与交易,否则就会被不可分割的忠义规则所禁止");*Restatement (Second) of Trusts* (1959) § 170(1) cmt t; Unif Trust Code § 802(b) (1),7C ULA 229 (Supp)。当受托人从法院获得事先的批准,从单一利益规则出发也可能被允许。参见 *Restatement (Second) of Trusts* (1959) § 170(1) cmt f("受托人可以经法院批准,自行适当购买信托财产");Unif Trust Code § 802(b)(2),7C ULA 229 (Supp)。规则中存在各种例外。参见例子 Langbein,"Questioning the Trust Law Duty of Loyalty," at 968 ff。最后,信义法相关的领域允许冲突的人充当受信人。参见例子 Langbein,"Questioning the Trust Law Duty of Loyalty," at 942 ff(讨论 Uniform Health-Care Decisions Act 允许的冲突受信人)。

但请再次注意,不应夸大信义义务的选择自由。

例如,单一利益规则在某些实质性的领域是不能被放弃的——重要的是包括《雇员退休收入保障法》(ERISA)。参见注释25。这也不是不能被放弃的信义义务的唯一例子。例如,信托法强制规定,信托必须是为了受益人的利益。参见 *Restatement (Third) of Trusts* (2003) § 27。也可以参见 John H Langbein,"Mandatory Rules in the Law of Trusts," 98 *Nw U L Rev* 1105,1107 ff (2004)。

再举一个律师—客户关系例子,对律师施加了许多有效的不可放弃的义务。例如,一个客户不能同意他的律师代表一个当事人在诉讼中对他不利。参见 Model Rules of Prof'l Conduct R 17(b)(3)。一份合同,客户试图把是否接受和解方案转移给他的律师,是无法强制执行的。参见例子 *Jones v. Feiger, Collison & Killmer* 903 P 2d 27 (Colo Ct App 1994)。更普遍的是,法律完全禁止律师突然攻击他们的客户,并在法庭上反对客户的案件。如果辩护律师主张定罪而不是无罪释放,法律认为他的援助本身是有缺陷的,没有任何进一步的对防御的偏见要求。事实上,法院认为这种行为是施加"对律师协助的实际的或推定的否定。"*United States v. Cronic* 466 US 648,659 (1984). 也可以参见 *Cuyler v. Sullivan* 446 US 335,359 – 50 (1980)。不必说,委托人不能同意这样的行为,以改变律师的信义义务。

的信任和信赖的约束。[40] 而且,婚姻关系也许看起来是一个异常的而非典型的信义关系,但事实上比初看起来更为典型。[41] 一方面,婚姻关系的特点使其在心理上和道德上与众不同(婚姻关系的当事人通常带入其关系的行善动机)在法律上与本问题无关,无论合同的和受信人的法律义务取决于意图而非动机[42](例如,律师与客户的关系完全是信义关系,要求律师表现出关注客户的意图,尽管律师在代表时存在自利的动机)。另一方面,婚姻关系很可能是生活经验中最显著出现的信义关系。学者们越来越认同,传统上信义法调整的富有经验的商业合作者之间不受个人情感影响的安排,应当替代由合同进行简单的和开放地规制。[43] 相应地,尽管婚姻关系没有被传统讨论过多地强调,但其代表着信义法的一个重要例子,可能没有其他例子比这更为重要,无论是实践上或是理论上。故婚姻关系更普遍地揭示对信义关系特征的重要见解。

接着,婚姻关系历史上由严格控制进入和退出的制度规范,通过有夫之妇的法律身份,包括有关已婚妇女法律地位的强制性的继承人之限制。[44] 部分由于这个原因,19 世纪的律师通常坚持认为"执行的婚姻关系不是一个合同",包括因为"当事人不能互相解除这种关系"以及"因为其义务不是来源于其条款而是来源于法律"。[45] (美国最高法院明显依赖婚姻的身份特征——"当形成时",

---

[40] 参见例子 *In re Marriage of Fossum* 192 Cal App 4th 336,343 (Cal Ct App 2011)("配偶之间会有一种相互保密和信任的关系。这种关系的本质是对每个配偶都有最高的诚信和对待婚姻的责任")[转引自 Cal Fam Code § 721 (b) (West 2003)] *Dougan v. Dougan* 114 Conn App 379,384 n 6,970 A 2d 131,136 (2009); *Billington v. Billington* 220 Conn 212 (Conn 1991); *Ramin v. Ramin* 281 Conn 324,349, 915 A2d 790,805 (2007); *Dunham v. Dunham* 204 Conn 303,322 (1987)。

[41] 我要感谢 Anthony Kronman 强调了这一点的重要性。

[42] 在本书中参见例子 Irit Samet[引用 Peter Birks 的话来说,"法律要求利他主义的时候,最主要的是为了他人的利益,而不是动机。" Peter Birks, "The Content of Fiduciary Obligation," 134 *Israel LJ* 3,17 (2000)]. J. E. Penner 在他的贡献中提出了一个相关的观点,他认为,作为一个更大的论点的一部分,最好放在这里,"mens rea(与意向性相反)通常与民法无关"。参见本书中的 J. E. Penner。

[43] 这是关于 Ronald J Gilson 和 Alan Schwartz,Ronald Gilson 和 Alan Schwartz 所担任的公司经理之义务的推力方法,"Contracting about Private Benefits of Control," available at: <http:// ssrn. com/abstract =2182781 >。

[44] 参见例子 Joel Bishop, *Commentaries on the Law of Marriage and Divorce* (6th edn. ,1881) 1。

[45] Bishop (n 44) at 1 -4. 一种常见的习惯是把婚姻称为契约(即使是 Blackstone 也有这种做法,他称婚姻是一种"民事契约:" William Blackstone, *Commentaries*, Vol. 1, *421)。Bishop (n 44) 在下面的例子拒绝了这种用法:

一般来说,对婚姻地位的看法是不可思议的,因为许多人似乎认为任何与之相反的事情都应该受到重视,婚姻通常在我们的书中,先于现在的,被定义为一种契约。但是,广义上说,这一定义显然是不准确的,因此它通常或多或少是有限制的;而在一些人看来,婚姻排除了太多的东西,只有很少或根本没有保留原始的内容。因此,如果婚姻被宣告为一种契约,它也被认为不仅仅是一种契约,而且与所有其他契约不同。

一个婚姻"不再是一个'父亲身份'或'儿子身份'是一种合同"——解释为什么立法上的离婚在美国宪法第1条第10项禁止的意义范围内不构成"损害合同义务的规则"。[46])如今,有夫之妇的法律身份已被抵制一个世纪之多[通过《已婚妇女财产权法案》(Married Women's Property Acts)],进入和退出条款已经自由化(包括通过承认婚前协议以及最近的同性婚姻的现代法律)。但自由化不是契约化。应当意识到,婚姻关系的非合同特征通过现代改革加以持续,揭示了信义法中更普遍地自由化之趋势没有赋予信义关系合同性。

即使现代婚姻当事人能够越来越自由地进入和退出婚姻关系,且越来越多变的组合,他们不能简单地通过自己的意图合同性地构建他们的婚姻关系,仅仅作为他们意愿的产物。甚至,最著名的通过认可同性婚姻关系使婚姻自由化的司法判决也明显地意识到婚姻与合同的区别:

> 在真正意义上,每一个民事婚姻中都有三方参与者:两个即将结婚的未婚夫妻和有批准权的国家。尽管只有双方当事人能够互相同意结婚,但国家设定如下婚姻条款:谁可以结婚以及民事婚姻涉及哪些义务、利益和责任。反之,尽管只有双方当事人能够同意终止婚姻,但国家有权确定退出的条件。[47]

合同事前分享和婚姻必然包含的信义事后分享之间的紧张关系,解释了为什么即使自由主义者也拒绝将婚姻关系契约化。合同当事人仅抽象地彼此约束一般性意思表达(从不具体地彼此约束,基于特殊的利益和目的),且合同当事人在合同范畴内像没有合同那样保有自利(从不采取积极的、无私的关注他人的态度)。对比来看,传统的结婚誓言,如"不管更好或更坏,更富有或更贫穷,生病或健康",表明每一个婚姻所蕴含的内容:对事前分享的坚决拒绝和彼此相伴的态度。婚姻双方彼此具体地约束,如他们现在是以及在婚姻关系存续期间将来是完全特殊的个体;他们变得无私地致力于支持彼此的随之变化的需求和理想。婚姻当事人成为受信人进行事后分享,这就是为什么婚姻关系(像一般的信义关系一样)包含在面临未能预见的发展时做出新的牺牲的义务。诚

[46] *Maynard v. Hill* 125 US 190,212 (1888)[quoting (*Ditson v. Ditson* 4 RI 87,101(1856)].

[47] *Goodridge v. Department of Public Health* 798 NE 2 941,954 (Mass 2003).

然,事后成长和一起成长(面临未能预期的发展时保持继续)是婚姻关系的关键所在。当事人可以通过协议改变一些婚姻条款的事实不能对此做任何改变。

涉及婚姻的协议因此不能(因为它们不可能)构成婚姻本身,正如普通法律师长期认为的那样。用一部19世纪的著作中的话来说:

> 这种婚姻的合同不同于婚姻本身,正如建立房屋的协议不同于完整的结构,或者如蛋和孵化不同于繁殖……真正的婚姻,无论以何种形式使当事人成为法定的丈夫和妻子,都含有执行力。无论形式如何都没有什么不同。因此,在婚姻关系中,合同应终止。[48]

就这些方面而言,婚姻关系在信义关系中不是孤立的甚至异常的。信义关系(即使契约论观点也承认)产生是因为当事人无法通过事前分享达到目的,只能通过事后分享。律师与客户,医生与病人,监护人与受监护人,甚至受托人与受益人关系均涉及明显的司法认知,即受信人的义务不受建立该种关系协议的束缚,而是随着情况的发展逐步形成,变得要求更高。举一个例子,一位律师收到另一个客户给出的更好的报价或者确信其现在的客户所处的位置完全不利,该律师不能单纯因为这些理由从代理中“效率退出”。[49] 就婚姻关系而言,在信义法中更是如此,关于当事人能够通过协议改变信义义务以更好地促进目的实现的认知,不包含任何一般性地抛弃信义事后分享转而支持合同事前分享。可能实质上改变信义分享的条款,而不是形式上。再一次说明自由化不等同于契约化。

基于契约模式努力重构信义关系的第二个疏漏在于,契约本能强调信义安排的工具性目的,忽视了信义形式的内在价值。契约路径在其适用的范围内又

---

[48] Bishop (n 44) at 1 - 2.

[49] 美国律师协会《职业行为示范规则》(Model Rules of Professional Conduct)说明了退出的要旨。即使律师退出代理,他们仍在继续履行不损害客户利益的义务,包括损害可能是有效率的情形。正如讨论律师法的权威论文所指出的那样,“律师可能不会破坏(*sabotage*)委托人的合法原因,因为律师将该原因视为是矛盾的。” Hazard and Hodes, *The Law of Lawyering: A Handbook on the Model Rules of Professional Conduct* (2th edn. ,Supp 1991) Vol. 1, § 1. 3:101 at 71(着重强调). 此外,《职业行为示范规则》要求律师在解释他们的退出时,必须遵守他们的保密义务,《职业行为示范规则》R 116 cmt at 2,坚持认为,即使是有偏见地退出的律师,“也应该在一定程度上采取切实可行的措施,以保护客户的利益。”律师法重述(第三版)[*The Restatement (Third) of the Law Governing Lawyers*] § 33(1)同样要求退出的律师“在一定程度上合理地采取措施保护客户的利益”。基于所有这些原因,退出的律师必须采取行动(即使是无效率的)确保替代律师采取一种尽可能少损害客户前景的方式。参见 Hazard and Hodes (2th edn. ,Supp 1998) Vol. 1, § 16:303 at 486。

是正确的:人们当然会利用受信人作为服务他们在先利益的工具,信义法的自由化在这方面极大地增进了该法的功能。但是,信义约定的个体当事人和更广泛的法律秩序在信义关系中均拥有自己的利益。这种利益无法通过基于合同模式重构信义关系来很好地实现。刚才分析的例子也能说明这一点。

婚姻是一个明显的例子。当事人评估婚姻不仅仅作为达到他们带入婚姻之目的的手段(经济保障、一般的配偶权[50]),而是将婚姻本身视为目的。他们的婚姻成为(婚姻本身)他们生活的一种组织方案。实际上,这是婚姻的关键,即婚姻为爱的一种形式建立社会的和法律的支持,其巨大的价值与很大的困难相匹配。监护可能具有类似的内在价值。共同地但非对称地追求自我塑造(*Bildung*)方案,该方案构成受监护人的自我意识(conception)和其利益,能够成为监护人和受监护人生活意义的一个重要来源。信义关系不仅只在个人情境下拥有内在价值。例如,考虑一下律师与客户的关系。律师对于法律的普及和零售纠纷的合法解决来说是必要的,在这些纠纷中可用的法律规则通常不能以机械的或非争论性的方式适用于特殊的、具体的案例。有人可能会说,律师是法律规则的必要组成部分。法律规制律师必须(且应)以多种方式从侵权和合同的一般性原则出发以确立法治(rule of law),[51]尤其是明确地规定律师的忠义原则,系以组织律师对客户的信义义务——规制律师的实在法可以脱离法律规则的内在价值获得充分解释,以及仅仅作为服务于律师的和客户的优先私人利益的技术手段,这是非常难以置信的。

在所有这些及其他许多案例中,信义关系构成意义和价值,而非仅仅作为促进先在利益的技术手段,但信义关系在合同模式下不能拥有这种构成特征。由于合同分享的事前结构和合同识别的纯粹抽象特征,合同在合同当事人之间仅建立起最薄的共同体形式。实际上,合同的要点在于,合同关系可用于任何人与任何其他的人,仅要求最浅的约定,基于最窄的利益汇合,均完全受合同当事人事前意图的束缚。相比而言,信义关系把生活伙伴绑定到家庭,将小孩教育为成年人,使公民与其国家相联系。这些活动深层次地且广泛地影响个体,

---

[50] 当然,即使是已婚人士也不会将他们的婚姻视为仅仅(*solely*)是达成这些或其他结果的意义,他们也可能将婚姻视为手段。

[51] 通常参见 Daniel Markovits,"Lawyerly Fidelity," in Sanford Levinson (ed.), NOMOS LIV: Loyalty (2013) and Daniel Markovits, *A Modern Legal Ethics* (2010)。

使他们从根本上卷入非自愿的责任承担。他们要求事后分享且不受事前意图的束缚。

四、结论

最近数十年来主导信义法的契约路径为理解信义义务作出重要贡献。契约论者指出，忠义和注意之信义义务没有固定的或强制的实质性内容。沿着这一思路，他们表明自由化的信义法能够让法律更好地服务于信义关系当事人的先期利益。

但是这个有价值的法律改革项目不能支撑对信义法本质及信义关系结构的理论解释。契约论者寻求合同法作为此种解释之模型的天赋本能犯了一个严重错误，或者说为更引人注目地坚持认为信义法“没有主题”以及为该法律主体建立理论的努力注定要失败[52]。

尽管信义义务的实质内容（*substantive content*）在法律领域内以及在一个领域内不同的案例中广泛变化，但信义义务的常规特征（*formal character*）在所有的信义关系中依然保持不变。受信人根据关注他人的积极义务限制自利，并接受这些义务必然包含的父爱主义；受信人事后分享而非事前分享；受信人不是抽象地彼此约束，保证他们普遍的人性，而是具体地彼此约束，随着情况变化作为现在及将来的特定个体；信义关系不仅仅是当事人意图的产物，也建立和反映像身份那样的秩序；受信人和更广泛的法律秩序不仅将信义关系评估为服务事先目的的手段，同时也将其本身视为目的。

信义义务的契约路径因此适当地使该法律主体自由化，但并未理解它。自由化不是契约化。

---

[52] Easterbrook and Fischel（n 5）at 438.

第十一章　信义关系中的知识

理查德·R. W. 布鲁克斯(Richard R. W. Brooks)*

识别信义法独特之处的一种路径始于探寻该法旨在解决什么问题。在弗兰克·伊斯特布鲁克和丹尼尔·费舍尔有争议的论文“合同和信义义务”中,他们将基本问题视为一种合同的不完备性。① 在完备合同世界内,他们强调信义法不可能存在。理性的当事人会详细列明与所有可能的意外事件相关的权利和义务,无论何时需要当事人介入,法院都会做出实际履行的单一回应。当然,这是关于完全具体之合同世界的想象的理想。合同的真实世界从来在任何适当的意义上都是不完备的,法院不断地被要求使用各种规则和救济来处理源于合同不完备性的争议。关于信义法的本质,这个事实告诉我们什么呢?伊斯特布鲁克和费舍尔认为什么都没有,“在此没有主题,基于假定其特殊性的前提致力于统一信义义务的努力注定失败”。② 在他们看来,基本问题是合同性的,法律回应亦是如此。

从信义关系完全是合同性前提开始,伊斯特布鲁克和费舍尔认为指引那些关系的法律也是合同性的并不奇怪。③ 合同进,合同出。但最初前提的个中道理不得而知。尽管受信人经常由合同创造,但合同并不是形成信义关系所必需

---

* 我感谢 Franklin Ard, Andrew Gold, Sarath Sanga 和其他 2013 年美国迪堡大学信义法的法理基础研讨会的参与者,以及他们深思熟虑的评论。

① 他们观察到,例如,“我们曾在早期的著作中表明,忠义义务是对不可能完全明确当事人义务的书面契约的回应。”Frank H Easterbrook and Daniel R Fischel, “Contract and Fiduciary Duty,” 36 *JL & Econ* 425, 426 (1993).

② Easterbrook and Fischel (n 1) at 438.

③ “因为这一过程是契约性的,因为委托人和代理人都对收益有这样的理解——细节应该是那些最大化收益的内容,缔约双方可以对此进行划分。”Easterbrook and Fischel (n 1) at 426.

的。根据许多学者的观点，呈现信义关系基本特征的也不是合同。这些学者探究信义法“真正的”(非合同的)本质。伊斯特布鲁克和费舍尔嘲笑说他们在做徒劳的工作：“他们在找寻信义关系的特别之处，但没有发现什么特别之处。只有特殊的且独立有趣的关于特别的经由双方同意而成立的(因此是合同的)关系。”④然而最后的措辞“经由双方同意而成立的(因此是合同的)”，揭示出一个关键性的合并。将同意等同于合同明显扩张过度。协议性行为不是合同性行为，至少不是一直都是。协商一致的代理或者其他信义关系的形式，也不必然是合同性的。⑤ 但回过来说，他们将同意视为合同并不令人吃惊。从不完备合同的视角来看，存在压倒性的趋势将随之产生的每一件事都视为合同。

完备的合同不需要大量的现行法律(不仅仅是信义法)。即便如此，也不意味着我们现行法律的功能是重复当事人用合同约定他们能够约定的事项。如果侵权行为人和罪犯能够事先无代价地与他们的受害者达成合同，那么事故法和刑法在我们社会中所起的作用将大大降低。尽管如此，也不能匆忙下结论，认为事故法和刑法是作为缔约困难的回应而存在的。考虑信义法得出这个结论可能更为容易，因为信义关系是同意性的且通常是商业性的，但是，不能匆忙下结论认为信义法本质上是合同的备用条款。然而，从一个不同的前提进行关于信义法旨在解决的问题的论证，也许会得出完全不同的结论。

在本文中，我将用一个不同的问题作为起点推动信义法。该问题涉及信义语境下的知识和信息。⑥ 关注这个问题并非有意忽略其他的考虑或否定信义法的合同特征。聚焦于知识和信息也许能补足甚至强化“信义作为合同”的论证。

---

④ Easterbrook and Fischel (n 1) at 438.

⑤ “代理是一种信义关系，当一个人(一个‘委托人’)表现出对另一个人(一个‘代理人’)的同意时，代理人应以委托人的名义采取行动，并服从于委托人的控制，而代理人则表现出同意或其他赞成行为。”*Restatement* (*Third*) *of Agency* (2006) § 1.01.

⑥ 知识和信息在这里共同使用，但不能互换使用。一个人可以拥有信息(比如在一个密封的信封里写的)，而不知道它的内容。知识需要的更多。在知识和信息之间可能会有更好的区别，但这样做超出了这种初步处理的范围。“信义语境”的使用意味着代表一种场景设置，其超越严格的受信人—受益人关系或二元体。它包含所有在受信人—受益人二元体所属的角色组中的相关关系配对。角色组是角色关系的集合，如医科学生，借 Merton 的例子，占据了“相对于(vis- à -*vis*)老师的学生角色，同时也占据了相对于其他学生的一系列各色各样的其他角色，医生、护士、社会工作者、医疗技术人员，等等。”Robert K. Merton，1957，“The Role-Set：Problems in Sociological Theory，” 8 *British Journal of Sociology*，110 – 20，at 110 (1957). 同样，当考虑到我们所称的“受信人”的身份时，我们必须牢记，角色与它的各种配对充分适应信义语境。

不完全和不完备的信息毕竟是作为合同不完备性基础的核心问题。然而通过直接聚焦于知识和信息（不媒介合同的不完备性），信义法的关键方面突显出来，尽管经常是隐蔽的。德波拉·德莫特对本文的贡献，有关代理关系中的指示，为信义分析明确围绕知识和信息时所表现出来的问题提供了很好的说明。而且，此种定位促使我们超越负担沉重且经常不足的忠义和注意义务视角。更加突显其他重要信义义务，包括正直、保密和披露义务，以及告知、查询义务，诸如此类。这种扩大视角的结果是更丰富地理解信义关系及调整其法律之与众不同的特征。

除了转变视角问题，本文同时转变分析单位。尽管"信义作为合同"的论证将理性自利的个体作为分析的唯一单位，但在此信义关系本身也被作为法律和经济分析目的不可分割的整体。信义关系是二元的（dyadic），不仅仅是双边的。法律不仅承认构成信义关系的理性个体，也承认关系二元体本身（dyads themselves）。回忆起一些受益人是非理性的，[7]甚至其他一些不是有独立人格的个体。[8] 然而他们作为组成部分的信义关系保有法律上的可识别性且区别于构成要素之受信人和受益人。[9] 因此，尽管信义关系通常反映理性个体之间的双边协议，但那些协议只部分反映了整体安排。[10] 当第三方出现时，更多的东西暴露出来。有关信义关系内部秩序的规则也许能，或者不能[11]被公正地描述为源于两个理性当事人之间的双边约定（内部秩序好像是"信义作为合同"论证的专属领域），但当涉及第三方时，双方关系的独立外观变得更加可见。没有什么

---

⑦ 受信人通常被任命为没有法律能力代表自己行事的受益人。虽然在很多情况下这并不意味着他们是不理性的（如他们可能是理性的未成年人）。

⑧ "信托可以为一只猫、一条狗或一个未出生的孩子的利益而设立。"参见 Tamar Frankel，本章省略引用。

⑨ 正如合伙企业（即使没有实体地位）也可以获得合法存在，区分于它的合伙人（虽然本身并不是一个严格的可以订立合同、起诉、被起诉、拥有财产等的法律主体），因此信托关系也呈现出一种民事痕迹。参见 Richard R. W. Brooks and Timothy W. Guinnane, "The Right to Associate and the Rights of Associations: Civil-Society Organizations in Prussia, 1794 – 1908" (Yale Law School Working Paper)。

⑩ 在这种情况下，两个人可能会在一起形成一段婚姻关系，在此之后，婚姻本身（独立于配偶之间）将获得一定的民事和社会认可。参见例子 *The Sociology of Georg Simmel*, trans, ed, and introd Kurt H Wolff (1950) 118 – 44。

⑪ 请注意，即使是这种内部秩序也不必完全由双方的协议来调整。并不是所有的结果都是同意或契约的结果。Emile Durkheim, *The Division of Labor in Society*, trans Lewis A Coser (1997). 特别是，与受益人或第三方合作的受信人，在参加他们作为一方当事人的角色组时受到社会和法律约束[Merton (n 6)]。

比有关当事人之间的知识和信息问题更加明显。

当涉及受信人,有关任何人知道或能够被假定为知道其他人的知识的法律和经济问题必须定期得到解决。与知识有关的义务和推定经常被确立用以应对源于信义语境下常见的三方互动的挑战。而且,这不仅仅是事实上或法律上已知的,通过争论中的信义双方关系或在此范围内。受信人和第三方分享的信息和信赖经常产生法律权威或权力(表见代理和禁反言或其他手段),导致对甚至完全不知情的委托人和受益人的责任。信义关系易于产生所有种类的多方争议,法律必须对此作出反应。法律和社会结构经常出现角色定向,促进或限制知识的"可观察性",在西美尔(Simmel)最初提出后经莫顿(Merton)发展的意义上,莫顿举出受法律保护的特权信息(privileged information)和秘密通信(confidential communication)的例子。在本文中将进一步详细阐述,还有许多法律在信义语境下用以管理和架构知识与信息的法律规则。

但是,为什么将这些法律规定称为"信义法",区别于双边的、三方的或多边的合同默认规则?任何人当然可以把合同的语言和逻辑强加于信义双方关系和涉及的第三方,尽管这样做的目的并不总是完全清晰的。不管怎样,那不是本文的目标。本文的目标是分析信义交易的信息结构,就调整它们的法律之功能和目的获得更广泛的视角。给法律贴上标签是留给其他人的任务。

本文余下部分始于经济学的考量。第一部分介绍知识的经济学分类。这种知识解释通过委托代理模型加以说明,以"信义作为合同"的模型作比较。以非收缩性(non-contractability)的理念结束本文,揭示信义契约路径的一个关键限制并提出法律更广泛的作用。第二部分介绍用于来自代理和其他信义关系的案例和原理的知识之法律学分类。该部分强调与信息相关的权利和义务(如保密、正直、披露、通知、保持一致、查询义务以及在受信人—受益人双方关系范围内和范围外分享事实)。第三部分围绕信息受信人进行简要的讨论,关于信义原则对拥有其他人信息的人在传统信义语境外有恰如其分的适用,并以一个简短的总结结束本文。

一、知识的经济学

信义语境下信息的结构是什么样的?经济学家倾向于将受信人的优越知

识(受信人的专业知识或其他见识)视为当事人必须应对的核心挑战。当然,这是正确的,但一般性地认为一方当事人的专业知识或见识推动被称作“信义关系”的法律和经济安排是一回事,[12]完全清楚地说明它又是另外一回事。描绘与这种安排相关的权利和义务的特性从一开始就是一项不可能的任务。信义法提供了一个解决方法。“当一方当事人雇用另一方的知识和专长,没有太多他们能够写下来的东西”,伊斯特布鲁克和费舍尔观察到;因此,“作为具体承诺的替代,代理人在追求目标过程中承担忠义义务,在履行中承担注意义务”。[13] 尽管不能事前(*ex ante*)明确受信人知道什么以及如何运用那些知识,伊斯特布鲁克和费舍尔聪明地指出,当事人可以事后要求忠义和注意义务以达到同样的目的。他们的观点无可争辩。受信人几乎总是因一些技能、专长或技术知识而受雇用,这些很少能够被缩减为合同中非常具体的语言。信义法中的忠义和注意义务,如合同法中的诚信履行和执行一样,在协议无记载时提供行为指引。对于信义作为合同论证的支持者来说,这就是问题的全部。信义法只不过是与拥有专业知识和技能的个体进行交易的合同性手段,其他人为此签订合同(不完备地)并监督(不完全地)。“这是‘信义’包囊”,伊斯特布鲁克和费舍尔总结到,“它仍然是空的”。[14]

信义作为合同,就像公司作为合同束一样,并非难以置信。所有经济组织的形式都可以被设想为“合同”。那又如何?此种简化操作的价值取决于它们揭示的是否比隐藏得更多。按照这样的标准,“信义作为合同”的抽象表达含混不清,但并不糟糕。在某些方面,它提供了有用的组织,并使法律不规则延伸且模糊的领域得以明确。否定许多合同性的和类合同的特征在信义背景下凸显是很难的,也没有意义。然而在其他方面,契约路径掩盖且将注意力从信义背景的显著特征处转移开来。例如,对受信人知识和专长的广泛关注模糊了信息的关系结构。受信人拥有的知识和专长当然重要,但是,[如弗里德里希·哈耶克(Friedrich Hayek)警示的那样]当着眼于任何一个个体的知识时,很容易忽略信

---

⑫ 在许多情况下,受信人并不比受益人更知情或更有知识,但只是在某些给定的情况下有更多的时间或注意力,或者由于范围、规模或其他因素的优势,能够比受益人用更少的时间或注意力承担必要任务。

⑬ Easterbrook and Fischel (n 1) at 426.

⑭ Easterbrook and Fischel (n 1) at 426.

息更宽泛的特征。哈耶克强调在每一个经济秩序中知识的分散化本质——具体情景中必要知识“从不以集中的或整体形式存在,但仅以作为不完备的且经常矛盾的少量分散知识存在,为独立的个体所拥有。”⑮分散的但不分离的知识是关系信息。在信义背景下知识和信息的结构是高度相关的。信义法在很大限度上支持这种结构。

知识的关系观点(relational view)揭示出,不单单是受信人带给关系的专门技能很重要,在关系背景下知道或获得什么也很重要。根据“本地条件”(local conditions)在关系的“特殊情势”(special circumstances)下产生的隐性知识归于“身临其境的人”(the man on the spot),如哈耶克指出。当“身临其境的人”是受信人,获得的知识从属于加强的义务,包括注意、正直、保密和披露义务。这个逻辑对于理解信义法来说是必需的。但即使这种拓展仍然是不够的。因为其不仅仅是受信人知道的事实 x 的问题,知识的关系观点同时关心其他人知道或能够知道多少关于受信人知道的;反之亦然。

以关系的方式关注知识为经济合同理论家所熟悉,他们倾向于非常明确地描述他们分析的信息结构。四种基本类型经常被采用,很好地阐明委托人(P)、代理人(A)和第三方(T)的三元组合。其一,如果 P、A 和 T 都知道 x,知道 x 在各方当事人中被认为是“常识”,且每一方当事人知道其他两方当事人也知道 x,且他们都知道他们都知道他们都知道 x,如此循环往复。⑯ 其二,如果 x 在一些相关裁决者前能够被确定,那么就是“可证实的”。在法庭上证明 x 是表征可证实信息常用的例子,其揭示了这类“知识”视条件而定的本质。⑰ 其三,如果 x 在一些当事人之间被证明或知道(例如,如果 x 是 P 和 A 之间的常识),但在那

---

⑮ F A Hayek, “The Use of Knowledge in Society,” 35 *Am Econ Rev* 519, 519 (1945). Hayek continues:

因此,社会的经济问题不仅仅是如何分配“给定”资源的问题——如果“给定”被理解为给定专门解决这些“数据”所提出之问题的单一想法。如何确保所有社会成员都知道的资源的最佳使用,这的确是一个问题,因为只有这些个人知道这些资源的相对重要性。或者简单地说,这是并未完整给予任何人的知识的利用问题。

⑯ 常识是一个极其严格的信息标准。然而,许多分析(以及大多数日常问题)都可以用完全缺乏成熟常识的结构来分析。允许双方了解他们所知道的在有限数量的回合后截断的知识,这对于大多数抽象的程式来说都是足够的。

⑰ 可证实的知识不是一个二分的概念(但通常是一个以什么样的成本和在什么样的时间范围内可证实的问题),也不是基于哲学或科学意义上的真理(但是法官、陪审团或其他裁决者所决定的)。

种联系之外不能被确定，那么就是“可观察但不可证实的”。其四，如果 x 为 P、A 或 T（排他地）知道，既不可观察也不可由其他人证实，那么就是“私人”信息。记住知识的这四种类型，现在来考虑“信义作为合同”的论证。

代理，在合同模式下的标准信义关系，可很好地作为典型示例。不过，为避免混淆，将经济学家所说的“委托代理”模型与“信义作为合同”的论证区分开来是重要的。举一个简单的数值例子。假定一个代理人只能采取两个不同的行为之中的一个。例如，他可以运用高水平努力或低水平努力，她可以进取地投资或谨慎地投资，他可以十分注意或几乎不注意。用 a_H 代表高水平努力，a_L 代表低水平努力。高水平努力是好的，但并不总是比低水平努力更好。更可取的努力程度将由具体情势而定，即所谓的当事人面临的“所处状态”（the state of the world）。为简单起见，我们认为只存在两种所处状态，一般标注为状态 1 和状态 2，分别用 ω_1 和 ω_2 代表。假设每一种状态等可能发生。通过一些技术，$f(\cdot)$ 选择的行为和实现的所处状态组合导致结果 x，被称为委托人的“盈利”或实现的价值。更多的 x 被假定比更少的 x 好。如下设计的方程表明这些变量几种可能的交互作用。

$$f(a_L,\omega_1)=10 \tag{1}$$

$$f(a_L,\omega_2)=50 \tag{2}$$

$$f(a_H,\omega_1)=0 \tag{3}$$

$$f(a_H,\omega_2)=100 \tag{4}$$

方程 1 表明，一方面，当代理人付出低水平努力 a_L，所处状态 ω_1 实现，然后委托人所获得的盈利 x 为 10，而高水平努力 a_H，在状态 ω_1 中产生的盈利为 0（方程 3）。[18] 另一方面，当所处状态为 ω_2，代理人低水平的努力创造盈利为 50（方程 2），而高水平的努力将创造盈利为 100（方程 4）。这些方程本身既不有趣，也没有启迪作用，但它们能够帮助我们解释谁在何时知道什么。

例如，假定代理人在知道状态前必须选择一种行为。通常在商品生产出来前投资必须沉没，在知道消费者需求前库存必须购买，需求可能受到此种如天气般变幻莫测的行为的影响。然而只要委托人“知道”技术 $f(\cdot)$ 可能的状态

⑱ 为了使这个例子更简单，我将委托人的盈利处理为他的净盈利。也就是说，这是委托人在支付了代理人的努力之后得到的。

和它们的可能性,且能够"证实"选择的行为,那么他就能够在合同中明确指定要求代理人采取行为 a_H,从而产生预期盈利 50,使他获得比选择行为 a_L 多 20 的预期盈利。⑲ 当委托人知道代理人在行为前知道(或将知道)所处状态时,他或许能做得更好。通过明确代理人必须采取行为 a_L 如果所处状态是 ω_1,以及必须采取行为 a_H 如果所处状态是 ω_2,委托人的预期盈利将增加 10%。⑳ 这种安排,代理人被给予指示在每种可能的世界状态中如何行为,被称为"完全指定的"或"完全状态依存的"的合同。㉑

上述简单例子的变化和一般化表征经济学中的委托代理学问。㉒ 这个学问的显著特征是没有什么像"信义法"那样在委托代理模型中发挥作用。㉓ 当代理人理性地接受以最佳方式设计的合同,按照规定履行符合其利益。如果他未

---

⑲ 在说明委托人"知道"这项技术的时候,并没有暗示委托人直接接触到技术或专业知识。他只是知道,世界的行为和状态通过某种机制结合产生结果,允许他进行计算,以确定代理人应该采取什么行动。在得出这个结论的时候,首先要注意的是,不管代理人采取什么行动,所处结果的状况都有 50% 的可能是坏的,50% 的可能是好的。这意味着,低水平努力(a_L)产生 50% 的机会,委托人将得到 10,并且 50% 的机会她将得到 50。因此,当代理人采取行动 a_L 时,委托人的预期盈利为 30(50% ×10 +50% ×50)。而当代理人采取行动 a_H 时,委托人的预期盈利为 50(50% ×0 +50% ×100)。

⑳ 回想一下,努力水平 a_H 并不是在世界上每一个国家中都是最佳的策略。有时,委托人希望代理人的努力水平为 a_L。在熊市(ω_1)中,谨慎(a_L)是一种更好的投资策略,而在牛市(ω_2)中,激进的投资策略(a_H)更优。当客户对委托方收益的需求较弱(ω_1)时,代理人工作半天更好(a_L),当需求强劲时(ω_2),提前上班并工作更长时间更好(a_H)。当合同规定,如果所处状态是 ω_1,代理人应该采取行动 a_L,如果所处状态是 ω_2,行动为 a_H,委托人的预期盈利将增加到 55(50% ×10 +50% ×100)。

㉑ 如果代理人不按照商定的条件执行他状态依存的任务,那么在合同中也可以包括适当的救济措施,允许法院(必须能够观察或核查所采取的行动和世界的状况)来强制执行该协议。在文中给出的简单示例中,结果 x 足以被证实,因为每个动作状态组合都有一个独特的结果。事实上,从任何特定行动中产生的独特结果也足以使委托人可获利地利用"转移支持"来达成最好的合同。

㉒ 文献发展从一个基本模型出发试图分析如何最好地使一个代理人追求委托人的意愿和利益,当只有代理人可以全面观察自己的行为时(一种称为"道德风险"或"隐藏行动"的情况),或当只有代理人知道一些世界状态的相关信息时(通常关于自己,称为"逆向选择"或"隐藏信息")。虽然不同模型的基本假设各不相同(尽管许多假设主要是风险中性和代理人规避风险;如果代理人是风险中性的,一个简单的解决方案可能涉及委托人依据最优行动的预期价值出售他的利益给代理人),目标始终是如何使代理人的动机与委托人的利益相匹配。动机调整是关键,因为所有的模型都假设,如果没有针对他行为的适当制裁和奖励,代理人将追求他自己的利益。法律的单一责任规则在这里没有市场。

㉓ 一些法律和经济学学者已经做出值得注意的尝试,试图将信托法注入这些模型。Robert Cooter and Bradley J Freeman,"The Fiduciary Relationship: Its Economic Character and Legal Consequences", 66 *NYU L Rev.* 1045(1991); Eric Talley,"Turning Servile Opportunities to Gold: A Strategic Analysis of the Corporate Opportunities Doctrine", 108 *Yale LJ* 277 (1998) and Robert H. Sitkoff,"The Economic Structure of Fiduciary Law", 91 *BU L Rev* 1039 (2011).

能按照合同中载明的行为,如果可行的话,理想的救济方式是实际履行,或者执行当事人提供的违约金条款。在此没有通常适用于代理人的忠诚、注意、保密、披露和其他义务,且不管怎样都是多余的。委托代理模型要求当事人间有大量的知识用以事前(*ex ante*)明确他们的协议,但该模型事后(*ex post*)对法律的要求非常少。㉔

相比之下,“信义作为合同”的论证事后(*ex post*)对法律的要求较多(尽管它拒绝将任何特殊性归于信义法)。这两种路径在法律定位上的差异在很大限度上是因为它们寻求解决的问题不同。委托代理模型解决的问题是动机不一致(当代理人的动机没有自然地与委托人的利益相符合时该做什么)。一旦一个合同性的解决办法被设计出来,就没有法律的用武之地,除了机械地执行合同条款。正如之前提及的,“信义作为合同”的论证所解决的问题是合同的不完备性。这个问题需要更为能动的法院和法律框架。㉕

涉及受信人的合同尤其易于不完备,伊斯特布鲁克和费舍尔观察到:“‘信义’关系是一种具有非常高的规范和监督成本特征的合同关系。”㉖他们提出法律应对合同不完备性的两种不同的方式:其一,法院事后通过强加假设的协商完善合同。㉗ 其二,法律规则在一些过渡阶段鼓励当事人自己完善合同。㉘ 通过这两种途径,事后的(*ex post*)假设协商或中间的(*interim*)真实协商,(信义)

㉔ 有关各方的信息需求是值得注意的。不仅合同和基于此的结果必须被证实(这均是法院所要求的),而且世界的状态和一些涉及其可能性的信念必须由当事人事前(*ex ante*)知晓,以及来源于行动和支付的技术和代理人的效用。假设很多都不是小事。

㉕ 在许多正式的经济模式中,合同的不完全性并不是一个很重要的问题。“所有或有事项(包括填写空白处的程序)均由合同规定。”Benjamin E Hermalin and Michael L Katz, “Judicial Modification of Contracts between Sophisticated Parties: A More Complete View of Incomplete Contracts and Their Breach”, 9 *J Law, Econ & Org* 230, 232 (1993). See also A Konakayama, T Mitsui, and S Watanabe, “Efficient Contracting with Reliance and a Damage Measure”, 17 *Rand J Econ* 450 (1986).

㉖ Easterbrook and Fischel (n 1) at 427. 正如 Easterbrook 和 Fischel 主张:“信义义务不是特殊的义务;它们没有道德基础;它们是与其他合同承诺相同的义务,以同样的方式派生和执行。”(emphasis added)

㉗ 例如,他们建议,“忠义义务取代详细的合同条款,法院将其具体化……通过规定双方自己愿意采取的行动(*actions*),如果讨价还价很便宜,且所有的承诺都得到充分执行的话。”Easterbrook and Fischel (n 1) at 427 (emphasis added).

㉘ “许多法律规则诱使人们参与交易——不只是对盗窃的严厉惩罚,而是规定禁令或实际履行的规则,要求披露信息(*disclosure of information*)的规则……所有的这些都让各方重新回到谈判桌上来”以完成合同。Easterbrook and Fischel (n 1) at 427. See also Ian Ayres and Robert Gertner, “Filling Gaps in Incomplete Contracts: An Economic Theory of Default Rules”, 99 *Yale LJ* 87 (1989).

法有效地解决了不完备合同问题。[29]

重要的是,这些解决办法来源于合同问题的一个特殊观念。在他们的框架中,伊斯特布鲁克和费舍尔强调合同是不完备的,因为交易成本和可以假定的有限理性致使事前(*ex ante*)完全依情况而定的协议被禁止。然而在合同被设计出来以后,当事人注意到事前(*ex ante*)预想或解释什么是困难的或不可能的。这允许他们进行中间协商,或法院假设如果他们事前(*ex ante*)解决相关的合同漏洞,当事人会怎么做。漏洞要么通过当事人在过渡阶段要么通过法院事后(*ex post*)得以弥补。但是,这项填补漏洞的活动只有当事人能够注意到漏洞且证实他们想要的协议时才能发生。通常情况下两者都不可能,这表明合同不完备性的另一个来源。

无知和不确定有时无法事后(*ex post*)自我解决。存在即使事后(*ex post*)法院仍然不能证实事物状态的情况,产生一种叫做"非收缩性"的情况。非收缩性导致一种不同类别的合同不完备性。当事人也许知道或预见一些重要的事实,他们能够以微不足道的代价记录下来使他们的合同更加完备。但如果法院不能证实并强制执行,为什么要麻烦地写下更多条款呢?当合同因为非收缩性而不完备,假设的和中间的协商帮助不多。

举一个例子,一个委托人给其代理人一笔财产进行管理,最初价值 1 亿美元。假定代理人可以采取两种不同的行为,a_L 或 a_H,超出代理人控制的世界状态可能表现为两种情况,ω_1 或 ω_2,行为和表现情况的组合会产生两种可能的(结果)事后(*ex post*)财产价值,x_A(如 1.5 亿美元)或 x_B(0.5 亿美元)。所有的组合都是可能的。在这种情况下,当事人可以写一份完全明确的合同 k,并含有与如下显示的每一种(a,ω,x)组合相关的有条件转让 s。[30]

---

[29] 在某些情况下,Easterbrook 和 Fischel 认为,临时交易比假定的好。"创造假定的合同是很困难的。法官的信息比当事人少……按实际价格计算的实际交易是比较可取的。"特别是,"当我们很难知道最佳路径时,当司法评估是偶然的时,以及当事后交易成本很小时,一项基于合同强制的救济措施是优越的。"另外,"在讨价还价成本高、结果明确的情况下,诱导人们讨价还价的规则是不可取的。然后,法院可以通过建立一个预先设定的规则来节省当事人的交易成本,并为那些有不寻常意愿或情况的人留有不同的路径。"Easterbrook and Fischel (n 1) at 445.

[30] 有条件转让 s,可以被认为是基于代理人选择行为、在他采取行动时的世界状态以及实现的结果,所支付给他的报酬。转让可能是消极的,意思是代理人支付给委托人。

$$k=\begin{cases}\{a_L,\omega_1,x_A,s_i\}\\\{a_H,\omega_1,x_A,s_{ii}\}\\\{a_L,\omega_2,x_A,s_{iii}\}\\\{a_H,\omega_2,x_A,s_{iv}\}\\\{a_L,\omega_1,x_B,s_v\}\\\{a_H,\omega_1,x_B,s_{vi}\}\\\{a_L,\omega_2,x_B,s_{vii}\}\\\{a_H,\omega_2,x_B,s_{viii}\}\end{cases}\tag{5}$$

合同中第一条规定,如果代理人在处所状态 ω_1 中采取行为 a_L,结果 x_A 实现,那么他获得转让(或报酬)s_i。其他条款做类似解读。假设无论出于什么原因,当事人在处所状态 ω_1 中没有付出高水平努力 a_H,可能会导致 0.5 亿美元的损失,在他们的合同中留下了漏洞:

$$k=\begin{cases}\{a_L,\omega_1,x_A,s_i\}\\\{a_H,\omega_1,x_A,s_{ii}\}\\\{a_L,\omega_2,x_A,s_{iii}\}\\\{a_H,\omega_2,x_A,s_{iv}\}\\\{a_L,\omega_1,x_B,s_v\}\\ \\ \\\{a_L,\omega_2,x_B,s_{vii}\}\\\{a_H,\omega_2,x_B,s_{viii}\}\end{cases}\tag{6}$$

然而,在此种损失发生后,假定当事人能够证实事物的实际状态,$\{a_H,\omega_1,x_B\}$。在这种情况下,如伊斯特布鲁克和费舍尔建议的,法院可能强加假设的协商,如果当事人明确约定一个条款处理这类偶然事件,他们会停止继续。有洞察力的法院会确定当事人本会为代理人选择报酬 s_{vi}。[31]

㉛ 报酬,可以是正的,也可以是负的,本质上是委托人和代理人之间的转移。这些转移,在通过法庭的时候,以罚金和奖金的名义形式给代理人(考虑到她的行为和结果),但它们实际上只是价格——仅仅是从一个假设的报偿安排中选择的报偿。

再来看一个更有问题的情况，如果当事人没有预见 x_B（0.5 亿美元的损失！）将会怎么样？假定他们写了一份 k 中只有如下前 4 个条款的合同。

$$k = \begin{Bmatrix} \{a_L, \omega_1, x_A, s_i\} \\ \{a_H, \omega_1, x_A, s_{ii}\} \\ \{a_L, \omega_2, x_A, s_{iii}\} \\ \{a_H, \omega_2, x_A, s_{iv}\} \end{Bmatrix} \tag{7}$$

此处的漏洞比之前的更大，但再一次假设 0.5 亿美元的损失已经发生对于每一个人来说事后（*ex post*）都是清楚的。然而，现在假定法院不能证实代理人所采取的行为。在这种情况下，适当的报酬要么是 s_v 要么是 s_{vi}。而且，假使法院也不能证实 ω 将会怎么样？在那样的情况下，s_{vii} 和 s_{viii} 必须被添加至可能的弥补漏洞的报酬中。如果当事人进行无代价的中间协商一旦他们意识到所处状态有利于或不利于他们，也没有关系。[32] 法院没有能力证实是 ω_1 还是 ω_2 发生以及代理人采取了什么样的行为，将使中程协议不可强制执行。[33] 正如这个例子表明的，信义关系的契约路径受到可证实信息的限制。

二、知识的法律学

法律所做的一个核心部分，尤其在信义背景下，试图通过法律规则克服可证实问题。将此作为信义法要解决的问题开启收缩性的作用域，或当事人可能追求的关系安排。在法律上，信息结构对于促进信义关系和相关交易大有助益。为了理解这个，我们必须超越知识的经济学，聚焦于法律如何解释当事人所知道的。

法律用四个基本构想确定知识。这些构想有重合且常常相互融合。在此它们作为认知捷径而非严格的正式分类被提出。首先，当事人可能被证明具有关于 x 的“实际知识”，如果他知道 x 或知道 y 且 y 暗指 x。实际知识是一个法

[32] 相关因素可能决定所处状态是否应当被描述为“坏的”或“好的”（从委托人和代理人的角度），可能包括是否宽松的或严格的法规被通过，是否有牛市或熊市，强的或弱的消费需求，是否发生了意外事件；等等。

[33] 在极端的情况下，尽管很难想象，即使是结果，x，也无法证实，基于无意义的结果进行漏洞补充和临时交易。

律概念,通常可以直接确定,如通过承认;或间接地通过在适当的裁决者面前提交间接证据,如法官、陪审团或仲裁者。其次,当事人可能被法律上指控知道 x,如果他“应当知道”x,在此知识由知道 x 的义务所强加。再次,法律会经常要求“本应当知道”x 或“有理由知道”x 的当事人承担关于 x 知识的责任。尽管没有知道 x 的在先义务(依照“应当知道”的标准),关于附属事实和与普通智商或一定水平的经验或专长相结合的情况的知识,会引起一方当事人关于 x 的法律知识。最后,通常一方当事人经由推定、假定、禁反言、有效通知以及其他推定知道的形式,“根据法律”知道 x。这四种通向法律知识的路径全部用于支持信义关系。我们依次来考虑。

比起可证实的知识,实际知识不太像哲学家所说的“被确证的真实信念”。就这一方面而言,法律上的“实际知识”和经济学上的“可验证性”是重叠的概念。公平地说,可验证性的传统经济观念完全依赖于可观察或可由裁决者证实的知识。“信义作为合同”的论证建立在实际知识的基础之上。为了假设当事人本想为自己谋取什么,法官必须能够观察或证实实现了的事物状态。同时,法官必须能够观察或证实中间(实际)协商条款,如果那些协议能够被强制执行。实际知识为所有经济契约模型所需,因为没有它,经济学家会说,法院不可能知道被要求强制执行的协议条款。

法律义务所确立的知识为基本契约路径添加了一些特殊之处。即使法院不能证实一方当事人的实际知识,知道一些信息的法律义务足以让法院像该当事人知道这些信息那样对待当事人。“知悉义务”(duty of know)所引起的知识对受信人来说很普遍。董事有义务了解关于其所在董事会的商业环境的最新信息。监护人有义务保持获得关于受监护人福利的信息。代理人有义务知道特定事实以履行他们的注意义务。[34] 代理人还有“查询的义务”(*duty of inquire*)(例如,通常要求针对复代理人的查询),并且他们经常被看作知道履行查询义务后

[34] 代理人有义务与委托人分享那些事实,正如委托人有义务与代理人分享特定信息一样。“代理人有义务通过合理的努力向委托人提供代理人知道的事实,有理由知道的或者应当知道的,当……代理人知道或有理由知道委托人希望知道的事实,或该种事实对于代理人履行对委托人的义务来说是重要的……”*Restatement* (*Third*) *of Agency* § 8.11.“委托人有义务与代理人进行公平交易并保持诚信,包括为代理人提供关于人身伤害或经济损失的风险信息,那些委托人知道,有理由知道或者应当知道存在于代理工作中但代理人不知道的信息。”*Restatement* (*Third*) *of Agency* § 8.15.

接下来是什么。附加的“知悉义务”也许来源于受信人的专长或特殊训练，但很少到此为止。知悉义务也可能源自受信人和其受益人面临的特殊情境。

情境也会引致间接知识，区别于当事人在法律上“实际拥有的”或有义务具备的知识（如基于严格的知道或查询义务的知识）。具有普通智商的人被认为知道鉴于当前情形他们“本应当知道”什么。作为普通的法律行为者，受信人受制于这种知识的普通标准。而且，根据“本应当知道”的标准，受信人的加强经验和专长经常会扩大他或她假定的知识范围。此外，基于受信人技能和经验的知识通常被纳入设定其他义务的标准，如注意和忠义义务。[35] 受信人也会被认为知道他“有理由知道”的事情，基于理性的人在他的情况下会知道什么。[36] 照例，理性人标准可以或多或少以有些主观的方式实施，通过着眼于或不予考虑鉴于特殊情况处于类似地位的受信人被想象为知道的。随着标准变得更为主观，它逐渐接近确定法律上的知识的第四种方式。

第四类涉及推定、假定、禁反言等，是容量巨大的一类，对受信人在法律上有很多应用。在此法律解释主要用以处理对信义交互作用的当事人就相互之间的知识所确信的依赖。在这方面，推定知道旨在阻止受信人和受益人之间以第三方为代价的剥削联合和即使是无意识的不公平套利。例如，代理法律规则假定委托人知道代理人所知道的，如“代理人知道的或有理由知道的事实之通知归咎于委托人”，并且“代理人获得或给出的通知与委托人获得的或给出的通知同样有效”，[37]那么可保护第三方免受疏忽大意的或诡计多端的委托人的侵

---

[35] 参见例子 *Restatement* (*Third*) *of Agency* § 8.08（“代理人所拥有的特殊技能或知识，在决定该代理人是否依应有的注意和勤勉行动时，应予以考虑”）。

[36] 在某些情况下，“有理由知道”和“应当知道”的标准被合并了，在其他情况下，它们之间也有区别。最好以不同的方式来描述它们，尽管在这里并没有太多的区别。在美国税法对被禁止交易的处理中发现了一个表征“有理由知道”的标准例子。税法规定，一个实体受信人或经理“会被认为‘有理由知道’，如果一个理性人处在实体经理的情况下将会认为，该项交易是一项被禁止的避税交易，基于经理在同意实体作为（或导致实体作为）交易一方当事人时所能够合理使用的全部事实。”然后，税法继续描述各种因素，用以确定一个理性人在受信人的立场上是否有理由知道一项交易是被禁止的，包括受信人所收到的披露信息，以及“实体经理是否对交易进行了适当的调查”。26 CFR 53.4965-6(b)（确定一个实体经理是否知道或有理由知道）。

[37] *Restatement* (*Third*) *of Agency* § 1.04; see also § § 5.01-5.04.

害。规则通过要求代理人披露相关事实来避免故意不知不公平的优势。[38] 信义法也通过施加对涉及委托人信息的保密义务劝阻代理人和第三方之间的剥削联合。[39]

聚焦于信义关系的信息揭示出在契约路径下模糊的法律规则的特征,其依赖于可证实的知识。此种可证实的知识正是通往法律上的知识的一条路径。法律能够且经常创造它所需要的知识,尤其是在管理信义关系的背景下。人们当然可以主张用于在信义背景下构造知识的法律规则多数是合同默示规则,即前述基于信息的法律规则仅仅是大部分当事人本可以规定的使他们的协议更加完备的规则。这类主张同义反复。不管"是什么",都是当事人所期望的。有如此宽泛和可伸缩范围的主张之分析价值何在?无论如何,正如前面所提到的,信义法的信息定位并不意味着否定契约模式。此处的目标是突出信义法与众不同的特征,即看起来似乎有些迷失在传统方式中的特征。

三、知识和信息受信人(Knowledge and the information fiduciary)

受信人倾向于获得关于其受益人的特殊知识。在一些方面,甚至时常多于受益人对自己所拥有的知识。除了知道其受益人的个人情况以及私人信息,受信人通常拥有或应当拥有关于外部环境的优越知识,该种知识可能在他们的关系中及关系外使用。如前文所述,有许多在信义框架内促进和规范获得、拥有、分享和利用此种知识的具体法律规则,但并非所有拥有他人个人和私人信息的当事人都是受信人。此外,在一种情境下是受信人的某人可能在其他情境下获得关于受益人的特殊知识,正直、保密、披露义务等更不好界定或目前不受法律约束。本部分简要地分析适用于受信人的一般规则如何扩及这些行为者和

---

[38] 尽管 *Restatement (Third) of Agency* § 8.08 谈及"委托人希望知道的"那些事实的披露,但其他的规则,如那些涉及坦诚的规则,使披露的自由裁量更少。代理人未能披露往往对委托人没有什么保护作用。例如,对代理人侵权行为的知道或主观意图的要求,在许多情况下可以转移到委托人身上,就像他自己造成伤害一样。"委托人应当对代理人行为引起的损害向第三方承担直接责任,当 (a) § 7.04 所规定的,代理人以实际授权行事或委托人批准代理人的行为……(ii)代理人的行为,如果是委托人的行为,将使委托人承担侵权责任。"*Restatement (Third) of Agency* &7.03 (1) (a) (ii).

[39] *Restatement (Third) of Agency* § 8.05.

情境。[40]

作为出发点指出,有规范在非信义情境下拥有、分享和披露有关他人的知识的现存法律规则。除了明显的刑法上禁止敲诈勒索和其他非法利用信息,规范关于他人的知识之使用的充足基础可以在一般的普通法原则和规则中找到。例如,当事人负有分享信息以纠正交易方错误信赖的普通法义务。信任关系,缺乏严格的信义关系,也会引起一些基于知识的义务。证券法和各种各样的环境和消费者法规也要求在特定交易中披露信息。这些规则表明,法律是否在管理当事人拥有的关于他人的分散的少量知识中起作用是毫无疑问的。当然法律有自己的角色。在此有趣的问题是,信义路径是否应当输出或扩展至更广泛的领域,这样做是否能够解释信义法的特殊之处——引导本文的问题。

法官本杰明·卡多佐(Benjamin Cardozo)在 *Meinhard v. Salmon* 案中的著名观点可以被视为通向信息受信人原理道路上的一个称重站(weigh station)。该案件的事实很简单。在接近联合经营的尾声涉及租约和改进协议,即财产及其改进主要由萨蒙(Salmon)负责经营,他的场外合营者迈因哈德(Meinhard)主要提供资本以大约一半的利润作为回报,财产所有者格里(Gerry)给予萨蒙一个重要的租约延期和扩充。场内的萨蒙,身临其境的人,没有和迈因哈德分享这个给予信息,独自追求新的租约。卡多佐认为,萨蒙拥有这个给予信息,但不是排他性地为他所独有;鉴于他获得这个信息所依赖的环境,信息属于二元体合资企业,或者至少萨蒙有义务与他的合营者分享该信息。[41] 萨蒙既不是迈因哈德的代理人,也不是迈因哈德的合伙人。他的信义披露义务来源于别处,源自他作为合营者的身份以及他唯一接近信息的地位。法官安德鲁斯(Andrews)在他的不同意见中指出,合营者的披露义务在本案中并未产生。但仅仅超越萨蒙的身份来看,卡多佐强调获得信息的背景。"事实正是萨蒙拥有排他的方向权力",法官卡多佐写道,"更为明显地要求他承担披露义务"。[42] 无论其他方面

---

[40] 我很感谢 Franklin Ard 在我们关于信息受信人的讨论中慷慨而有见地的评论。

[41] 合伙和合资机会学说在此显然是相关的,但我不愿将机会的所有权与获取信息的机会混为一谈。萨蒙不需要与迈因哈德分享这个机会(尽管卡多佐有其他暗示);相反,他不得不分享关于提供机会的信息。

[42] *Meinhard* 164 NE at 547. 这并不是说单独披露会使卡多佐满意:"合资经营者,像合伙人,互负义务,而企业仍然存续,最忠义的义务……不单是诚实(*Not honesty alone*),而且最敏感的荣誉细节,是行为的标准"。*Meinhard* at 546 (emphasis added).

他对迈因哈德的身份和义务是什么，萨蒙关于给予的知识使他在一个方面成为受信人：他通过他获得信息所依赖的环境成为“信息受信人”。

萨蒙和迈因哈德是合营者。极具洞察力的卡多佐强调，裁定萨蒙对违反披露义务负有责任自然地源于他作为合营者的信义义务。但是，没有任何在先信义义务（prior fiduciary obligation）的人，仅仅作为他是否以及如何获得一些知识的结果，会受到保密、披露和类似义务的约束吗？答案是当然会。美国内幕交易法规发展到承认涉及非公共信息的收购义务。当“内幕人”错误地将信息泄露给局外人（或“消息受领人”），消息受领人（tippee）基于该信息获得内幕人关于披露和交易的信义义务。[43] 在这个案件中，存在取决于内幕人的在先信义义务。当错误地接受内幕人提供的信息，该项义务简单地转移到消息受领人身上。当局外人没有错误地从内幕人处获得消息，而是通过一些其他的方法偶然获得非公共信息，内幕交易分析与此种情况不相匹配。[44] 为了弥补这一漏洞，更为一般的信息窃取理论（theory of misappropriation）演变为调整对另一方其他私人信息的利用。[45] 在证券法之外，人们也许可以想象一种一般路径，运用信义法原则规范在各种情境下拥有其他私人信息的行为者。这些行为者将被看做信息受信人。

什么是信息受信人？肯尼斯·劳东（Kenneth Laudon）在1996年提出一个初步且有趣的建议，他提出在即将到来的新世纪时期在其他以市场为基础的机制中建立信息市场解决隐私问题。劳东认为：“由于大部分人没有时间或兴趣直接参与信息市场，代表他们利益且承担特定法律责任的信息受信人或代理人的角色就会产生。”[46]他设想，受益人会将他们的信息交由代理人管理。“像银行，它们作为信息受信人会从存款人处接受存款信息并寻求通过出售该种信息使回报最大化。”[47]劳东的想象假定一种愿意将信息“交存”其代理人的人对信

---

[43] *Dirks v. SEC* 463 US 646 (1983).

[44] *Chiarella v. United States* 445 US 222 (1980).

[45] 参见例子 *United States v. O'Hagan* 521 US 642 (1997)。然而即使有信息窃取理论，模棱两可的案件仍然存在，如那些涉及意外或无辜获取信息的案件。参见例子 *SEC v. Switzer* 590 F Supp 756 (1984)。

[46] Kenneth C Laudon, "Markets and Privacy," Communication of the ACM, vol. 39, No. 2, September 1996 (p. 101).

[47] Laudon (n 46).

息的拥有或控制,与当前涉及大量行为者私人地或公共地管理和操纵他人的个人信息而无须承担任何明显的法律责任的隐私问题并不十分契合。因此,与其指望市场,不如提出具有前瞻性的信息受信人,尼尔・理查兹(Neil Richards)最近以更具防御性的立场论证信息受信人的想法。“正如我们不仅仅依赖市场力量和善意要求我们的律师或图书管理员保密,因此,信息受信人应当像搜索引擎和在线书店那样受到有意义的保密要求之约束以守卫非常重要的攸关利益。”[48]理查兹将律师、图书管理员和其他管理我们个人信息的传统代理人的义务适用于新型的和新奇的像搜索引擎和互联网提供商(ISPs)这类数据处理者。[49]

信息受信人观念的充分发展模式融合了劳东和理查兹建议的积极和消极义务。正如我们已经看到的,受信人不仅负有保密和披露义务,而且负有查询、告知、正直说明和其他以知识为基础的义务和推定。信义背景下知识的整个架构潜在地适用于信息受信人。困难的任务在于确定是什么使一个人成为信息受信人,不同于凭自身的单纯的信息拥有者。知道一些关于另一个个体的其他私人或个人信息并不足以使该人转变为受信人。只有当某人在与另一方有信任或信赖关系的情况下拥有涉及另一方的信息时,才产生有关该知识的义务,致使信息拥有者被视作受信人。换句话说,信息必须以适当的方式与关系相连接。

信息经常通过或凭借关系而产生。如此获得信息的人可能被视为受信人拥有该项信息,即使没有任何合同义务或其他法律关系。举例说明,最近一个有关无所不在的彭博(Bloomberg)在世界范围内的金融经纪人混乱的终端业务的丑闻。当如高盛投资(Goldman Sachs)和摩根大通(JP Morgan)公司的工作人员登录或注销他们的终端,那些(*that*)信息被彭博资讯(Bloomberg LP)新闻媒体部门的记者观察和记录下来,然后利用这些信息追踪财务主管的各种活动并

---

[48] Neil M Richards,“Intellectual Privacy”, 87 *Texas L Rev* 387 at 436 (2008).

[49] “正如我们过去认识到,某些专业人士是我们信息的受信人,因此在信息时代,我们应该扩大我们的定义,纳入书店、搜索引擎、互联网服务提供商以及物理和流媒体视频的提供商。”Neil M. Richards,“The Perils of Social Reading”, 101 *Georgetown LJ* 689 at 724 (2013).

报道,使新闻部门获得极大的优势。[50] 人们可以主张当记者获得关于他们所报道的财务主管的知识时,基于主管与彭博资讯之间的信任和信赖关系,其已经变成信息受信人。记者不是财务主管本身的受信人,仅仅作为主管与彭博资讯之间的关系的结果,他们获得有关他们获取的知识的特定义务。[51] 这种通向信息受信人的特殊路径能够被采用到什么程度以及能够进一步发展到什么程度并不清楚。彭博和金融公司似乎已经私下解决了这个问题。然而,在我们信息日益密集的世界中,当评论者和法律工作者借用信义法的原理规范知识的拥有和分享时,信义原则对此种情况的适用将会继续增长并取得显著成效。

四、结论

所有的这些旨在阐明,不仅信义法的知识定位对于理解其原理和过去的实践来说很重要,而且该种定位将是理解不断发展的信息之法律管理的核心。尽管专利、商标、版权和知识产权的一般规则能够构建的所有和分配,关系知识(扩展的速度比可取得专利的对象及类似客体快)的管理仍然要求助于信义法。知识的法律和经济理解为领会信义法及关系所必需。知识的法律解释提供了大量有价值的对信义法运作的洞察。知识的经济路径通过聚焦于关系情境中的信息本质(不是假定)也具有启迪作用。虽然法律上的假定能够确定委托人与代理人之间知道一些信息,但这样说的法律并没有使这些信息成为常识或在当事人之间可观察。信义背景下的关系知识是经济逻辑和法律支持这些关系的关键。

---

[50] 据说,Bloomberg 的记者们为了这个优势,在一些重要新闻上抢先报道了竞争。参见 Tracy Alloway, Andrew Edgecliffe-Johnson, and Robin Harding, "Banks and Regulators Question Access to Bloomberg User Data", *Financial Times*, 12 May 2013; Amy Chozick, "Bloomberg Admits Terminal Snooping", *New York Times*, 13 May 2013。

[51] 在内幕交易方面也有类似的情况,涉及推定的内幕人。例如,当一家公司聘请律师事务所来代表它时,律师事务所的律师(即使是那些没有被分配到雇佣公司的律师事务所的律师)也会成为公司的推定内幕人,受到与公司受信人相同的交易规则的约束。See dicta in *United States v. O'Hagan* 521 US642 (1997).

第十二章　淡化信义义务

塔玛·弗兰克(Tamar Frankel)*

引　言

社会是一个混沌系统(chaotic system)。它交互作用且不断变化。我们相互之间享有的权利也是如此。然而,权利和其他法律价值具有持续意义,因为我们能够持续地回顾和思考产生它们的经验——那就是人性和理性意味着什么。并且那是法律对社会结构和社会意义及变化的制度的贡献方式。①

达沃斯世界经济论坛上的杰出人物已经花费相当多的时间思考如何恢复对商业的信任,部分通过表明他们是负责的企业公民。但奇怪的是,一些参与商业的最热衷于公司责任的人,同时对阻止公司做"正确的"事的障碍却最视而不见。一些人含蓄地相信"商业案例",喜欢假装追求责任总会获得经济上的成功,即使仅从长期来看。其他一些人将道德摆在很高的位置,暗示具有"正当"价值的商业将是圣洁的和富有的。两种立场都是有根据的,但只在一定程度上有根据,正如商业生活的现实证明……许多公司能够通过更加负责任而盈利,但

---

* 我要感谢在美国迪堡大学法学院圆桌讨论的评论员们以及 Andrew Gold 和 Paul Miller 的建议和编辑。非常感谢我在波士顿大学法学院的同事们,感谢他们在法学院教职工研讨会上的发言,尤其感谢我的同事 David Seipp 教授提出的深思熟虑并且见多识广的建议。

① Steven L. Winter, "Transcendental Nonsense, Metaphoric Reasoning, and the Cognitive Stakes for Law", 137 *U Pa L Rev.* 1227 (1989).

也有很多场合责任和经济等式不能联立。[2]

法律权利及其价值没有雕刻在花岗岩上,尤其是当不同的当事人有不同的能力、兴趣和目标,努力达到相矛盾的法律结果时。即使是关于理想社会的理性的或人性的设想也未被所有的人分享。尽管几乎没有人能够将社会的需求和愿望与自己的需求和愿望区分开来,但一些人能够反向强调,将他们自己的需求和欲望想象为理想社会的需求和欲望。

含糊也许被视为起点[3]且可能统治世界。时间控制也至关重要。一粒沙子加一粒沙子可以积成一堆沙子,此前什么都没有。沙子能够用于明晰和减少混乱,并决定我们下一步走哪里。[4] 同样地,"如果你不断地从一堆沙子中移走沙子颗粒,"那么在某个时点,它将不再是一堆沙子。[5] 沙堆会消失。更为重要的是,细微的变化无法察觉到。持续作出的细微但不易察觉的变化能够发生重大改变。当我们习惯于细微变化而没有考虑它们最终将导致什么,阻止这些大的变化将更为艰难且耗时更长。

许多法律论证能够帮助受信人淡化和放松他们信义义务的严格性,同时将他们自己的利益从关系中延伸出来。这些法律论证有助于法律代理人为越过严格信义义务的高压边界或寻求这样做的在先理由的受信人客户辩护。一个基本的理论,淡化信义义务的论证建立在此基础上,是更少的法律规则对社会更有益且对其成员更有利。明确表达能够创造可信赖的印象,但导致减少法律上的信义义务,增加受信人的自由裁量和从义务与责任中获得的自由。

同样地,受信人可能扩大他们委托之权的变化,模糊他们明确的义务。营利性公司的目的可能被更广泛的社会理想和荣誉目的所加强,包括捐款给教育机构,在国家战争期间购买自由公债(Liberty Bonds),或者使用基金促进国家政策,总是为了受信人的利益。虽然委托人无法通过"声音"获得保护,但他们

② Roger Cowe,"When Outrageous Optimism Meets Business Blindness: CSR Visionaries Also Need to Face Reality, says Roger Cowe Especially the Financial Kind", *The Observer*, 2 Feb. 2003, Special Supplement, 6("什么是道德立场,例如,使如福特和通用汽车的汽车制造商获得巨额利润的高污染 4×4 s 同时加剧全球变暖?或者是像易捷航空这样的低成本、短途航班,这会对大气造成更大的破坏吗?或者开一个新的超级商店,它会损害现有的小型企业,并可能摧毁一个城镇中心?")。

③ Timothy Williamson, *Vagueness* (1996) 249.

④ Williamson (n 3).

⑤ Williamson (n 3) at first page before the preface.

可以通过终止或逃离关系而“退出”。毕竟,这也许是一种充分的保护,而不是让少数投资者口授他们的意见给多数投资者。

本文勾勒出三种法律和行为的路径和论证,可能减少依据法律的受信人的数量,散播其义务的规范性。文章分析了这些路径的来源,突出它们的正当性和优点。在每一种情况下,讨论评估了这些解释的合法性,注意到它们对当事人和社会可能产生的结果。

第一部分着眼于两种法律解释或论证,能够减少受信人数量,传播受信人义务的规范性:第一种解释将信义法归类为合同的一种(与默认规则相结合),将合同的概念、规则和救济方式适用于信义关系。即尽管双方当事人的权力平衡根本上是不同的。第二种淡化信义义务的解释是,承认受信人的确有些不同于合同当事人,但主张施加于受信人的忠义义务要求他们为其受益人的“最佳(*best*)利益”行为,而不是为其受益人的“单一(*sole*)利益”。这种变化的结果是将受信人的忠义义务转化为注意义务。然而支持者可能会主张,受信任的人不会滥用他们的委托之权。

第二部分考虑通过在信义家族中重新归类受信人来淡化信义义务。例如,这种路径将受严格规则约束的受托人和顾问移至受较少和较轻规则约束的代理人类别。

第三部分评估来自其他学科的有助于“把水搅混”的概念、表达和措辞的使用。那是因为其他学科的关注点与法律的目的可能完全相异。转向其他学科的一个相关形式是“商品化信义服务”(commodify fiduciary services)。将信义服务视为资产大概有助于购买者更容易地评估这些“资产”,有了此种评估便利可以减少信义义务。“信义服务市场”与鞋子市场并肩,表明对交易及其“市场环境”的相同或类似对待。然而,支持者可能会主张受信任的人不会滥用他们的权力。

所有这三种路径反映出对小幅度或大幅度“吃掉”信义法的尝试。他们通过减少受信人的种类及其义务,移除或消灭更具限制性且繁重的义务与责任,放松信义法规则来这样做。这些路径看起来寻求严格明晰的范围,或者在当前的规则中引入模糊性。接下来的讨论证明这些路径如何被引入及合乎情理,以及信义法的“软化区域”在哪里。这些方法并不违反法律。违反淡化了的义务将受到更为严厉的惩罚。即使违反它们伴有更痛苦的惩罚,淡化了的义务之平衡是否符合社会理想和具有道德上的正当性是另外一回事。

一、有助于淡化信义义务的学说

(一)信义关系是合同;信义义务是合同义务

为了淡化信义义务,有人可能会主张,从法律上来看信义关系是合同,这个归类具有合理性。毕竟,信义关系要求至少一些所涉当事人的同意。关系是自愿的。委托人自由地将财产交由受托人管理,受托人同意按照信托工具提供服务。⑥委托人和代理人自由地同意形成关系。双方当事人的同意难道不是合同吗?

可以肯定,法律强加额外的规则和义务于受信人。否则,没有委托人愿意将财产以信托的方式交给受信人,且委托人不会想要雇用其不能完全控制的代理人。但是,委托人交付财产和授权给代理人是必需的,因为这些受信人在没有财产或权力转移的情况下无法提供服务,信托人和委托人在不破坏关系效用的情况下无法控制受信人对财产和权力的使用。

但这种情况没有将信义关系从合同类别中排除。存在禁止受信人滥用权力和他们所占有但不属于他们财产的附加规则。然而,这些附加规则是默示规则(*default yule*)。它们就像为效率之目的所签订的"格式合同",以减少当事人的成本并引导他们相互作用。此种默示地为当事人采用的"格式合同"难道不是合同吗?有人可能会进一步争辩,任何一方当事人与另一方当事人的每一个相互作用都构成一个合同(every interaction among any party with another party constitutes a contract)。

实际上,信义关系的一个方面能够但不必构成一个合同。几乎没有例外,受托人和其他受信人同意(agree)提供服务。事实上,几乎在所有的情况下,未经他或她或它同意作为受信人提供服务,没有信义义务能够被强加于任何人。在很多情况下,这种同意通过由服务换取报酬或其他形式的对价得以证明和确认。然而,信义关系的这个部分能够且可能应当与关系的其他部分相分离。信义法的关注点不在报酬,而在受信人的义务(*duties*),在此情势下,合同和信义

---

⑥ Austin Wakeman Scott et al. ,*Scott and Ascher on Trusts* (2006 -7) Vol. 1,175(信托需要明示同意来创建信托);Vol. 2 at 636(在信托财产的有效转让后,信托被创建,但"受让人……除非他或她接受信托,否则不能被强迫履行")。

关系之间的区别是明显的。

信义法作为合同法的支持者并没有建议信义关系完全归于合同类别。他们强调合同法应当适用于信义关系，只要不仅是明示的条件而且是默认规则规定适用的情况(law should apply to fiduciary relationships so long as not only the express conditions but also the default rule provisions apply)。这些默认规则事实上是信义法上的义务。但是，默认规则受制于当事人的合同规定。它们会被合同当事人之间的协商一致删除。实际上，委托人在合同法的最大限度内放弃保护性默认规则的情况不在少数。即使默认规则在当事人不能预见的情况下强加未来的义务。毫无疑问，受信人也许愿意通过少收服务费用从未知义务和责任中“购买”自由。

实际上，存在一些信义法和合同法之间的相似性消失的情形，即使是在服务合同这个点上。第一，与合同不一样，信托关系也许但不是必需牵扯双方当事人。[7] 信托可以为一只猫或一条狗[8]或一个未出生的孩子而设立。[9] 信托项下的权利归属于受益人；不属于交付财产并协商信托协议的委托人。[10] 在信托建立后，委托人能否与受托人达成一致改变信托条款是有疑问的。[11] 信托项下的权利归属于受益人，即使他们不是信托文件的签署人。而且，受益人也许不同意改变信托文件。他们也许同意放弃根据文件所享有的权利，但不同意修改文件。他们也许同意不起诉受托人违反文件的指令，但不同意修改文件。

诚然，合同法承认合同项下的第三方受益人。[12] 然而，合同的当事人是具有支配地位的参与者。而且，第三方受益人只享有非常弱的权利。尽管在信托关系中每一方当事人(受托人和受益人)可能寻求裁判的释放和活动的确认，但无论是合同当事人还是第三方受益人都不会或不必寻求法院对他们在其关系中作出的任何改变的劝告、建议或同意。合同法的这个方面形成与信义信托法的

---

⑦ Scott et al. (n 6) Vol. 1 at 265(信托不需要通知受益人，也不要求他们接受他们的利益)。

⑧ Scott et al. (n 6) Vol. 2 at 754 - 5(可以为特定的动物建立信托)。

⑨ Scott et al. (n 6) Vol. 2 at 698(可以为未出生的受益者建立信托)。

⑩ Scott et al. (n 6) Vol. 3 at 808(受益人对信托标的有财产权益)；Scott et al. (n 6) Vol. 4 at 671(“除非委托人对信托财产保有利益，受托人并不对委托人负责而是对受益人负责”)。

⑪ Scott et al. (n 6) Vol. at 48(信托条款“取决于在建立信托时委托人的意图表现，而不是委托人的后续意图；”后续的指令并非通常容许改变条款，除非委托人保留修改或撤销信托的权力)。

⑫ *Restatement (Second) of Contracts* (1981), § 304(承认对意定受益人的责任)。

根本性对比。

第二,信义关系必须伴有指令,限制受信人使用委托的财产或权力行事的自由。假设委托人将钱交给受托人并说:“按照你认为是正当的事处理这些钱。”看起来,信义关系的基本要素是给受信人施加如何使用委托给他的钱或权力的条件。这些条件的缺失使可能的信义关系转变为一份礼物。无附加条件的权力或财产的转移不涉及信义关系。

第三,根据传统信义法,受信人包括受托人受到法律上的信义义务之约束,即使他们是无偿的或没有收取任何形式的对价。与合同法中的等价交换要求不同,信义法不要求有关委托之权力和财产的对价。实际上,受信人仅根据有约束力的合同或根据法律的规定有权获得报酬。⑬ 否则,他们必须无偿承担他们的义务。

第四,与合同法形成对比,针对受信人违反信托或违反信义义务实施行为的救济方式不仅限于损害赔偿。救济方式意味着授予受信人权力和财产不构成一种交换。其表示受信人不拥有委托的财产或权力,受托人的所有权仅仅用于为委托人提供服务。信义法施加严厉的惩罚于利用委托的财产为自己谋取利益或在利益冲突下行为(为他人的利益包括自己的)的受信人。

施加于此种受信人的惩罚可能包括惩罚性赔偿⑭、禁止令⑮和特定履行。⑯ 一些违反信义义务的行为,如滥用委托财产,可能导致犯罪,即侵占罪。⑰ 这些救济方式大部分在合同法中不存在,其他的在合同法中也很少用。⑱ 对违反信

---

⑬ Scott et al. (n 6) Vol. 4 at 1589 - 90(在传统规则下,受托人无权得到补偿,除非信托条款提供)。然而,大多数州现在都有规定给予受托人补偿的法规;在其他方面,法院认为受托人有权得到合理的补偿:Scott et al. (n 6) Vol. 4 at 1590.

⑭ Scott et al. (n 6) Vol. 4 at 1694 - 5(尽管“传统上法院一直不愿实施惩罚性赔偿”,但他们现在“越来越愿意这样做,至少当受托人的行为特别恶劣的时候”).

⑮ Scott et al. (n 6) Vol. 4 at 1665(如有违反信托的“合理可能”,无论法律是否规定适当的救济,受益人都可以起诉要求禁令救济)。

⑯ Scott et al. (n 6) Vol. 4 at 1664 - 5(受益人可以起诉要求实际履行,即使它有法律救济).

⑰ Wayne R. LaFave, *Criminal Law* (5th edn. ,2010) § 19. 6,995 - 1006.

⑱ *Restatement (Second) of Contracts* § 359 (1)(“如果损害赔偿金足以保护受损害方的预期利益,则不会下令实际履行或下达禁令。”);*Restatement (Second) of Contracts* § 355(“针对违约行为的惩罚性赔偿是无法恢复的,除非构成违约的行为同时也是一个惩罚性赔偿可恢复的侵权行为”);*Restatement (Second) of Contracts* § 355, cmt a(“在特殊情况下,已经从这一般性政策的角度做出区分”;在一些情况下,国家已通过法律规定为此类损害提供赔偿).

义义务的救济源于一项原则,即托付的财产和权力不属于受信人,只能为提供服务的目的使用。财产和权力不意欲归属受信人,且从来不属于受信人。因此,当事人之间的关系不构成交换,其是合同法的基础。可以肯定的是,受信人接受委托财产的普通法所有权(Legal ownerskip)。但该种所有权转移的目的,如前所述,在于使受信人能够恰如其分提供服务。

第五,在合同法下有一个假设,当事人的每一项利益与另一方的利益相冲突,尽管他们的合同使双方获益。合同法的许多内容基于一个前提,即每一方当事人必须能够保护自身利益不受他方相冲突的利益的损害,协商强化自己的利益。因此,合同救济适用于一方当事人在欺诈诱因的情况下订立合同,或不容易发现的错误,或受真正的“黑天鹅”(未预料到的事件)影响的错误。合同法保护被授予给建立关系的当事人,在使其不能主张和保护自身利益的不正当影响下。保护缺乏能力以其他方式建立关系的当事人,如未成年人。一旦当事人改进和保护自身利益的能力没有被反驳,它将被认可,法院会强化合同的实质:“当事人自己做的床,必须在里面睡觉”(the partiesmade their bed and must sleepinit)。合同法为没有能力改进和保护自身利益的当事人提供救济。救济通常是另一方义务之违反所导致的可以证明的损害赔偿。

第六,将信义关系定性为合同与信义法的主要关注点呈现不相关:当事人之间对应的权力关系(*relative power relationship among the parties*)。信义法的基础是假定委托人不能保护自己抵御托付的受信人权力或财产的滥用(*against the abuse of the entrusted fiduciary's power or property*)。这种没有能力保护自己的利益不必然基于委托人缺乏专门知识,虽然很多情况下是如此。委托人的弱势地位是关系中固有的,是基于承认监督受信人会减弱关系的恰当效能。不能被监督的代理人必须获委托人的授权和信任,受托人必须获受益人的信任,董事会和合伙人必须受投资者和其他合伙人的信任。委托人监督受信人的要求会使关系变得没有价值。

而且,信义关系加强社会成员相互之间的信赖是公认的。这些关系对于社会及其成员的福利来说至关重要。相比之下,从缔约当事人的视角来看,每一方当事人能够且应当保护自身利益。如果他们照顾好自己和他们自身的利益,社会将获益。因此,合同和信义关系有着根本性的区别。

使用“合同”一词,诱使受信人将其受委托之权力看做自己的,将其普通法所有权(legal ownership)视作包含受益人所有权(beneficial ownership)*。他们也许随意享受委托之权力和财产,受到委托人也许同意放弃的限制之约束(有时没有察觉地完全同意)。此种违反信托损害社会福利。随着时间的推移,真正所有者的存在将消退。受信人可能自认为所有者的,狡黠者甚至滑向被误导的自我保护。这是重新将信义关系归类为合同的真实结果。权利的地位,即使是真空的,也是压倒性的。如果受信人不仅拥有被委托财产的权力而且拥有普通法所有权和权利(受到可以变更的合同条款之约束),那么受信人为什么不应当使用和享受它们呢?即使使用也许在后期遇到挑战或甚至涉及赔偿损失,也就不过如此吧。

第七,信义关系作为合同的观念带给受信人作为真正所有者的想象,并给与他们交易的人留下同样的印象。没有人与公司的投资者处理公司事务(除了具有控制权的投资者)。请求者会寻找人事部门或公司 CEO。没有人会将投资交给信托的受益人。投资职位定会交由受托人。因此,从定义上看,受信人被授予并行使权力且被外界视为(viewed by outsiders)所有者。毕竟,受益人不能同意或反对特定交易。受信人可以。因此,受信人的权力既包括代表委托人与他人进行交易,又包括在将他们表现给其他人时代表他们成为委托人。任何希望与所有者对话的人,无论是寻求效益、提供建议或者提出一项交易,都将与受信人而不是受益所有者接触。你所为是受信人!所以,被当做所有者对待,受信人可能获得所有者(owner)的感受。这种感受引起权势的炫耀!

信义关系是合同的论证削弱了信义义务。限制受信人自由行为的禁令目前是信义法的一部分,构成实际规则。这些禁令在法律规则(rules of law)中具体表达时很有可能比在合同(contracts)中嵌入时更容易被观察,且当规则被归类为从属于当事人同意淡化的默认规则(default rules which are subject to watering down by the parties' consent)时更容易被淡化。在最近的一本名为《思考,快与慢》(*Thinking*, *Fast and Slow*)的书中,丹尼尔·卡尼曼(Daniel Kahneman)指出,联想记忆的作用有助于一般的确认偏误(*confirmation bias*)。

* 受信人运用被委托财产的权利是普通法权利且受普通法拘束,但运用被委托财产的权力受衡平法的信义义务约束,对应受益人的权利,其受益权利归属于受益人。——校者注

称信义关系为合同影响人们对信义关系的认识,而非相反。[19] 有许多理由可以支持这个结论。

"合同"一词比"受信人"或甚至"受托人"的称谓更能获得普遍理解。默认规则(*Default rules*)在行为者的认识中并没有那么深刻的印象(*less deeply impressed*),尤其是如果规则受附加的合同条款所限制。因此,一项规则在没有"如果"和"但是"的情况下要行之有效,需要禁止受信人在利益冲突下行为。实际上,合同作为关系的名称(contract, as the name of the relationship),关键性地粉饰了整个关系,包括盘桓(hover over)其中的默认规则(Default rules)。[20]

进一步地讲,合同—信义混为一谈使关系所提出的问题混乱不清。在最近的一个案例中,经纪人将债券卖给一家大银行,他知道其准备对购买者不利。经纪人主张购买者是精明的。因此,他没有义务向购买者提供信息或作出解释。然而,即使是这类购买者也很难发现真正的事实。[21] 陪审团驳回了经纪人的答辩理由,裁定他有责任。即使是合同也会有少量的附带欺诈责任,尽管一些经纪人可能不同意。

除此之外,在特定情况下,合同法也会受到信义关系的影响。如果引诱交易太过于混乱或具有误导性,或被不真实的事实所包裹,合同法可能会干涉以保护购买者。当银行引诱客户购买大量的货币互换,这种交易被归类为合同。然而,当银行销售人员明知第一个互换的购买者必定会遭受损失时还出售给购买者另一个互换,当事人协商解决,购买者被免除银行所主张的合同项下大部分金额,[22]尽管关于潜在损失的信息是可用的。所以,合同法与信义法有比肩(rub shoulders with fiduciary law)并存之处。

虽然这两类关系有着共同的同意和协商一致,但法律以不同的方式关注委

---

[19] Daniel Kahneman, *Thinking, Fast and Slow* (2011) ch 7 and especially 81–2(描述了系统 1 思维方式的确认偏误"倾向于对建议的不批判性接受和对极端和不可能事件之可能性的夸大")。此外,更常用和更熟悉的东西可能更容易被接受。

[20] Cf Kahneman (n 19). 作为确认偏误的一个例子,Kahneman 帮助描述了他早期的等级考试经历。他发现他评定第一个问题的分数对考试的整体成绩有影响。Kahneman (n 19) 82–83.

[21] Justin Bear, "Tourre Verdict Could Prolong Goldman's Pain", *Wall St J*, 5 August 2013, C1.

[22] Saul Hansell, "Bankers Trust Settles Suit with P. & . G," *New York Times*, 10 May 1996, D1(注意如果诉讼进入审判阶段,银行家信托有遭受损害的风险).

托人的保护需求。[23] 我提出,除非有少量的真理和价值,否则要求信托的交易和服务会缩水。故以自由的名义,主张限制信义法的干涉,既为受信人和为他们信任的(易受骗的)委托人,也为社会利益,第一步不是完全排除信义法,而是提升合同法(和默认的合同条款)。合同会改变委托人和受信人之间的权力平衡,也会限制信义法和其规制者干涉这种关系。

(二)改变忠义义务:从"单一利益"到"最佳利益"

淡化信义义务,建议的论证如下:承认受信人实际上受到信义法的规制。承认受信人受到忠义义务约束。然而,采纳一项建议仅改变有关受信人主要的忠义义务的一个词(one word)。忠义义务在最小的意义上是指使用受信人为了受益人("委托人")的利益接受的委托之权力和财产的义务。

传统的忠义义务要求受信人为受益人的"单一"利益行为。建议的改变提出,受信人将被要求为他们受益人的"最佳"利益行为,而不是被要求为受益人的"单一"利益行为。[24] 一个词(one word)能够或应当在朋友和受信人之间造成什么样的差别?答案是:巨大的差别。

"最佳利益"将水弄混。它着眼于行为和注意,而不是行为者及其忠义。"注意"表示受信人的专长、关心和避免疏忽。"忠义"表示完全地和无条件地为他人而不是为自己奉献。忠义禁止受信人将自己的利益放在与受益人利益相冲突位置。代替"最佳利益",义务也能变成"审慎""适合""多元化"以及其他表示投资专长(expertise in vestments)的措辞。

一个内行的受信人可能是不忠义的和违反忠义义务的。一个忠义的受信人可能缺乏专长和违反注意义务。受信人必须基于忠义和专长实施行为。使

---

[23] Cf John H Langbein,"The Contractarian Basis of the Law of Trusts", 105 *Yale LJ* 625 (1995).[试图证明信义法作为合同的历史渊源,并指出在过去信义关系被归类为身份(*status*),在现代被归类为合同。因此,普通法继承了这种将信义关系归类为合同关系的历史。]这种说法是无力的。探究过去的信义关系是否为身份关系或有对价的合同。普通法未认识到受益人的诉求。正是衡平法院向受益人提供援手。提供给受益人救济的是衡平法,而不是合同。即使我们将衡平法和普通法结合在一起,他们的历史也不会那么容易被抹去。

[24] Scott (n 6) Vol. 3 at 1078(受托人必须"单一地"为了受益人的利益管理信托);*Restatement* (*Third*) *of Trusts* (2007) § 78(1)(除非信托条款另有规定,受托人必须"单一地"为了受益人的利益管理信托).

两类义务交缠在一起能够有效地混淆和模糊关于这些义务的理解。改变义务从“单一利益”到“最佳利益”削弱信义法的宗旨并遮蔽其清晰。

实际上,从“单一”到“最佳”的转变将忠义义务转化成注意义务。忠义义务要求受信人只考虑受益人的利益,注意义务要求受信人用谨慎和专业技能提供服务。“最佳”一词涉及注意义务。删除“单一”一词允许受信人考虑他人的利益,包括受信人的利益。对于那些拥有他人的金钱和对他人的财产享有权力的人来说,存在足够强大的自用一些委托的权力和金钱的诱惑。[25] 毕竟,这是信义法设计防患于未然的诱惑。“最佳利益”的用词软化了禁令并在门上为自利打开了一条缝隙。

“最佳”一词为受信人提供与受益人是合作关系的想象。对你(you)最佳(best)的也是(as well)对我(me)最佳(best)的。对我(me)最佳的也是(as well)对你(you)最佳的。我们在此是一起的。所以,除服务报酬很可观,受信人在根据其委托的权力所拥有的各种各样的选择中,会考虑同时有利于受信人的选择。这是滑向滥用路上的一小步但是有限的一小步。在做决策的时刻考虑决策者的利益(maker's interests),同时也就考虑开启许多其他利益的大门。

而且,由于受益人不在场,不能保护自己的利益,受信人是唯一决定什么是有利于双方或有利于受益人和其他人的人。这在很多情况下出现滥用,起初以“最佳”目的为了受益人(和受信人)的“最佳”利益行为。[26] 关于董事会是否会在投资者利益之外考虑公众利益的争论可能导致在服务许多目标时使用公司基金,包括可能会或不会有益于公司及其投资者—所有者的政治项目。

改变义务从“单一利益”到“最佳利益”削弱信义法的宗旨并遮蔽其清晰。不是在你的和我的之间创造一个非常清楚和严格的区别的行为,而是把水搅浑,创造一个混合受信人决策者的利益和受益人利益的行为。没有行为比受信人将他人的利益与受益人的利益捆绑在一起更具有败坏性。

“最佳”利益观念所引发的问题之一个示例是试图认为公司管理层的利益等同于投资者的利益。该种理念认为,公司管理层的报酬应当从公司股票中支付,所以在管理层和股东之间创造利益的同一性。没有考虑的是管理层拥有权

---

[25] Tamar Frankel, *Trust and Honesty* (2006) 52; also at 90(注意控制别人的钱的权力).

[26] Tamar Frankel, *The Ponzi Scheme Puzzle* (2012) 95.

力而股东没有。当这种权力能够被不公平地行使时会发生什么?“最佳利益”提供了一个滑坡。股票期权驱使管理层采取更具风险的措施。但当股价下跌时主要检验产生,管理层先于股东知道事实,改变这些期权的行使日期。[27] 同样地,看似管理层利用关于公司事件的信息以有利的价格卖出或买入股票。[28]

组织及其管理层具有抵抗性,抵制任何股东的影响。理由很充足,如投资者是食客,管理层创造他们大部分财富,有权享有其创造的大部分财富。[29] 规模大的信托受托人对受益人有类似观点和类似的态度。毕竟,他们作为受托人是普通法上的所有者。

“最佳利益”的起点可能产生如下论证:受托人打算实施行为,但担心其对数以千计的投资者的责任。他寻求律师的建议保护自己免于对这些投资者承担责任。律师的参与同样为投资者服务,即通过确保受托人不会违反其对投资者的义务。在这个解释中有些不当之处。如果受托人寻求关于如何最佳服务于投资者利益的建议,那么情况是不同的。但在此的建议是符合其(its)“最佳”利益,解释是其(its)“最佳”利益有助于避免使投资者能够起诉的行为!

冲淡严苛忠义义务之另一种方法可以通过用注意义务替代忠义义务或将其掩藏在“审慎”“适合”“多元化”及其他表示投资专长的措辞中来完成。忠义义务借此与注意义务的讨论混在一起并获得其表面相同的浅显含义(color and shallowness)。实际上,这两类义务在根本上有区别。“注意”表示受信人的专长、关系和避免疏忽。“忠义”表示完全地和无条件地奉献于他们而非自己。忠义禁止受信人将自己的利益放在与受益人利益相冲突位置。一个内行的受信人可能是不忠义的和违反忠义义务的。一个忠义的受信人可能缺乏专长和违反注意义务。为了符合信义义务的要求,受信人必须基于忠义和专长实施行为。使两类义务交缠在一起能够有效地混淆和模糊对这些义务的理解。

---

[27] Jay M. Zitter, “Backdating Stock Options as Breach of Corporate or Fiduciary Duties”, ALR (6th) 29,491 - 506 (2007); *In re Zoran Corp Derivative Litig* 511 F Supp 2d 986,996 - 98 (ND Cal 2008).

[28] Donald C. Langevoort, “Insider Trading and the Fiduciary Principle: A Post-Chiarella Restatement”, *Cal L Rev* 18 - 24 (Jan 1982); In the Matter of the Purchase and Ret of Ward la France Truck Corp Class A & Class B. Stocks, Securities Exchange Act of 1934 Release No. 3445, 13 SEC Docket 373 (20 May 1943); *N Trust Co. v. Essaness Theatres* Corp 348 I 11App 134,137 - 9 (1952).

[29] Frankel (n 26) at 94 - 6.

（三）淡化强加于用“招揽买卖的话”作为建议出售证券给零售客户的经纪人以投资顾问信义义务[30]

作为投资顾问，经纪人受到1940年《投资顾问法》（Advisers Act of 1940）的规制，该法案对投资顾问施加信义义务。[31] 在此种情况下，经纪人“招揽买卖的话”被视作建议，经纪人被纳入专业人员群体，作为受信人顾问受到规范。这个分类强加更高的义务于经纪人，并强加更大的惩罚于他们的违反行为。[32]

经纪人应当如何容纳尽可能多的额外负担和披露要求，其很可能实质上减少回报并增加经纪服务的成本？一种方法类似于涉及从“单一利益”到“最佳利益”改变的路径。论证可能是，经纪人已经根据“适合性规则”（suitability rule）受到信义义务的约束。这种方法是重新定义信义义务，使它们接近“适合性规则”。[33] 在此，像“最佳利益”转变一样，结果是将忠义义务变为注意义务。

可以证明，忠义义务设计旨在消除的社会危险是客户克制自己不信任经纪人。如果规则的设计诱导客户信任受信人，有证据表明他们确实会信任他们的经纪人。几乎等同于注意义务的忠义义务允许经纪人持续给客户提供建议，尽管他们有相冲突的利益且未将这些利益披露给客户。

例如，经纪人向客户提供互惠基金或类似投资管理实体的份额。经纪人也许会向潜在客户提供“免费午餐”和免费建议，与互惠基金的投资经理分享一定比例的管理费。且无论管理下资产的表现，费用会随着这些资产的总量增长，因为管理费是按照资产的一定比例来衡量的（无论它们怎么增长）。然而，这部分安排并非必须披露给客户。其可能表现为相冲突的利益，但不必然违反适合性规则。适合性规则允许适合的投资推荐，即使其与另一个类似的投资相比可

---

[30] Dodd-Frank Wall Street Reform and Consumer Protection Act, Pub L No 111 - 203, § 913, 2010 USCCAN (124 Stat) 1376, 1824 - 30.

[31] 15 USC § § 80b - 1 to - 21 (2006).

[32] See FINRA, Letter of Acceptance, Waiver and Consent No. 2008014763601, Re: Merrill Lynch, Pierce, Fenner & Smith Inc (3 June 2013); FINRA, Letter of Acceptance, Waiver and Consent No. 2008014350501, *Re*: *Wells Fargo Advisors LLC* (3 June 2013).

[33] FINRA, Rule 2111, < http://finra. complinet. com/en/display/display _ main. html? rbid = 2403&element_id = 9859 > (last visited 27 Aug. 2013)（要求经纪人有合理的基础相信安全交易对客户来说是合适的）.

能更加昂贵。这同样适用于已由经纪人或其雇主掌握的一项投资建议。注意义务在此包含忠义义务,对投资者保护来说足够充分。

经纪人"招揽买卖的话"经常听起来(sounds like)像建议。的确,招揽买卖的话对不知情的购买者来说起到建议的作用。为什么这种招揽买卖的话应当有所不同呢?更为重要的是,客户对招揽买卖的话的认识会具有关联性吗?难道他们不知道经纪人的目标是说服潜在客户进行交易吗?如果客户也许不够精明,或者如果他们没有心智和敏感的能力评估招揽买卖的话,那么又会怎样呢?其他资产的许多购买者亦是如此。如果客户能够保护自身利益并做出是否购买的理性决定,依靠自己不会创造信义关系。此外,经纪人因对客户的证券和资金之控制而受到规制。并且,有长期存在的"招牌理论"(shingle theory)——一旦经纪人挂上他的招牌,他就向公众宣布他会公平地对待客户,同时有要求经纪人只给客户提供"适合的"投资建议的规则。所有这些法律规则还不够吗?

关于这个问题的论证揭示了用于决定一项服务是否是信义服务的不同检测。一项检测可能是服务接受者的实际信任。看起来投资者的确信任他们的经纪人。因此,第一项检测达标。第二项检测可能是投资者的信任是否有正当理由。这个衡量取决于出售的标的物。既然如此,证券在出售时不能容易地被投资者评估。证券是将来支付的承诺。评估证券的专业技能不仅涉及深入的研究而且涉及预知能力。事实上,任何律师或医生的建议同样是基于未来结果之预测的建议。那么区别是什么呢?

可能有许多答案。其一,在短期利益和免于承担责任的驱动下,经纪人的建议可能长期看来对金融系统是有害的,即使其被视为是适合的。其二,适合性并不总是计算可能不(not)适合的成本,尤其是对长期投资来说。如果实际成本不清晰,建议不可能完全诚实。其三,为即将退休的老人提供建议,如果以持续交易为目的,可能是不适合的,但限制交易威胁经纪人的生命线。其四,经纪人撤回建议的前兆也许是一种眷顾。独立建议的缺乏会唤起一代专业顾问。他们的前期投入也许远远低于投资者可能支付给经纪人的隐藏成本。这个问题目前仍在争论。

(四)通过具体表达两个目的扩大受信人的自由裁量,其中一个目的比另一个更宽泛

特拉华州最近的一部法律允许设立营利性公司(for-profit corporation),这类公司在其注册证书中载明公司能够作为其营业的一部分加以促进的特定公共利益(specific public benefits)。[34] 此种公司的董事会必须"平衡股东的金钱利益,那些实质上受公司行为影响的最佳利益,以及[公司]注册证书中确认的特定公共利益。"[35]拥有公司2%已发行股份的股东可能会提起派生诉讼,主张董事会没有实现公共利益指令。[36] 此外,立法堵塞了公司目的可以被绕过去的途径。

这项立法代表一个允许并确保商业目的和公共利益目的之新混合的周到设计。第一,它通过要求在注册证书中载明目的,减少董事会就决定公共利益目的的自由裁量权。第二,它平衡公司管理权力与投资者—委托人的投资和退出对违反信托条款的此种公司目的的投资。第三,它使一大群股东能够寻求信托指令的司法强制执行,如果他们未能遵守指令,借此约束公司受信人。第四,如果不能解决,立法使关于公司受信人在为政治目的使用公司资金方面能走多远的论证变窄。立法明确表达承认公司受信人这样做的权力。这种扩展也许反映出将经济权力等同于政治权力的社会倾向,其对像美国这样的国家来说并不陌生。然而,在信义义务背景下,立法拓宽了公司受信人的自由裁量权,因为立法具体化自由裁量。随着公司已经成为金融权力的存托所(depositovies),立法呈现对投资者和其管理者之间权力的平衡。

二、根据信义法将关系重新归类为受到更少规制的关系

(一)改变受信人的归类,如从信托(严格规制)到代理(更少的严格规制)

淡化信义义务的另一个方法如下:承认一项特定的关系实际上是信义关

---

[34] Del Code Ann tit 8, § § 361 -8. "'公共利益'是指对一个或多个类别的人、实体、社区或利益的积极影响(或减少消极影响)。"Del Code Ann tit 8, § 362(b).

[35] Del Code Ann tit 8, § 365(a).

[36] Del Code Ann tit 8, § 367. 如果该公司在证券交易所注册,该项权利给予拥有至少200万市值的股东。

系。但改变关系的归类至受到较少规制的类别。受信人的范围从非常少的权力到被授予巨大的权力和控制他人的金钱。"代理人"被定义为受其委托人控制之约束的受信人。[37] 他们在代理法下的义务取决于(1)委托人接受委托之权力和财产的程度,和(2)客户—受益人—委托人控制其代理人活动的能力。[38] 当"受托人"和"代理人"的用词保持不变或在不考虑他们自由裁量和控制之程度的情况下与书面指令相关,固定的命名导致淡化他们的信义义务。

代理和信托关系非常相似,除了委托人控制受信人的能力之外。历史提供了许多有趣的例子。三千年以前,《汉谟拉比法典》(Code of Hammurabi)调整代理关系。其规定来自美索不达米亚(现在的伊拉克)的代理人携带金钱或货物在埃及进行交易,如果没有能够赚取更高的利润,将被要求支付其受托总额双倍(double)的金额。[39] 此外,根据优先于法典的埃什努那法律(Laws of Eshnunna)的规定,如果受托人保管的货物被偷,他必须表明他自己的财产也被偷了。[40] 这种情况下问题是可控的;那正是法律所解决的。雇主不能控制代理人的交易。传统的犹太律法有着类似的规定。[41] 在一定程度上,这些代理人像受托人,可能除了他们的任务更加明确,尽管如今一些受托人也有具体的任务。[42]

因此,将信托转变为代理的一个条件是信托人的—委托人的(entrustor's-principal's)在受信人服务中对受信人的控制的程度。这是一种重新归类的形式,适用于在受信人提供服务的环境已经改变的情况下的相同关系。例如,即使契约受托人被称为受托人,其责任在违约事件之前是非常轻的。仅仅为从债务人处收取货款并分配给公众债权人。当"违约事件"发生,债务人停止向公众债权人支付,受托人获得更广泛的权力及伴随那些权力的责任。[43]

---

[37] *Restatement (Third) of Agency* (2006) § 1.01 cmt h(说明经纪人不同于财务人员,代表委托人进行谈判).

[38] Tamar Frankel,"Fiduciary Law", 71 *Cal L Rev* 825 – 6 (1983).

[39] Russ Ver Steeg, "Early Mesopotamian Commercial Law", 30 *U Tol L Rev* 183, 202 (1999); Tammar Frankel, *Fiduciary Law* (2011) 80; Tamar Frankel, *Fiduciary Law* (2008) 7.

[40] VerSteeg (n 40) at 198; Frankel, *Fiduciary Law* (2011) 81; Frankel, *Fiduciary Law* (2008) 9.

[41] Frankel, *Fiduciary Law* (2011) 86 – 7(要求营利性公司的代理人最大化委托人的利益) Frankel, *Fiduciary Law* (2008) 14(similar).

[42] Trust Indenture Act of 1939, 15 USC § § 77 aaa-bbbb (2006).

[43] *Ellington Credit Fund, Ltd. v. Select Portfolio Servicing* 837 F Supp 2d 162, 191 – 2 (SDNY 2011).

信托向代理的另一种转变是重新设计违反受信人义务的救济方式或者允许保险支付赔偿金额。淡化其中一项或两项要素会减少受信人的负担,并给予他们更多的处理委托之财产的自由或在更轻的惩罚威胁下行使更广泛的自由裁量权。此外,这有助于在不同的服务期间设计双重的受信人身份。在此种情形下,人们应当从较轻的信义归类和救济措施开始。

不过,允许受托人使用受托人的名称但不承担通常的责任会给受托人和委托人造成混乱。当受信人从属于两个不同的体制,受信人的转变也许是困难的。每一个体制有相应的救济方式,依赖于增加的控制和权力。在较轻的体制下,权力是少量的,当受托人的控制扩张时,受信人的交易习惯可能构成转入更为警戒的体制的障碍。关系的一部分中的习惯不能容易地转变为另一种习惯,尤其是当关系始于伴有较轻法律负担的服务时。总而言之,将受信人从一个类别转变为另一个类别,尤其是如果后者比前者更加严格,很可能引起阻力,使更严格的义务之强制执行变得困难。

(二)根据信托法重新界定当前被裁定为不当行为的行为

淡化信义义务的另一种路径是从重新界定开始或完全消除不当行为。重新界定可以从否定一项行为或一种职位是不当的开始。这种态度的一个原因在于,其允许论证转移至更为中立的立场。从中立的立场人们更容易作出让步。从完全无辜的主张来看,人们可以开始部分地冲刷现有的界定或位置,将其带到十字路口。然后更容易换一条路从责任中解放出来。这种方法利用基本的观点:“每个人都在做这个但没有人受到惩罚。”[44]这个主张能够使不当行为变得可接受,即使其有一些不当。社会或社会群体的评判能够胜过即使是强有力的书面禁令。此外,如果没有人受到惩罚,那么唯一的且显著的惩罚就会变得不公平并被判断为错误。

已故参议员莫伊尼汉(Moynihan)在其“定义变异性下降”(Defining Deviancy Down)一文中描述了如何通过“正常化”那些社会不再负担得起视为不当行为的情形来重新定义变异性。这种正常化将不当行为带入真空地带——中立的地方。行为不再完全是坏的。当不再有“愤怒感”,“犯罪标准就

㊹ Frankel (n 26) at 31.

已经被正常化(normalized)了。”[45]正如他提出的:

> 美国社会的异常行为总量已经增加至超过社会能够“负担得起承认”的水平且……相应地,我们已经重新定义变异性以豁免不少先前受指责的行为,并平稳地提高类别中的“正常”水平,在其中行为现在看来按照任何先前的标准是不正常的。这种重新定义已经引起“旧”标准守护者的激烈抵抗,对许多当前的如在1992年共和党全国代表大会上由许多人宣布的“文化战争”做出解释。[46]

迈契尔·杨(Michael Young)给出了一个类似的观点:“有对他人享有权力之愿望的人们总是重新解释旧习俗以有利于自己,试图转变它们以使他人接受自己的权力作为在他们社会中的一个新的事实以及恰当地悠久而神圣。”[47]重新解释有助于改变现状,固定更为常见的习惯行为中的变化使变化易于接受。换言之,当滥用信用的情况普遍存在,且该种情况不能被容忍。社会面临选择,采取严格的措施阻止滥用,或者根据现状重新界定并移向一种不同的文化。参考参议员莫伊尼汉(Moynihan)的观点,纽约州司法部长艾莱特·斯彼兹(Eliot Spitzer)谈道:“随着时间的流逝已经有标准增量耗散。我们逐步地对不适当行为感到更加舒服……我们关注的真正问题是利益冲突——其如何产生以及如何获得制度化。”[48]

参议员莫伊尼汉列举了三类重新定义的行为。最后一类是正常化——“对暴力犯罪之空前水平的日益接受。”[49]在最近金融丑闻的情形下,同样的分类出现了。我们可以重复参议员莫伊尼汉的话,但用“滥用信用和欺诈”代替“暴力犯罪”。他的话可以表述为:正常化——“对滥用信用和欺诈之空前水平的日益接受。”重新界定始于否定一项行为是不当的,并抨击法律,是法律或禁令不当。[50]

重新界定也可伴随着法律规则的豁免和放松。在20世纪90年代,许多关

---

[45] Daniel P Moynihan, “Defining Deviancy Down”, 62 *American Scholar* 26 (Winter 1993).

[46] Moynihan (n 46) at 19.

[47] Michael Young, *The Metronomic Society*: *Natural Rhythms and Human Timetables* (1988) 99.

[48] Louise O'Brien, “How to Restore The Fiduciary Relationship: A Conversation with Eliot Spitzer”, 82 *Harvard Business Review* 72 (May 2004).

[49] Moynihan (n 46) at 19.

[50] Frankel (n 26) at 38.

于商业的法律限制都放松了。例如,安然公司(Enron Corporation)获得1940年《投资公司法》(Investment Company Act of 1940)[51]和1935年《公用事业控股公司法案》(Public Utility Holding Company Act of 1935)[52]的豁免。这些豁免以申请中写明的关于安然公司商业战略的某些先决条件为基础。之后,安然公司改变了其基本商业策略,从事滥用的禁止性活动。另外,安然公司成功游说议员立法使其逃脱其他规制。[53] 重新界定活动已获准许,腐败更容易滋生。

三、遵循其他学科并"商品化"受信人服务

(一)使用来源于其他学科的话语和观念淡化根据法律的信义义务

淡化信义义务的一个附加手段选择如下方法:引入来自其他学科的术语和观念。如商业和经济学科估量社会需求、个人欲望和诱人福利,不同于引导信义法的标准和原则。法律定义反社会活动有所不同,其对这些行为的惩罚与商业和经济的惩罚有着天壤之别。

因此让我们利用经济学。首先,这样使用便于混淆。例如,"代理成本"的表达其实在实质上与"利益冲突"的表达相类似。但其涉及"代理"一词,在法律上有着与经济学上不同的含义。经济学术语上的"代理成本"涉及受信任的人违反信义义务。其包含广泛的表明共同特征的行为:它们不是非常诚实,或诱使它们不诚实。

法律上的"代理"有更加具体的定义。正如,它是提供给委托人的一项服务,其成本与违反信义义务几乎无关,与服务费用有较大关系。此外,"成本"在法律意义上通常不涉及代理。法律不用美元和美分的成本衡量违反行为。"代理成本"之术语不具有法律上的精准性且可能是混淆的。其扩散违反信托的看法。其将金钱等同于欺诈和滥用。

---

[51] *In re* Enron Corp, Investment Company Act Rel No. 22,515 (14 Feb. 1997) (application); *In re* Enron Corp, Investment Company Act Rel No. 22,560 (13 Mar 1997) (order granted).

[52] Enron Corp, Public Utility Holding Co Act Rel No. 24,428 (23 July 1987) (order granted).

[53] Michael Schroeder and Greg Ip, "Out of Reach: The Enron Debacle Spotlights Huge Void in Financial Regulation", *Wall St J*, 13 Dec 2001.

鉴于此,让我们牢记引言的内容:法律反映我们的社会,如前所述,像所有的社会一样是一个混沌系统。它交互作用且不断变化。我们的"权利"和其他法律价值持续地具有意义,因为我们能够持续地回顾产生它们的经验。我们需要信义法为我们社会成员相互之间的信赖提供便利。格外重要的是依靠不同学科的专家并信任金融体系。然而,不同学科有着引导他们通向不同标准的环境和准则。

无论信义法命令什么,其规则旨在自我限制和控制自私。信义规则要求完全关注为他人利益的服务和承诺。其淡化这些价值使其他学科与信义义务相结合。其他学科能够服务于其他目的和利益。联合法律和选择的其他学科能够使为其他学科服务的利益牺牲委托人根据法律的利益正当化。因此,给予那些希望减少信义义务的人的建议是:寻找削弱他人利益的理论——委托人(entrustor)——为其他人和其他事服务,可以是对社会整体的服务(代替对个体的服务),对宗教的服务,或对贫穷之人和艰苦之人的服务——为任何事和任何人提供服务除了服务于委托人(*except service to the entrustors*)。

寻求其他学科引导有一个非常简短的答案:请用除信托的(*entrusted*)金钱和信托的(*entrusted*)权力之外的任何金钱来源,做所有这些旨在促进所有这些了不起的想法的好事,请用其他同类灵魂的金钱或权力(*money or power of other kindred souls*)做所有这些好的事情。

(二)商品化受信人服务

为减少信义义务,要"商品化"受信人服务。这个方法有助于在我们意识中(*in our mind*)将服务转变为资产。这种淡化信义义务的形式与全世界作为一个市场和所有的关系变为商业和经济活动的观点相关。受托人和其他受信人正在出售资产;不是服务。在某种程度上,服务作为交易资产的观点与资本主义世界的观点一致。如果服务(*service*)变成资本(*capital*)的等价物,如果我们投资教育(*invest in education*),服务提供者是差不多拥有资金的资本家。在那样的情形下,服务给予者和服务接受者之间,受托人和受益人之间几乎没有差别。此外,一项资产比一项服务更易于测量和评估,此种观念提高市场交易。

在我们的认识中,资产能够被看见、被触摸或可能闻得到和尝得到。一方面,我们有太多的方法评估和评价资产;另一方面,服务是看不见的,金融服务的结果在资产方面不会立马有所表现。实际上,在我们将金融服务的结果转化为实际资产之前可能要经历数年时间。很难将一个成功的操作之价值转化为一项资产。在信义法中,服务通过管理我们的资产或我们的金钱或属于我们的身体来实现(如外科医生进行的一项手术)。

在金融领域,将服务提供者看作并转化为财产所有者有本能的理由。毕竟,他们是委托之金钱的生产者(或损失者),尤其是就享有扩大的自由裁量权和承担做出决策的负担和责任的人而言,这个看法是准确的。这些人为什么应当被视为服务者而不是所有者呢?如果不是他们管理的金钱的所有者,为什么不是他们提供的服务和生产的利润的所有者呢?当服务提供者事实上和法律上是普通法所有者,那样的理论特别具有诱惑力。当受信人是积极的生产者,而资本提供者是源自受信人辛勤劳动的利益的消极接受者时,该项理论更具吸引力。所有者是食客。

关于证明受信人的要求是正当的有很多要说,尤其是在努力达到平等并用应得的赏罚加以衡量的社会中。然而,信义服务的商品化对繁荣社会的建立造成威胁。

在私人关系或有关直接涉及个人的问题中,人的商品化遇到阻力。[54] 但当问题从实际个人那里移走。例如,当问题涉及金融领域的个人服务,服务的结果等同于服务融合在一起。服务者因此被视为提供了这些结果。

不过,为他人利益出售资产和提供服务之间的区别是根本性的。实际上,该种区别在一定程度上类似于合同之间的区别,合同用资产交换金钱,信义关系不仅用服务交换金钱,而且将资产委托给服务者,这些资产不属于受信人服务者。因此,信义服务的商品化是克服信义法之限制的一种路径。如果受信人等同于生产的有形资产,两种不同事物之间的区别将会消失。

正如,信义法作为合同的倡导者主张,信义义务是合同义务,委托之权力或财产成为受信人的财产。在这个视角中,受信人的服务等同于委托的财产。它们实际是一项混合资产。但如果这个观点遭到反对,信托的资产和权力(*entrusted assets and power*)没有被包括在服务出售之中,那么服务仍然是服

[54] Tamar Frankel and Francis H Miller, "The Inapplicability of Market Theory to Adoptions", 67 *BU L Rev* 103 (1987).

务。但是你更多地用一个商品和一项销售来描述服务,就会出现关系的合同部分更强和信托部分更弱。实际上,那时两个部分相混合,强调它们的合并。这是淡化信义义务的一个路径。

这种发展的一个例子是法律意见的商品化。当最高法院鼓励律师相互竞争[55],当法律服务的一些广告被允许,法律服务将会更便宜的看法被证明是错误的。实际上,法律服务的成本多年来迅速增加,直至发生内爆(implode)。[56] 从个人服务到互联网法律意见只是一小步。[57] 法律意见在许多情况下被视为商品。商品化的结果是真正将人类服务视为商品,包括专业性的服务。这种趋势会减少受信人权力和信义义务。只要人与人之间的接触是隔断的,且意见变得完全客观,尤其如此。针对利益冲突的规则,其中一项禁令适用于受信人,不适用于意见的发送者,检验仅限于书面意见。

四、结论

本文勾勒了各种各样淡化信义义务的机制。人们可以避免使用信义法的术语,除了在那些术语的使用有助于减少附加义务的情形下。或者,人们可以寻求历史事件,证明重新归类信义关系在历史上有很深的根基,伴随减少信义义务的结果。例如,有人可能会说,信义关系常常反映身份关系,然后转化为合同。这种方法有助于该观点一定时间内得体(respectability of age)。

同时存在狡黠者倾向的影响。如果有什么在眨眼间发生变化,也是微乎其微的。如果我们回顾信义义务已被减少或甚至消除所借用的技术,朝着该方向的缓慢小步移动是最为有效的且是持久的。前期的步子几乎察觉不到。后期的步子更加容易识别,但到了后期阶段,前面的步子通常已经变得可接受且牢固确立。

但应当意识到,朝着一个方向的推力没有哪一个是没有反推作用的。朝向减少信义义务的推进力必然带来调整者的推进力和比过去强加的更加严苛的

[55] *Bates v. State Bar of Ariz* 433 US 350 (1977).

[56] Frankel (n 26) at 140.

[57] LawGuru, <http://www. lawguru. com> (last visited 7 June 2013) (website for legal questions and answers over Internet); Avvo, <http://www. avvo. com> (last visited 7 June 2013) (similar).

惩罚之负担。如果书面的规则缩水和被稀释,那么剩下的规则对违反行为的惩罚必定会“咬得”(bite)更厉害。受信人规避责任并增加他们的利益的绕道尝试可能不符合新规则,但触及适用于被抓获者的痛苦惩罚。但愿这种限制会引致受信人的自我限制,引致鼓励可证明为正当而非想象的信任之保护文化。如果信义义务被淡化成没有实质的回声,如果受信人的权利意识无羞耻地增长,公众意见有可能引起适当规则的产生,法院会强制执行这些规则。

第十三章　信义法缘何属于衡平法?

亨利·E. 史密斯(Henry E. Smith)*

引　言

有关信义法的控诉不绝于耳,但有云泥之别。信义法因其不受规则约束而被赞赏有加,因其无原则可言而备受诟病,有人认为其过于技术和形式化。信义义务被表示为完全基于信用的道德语汇,有人珍其为精髓,有人贬其为炫耀,华而不实。道德主义者在信义法中看到的是固化的强制性制度,法经济学家和契约论者将信义法视为对不完全合同进行补白的一套最终默认性规则。对信义义务性质的混淆,会产生模糊意识,认为对违反信义义务的行为应严厉惩罚,但又无法明确说明原因,是由于受害者易受伤害?利益具有财产性?抑或其他?如此种种,不一而足,而且信义领域主题过多,任何一个都无法凸显。

这一状态绝非偶然。信义法是衡平法的产物,也许是衡平法中最重要和最具特色的分支,衡平法理论陷入困境之时,信义法也深受其害,且原因相同。类似信义法,衡平法也同样因无限特殊性而受到赞赏,因无原则和过度扩张而被嗤之以鼻,同时它还呈现出某些看似奇怪的形式主义。衡平法时而含混不清,但几乎总受道德影响,欢迎、谴责和贬低,兼而有之。衡平法是道德的直接灌输吗?若如此,妥否?抑或全为附带现象,掩盖"真实"发生之事?衡平救济有何特别之处,或者就像信义法——连同其他衡平法——自普通法与衡平法融合之时,最好视其为独立存在?

* 感谢安德鲁·戈尔德(Andrew Gold)、保罗·米勒(Paul Miller)以及迪堡大学法学院信义法法理基础会议和弗吉尼亚大学法学院研讨会与会者的有益意见。当然,文责自负。

本文认为，衡平法的功能论，即将衡平法视为旨在应对机会主义的判决模式(decision - making model)。抓住了信义法的特征，的确，信义法不仅是衡平法的历史产物，还是衡平法判决模式的功能核心(functional core)。

反机会主义衡平法所解释的不仅是主旨，还有信义法的总体结构和具体特征。信义关系中存在机会主义的可能性要大于寻常。一人承诺行使自由裁量权代表他人行事，随之而来的机会主义潜力巨大。参与自利交易和不避讳利益冲突，或多或少与机会主义的危险相关。通过衡平法解决基于代理和推定的机会主义，信义法彰显了其主要特征。信义法类似衡平法，但更具决断性，在触发特定代理时，信义法会做出不利于受信人的推定。就信义法而言，代理形式范围广泛，更具活力。因此，在未披露利益冲突的情况下，即使不考虑交易的实质内容，也会出现机会主义的推定。对于自利交易，上述推定也几乎无可避免。正如一般意义上的衡平法，在涉及机会主义新的创新方式时，信义法呈现出些许受约束的开放性。但与衡平法作为安全阀一样，信义法的这种开放性是有限的。其是对人的，此处意即只针对那些承担特定已知具有该性质义务的人，以及非常特殊情况下的其他特定行为人，如父母。

本文第一部分概述衡平法理论，将其视为针对可能滥用法律结构的机会主义者之判决模式。从其渊源和功能来说，信义法不仅是衡平法管辖权的核心，其还明确提出可能滥用法律赋予权力的问题，既难以监测又花样百出的机会主义。第二部分将说明信义法如何针对反机会主义衡平法具备一套特别宽泛和稳定的代理形式和不利于潜在机会主义者的推定。第三部分将讨论该理论如何与传统和当代信义法理论的优点相统一，以及该理论如何有助于解释信义法在普通法和衡平法融合后变得如此分散且具争议。与衡平法的特殊基本原理相隔离，信义法本身可能会变得过于宽泛或过于狭隘，就像一般意义上的衡平法。最后，反机会主义衡平法的功能理论有助于解释信义法与另一常被误解的私法领域(不当得利)之间的相似性及其关系。类似不当得利，信义法特别关注机会主义，因此需要通过更严格的代理和推定对衡平法判决下一剂猛药。本文结论部分，从私法整体框架对信义法作出评论。

一、反机会主义衡平法

信义法,类似其他衡平法,应对的是潜在机会主义的严重问题。衡平法的安全阀理论是功能论,本文不会主张衡平法法院完全关注机会主义。普通法法院也不会对其规则和原理可能被滥用的方式无动于衷。根据旧的普通法和衡平法之分,两端均可发现判决的衡平法模式,但由于其独特作用,衡平法在英、美传统中的确经常且典型地反映了判决的衡平法模式。从历史和功能角度来看,信义法尤其如此。

(一)渊源和功能

虽然历史并非我们的主要关注点,但了解衡平法和信托的发展有助于解释其对机会主义的关注,以及其特有的应对机会主义的道德灌输事后策略。

衡平法法院产生于14世纪,源自御前大臣代表国王解决争议的活动。请愿人会来到国王以及后来的御前大臣面前,控诉受压迫行为,并要求针对指控的做坏事之人签发命令,匡扶正义。潜在机会主义者承担信义责任的理念可追溯至大法官法院之前,①但是,功能上具有衡平法模式的判决与衡平法法院产生联系的趋势却早已确立。特别是到了15世纪,多数诉状针对的是"永赁地产权益封受人"(feoffees),即为他人利益在原型信托中拥有普通法所有权的人(一种"用益权",通常是为了避免在代际转让财产时应向领主承担的类似税收的封建土地保有附带条件)。这一安排危险重重,因为受托人会自行占有财产——毕竟其拥有普通法所有权,而"不诚实的永赁地产权益封受人"②是这类早期诉讼的主要当事人。因此,从早期开始,反机会主义就处在衡平法及其重要发明"信

① Joshua Getzler,"'As If:' Accountability and Counterfactual Trust", 91 *BU L Rev* 973,979 - 80 (2011).

② Austin Wakeman Scott,William Franklin Fratcher,and Mark L Ascher,*Scott and Ascher on Trusts* (5th edn. ,2006) Vol. 1, § 1.5,at 14("请愿者向御前大臣抱怨不忠的永赁地产权益受托人,这种违背信仰的行为自然会强烈地吸引御前大臣的正义感,而且御前大臣开始迫使永赁地权益受托人做他们承诺做的事情。"); John H Langbein,"The Contractarian Basis of the Law of Trusts", 105 *Yale LJ* 615,634 and n 42 (1995)[citing as an example a petition to the Chancellor from the 1390s,see William P Baildon (ed.), *Select Cases in Chancery*: 1364 - 1471,Vol. 10 (1896) at 48 - 9].

托”的中心位置。早期的大法官是神职人员，衡平法严重依赖普通法和教会法发展其实体法和程序法。大法官是国王良心的守护者，衡平法法院被称为良心法院（courts of conscience）。③ 衡平法与自然法和自然正义息息相关，道德规范贯穿其所有工作。④

衡平法法院还借鉴了远至亚里士多德的衡平法传统，亚里士多德将衡平（*epieikeia*）定义为在法律因其普遍性而失效时援引正义。⑤ 这一传统有广义和狭义两说。广义说认为，衡平法基于正义弥补普通法中的任何不足或纠正其任何瑕疵，弥合法律条款与其目的之间的任何差距。我曾主张赞成狭义说，法律因其普遍性而失效的主要原因之一是，由此导致的法律规定与其目的之间的差

③ See eg. ,J. H. Baker,*An introduction to English Legal History* (3rd edn. ,1990) 112 – 28; but cf Mike Macnair,"Equity and Conscience", 27 *Oxford J Legal Stud* 659 (2007)(认为衡平法院是一种良知法院，最初意味着法官能够知道并利用事实而不是证据).此外，早期衡平法的实施借鉴了教会法院遗嘱执行人的早期会计概念。R. H. Helmholz,*The Oxford History of the Laws of England*: *The Canon Law and Ecclesiastical Jurisdiction from* 597 *To The* 1640*s* (2004) Vol. 1,421 – 3.

④ See eg. ,Hugo Grotius,*De Jure Belli Ac Pacis Libri Tres* [On the Law of War and Peace: Three Books],trans Francis W Kelsey (1925) Vol. 2,ii. 6,at 193 (1646)(“事实上，我们必须考虑那些首先引入个人所有权的人的意图；我们不得不相信他们打算尽可能少地离开自然衡平法。”)；Gulian C. Verplanck,*An Essay on the Doctrine of Contracts*: *Being an Inquiry How Contracts Are Affected in Law and Morals*,*by Concealment*,*Error*,*or Inadequate Price* (1825) 37[“曼斯菲尔德(Mansfield)勋爵的法律判断符合智慧商人的实际做法，也符合那些一部分建立在便利基础上，一部分建立在自然衡平法基础上的普遍做法，这可以被视为是文明世界的共同商法和海商法。”]; see also *Bright v. Boyd* 4 F Cas 127,133 (CCD Me 1841) (No. 1875)[“我冒昧地提出，善意购买的主张(对不动产进行改善的不当得利)是建立在衡平法的基础之上的。我认为，它是建立在最高的衡平法之上的；在这个问题上，我得到了罗马法的积极主张的支持。这篇文章已经引用，表明它建立在最清晰的自然衡平法之上。‘*Jure naturae aequum est.*’根据自然法这是公平的。”]；*Moses v. Macferlan* [1760] 97 Eng Rep 676,681 (KB) (Mansfield J)(“总而言之，这种诉讼的要点是，被告在案件的情况下，有义务通过自然正义和衡平法的关系来偿还这笔钱。”). But see Fred F Lawrence,*A Treatise on the Substantive Law of Equity Jurisprudence* (1929) Vol. 1, § 3(认为将衡平法看做建立在自然正义基础之上是不合理的).

⑤ Aristotle,*The Nicomachean Ethics*,trans David Ross,Rev J L Ackrill and J O Urmson (1980) 133; Thomas Aquinas,*Summa Theologica* I-II,q 96,art 6; Christopher St German,*Doctor and Student*,ed. T. F. T. Plucknett and J. L. Barton (1974) 94 – 107; see also, eg,*Riggs v. Palmer* 22 NE 188,189 (NY 1889) (quoting Aristotle on equity); Eric G Zahnd,"The Application of Universal Laws to Particular Cases: A Defense of Equity in Aristotelianism and Anglo-American Law", 59 *Law & Contemp Probs* 263,270 – 5 (Winter 1996) (记录亚里士多德衡平法理论对英美法的影响); but cf Darien Shanske,"Four Theses: Preliminary to an Appeal to Equity," 57 *Stan L Rev* 2053 (2005) (认为亚里士多德的衡平法理论基本上是不合法的).

距使机会主义者有机可乘。[6] 我从功能和(试探性和局部性的)历史角度论证该解释,正如丹尼斯·克里姆查克(Dennis Klimchuk)所述,可能是对亚里士多德衡平论的最佳解释。[7] 根据该狭义观点,衡平法并非针对法律规定与其目的之间存在的任何和所有差距,而只是特别关注机会主义者以难以预见的方式有意利用(甚至创造)的差距和其他空缺。

无论是衡平的广义说还是狭义说,法律制定者均无法预见每一种情况,所以我们需要针对个别情况的事后方法。正如我们所见,机会主义本质上无法完全进行事先应对。机会主义的策略性要求具体问题具体分析。在一个著名比喻中,亚里士多德将衡平比作莱斯博斯岛(Lesbos)建筑师的铅尺。[8] 与铁尺不同,铅尺可以弯曲成测量石头的形状,这样就可以选择与其完全契合的另一块石头。机会主义需要这种量体裁衣,原因有两个,如果在其范围内衡平法可预测性过高,知情的机会主义者便可进行预测和规避:事后会沦为事前。此外,正如我们随后所见,机会主义者天性富有创造性。衡平法需要具有开放性和针对性,以洞悉机会主义者新的、难以预测的行为方式。现在我们就来讨论这一问题。

(二)机会主义问题

在其他文章中,我曾指出,衡平法作为一种判决模式,其主题是与机会主义斗争。[9] 从历史上看,以“衡平”为标题的内容在很大程度上与这一衡平法模式相似。我先从待解决的问题入手,但正如我们随后所见的那样,在衡平法中,主要活动是针对机会主义的代理形式以及触发该等形式及其相关推定的后果。

要孤立机会主义,不妨从衡平法传统的关注点开始。托马斯·莫尔(Thomas More)是首位担任大法官的律师,一句“良心裁断案件有三:欺诈、意

---

⑥ Henry E. Smith, “An Economic Analysis of Law Versus Equity”, 22 October 2010 (working paper), available at: <http://www.law.yale.edu/documents/pdf/LEO/HSmith_LawVersusEquity7.pdf>.

⑦ Dennis Klimchuk, “Is the Law of Equity Equitable in Aristotle's Sense?” 4 (June 2011).

⑧ Aristotle (n 5) at 133.

⑨ Smith (n 6).

外和信任”(Fraud, Accident and things of Confidence)相传出自其口。[⑩] 衡平法领域的另一版本是“欺诈、意外和错误”(fraud, accident and mistake)。[⑪] 正如我们随后所见，触发衡平法潜在干预的代理围绕着欺诈、意外和信任展开。非常有启发性的是，约瑟夫·斯多利(Joseph Story)法官认识到，在应对我们所谓的机会主义时，衡平法发挥着重要作用，[⑫]他先从信托(和信任)开始阐明衡平法的管辖权，向外发展至“错误、意外和欺诈”，然后增加“多起处罚和剥夺权益案件，多起即将发生不可弥补伤害或已调解伤害行为的案件，以及多起苛刻程序、不当优势和课税、违反信任、交易磋商显失公平的案件。针对上述所有案件衡平法法院都会介入并给予救济，但普通法或未曾注意，或视而不见。”[⑬]同样，上述关于衡平法普遍关注事项的阐述容易变成广义的“固定”解读和狭义的反机会主义解读，如果忘记像莫尔所阐述的只是衡平法的一般关注领域，而不是其实施规则，形成前一解读就更自然。因此，罗斯科·庞德(Roscoe Pound)在作出如下表述时，听起来有些像是原现实主义者：

---

⑩ *Rolle's Abridgement* Vol. 1, 374; see also *Caco v. Clark* [1969] RPC 41 (Ch Div) (Justice Megarry) (quoting More's couplet); Anthony Laussat, Jr, *An Essay on Equity in Pennsylvania* (1826) 67 (“托马斯·莫尔更习惯于说下面的包含了所有的衡平管辖的打油诗”)。威廉·布莱克斯通(William Blackstone)更多地喜欢普通法，而不是衡平法，在提出普通法不会忽视衡平法的触发因素的合法观点时，会有一点防御性：

有人又说过，欺诈、意外和信任是衡平法法庭的正当而独特的对象。但是，在法庭上，每一种欺诈都是同样可识别的，也同样受到重视：有些欺诈行为只有在那里才能识别，就像在获取土地方面的欺诈行为一样，这些土地总是被衡平法法院送出法庭以确定。许多事故也是由法院提供的，例如，行为的损失、收据或账目上的错误、错误的付款、造成无法按字面意思履行一项条件的死亡以及许多其他意外事件：即使是在衡平法庭上许多事件也不能得到救济；就像，由于意外的原因，经济复苏遭受重创，一项计划执行不当，剩余部分被摧毁，家庭安置中漏掉了租赁权。事实上，由于第二次使用的限制而产生的技术信托被迫以前面提到的方式进入衡平法院：这种信托的种类，通过推论和建构而延伸，从那以后一直作为那些法院的一种特殊情况。但还有其他信托，这些信托在法庭上是可以识别的：例如存款以及各种形式的委托……

William Blackstone, *Commentaries*, Vol. 3, 431 – 2. Interestingly Blackstone cites to 1 Roll Abr 374.

⑪ 47 Am Jur 2d Judgments § 718(“一般来说，通过独立行动寻求对判决的公平救济的索赔人必须符合三项要求，其中第三项要求是，他们必须为公平救济确立一个公认的理由，例如欺诈、意外或错误。”)(footnotes omitted, citing cases); see also William F Walsh, *A Treatise on Mortgages* (1934) 6, 11(基于欺诈、意外或错误的理由给予抵押贷款以衡平法上的救济)；Val D Ricks, “American Mutual Mistake: Half-Civilian Mongrel, Consideration Reincarnate”, 58 *La L Rev* 663, 717 and n 277 (1998) (speculating that Chief Justice Allen in *Swift v. Hawkins* (1768) 1 Dall 17 (Pa), “认为‘错误’代表各种类型的衡平法”).

⑫ See nn 36 – 7.

⑬ See Joseph Story, *Commentaries on Equity Jurisprudence*, as *Administered in England and America* (1836) Vol. 1, § 29, at 28 – 9.

> 据说普通法不会帮助傻瓜,但衡平法存在的目的是帮助和保护他。正是因为有傻瓜被骗和被罚,有不幸的人遭遇事故,有粗心的人犯错,我们才有了衡平法法院。毫无疑问,衡平法为限制缔约自由所做之事,通过立法照样可以实现。⑭

现实主义者及其追随者实际上扩大了衡平法的语境,部分原因是为了防止不公平的交易磋商和保护弱势方。⑮ 但是,衡平法,甚至历史意义上的衡平法,都容易出现另一种更狭义的解读——不至于威胁吞并所有法律。确实,法院针对剥夺权益案件付出努力,最终帮助的只是卡罗尔·罗斯(Carol Rose)所称的“自怨自艾之人”和“愚笨之人”,⑯但正如她和其他评论家所注意到的那样,法院更关注的是,对其加以利用之人的不择手段的行为,而非其脆弱性本身。⑰“衡平法憎恨剥夺权益”,正如我们随后所见,机会主义的一个主要和最有趣的代理是“不成比例的困难”,但这只是为了根除机会主义行为,而不是为了虚无和特殊的公平理念随意重写规则和合同。

在转向代理前,我们应该如何界定机会主义?诺贝尔奖获得者奥利弗·威廉姆森(Oliver Williamson)将机会主义定义为“利用欺诈寻求个人利益”⑱,但对于我们的目的而言,这既过于宽泛又过于狭隘。说其过于宽泛,因为威廉姆森认为机会主义包含所有破坏规则的行为。但有些破坏规则的行为很容易事

---

⑭ Roscoe Pound,“Freedom of Contract”, 18 *Yale LJ* 454,483 (1909).

⑮ Roscoe Pound,“The End of Law as Developed in Legal Rules and Doctrines”, 27 *Harv L Rev* 195, 226 (1913)(“衡平法的目的是为了防止不负责任地行使权利,当今我们寻求阻止反社会权利的行使。”);also at 227(“衡平法强加了道德限制。如今法律开始强加社会限制。”). See Owen M Fiss,“The Supreme Court,1978 Term—Foreword: The Forms of Justice”, 93 *Harv L Rev.* 1,2 (1979)(“结构性诉讼是法官,在国家官僚机构面对宪法维度的价值观时,承诺对组织进行重组,以消除对现有制度安排所构成的那些价值观的威胁。禁令是传递这些重建指令的手段。”);but see *Bisciglia v. Kenosha* Unif Sch Dist No. 1,45 F 3d 223,228 (7th Cir 1995)(在解雇诉讼中拒绝临时禁令,并指出:“该法院没有流动的委员会来做好事。它必须依据记录和法律作出决定。”);Douglas Laycock,“The Triumph of Equity,” 56 *L & Contemp Probs* 53 (Summer 1993)(否认“衡平法院有一个流动的委员会做好事,一旦确定违反法律的行为,就有理由进行干预”).

⑯ Carol M. Rose,“Crystals and Mud in Property Law”, 40 *Stan L Rev* 577,587 -8,598 -9 (1988).

⑰ Rose (n 16); Seana Valentine Shiffrin,“Paternalism, Unconscionability Doctrine, and Accommodation”, 29 *Phil &pub affairs* 205,205,235 (2000). See also Henry E. Smith,“Rose's Human Nature of Property”, 19 *Wm &Mary Bill Rts J* 1047,1049 -52 (2011).

⑱ Oliver E. Williamson, *The Economic Institutions of Capitalism: Firms, Markets, Relational Contracting* (1985) 47.

先预见、事后察觉,所以衡平法没有必要特别介入。同样,基于违背法律精神或挫败对方合法期待而对机会主义进行的其他界定也是有益的,但可能过于宽泛,[19]这导致产生常见的担忧,如衡平法范围过广、含混不清以及随之而来的"寒蝉效应"("大法官的脚"[20])。另一方面,如果将其理解为完全欺骗,威廉姆森的定义是狭隘的。有时,机会主义者只是利用意想不到的机会。情势会发生不可预见的变化,机会主义者利用法律或合同的字面意义以牺牲他人利益为代价获取意想不到的利益(莫尔所说的"意外")。[21] 背弃信任同样如此:表面上值得信赖,实则并非如此,也属于欺骗,但这是延伸。

与衡平法相关的机会主义是事前难以捕捉的那一类机会主义。我在别处将机会主义定义为"不受欢迎的行为,但又无法通过明确的事前规则以具备成本效益的方式对其进行捕捉——定义、查明和阻止……其通常由技术上合法但为了从系统中获得意想不到的利益而实施的行为组成,该类利益通常小于其施加给其他人的成本。"[22]法院基于衡平代理的干预可能导致非机会主义者采取更

---

[19] See eg. ,George M. Cohen,"The Negligence-Opportunism Tradeoff in Contract Law", 20 *Hofstra L Rev* 941,957 (1992)(将"机会主义"定义为"一方违反另一方基于当事人协议、合同规范或传统道德的合理期望的任何合同行为")(footnote omitted); Timothy Muris,"Opportunistic Behavior and the Law of Contracts", 65 *Minn L Rev* 521 (1981)(机会主义是"违背另一方对合同的理解的行为,但不一定违反协议的条款");see also eg,Samuel W Buell,"Good Faith and Law Evasion", 58 *UCLA L Rev* 611,623 (2011)("通常的说法是,回避行为者的目的是规避法律。他试图规避制裁,而在实质上参与法律在某种程度上给予定价或处罚的那种行为。"). For a wider definition, see, eg, Richard A Posner, *Economic Analysis Of Law* (5th edn. ,1998) §4. 1,at 103(在合同的语境中将"机会主义"定义为"试图利用合同的顺序特征所产生的漏洞").

[20] 最著名的是塞尔登(Selden)的幽默批评:

衡平法是不光彩的:对法律来说,我们有一个衡量标准,知道该相信什么;衡平法是根据法官的良心,这会导致过于严谨或者宽松的标准。这一切都是为了让我们把此种标准作为衡量,我们称为"脚","大法官的脚".这是一个多么不具有确定性的标准。一个法官可能有一只长的脚,另一个法官有一只短的脚,还有的法官有一只冷漠的脚:这与法官的良心是相同的。

John Selden,"Equity," in *Table-Talk*: Being *the Discourses of John Selden,Esq.* (2nd edn. ,1689) 43,43 -4. See generally J. H. Baker,*An Introduction to English Legal History* (3rd edn. ,1990) 112 -33.

[21] 人们倾向于认为任何邪恶的行为都带有隐藏"欺诈"的成分,其中包括违反信任和地下采矿。See *Livingston v. Rawyards* (1880) LR 5 App Cas 34,quoted in *Marengo Cave v. Ross* 10 NE 2d 917,923 (Ind 1937).

[22] Smith (n 6) at 10 -11.

少预防措施,由此改善整体福利。[23] 在合同中,衡平法能够支持"实质性遵从合同"均衡:卖方将代入技术上不合要求但成本较低且同样高质量的履行(这会增加总盈余),但如果他们必须向针对技术不合要求提起诉讼的机会主义者支付交叉补贴,就不会愿意订立合同(正如承包商在所要求品牌的管子价格突然上涨时使用其他品牌替代,即使质量相同)。[24]此类行为的代理方式越准确,机会主义者越多,就越需要衡平法。[25]

(三)衡平法的代理和推定

反机会主义的衡平法也效法历史,因为其与早期的衡平法法院类似,侧重于"近欺诈"(near fraud)或"准欺诈"(quasi - fraud),基于特定代理方式,尽快推定针对既知情又试图对他人造成不成比例困难的行为人。也许衡平法领域对此仍依稀记得的是显失公平。现代显失公平理论往往过于宽泛(扩大传统的衡平法)或过于狭隘(反映形式主义反弹),但传统衡平法所采用的推定是针对潜在机会主义的。有关显失公平的两处讨论反映了这一更具历史背景的观点,而反机会主义衡平法理论可被视为更一般的版本。本文的信义法理论是特别严格的版本。

传统上,近欺诈的关注点集中在具有欺诈危险但没有确立存在欺诈的行为。这可能是因为该行为接近欺诈行为边界,或者很可能是欺诈行为,但无法证明。[26] 或者有时不成比例的困难伴有特别弱势的一方,会增加机会主义的危险,由此作出不利于试图获利之人的推定。正如阿瑟·莱夫(Arthur Leff)针对显失公平所发表的著名观点所述:

> 总而言之,衡平法显失公平原则体现了两项独立的社会政策。第一项是磋商过程过错,一旦达到特定程度,应当使行为人一无所获。

㉓ Kenneth Ayotte, Ezra Friedman, and Henry E. Smith, "A Safety Valve Model of Equity as Anti-Opportunism" (Draft, 30 Mar 2013), Northwestern Law & Econ Research Paper No 13 - 15, available at SSRN: <http://ssrn.com/abstract=2245098>; see also Rose (n 16) at 599.

㉔ Ayotte, Friedman, and Smith (n 23).

㉕ Ayotte, Friedman, and Smith (n 23).

㉖ 在19世纪的观点中,"不合情理地"提到了无法轻易证明的欺诈行为, see eg, *Seymour v. Delancey* 3 Cow 445, 521 - 2, 15 Am Dec 270 (NY Sup 1824)("价格的不足,除非是确凿的欺诈证据,否则它本身就不能作为拒绝具体履行协议的充分理由"); James Gordley, "Equality in Exchange" 69 *Cal L Rev* 1587, 1639 (1981). See also Richard A Epstein, "Unconscionability: A Critical Reappraisal", 18 *JL & Econ* 293, 293, 293 - 301 (1975).

第二项针对的不是磋商行为（除非特定结果往往是未经证实的特定行为的有力证据），而是针对结果，并体现了施加严重困难需要特殊理由的原则（以及有关重大损失的制定法）。[27]

莱夫指出，衡平法法院应关注诸如老、幼、无知等特定族群，简·马洛（Jane Mallor）将其总结为“视为容易受骗的特定阶层，如寡妇、孤儿、农民、休假水手和意志薄弱之人”。[28] 莱夫将这些人称为“推定愚笨”，意指推定不支持强制履行其达成的交易。[29] 他认为，与《统一商法典》背后的假定相反，多数传统衡平法案件涉及的是土地，其不但具有唯一性，还涉及高风险和千载难逢交易中的一方当事人。[30]

以相似的方式，理查德·爱泼斯坦在其基于近欺诈的程序性显失公平理论中，引出了对推定显失公平的使用。[31] 他声称，通过近欺诈标记甄别出的特定类型交易获益虽小，但欺诈风险（或者我们称之为机会主义）奇高，至少应推定其值得禁止。他将显失公平与《反诈欺法》进行类比，后者同样规定特定类型交易不可强制履行，依据是其内容和未书面做成的事实。[32] 传统上针对无行为能力抗辩的方法发挥着类似作用：与未成年人、精神失常或醉酒的人订立的合同可撤销，原因是其存在欺诈的危险性而非确定性，因此，不强制履行该类合同会最小化决策和错误成本（包括不强制履行合法交易的成本）。[33] 在这里，与机会主义的斗争需要对一类交易进行全面的假设（可能是“事前”的，但不是量身定做的）。[34]

最后，机会主义提出了一个特殊问题，要求衡平法至少在其范围内稍具开放性。有趣的是，爱泼斯坦提供了一例案件，说明显失公平原则必须灵活，在该

[27] Arthur Allen Leff, “Unconscionability and the Code—The Emperor's New Clause”, 115 *U Pa L Rev* 485, 539 (1967) (footnote omitted).

[28] Jane P Mallor, “Unconscionability in Contracts between Merchants”, 40 *Sw LJ* 1065, 1066 (1986).

[29] Leff (n 27) at 532.

[30] Leff (n 27) at 537.

[31] Epstein (n 26).

[32] Epstein (n 26) at 302.

[33] Epstein (n 26) at 300 - 1.

[34] 因此，如果规则与标准的区别是基于决策的时间，则规则是事前的，标准是事后的，Louis Kaplow, “Rules versus Standards: An Economic Analysis”, 42 *Duke LJ* 557 (1992)，然后，机会主义的战略问题往往要求制定广泛的预防规则和更有针对性的事后标准（如果任何干预都有意义，而不是容忍不良行为）。

案中,被告向返乡的越南老兵提供毫无吸引力的市政债券,老兵因长期囚禁身体虚弱,又突然获得拖欠累计军饷。[35] 精明的商人和突然有钱但不经世故的购买者符合莱夫的传统分类,但并非完全契合。同样,看似可疑的交易和易受伤害的当事人两者结合,交易可撤销。

如果普通法充分,且衡平命令是对人的,衡平法就不会介入,但“欺诈、意外和错误”的性质意味着机会主义无法事前规定。这并非只是难以说明,而是机会主义者和排除完全事前方法的法律制度运行者之间的战略互动。早期法院和衡平法评论人员也清楚地知道,衡平法瞄准的是活动目标(a moving target)。正如斯多利(Story)法官所说,考虑到“人类的创造能力”,“欺诈方式也是无穷尽的”,[36]他援引了一份关于衡平法性质的明确司法声明:

> 现在,衡平法不是法律的一部分,而是一种道德美德,由其限定、调节和改革法律的严格、无情和边界,是普遍的真理;在(作为法律生命的)宪法有瑕疵和软弱时还能协助法律,捍卫法律免受诡诈规避、欺骗和新诡计的影响,其发明和谋划的目的是逃避和欺瞒普通法,当事人虽有权利却无法获得救济。这就是衡平法的职责,支持和保护普通法以应对违反法律正义的欺骗和狡诈诡计。因此,衡平法不会破坏普通法,也不创造普通法,而是协助普通法。[37]

此外,法律事前规定百密一疏,终究无济于事,因为狡猾的机会主义者会利用那仅有的一疏大做文章。而且,正如威廉姆森所指,情势越具有实际不确定性,机会主义的空间就越大。[38] 如果风险涉及一系列可以用概率分布表示的未来可能性,奈特的不确定性将无法实现:概率甚至状态空间都是未知的。[39] 不确

---

[35] Epstein (n 26) at 304.

[36] J. Story, *Commentaries on Equity Jurisprudence, as Administered in England and America* (9th edn.,1866) Vol. 1,184 n 1[quoting a Letter from Lord Hardwicke to Lord Kaims (30 June 1759)]. 或者,正如大法官 Ellesmere 所说的那样:“之所以存在衡平法院,是因为人类的行动是多样而无限的,所以,不可能制定出适合每一项具体法案的一般标准,在每种情况下都可以适用。” *The Earl of Oxford's Case* (1615) 21 Eng Rep 485,486 (Ch).

[37] *Dudley v. Dudley* (1705) 24 Eng Rep 118, 119 (Ch) (UK.), quoted in Joseph Story, *Commentaries on Equity Jurisprudence* (1836; repr 1972) Vol. 1,18 –19. Story expresses some qualms about the broad identification of equity with virtue, but endorses this account of equity's function.

[38] Williamson (n 18) at 3 –4,56 –9.

[39] Frank H. Knight, *Risk, Uncertainty, and profit* (1921) 19 –21,197 –232.

定性在企业家理论中也很重要，我们可以将机会主义视为恶行企业家。[40]

由于机会主义的策略性，需要对衡平法的主要特征进行统一解释，如代理和推定、事后运作、边际开放、道德、诚信和注意基础，衡平法的这些特征具有过度扩张和抑制合法行为的危险，因此衡平法应仅在普通法不充分时仅针对特定案件当事人进行干预。

（四）信义法在衡平法中的地位

现在考虑一下，在信义法中，缘何机会主义问题无论是从类型还是程度都大于更普遍意义上的衡平法。一般来说，衡平法是针对机会主义的判决模式，但不排除例外情况存在。信义法针对潜在机会主义提出更为系统的问题，需要的不仅是安全阀。

稍后我将探讨一般衡平法和信义法的相似之处，但值得指出的是，在使用代理时，信义法是位于衡平法的最远端，特别是与心理状态相关。衡平法本身通过使用意图应对机会主义的阴暗面。[41] 因此，当明显违反界限时，如侵犯建筑物，所需要的只是了解界限，以确定是否存在恶意。在机会主义不甚明显的其他情况下，法律混合使用更简易代理（不成比例的困难）和意图标准。如果有人造成不成比例的困难，特别是对过于年老或年幼或不经世事的人，法院将考虑是否存在故意，并由潜在的机会主义者承担证明责任。如果潜在机会主义掺杂着一般正常活动，如开业或筑墙，所需意图就是纯粹恶意，这是欲伤害他人的意图。机会主义代理越强（从违反界限、不成比例的困难，到表面上偶然的伤害），代理的心态就越弱；反之亦然。

信义法的作用何在呢？此处，产生不法行为危险的委托和易损性是该关系中固有的。另一方面，即使借助于对心态的考量，也很难监督该关系，因为机会主义所涉及的结果和活动难以衡量。因此，信义法超越了一般衡平法所涉及的代理：无须不成比例的困难，也不需要意图。自利交易或冲突导致责任承担，无

---

[40] Knight (n 39) at 267 – 85, 369 – 73 (developing a theory of entrepreneurship based on an ability to deal with uncertainty).

[41] Smith (n 6).

须证明存在恶意或欺诈；即使是善意也不能作为抗辩。[42] 这样，衡平法中的判决模式在信义法中变得更为普遍。

由于信义法涉及范围广泛的机会主义，所以衡平法也利用各种工具，有些更类似于一般衡平法的工具，有些自成一派。某些类型的信义不法行为通常可以预见，但事后无法查明。此处，我们可以允许通过合同有限地排除义务。目前，如果有人利用真正不可预见的情况，或衡平法寻求保持其信号的纯粹性，合同排除最为困难。因此，常提及的衡平法不能减损的强制性和开放性，是信托法的两个方面，可预计其将发生重合。此外，如果推动特定类型交易的价值不是很高，但特别难以将其与涉及机会主义的一类交易相区分，那么就有理由对前者进行预防性禁止，而明显不关心心态。[43] 由于信义法在某些情况下需要更具预防性，在该等情况下，不能轻易推翻推定。

二、信义法的结构

我们看到，信义法在历史上都处于衡平法的核心，传统的衡平法在很大限度上参与了为打击机会主义服务的衡平法判决模式。在本部分中，我将表明反机会主义衡平法有助于解释信义法并证明其合理性。信托和类信托关系呈现出机会主义的巨大危险，需要更广泛和更严格的衡平法制度。

---

[42] See eg. ,*Regal* (*Hastings*) *Ltd. v. Gulliver*, [1942] 1 All ER 378, [1967] 2 AC 134, 144 – 5 (HL) (appeal taken from Eng) ("衡平法的规则适用于那些人，他们利用受信人的地位获取利润，承担获得利润的责任，从不依赖于欺诈或者缺乏善意；基于这些问题和考虑利润是否应该由原告获得，或者暴利获取者是否有责任为原告获取利润的来源，或者他是否为原告的利益而承担风险或采取行动，或原告是否实际上已被其行为损害或受益。该责任来源于在特定情况下获利的事实。暴利的获取者，无论多么诚实和善意，都无法逃避被指控的风险。")；*Boardman v. Phipps* [1967] 2 AC 46, 104, 105, 112 (HL) (appeal taken from Eng)；*Keech v. Sandford* [1726] 25 Eng Rep 223, 223 – 5 (Ch) (UK)；but cf *Murad v. Al-Saraj* [2005] EWCA (Civ) 959, [85] (Eng)；*Warman Int'l Ltd. v. Dwyer* (1995) 182 CLR 544, 561 (Austl) ("就企业而言，强迫错误的受信人在无限期内对其业务行为的全部利润或其对商誉的利用进行说明可能是不恰当和不公平的。在这种情况下，根据具体情况，允许受托人获得一部分利润可能是适当的。").

[43] 马修·卡内冈早就提出了信义义务的预防功能，对信义义务能够抵御受信人违反其他义务的诱惑进行了解释。See Matthew Conaglen, *Fiduciary Loyalty*: *Protecting the Due Performance of Non-fiduciary Duties* (2010) 59 – 105.

(一)信义法的衡平轮廓

首先考虑衡平法的典型特征。作为衡平法的产物,信义法提供事后救济且受道德影响,这也就不足为奇了。但其联系不仅是路径依赖,而是功能性的。因为受托人呈现出机会主义的最大危险,所以其位于衡平法的核心,而信托是处于高水位的衡平法。黛博拉·德莫特说这方面充斥着各种类比,此言不差,[44]而且正如彼得·伯克斯所说,这些类比基于与信托和受托人受益人关系的相似性。[45] 信义关系呈现与信托类似的机会主义危险,是"类信托",由此需要道德改变的事后干预。[46] 衡平法的安全阀理论(safety valve theory)使我们认为信义法中的类比将以机会主义威胁为主题。

卡多佐法官对受信人应承担标准是最高荣誉感的观点赞誉有加,那么,援引高道德标准,就是衡平法中所反映道德的较高水平(如清洁之手,不从自身错误中获利)。信义法,与其他衡平法相似,但更是如此。的确,卡多佐法官在著名的*Meinhard v. Salmon* 案判决中明确援引了衡平法法院的传统。[47] 此外,由于受信人机会主义的方式难以详细预见,甚至很难事后从一般情况中梳理出来,[48]所以,信义法边界不甚明确,且具有开放性。[49] 与其他衡平法类似,信义法使用实质重于形式等原则应对机会主义,也曾有文章指出,"在认定某项交易是否有不忠行

---

[44] Deborah A. DeMott,"Beyond Metaphor: An Analysis of Fiduciary Obligation", *Duke LJ* 879,891 (1988).

[45] Peter Birks,"The Content of Fiduciary Obligation", 34 *Isr L Rev.* 3,8 (2000).

[46] 机会主义是指明"滥用权力"的一种方式。对于围绕滥用权力概念和委托人相应脆弱性而建立的信托法理论,see Tamar Frankel,"Fiduciary Law," 71 *Cal L Rev* 795 (1983); D Gordom Smith and Jordan C Lee,"Discretion," 75 Ohio St LJ (2014) (draft,22 Mar 2013),12 – 13.

[47] *Meinhard v. Salmon* 164 NE 545 (NY 1928) (Cardozo J). 卡多佐法官在要求共同风险承担者履行信义义务时认为:联合的风险承担者,如合作伙伴,在企业继续经营时,彼此负有最忠义的义务。在工作的世界里,允许那些以身作则的人采取众多行为,而对于那些受信托关系约束的人来说这些行为都是被禁止的。受信人有比市场上的道德更为严格的要求。不是单凭诚实,而是最敏感的荣誉,是行为的标准。对此,形成了一种不屈不挠、根深蒂固的传统:当他们请求通过某些例外的"瓦解侵蚀"来破坏不可分割的忠义规则时,不妥协的僵化一直是衡平法院的态度。

[48] Robert Cooter and Bradley J Freedman,"The Fiduciary Relationship: Its Economic Character and Legal Consequences", 66 *NYU L Rev* 1045,1050,1057 (1991).

[49] See eg. ,*Guerin v. Canada* [1984] 2 SCR 335,341,13 DLR (4th) 321("信义法的类别,就像那些被忽略掉的,不应该视为是封闭的。").

为时，法院将详细核查所有托辞和借口，考虑实质而非只是形式。”[50]最后，信义法是对人的。信托介于财产和合同之间，但信义义务是针对人的。信义义务首先针对受益人。对受托人的命令并不会设定一般性规则，也不会约束第三人。事实上，要不是会引起机会主义者冒充善意购买人，第三人留意信托以免违反其应负的责任。

更引人注目的是，信义法中代理和推定与普遍意义上衡平法的代理和推定总体轮廓相似，信义法是强化版的衡平法。罗伯特·斯特科夫（Robert Sitkoff）在整体信义标准中有效区分了“附属规则”或推定，他指出，这避免了使规则沦为“策略规避行为的路线图。”[51]同样，在认定存在漏洞最严重的税法领域，可以确立一般反规避标准。[52] 衡平法是一种通用的反规避标准，信义法采取该方法也就毫不意外了。

信义法与一般衡平法的主要区别在于，信义法中的代理比一般衡平法中的代理甚至更具预防性。无须证明存在实际伤害，只需声明使用的是受益人的工具，所以收益属于受益人。[53] 在信托的核心领域，受信人的自利交易或利益冲突使相关交易可撤销，且当事人可获得退还非法所得的救济，无须表明存在欺诈甚至狭义上对受益人造成伤害。[54] 如果衡平法旨在确保任何人不得从自身过错中获益，[55]传统信义法更进一步，不允许从难以判断其是否从自身过错中获益。

---

[50] Gleason Bogert and George Taylor Bogert, *The Law of Trusts and Trustees* (rev 2nd edn. ,1993) § 543(T), at 410. 注意，“实质重于形式”是反避税的税收理论之一，其目的是利用漏洞。See Smith (n 6) and the sources cited in n 52 herein.

[51] Robert H. Sitkoff, “The Economic Structure of Fiduciary Law”, 91 *BU L Rev* 1045 (2011).

[52] See David A Weisbach, “Formalism in the Tax Law”, 66 *U Chi L Rev* 860 (1999); see also Sarah B. Lawsky, “Probably? Understanding Tax Law's Uncertainty”, 157 *U Pa L Rev* 1017, 1032 (2009)(税收法使用概率理论，“因为税收庇护的本质是它在技术上符合法律，但却违反了法律的实质或意图，这并不是一件容易确定的事情。”); Stanley S Surrey, “Complexity and the Internal Revenue Code: The Problem of the Management of Tax Detail”, 34 *L & Contemp Probs* 673, 707 n 31 (1969).

[53] See Paul B. Miller, “Justifying Fiduciary Duties”, 58 *McGill LJ* 969, 1019 – 20 (2013).

[54] See, eg. , *Fulton Nat'l Bank v. Tate* 363 F 2d 562, 571 (5th Cir 1966)(“受益人只需表明受托人允许自己处于个人利益可能与受益人利益冲突的地位，没有必要表明受托人屈服于这种诱惑，他的行为是恶意的，他获得了利益，公平或不公平，受益人受到了伤害。实际上，法律假定受托人行为不忠，并且对这些事项的调查被排除在外。”); see generally Austin Wakeman Scott, William Franklin Fratcher, and Mark L Ascher, *Scott and Ascher on Trusts* (5th edn. ,2007) Vol. 3, § 17. 2, at 1078 – 80.

[55] See, eg. , *Riggs v. Palmer* 22 NE 188 (NY 1889).

或者,以一篇信托论文的话来说,“衡平法认为最好……取缔所有非忠义行为,而非允许受托人证明自己代表双方利益具有正当性,由此试图区分无害和有害行为。”[56]

忠义义务与机会主义危险密切相关,同时又包罗万象。根据忠义义务,自利交易本身会导致承担责任和丧失非法所得。利益冲突一般会导致不利于受信人的推定,而且往往行为本身就应承担责任。在公司方面,特拉华州法律最近规定,责任转至受信人,由其证明交易的整体公正性。[57] 为了阻却受信人通过提前终止关系而逃避忠义要求,根据其预防性质的和防止机会主义的需要,信义法也可以在信义关系结束后适用。[58]

注意义务与代理和推定相互配合,后者是我们了解信义法首先接触的概念。同样,如果机会主义危险较高,就有必要对推定进行调整以应对该危险。然而,有了注意义务,机会主义代理可能范围会更广泛,伤害也更严重。事实上,如同一般意义上的衡平法,问题有时是双方潜在机会主义。根据合同或法律起诉他人违约的人是否只是为了从诉讼中获利,而非遭受任何实际伤害?[59] 因此,注意义务领域的代理不太广泛,且在特殊情况下,会被推翻,一如在商业判断规则中那样。[60] 而且,值得指出的是,甚至存在范围更小的代理,将假定转回一般信义模式,或阻止适用商业判断规则,问题包括缺乏商业目的、利益冲突

---

[56] Bogert and Bogert (n 50) § 543, at 228.

[57] *Weinberger v. OUP, Inc* 457 A 2d 701 (Del 1983); *Sinclair Oil Corp v. Levien* 280 A 2d 717 (Del 1971); see also *Nixon v. Blackwell* 626 A 2d 1366, 1376 (Del 1993).

[58] Conaglen (n 43) at 188 – 90.

[59] Ayotte, Friedman, and Smith (n 23).

[60] See *Joy v. North* 692 F 2d 880, 885 (2d Cir 1982) (Winter J) (“事实是,公司董事或高级管理人员很少仅仅因为判断错误而被强加责任,这种不愿为不成功的商业决策规定责任的做法在理论上被贴上了商业判断规则的标签。”) 温特法官接着提出了商业判断规则的几个理由,包括投资组合理论的含义:由于潜在利润往往与潜在风险相对应,因此,法律不鼓励过分谨慎的公司决策,这在很大程度上符合股东的利益。一些机会在巨大损失的风险下提供巨大利润,而替代方案的损失风险较小,潜在利润也较小。股东可以通过多样化持股来减少风险的波动性。在多元化股东的情况下,看似风险更大的替代方案可能是最佳选择,因为一些股票的大幅亏损将随着时间的推移被其他股票的更大收益所抵消。考虑到共同基金和类似形式的多样化投资,法院不需要向那些拒绝通过分散投资来降低风险波动性的股东提供特殊保护。因此,对看似风险较大的替代选择进行惩罚的规则可能并不符合股东的利益。*Joy v. North* at 886 (footnotes omitted).

以及实质性和程序性的恶劣决策。[61] 同样,与忠义义务相比,更容易订立合同排除受信人的注意义务,更不用说善意义务了。

最后,如果善意被视为一项独立的信义义务,我们应期待其类似但又强于一般善意义务,并涉及类似的代理和推定。就像合同法中的善意义务一样,也不能通过合同完全排除受信人的善意义务。我会在下一部分回到此问题。

对于超出常见却难以监控的民事不法行为的情况而言,重要的是认定以不可预见的方式利用规则的代理。欺诈、意外和错误等情况会产生近欺诈和利用不确定性的问题。更具体地说,可以通过某种开放的方式使用与恶意和不成比例的困难相关的代理,以宣布行为无效,或将证明责任转至欲利用的一方。信义法关注的是下列情况,即受信人的自由裁量权和受益人的易损性要求以敏锐的目光审视善意和不成比例困难等问题:只要表明受信人从该关系中获益,就会导致退出非法所得。

(二)衡平法和改革

反机会主义的衡平法提醒在放松传统严格的受信人义务规则时要谨慎。有一种倾向是软化部分本身责任规则、强化部分推定。这有时是正当的。因此,在信托中,根据现代投资组合理论,较早的审慎投资者规则过于谨慎,趋势是如果信托资产适当投资的事前标准会带来更高回报,但不会敞开机会主义大门时,由法官进行事后审查。较早的谨慎规则要求受托人充当"谨慎、明智和聪明之人,管理自身事务",[62]并受到禁止各种投资的次级规则制擎。[63] 这种情况

---

[61] 温特法官指出:然而,不论其优点如何,商业判断规则的适用范围仅限于证明其存在的理由。因此,它不适用于一些例子,如公司的决策缺乏商业目的,受到利益冲突的影响,如此恶劣地导致了一个不成功的决定,或者是由于明显长期缺乏监督和管理产生此种结果。也有可能产生其他的例子。*Joy v. North* (case citations omitted).有趣的是,这些类别都是衡平法代理的不同版本,同样都是开放性的。将他们与不成比例的困难和剥夺权益相比,后者同样依赖于一种无法解释的极端不平衡,将这种推定转移到一个能从中受益的人身上。

[62] *Harvard College v. Amory* 26 Mass 446 (1830).

[63] Max M. Schanzenbach and Robert H. Sitkoff, "The Prudent Investor Rule and Trust Asset Allocation: An Empirical Analysis", 35 *Am C Tr &Est Couns J* 314,35 -6 (2010).

下的危险是司法后见之明的偏见,[64]而非受托人机会主义。此处,根本不需要事后视角应对机会主义,意即不应对新的"谨慎投资者"规则设置障碍,该规则由杰弗里·戈登(Jeffrey Gordon)、约翰·郎本(John Langbein)和理查德·波斯纳(Richard Posner)等学者倡导、[65]法律改革机构推动,现已在所有州实施。[66]根据风险回报权衡和整个信托投资组合,谨慎投资者规则规定了适合信托投资的客观标准。主要作用是增加以信托方式持有股票的比例,[67]很难看出其如何显著增加机会主义的危险。

相比之下,以约翰·郎本为代表提出的对信托法中无须进一步调查规则的放宽,值得怀疑。依照他的信托契约论观点,他提议具有利益冲突的受信人应当能够证明其行为完全公平,就像其根据最新公司法应证明的那样。[68]由此产生的规则是,要求受托人以符合受益人最大利益而非唯一利益的方式行事。其理由主要是,法院能够提高其认定事实的能力,以及冲突交易的收益,反映在无须进一步调查规则的法定例外和获得司法重新批准的可能性上。然而,例外情况并不能证明该规则无凭无据,因为其可能反映了其他政策,或者并非与无须进一步调查规则相抵触。[69]我们可以对此加以补充,郎本所指的法定例外情况,即允许受托人获得佣金并汇集资金用于投资目的,与针对机会主义的主要关注相距甚远,因此恰好与衡平法的反机会主义相契合。例外情况的确表明普遍规则的代价,任何预防性规则都是如此,而且,正如我们所见,在推定制度中,相反

---

[64] Daniel B. Kelly,"Toward Economic Analysis of the Uniform Probate Code", 45 *U Mich JL Reform* 855,870 (2012); see also Chris Guthrie, Jeffrey J Rachlinski, and Andrew J Wistrich,"Inside the Judicial Mind", 86 *Cornell L Rev* 777,804 (2001).

[65] See, eg. , Jeffrey N. Gordon,"The Puzzling Persistence of the Constrained Prudent Man Rule", 62 *NY U L Rev* 52 (1987); John H. Langbein,"The Uniform Prudent Investor Act and the Future of Trust Investing", 81 *Iowa L Rev* 641 (1996); John H. Langbein and Richard A. Posner,"Market Funds and Trust-Investment Law", 1976 *ABF Res J* 1 (1976).

[66] Uniform Prudent Investor Act (1994); *Restatement* (*Third*) *of Trusts* (2007) Vol. 3, 287 – 92 (Introductory Note to ch 17).

[67] Max M. Schanzenbach and Robert H. Sitkoff,"Did Reform of Prudent Trust Investment Laws Change Trust Portfolio Allocation?", 50 *JL & Econ* 681 (2007); Schanzenbach and Sitkoff (n 63)(在引入审慎投资者规则后的一段时间内,以牺牲安全投资为代价,发现信托股票持有量增加3%至10%).

[68] John H. Langbein,"Questioning the Trust Law Duty of Loyalty: Sole Interest or Best Interest?" 114 *Yale Lj* 929 (2005).

[69] Melanie B. Leslie,"In Defense of the No Further Inquiry Rule: A Response to Professor John Langbein", 47 *Wm & Mary L Rev* 541, 567 – 71 (2005).

的次级推定没有理由不存在。尽管许多受托人是金融机构，且许多信托涉及金融资产，但无须进一步调查规则的目的不仅局限于弥补先前事实认定程序的不足。如果更完善的民事甚至行政程序能够消除机会主义问题，这将出人意料——在税收领域肯定没有实现。[70] 担忧也许应该恰恰相反：衡平法法官始终担心，司法程序本身已沦为机会主义者的玩物。

因此，问题依然存在，对于称为受信人特别是信托的情况而言，将其认定为机会主义危险需要预防性规则的情况是否合适。同样，传统规则与其他衡平法的代理和推定一样，都是基于"近欺诈"或机会主义危险。用肯特(Kent)大法官的话说，唯一利益规则"建立在强加和推定存在欺诈的危险之上，法官是无法看到的。"[71]或许存在将一类信托界定为与公司具有足够相似性的空间，但公司受信人通常面临比受托人更大的竞争压力。[72] 衡平法预防性"无须进一步调查"规则的法定剥离，无论从历史或功能角度来看，其不会与作为托架的衡平法相冲突。像兰博约这样的改革者，在普通法和衡平法合并后丧失了对衡平法如何运作及其产生原因的认识，忽视了机会主义的作用及其与衡平法的特殊关系[73]，这表明我们在打定主意之前，应基于反机会主义衡平法重新评估该等提议。我们不应对处于传统信义法核心的机会主义的危险视而不见。至少，针对开放式的新形式损害行为，受信人的其他责任将非常难以避免。

---

[70] Langbein also dismisses equity with some standard references to *Bleak House*. Langbein (n 68) at 945 – 57. 同样，我对信义法中衡平要素的辩护并不意味着具有历史意义。就像兰博约建议的那样，导致衡平法崩溃的原因来自于衡平法院的组织问题。尤其是，一开始只有一名大法官，后来又加入了一名副大法官。这虽然可以使裁判更加一致，但代价是巨大的延迟和费用。我认为，衡平法的决策模式不需要单独的法院，而应集中于确定决策模式的代理和推定。或许从兰博约的批评中得到的教训是我们应该质疑在公平判断方面给予衡平法的先例以同样的重视程度是否是明智的，这也影响后来衡平法院的发展，对其施加更大的压力以保持一致性。也许 19 世纪令人遗憾的衡平法历史更多的是因为那些法院在限制自己成为反机会主义的安全阀上没有做到足够地遵循衡平法。

[71] James Kent, *Commentaries on American Law* Vol. 4, * 438. 兰博约认为这一论点和相关论点反映了一种令人"怀疑"的"逻辑"，因为他认为奇怪的是，"由于某些受托人的不当行为可能被成功地掩盖，即使在没有隐瞒的情况下，法律也应拒绝审查受托人行为的是非曲直。" Langbein (n 68) at 945. 这就引出了一个问题。因为我们无法知道哪一种情况我们必须做出政策判断(就像爱泼斯坦关于程序性显失公平的理论一样)，考虑到双方都有可能犯错误及其严重性(考虑到不采取机会主义、错误标记和抑制合法行为)，制定一项预防性规则是有意义的。兰博约的观点证明了很多。无论如何，就像他所说的那样，他的论点基于变化的情况，包括更好的法院和更多冲突交易的需要，我在文中提到了这一点。

[72] 无有效资本市场的公司法就像信托法。see Robert H. Sitkoff, "Trust Law, Corporate Law, And Capital Market Efficiency", 28 *J Corp L* 565 (2003).

[73] See n 71.

（三）受信人代理和推定

现在让我们考虑一下代理。保罗·米勒将先前针对信义关系的方法分为基于身份和基于事实的方法，并且认为两者都没有对信义法进行原则性说明。[74]的确如此，但就目前对衡平法的讨论而言，我们不应该期望基于身份或基于事实的方法能够得出一条单一原则，更不用说一条规则了。相反，身份和事实反映了机会主义不同类型的代理，基于身份的代理更具广泛性和稳定性，而基于事实的代理更具针对性和开放性。衡平法需要避免的是同时具有广泛性和开放性。一般性地援引忠义义务会产生这种危险。詹姆斯·帕纳(James Penner)主张怀疑忠义义务是受信人义务的内容。[75]的确，如果忠义义务实际上是衡平法代理和推定系统的简化，那么我们不应期望直接将"义务"纳入其内容。反而正如他和其他人所指，无冲突规则是针对人的合理化能力。[76]自利合理化可以渐变为规避，[77]正如我们所见，信义法需要比一般衡平法更广泛。因此，受信人义务包括自利合理化是危险的情况，而不是更原始的规避和机会主义形式，应该也是意料之中。

从身份开始。所有类别的关系都被视为与受托人受益人关系足够相似，以保证受信人待遇。但类比需要隐含某种基础，才能认为某些相似性要比其他相似性更重要。在信义关系中，所援引的相似之处与采用更开放的基于事实的方法时所凸显的相同之处。这绝非偶然。在反机会主义的衡平法中，我们可以说，有时最重要的代理形式（如不成比例的困难、隐藏行为、脆弱性等）所反映的机会主义问题，都指向不利于在信息上处于优势地位之人的推定——类受托人

---

[74] Paul B. Miller, "A Theory of Fiduciary Liability", 56 *McGill LJ* 235, 241 – 52 (2011).

[75] J. E. Penner, "Is Loyalty a Virtue, and Even If It Is, Does It Really Help Explain Fiduciary Liability?", this volume, 169.

[76] Penner (n 75) at 8; Irit Samet, "Guarding the Fiduciary's Conscience—A Justification of a Stringent Profit-striping Rule", 28 *Oxford L legal Stud* 763 (2008); see also Andrew S Gold, "The New Concept of Loyalty in Corporate Law", 43 *UC Davis L Rev* 457, 498 – 9 (2009)（认为利己主义可能导致董事对受益人的最佳利益的评估不准确）.

[77] Yuval Feldman and Henry E. Smith, "Behavioral Equity", 170 *J Institutional and Theoretical Econ* 137 (2014); see also Louis Kaplow and Steven Shavell, "Moral Rules, Moral Sentiments, and Behavior: Toward a Theory of an Optimal Moral System", 115 *J Pol Econ* 494, 505 – 6 (2007)（认为复杂的道德规则易受利己主义合理化的影响）.

的行为人。因此,除受托人外,受信人还包括公司高管和董事、合伙人、律师和各种代理人。

现在考虑基于事实的信义关系。相关事实通常涉及一方的脆弱性以及受信人候选人所行使的自由裁量权。如同衡平法,学者们曾批评信义义务的边界不可预测。[78] 而且,也与衡平法一样,法院和评论家经常指出,信义法并不是封闭的,对其开放性表示担忧,这也许解释了法院为何试图遵守根据已知身份关系确立的类别。[79] 这使信义法,类似一般衡平法,好像"一个寻求原则的概念"。[80]

从衡平法作为反机会主义安全阀的角度来看,问题在于机会主义代理和基于此推定的结果是否不可预测,足以让机会主义者进行猜测,但又不会导致其作为安全阀的法律不稳定。如前文所述,信义法比一般衡平法的安全阀范围要广,但又与法律的其他部分不同,具有某些特殊特征。首先,通常人们难以成为受信人,因此,针对受信人的严厉责任不会影响一般行为。[81] 莱夫和爱泼斯坦默示指出的代理是否过于宽泛,会抑制大量行为进行有意义的广泛预防性推定,是一个经验问题。规范地说,法院不应忘记信义法已确立受信人类别,所剩开放性仅仅是针对机会主义的保护性缓冲,而非提供飘忽不定的授权以事后公平的名义重写交易。从这个意义以及众多其他意义上来说,信义法鲜明地呈现了衡平法面临的困境。

(四)信义法的其他衡平法特征

就衡平法而言,基于事实的分析因依赖外部标准而多少受到限制。常识性道德一定程度上有助于约束衡平法,但长期以来人们一直怀疑,道德本身会充分限制衡平法法官的权力,以防止衡平法变得具有威胁性和不确定性。[82] 在与

---

[78] Peter Birks, "Equity in the Modern Law: An Exercise in Taxonomy", 26 *U W Austral L Rev* 1, 17 – 18 (1996); Miller (n 74) at 249 – 50; Sarah Worthington, "Fiduciaries: When Is Self-Denial Obligatory?", 58 *Camb LJ* 500, 505 (1999).

[79] Sarah Eorthington, *Equity* (2003) 134 – 5 ; see also Miller (n 74), at 241.

[80] Worthington (n 79) at 135.

[81] See eg., Frankel (n 46), at 801.

[82] See n 20 and accompanying text.

受信人相关案件中,法院会注意“社区或行业标准”。[83] 衡平法长期以来也一直在强化社区和行业习惯方面发挥着作用。[84]

此外,就信息成本而言,有理由认为,信义法对其他私法稳定性的影响要小于最普遍应用的衡平法。对道德在衡平法中的作用表示担忧,主要由于担心其会做出一般性声明,特别是在财产领域。[85] 但对信义法而言,担忧是有限的,因为信义义务主要是对人效力。对第三方的影响在法律上仅限于那些明知与其交易的是以受托人资格行事的受托人的人,以及无偿或经通知获得违反受信人义务转移具有衡平法权利的资产的人。由于调查该等事项的义务很小,因此预计该等当事人可以在实质或信息方面不承担巨大负担的情况下避免卷入违反受信人义务的情况。回到信托本身,作为现代信义法的起源,信托本身介于对物和对人、财产和合同之间,且信义义务更多地与后者相关。[86] 这就是信义法契约论者取得成功的原因,尽管其过分低估了强制性法律残余,相比之下,反机会主义衡平法却能够很好地应对。[87]

从这套衡平法的代理和推定中可以看出信义法的显著特征。首先,财产或“关键资源”很重要,这一观点可以得到解释。[88] 正如莱夫所指,我们更担心的是,针对信息不足一方(并非巧合),交易是一次性的高额不正当交易——机会主义。衡平法理论也表明信义法不完全局限于财产或“关键资源”的原因,尽管它们也重要。潜在机会主义源自具有重大依赖性的重要全权代理关系的情况,不仅局限于涉及传统财产利益或其他可识别资源的情况。因此,将医生视为受

---

[83] *Hodgkinson v. Simms* [1994] 3 SCR 377, 411 - 13, 423 - 5, 117 DLR (4th) 161; see also Miller (n 74) at 245; Scott FitzGibbon, “Fiduciary Relationships Are Not Contracts”, 82 *Marq L Rev* 303, 340 (1999)(“当今,许多信义关系的构建都超出了实证法的范围,例如,习惯以及权威的职业道德。社会信义关系受到传统社会美德的支持,如忠诚、礼貌、自我牺牲、职业卓越和高标准的诚实。”); Smith and Lee (n 46).

[84] See Henry E. Smith, “Custom in American Property Law: A Vanishing Act”, 48 *Tex Int'l LJ* 507 (2013).

[85] See, eg., Charles M. Gray, “The Boundaries of the Equitable Function”, 20 *Am J Legal Hist* 192, 202 - 6 (1976).

[86] Ming Wai Lau, “The Nature of the Beneficial Inters: Historical and Economic Perspectives” (MS 2013).

[87] See nn 96 - 100.

[88] D. Gordon Smith, “The Critical Resource Theory of Fiduciary Duty”, 55 *Vand L Rev* 1399 (2002); see also Daniel Friedmann, “Restitution of Benefits Obtained Through the Appropriation of Property or the Commission of a Wrong”, 80 *Colume L Rev* 504 (1980).

信人是可以理解的,并且针对在未经知情同意的情况下以任何方式从医患关系中获益的医生,适用预防性代理和推定,也是合理的。[89]

请注意,由于机会主义问题的性质,机会主义的代理人被过度扩大,就此意义上而言,信义法是"有缺口的"。这就引向信义法的特征:并非基于实际伤害。我很快会谈及救济。其也赋予信义法其"排他性"以及可能的"财产性"特征。[90]在财产本身,排除策略在很多方面都是具有包容性和预防性的。[91] 众所周知,非法入侵并不需要表明存在实际损害。从某种意义上讲,一人拥有进入权的问题会导致潜在机会主义的大问题,在非法入侵中以概括的方式作出不利于入侵者的推定,由此与更低交易成本的世界相比,其基本法定权利的组合要大得多。[92]

最后,衡平法理论指向了严厉的救济。违反信义义务可能导致退还非法所得、施加推定信托或支付超额补偿性损害赔偿金。就像财产法中的排除策略一样,广泛的代理需要不尽相同的救济。[93] 针对具体情况的规则应伴有针对具体情况的救济;反之亦然。广泛的代理和推定在道德上并非巧合。罗伯特·库特对"制裁"和"代价"进行区分,前者是实施不允许实施的行为的支出甚至惩罚,后者是实施允许实施行为的支出。[94] 考特指出,法律越侧重于明确的行为标准,而非针对可衡量的外部伤害,就会采取制裁措施,违反标准被认为是不法行为。就制裁而言,责任与标准挂钩,而代价随伤害不断变化(假定伤害是一个连续变量)。当涉及潜在机会主义的责任时,与代价相比,在面临操纵行为时,明确的标准加上考特所说的制裁会更为有力。因此,信义法并没有要求机会主义受信

---

[89] See eg. ,*Moore v. Regents of Univ of Calif* 793 P 2d 479 (Cal 1990).

[90] Paul B. Miller, "Justifying Fiduciary Remedies", 63 *U Toronto LJ* 570, 602 – 4 (2013) at 43; Ernest J. Weinrib, "The Fiduciary Obligation", 25 *U Toronto LJ* 1, 9 – 15, 19 – 21 (1975); see also Gregory S. Alexander, "A Cognitive Theory of Fiduciary Relationships", 85 *Cornell L Rev* 767 (2000).

[91] See, eg. , Henry E. Smith, "Mind the Gap: The Indirect Relation Between Ends and Means in American Property Law", 94 *Cornell L Rev* 959 (2009).

[92] See, eg. , Robert C Ellickson, "Property in Land", 102 *Yale LJ* 1315, 1327 – 8 (1993); Lee Anne Fennell, "Lumpy Property", 160 *U Pa L Rev* 1955, 1964 (2012); Carol M Rose, "Rethinking Environmental Controls: Management Strategies for Common Resources", *Duke LJ* 1, 9 – 36 (1991); Henry E. Smith, "Exclusion Versus Governance: Two Strategies for Delineating Property Rights", 31 *J Legal Stud* S453, S467 – 74 (2002).

[93] Henry E. Smith, "Property and Property Rules", 79 *NYU L Rev* 1719, 1748 – 53 (2004).

[94] Robert Cooter, "Prices and Sanctions", 84 *Colum L Rev* 1523 (1984); see also Guido Calabresi, *The Costs Of Accidents: A Legal And Economic Analysis* (1970) 68 – 9.

人考虑,法院针对其所使用的代理是否可能无法捕捉到特定类型的机会主义。“一刀切”的做法会使该等考虑与受信人的想法无关。

(五)总结

总的来说,反机会主义的衡平法是博采众家所长。其介于因素和政策的语境化与更正式的原则性方法之间。出于功能上的原因,信义法既存在语境化也具有原则性,但取决于依靠或远离衡平法反机会主义的因素(机会主义自身的危险、成本效益代理的可得性,以及针对第三方的信息负担),其中一项或另一项会占主导。最能将信义法与衡平法区分的是程度问题:机会主义的危险很高,足以保证更广泛和更严格的预防性代理和推定,同时,针对信义关系第三方的信息负担也较轻。

三、信义法在私法中的地位

我们将信义法视为反机会主义衡平法的极端例子,就可以了解信义法在私法中的位置。其对契约论信义法的实然状态(和应然状态)这一古老问题提出了一些新的观点,并指出信义法与不当得利的相似之处。

(一)与其他理论的关系

总体而言,将信义法视为衡平法反机会主义的核心,有助于解释信义法如何成为基于身份和事实的方法的混合体及其原因。与衡平法相似,信义法是基于道德的,但并非毫无例外。与衡平法相似,反机会主义介于开放式固定语境化和原则性形式主义之间,但与衡平法类似,其在普通法和衡平法融合后变得模糊不清。[95]

引人注目的是,反机会主义衡平法能够解释信义法多为契约关系但又不完

---

[95] 有时,扩张性和狭义性之间的冲突会导致人们产生一种或两种极端的观点,而不是一种基于反机会主义的、更符合历史公平原则的中间观点. See P. G. Turner, "'Mending Men's Bargains' in Equity; Mortgage Redemption and Relief Against Forfeiture," 130 *LQ Rev* 188 (2014) (analyzing *Cukurova Finance International Ltd. v. Alfa Telecom Turkey Ltd* [2013] UKPC 20); Smith (n 6) at 51 - 2[discussing *Grupo Mexicano de Desarrollo, SA v. Alliance Bond Fund, Inc* 527 US 308 (1999)].

全是契约关系。信义法仅是默认合同条款吗？即使在信托法中也是如此？[96] 或者为了符合其道德意味，是强制性法律？[97] 反机会主义衡平法认为，我们在寻找某种元规则（或元标准）对当事人将相关问题置于合同范围的情况（未遭受欺诈、显失公平等）与未置于合同范围的情况（潜在机会主义）相区分。特别是在公司领域，可以期望有经验的当事人事先应对机会主义，尤其是特拉华州的法律，其采取了广泛的选择退出方法。[98] 然而，即使在特拉华州，与合同法一样，不能通过合同完全排除善意义务。[99] 如果无良当事人在该领域外做违背合同目的的事情，这一强制性内核保护合同领域免受其侵害。如果我们可以将该问题定性为真实不确定性（与风险相对），对信义法一些小型强制性内核的解释就说得通了。[100]

衡平法理论还有助于解释，为何信义法一直对成功统一普通法各分支的理论表示抵制。因此，许多人抱怨信义法的无原则性。他们寻求一项将各种信义情况或关系联系起来的原则。但我们只能期待存在松散的联系。在该等情况下，尤其是在显失公平的情况下更为明显，与放弃的交易利益相比，机会主义的危险足够大，转而作出对受信人不利的推定是正当的。

在信义法中受挫的一个原因是其相应的开放性。部分法院和评论人士主张，信义法中一定程度的开放性是处理新情况的必要条件。诚然如此，但可能

---

[96] See eg. ,Frank H. Easterbrook and Daniel R. Fischel, *The Economic Structure of Corporate Law* (1991) 90 – 108; Henry N. Butler and Larry E. Ribstein, "Opting Out of Fiduciary Duties: A Response to the Anti-Contractarians", 65 *Wash UL Rev* 1 (1990); see also Frank H. Easterbrook & Daniel R. Fischel, Contract and Fiduciary Duty, 36 *JL &Econ* 425, 427 (1991) （"信义义务不是特殊的义务，它们没有道德基础，它们与其他的合同承诺一致，是以同样的方式衍生和执行的。"）; Langbein (n 2) 657 – 60; see also Sitkoff (n 51) at 1045 – 48 （主张广义的契约论的信义义务，但认识到需要对未记录的利益采取强制性的标准化）.

[97] See, eg. , DeMott (n 44); FitzGibbon (n 83); see also Robert C Clark, "Agency Costs Versus Fiduciary Duties", in John W Pratt and Richard J Zeckhauser (eds.), *Principals and Agents: The Structure of Business* (1985) 55; T. P. Gallanis, "The Trustee's Duty to Inform", 85 *NC L Rev* 1595 (2007); J. C. Shepherd, "Toward a Unified Concept of Fiduciary Relationships", 97 *LQ Rev* 51 (1981).

[98] Andrew S. Gold, "On the Elimination of Fiduciary Duties: A Theory of Good Faith for Unincorporated Firms", 41 *Wake forest L Rev* 123 (2006). 在选择退出或进入受托责任的情况下，提出违约规则是一个复杂的问题，考虑到在围绕违约的契约过程中，双方在机会主义、再分配风险和隐瞒或披露信息方面的动机等方面的不同情况。See Jason Scott Johnston, "Opting In and Opting Out: Bargaining for Fiduciary Duties in Cooperative Ventures", 70 *Wash U LQ* 291 (1992). 约翰斯顿认为，除其他外，当特定关系投资不对称时，受托责任应该更容易是默示的 (at 298, 318 – 23)。

[99] Johnston (n 98).

[100] Smith (n 6).

言过其实。我们需要的是,信义法,如一般衡平法一样,基于机会主义代理获得其适当范围,但该领域的边界应稍显模糊和开放,以应对机会主义的策略性。有必要反映机会主义本身的开放性。结果近看模糊,但远看就不那么模糊了。

退后一步,我们可以看出,信义法在语境主义和形式主义之间转变的原因,以及语境论者和契约论者与形式论者和道德论者之间评论分歧的原因。就像普通法和衡平法融合后的衡平法一样,如果安全阀体系的目的及其作为安全阀的地位被模糊,那么在混合系统中很难证明形式主义和语境主义混合的正当性。

(二)与不当得利的比较

针对信义法的衡平法方法也有助于解释其与不当得利的相似性和联系。这是对理论的补充,既因为信义法和不当得利被普遍认为存在很多共同点,还因为该理论详细解释了相似性,认为其反映了类似的正当性理由。

一般而言,在私法中,衡平法是例外。在财产、侵权和(尤其是)合同中——就合同而言,人们有时可以针对可能的机会主义订立合同——衡平法作为安全阀的作用是少数例外。但在有些法律领域,机会主义问题是核心。如我们所见,信义法就是这样的领域,不当得利是另一领域。

本文无法针对不当得利进行理论阐述,但我可以简述不当得利的体系结构如何反映机会主义的衡平法方法。即使将不当得利追溯至普通法与衡平法分界中的普通法一端,情况也是如此。[101] 即使普通法领域,如准合同——与推定信托共同构成返还法——在功能上也是衡平法决策模式的一部分。

不当得利采用广泛代理,以作出对潜在机会主义者不利的推定。在不当得利中,该等代理的一个主要类别可被称为财产享有权。因此,根据丹尼尔·弗里德曼(Daniel Friedman)的不当得利理论,大部分法律的目的都是为了维护财产或准财产享有权,其余的案件他称之为“威慑”。[102] 后者指的是违反公共政策并要求获得恢复原状救济的极其严重的不法行为。此外,不当得利看上去像是

---

[101] Andrew Kull,“James Barr Ames and the Early Modern History of Unjust Enrichment”, 25 *Oxford J Legal Stud* 297,304 (2005).

[102] Freidmann (n 88).

完全不同情况的合集，如错误支付，对不良行为进行开放式基于事实的调查（哄骗农场主以获得农场），就像信义法和衡平法一样。这一结构或被赞为语境司法推理，或被贬为威胁法治，一如信义法和衡平法。[103] 不当得利和信义法，与衡平法一样，都带有较高的道德意味，且都关注个体正义。[104] 本人认为，不当得利是针对机会主义类似问题的广义和狭义代理和推定的类混合体。不当得利的衡平法理论的整体架构与信义法相似，但差异之处在于本身和合理原则风格的代理以及用以表达的术语之间的分界线。信义法以特别宽泛的方式描述，因为机会主义的危险最为明显。

结 论

信义法处在并且一直处在衡平法的核心。衡平法法院的诞生，就是为了应对诸如非忠义的原始受托人等机会主义者。常见方法是基于代理和推定的道德变体的事后对人干预，这是信义法和一般意义上的衡平法的特点。信义法采用特别宽泛的代理和严格的推定，因为机会主义问题尤其突出，一些常见情况需要预防性规则。追溯信义法的衡平法本源，有望使其成为更宽泛规则和更加有针对性标准的混合体，以便在不受约束的情境主义和严格的形式主义之间灵活转换。衡平法有利于抑制机会主义，而信义法就处在其核心位置。

---

[103] Compare Hanoch Dagan, *The Law And Ethics of Restitution* (2004) with Emily Sherwin, "Restitution and Equity: An Analysis of the Principle of Unjust Enrichment", 79 *Tex L Rev.* 2083, 2083 - 113 (2001).

[104] See Andrew S. Gold and Henry E. Smith, "How Private Law Is Simply Moral" (MS 2013), at 41 - 5.

第四部分　私法背景下的信义原则

第十四章　美德与功利

——大陆法系和普通法系司法法域区内的信义法

米歇尔·格拉齐亚德伊(Michele Graziadei)*

引　言

法律认知通常源于阐明那些原本可能继续保持内隐的东西。针对实践或规则的清晰陈述使对其合理分析成为可能。如果有必要,曾经可能没有表现的东西最终会被贴上标签,被归类、被澄清以及被革新。

受信人的法律之基本轮廓已经伴随我们至少几个世纪。然而,明晰该领域的准确教义范围以及其核心目的和正当理由的努力则是最近的事。这可能解释了在从理论上阐明信义法和就普通法司法管辖区内的信义法之学术争论的生命力过程中经历的困难。①

本文的目的在于从比较的视角探究信义法的思想文化史,将英国和意大利的法律作为主要的参考点。文章探析为什么信义法在隶属于大陆法系传统的国家中相对容易被忽视。文章同时探析大陆法系和普通法系在信义原则发展方面的关系。正如将会阐明的,普通法系国家的法律体系具有民事渊源发挥作用的历史。本文还将指出,大陆法系司法管辖区中存在比大多数英国或美国律师想象的更多的信义法。信义法在大陆法系国家是一个不重要的小领域的观

---

* 本文部分由都灵大学(University of Torino)根据与圣保罗银行基金会(Compagnia di San Paolo)签订的协议“Progetti di Ateneo 2011”完成(Project title: The Making of a New European Legal Culture. Prevalence of a single model, or cross-fertilization of national legal traditions?)。

① See Paul B. Miller, “A Theory of Fiduciary liability”, 56 *McGill LJ* 235 (2011).

点以错误的假设为基础。

一、不仅仅是一个古老宗教的痕迹：信义法，计较利害的和不计较利害的“交往”

我们从语言开始：信义法的经典语言。通过现代的解释，这些语言有着不同寻常的道德主义基调，恰如高强度、拘束、坚定的忠诚、良心。在卡佐多法官的名言中，这种道德主义的语言是针对市场交易的，暗示了受信人受不同于市场上流行的规则的调整：“行为标准不仅是诚实，而且还应当在最敏感的细节上恪守荣誉感。”[②]

卡多佐法官的语言让人回想起一个时代，当时商业尚未作为有价值的职业完全被上层社会所接受，收取酬金的工作与卑微的社会处境相联系。

在那个时代，托管表现为一种无偿的、荣誉的事务，无私地承担，而不是出于唯利是图的动机。[③] 这反映了当时的社会思潮，在其中市场还不是普遍的机制，一些职业被认为比其他职业更加高贵。坚持承担托管人职责之无偿性质的案例反映了这种态度和这种经济。例如，*Foster v. William Deacon's Bank*[④] 案中，其中一位退休的受托人，是其已故父亲设立的家族信托的唯一受托人，没有权力为他的服务索要报酬，任命被告银行为受托人，以使其能够根据 1906 年《公共受托人法》(Public Trustee Act 1906)收取费用。法院裁定对银行的任命要么是无效的，要么是一项普通受托人的任命，无权收取任何费用。

信义义务最初源自反映经济体荣誉的非商业关系。这在罗马法渊源中清晰可见，在欧洲通过大学教育世代相传。罗马法对如法国、德国、意大利和西班

---

② *Meinhard v. Salmon* 223 AD 663, 229 NYS 345 (App Div 1928).

③ *Ayliffe v. Murray* (1740) 2 Atk 58, at 60, per Hardwicke LC：“总体来说，该法院视信托为荣誉，是被信任之人基于荣誉和良心的负担，而不是唯利是图观念下的行事；有一个强烈的理由反对允许任何超出信托条款的事情，因为它给受托人带来了不正当的利益，使信托受益人遭受危机，因此，该法院一直对受托人有特别严格的约束。”Chantal Stebbings, *The private Trustee in Victorian England* (2002) 4, 30 – 1, 41, 194 对这一点提供了很好的处理；对此更深的思考参见 John H Langbein, “Questioning the Trust Law Duty of Loyalty: Sole Interest or Best Interest,” 114 *Yale LJ* 929, at 940 (2005)。

④ [1935] 1 Ch 350 (CA).

牙等国家现代法律的形成具有重要影响，其认为某些交易本质上是无偿的，且在特性上根本是非商业的。

在罗马法的契约制度中，委任契约是与此种理想类型最为契合的合同形式。委任契约是享有荣誉的服务合同，明显区别于诸如租雇契约（*locatio-conductio*）等基于对价提供服务的合同。罗马法中涉及一个人管理他人事务的其他关系亦受到以忠诚为基础的影响罗马公民荣誉的制裁（不名誉）之约束。⑤这些关系包括监护、存款、合伙和信托（*fiducia*）。每一种关系均经由敬重诚信（*fides*）的义务所形成；全部暗示着信义的维度，就像继承法中的信托遗赠（*fideicommissa*）。⑥ 一些关系被恰当地归类为合同关系（委任、存款、合伙），其他一些未作如此归类（监护、信托），但均产生需说明的义务，这是信义关系的显著特征。⑦

从现代的视角审视信义关系的历史，人们注意到在越来越倾向于从市场导向和功利主义的角度看待合同与慷慨和荣誉服务的理想之间存在紧张关系。这种紧张关系在休谟最初于 1739 年出版的《人性论》（*Treatise of Human Nature*）中对待“承诺义务”的态度中能够得到很好的说明。

休谟的《人性论》在自然法传统的衰退期完成，他关于承诺义务的解释始于驳斥亚里士多德就信守承诺由美德所决定的观点。⑧ 亚里士多德（和他之后的自然法传统）坚持认为，信守承诺由诚实和正义（以及纯粹无偿承诺情形下的慷慨）所决定。⑨

---

⑤ Alan Watson，“The Evolution of Law：The Roman System of Contracts”，2 *Law and Hist Rev.* 1，12（1984）：“合同的存在是对罗马人非常重视友谊的一种致敬，朋友被期望互相作出巨大贡献。在同意为他人无偿采取行动和为了回报而采取行动之间作出这样的区分，似乎有些令人惊讶，但罗马人对劳动贬低的态度足以说明这一点。这也解释了为什么博雅教育（*artes liberales*）的实施不能成为租赁借贷（*locatio conductio*）的主题。”这并没有阻碍支付给代理人特惠（*ex gratia*）补偿，也就是回报服务的报酬，Reinhard Zimmermann，*The Law of Obligations*（1990）415 ff。

⑥ David Johnston，*The Roman Law of Trusts*（1988）.

⑦ Joshua Getzler，“‘As if：’ Accountability and Counterfactual Trust”，91 *Boston Univ L Rev* 973（2011），正确地指出义务被认为是所有信义交易的核心特征。

⑧ David Hume，*A Treatise of Human Nature，Being an Attempt to Introduce the Experimental Method of Reasoning into Moral Subjects*（1739；2nd edn.，1978）Ⅲ. Ⅱ. Ⅴ，pp. 516 ff.

⑨ *Nichomachean Ethics*，iv. vii，1127a－1127b；on this see：James Gordley，*Philosophical Origins of Modern Contract Doctrine*（1991）10 ff；Martin Hogg，*Promises and Contract Law：Comparative Perspectives*（2011）69 ff.

休谟反驳这种路径，支持明显以追求自利为前提的路径，[10]但比霍布斯(Hobbes)先前提出的更加微妙和复杂。[11]

休谟解释到，计较利害的交往，以承诺为基础，不是交易唯一可以想象的形式。他指出，不计较利害的交易形式通常被认为更令人满意，尽管它们少些安全。在休谟的解释中，承诺的创立用于"区别那两种交往，计较利害的和不计较利害的。"由于人的慷慨天然是有限的，道德学家们和政治学家们不能对此进行改变：

> 他们所能企图的，只是给予那些自然情感以新的方向，并教导我们说，我们通过间接的、人为的方式，比起顺从我们的欲望的直接冲动来，更可以满足这些欲望。因此，我就学会了对别人进行服务，虽然我对他并没有任何真正的好意；因为我预料到，他会报答我的服务，以期得到同样的另一次的服务，并且也为了同我或同其他人维持同样的互助的往来关系。[12]

自私自利("忘恩负义的真正母亲")破坏了商业的古老形式。即使不明显地基于追求自利，因为那些形式没有提供足够的相互信任和确保交易大规模发展的安全：

> 人类因为天性是自私的，或者说只赋有一种有限的慷慨，所以人们不容易被诱导去为陌生人的利益做出任何行为，除非他们想要得到某种交互的利益，而且这种利益只有通过自己做出有利于别人的行为才有希望可以得到。现在经常发生的是，这些交互行为往往不能同时完成，必然是其中一方只好处于一种不确定的状态，依靠对方的感恩来报答他的好意。但是人类中间的腐败情况太为普遍，所以一般来

---

⑩ 在 Rachel Cohon 的优秀文章，"Hume on Promises and the Peculiar Act of the Mind", 44 *J Hist Phil* 25 (2006) 中，她指出休谟的方法并不仅仅依赖于自利的工作，而且还以道德和义务的情感为前提，这有助于随着社会的发展保证承诺。我不否认这点，但我更同意 Knut Haakonssen, *The Science of a Legislator: The Natural Jurisprudence of David Hume and Adam Smith* (1981) 29 ff: 开明的利己主义，至少在论文(*Treatise*)中，据休谟所说是委托人保证承诺的动机。

⑪ Paul Russel, "Hume's Treatise and Hobbes's the Elements of Law", 46 *J Hist ideas* 51 (1985)，讨论了 Hobbes 的 *Elements of the Law* on Hume's *Treatise* 之影响，以及 Hume 想把自己的作品与 Hobbes 的作品分开的原因。

⑫ Hume (n-8) 521.

> 说，这种保障是很薄弱的；而且我们这里既然假设施惠者是为了自利才施惠于人的，这就既消除了义务，又树立了一个自私的榜样，这种自私正是忘恩负义的母亲。所以，我们如果只是顺从我们情感和爱好的自然途径，我们便很少会由于无私的观点而为他人的利益做出任何行为；因为我们的好意和仁爱天然是很有限的：我们就是为了利益起见也很少会去做那一类的行为；因为我们并不能依靠他人的感恩。这样，人类的互相服务就可以说是消灭了，而每个人都得凭自己的技巧和勤劳来求谋幸福和生存了。⑬

因此，传统的承诺设计被引入用于将计较利害的交往与从不计较利害的交往中区别开来。就前一种交往而言，“利益是履行承诺的最初约束力。”⑭这通过使用语言形式加以表示，这种语言形式“构成了我们所谓的承诺，这就是对于人类计较利害的交往所加的一种认可”。⑮ 这个发明表明了“间接的、人为的方式”的自私如何减轻其反面的破坏性影响：

> 当这些标志制定以后，谁要应用这些标志，谁就立刻被他的利益所约束了，要实践他的约定，并且如果他拒绝履行他的承诺，他将永不能期望再得到别人的信任。⑯

因此，现代交往依赖于人为的规则，使自私的演进获得一个合法的且公开承认的目标。在休谟看来，计较利害的交往的出现并不会导致不计较利害的交往的消灭。鉴于“没有任何利益预期”，仍然会产生一种禁止显式计算交互影响的经济形式，基于更为慷慨和高尚的友谊、互助和爱的交往。按照休谟的观点，这种经济形式建立在感恩和“好意”的基础之上。

当休谟谈到好意的时候，他不仅仅提及品格特质，还涉及西塞罗（Cicero）

---

⑬ Hume（n 8）519 – 20.

⑭ Hume（n 8）523.

⑮ Hume（n 8）522：“因此，为了区分那两种计较利害的和不计较利害的交往，人们就给前者发明了某种语言形式，借以束缚自己去实践任何行为。这种语言形式就构成了我们所谓的承诺，这就是对于人类计较利害的交往所加的一种认可。”

⑯ Hume（n 8）522. 对于功利主义和承诺之道德叙事的现代视角参见 Andrew Gold, “Consideration and the Morality of Promising”, in Jason W Neyers, Richard Bronaugh, and Stephen G A Pitel（eds.）, *Exploring Contract Law*（2009）115 – 37.

的《论义务》(*De officiis*)和塞涅卡 Seneca 的《论恩惠》(*De beneficiis*)中阐明的一种行为方式。[17] 在法律上,这种行为方式仍然是指“善举”(act of kindness)。[18] 这个术语有着丰富的历史。[19] 其作为一系列情形的简略表达方式,在这些情形中要求用慷慨或仁慈解释当事人的所作所为,最终将私法世界与公共义务联系起来。[20]

在现代社会这种“更为慷慨和高尚的交往形式”有局限。禁止明显的利益计算是“无私贸易”(disinterested commerce)的特点,这意味着此类交易限于以爱、友谊和斡旋(good offices)为基础的关系。

休谟会很乐意知晓普通法系司法管辖区内合同法给予对价优先性:交易通常仅涉及明确的对等互惠(reciprocation)合同。[21]

英国法反对信托是合同的观点,或反对信义义务是合同性质观点,即使它们是由双方同意而承担的。这不是因为信托、信义义务与衡平法院在衡平法管辖权之间明显的历史性联系,而是因为根本性的理念,即按照英国法,合同是交易各方当事人被推定为追求自身利益的利己主义行为。

这种立场解释了为什么在英国法中(从大陆法系的立场看管辖权资格)通常以二分法方式分析引起信义义务的合同(如代理或合伙协议),二分法是指基于合同的主张和基于信义义务的主张。即使这些义务指向相同的目的,它们仍

---

[17] Marion Griffin, “De Beneficiis and Roman Society”, 93 *J Roman Studies* 92 (2003),强调这些作品在罗马语境中的意义。Edward Andrew, “The Senecan Moment: Patronage and Philosophy in the Eighteenth Century”, 65 *J Hist Ideas* 277 (2004),讨论这些作品在 Hume 年代的影响。

[18] 因此,*Arnott v. Redfern* (1826) 3 Bing 352,359,Best CJ 中提到一般的规则,无论是在欠债还是索要金钱的情况下,利息是不能收回的,这被接受为“明智地防止仁慈的行为被转化为唯利是图的交易……”[参见 *Sempra Metals Ltd.* (*formerly Metallgesellschaft Ltd*) *v. Inland Revenue Commissioners* [2007] UKHL 34]。

[19] Andrew Galloway, “The Making of a Social Ethic in Late-Medieval England: From Gratitudo to Kyndenesse”, 55 *J Hist Ideas* 365 (1994),说明“善意”一词最初是如何翻译拉丁语“感谢”(*gratitudo*)的,并注意到对“恶意”(*unkindness*)的翻译为忘恩负义。从古代哲学思想中继承而来的“善意”概念,对中世纪早期“礼物经济”至关重要。Hume 对“善意”的使用是根据这一传统来理解的。

[20] On this link: Tamar Frankel, *Fiduciary Law* (2010) 285 – 87; Getzler (n 7) 931.

[21] 然而,转变为对合同的这种看法远不是一帆风顺的。Roy Kreitner, *Calculating Promises: The emergence of the Modern American Contract Doctrine* (2007) 出色地表明,尽管在对价与互惠之间存在早期的联系,但现代契约理论的发展,在其他事物之中,将对价从其非承诺因素中净化出来。因此,现代合同观念将缔约个体的理想形象纳入其中,“对于他们来说,没有任何东西是无法根据利润和损失计算的”(at 94)。

然被认为具有观念上的不同。[22]

这种合同和信义义务二分的观点并未被普遍分享。至少初看之下，大陆法系国家的合同法几乎没有为此留下空间。[23] 这一区别点可能对国际诉讼产生实际影响，并提出问题，如合同中包含的法律条款选择是否会被用于规制合同项下产生的信义义务。[24]

评论者并未总是注意到使追求自利成为合同法之基石的附属效果。这种合同交易的观点引致对赠与和其他交易的密切关注，对这些交易从商业视角"进行解释"。对这些交易严格审查是非常合乎情理的，因为它们表面上不是由自利所驱动。推定合同当事人以至相矛盾的互利行为为基础，保护交易方进行交易，这些交易无法用商业条款解释。

审视 *Hatch v. Hatch* 案是如何阐明该论点的。[25] 在该案中，大法官埃尔登声明信托受益人实行的用以支持受托人的候选人推荐权之名义对价的出售是无效的：

> 可能不存在更具有道德的行为，更能增进开始谋生的年轻人的荣光，或者提供对未来更好预期，比起如果受托人已经履行其义务，信托受益人考虑到其公平的、认真的和熟悉的对价，会做出像这样的慷慨行为。但是，法院不能允许这样做，除非十分确信那种性质的行为是基于常有的理由；回忆讨论的过程，其是否是具有合理对价的行为，纯粹意志的行为，不受其他影响，法庭询问轻易地受到阻碍，不同于朋友的自发行为，不受其他影响，其可能是心理的影响，被过度的好意所误导，或受到压迫，从监护人或受托人手中取回财

㉒ 目前正在仔细考虑这种方法的现实价值：*Yam Seng Pte Limited v. International Trade Corporation Limited* [2013] EWHC 111（QB）。这是因为，正如 Paul D Finn，"Contract and the Fiduciary Principle"，12 *UNSW LJ* 76（1989）所示，合同法理论已经失去了19世纪和20世纪早期合同理论的表面完整性和内在一致性，这赞扬了个人责任和自力更生，并排斥了其他合同的观点。

㉓ 这一观点突出表现在 John H Langbein 的一篇著名文章中，"The Contractarian Basis of the Law of Trusts" 105 *Yale LJ* 625（1995）。然而请注意，赠与和其他无偿交易是由他们自己在民事司法管辖区的规则调整的，尽管它们被归类为合同：Richard Hyland，*Gifts：A Study in Comparative Law*（2009）。

㉔ See James Edelman，"Four Fiduciary Puzzles" in Elise Bant and Matthew Harding（eds.），*Exploring Private Law*（2010）298，309 ff.

㉕ *Hatch v. Hatch*（1804）9 Ves 292. The context of the case is set out in Peter Maggs，*Henry's Trials：The Story of Henry John Hatch，First Chaplain of Wandsworth Prison*（2009）54 ff.

> 产的难度因此而增加，所以，如果法院不对这类交易进行非常谨慎的审查，在大量的案件中会导致协助欺诈。联系尚未解除，账户尚未结清，一切仍然对在监护人或受托人监管下的当事人之心理构成压迫。[26]

这段不同寻常的文字在不同方面阐明了合同法的利己主义导向。

研究普通法系信义法的学者有时倾向于认为，为他人利益行为的义务，基于利他的动机，未必是一项法律义务。[27] 暗含的信息是，信义法应当遵从阿特金(Atkin)大法官在 *Donoghue v. Stevenson* 过失侵权案中表明的相同路径。[28] "你要爱你邻居规则成为法律，你不得伤害你的邻居。"如果信义责任必须有原则的话，那么应当解决非忠义情形下引发的问题；非正式组织起来的无私义务站不住脚。因为，正如阿特金大法官意识到的，法律不能要求你爱你的邻居。[29]

欧洲大陆的合同法遵循不同的路径，得益于其灵活性，将许多信义法规则纳入其领域，我将随后进行解释。但是首先人们会产生疑问，信托和信义义务的设计在非商业性交易的语境下是否完全准确和令人满意。

区分商业和非商业的交易的哲学尝试符合对 18 世纪道德演进的更广泛反思，18 世纪是一个社会和智力急剧变革的时期。[30] 然而，那个时代不知如何回应远不知基于交易或金融目的诉诸信托和信义义务。现代商业实践分析表明，

㉖ *Hatch v. Hatch*(1804) 9 Ves 292,297.

㉗ 关于这一点的深入讨论：本章 Lionel Smith。Peter Birks, "The Content of Fiduciary Obligation", 34 *Isr L Rev* 3 (2000)，首先提出最纯粹形式下信义义务是以利他主义为前提的观点。但该观点遭到一些质疑："强迫无私行为绝不是利他主义"[Anthony J Duggan, "Is Equity Efficient?", *Law Quart Rev* 601, 605 (1997)]。一个关于信义关系的经济分析已表明，为什么法律要求并且应当要求受信人关注他人，通过施加强制规定来调整这段关系：Robert H. Sitkoff, "The Economic Structure of Fiduciary Law", 91 *BU L Rev* 1039 (2011)。

㉘ *Donoghue v. Stevenson* [1932] AC 562,580.

㉙ 信托法的开放结构也使人想起过失侵权行为的开放结构。对此，参见 Matthew Conaglen, *Fiduciary Loyalty: Protecting the Due Performance of Non-Fiduciary Duties* (2010) 261; Paul Finn, "Fiduciary Law and the Modern Commercial World", in Ewan McKendrick (ed.), *Commercial Aspects of Trusts and Fiduciary Obligations* (1992) 9。

㉚ 它们反映在当时的文献中：W. A. Speck, "Eighteenth-century Attitudes Towards Business," in Arthur Pollard (ed.), *The Representation of Business in English Literature* (2000) 9 ff。

信义法世界与商业和金融世界交相支持(overlap and meet),前者支持后者的发展。[31]

有一点很清楚:将18世纪的英国想象成一个地方,在其中信托和信义义务是非商业价值的蓄水池,想与现代商业和金融实践隔绝,这太过于天真。在18世纪,英国是一个强大的商业组织体,休谟出版他的《人性论》时恰逢南海泡沫(South Sea Bubble)爆发。[32] 在这次危机结束后一段时期,信托和信义关系经常被呼吁以促进商业为目的,借此便利商业交易。信托被依赖作为公司的替代选择,作为企业的一种组织形式。[33] 代理法和合伙法也反映出对该理念的接受,即信义义务与商业交易完全协调。实际上,在许多方面,这一时期的信托法是现代公司法的先驱,[34]并且于20世纪前后建立起来的集合投资工具,如单位信托和养老基金,就以这个历史依据为基础。

二、大陆的情况:传统大陆法系中的信义义务

接受普通法系训练的希望了解受信人在大陆法系国家是如何受到规制的律师,可能试图依靠当地语言的逐字翻译使自己熟悉相关法律。然而,那种方法引起对那些法律的表面上的和误导性的印象。

尤其要警惕的是误解中间人之法律地位的风险,他们在德国、法国或意大利使用的名称为 *Treuhander*、*fiduciaire* 和 *fiduciario*,或根据其他大陆司法管辖

---

[31] 就法国而言,也有类似的观察:Amalia D. Kessler, *A Revolution in Commerce: The Parisian Merchant Court and the Rise of Commercial Society in Eighteenth-Century France* (2008)。她指出,在这个时期商业本身如何发展出一种体现善良、可敬和有用品质的意识形态,而这种品质会被早期的占主导地位的傲慢、高贵的意识形态所否定。同样的趋势在英国盛行。

[32] 这一危机对18世纪知识生活的影响是由 Stuart Banner 深入研究的,*Anglo American Securities Regulation: Cultural and Political Roots*, 1690 – 1860 (1998)。他指出,"市场对国家社会结构的影响仍然是余下世纪关注的主题"(at 93)。

[33] Ron Harris, "The Bubble Act: Its Passage and Its Effects on Business Organization", 54 *J Econ Hist* 610 (1994); Colin Arthur Cooke, *Corporation, Trust and Company: An Essay in Legal History* (1951); Bernard Rudden, *The New River Company: A Legal History* (1985).

[34] Michael Chesterman, "Family Settlements on Trust: Landowners and the Rising Bourgeoisie" in Gerry R Rubin and David Sugarman (eds.), *Law, Economy and Society*, 1750 – 1914: *Essays in the History of English Law* (1984) 124.

区法律的类似名称。[35] 这些中间人在许多情况下起到代理受托人或代名人(nominee)的作用,为委托人持有财产。他们的角色通常是消极的,几乎没有为约束大多数受托人之不透明的信义义务(thick fiduciary obligactions)的发展提供基础。这方面的评价在很大程度上保持一致,即使在像法国这样的国家,最近在民法典中也移植了这样的规则。这样的规则夯实了前述论及的制度基础。[36] 简单的事实是,"信义关系"标签在欧洲大陆通常不被用于提及普通法系中明文指定的相同事实和问题,除了某种程度上用于公司法。[37]

如果能够避免与过度快速翻译有关的混淆,人们就会发现,大陆法系国家的信义法领域是非常宽泛和丰富的。[38] 它包括监护规则、代理规则和合作的合同规则、投资管理规则、合伙和公司法等。几乎所有在普通法系国家被视为信义的关系,在大多数大陆法系法域(jurisdictions)内,也应被提出类似于那些在普通法世界熟知的问题。问题在于领域是高度碎片化的,这使区分构成信义法主体的共同原则变得困难。这有几个方面的原因。

旧的信托法和家庭契约,在古老体制下调整代际之间的财富传递,多半脱离19世纪基于政治原因制定的民法典。因此,现代大陆法系司法管辖区没有如信托的一般适用的核心制度,为促进信义法广泛体系开放发展提供整套原则和规则。更近些的民法典,如《魁北克民法典》(Quebec Civil Code),规定该项制度(arts 1260 – 98 CCQ)并选择受托管理的系统化方法(arts 1299 – 370 CCQ)。这种努力凸显信义原则重要性,可拓展至各种各样交易和关系。迄今为止,这种努力在广度和愿景上(breadth and ambition)都是空前的,但也不应排

---

[35] 对欧洲主要司法管辖区相关法律进行的调查,参见 Alexandra Braun,"Management: Trust, Treuhand and Fiducie", in Sjef van Erp and Bram Akkermans (eds.), *Cases, Materials and Text on property Law* (2012) 553 ff; Esther Arroyo i Amayuelas (ed.), *El trust en el derecho civil* (2007); Lionel Smith (ed.), *Re-imagining the Trust: Trusts in Civil Law Jurisdictions* (2012); Kenneth Reid,"Conceptualizing the Chinese Trust", in Lei Chen and C H van Rhee (eds.), *Towards a Chinese Civil Code* (2012) 209 ff.

[36] 参见 French Civil Code, arts 2011 – 30 (*on la fiducie*)。Thomas Gallanis,"The Contribution of Fiduciary Law" in Lionel Smith (ed.), *The Worlds of the Trust* (2013),注意:"规范法国受信人的信托法律缺乏规范英美受托人的法律的广度和深度。"但是,该论断必须恰当考量法典所确立的一般性法律义务,其调整当事人之间的关系。

[37] See Section Ⅲ.

[38] Cf Rudolf B. Schlesinger et al., *Comparative Law: Cases, Texts and Materials* (5th edn., 1988) 783:"这将是一个严重错误的结论……即信义关系在大陆法系国家并不存在。对这种关系的需要存在于所有承认私有财产并允许对自由企业进行衡量的社会中。"

除在其他法域内朝着这个方向的未来发展。[39]

而且,几个世纪以来大多数欧洲大陆国家采用民商分立(在法国、德国和西班牙情况仍然是这样的),在一些法域,专门法院负责处理商事纠纷。这同样阻碍了适用于民事和商事交易的整套共同信义原则的发展。[40] 在这样分立安排下,没有理由认为管理未成年人财产的未成年人的监护人与管理资金或其他资产的公司董事有许多共同之处。

另一方面,得益于其适应性,大陆法系国家一般的债法和合同法为某些主张提供了基础。这些主张在普通法系法域区内将建立在信义法适用的基础上。例如,代理人说明利益的义务在大陆法系国家通常被认为源于与委托人的合同,尽管有趣的是,退还侵占商业机会所得收益的义务,扩展至仅宽松地与其在合同项下被要求完成任务相联系的收益(art 1713 Italian CC; § 667 BGB)。在这种体制下,几乎没有动力发展区别于合同义务的信义义务,尤其鉴于债法和合同法吸收了公平交易和诚实信用的宽泛观念,迎合禁止利益冲突的需要。[41]

综上所述,在民法典下信义原则发展的大部分重要领域由一些情形所提供,在这些情形中一个人被任命作为另外一个人的代替者实施行为,或者因为无行为能力,[42]或者因为使用代理人令人满意。大陆法系司法管辖区内代理人的广泛权力发挥许多功能,这些功能在普通法系法域内由信托实现。禁止利益冲突规则的确立证明了委托给代理权拥有者之任务的信义本质。[43]

如果管理者由法院任命,法院监督无民事行为能力人财产的管理。通常,这类管理者的交易行为必须经法院同意,如果他们涉及滥用或挪用的风险。至少在意大利,法院会同意交易,如果交易是必要的或者交易是为了财产受管理

[39] 在这个领域的当前状况参见注释35。罗马尼亚和捷克共和国的新民法典也出台了关于信托和财产信托管理的规定。

[40] 对于欧洲主要司法管辖区的民法与商法的区别参见 Schlesinger et al. (n 38) 590。

[41] 对主要民事司法管辖区禁止利益冲突规则的比较说明:Association Henri Capitant, *Les Conflits d'intérêt* (2013); Centre Français de Droit Comparé, *Les Conflits d'intérêt: fonction et maîtrise* (2013)。

[42] 对这一问题民法方面的比较概述,目前已过时,但仍具有指导意义:S J Stoljar, "Children, Parents and Guardians", in *International Encyclopedia of Comparative Law: Persons and Family* (1982) Vol. 4, ch 7, 1973; Israel Doron, "Elder Guardianship Kaleidoscope-A Comparative Perspective", 16 *International Journal of law, Policy and the Family* 368 (2002)。

[43] 关于这一点恰到好处的评论:Schlesinger et al (n 38) 782 ff。

之人的“明显效益”(utilità evidente)(art 320 Italian CC)。所有的账户也受制于司法认定(art 386 Italian CC)。禁止自我交易规则被严格地适用,包括用公开拍卖方式进行的财产出售,以及交易通过代名人获得的财产(art 387 Italian CC)。法院不能授权进行这些交易。如果管理者必须从事可能涉及利益冲突的交易,将任命一个特殊的保佐人来保护受监护人利益(art 320,321,360 Italian CC)。管理者必须无偿地实施行为,但他们可以因在特别困难情形下提供服务,或因管理相当大量的财产,可能雇用给与报酬的人协助履行他们的义务,通过司法判决获得补偿(art 379,411 Italian CC)。

许多上述规则具有悠久历史。例如,禁止自我交易规则可以追溯至罗马法中的监护制度。[44] 中世纪的教会法和罗马法提供了比英国封建法律更为完全和更能保护受监护人的体制:

> 根据罗马法,管理儿童财产是监护人最为重要和广泛的功能。他被要求为儿童排他性利益管理财产。与普通法的封建监护制度不同,罗马法使其成为受托人。[45]

针对涉及滥用诚信之交易的不可变预防规则同样历史悠久,且在大陆法系司法管辖区内仍然有效,如法国《拿破仑法典》(Napoleonic Code)在许多情况下禁止向医生和其他照顾病人的人员赠送礼物(art 909 French CC),[46]这在法典颁布之前已经成为规则。波蒂埃(Pothier)指出,这项规则在旧制度(*ancien régime*)时期*于法国适用于所有能够对行为服务对象施加不当影响的管理者。[47] 这个法律观点在英国证明了影响力。在 *Huguenin v. Baseley* 案中,[48]涉及

---

[44] Paul. 33 ad edictum, D. 18. 1. 34. 7; C. 4. 38. 5.

[45] Richard H. Helmholz, "The Roman Law of Guardianship in England, 1300 - 600," 52 *Tul L Rev* 223 - 57, repr in Helmholz, *Canon Law and the Law of England* (1987) 211, 239 (citation is to the reprint). Helmholz 特别指出,军事保护是一种有利可图的权利,而不是对守卫者利益的信托。

[46] 最近的立法将禁止扩展至自然人,即在收容未成年人、老人、残疾人或相关方的机构中经营、管理、工作的自然人(Code de l'Action Sociale et de la Famille, art L. 331 - 4)。

* 旧制度时期指 1789 年之前法国的政治、经济和社会制度,即封建制度。详情可参阅波利特 · 泰纳著《现代法国的起源:旧制度》(吉林出版集团 2014 年版),该书是《旧制度与大革命》的姊妹篇。——校者注

[47] Pothier, "Traité de donations entre vifs" in *CEuvres Posthumes de M. Pothier* Vol 2 (1778) art 1, § Ⅷ; pp. 450 ff.

[48] (1807) 14 Ves 273.

神职人员及其家庭获得来自处于对女性捐赠者信任关系之中的人的一项捐赠，波蒂埃通过律师说服大法官埃尔登撤销捐赠。㊾

根据波蒂埃的说法，法国法律禁止忏悔者的礼物，更为普遍的是，禁止忏悔者向所属修会赠送的所有礼物，以及病人向医生、外科医生、药剂师或护士赠送礼物。法国法典现在在同样程度上禁止向神职人员赠送礼物，在相同情况下，适用于医生、外科医生、药剂师，那些在病人死于某种疾病的过程中帮助过病人的人（art 909 French CC，尽管酬劳性礼物被排除在规则之外）。㊿ 根植于法国法的法律体系在一些时候通过改革实现更为灵活的方法，51但它们仍然对滥用诚信之潜在担忧保持敏感。52

通过对大陆法系信义原则的简要概述，我将做出几个一般性评论进行总结。

首先，大陆法系国家现在已撤除保证为他人利益实施行为等同于同意无偿行为的假定。在古代以荣誉为基础提供的没有酬金的服务，现在已经是市场交易。委任契约在罗马法中是无偿合同，现在在《意大利民法典》中被推定为有偿（art 1709）。即使那些民法典仍然对古老的罗马规则表示敬意，确认委任契约的无偿性质，如《德国民法典》（参见如 BGB § 662），但现在根据当前商业现实进行重新解读，表现为根据商法典或按照公司法和金融服务法，把当事人之间协议视为各类给付报酬的代理。

其次，在大陆法系国家中，许多信义关系被架构为将受信义管理的财产之所有权置于受益人名下。借此，如果财产产生收益，这些收益自动地归属于所有人。区分受益所有人和法律所有人或其他以概念化收回收益的独立基础，并

㊾ Gerhard Lubbe, "Voidable Contracts", in Reinhard Zimmermann and Daniel P Visser, *Southern Cross: Civil Law and Common law in South Africa* (1996), 296 - 297，注意在这个案例中，Sir Samuel Romilly 为捐赠人提供的论据，在后来的判决中得到了原文采纳，从而获得了准司法权威。在这个案例中它与平民的关系参见 Stefan Wagner, "*Huguenin v. Baseley* (1807) - Die Bedeutung Pothiers für die Entwicklung von undue influence", in Vanessa Duss, Nikolaus Linder, Katrin Kastl, and Christina Börner (eds.), *Rechtstransfer in der Geschichte: Legal Transfer in History* (2006) 354 ff.

㊿ 有关比较讨论参见 Hyland (n 23) 300 ff（更普遍地说，关于接受礼物的能力，296 ff）。

51 Laurie Dearman Clark, "Louisiana's New Law on Capacity to Make and Receive Donations: 'Unduly Influenced' by the Common Law?", 67 *Tul L Rev* 183 (1992 -3).

52 参见 Ronald J. Scalise Jr. 关于遗嘱的准确分析，"Undue Influence and the Law of Wills: A Comparative Analysis", 19 *Duke J Comp & Internat'L* 41 (2008)。

没有必要。只有当财产被出售且受信人将盈利投资进随后转移给他的财产中，问题才产生。权属和义务之间的区分到那时可能会阻止财产自动分配给受益人，尽管受信人仍然可能被要求以各种方式退还收益。[53]

再次，大陆法系和普通法系国家的司法遵循不同的规则，且程序法形成实质性的效果。大陆法系国家的信义法法律基础比其可能作为这些区别之结果没那么扎实（robust）。[54]

最后，关于围绕信义原则和规则之适用的话语性质的观察。信义原则和规则在大陆法系中已经被剥去它们最初的语言和文化参照系。比较卡佐多在 *Meinhard v. Salmon* 案中的语言与法典中表述类似之规则的苍白语言，已经不复存在必须保持忠义的公民和道德品质的许多含义和细微差别！[55]

大陆法系国家忽略信义义务的观点，被大量法典相关条款或章节的评论和相关案例及立法证明是错误的。但是，评论的语言反映出法律渊源，其没有反映引起信义法之法律体系的人类心理上和人类学上的观念。人类作为有意识的道德主体，其意志并非完全自由，其行为受到与原因同等的欲望和情感的驱动，这种观点不再在法律中得以很好体现。[56] 然而，朝向前述提及更为中立的语言运动不是围绕信义关系的大陆法系规则的现代演进所特有，其也被相当数量的属于普通法世界的学者所分享。[57]

三、几乎走向统一

如今受信人法在欧洲比以往更为统一，部分是由于欧盟在公司和金融服务

---

[53] 这是一个棘手且易变的法律领域，在我们眼前发展，部分是通过比较研究：Mathias Siems, "Disgorgement of Profits for Breach of Contract: A Comparative Analysis", 7 *Edinburgh L Rev* 29 (2003); Michele Graziadie, Ugo Mattei, Lionel Smith (eds.), *Commercial Trusts in European Private Law* (2005) 247 – 405 (cases 3 – 6); Birke Häcker, *Consequences of Impaired Consent Transfers: A Structural Comparison of English and German Law* (2009) 275 ff。

[54] The point is highlighted by Schlesinger et al. (n 38) 783 n 3.

[55] 废除这种语言的趋势也存在于英美法系司法管辖区。

[56] 另一方面，刑法则讲述了一个截然不同的故事。

[57] 参见例子 Conaglen (n 29) 107 – 9（关于先例）。对比 Tamar Frankel 在本章中的贡献。对于今天应该维持这种语言的原因，有一个很有远见的分析：James Boyd White, "How should We Talk about Corporations?" The Languages of Economics and Citizenship, 94 *Yale LJ* 1416 (1985)。

法律领域的管制行为所引致,不过已经达到的统一水平仍然是有限的,在此我会更加详细地阐述。

跨国公司的产生,金融服务部门的增加,以及资本市场的全球开放已经导致整个欧洲的公司和金融服务法律的和谐面临越来越大的压力。回应这些压力的举措改变了欧洲的景象,更多的改变正在进行。该进程在欧洲和国家层面产生一波针对利益冲突的规制。

就国内公司法而言,改革聚焦于加强对董事利益冲突的规制,向国际金融市场和投资者传递一个明确的信息:信义义务在大陆法系法域内远离未知(unknown)。[58] 董事的利益冲突在大部分司法管辖区内长期以来受到规制,但设计用以加强这些规则的改革是由普通法系法域内的公司法之发展所引起的,尤其是美国的。[59] 在一些情形下,这意味着从支持默认规则的强制性法律出发,与公司契约理论保持一致。[60] 将这些改革视为移植是可行的,尽管通常很难说域外影响而非本地代理在多大程度上是有帮助的。[61]

欧洲现在有关于欧洲公司的统一法令,且一个规范设立的拟议条例目前正在考虑中。[62] 前者将利益冲突之调整留给公司登记机关管辖,后者目前包括关于利益冲突的胚胎规则(embryonic rules)。两种手段均对信义义务的核心应当适用于经理的假定起作用。

---

[58] 关于这个主题的通常观点,参见 *Study on Directors' Duties and Liability* prepared for the European Commission DG Market by Carsten Gerner-Beuerle, Philipp Paech, Edmund Philipp Schuster (2013) (available online together with the country reports at < http://ec. europa. eu/internal_market/company/board/ >),以及 Martin Gelter 和 Geneviève Helleringer 对本章的贡献。然而,准确衡量在具体权利义务条款中取得的成绩仍然是非常困难的:Simeon Djankov, Rafael La Porta, Florencio Lopez-de-Silanes, Andrei Shleifer, "The Law and Economics of Self-dealing", 88 *Journal of Financial Economics* 430 (2008)。

[59] 这就是为什么 Klaus J. Hopt 在"Conflict of Interest, Secrecy and Insider Information of Directors-A Comparative Analysis", *European Company and Financial L Rev* 167 (2013)中认为,比较法本身在准备或产生法律变革方面起了重要作用。

[60] 这一点是 Hopt 为德国创设的(注释 59)。

[61] 例如,参见 Hideki Kanda 和 Curtis J. Milhaupt 细致入微的评估,"Re-Examining Legal Transplants: The Director's Fiduciary Duty in Japanese Corporate Law", 51 *Am J Comp Law* 887 (2003); Holger Fleischer, "Legal Transplants in European Company Law-The Case of Fiduciary Duties", *European Company and Financial L Rev* 378 (2005)。在魁北克,寻求大陆法系与英美法系之间融合的想法遇到了由于"移植"恐惧而产生的抵抗:Paul Martel, "Les devoirs de loyauté des administrateurs de sociétés par actions fédérales-impact du Code civil du Québec", 42 *RJT* 149 (2008)。

[62] Proposal for a Council Regulation on the Statute for a European Foundation (FE) COM(2012) 35 Final.

金融市场法律现在在欧洲几乎完全统一,至少在涉及投资经理的法律制定范畴是这样的。在欧洲层面,适用于单位信托和投资公司的文书是2009年7月13日颁布的指令2009/65/EC,围绕有关可转让证券集合投资计划(UCITS)事业的规章、条例和管理规定之协调。[63] 对冲基金和另类投资基金受到2013年7月22日生效的另类投资基金经理指令2011/61/EU("AIFMD")的规范。养老基金受到2003年6月3日颁布的指令2003/41/2003的调整。金融服务的规定在关于金融服务市场的指令2004/39/EC中阐明,通过欧洲立法在国内实施。

我不打算在此审视这些立法。很明显,这标志着信义法在欧洲演进的重要一步,就其确立处理普遍存在的利益冲突规则范畴而言。[64] 在此应当提及的有两点。其一,在对于构成欧盟立法之基础的市场整合政策至关重要的"单一执照"路径下,前述欧洲框架总体上优先于国家规定。[65] 这对于拥有较少精明投资者、较少竞争性市场或较少有效监管者的司法管辖区来说可能有问题。[66] 其二,针对公司和投资经理的统一立法仍然属于一般的国家法律范畴。问题在于根据那些法律,各种各样可用救济能否实际上促进统一目标的实现。[67] 综合这些观察,人们仍然会问为什么受规制的行为者迄今为止对促成政策变革产生如此多的影响,而他们自己也要受到这些政策的规制。[68]

---

[63] See arts 12,13,and 14 of the UCITS Directive cited in the text.

[64] Luc Thévenoz and Rashid Bahar (eds.),*Conflicts of Interests: Corporate Governance and Financial Markets* (2007); Anne Peters and Lukas Handschin (eds.), *Conflict of Interest in Global, Public and Corporate Governance* (2012).

[65] 关于零售业,其在执行欧盟金融工具市场法规(MIFID)的指令中有详细说明。国家监管只可在例外情形下介入干预,针对投资者的具体风险,遵守比例原则的要求。

[66] 该观点由Luca Enriques提出,"Conflicts of Interest in Investment Services: The Price and Uncertain Impact of MiFID's Regulatory Framework", in Guido Ferrarini and Eddy Wymeersch (eds.), *Investor Protection in Europe: Corporate Law Marking, The MiFID and Beyond* (2006) 321 ff.

[67] 关于这一点参见Michel Tison, "The Civil Law Effects of MiFID in a Comparative Law Perspective", in Stefan Grundmann et al. (ed.), *Festschrift fur Klaus J Hopt zum* 70 *Geburtstag* (2010) 2621 ff, and more generally, Michele Graziadei, Ugo Mattei, and Lionel Smith (eds.), *Commercial Trusts in European Private Law* (2009); Marc Kruithof, "A Differentiated Approach to Client Protection: The Example of MiFID", in Stefan Grundmann and Yesim Atamer (eds.), *Financial Services, Financial Crisis and General European Contract Law* (2011) 105 ff.

[68] Renate Mayntz (ed.), *Grisis and Control: Institutional Change in Financial Market Regulation* (2012).

四、结语

现代经济由无形财富所主导。许多财富创造方式已经发生改变。经济越来越以服务为基础，且那些服务都是有偿的。正如休谟指出的，可能仍然存在馈赠式的经济，但计较利害而非不计较利害的交往已经成为普遍的规则。怀旧之情也许诱导我们思考，这留给我们物质上的富足和精神上的贫瘠。我并不那么肯定。在法国主流学者路易斯·约斯兰德（Louis Josserand）的著名演讲中，其观察到无偿交易的衰退是个体获得更大自由的标志。[69] 他评论说，宽容和慷慨揭示深层次的不公平。因此，商业交易的扩大可以被认为是一种进步的而非后退的社会发展。

鉴于商业交易突出的重要性，信义法受到经济效益方面的审查，或者有时尤其在美国作为合同法的一种形式已经被改革。这并不令人惊讶，这是合理的。毕竟，合同法在其构成上并不是完全统一的，其能够容纳多元化的担忧。当所有的当事人都是有能力的，区分合同关系和信义关系的主要作用在于表明受到法律支持的许诺或承诺的内容。[70]

研究比较法的律师可能会指出，大陆法系司法管辖区内的合同法更为宽泛，借此能够更好地容纳许多信义法规则。[71] 鲜为人知的是，信义法必须规范合同法，即使是非常宽泛的合同法。这不是故意设计的，尤其是，信义法调整一方当事人没有能力或不能表示同意情形下提供的服务。这是一项超越传统合同法范畴且不应当被破坏的任务。

从更一般观点来看，人们可能会质疑忠义否真的是一个可销售的商品，像任何其他商品那样能够被购买和出售。边际革命（marginalist revolution）之后出现的经济理论倾向于肯定性地回答这个问题。那种做法肯定会让古典经济

---

[69] Louis Josserand, "Le déclin du titre gratuit et sa transformation", in Josserand, *Évolutions et actualités* (1936).

[70] Robert Sitkoff, "The Economic Structure of Fiduciary Law", 91 *BU L Rev* 1039, 1046 - 7 (2011), 谈及"分类功能"，这是强制执行信义法规范以最小化第三方关于涉及委托给受信人之财产关系本质的信息成本。

[71] Langbein (n 23).

学家感到惊讶。他们知道,市场具有道德效应,[72]他们认为,某些资产的商业行为决定了参与其中的人的能力,从而影响他们所处的道德和社会环境。[73]

我们现在可能会明白为什么要保持某些区别。定价服务和其他关系改变它们的社会意义,且可能改变关系本身的性质。就信息而言,如我们区分新闻、科学信息和广告,我们要求财经记者和金融学家披露实质性的利益冲突。尽管政治和经济理论大多基于人类天性是自私的前提,但我们应当认识到,某些商品(如忠义)只有我们不利用它们达到自己的目的,才能够享受。

---

[72] 他们的直觉已经得到经验证据的证实:J. J. Graafland,"Do Markets Crowd out Virtues? An Aristotelian Framework", 91 *Journal of Business Ethics* 1 (2009)。

[73] 对于这一点的深入讨论参见 Debra Satz, *Why Some Things Should Not Be for Sale: The Moral Limits of Markets* (2010) 44 ff(评论 Adam Smith 关于劳动分工的不体面道德后果的重要反思,以及它对劳动力的偏好和能力的负面影响)。

第十五章　选区董事与公司信义义务

马丁·盖尔特(Martin Gelter)、

吉内瓦维·赫勒林格(Geneviève Helleringer)*

有些董事是由对公司经营方式有特定兴趣的个人或团体任命的,这些利益相关者可能包括股东:风险投资家经常通过谈判磋商委任董事的权利归属。但委任董事之人不一定仅限于股东,贷款者和职工可能也占有董事席位。这些被委任并代表特定利益相关者的董事有时被称为“选区”(constituency)董事,[①]很多法域会对其任命或选举提出要求或提供便利。

选区董事在履行他们的义务时,会被支持他们的委任者或提名人寄予厚望。[②] 然而,当一个代表公司员工利益的董事在处理公司事务时,如何让他将实现利润最大化的目标置于首位?一个由风险投资家提名的董事怎么能不特别专注于保护其资助者在公司的投资利益,或者为这些风险投资家留有退路而想方设法。更为具体的问题是,选区董事在与他们的推荐人沟通时,如何处理保密信息?在近期的美国公司法文献中,其中,一个较大的议题便是,是否应当允许代表风险投资家的董事与他们分享公司的敏感信息。[③]

---

* 我们感谢德保罗大学信义法论坛的参会嘉宾所提出的宝贵意见,尤其要感谢迪尔德丽·埃亨(Deirdre Ahern)和安德鲁·弋德(Andrew Gold)。

① Norman Veasey and Christine T. Di Guglielmo, “How Many Masters Can A Director Serve? A Look at the Tensions Facing Constituency Directors”, 63 *Bus Law* 761 (2008). 在英国,“被提名人”(nominee)董事的叫法更常见。

② 我们只关注专门代表利益相关者的董事——而不是那些独立董事。根据定义,(独立董事)是指那些被期望远离任何特定利益的人。

③ 参见第二部分第(二)节第2点。

然而,即便存在这种异质化(heterogeneity),[④]所有法域都没有为个别董事设置特定义务,这似乎是一种文化与法律的普遍现象。这种统一化的规制令人惊讶不已,且正面临挑战。在商业世界中,有两点需铭记于心:一是委任董事的利益相关者具有不同的期望;二是任命董事背后目的千差万别,且这些董事层次不一。如此一来,包括选区董事在内的董事义务难道可以被视为单一化?有些国家的公司法允许公司章程某些特定股份持有者或其他利益相关者(如职工)有权任命特定董事。如按照此种安排,那么大股东甚至债权人经常得到提名一位具体董事的资格,然后再由公司的控制联盟(controlling coalition)酌情选举产生董事。如此一来,就会产生一种潜在的冲突,即对委任者负有义务与对公司负有义务之间的冲突。

无论何种情形,公司法都鼓励董事追求公司潜在利益,不是寻求在外部观察者看来,可能最为明显的诉因(course of aciton),即代表其各自选区的利益。然而,这一原则从一开始,似乎便注定难以实现。即便法院重申这一事实,即董事由某些特定利益相关者提名,也并不意味着这些董事就应对之负有任何义务。但这一正式的法律声明,显然与公司文化的实际情况相去甚远甚至格格不入。一个显而易见的事实是:如果有指定的任命者,则往往会在选区董事与选民之间建立某种特定的关联,特别是在后者具有重新任命董事的权力下,此种关联关系更是越发明显。"忠义因选择而激发,因任命者信赖其代表的信任而证实,也可能因遭受任命者免职而加固"。[⑤] 此外,公司法要求或允许由特定选区选举董事这一事实似乎表明董事不仅是象征性的代表着这些团体或个人,而且他们也打算对其利益予以认可和赞同。

鉴于公司判例法目前的发展趋势,探讨董事异质化问题,不仅适时,且具有重大现实意义。另一方面,在董事决策方面,特拉华州法院仍然坚守传统立场。在2009年的 *In re Trados Shareholder Litigation* 案中,一名由风险投资家任命的董事在决定某项与该任命者利益攸关事项时,衡平法院(the Court of Chancery)

---

④ 后文中,当提及个人时,我们将使用术语"同质化"和"异质化",当提及其义务时,将使用"统一性"和"多样性"。

⑤ E. W. Thomas, "The Role of Nominee Directors and the Liability of Their Appointers", in Ian Ramsay (ed.), *Corporate Governance and the Duties of Company Directors* (1997) 148, 150.

拒绝将商业判断规则适用于此。⑥ 但在2013年的*Kalisman v. Friedman*案中，特拉维斯·拉斯特(Travis Laster)法官认为:“当一名董事在董事会中是作为某位利益相关者的指定人员而行为时,那么我们可以理解该董事是作为那位利益相关者的代表,这样一来,这位利益相关者一般也应该跟董事一样有权获悉相关信息”。⑦ 即便如此,我们仍不确定拉斯特法官这一表述是否与以往的案例相符。⑧

在上文已经单独讨论虽然诸如风险投资家代表和职工董事代表之类典型问题,但本文试图共同解决这些问题。⑨ 基于以上所述,各法域所确认统一的董事义务似乎有些不现实(hypocritical),至少产生了一个悖论:一方面董事任命规则与特定选区相关联,另一方面董事义务不承认异质化。翻阅欧洲几个主要国家以及美国的法律,我们认为董事任命与信义义务之间的分离之所以能持续下去,无非是因为所谓信义的目标定量不能清晰界定,无论其在理论上如何形成。这种晦涩不清显然给一个令人不安的议题罩上层层阴影,但这种规制又可能存在,其背后的唯一原因是各个法域主要是从负面角度描述董事信义义务。换言之,他们几乎统一的采取“不得为”(not do)的表述规范董事行为,但这种规范又相当宽泛。⑩

一、异质化的董事与统一的信义义务

(一)异质的个人忠义义务(Heterogeneous personal duty loyalties)

在美国,特别是特拉华州的法院,法官会例行并简要要求董事必须为“公

---

⑥ *In Re Trados Shareholder Litigiation, Inc.* No Civ A 1512 – CC, 2009 WL 2225958 (Del Ch. 24 July 2009).

⑦ *Kalisman et al. v. Friedman et al.* 2013 Del Ch LEXIS 100 (17 April 2013).

⑧ 与此相反,如*Holdgreiwe v. The Nostalgia Network, Inc.* 1993 Del Ch LEXIS 71 (29 April 1993)(表明与股东分享信息可能会违反信义义务).

⑨ 类似的综合分析方法,可参见Deirdre Ahern,“Nominee Directors' Duty to Promote the Success of the Company: Commercial Pragmatism and Legal Orthodoxy”, 127 *L Q Rev* 118 (2011)。

⑩ See D. Gordon Smith,“The Shareholder Primacy Norm”, 23 *J Corp L* 277,284 (1998) (“公司法中信义原则的一些应用不要求将任何特定的公司选区确定为受益人,而只是大体上必须服务于‘公司’的利益。”); Larry E Ribstein,“Fencing Fiduciary Duties”, 91 *BU L Rev* 899,909 (2011)(“避免自我交易的信义义务没有参照受托人必须代表的具体当事方来界定”).

司”的利益行事,更多的时候,“其股东”也会附加到这些表述里面。[11] 但亘古不变的是,公司董事所追求的目标只能是一个。“公司”以及“为之利益行事”的准确含义并不总是清晰,在各个法域,要求董事忠实于“公司及其股东”(这已经是两个受益人了)。这个总体目标还包括其他利益相关者,甚至将公共利益也囊括在内,额外增加多个受益人,使这一议题变得更为复杂。[12]

确保公司可能考虑特定利益的更直接方式是允许其在董事会上发表意见,故此,大多数法域的公众公司董事会成员由股东选举产生。然而,由于公司章程可以规定董事会议席的具体分配,不是所有股东都真正拥有选举董事成员的同等权力。此外,一个广泛承认(或批评)的事实是:董事会通常是一个自我永续的机构,其内部成员主导着未来同事的选择以及最终继任者。虽然经典的愿景仍然可以准确描述一批大型的上市公司(即便是在美国),但之所以要求董事追求超越(或与之并行)权益投资者的目标,其原因在于确认董事会成员的异质性。与美国相比,在欧洲大陆,董事任命被视为一个实际问题,具有多样化的流程。

职工代表。欧洲很多国家要求公司在董事会或监事会中有职工代表,比较公司法学者常以德国为例。在德国大型公司的监事会中,有一半的成员是职工代表。[13] 然而,职工代表在欧洲中部和北部也很常见。[14] 2013 年 6 月,法国甚至

---

⑪ Veasey and Di Guglielmo (n 1) at 764 n 8; Simone M Sepe, "Intruders in the Boardroom: The Case of Constituency Directors", 91 *Washington University Law Review* 2,308 – 78 at 344 n 140 (2013); eg, *Guth v. Loft* 5 A2d 503,509 (Del 1939); *NACEPF v. Gheewalla* 930 A 2d 92,99,101 (Del 2007). 最近的一案 *Ebay Domestic Holdings, Inc v. Newmark*, 16 A 3d 1 (Del Ch 2010)可能包含特拉华州法院迄今为止最明确的股东优先的表达。

⑫ See generally Henry Hansmann and Reinier Kraakman, "The End of History for Corporate Law", 89 *Geo LJ* 439 (2001)(认为股东模式是普遍的). 有关对于美国具有重要意义的伯利 – 多德(Berle-Dodd)争论的讨论,参见 William W Bratton and Michael L Wachter, "Shareholder Primacy's Corporatist Origins: Adolf Berle and The Modern Corporation", 34 *J Corp L* 99 (2008); 有关法国和德国的争论的比较,参见 Martin Gelter, "Taming or Protecting the Modern Corporation? Shareholder-Stakeholder Debates in a Comparative Light", 7 *NYU J L &Bus* 643 (2011); 有关英国的争论,随着 2006 年公司法新的 172 条的颁布而愈演愈烈,参见 Andrew Keay, "Section 172(1) of the Companies Act 2006: An Interpretation and Assessment", 28 *Company Law* 106,109 (2007)。

⑬ Mitbest (Germany) § 1(1).

⑭ 拥有此类体系的国家包括奥地利、捷克共和国、丹麦、芬兰、匈牙利、卢森堡、荷兰、挪威、斯洛伐克、斯洛文尼亚和瑞典。

也通过法案,要求大型公司董事会必须要有职工代表。[15] 即便是在一些不具有强制性要求的国家,也会出现职工代表担任董事的自愿性现象,比如经营不善、走下坡路的公司可以此作为与工会进行谈判的手段,试图让对方让步,降低工资。[16]

很显然,让职工代表担任董事,并非仅具有象征意义,更是借此董事决策时,能将职工利益考虑在内。英国在20世纪70年代确立董事职工代表,是因为当时处于"工业民主"浪潮背景下,[17]一个受公司选择影响的群体必须要有代表位列决策之中。因此,我们可以假定,职工代表的目的是作为倡导者而行事。[18]

任命董事。有些国家的法律允许公司章程自行规定持有特定已登记股份的所有者有权任命一定数量的董事。[19] 显而易见,这样的条款主要是为私人公司所用,即为了确保公司创办人与继任者的权力平衡所需。但是,此种安排有时也会出现在上市公司,特别是政府出于某种考虑,通过运用任命权对一些私有化的公司维持某种程度的控制权,这些公司在某种程度上被认为具有特定的国家重要性,这在欧洲法院(ECJ)关于资本自由流动的"黄金股"(Golden Share)案中有详细说明。[20] 虽然政府代表在欧洲可能苟延残喘,但在问题资产

---

⑮ C. COM (France) art L225 - 27 - 1, introduced by Loi n° 2013 - 504 du 14 juin 2013 relative à la sécurisation de l'emploi. See S de Vendeuil and O Rault-Dubois, "Représentation des salariés au conseil d'administration ou de surveillance de grandes entreprises", JCP-E 2013, Etude 1379.

⑯ Sepe (n 11) at 312 335, 337(讨论由工会工人提名的董事).

⑰ Lord Bullock, *Report of the Committee of Inquiry on Industrial Democracy* (1977).

⑱ Eg, Mathias Habersack, in Wulf Goette and Mathias Habersack (eds.), *Münchener Kommentar zum Aktiengesetz* (3rd edn., 2008) Vol. 2, § 100 para. 55("共同决定以多元化利益为目标,其基础不仅在于员工在向董事会审议工作中提供员工问题的能力和任务"). See also Klaus J Hopt, "Self-Dealing and use of Corporate Opportunity and Information: Regulating Directors' Conflicts of Interest", in Klaus J Hopt and Gunther Teubner (eds.), *Corporate Governance and Directors' Liabilities* (1985) 285, 308("认为现有的利益冲突可以这样被否定是很天真的").

⑲ Eg, AktG (Germany) § 101(2)(允许特定股东依据公司章程指定多达三分之一的董事会成员). 至于英国的情况,参见 Paul L Davies, *Gower and Davies' Principles of Modern Company Law* (8th edn., 2008) No. 14 - 10。

⑳ 自21世纪初以来,在"黄金股"案和大众汽车案中,欧洲法院经常违反那些赋予国家政府作为股东的特别权利的法律和章程条款。See eg., Wolf-Georg Ringe, "Company Law and the Free Movement of Capital", 69 *Cambridge LJ* 378 (2010). 在某种情况下,政府有权任命董事。Eg, *Commission v. Belgium*, Case C - 503/99, 4 June 2002(即使政府有权任命两名董事,也只有"黄金股"这一个案例符合要求); *Commission v. France*, Case C - 483/99, 4 June 2002(黄金股票允许政府任命两名董事的做法被欧洲法院否定了); *Commission v. Germany*, Case C - 112/05, 23 October 2007(大众汽车案).

救助计划(*TARP*)推行下,国家所有权在美国大型企业中有所抬头且暂时复苏。㉑ 在某些情况下,金融机构如错过还款期限,也不得不允许财政部任命董事。㉒ 政府所有权,不管是否通过委任董事,均会提出董事会将追求指定为"公众"利益担忧的问题。㉓ 事实上,作为政府雇员,这些代表不得不听从于上司指示,这很可能与他们源于公司法的义务相冲突。㉔ 虽然国家通常不会寻求自身获利,但诸如实现充分就业等政治目标最终也可能伤害公司。

自愿选举的特定股东和债权人代表。即便公司章程没有特殊规定,特定股东也往往会通过非正式渠道在董事会(或监事会)中代表。㉕ 欧洲大陆上市公司通常具有由一个或数个大股东控股的集中型股权结构,一个将财富分散投资到不同公司的腰缠万贯之人,他可能不愿意或者没能力在所有投资的公司中担任董事,但他完全可以授权一个可信的受托人(通常是律师)来代表他履行这一职能。㉖ 如果有几个大股东,主导集团通常会相互达成条款,并创建一个安排,让每个人都有一定的治理角色。㉗ 工业家庭可能会派出一名成员,㉘而公司股东通常会提名一名管理人员或者其他高级雇员。㉙ 为了让这种情况持续下去,各大股东显然会相互支持,投票给对方候选人。有时,股东会签署投票协议,正

㉑ Eg, Barbara Black, "The US as 'Reluctant Shareholder': Government, Business and the Law", 5 *Ent Bus LJ* 561, 569 – 573 (2010)(审查救市议案).

㉒ Sepe (n 11) at 335, 337; William O Fisher, "When the Government Attempts to Change the Board, Investors Should Know", 40 *Pepp L Rev* 533, 536 – 52 (2013)(描述了政府如何在美国国际集团和美国银行的董事会安插人员).

㉓ See Marcel Kahan and Edward B. Rock, "When the Government is the Controlling Shareholder", 89 *Tex L Rev* 1293, 1317 – 19 (2011)(描述了政府与其他股东之间的利益冲突).

㉔ Eg, Bruno Kropff, "Aufsichtsratsmitglied 'im Auftrag'", in Theodor Baums et al. (eds.), *Festschrift Für Ulrich Huber zum* 70. *Geburtstag* (2006) 841, 849 – 54(结论是根据德国法律,违反公司利益的指示不具有约束力).

㉕ Eg, Sujit Sur, Elena Lvina, and Michel Magnan, "Why do Boards Differ? Because Owners Do: Assessing Ownership Impact on Board Composition", 21 *Corp Gov* 373, 376 (2013)(特别提及比尔·盖茨作为微软董事会主席的角色).

㉖ See eg., Kropff (n 24) at 842(以德国斯普林格媒体集团已故 Leo Kirch 之前角色为例).

㉗ Eg, Kropff (n 24) at 842(一个创始家族的不同分支的例子).

㉘ Deborah DeMott, "Guests at the Table? Independent Directors in FamilyInfluenced Companies", 33 *J Corp L* 819, 823 n 15 (2008)(雅诗兰黛的例子).

㉙ Eg, Roberto Barontini and Lorenzo Caprio, "The Effect of Family Control on Firm Value and Performance: Evidence from Continental Europe", 12 *Eur Fin Mgmt* 689 (2006); Sur et al. (n 22) at 376 – 7(讨论企业所有者如何利用董事保护供应链或通过附属董事强化资源流入).

式规定每个参与者提名指定数量董事的权利。[30] 提名董事通常也是公司集团内子公司的董事会成员。[31] 在美国,由于存在私募股权和风险投资,代表特定股东的“选区董事”现象越发普遍。[32]

重要的债权人可能也是上述联盟之一,特别是与公司有紧密联系的特定银行(如德国的银行),不管这些银行是否为公司的股东。[33] 虽然美国的银行不像德国那样在公司治理中具有重要地位,但情况也并非一贯如此,一项基于1992年到2000年的数据研究显示,约有四分之一到三分之一的大型公司董事会具有银行代表。[34]

如今,债权与股权之间的界限已然模糊,风险资本家是以债权人还是股东身份,纯粹以考虑便利和案件具体情况为准。[35] 当债务人遭遇财务困境时,贷款合同有时允许债权人安排占有对方董事会议席。[36] 无论何种情形,每个被选举出来的董事会成员显然均代表了提名他们的实体利益。事实上,作为不同公司机构成员的这类董事往往会遭受利益和义务的冲突,因为这些不同公司机构的利益并不总是一致。[37]

小股东董事代表。不少法域赋予小股东(至少在理论上)在特定条件下可

---

[30] See eg. ,D. Gordon Smith,“Duties of Nominee Directors”, in Mathias Siems and David Cabrelli (eds.),*Comparative Company Law* 61,62,64,67,69 (2013)(讨论美国、英国、法国和德国);DeMott (n 28) at 823.

[31] Eg, *Kuwait Asia Bank EC v. National Mutual Life Nominees Ltd* [1991] 1 AC 187 PC (NZ).

[32] Veasey and Di Guglielmo (n 1) at 763.

[33] See eg. ,Hopt (n 18) at 305 – 6; Gary Gorton and Frank A Schmid,“Universal Banking and the Performance of German Firms”, 58 *J Fin Econ* 29,66 (2000); Andreas Hackethal,Reinhard H Schmidt,and Marcel Tyrell,“Banks and German Corporate Governance: On the Way to a Capital Market-Based System?,” 13 *Corp Gov* 397,398 (2005) (以上都讨论银行在德国公司治理中的作用).

[34] Randall S Kroszner and Philip E Strahan,“Bankers on Boards: Monitoring,Conflicts of Interest,and Lender Liability”, 62 *J Fin Econ* 415,423 (2001); João A C Santos and Adrienne S Rumble,“The American Keiretsu and Universal Banks: Investing,Voting and Sitting on Nonfinancials' Corporate Boards”, 80 *J Fin Econ* 419,437 (2006).

[35] Douglas G. Baird and Robert K. Rasmussen,“Private Debt and the Missing Lever of Corporate Governance”, 154 *U Pa L Rev* 1209,1217 (2006).

[36] Douglas G. Baird and Robert K. Rasmussen,“The End of Bankruptcy”, 55 *Stan L Rev* 751,779 (2002).

[37] See eg, Klaus J. Hopt and Markus Roth, in Klaus J Hopt and Herbert Wiedemann (eds.), *Grosskommentar Aktiengesetz* (2005) Vol.4, § 116 para.174(建议具有利益冲突的董事或者放弃投票以回避冲突,或者辞职).

枉顾大股东意愿选举代表他们利益的人担任董事(或监事)。例如,美国的累积投票制(Cumulative voting)(相对来说并不普遍),[38]还有失败的证券交易委员会颁发的代理参与规则(Proxy Access Rule)。[39] 意大利[40]和西班牙公司法则为小股东董事代表提供强制性规则。[41] 然而,如此一来,便会产生一大问题:这些由小股东选举产生的董事是否负有照顾小股东利益的义务?或者说,一般的小股东利益与大股东利益相冲突呢?

(二)统一的信义义务

即便上述各国之间的董事呈现异质化,但我们所了解到的各个国家对董事均施加了统一的忠义义务。在所有国家,这一历史依据存在于判例法,而非成文法。在美国,法院长久以来都认为董事"对公司负有专一与无私的忠义义务"。[42] 在英国,最初普通法规定了董事向公司负有义务的规定,后来的《2006年公司法》第170(1)条对此予以确认。

在德国,由于管理董事会成员被视为是其他人财产的受托者,因此自然而然产生信义义务。[43] 这一规则同样适用于负有监督和决策权能的监事会成员。[44] 在法国,学者以及随后的法院(参照普通法中的要求)自20世纪90年代中期就已使用信义义务这一普通法术语。[45] 近年来,法国法律有较大跃进,从注重对董事会层面的集体义务转变为强调董事个人义务。传统上,董事会被认为是基于一个集体而承担责任。但在2010年3月,上诉法院认为,如果董事在一些诸如损害公

---

[38] Eg Del Gen Corp L § 214,8 DEL C § 214.

[39] 美国证券交易委员会在2010年令人瞩目地引入了14a-11规则,这将有助于少数股东提名董事候选人。该规则后来被哥伦比亚特区上诉法院驳回。*Business Roundtable v. SEC* 647 F 3d 1144 (DC Cir 2011).

[40] Testo unico delle disposizioni in materia di intermediazione finanziaria, art 147-ter(允许超过一定限额的少数股东向董事会提交少数候选人名单). See eg., Corrado Malberti and Emiliano Sironi, "The Mandatory Representation of Minority Shareholders on the Board of Directors of Italian Listed Corporations: An Empirical Analysis", Bocconi U Leg Stud Res Paper Series No 18 (2007).

[41] Ley dos sociedades anónimas, art 137(允许股东集团指定相应数量的董事).

[42] *Guth v. Loft* 5 A 2d 503,510 (Del 1939). See also n 8 and accompanying text.

[43] Gerald Spindler, in Wulf Goette and Mathias Habersack (eds.), *Münchener Kommentar zum Aktiengesetz* (3rd edn.,2008) Vol. 2, § 93 para. 92.

[44] Eg, Hopt and Roth (n 37) § 116 para. 173.

[45] *Vilgrain*, 94-11.241, Cass Com, 27 Feb 1996 (France); see also *Berley*, 00-15.618, Cass Com, 12 May 2004 (France); *Sté DL Finances*, 10-15.049, Cass Com, 15 Nov 2011 (France).

司利益的决策中没有提出反对,则其个人也可能因此承担责任。[46]

以上所述之公司目的(也包括上文所讨论的所有国家)有一点是共同的:法院和法学评论者一直以来均认为董事负有统一的义务。[47] 在美国,正如塞佩(Sepe)所言:"一旦一位董事被选入某个公司,那么他就需对该公司的所有股东负有无可分割的忠义义务,不管其由谁提名或委任"。[48] 1987 年特拉华州衡平法院明确排除了"由某部分人选举产生的董事对那部分人负有特殊义务"。[49] 在 *Trados* 案中,法院拒绝将商业判断规则适用于一个依附于风险投资家的董事所做决策。在该案中,大多数董事同意公司合并,但这些表态支持合并的董事背后的"资助人"持有该公司优先股,并可借此获得公司所有的剩余价值,而普通股持有者则一无所有。[50]

同理,英国公司法[51]也明确规定,公司是信义义务的唯一受益人,董事被寄予为公司最佳利益行事的期望。普通法迄今排除了董事可能对个别股东负有义务的观点,因为这将损害"公司中股东联合的集体性质"。[52] 法院认识到,个别董事可能因其他事项独立地对股东负有义务,这意味着因个人特定事务,"董事与股东会在个别情况下形成某种特殊的事实关系"。[53] 比如,当一名股东授权董事作为其代表向潜在收购者出售股份时。[54] 但是,这种义务并不代替或改变董事对公司负有义务这一规则。董事由特定股东任命这一事实本身并不直接导致该董事向股东负有义务。[55]

因此,董事仅对公司负有基于忠义义务,比如避免利益冲突的义务、[56]促进

---

[46] *Crédit martiniquais* no 08 – 17. 841, Cass Com, 30 March 2010.

[47] 关于德国, see Habersack, (n 18) § 116 para. 11。

[48] Sepe (n 11) at 335 – 7(讨论由工会提名的董事).

[49] *Phillips v. Instituform of N Am, Inc*, No. Civ A 9173, 1987 WL 16285, at 10 (Del Ch 27 Aug. 1987).

[50] *In Re Trados Shareholder Litigation, Inc*, No Civ A 1512 – CC, 2009 WL 2225958 (Del Ch 24 July 2009). 在此种情况下,董事和风险资本家仍然可以表明交易符合"整体公平"标准,尽管很难满足举证责任。See Smith (n 30) at 63.

[51] Companies Act, 2006, ss 171 – 7 (UK).

[52] Davies (n 19) para. 16 – 5.

[53] *Peskin v. Anderson* (2001) 2 BCLC 1, aff'd (2001) 1 BCLC 372 confirming *Percival v. Wright* (1902) 2 Ch 421.

[54] *Briess v. Woolley* (1954) AC 333, HL; *Allen v. Hyett* (1914) 30 TLR 444, PC.

[55] *Hawkes v. Cuddy* [2009] EWCA Civ 291, LTL 2/4/2009, at 32; see also Ahern (n 9) at 123.

[56] See ss 172 and 175. 这个规则已经被广泛地解释并因此有所深化, See [1896] AC 44 HL, at 51。

公司成功的义务、独立判断义务以及《2006 年公司法》第 172 条规定的其他忠义义务(要求董事牢记促进公司的成功)。公司法这些规定均要求选区董事和其他董事都以同样方式履行这些职责。[57]

存有争论的是,由于法律并没有对何谓公司"利益"作出严格界定,因此对特定董事提名的具体情况仍有解释空间。[58] 然而,《2006 年公司法》第 172 条强调了董事须促进公司成员的整体利益,而非个别成员的利益。[59] 即便如此,法院仍然欢迎这种略有差异的同质性(nuanced homogeneity),并承认选区董事负有以公司最佳利益行事的渐进方法。[60]

在德国,争议点主要在共同决定董事会成员。不管职工代表如何被任命,他们应当与其他成员一样享有同等权力和负有同等义务(尽管有些成员一旦被任命为某个委员会成员,可能会对其产生其他特定义务)。[61] 但忠义义务排除了"职工代表的片面利益集团政策"。[62] 比如,职工代表必须对工人委员会和工会保密。[63] 这一规则同样适用于由特定股东任命的董事会成员。[64] 在联邦法院的判例法中(至少在判例中),在保密义务方面,职工代表也受到同等约束。[65] 对于由特定股东任命或提名的代表而言,也是如此,他们在履行职责时(包括在董事会中进行表决),必须将"企业"的利益置于其他主体之上。[66] 然而,人们也承

---

[57] 英国公司法第 172 条。

[58] Pearlie Koh,"The Nominee Director's Tangled Lot", *Sing J. Legal Stud* 148,156 (2007).

[59] See Company Law Review Steering Group,*Modern Company Law for a Competitive Economy: The Strategic Framework*(DTI 1999) URN 99/654,para. 5; Company Law Review Steering Group,*Modern Company Law for a Competitive Economy: Developing the Framework*(2000); Department of Trade and Industry,URN 00/656,para. 2. 11; Dan Prentice,"Duties of Directors". In the Companies Act 2006,para. 3. 21 (2007).

[60] See Ahern (n 9) at 128.

[61] Habersack (n 18) Vor § 95 para. 14.

[62] Hopt & Roth (n 37) § 116 paras. 176 and 206 – 11(讨论了员工董事是否可以参加罢工).

[63] Habersack (n 18) § 116 para. 12.

[64] Habersack (n 18) § 116 para. 13.

[65] 法院裁定不能通过章程条款来加以强化。Bundesgerichtshof [BGH] [Federal Court of Justice] 5 June 1975,Entscheidungen des Bundesgerichtshofes in Zivilsachen [BGHZ] 64,325. 没有其他公开报道的案件真正涉及董事义务,但法院仅仅利用监事会成员集体义务的社团属性来支持其他观点。Eg,BGH 25. 2. 1982,BGHZ 83,106; BGH 15 Nov. 1982,BGHZ 83,293; BGH 28. 11. 1988,BGHZ 106,154; see also Bundesverfassungsgericht [BVerfG] [Federal Constitutional Court] 7 Nov. 1972,1973 Neue Juristische Wochenschrift 500(德国宪法法院规定,雇员代表必须考虑企业的最大利益).

[66] Habersack (n 18) at § 116 para. 46. 然而,这些董事也可以与其提名人建立法律上的(通常表现为受信)的关系。Kropff (n 24) at 844 – 7.

认,这些利益通常将在“企业利益”的定义中发挥用武之地。[67] 而且,有时股东和职工的利益可以一起考虑,因为他们都与公司有着特定的关系。就职工而言,这种关联源于共同决定。[68] 唯一明确的例外是,如果董事会成员是由政府实体根据特定规则任命,那么这些董事对政府实体不再受保密拘束。[69]

在所有这些情况下,一般认为董事不得遵从其提名人的指示(比如通过合同)。[70] 有学者认为,如果指令与公司利益相一致,则允许使用指令。因为在此情况下,董事也不会因此决策而遭受任何处罚。[71] 根据多数人的意见,当公司属于公司集团的一部分时,甚至不可能做出指示。[72] 同样,根据多数人的意见,由政府任命的董事不受任命实体的指令约束,但这一观点不无争议。[73]

在法国,这一问题显然并不突出。然而,考虑到法律没有另行规定,职工代表和政府代表作为董事会成员具有与其他董事相同的职责。[74] 换言之,立法机关没有以规定方式界定“董事”这一概念。因此,“董事”法律类别可能很难被认为是同质的。然而,由于缺乏法律区别和具有特定制度的子类别,同质原则仍然适用。

二、董事义务趋向多样化?

(一)统一义务的论据

为弥补代表关系而产生的代理成本风险,私法规定了信义义务规则。[75] 因

---

[67] Habersack (n 18) Vor § 95 para. 13.

[68] Hopt (n 37) § 93 para. 115.

[69] Aktiengesetz [AktG] [Stock Corporation Act] § 394 (FRG).

[70] Gerald Spindler in Gerald Spindler and Eberhard Stiltz (eds.), *Aktiengesetz* (2nd edn., 2010) Vol. 1, § 111 para. 79; Uwe Hüffer, *Aktiengesetz* (10th edn., 2012) § 101 para. 10.

[71] Eg, Kropff (n 24) at 848 – 9; contra Habersack (n 18) at § 101 para. 51.

[72] Habersack (n 18) at § 111 para. 139; see also Kropff (n 24) at 854 – 5(否定了非集团公司和事实集团公司之间的区别).

[73] 关于这个讨论,参见 Hüffer (n 70) § 394, paras. 28 – 30。

[74] Anne Chavériat, Alain Couret and Bruno Zabala, *Sociétés commerciales: Mémento pratique Francis Lefebvre* 2010, ed Francis Lefebvre (41st edn., 2009) paras. 7985, 8034.

[75] See John Armour, Henry Hansmann, and Reinier Kraakman, "Agency Problems and Legal Strategies", in Reinier Kraakman et al., *The Anatomy of Corporate Law* (2nd edn., 2009) 39 – 40, and Luca Enriques, Henry Hansmann, and Reinier Kraakman, "The Basic Governance Structure: The Interests of Shareholders as a Class", in *The Anatomy of Corporate Law* at 55, 79 – 81.

为每个董事会成员均参与集体决策过程(关于第三方相关交易的决定),每个人都有可能产生代理成本风险。此外,董事会决定是共同作出的,每个董事对决策均具有法律上的作用,并承担法律上的责任。因此,我们也期望每一位董事都必须遵守同样的信义义务。[76]

此外,从董事会成员角度而言,由于上述之需求,这样一组统一信义义务在内容上是标准化的。无论对公司如何定义,即便是在不追求股东首位的公司治理模式中,信义义务均是为了保护股东,防止他人假公济私、中饱私囊。因此,信义义务可以被描述为一组为了保护一类公司行为者(corporate actors)的利益而设计的规则。因此,他们应该统一有益于这一类,而非倾向于某个或某类股东。从义务个人来说,他们应当以无差别方式进行表达。也正因如此,他们经常自然而然的被认为是"董事会义务":他们被认为是代表董事会的集体实体,且只有在过渡时期,才是作为董事会成员的个人身份。

应当强调的是,信义义务的统一性和标准性与董事会提名的现状相符,承认董事会成员通过反映各选区利益的程序提名这一事实并不能成为消除统一义务的理由。代理法规定代理人须为本人利益而行事,否则他或她可能需承担责任。正如里布(Leib)、波内特(Ponet)和塞罗塔(Serota)关于公共领域所表达的:"代理人在当地被选中并在某种意义上'重新呈现'他的家乡,但他也为'人民'服务,并更广泛的行使权力"。[77] 义务扩张化的理由在于"因为他人利益容易遭受该种权力损害,因此,可能需要在他行使权力时得到保护"。[78] 他们的结论是,"信义义务可能适用于一群变动的受益人"(a shifting constellation of beneficiaries)[79]。他们强调,如果信义义务在核心上是有关联的,那么相关关系的轮廓及其配置可以在飞行期间变动。[80] 换句话说,一个选区的提名仅意味着该董事的经历,并不意味着其参与对董事信义责任范围的划界。

有人提出了支持董事会内部更加同质的观点,自然也会要求同质化义

---

[76] See Ahern (n 9) at 210(消极回答了根据英国法律,被提名董事在董事中是否具有独特法律地位的问题).

[77] 参见本卷 401 页(着重号处)。

[78] Leib, Ponet, and Serota at 399 - 401(本卷).

[79] Leib, Ponet, and Serota at 401(本卷).

[80] Leib, Ponet, and Serota at 402(本卷).

务。从效率角度看,同质化的董事会可能更好,因为不同群体的利益总是相互冲突。[81]（但这一观点在行为学研究中可能站不住脚:群体倾向于专注已经共享知识的一部分,而不是从事更多的创造性思维。[82] 当群体具有凝聚力时,这种偏见产生一种群体思维的风险。这种群体思维来源于"以任何代价抑制异议和估量共同决策群体中的替代方式,以达成共识的心理驱动。"[83]）这意味着,对于他们的技能,董事应当满足某些共同的标准,以便使对话和决策过程更有效率。根据这种务实的逻辑,董事只对股东负有统一的义务,这反而是更好的例子。任何对义务多样化的承认,都是董事会内部异质化的一个因素,而这可能削弱其职能。

但在实践中,除了对股东更传统的信息义务外,关联方交易的筛选和与利益冲突问题有关的其他问题(自我交易、不公平竞争和获取公司机会)代表了忠义义务的一个重要方面。法域主要将确保遵守关联交易这一责任赋予无利害关系的董事,而且在每一个关联交易中,被认为是无利害关系董事的人都不是同一批人。换言之,这种统一标准的策略与不同的选区战略共同作战,[84]后者规定了对信任关系本质上具有多样性和特定性的义务。

(二)作为不完备合同解决方案的非统一义务

问题是,这些论据是否足以证明将统一义务作为强制性法律是合理的,就像目前(至少在理论上)所调查的所有法域的情况一样。合同经济理论,尤其是不完备合同理论,提供了一个主要论据,至少允许公司在其章程中无须遵循统一义务。行为理论倾向于支持这种观点,因为该观点基于董事的可能行为,而不是忽略这种行为。

1. 经济理论

传统芝加哥学派的公司法经济分析假定,大多数与公司打交道的组织

---

[81] Stephen M. Bainbridge, "Much Ado About Little? Directors' Fiduciary Duties in the Vicinity of Insolvency", 1 *J. BUS & Tech* L. 335 (2007).

[82] Bainbridge (n 81) at 518 – 19.

[83] Irving L. Janis, *Victims of Groupthink: A Psychological Study of Foreign-Policy Decisions and Fiascoes* (1972). 一个著名的群体思想的例子就是 1961 年对古巴的入侵和它所造成的惨败。

[84] See Luca Enriques, Gerard Hertig, and Hideki Kanda, "Related-Party Transactions", in *Anatomy* (n 75) at 153, 174.

受到长期合同的充分保护,从而免受股东或管理者机会主义危害。只有作为公司剩余索取人的股东没有受到此种保护,这就是为什么他们享有剩余控制权,包括对董事的表决权。[85] 然而,经济理论早就认识到,长期合同在大多数情况下是不完备的,因为"完全约定"合同需要确定世界每个可能状态的所有各方的收益,[86]其他原因还包括信息不对称、机会主义和有限理性。[87] 因此,合同不足以向与公司建立长期关系的团体提供足够保障,来保护他们的投资。

在美国公司法背景下,玛格丽特·布莱尔(Margaret Blair)和林恩·斯托特(Lynn Stout)认为,在美国大型上市公司中,董事会通常发挥"协调科层"(mediating hierarch)作用,平衡各个群体利益,并允许他们对公司进行具体投资。[88] 虽然一个"中立"董事会可能是一个股权分散型上市公司治理问题的解决方案,但在"选区董事"自愿加入董事会的情况下,情况可能并非如此。考虑到合同不可避免的不完备性,一个大股东(如风险投资者)对公司的特定投资在某种意义上是很难撤出的,因此他须寻求在公司决策过程中有代表人,以在事先无法明确规定的情况下,在事后能够决定公司所获租金之分配。否则,他不会铤而走险。

同样,职工在董事会上代表的经济依据通常是,工人对某特定公司所投入的人力资本往往具有依附性,难以转移到其他公司。[89] 如果职工较少面临投机

---

[85] Eg, Frank H. Easterbrook and Daniel R. Fischel, *The Economic Structure of Corporate Law* (1991) 10-11.

[86] See eg., Oliver Hart, "An Economist's View of Fiduciary Duty", 43 *U Toronto LJ* 299, 305 (1993) (讨论了通过完备合同提供充分保护的假定,这种假定强调对信义义务的狭义解释).

[87] See generally Oliver E Williamson, *The Economic Institutions of Capitalism* (1985) 43-55; Oliver Hart, *Firms, Contracts and Financial Structure* (1995) 23.

[88] Margaret M. Blair and Lynn A. Stout, "A Team Production Theory of Corporate Law", 85 *Va L Rev* 247, 274 n 57 (1999); see also Hart (n 87) at 306-7(这表明,考虑利益相关者利益的信义义务可以用于维持隐性合同).

[89] Larry Fauver and Michael E. Fuerst, "Does Good Corporate Governance Include Employee Representation? Evidence from German Corporate Boards", 82 *J Fin Econ* 673, 679 (2006). See generally James M Malcolmson, "Individual Employment Contracts", in Orley Aschenfelter and David Card (eds.), *Handbook of Labor Economics* (1999) Vol. 3, 2291, 2311-37(回顾了关于契约对特定投资保护的劳动经济学文献); Egon Franck, Stephan Nüesch, and Jan Pieper, "Specific Human Capital as a Source of Superior Team Performance", 63 *Schmalenbach Bus Rev* 376, 377-81 (2011).

性的薪酬谈判或终止养老金计划的威胁,他们可能更倾向于投资特定技能。[90]也正因此,职工董事可为此提供保障。[91]

在美国法背景下讨论"选区董事",西蒙·塞佩(Simone Sepe)认为,除非事先经过磋商,否则董事会没有自由裁量权向特定董事背后的"资助者"(sponsor)提供任何东西。[92] 如果董事不能代表其资助者的利益,而只能严格追求"公司"或其全体股东的利益,且这项义务被严格执行,那么治理权就无法充分解决如上所述长期合同问题。一个大型的金融投资者如可能要求委任一名代表担任董事,那么他必须在所有可预见未来情况下明确规定他的权利和义务。那么问题来了:鉴于长期合同必然是不完备的,潜在投资者的利益往往得不到充分保护,这可能会阻碍投资或促使投资者要求收取较高的风险溢价。职工代表也是如此。如果没有职工董事,他们可能也不愿意投资公司特定的技能。考虑到不完备合同的缺陷(类似的适用于法律规则),合同甚至强有力的劳动法对此也回天乏力。

同样,面对现实中提名董事的此类商业实践,法律必须在合同解释的范围内予以承认。有学者指出:如果公司条款规定了股东提名董事的权利,则应将此理解为规定了以下隐含意思:当事人同意,对股东的特殊责任在于保障公司的整体利益。[93] 如果公司成员有权提名董事,那么这些董事很可能必须这样做以代表他们的提名人利益。因此,这似乎与缔约方无视这些利益的意图背道而驰。

2. 行为理论的教训

此外,人们认识到理性也是有限的:认知偏见也会影响实践中的行为。考虑到董事个人的忠义,他们可能不会故意做出一个决定。但在某些情况下,有理由

---

[90] Eg, Thomas Eger, "Opportunistic Termination of Employment Contracts and Legal Protection Against Dismissal in Germany and the USA," 23 *Int'l Rev L & Econ* 381, 384 – 5 (2004); John C Coffee, Jr, "Shareholders Versus Managers: The Strain in the Corporate Web", 85 *Mich L Rev* 1, 70 n 194 (1986); see also Martin Gelter, "The Pension System and the Rise of Shareholder Primacy", 43 *Seton Hall L Rev* 909, 937 – 41 (2013).

[91] Eg, John T. Addison and Claus Schnabel, "Worker Directors: A German Product that Did Not Export?", 50 *Indus Rel* 354, 358 (2011).

[92] Sepe (n 11) at 342 ff.

[93] See Elizabeth Boros, "The Duties of Nominee and Multiple Directors", 11 *Comp Law* 6 (1989) and 10 *Comp Law* 211; Philip P Crutchfield, "Nominee Directors: The Law and Commercial Reality", 12 *Comp Law* 136 (1991); Pey-Woan Lee, "Serving Two Masters", 2003 *J Bus L* 449.

相信这样的忠义会使基于心理机制的行为遭受扭曲。根据“义务统一性”(duties uniformity)原则,愿意履行职责的董事因其自己通常也未意识到的心理偏见可能会陷入左右为难的困境。特别有趣的是,这种现象在不完备合同背景下更容易发生。

我们首先必须承认,在公司法和董事会背景下这方面的实证研究资料实在是屈指可数,因为学界对此研究主要集中于董事独立性,而非我们这里所探讨的董事是否代表了公司之外其他特定选区。[94] 更为重要的是,对某些选区董事进行如下两方面影响进行实证研究困难重重:[95]一方面是摆脱所有权权益或信用关系的影响,另一方面则是对董事会代表的影响。

即便如此,仍有一些实证证据表明,董事会成员的这种异质性对公司有所影响,一些实验也表明,银行代表对企业的各种特性,如资本结构也会产生一定的影响。[96] 此外,在职工董事方面,也有文献表明,德国的共同决定制度证实了他们确实会如此做。[97] 盖瑞·戈顿(Gary Gorton)和弗兰克·施密德(Frank Schmid)的一项著名研究经常被批评者引用,他们发现,受最严格制度束缚(50%的董事会成员由职工担任)的公司交易价格比职工董事仅占据三分之一的公司低31%。[98] 拉里·福弗(Larry Fauver)和米契尔·福尔斯特(Michael Fuerst)合写的一篇论文则发现,较少干涉的制度(三分之一的董事会成员是职工代表)对公司有积极效果,但这一结果具有行业特定的局限性。[99] 还有一个研究由菲利克斯·菲茨罗伊(Felix FitzRoy)和柯内留斯·卡拉夫特(Kornelius Kraft)进行,他们发现,1976年德国引入共同决定制后,生产力略微提高。[100] 这

---

[94] See eg. ,Sanjai Bhagat and Roberta Romano,“Empirical Studies of Corporate Law”, in A Mitchell Polinsky and Steven Shavell (eds.),*Handbook of Law and Economics* (2007) Vol. 2,945,992 – 5.

[95] See Gorton and Schmid (n 33) at 66(由于内生性的担忧,不使用董事会上的银行代表作为解释变量).

[96] Daniel T. Byrd and Mark S. Mizruchi,“Bankers on the Board and the Debt Ratio of Firms”, 11 *J Corp Fin* 129 (2005).

[97] 有关经验证据的更全面的综述,参见 Addison and Schnabel (n 91) at 361 – 9。

[98] Gary Gorton and Frank A. Schmid, “Capital, Labor and the Firm: A Study of German Codetermination”, 2 *J Eur Econ Ass'n* 863 (2004).

[99] Fauver and Fuerst (n 89) at 679.

[100] Felix FitzRoy and Kornelius Kraft,“Co-determination,Efficiency and Productivity”, 43 *Brit J. Indus Rel* 233 (2005); see also Thomas Zwick,“Employee Participation and Productivity”, 11 *Lab Econ* 715 (2004)(发现由于车间员工的参与而导致生产率提高);but see Olubunmi Faleye, Vikas Mehrotra and Randall Morck,“When Labor Has a Voice in Corporate Governance”, 41 *J Fin &Quant Anal* 489 (2006)(表明在美国公司中,当员工持有可观数量的股票时,其可能损害其他股东利益而牟利).

里显然不会对职工参与制度进行整体评价，但上述证据表明，无论何时何地，职工董事的引入，多少总会产生不同的效果，这很可能是由于股东与职工的分配不同所造成。

从更为理论层面看，有些假设可能基于更一般的行为研究。从法律角度看，由于公司法中的实质性结果审查日益减少，决策过程的充分性往往受到更多的重视。这种趋势被理解为：(1)需要灵活性和风险承担等，以及(2)法院不能事后诸葛亮，无法对商业决策进行事后批评的必然结果。由于董事会乃基于个人的集合，因此社会心理学的理论可能有助于我们理解这些团体的决策过程，并指出由于这些团体的特殊多元化的聚集而产生的潜在后果。

我们可以首先强调，集体决策已被证明是一个复杂过程，迄今为止，还没有一种单一模式来整合所有已经确定的主要因素。[101] 但是，在这诸多因素中，决策的特征(如其重要性或时间压力)、背景以及群体结构扮演了至关重要的角色。心理学家特别沿着两个维度来区分群体决策过程，即群体凝聚度和同质性。该特性会影响据以做出决策的那些规则，多数人规则只是一个选择。加权线性组合模型能更好地解释以下情况的决策过程：(1)需要积极的凝聚共识；(2)可能的结果是连续的。在这种情况下，这些群体成员的意见将获得更多的权重，其位置也更接近群体中心。[102] 这也意味着群体成员的影响力与其在该群体的代表强度成正比例。换言之，随着一个人变得更具有认知力，从群体协议可获得专门知识，该人也越具有影响力。

具体到本文，这一发现倾向于表明，具有一技之长的董事会成员在涉及他们专长的董事会决策中更具有影响力。在这模型中，即替代中间组决策模型，异议人可能的温和影响也被稀释不少。[103] 这反过来可能证明，如果存在一个主导群体，由某一特定利益相关者群体提名的职工董事和其他董事在决策中也可能只有边际影响。

---

[101] Ramon J. Aldag and Sally R Fuller, *Beyond Fiasco: A Reappraisal of the Groupthink Phenomenon and a New Model of Group Decision Processes* (1993).

[102] J. H. Davis, P. Zarnoth, L. Hulbert, W. P. Chen, C. Parks, and K. Nam, "The Committee Charge, Framing Interpersonal Agreement, and Consensus of Group Quantitative Judgment", 72 *Org Behav & Hum Dec Proc* 137 – 57 (1997).

[103] Susan T Fiske, *Social Beings-Core Motives in Social Psychology* (2nd edn. ,2004) 520. 这与群体极化现象的发现不谋而合。

群体决策可以了解个人的态度,因为人们了解群体中其他成员的态度后,可能会倾向于遵循群体愿望。[104] 因此,群体所做的决策可能要比群体个别成员的原始偏好更具风险。[105] 这些发现往往使董事会有时试图实现微妙权力网与反权力的有效性。

这种顺从偏见(deference bias)可能会使董事在参与集体决策过程中有所扭曲。为了使董事会决策具有中立性,公司治理需要进行全面结构性调整。比如,兰德尔·默克(Randall Morck)[106]就支持在公司治理中,董事会主席与首席执行官相分离。根据他的分析,董事很可能会不停地服从权威("顺从"命令),这已被米尔格拉姆(Milgram)的经典社会心理学实验所证实。[107] 这种对董事影响的过度顺从需要功能分离才能有效阻止。然而,米尔格拉姆的实验并不是在公司环境中进行,因此这一研究推断并不十分有力。

其他实证研究也与董事通常负有保密义务有关,这些保密义务禁止他们与提名人共享公司非公开信息。[108] 长期以来,信息共享一直是关于德国共同决定制度论争的一个主要问题。学者认为,监事会职工代表的存在,阻碍了公司管理层(特别是首席执行官)与监事会共享信息。[109] 首席执行官与监事会主席经常担任重要角色,他们可能决定某些信息(如关于拟议的裁员)不应与职工代表分享,以防止这些信息可能泄露给工会、政治家或商业媒体。因此,有人认为,缺乏持续的信息流动削弱了德国监事会职能。也有人认为,职工参与可以消除高管和其他员工之间的一些信息不对称,进而降低集体谈判的成本和罢工发生率。[110] 知情的员工不太可能反对必要的重组。[111] 此外,一些(训练有素的)员工

---

[104] Fiske (n 103) at 518.

[105] See the classic experiment, Michael A Wallach, N Kogan, & D J Bem, "Diffusion of Responsibility and Level of Risk Taking in Groups", 68 *J Abnormal & Soc Psych* 263 - 74 (1964).

[106] Randall Morck, "Behavioral Finance in Corporate Governance: Economics and Ethics of the Devil's Advocate", 12 *J Mgmt & Gov* 179 - 200 (2008).

[107] Stanley Milgram, *Obedience to Authority: An Experimental View* (1974).

[108] 关于美国的情况,参见 Cyril Moscow, "Director Confidentiality", 74 *L & Cont Probs* 197 (2011); Sepe (n 11) at 335; 关于德国的情况,参见 AktG § § 93(1),116。

[109] See, eg. , FitzRoy and Kraft (n 97) at 236(引用研究表明,信息有时会被故意隐瞒); Mark J Roe, "German Codetermination and German Securities Markets", *Colum Bus L Rev* 171 - 75 (1998).

[110] Gérard Hertig, "Codetermination as (Partial) Substitute for Mandatory Disclosure", 7 *Eur Bus Org L Rev* 123, 127 (2006).

[111] Hertig (n 110) at 130.

也可能为董事会提供宝贵的信息。[112]

可见,董事及其提名人之间的信息共享是一把"双刃剑",它既有风险,但在某些情况下对公司也可能大有裨益,因为信息总是双向流动的。

两个众所周知的认知偏见可能会强化代表董事的行为,这些行为与受选区影响的敏感信息共享相关,默克[113]提供了一些其他心理倾向,可能加强对内部权威的顺从。特别是,互惠倾向可能会导致董事会成员有意或无意地推迟加入董事会的邀请和接受会员资格。

此外,群体内或群体外偏见可能会导致成员拒绝外部产生的针对董事会"团体"中其他人的威胁,特别是在董事之间已建立相当密切的工作关系之后。

鉴于上述原因,"统一标准策略"(uniform standards strategy)与股权结构分散、董事会相对独立且与特定利益群体隔离的大型上市公司相符合。特别是在我们看待股东时,"多元化选区策略"(diverse constituency strategy)可能更倾向于与拥有多个大型投资者的公司相对应。

三、结论

从理论角度看,现行公司法似乎与董事会可能的理想选区利益代表格格不入。赞同非统一义务的论据似乎比支持统一义务的更具说服力,然而,积极的公司法所施加的限制可能并不重要。换句话说,公平不会受标准义务策略(uniform duty strategy)既定偏好的影响,这是为什么?除法律逻辑外,监管局所面临现实与此利害攸关。公司法涉及双重现实:公司行为者务实,并准备在其所承担的拘束中留下空隙,以便使公司能够更好地发展演变。出于相同目的,他们热衷于选择一些比其他人更为勤奋执行的规则。法律对保密义务规定比较严格,将当前强制性董事义务高强度转变为默认性规则,保密义务就发挥作用,因为这将有助于推动风险资本家与公司之间的相互投资。

此外,期望董事和执行公司目的也相对罕见,因此,本章所提出的悖论破解

[112] Margit Osterloh and Bruno S. Frey, "Shareholders Should Welcome Knowledge Workers as Directors", 10 *J Mgmt & Gov* 325, 330 (2006); Hertig (n 110) at 128.

[113] Morck (n 106).

其实并没有那么重要。由不同董事代表的不同选区之间可能产生的大多数利益冲突法院也不太可能深入审查。比如,一般认为,美国股东首要规则(shareholder primacy norm)*无法被强制执行。罗伯特·克拉特(Robert Clark)认为,在著名的*Dodge v. Ford*案中,亨利·福特(Henry Ford)的错误并不在于他做决定,而在于他所声称的社会动机。[114] 大多数可能在股东和工人之间重新分配的决策,例如向员工提供什么好处,工厂是否关闭,或者如何与工会讨价还价,通常都将受到商业判断规则的庇护。[115] 对于股东和债权人之间的主要利益冲突,即公司适当的风险水平(一般来说,比起债权人,股东更会采取高风险决策),也可以说是一样的。正如道格拉斯·贝尔德(Douglas Baird)和托德·亨德森(Todd Henderson)解释的那样,"董事会甚至可以采取故意以股东利益为代价而使债权人受益的行动,只要该决定基于事实、深思熟虑、善意且不与大多数董事的个人利益相冲突"。[116]

在不同股东群体利益出现冲突情况下,个中界限更是难以划分。例如,根据特拉华州法律,代表风险资本家的董事在涉及公司与该股东的交易中不会被法院视为无利害关系,这就是为什么该董事参与的自营交易决定将受到完全公平原则的审查。[117] 如果一项交易将会给股东提名人带来利益,那么该股东的董事代表不得参与该交易决定,以促进其提名人的利益。要求董事促进"企业利益"或更广泛的公司选区利益的公司目标将使法院更加举步维艰、难以作为。[118]

因此,缺乏强制执行具有严格约束力的公司目标,会留下相当大的决策空

---

* 股东首要规则是指公司董事为股东最佳利益决策负有信义义务,这是公司董事做商业决策时首要考虑因素,也是股东利益最大化理论的体现。——校者注

[114] Robert C. Clark, *Corporate Law* (1986) 603; see also Jonathan R. Macey, "A Close Read of an Excellent Commentary on Dodge v. Ford", 3 *Va L &Bus Rev* 177,182 (2008); Christopher M Bruner, "The Enduring Ambivalence of Corporate Law", 59 *Ala L Rev* 1385,1419 (2008)(其指出,正因福特声称股东利益只是附带利益,股东优先性才被讨论)。

[115] Stephen M. Bainbridge, "Director Primacy: The Means and Ends of Corporate Governance", 97 *Nw U L Rev* 547,582 (2003); see also Einer Elhauge, "Sacrificing Corporate Profits in the Public Interest", 80 *NYU L Rev* 733,775 (2005)("因此,即使是道奇,利润最大化的义务的高潮线,表明没有这样的可执行义务存在"); Macey (n 114) at 181,190.

[116] Douglas G. Baird and M. Todd Henderson, "Other People's Money", 60 *Stan L Rev* 1309,1322 (2008).

[117] Veasey and Di Guglielmo (n 1) at 770; Smith (n 30) at 62 – 3.

[118] See eg. ,Mariana Pargendler, "State Ownership and Corporate Governance", 80 *Fordham L Rev* 2917,2935 (2012)(指出巴西公司法的广泛目标符合政府作为控股股东的需要).

间由董事填补，董事会深谋远虑的结果显然取决于董事如何被提名与任命。由于公司法没有提供一个明确和可执行的目标，因此可以得出结论，应当从程序性而非实质性地理解“公司利益”。换句话说，董事义务的施加主要源于公司目标，公司目标本身则是董事会决策过程的产物。[119] 董事们在很大程度上通过审视公司目标来确定忠义义务的具体内容。由此而看，董事义务实质上是由董事本身确定的。[120]

受具有资本和职工代表的德国监事会启发，[121]对公司利益的这种理解符合各种条件的“选区”或“被提名人”董事的各种情况。无论如何定义，公司利益主要是由董事会审议决定。之所以允许特定类型的董事，目的在于可将他的选区利益纳入公司政策的决定当中。很有可能，不同成分的董事会将根据所代表选区，在具体案例中形成完全不同的“企业利益”。

---

[119] See Andrew S. Gold, “A Decision Theory Approach to the Business Judgment Rule: Reflections on Disney, Good Faith, and Judicial Uncertainty”, 66 *Md L Rev* 398, 436 (2007)（主要由于商业判断规则，董事在解释公司的“最佳利益”时，可自由行使广泛的酌情决定权）; Andrew S Gold, “Dynamic Fiduciary Duties”, 34 *Cardozo L Rev* 491, 493 – 4 (2012)（讨论公司信义义务的不确定性，并建议允许董事从一系列公司受益人中选择）; see also Lionel Smith, “The Motive, Not the Deed”, in Joshua Getzler (ed.), *Rationalizing Property, Equity And Trusts: Essays In Honour Of Edward Burn* (2003) 53, 70 – 1（特别提出在美国和英联邦管辖区，法院要求董事以他们认为符合公司最大利益的方式行事，而无须考虑其行为本质）.

[120] 可以说，近年来，特拉华州法院对于善意概念的发展可能会减少这种自由裁量权，要求对信托的受益人给予肯定的奉献，从而超越了对冲突交易的忠义义务的传统关注点。Cf. *In re Walt Disney Co Derivative Litigation*, 907 A 2d 963, at 755 (Del Ch 2005); *Stone v. Ritter* 911 A 2d 362, 370 (Del 2006); see Sean J Griffith, “Good Faith Business Judgment: A Theory of Rhetoric in Corporate Law Jurisprudence”, 55 *Duke LJ* 1, 19 – 21 (2005)（解释了在迪士尼一案中，善意义务如何超越了忠义和注意义务的要求）; Andrew S Gold, “The New Concept of Loyalty in Corporate Law”, 43 *UC Davis L Rev* 457, 461, 468 – 70 (2009)（解释了善意行为的要求如何扩大忠义的信义义务）.

[121] See Habersack (n 18) Vor § 95 para. 13（“共同决定旨在维护职工代表的利益，其将职工所关心之事纳入董事会决议范畴，并且允许监事会和董事会在其自由裁量范围内参与这些决议。换句话说，这是对企业利益的程序性理解”[自翻译；原文强调]）; Friedrich Kübler, “Dual Loyalty of Labor Representatives”, in *Corporate Governance* (n 18) at 429, 440（“企业利益只能要求公司管理层充分尊重不同的需求和利益；而不能审查或纠正商业决策的实质”）。

第十六章　代理的受信特征和指令的解释

黛博拉·A. 德莫特(Deborah A. DeMott) *

引　言

围绕代理法适用的争议,常常涉及代理人不足之处,但委托人仍需在法律上对代理人行为负责。代理学说将委托人的责任建立在委托人控制代理人的权利或权力的基础上。委托人基本控制机制规定是对代理人指令,指令也可由其他人来补充,要么最初行为开始时代理人有权代表委托人行事,要么之后在委托代理关系存续期间有权代表委托人行事。[①] 本文关注代理人应当如何解释那些指令。代理人对委托人的信义义务为解释和评估代理人的回应行为提供一个基准。信义基准要求代理人合理地根据如代理人所理解的委托人意愿解释指令,当代理人必须决定采取什么样行为时,聚焦解释代理关系的独特性。信义基准不允许代理人未经委托人同意,利用委托人指令中的漏洞或有争议的模棱两可来扩展代理人自身或第三方利益。在定义代理中控制的基础重要性,[②]以及控制指令的核心地位,使代理作为一个普通法主题与众不同,尤其将

---

* 我是 2006 年完成的代理法重述(第三次)[*Restatement* (*Third*) *of Agency*]的汇编者。本章中的一些观点和示例源自重述项目或我未发表的论文,"指令和代理关系,"在 Kent Greenawalt 的 *Legal Interpretation*: *Perspectives from Other Disciplines and Private Texts* (2010)中讨论过。感谢 Greenawalt 教授的回应。

① 更正式的定义是,指令明确"一个获得授权的人如何行使赋予的权力。"Scott J. Shapiro, *Legality* (2011) 228. 重复指令和最初的授权声明符合普通法的代理原则。

② 正式表述:"当一个人(委托人)表现出对另一个人(代理人)的同意,代理人应以委托人的名义采取行动并服从于委托人的控制时,就产生了一种信义关系。"*Restatement* (*Third*) *of Agency* (2007) § 1.

它与其他传统上被视为信义的类别(如信托)区分开来。忽略或轻视指令之重要性的代理法解释是不完全的,因为它们没能解释关于代理关系如何运转的确定原则和很难错过的事实。

聚焦于代理人对来自委托人的指令的解释同时解释了代理作为一种机制的相对缺陷,通过这种机制一个人可能约束自己,可能不会考虑外部环境的未来变化,或不会考虑委托人自身的偏好。委托人终止授权代理人或取消先前指令的权力源自代理关系之代表性特征,即保持独立人格,代理人发挥作为法律上显著的委托人延伸功能,还有源自委托人没有能力预见代理人动机的转变,以及更普遍的是没有能力预见代理人在将来可能如何行为。虽然代理学说没有将委托人视为随着时间的推移个体上不连续,但其也没有将委托人在先的偏好或目的置于代理人合理地理解委托人在代理人决定如何行为的当时所具有的偏好或目的。应当如何理解委托人指令,代理人必须决定采取何种行为时视情况而定,还基于委托人在当时希望代理人怎么做的诚实评估。这种评估具有假设的特性,即作为委托人的代表,代理人应当旨在“犹如”委托人亲自实施行为那样,像委托人“应该”行为一样。这才足以实现代理人义务,尽管作为历史事实,委托人并没有特别“同意”代理人的行为。并且,作为委托人的延伸,将代理人义务作为忠诚解释之一,旨在准确反映委托人代理人决定怎么做时会如何行为。③

为拓展这些观点,本文通过一系列针对信义基准检测代理人对指令解释的示例继续分析:尽管是不完全明确表达的指令;明确授予代理人自由裁量权的指令;在代理人行为之后给予授权的指令;以及取消在先指令或一并撤回授权的指令。之后是对代理学说另外两种解释的连续讨论(cumulative discussion),评估它们对于代理人应当如何解释指令的意义。

③ 代理例证一项可以扩展委托人自主权的私法制度。在它的独特特点中有一种理论,允许一种受制于不断修正的自我授权形式,当委托人希望这样时。关于自主权增强的制度,参见本章的 H Dagan 与 S Hannes。可以肯定的是,“延伸”和“权威”的词汇可以更广泛地分析信义关系。参见本章的 P Miller。普通法代理规则直接在委托人身上施加的法律后果,即代理人所采取的行动的法律后果,假定代理人继续受到委托人的控制,从而形成一种独特的“延伸”形式。

一、明确的但不完全的指令

大部分授权和临时指令的表达在详细说明代理人应当做什么和不应当做什么方面不管怎样都是不完全的，区别于对代理人自由裁量的明确授权。尽管行为可以不通过使用言词表达意思，如当委托人指向一幅画，代理人应当试图在拍卖会上为委托人购买此画，本文关注的是语言表达，其是法律解释说明的典型。诚然，不是所有指令需要在产生关于委托人意思的真正怀疑层面进行解释；代理关系世界要求对语言进行比将所有的表达行为视为要求解释更为普遍的理解，因为怀疑总是可能的。④ 然而，尽管委托人的指令作为语义问题在含义上没有引起真正的怀疑，但代理人必须总是决定做什么以给予回应。⑤ 代理人的处境引发问题，即使当它们通常不会表现为解释时。

（一）明确表达的指令（Categonically stated instructions）

第一，考虑在表面上是明确的一项指令。P 拥有一家商业性动物园，雇用 A 作为其经理。⑥ P 对 A 说，“不再买马了。”如果 A 在此之后以 P 的名义签订一份合同，约束 P 从马匹交易商 T 那里购买一匹马，A 是否依从 P 处获得的授权行为？⑦ 最可能的答案是否定的，但对 A 的购买仍然可能存在解释，尽管 P 的意思是相反的。首先，A 所理解的 P 的指令可能不如 P 所确信的那样清晰。不够清晰有多种形式。假设 P 更为口语地说，“我不再喜欢马了。”这没有向 A 明确地表达一项指令，A 可能理解为 P 是在谈论无关动物园营业的喜好和选择。独立地看，P 的指令本身没有定义“马”，这可能促使 A 怀疑 P 是否应当被理解为禁止购买矮种马、斑马，或者为动物园礼品店购买玩具马。独立地看，如果 A

④ M. Stone，“Theory，Practice，and Ubiquitous Interpretation：The Basics”，in Gary A. Olson and Lynn Worsham（eds.），*Post-Modern Sophistry：Stanley Fish and the Critical Enterprise*（2004）43，51，66.

⑤ 尽管有人可能认为这是一种解释方式，参见 Kent Greenawalt，*Legal Interpretation：Perspectives from Other Disciplines and Private Texts*（2010）223，并且正如 Gadamer 所言，法律规范的应用“不可避免地涉及判决和创造新的意义”（Greenawalt at 161）。

⑥ “P”和“A”是传统的示意人物，与“A”相互作用的“T”亦是。

⑦ 关于这个基本场景的几种不同形式，参见 *Restatement（third）of Agency* § 2.02 cmt g。

有理由知道 *P* 特指地使用“马”一词,这种对“马”的理解约束 *A* 的权力。[8]

(二)情势变更(changed circumstances)

第二,P 的指令没有表明 A 应当多么绝对地或无条件地理解它。如果情况发生变化,对于 A 来说决定做什么可能是必要的。如果当动物园里现有的一匹马死掉时 A 买了另一匹马,那么 A 会违反 P 的指令吗? 即 A 应当将 P 的担忧理解为动物园的物种序列,或者更加字面地和狭隘地理解为对购买马的禁止吗? A 可能同时怀疑 P 的担忧是否是马本身,或者也涉及相对价值的金钱问题。假设 A 有理由相信从 T 那里购买的马比 T 所要求的价格更加值钱。如果 A 尝试着向 P 证明购买作为一项交易是正当的,P 可能回应说“这不是重点。你的权力是购买动物进行展览,不是投资或交易——我所拥有的是一家动物园,不是动物的共同基金。”因此,A 对 P 的整体目标的理解才是关键。P 可能要求记住在维特根斯坦(Wittgenstein)著名例子中说话者所说的:“‘向孩子们展示一种游戏’,一名听者便教孩子们‘掷骰子游戏’。”[9]说话者反驳说,“我不是指的那种游戏”,其可能暗示听者误解了指令的关键点或说话者与正在接受如何用骰子赌博之教育的孩子们的关系,或者暗示听者拥有与说话者已知的目标不相一致的动机。

代理人经常通过向委托人寻求说明来解决此类问题。实际上,一个谨慎的第三方通常会与委托人确认代理人权力的性质和范围。许多老的涉及此类问题的代理案例均表现出代理人和委托人被物理上的距离所分开的特点,缺乏有效的快速沟通方式。[10] 然而,现代技术所提供的寻求并获取说明的理论上的能力并不意味着此种说明总是会发生。不是所有从事工作的代理人都配有手机

---

⑧ *Restatement (Third) of Agency* § 2.02,cmt e.

⑨ Ludwig Wittgenstein,*Philosophical Investigations*,trans G E M Anscombe (2nd edn.,1958) 33 n. Wittgenstein 继续谈道,“当他对我下令时,难道他就没有想到要把比赛排除在外吗?”

⑩ Eg,*Butler v. Maples* 76 US 766 (1869). 与物理距离有关的一个结果是,委托人无法及时得知代理人已经违反指令,如 *Short v. Skipwith* 22 F Cas 9,10 (CD Va 1806) (Marshall CJ)。当委托人指明的投资之市场价值在迟延期间增加时,代理人未能及时执行委托人的指令,将给委托人造成损失。*Short* 案也阐明了代理人有义务遵守指令的重要性;代理人是委托人的朋友,在投资方面并不是专业人士。法院认为(at 10),“当然不能期待一个人在被告所处的情形下,能够与一个具有执业资格证书的专业交易商以明确而熟练的方式执行原告的指令;但能够期待原告的命令不被违反,而且他的远程情况增加了不能完全忽视他业务之任何部分的义务。”感谢 Peter Fish 提供这个参考。

或者在其他方面与他们的委托人进行持续的交流，代理人对说明的要求可能在某种情况下阻碍工作的有效执行。而且，无论什么样的合同模式，代理人都有可能寻求说明，但委托人可能不会回应，因为委托人太忙或希望代理人自己做出决定。[11] 委托人可能原本打算回应，但忘记了这样做；如果委托人是一个组织，无意从常规工作的延误可能导致未能提供所要求的说明。委托人可能试图回应，但回复走丢了，无论是在邮件、传真机中，或在网络空间中。

当代理人的行为依具体情况根据代理人所理解的委托人之当前意愿是合理的时候，代理学说保护代理人和第三方。代理学说的此种维度通过明确地排除根据变化了的情况更新先前指令的必要简化委托人的事务。[12] 不过，情况发生变化，紧急的情况可能允许更为广泛的关于委托人指令的代理人之理解。例如，离开动物园转向军事示例，假设一位指挥官告诉他的军队去巡查一个地区，但要避免与敌人的军队交锋，不接受战俘。如果巡查队偶然碰到敌人的上将，没有防备，鉴于武装战斗的整体目标，可能最初会认为俘获将军是合理的。[13] 在一些情形下，代理人可能合理地相信采取行为实现委托人最重要的目标之必要或机会应当被理解为扩展了代理人的权力。对于代理人来说这可能是一个冒险的选择，因为委托人可能事后不同意代理人关于委托人之最重要的目标所要求之内容，或甚至关于其本质可能是什么的评估。而且，委托人可能拥有代理人没有的信息，且委托人已经决定向代理人隐瞒这些信息。在军事示例中，可能指挥官知道高层和平谈判正在进行，但没有告诉巡查队的负责人。俘获敌人的上将可能破坏和平谈判，并且可能促使军事法庭审判，而不是授予巡查队负责人一枚勋章。

（三）违反指令（departure from instructions）

第三，代理人有时违反指令，很好地理解在即时情形下委托人希望做什么，因为代理人相信委托人的指令是被误导的。回到动物园的例子，假设 A 签订合同从 T 那里购买马，完全如 P 意指的那样理解 P 的指令，但相信指令从动物园

---

⑪ 或许委托人可能承认询问但明确拒绝答复。参见 *Garriock v. Walker* 1 Rattie 100（Sess 1873）。

⑫ 关于一个支持当前流行的法定解释之缺省规则的相关观点，参见 Einer Elhauge，*Statutory Default Rules：How to Interpret Unclear Legislation*（2008）45。

⑬ 这个例子归功于 Mel Eisenberg。

本身的立场来看是一种错误。在A方面看起来狂妄自大的做法可以有几种解释。A也许基于为P工作的经验知道P习惯于发出指令,而如果有人按照指令实施行为P之后又会后悔。在A忽视P的指令后,P赞赏A的良好判断。[14] 当然,对于A来说在A实施行为时评估任何具体的指令可能都是困难的且冒险的。A冒险忽视P打算认真对待的指令,正如在军事示例中巡查队负责人冒险采取行动,违背当时掌权者所理解的组织目的。

当委托人不是个体时情况更加复杂。假设P不是动物园的所有者,但是一家动物园股份有限公司的首席执行官。P是A组织上的上级,不是A的委托人;普通法上的代理法将两者视为普通股份公司的合作者。[15] A可能违反P的指令,因为A相信其是P关于现金养护战略的一项内容,使动物园股份有限公司能够支持新的A认为不牢靠的商业投资。或者P的计划,如A理解的,要求从马转换到外来的动物,可能以上涨的价格从P那里购买。在任何一种情形下,A通过购买马违反了A之组织上级的指令。A对动物园股份有限公司之利益的忠义义务能够证明A的行为是正当的吗?如果A只是不同意P的商业策略,尽管这可能是出于A在组织生存中的长期利益考虑而不赞同P的计划,A在购买马的问题上不能被证明是正当的。动物园股份有限公司的组织结构分配权力以做出商业战略性决策(其中一些很可能结果是错误的)对于P而不是对于A。A可能从动物园股份有限公司辞职,或寻求内部的重新分配,或尝试说服P的上级撤销P的禁令,但如果这些方法失败了,A仍然处于原来的位置,A应当遵从其直接上级的命令。当P的指令在A看来是P自我交易计划的组成部分时,其他问题随之产生。在动物园股份有限公司中可能有其他的途径,A应当继续追查,如联系公司的董事会、股东或法律顾问。此外,当P命令A做某事而不是禁止某项行为时,A忽视P的指令之正当性证明也许更加引人注目。[16] 如果A断然地实施行为,从P那里以A知道的上涨价格为动物园股份有限公

---

⑭ 在理论术语中,委托人支持代理人偏离指令的一贯做法是通过暗示增大代理人的实际权力实现的。*Restatement* (*Third*) *of Agency* § 2.02, cmt e.

⑮ *Restatement* (*Third*) *of Agency* § 1.04(9) & cmt i.

⑯ 代理人没有义务按照指令执行违法行为。参见 *Restatement* (*Third*) *of Agency* § 8.09(2)。

司购买外来动物,A 似乎帮助和支持 P 违反信义义务。[17] 如果 A 听从 P 关于避免采取行动的指令,如购买一匹马,A 很可能与 P 违反义务没有那么紧密和必然的联系。

(四)字面遵从(Literal compliance)

在离开这个绝对禁止的示例之前,考虑依照禁令的字面理解实施行为是否会必然使 A 尽到对 P 的义务。假设 A 听从 P,没有再为动物园购买更多的马匹。在 A 的空闲时间,A 开设了一家仅展示马的特别动物园,并且意识到 P 的动物园可能不再对马的粉丝具有吸引力。或者 A 向 P 已经形成的竞争对手透露消息说 P 可能放弃马。A 对 P 的指令之字面的遵从,没有给予 A 做其他与 A 和 P 的关系范畴相关的不符合 P 的利益的事情之特权。[18] 另外,A 作为代理人的职责要求在为 P 实施行为时向 P 披露所获取的相关信息。[19] 如果 A 知悉 P 的竞争对手正在开发马的展示,A 应当告诉 P。简言之,A 对 P 的指令之字面的遵从不能排除 A 对 P 的信义义务。

(五)非代理关系

代理人对委托人的义务与那些和委托人之间的关系仅由一个或多个约定交易构成的人所负义务形成鲜明对比,无论这些交易涉及商品、服务,还是其他有价值的东西。A 在这方面与前述提到的第三方马匹交易商 T 的关系有所不同。作为 P 的马匹供应商,T 对 P 的义务是提供符合 T 所担保之质量的供 P 购买的马匹。如果他们的供应关系已经有较长的历史,其可能比有 A 的介入更能使 P 获得成功。但是 T 并没有承诺为 P 的利益实施行为,其可以自由实施 A 作为 P 的代理人不能自由实施的行为。除非 T 明确同意不这样做,否则 T 可以向 P 的竞争对手提供马匹,也可以开设竞争性的动物园。T 对 P 不负有揭示相关

---

[17] 有意协助受信人违反忠义义务是一种侵权行为。*Restatement* (*Second*) *of Torts* (1979) § 874, cmt c and § 876 (b).

[18] *Restatement* (*Third*) *of Agency* § 8.04(与委托人竞争或协助委托人的竞争对手违反忠义义务的代理人).

[19] See, eg., *Evvtex Co v. Hartley Cooper Assocs, Inc* 102 F 3d 1327, 1333 n 7 (2d Cir 1996); *Restatement* (*Third*) *of Agency* § 8.11.

信息的义务,如关于 P 的竞争对手,除非扣留信息构成欺诈。[20] 同样地,如果 T 不是马匹交易商而是一名 P 在动物园中雇用的服务提供者,如一名兽医,T 不是 P 的代理人。T 的义务是遵守相关的注意标准。如果 P 依赖于 T 的建议并且信任 T,P 可能试图认可 T 应当被视为受信人,例如,如果 P 应 T 的邀请依赖 T 关于买什么动物的专业建议,[21]那么 T 未披露的自我交易可能成为问题。相比之下,A 的信义义务并不取决于 P 是否能够认可 P 事实上信任并依赖 A,因为代理学说直截了当地通过将所有代理人视为在关系范围内行为的受信人来进行运转。

二、明确授予自由裁量权的指令

(一)自由裁量权

一项指令在表面上可能给予代理人决定做什么的自由裁量权。委托人可能基于许多原因构造一项最初的授权或一个中间的指令。委托人可能相信代理人的高级训练会使代理人更好地处于在相关时间决定做什么的位置。[22] 独立地看,委托人也许希望不再受到代理人的打扰,也许希望代理人不要寻求说明。委托人也可能相信,鉴于代理工作的本质,不可能事先明确表达所有可能发生的意外情况以及它们应当如何解决。更为具体地说,动物园的所有者 P 可能告诉其经理 A:“我们需要扩大动物园。我授权你花费 100000 美元在增加动物上,如果你认为合适。”然后 A 购买了大象、长颈鹿和眼镜蛇。在知道 A 做了什么后,P 消极地给予反应。P 首先说,“在我看来,这些种类不会吸引成群的人。”然而,P 已经明确地将自由裁量权分配给 A 以利用 A 的判断,需要承担其事后可能不符合 P 所认为的且 P 原本会决定做的事的风险。或者,P 给出反应,“眼镜蛇! 你知道的,我一直拒绝展览蛇。太危险了。”尽管表面上看 P 的陈

---

[20] 例如,T 必须披露出售给 P 的马匹存在的关涉交易基础事实的不明显缺陷,在这种情况下披露被合理期待。*Restatement* (*Second*) *of Torts* (1977) § 551(e).

[21] 关于在非宗教信义关系中施加忠诚义务,参见 D DeMott,“Breach of Fiduciary Duty: On Justifiable Expectations of Loyalty and Their Consequences”, 48 *Ariz L Rev* 925 (2006)。

[22] K. Greenawalt,“From the Bottom Up”, 82 *Cornell L Rev* 994,1020 (1997).

述仅对A做出金钱上的限制,但A不能自由地忽视A所知道的关于P的偏好,即使A认为它们是错误的。但是,假设A没有途径知道P讨厌展览蛇。动物园的事业在多大范围内分享了P的厌恶与A是否合理地实施了行为相关联。如果P的动物园是一家普通的动物园,只有更加专业的动物园才展览蛇(尤其是大的且致命的蛇),对于A来说在没有更多信息的情况下相信P根本上授权A转变P的营业之性质是不合理的。

如在第四部分更为充分的讨论,委托人最初对代理人授权陈述受到之后委托人撤回的约束,会发生在如果P先前授予A为动物园选择购买动物的自由裁量权,之后发布限制A之自由裁量权的指令,或者改变A履行职责的情形。假设P最初向A保证,A不会被要求到海外购买,但之后命令A飞到鲁尼坦尼亚王国为P的动物园购买一个稀有的样品。除非P能够被说服撤回指令,否则A拥有一项选择:要么遵守指令,这会给予A对抗P一项就A履行职责之增加成本的主张,要么辞去职务。[23]

(二)用于自我交易的自由裁量权

信义基准不准许(除非委托人同意)可能受到自我交易诱惑之驱动的解释。A可能用100000美元中的部分购买长颈鹿,一头客观看起来令人满意的长颈鹿,但来源于A个人收集的外来动物。即使这种类型的长颈鹿有着可查明的市场价格,且A没有支付比市场价格更高的价格,A的自我交易仍然违反A对P负有的忠义义务,除非A向P披露重要事实且P同意。[24] 未经披露和委托人同意自由进行自我交易,A就购买动物之种类的判断可能存在偏见。[25] 长颈鹿可能因此在动物园中在多个方面越发凸显。

A对忠义义务的违反使P获得超过可证明之损失补偿的救济。反过来举例,假设P指示A通过出售动物园的动物筹集100000美元,A为了自己收集购买了长颈鹿,没有将该事实披露给P。即使A以当时的市场价格购买,如果P

㉓ *Restatement (Third) of Agency* § 1.01, cmt f(1) & illus 3 – 4.

㉔ *Restatement (Third) of Agency* § 8.03.

㉕ Greenawalt (n 5) 220 – 1. (“一旦一个代理人被鼓励去进一步发展他自己的利益或那些有价值的事业,只要他不损害他委托人的利益,他对于什么是符合他委托人利益的准确判断可能发生偏离。他可能会说服自己,或者希望他能说服别人,委托人的利益不会受到影响。”)

希望从 A 那里追回长颈鹿，或者 A 之后以更高的价格将长颈鹿转售给 T，P 有权要求获得 A 的利润。P 也可以采取立场主张，A 的未披露自我交易使 A 丧失获得基于 A 的服务之商定报酬的权利。[26]

在所有这些例子中，P 的陈述没有特别地禁止 A 的行为，这无关紧要。代理人的信义义务为代理人解释委托人的指令以及评估代理人作为回应的行为提供一项基准。这项基准便利且简化了委托人的控制操作。其意味着，为了保护委托人的利益，代理关系中的授权指令和陈述无须像信托契约和其他起草得深奥难懂的商业合同一样。如果没有信义基准，委托人将会像一名好的公司律师为出借人起草一份复杂的贷款合同那样，需要尝试预测意外情况和代理人可能使用自由裁量权导致委托人不利的途径。或者，委托人可能减少使用代理人[27]或引发针对被自我交易和其他不允许的动机所歪曲的代理人决策的保险费用。

相关地，一些问题：为什么代理是信义关系分类实例，即使在商业情形下，以及委托人的指令是否明确地授予代理人自由裁量权。把委托人控制代理人的权利和能力与施加于代理人解释授权陈述和中间指令的信义基准联系起来回答这些问题。在我们最后一个例子中，如果 A 自由地进行自我交易（通过购买）而没有向 P 披露该事实，A 也许基于 A 对动物以比当时市场价值更高的价格转售的可能性之评估挑选出售动物。这种预期会影响 A 如何解释 P 的指令。如果 P 告诉 A，“先卖不能吸引成群的人的动物，”A 很可能受诱惑压低“成群”的概念，以便于通过自我交易优先于马处理长颈鹿，如果马的市场价值经过一段时间后比长颈鹿的市场价值更容易预测。

的确，委托人和代理人之间的协议可能帮助证明当事人不打算建立代理关系或者任何此类关系范围。[28] 然而，委托人和代理人之间的委托人同意不要求代理人负担忠义义务的事前（*ex ante*）协议，要么是无效的，要么创设一种代理以外的法律关系。换句话说，代理的定义成分不是缺默认规则。而且，代理人

---

[26] *Cameco Inc v. Gedicke* 724 A 2d 783（NJ 1999）. 进一步的违约救济，参见 D. DeMott，“Disloyal Agents，” 58 *Ala L Rev* 1047（2007）。

[27] 委托人的计划可以用技术代替（人类）代理人，或者可以重新组织其运作，以内化外部代理执行的职能，基于员工更容易监视或不容易受到诱惑的理论。

[28] *Restatement*（*Third*）*of Agency* § 1.02.

的代表能力必然束缚于委托人控制代理人的权力，同时也必然束缚于解释框架，通过这种解释框架代理人代表委托人决定采取的行为。[29]

(三)忽视委托人偏好的良好动机

此外，当其对委托人的经济利益无足轻重时，以及当代理人相信按照这些偏好行为会被误导，代理人作为委托人之代表的地位对代理人是否可以忽视已知的委托人偏好提出质疑。回到之前的例子，假设 A 不能立刻与 P 商量，知道 P 略微倾向将动物园的动物出售给 T 而不是 Z，当 T 和 Z 都愿意支付相同的价格。P 保留该种倾向，没有声明的或具体的理由为 A 所知晓，无论是否是经济的。[30] 然而，A 更喜欢 Z，并将动物出售给 Z，不是因为 A 可以个体上获利，而是因为 Z 慷慨地将利润的一部分捐赠给穷人。[31] 一方面，正如肯特・格里纳沃特(Kent Greenawalt)指出的，A 已经促进了 P 的目标，即减少动物园的动物群，且对 P 来说经济效益不低；[32]另一方面，作为 P 的代理人，A 作为 P 的代表在世界范围内实施行为，犹如 P 亲自实施那样，且基于 A 知道，A 有理由相信 P 原本会卖给 T 而不是 Z。因此，即使动机良好地违背 P 的已知偏好，仍然不符合 A 作为 P 的代表地位。

三、迟到的指令(the tardy instruction)

(一)迟延授予权力

代理人在行为时所相信的权力范围真的有关系吗？假设 P 拥有对其已故父亲写的书的版权利益，授权文稿代理人 A 与出版商就其父亲的非小说作品签订合同。此后，P 很满意 A 的工作质量，起草一封信增加 A 就其父亲的小说签

---

[29] 最近认识到代理受信人义务的本质和委托人指令的意义，参见 *Hollingsworth v. Perry* 133 S Ct 2652，2666 – 67 (2013)。

[30] Greenawalt (n 5) 228 n 14(“有形的”利益包括经济利益和已知的偏好，例如，对某一特定第三方的同情).

[31] 或者，也许 A 知道 Z 最小化它所支付的税收力度不及 T。

[32] Greenawalt (n 5) 221(赞成代理人的选择“只要外围利益是一般利益而非代理人自身的利益或特殊利益”).

订合同的权力。P 将信件寄送给 A,但没有在 A 与 T 就其中一部小说出版事宜签订合同之前到达。[33] P 必须对 T 负担义务吗? 或 P 能否自由地与比 T 提供更好条款的竞争出版商 Z 订立合同? 对于 A 的行为存在许多可能的解释。A 也许未能关注或理解 P 授予的权力范围,或者 A 可能已经知道缺乏该项权力,但希望如果 A 与 T 达成一项好的交易,P 不会介意。抑或 A 也许不想向 T 揭示 P 仅授予 A 有限的权力。

这个例子说明用于定义和分析授权标准或理论构造之重要性。如果授权被界定为代理人和委托人之间不间断关系的一项功能,其必须反映代理人对委托人当前愿望的合理理解,代理人不能违反或超越指令,即使当代理人的行为与代理人所不知的更进一步的指令相符合,使代理人的权力与代理人的行为相符。P 可能不情愿授予 A 的实际权力范围在反对 A 的行为上没有意义;信件到达时明确 P 愿意受 A 所实施的此种行为之约束。相对比,如果授予权力像赠送礼物一样,接受者是否知道授予无关紧要。授予,如果可以证明,将类推为赠送礼物中的交付,只要赠送人打算赠送礼物。[34] 授权本身应该是自主和持续的存在,独立的或与委托人和代理人之间的关系相分离。像遗嘱一样,授权应该一直有效直到委托人撤回授权,但其存在应当与委托人和代理人之间的不间断关系和交流相分离,可能同时与代理人在行为时知晓的事实状态相分离。

尽管其他的学说(或许很快被探索出来)可能约束 P(版权所有者),A 缺乏这样做的实际权力,因为实际权力的基础是代理人对委托人希望代理人做什么的合理理解。[35] 普通法没有将授权界定为独立于委托人对代理人的表示和代理人对其的合理理解的存在。在示例中,这种理解有所欠缺,因为尽管 P 实施行为扩大 A 的权力,P 没有让 A 知晓此事。[36] 普通法在这方面与大陆法体系背道而驰,其将指向代理人—委托人关系的问题与那些涉及代理人在与第三方交易

[33] 对报告案例的说明,参见 *Ruggles v. American Cent Ins Co* 114 NY 415 (1889)。

[34] E Allan Farnsworth, *Changing Your Mind: The Law of Regretted Decisions* (1998) 136(强调捐赠者意愿的重要性). 为了完成赠与,受赠人必须接受。*Restatement (Third) of Property: Wills and Other Donative Transfer* § 6.1 (b).

[35] *Restatement (Third) of Agency* § 2.01.

[36] *Restatement (Third) of Agency* § 3.01, cmt b, illus 1. 同样的观点成为 *Restatement (Second) of Agency* (1958) § 26, illus 1 的基础。

中约束委托人的权力的问题相分离。例如,根据路易斯安那州的民法典,委托人可以通过单方法律行为授予权力,发送给代理人或第三方。[37] 代理人可能因此有权实施行为而无须同意授予本身,这暗示着权力的存在不依赖于代理人知晓委托人的授予。

(二)表见代理(Apparent authority)

尽管如此,T 基于 A 实施表见代理可能能够约束 P,通过表明 T 合理地相信 A 被授权,一种可追踪于 P 所给出的外观信赖。如果 T 因此获得成功,P 拥有对 A 的主张要求挽回因 Z 提供更好条款所遭受的损失,因为代理人对委托人由代理人未能按指示行为所引起的损失负有责任。[38] 表见代理对于解释世界如何运转,或更精确地,代理学说如何适应交易中的稳定需要和第三方的期待来说至关重要。由于实际权力的存在依赖于通常仅能为代理人和委托人可观察的事件,当委托人后悔代理人已经做的事,委托人可能受到诱惑而否定实际权力的存在。[39] 此外,委托人对代理人权力的明确限制施加可能伴有行为推动,鼓励代理人在能够达成一项看起来有利的交易时忽视一项限制,同时知道如果交易后来被证明是不利的,委托人拥有抗辩权。委托人很少起诉代理人,尤其是受雇代理人,因超越他们的权限,可能表明实际权力的存在经常与表见代理相一致。[40] 表见代理因此在证明实际权力很可能逃避第三方的情况下支持实际权力。

表见代理类似太极拳,因为其存在依赖于 P 使 T 相信 P 与 A 之间的代理关系。假设 T 一开始联系 P 关于其父亲的小说的事,P 回应说:“与 A 商量关于我父亲任何作品的事。我太忙了没有时间与出版商交涉。”通过转移 T 的询问以及将 T 引向 A,P 可能使 T 合理地相信 A 的权力包括,如 P 所说:“任何”其父亲的作品。实际上,可能在 A 签订合同时 T 知道,但 A 不知道 P 已经书写并寄送了扩大 A 的权力至包含 A 即将做的事在内的信件。除非 T 知道 A 签订合同时

---

[37] La Civ Code art 2987(界定代理概念).

[38] *Restatement* (*Third*) *of Agency* § 8.09,cmt b.

[39] 进一步的详细阐述,参见 *Restatement* (*Third*) *of Agency* § 2.03,cmt c。

[40] 其他合理的解释,参见 G. Schwartz,“The Hidden and Fundamental Issue of Employer Vicarious Liability”, 69 *S Cal L Rev* 1739,1764 – 767 (1996)。

不知道信件,否则对于T来说相信P已经授权A就小说签订合同是合理的。相比之下,如果T知道A不知道信件的内容,T至少有理由怀疑A缺乏实际权力。但尽管如此,T仍可合理地相信P已经不那么正式地与A沟通过。否则,T不会合理地相信A拥有实际权力。当T有理由知道A的行为违反对P的信义义务时,当T贿赂A引诱A与T进行交易时,T也不会合理地相信A拥有实际权力实施行为。[41]

(三)追认(Ratification)

相比而言,在委托人知晓事实之后,追认是委托人决定认可代理人已经实施之行为结果。[42] 尽管追认具有事后授予实际权力的效果,[43]但其并不要求先于代理人行为来自委托人指令。相应地,追认与实际权力操作不同。假设P最初从T那里知晓合同,对T作出回应:"这就是我总喜欢A的原因:具有采取主动达成良好交易的能力。"P受到约束,因为P已经认可或接受A的行为。P与T而不是A沟通,并没有关系,因为事情已经超越P对A的指令陈述。[44] 但是P可以在与T确认合同的同时将A未经授权的行为作为A违反义务对待吗?P可能希望认可合同与T保持良好交易条件,[45]但P可能同时希望起诉A要求补偿其丧失更好交易的损失或要求将A的行为视为违反义务而减少A的报酬。对于A而言,P没有给予禁止P针对A提出此种主张的保证或表达。P没有做什么以引诱A签订未授权的合同来约束P对T负责,他们的关系也没有将A置于签订合同看起来合理地为保护P的利益所必要的境地。但是,P看起来表现不好。鉴于P授予A更宽泛的权力之明显的意愿,对于P来说主张A缺乏实际权力是机会主义的,因为P本可以从竞争出版商Z那里获得一项更好的交易。通常来讲,代理学说保护代理人对抗委托人可能使用其单方面的追认权作

---

[41] *Restatement (Third) of Agency* § 2.03, cmt d and § 8.02(代理人有义务不通过代理人身份从第三方获取物质利益).

[42] *Restatement (Third) of Agency* § 4.01.

[43] *Restatement (Third) of Agency* § 4.02.

[44] 如果在此之前有任何形式的退出,即不受交易约束的意图,那么P的批准尝试将是无效的。*Restatement (Third) of Agency* § 4.05 (1). 一旦P拒绝了A的行动,T就不应该受制于P后续批准的风险。Farnsworth (n 34) 177.

[45] See *Goldstick v. ICM Realty* 788 F 2d 456, 460 (7th Cir 1986).

为将风险转嫁给代理人的一种手段的预期。另外,委托人可能被诱使追认一未授权交易,从而约束第三方,如果与第三方的交易最终是委托人所后悔的,[46]之后决定是否追究代理人的责任。然而,如果代理人未经授权的行为将委托人置于困境,要求委托人采取积极措施避免损失,这些措施不表明委托人同意有效免除代理人责任。[47]

四、撤回的或最终的指令

代理是一项脆弱的法律制度,因为无论何时委托人或代理人向另一方表示希望停止时,实际权力终止。[48] 即使当委托人和代理人已经约定代理人的权力不可撤回时,其也不受[49]两个一般性例外约束。第一个反映了减缓代理学说的历史陈述之理论严格,以推动广泛承认的社会需求。当代代理学说允许委托人通过持久委任书(durable power of attorney)授予不可撤回的权力,当委托人失去法律能力时变得不可撤回,不管损失如何。[50] 尽管缺乏法律能力的委托人很可能不能向代理人发出反映委托人意愿的指令,但委托人仍然具有法律上的资格,当代代理学说尊重委托人在有法律资格时委任代表的指定。第二个例外意识到,当授予支持代理人区分于或独立于代理关系本身的利益时,影响一个人法律关系的权力可能被不可撤回地授予,阐明如下:

(一)撤回的指令(Countermanding instructions)

这些例外暂且不谈,脆弱的权力看起来令人迷惑,因为其限制委托人按照自己的偏好对抗未来变化风险的自我约束能力。德里克·帕菲特(Derek Parfit)举了"19 世纪俄国"的例子,说明撤回先前指令的指令:一名俄国贵族,知道他在将来会继承大笔遗产,受其社会主义理想推动形成意向"现在,将土地给

[46] *Restatement (Third) of Agency* § 4.01, cmt b.

[47] *Restatement (Third) of Agency* § 4.02(2)(b) & cmt d.

[48] *Restatement (Third) of Agency* § 3.10.

[49] See F Reynolds, "When Is an Agent's Authority Irrevocable", in Ross Granston (ed.), *Making Commercial Law* (1997) 259.

[50] *Restatement (Third) of Agency* § 3.08(2).

农民。”[51]同时知道：

> 他的理想迟早会消退……他签署了一份法律文件，其会自动赠送土地，只有经过他妻子的同意才能撤回。于是他对他妻子说，“向我保证，如果我改变我的主意，要求你撤回这份文件，你不要同意。”[52]

后来，帕菲特评论说，贵族的妻子“可能看似有理地认为自己没有撤回其承诺”，认为自己对“两个不同的人负有义务”；[53]她将违背她对其做出承诺的年轻男人，以听从她（现在）与之结婚的男人，年轻男人后来的自己。但是，帕菲特继续说，如果头脑健康，“我们做出承诺的对象总是能够免除我们的承诺。”[54]将俄国贵族的妻子视为其代理人，信义基准要求行为与她对其委托人当前的意图陈述之理解保持一致。虽然他的偏好已经改变，委托人的身份没有变，他的妻子是俄国贵族的代表。俄国贵族的情况给一些评论者以自相矛盾地自我沮丧（paradoxcically self - frustrating）的印象。[55] 但是，只在有好的理由相比某人将来拥有总是更喜欢某人当前的计划和意愿时他的情况，才令人烦恼。[56] 而且，一旦他上了年纪，俄国贵族也许会理解他对中年退化的早期恐惧只是天真幼稚的表达。[57] 的确，他当前的（中年的）想法可能与他妻子不同，维护他的自治的撤回权也可能是她对她（现在）所嫁男人不再抱有幻想的手段。[58]

委托人撤回先前指令的权力不是代理人就委托人当前偏好和评估的前景

---

[51] Derek Parfit, *Reasons and Persons* (1984) 327.

[52] Parfit (n 51) 327.

[53] Parfit (n 51) 327.

[54] Parfit (n 51) at 328. Parfit 继续谈道，“这类似于权威的事实。假设一个将军告诉他的部队，‘我命令你在拂晓进攻，并无视任何后来相反的命令。’他后来说，‘无视我上一个命令，并撤退。’尽管第一次命令的内容很重要，但他的部队应该服从的是第二个命令。”

[55] Jon EIster, *Ulysses and the Sirens: Studies in Rationality and Irrationality* (1984) 152. 正如 Elster 定义悖论，“状态 X 让你有权获得状态 Z，条件为执行行动 Y，这会自动取消你处于状态 X 的资格。”这位俄罗斯贵族正在“为自己创造一种情况，在这种情况下，不停止做他自己，不失去所有被服从的理由时，他不能提出特定的要求”。

[56] B. Williams, “Persons, Character and Morality”, A Rorty (ed.), *The Identities of Persons* (1976) 197, 206.

[57] Williams (n 56) 206.

[58] Parfit (n 51) 328 - 9（“从某种意义上说，她爱过的并与之结婚的那个年轻人已经不再存在——她的中年和愤世嫉俗的丈夫是这个年轻人后来的自我——这些声称对她来说比简单地说‘他们是同一个人’表达更多的真相。”）.

化的唯一结果。回顾那个事前(*ex ante*)协议,其在代理关系背景下免除代理人信义义务是无效的。然而,代理人可能违反代理人忠义义务的行为不构成违反,如果委托人对此表示同意,有效的要求同意委托人当前决定,在此之前由代理人披露与委托人的判断相关的重要事实。[59] 即"同意"是否有效取决于委托人的当前决定,了解当前披露的信息,而不是委托人先前的评估。

(二)最终的指令

委托人终止权力是委托人对代理人的最终指令,因为其指示代理人停止为委托人行为。如果委托人在此之后继续服务,代理人在大多数情况下无权就终止后的服务要求报酬。不过,在最终指令之后继续服务不被视为违反代理人的忠义义务,违反该项义务可能使代理人丧失就先前服务主张报酬的权利,因为代理人是不服从,不是非忠义。[60] 代理学说使委托人指令生效,即使当其违反表明授权应不可撤回的协议时,一个(年轻的)俄国贵族的目标未能获得成功。

而且,即使当行使权力构成违约时,委托人有权撤回。首先考虑委托人撤回授权之权力的独特意义,回到假设的动物园所有者 P。假设 P 聘请 A 公司管理 P 的动物园事业。A 公司专门经营管理动物园以及更一般地说游乐园,其管理的资产通常特别提到 A 公司的参与。P 和 A 公司之间的管理协议规定,以许可使用 P 的动物园的名称作为交换(其变成"P 的动物园,或一家 A 公司的游乐园"),使用其专业的管理技术,A 公司将获得占动物园前 5 年总收入 3% 的权利金,在下一个 5 年获得 5% 的权利金。协议明确规定,P 同意不在 10 年的商定之前终止,以交换 A 公司同意在前 5 年接受相对较低的权利金比率。[61] 尽管存在这些条款,但如果 P 在 5 年的时间点上撤回 A 公司权力,或者甚至在任何时候,A 公司可能不能保持对 P 动物园的控制。如果其没有自愿离开,A 公司可能被判决驱逐。尽管 A 公司可以起诉 P 要求违约损害赔偿,但 A 公司将需要

---

[59] *Restatement* (*Third*) *of Agency* § 8.06 (1).

[60] See *Strategis Asset Valuation & Mgmt, Inc v. Pacific Mut Life Ins Co* 805 F SUPP 1544 (D Colo 1992).

[61] 关于细节描述,参见 *Government Guaranty Fund v. Hyatt Corp* 95 F 3d 291 (3d Cir 1996)。Accord, *Restatement* (*Third*) *Of Agency* § 3.12, illus 3.

证明和量化其损失。[62] P撤回对A公司授权的权力没有被P与A公司先前的协议所剥夺，正如俄国贵族对其妻子的先前指令没有取消他根据他的（后来的）偏好重新考虑的持续能力（ongoing ability）。

相反，当权力支持代理人不同于代理关系的利益时，可能或不可撤回。A公司在恢复其与P的管理协议中最后5年相对较高提成率时，利益不会实现。但是假设P和A公司同意，A公司将对动物园进行实质上的物理环境改善，作为交换其将成为资产的一半所有者。如此A公司享有一项与其继续管理动物园的利益相分离的利益，同时A公司也将享有独立的利益。如果其借给P改善动物园所必需资金，或者如果其从P那里租赁动物园。A公司作为一半所有者、债权人或承租人的利益与其作为代理人的角色完全不同。[63] A公司独特的利益可以强制执行。它也构造了非代理的基础，使A公司的管理权力不可撤回（如果当事人的协议如此规定），通过将A公司与P的关系之一部分置于超越其代表P的范畴胜过P的最终指令。

委托人授予代理人最终指令的持续权力是代理学说涉及面极宽结果的一个方面。例如，委托人撤回授权的权力有助解释为什么作为法人的公司区别于其组织者和股东，尽管一些对公司法创建的当代理论学说似乎做出其他方面的假定。[64] 将公司表征为仅仅是合同构成的团体，其中的董事和高级管理人员是股东代理人。这种观点忽视了一个事实，即董事和高级管理人员能够与第三方创设合同上的承诺约束公司和第三方，其通常对股东有利。但是，如果股东个体上是委托人，每一个人可以撤回授权，且在任何时候可以这样做。[65] 这种意外情况致使董事和高级管理人员的缔约能力变得不稳定，在最低限度上，签订合同前第三方将总是想要知道所有股东是否仍然同意他们传说中的代表的权力。公司结构克服了这个问题，通过在公司本身和那些代表公司实施行为的人之间

---

[62] 在马里兰州，例外的特定行业（酒店和退休社区）在经营协议不允许提前终止的情况下，取代普通法规则的应用。参见 Md Com Law Code &23 – 104 (2004) &23 – 102 (b)（可作为救济措施的实际履行）(2004)。

[63] See *Lane Mtge Co v. Crenshaw* (1928) 93 Cal App 411, 269, p. 672.

[64] See Frank H. Easterbrook and Daniel R. Fischel, *The Economic Structure of Corporate Law* (1991) 41.

[65] 每个股东将被界定为共同委托人。*Restatement* (*Third*) *of Agency* § 3. 16, cmt c.

配置权力,而非在那些代理人和股东之间配置权力。[66]

更一般地说,如委托人撤回对代理人授权之持续权,则表明代理学说一贯地优待委托人的当前偏好,其可能明确地被陈述(如当委托人撤回代理人的权力时),或者当代理人根据委托人的当前意愿解释委托人的指令,然后代理人合理地理解它们时约束代理人。从作为工具角度来看,代理学说的这项基本特征减少了通过同意由代理人代表来扩展某人的法律人格所固有的风险。视为代理关系构成要素的一个结果,其与代理本身的关系性质相一致,即代理学说要求对委托人当前的偏好(或个性)保持忠义。委托人对代理人授予权力不同于赠送礼物、执行遗嘱、设立公司或创作文学或艺术作品。所有的这些创造了突出的法律特征(salient something),即外在于或分离于它们的创设者,而代理关系依然贯穿其存续期间委托人的扩展。

五、代理学说的其他解释

陈述和依指令行为的核心重要性解释和连接了普通法代理学说的要素,该学说缺乏单一连贯的基本原理,尤其是代理人对委托人的信义义务和委托人控制代理人的权力。[67] 一些评论者,最突出的是奥利弗·温德尔·霍尔姆斯(Oliver Wendell Holmes),质疑普通法上的代理是否存在可以确定的知识连贯性。霍尔姆斯法官主张"没有关于现代法律的充分和完全的解释,除非通过存在于失去真正含义的实践规则中",作为不令人满意的剩余,其只留下了代理人和委托人的虚构识别和常识。[68] 暂且不论霍尔姆斯普遍的悲观情绪,轻视或忽视指令之重要性的代理解释是不完全的。例如,韦斯利·霍菲尔德(Wesley Hohfeld)强调代理人为委托人创设法律责任的权力与委托人授予代理人的法律权力相关联。他得出结论,代理人的权力"本质上类似于……涉及财产利益

---

[66] 公司结构也使代理人能够对公司而非代理关系本身享有利益。参见 *Restatement* (*Third*) *of Agency* § 3.12(2)(不可撤销授权投票委托书)。

[67] 关于符合这一观点的信义义务更为宽泛的理论解释,参见 A Laby,"The Fiduciary Obligation as the Adoption of Ends", 56 *Buffalo L Rev* 99,135 (2008)。

[68] O. W. Holmes, *The Common Law* (1881) 232. 对理性或令人信服的解释更乐观,参见 W Seavey,"The Rationale of Agency", 29 *Yale LJ* 859,859 (1920)[法院所达成的结果可能是经过检验的并非无须证明的,而是"通过利用司法理性(不是常识)和商业需求"]。

的处置权"(power of appointment),根据执行令出售财产的执行使吏权力和撤回已经承诺但尚未交付礼物的赠与者权力亦如此。[69] 仅仅关注代理人影响委托人法律利益的能力,霍费尔德的解释遗漏了代理人忠诚地代表委托人并依照委托人指示行事的义务,以及像民法学者那样对待权力的存在与代理人对委托人的义务脱钩。霍费尔德的解释同时对代理人应当如何解释来自委托人的指令有着暗示。如果代理人的权力类似于涉及财产利益的处置权,表达权力的文本将占据主导,而不是代理人在采取行动时对委托人意愿的理解。较之缺少可比的正式必需品,创设代理关系[70]将会是失败之源,许多有书面授权代理关系也是如此。

其他解释试图把握为交易而讨价还价的范围(毫无疑问很多代理关系发生于此)和合同法域之代理关系。詹姆斯·科尔曼(James Coleman)分析代理关系为交易的结果,这种交易涉及代理人转让控制其自身行为的权利,以换取源于委托人的报酬,[71]委托人需要借助代理人行事之技能或能力。委托人的困境在于"即使受到直接监督的代理人也可能对委托人所期望的结果付出或多或少的努力。"[72]代理人的利益总是与委托人的利益不相交,而不是相一致,并且代理人总是明显地做出不同于委托人处于代理人所处职位和拥有代理人资源时所为。尽管科尔曼的解释探析了结构,通过该结构,代理人可能被引导认同委托人的利益,但其没有探究指挥、监督或权力的本质,所有这些对于代理关系发挥功能来说非常重要。指挥他人行为的权力对解释有组织的活动如何发生是必要的,因为此种权力取代了每时每刻就工作由谁做所依据条款的协商。[73] 指挥或监督需要指令,通过同意与委托人的代理关系,在法律施加宽泛的外部限制范围内,代理人开始受到遵从委托人给出的指令之义务的约束。基于这些指令行事要求代理人的解释,要求固定代理人对委托人信义义务的程序,使其在代

---

[69] W. Hohfeld, "Some Fundamental Legal Conceptions as Applied in Judicial Reasoning", 23 *Yale LJ* 16,46 -7 (1913).

[70] 参见 *Restatement* (*Third*) *of Property*: *Wills and Other Donative Transfers* § 18.1(符合创造有效授权所必需的形式)。

[71] James S. Coleman, *Foundations of Social Theory* (1994) 146.

[72] Coleman (n 71) 151.

[73] 参见 R Flannigan, "The Economic Structure of the Firm", 33 *Osgoode Hall LJ* 105,119 (1995)(观察到员工"不会拒绝接受指令。他们做被要求做的事,他们有很好的理由这样做")。

理人利益与委托人利益之间搭起桥梁。但这不是契约解释的范畴,必然聚焦于在合同订立时相互理解意图,并允许其他方面不顾对方利益的法律行为。[74] 契约解释,如丹尼尔·马可维兹提出,“将合同条款视为指导原则”,要求立约人关注合同而不是受约人变化了的利益。[75] 相反,代理学说关注代理人在决定如何行为时对委托人表达的或可辨识的意愿的解释。

六、结论

代理人地位的受信特征(fiduciary character)解释了委托人通过向代理人发出指令对代理人实施控制,也解释了代理关系在不断变化的环境中的适应性。代理人地位的受信特征来源于代理人作为委托人法律上显著的延伸或代表的地位,以及代理对忠于委托人当前偏好和个性的一贯要求。与其他法律原理形成鲜明对比,代理法不是为不信任将来自己提供解决办法的基础,而是如代理那样关注确保委托人随时间变化的自主权,因此,关注委托人当前的自我和偏好。

[74] 关于合同解释,参见 Greenwalt (n 5) 255 – 300; Aharon Barak, *Purposive Interpretation in Law*, trans Sari Bashri (2005) 318 – 38。

[75] Daniel Markovits in this volume.

第十七章　论信托和变体

——缓和过度的所有权

阿维海·多尔夫曼(Avihay Dorfman)*

引　言

信托法律制度引起两组基本的问题。第一组有关受托人和受益人就信托财产各自享有的权利。这些权利表征了财产、合同或介于两者之间的事物所特有的结构吗？第二组涉及受托人和受益人之间的标准关系。能解释受托人对受益人所负有义务之存在和内容，尤其是受信人忠义义务吗？一个成功的解释必须能够解决这两组问题以及两者之间联系的本质。

我在本文中致力于第二组问题。① 消极地说，我力图表明受托人之信义义务的解释基于委托人的意图、忠义的美德，或未能体现信托观念的合同。例如，就依据合同的论证而言，我主张受托人—受益人关系表征了受益人被动性(*passivity*)的特殊观念，这观念与合同类关系的标准结构完全不同，但被认为构成信托的基础。

当然，我主张受托人之信义义务的基础和内容至少部分地反映了信托制度所独有的特殊难题，即过度的所有权(*excesses of ownership*)。就这一论点而

* 本文受益于在美国迪堡大学法学院信义法的法理基础研讨会上得到的信息反馈。感谢 Andrew Gold 和 Paul Miller 邀请参加这次会议。我还要感谢参加这次会议的与会者。最后，感谢 Hanoch Dagan, Joshua Getzler, Michele Graziadei, Ethan Leib, Paul Miller 和 Robert Sitkoff，对初期草稿进行了大量的有益评论。

① 我在其他地方提到了这个问题。参见 Avihay Dorfman, "The Letter and the Spirit of Property: The Case of the Trust"(未出版手稿)。

言,信托制度产生于与获得所有权地位的困难联系之中。受托人可能获得所有权的衍生地位:这允许承受者(*patients*)(出于选择或偶然)享受一种接近所有权的制度,但同时不能享有所有权所特有的代理人的权力。忠义义务在这种(*this*)背景下产生,沿循受托人在支配有时甚至是构成(*constituting*)受益人人格上的作用。因此,作为受益人的另一个自我就信托财产实施行为。在此,忠义义务对于受托人变体为受益人人格之所有权的享有者来说是重要的。

我将使用"变体"(transubstantiation)的隐喻以区分所提出的解释和用"代替"术语映射关系的解释。[②] 代替的观点暗示了从受益人(或委托人)向受托人的法律能力或人格的转变,借此后者行使实际上来源于前者的法律权力。相比而言,通过引入变体的隐喻,我力图强调信托能够且应当超越(*beyond*)仅仅的代替,即信托安排需要这样的可能性,受托人可以拥有其法律权力,即使(*even when*)受益人一开始就从未享有过此种权力(以及即使没有委托人被卷入而引起信托)。信托的创造在于确立一种标准的框架,在其中受托人能够就受益人名下的信托财产主张做出行为和决策的权力。此种权力主张不必取决于其来源于(在正确的意义上)受益人(或委托人)的事实。

就我将要探讨的解释而言,信托形式的突出特点在于给予受托人提供所有权的地位,而非仅仅是管理,服务于受益人,包括后者没有所有权能力的情形。这在观念上和规范上都是正确的。观念上,可以有(且实际上有[③])任何数量的法律制度能够解决信托形式所解决的问题,如财富的代际传承。因此,强调管理而非所有之信托形式的解释涵盖太广——它们不得不谈及信托的许多形式同样可以被称为相邻的法律形式,如公司。[④] 成就信托形式观念上与众不同的是,它使受托人能够提供所有权(*ownership*)服务,其中最为重要的是向那些没

---

② 对以替代为基础的信托和信义法的全面解释参见 Paul B. Miller,"Justifying Fiduciary Remedies", 63 U Toronto LJ 570 (2013)(下文中:Miller,"Remedies"); Paul B. Miller,"Justifying Fiduciary Duties", 58 *McGill LJ* 969 (2013)(下文中:Miller,"Duties")。也可以参见本章的 Paul B. Miller。

③ See Ron Harris,"The Private Origins of the Private Company: Britain 1862 – 1907", 33 *Oxford J Legal Stud* 339,355 – 63 (2013)。

④ 两个证明这种怀疑的相关解释是信托法的经济分析,其将公司法的代理成本模型应用于信托法以及基于自治权的信托法解释。分别参见本章的 Robert H. Sitkoff 以及本章的 Hanoch Dagan 和 Sharon Hannes。

有所有权能力的人提供。[⑤]

在规范上，信托形式有能力减轻一些私人所有权制度不可消除的过度，在道德上，较之可能帮助解决其他问题的制度形式更加有意义。为此，考虑三种可供选择的社会。在第一种社会中，过度的私人所有权直接承受者（如婴儿）完全没有接触过所有权。第二种社会承认运作严格限制于减轻此种过度的信托制度。在第三种社会中，中产阶级成员和其他有能力的成年人可以诉诸信托形式，但缺乏能力的人不能。我的主张是，在其他所有条件都一样情况下，第二种社会的私法在道德层面优于其他两种社会的私法。[⑥]

一、场景设置：解释受托人忠义义务（trustee's duty of loyalty）的方法论

我从一个非常简短的讨论开始，是关于信托法中的受信人忠义义务（fiduciary duty of loyalty）之解释所面临的理论挑战。该讨论非常重要，为了强调关注受益人利益的两种方式之间的分析差距。其一，促进受益人排他的（*exclusive*）利益。其二，促进其最佳的（*best*）（但非排他的）利益。[⑦] 受信人忠义义务的解释必须说明法律偏爱排他利益规则超过后者的表述。[⑧] 从其他私法语境看结构上类似挑战是常见的，如不干涉侵权财产。[⑨]

因此，为什么依受益人的最佳而非排他的利益行为必定（*must*）视为违反义务？一个成功的答案应当从两个方面加以考量：第一，特定的信义关系借以产生的特殊法律形式（*form*），例如，将探究聚焦于在信托形式背景下产生的信义关系也许很重要，与法律上的信义关系的整个范围有所不同；第二，这种形式的

---

⑤　民事安排［如法国的受托人（*Fiducie*）］提供了信托的功能对等物。然而，我怀疑它们中没有一个能够像信托形式那样全面地处理所有权过度的问题。也就是说，信托提供了一个一般性的、系统的解决我在这几页中界定的过度问题的方法，而民事安排提供了“本土的”（特定背景的）解决方法，可能无法反映出信托的全面性。对此参见本章的 Michele Graziadei。另一种说明该观点的路径是，信托是法律上唯一的，但不是功能上唯一的。这个观点的提出归功于 Paul Miller。

⑥　我在结论中进一步拓展了该主张。

⑦　John H Langbein，“Questioning the Trust Law Duty of Loyalty：Sole Interest or Best Interest?”，114 *Yale LJ* 929（2005）.

⑧　See eg.，*Boardman v. Phipps*［1967］2 AC 46.

⑨　See eg.，*Bocardo SA V Star Energy Onshore Ltd. and another*［2011］AC 1 at［26］（per Lord Hope）（区分保护一个人不受“土地使用的干扰”和保护她的“所有权”）.

要点(*point*),尤其是信托或其他方面。为证实这个观点,我将批判性地评估两种方法论途径:多元论和一元论。

多元主义(*Pluralism*)。推动多元论分析的基本思路是强调社会和经济环境的重要性,在该环境中受信人超越其与受益人相互作用的正式法律结构实施行为,例如,考量金融市场和家庭财产关系的背景差异。从多元论视角看,信托关系的适当法律对待在依环境的每个转折点上必然受到影响。相应地,金融和家庭受托人的分析很可能以就信托财产的权利和义务的形式留出相似之处。我坚持认为,环境有关系,但其随附于(*supervenes on*)信托的正式结构。而且,在核心法律原理范围内,如财产/合同区别和忠义义务,[10]适用于借助(*by virtue of*)援引信托形式的信托关系的参与者,是说跨越(*across*)不同的环境,[11]在解释环境之前理解这种形式是必要的且有利的。

一元主义(*Unitarism*)。一些学者寻求通过推理不同的法律形式得出信义义务的解释。[12] 实际上,通过从信义义务最抽象的概括直接(*directly*)移向具体的规则(如受托人忠义义务的内容),一元论路径必然(*necessarily*)模糊可能存在于不同法律形式中信义关系的区别,例如,信托和公司之间的正式区别(所有和管理之间)在一元论中信义义务的解释消失。为什么信义义务的内容在这两种情形下必须(*must*)是相同的并不清楚,很可能是因为它们趋于相同目标。然而,趋于相同目标与信托和公司之间的正式区别以及具有外在考量的巧合重叠的任何东西没有直接关系。我的担忧是,信托关系(或就此而言,公司形式)所特有的结构特征不只是空洞的形式主义。

一元论者可以给予回应,通过坚持认为所有的信义关系引致相同的受信人忠义义务。但这种主张不能得到充分的辩护。考量最近为忠义义务的内容提

---

⑩ 财产/合同的区别对信义法有多方面重要的学理含义。这里有两点含义值得注意:物权法定原则(*numerus clausus*)(我在第三部分中讨论过)和纯粹经济损失原则。对于后一原则,参见 Avihay Dorfman, "The Society of property", 62 *U Toronto LJ* 563, 597 - 9 (2012)。

⑪ John H Langbein, "The Secret Life of the Trust: The Trust as an Instrument of Commerce", 107 *Yale LJ* 165, 166 (1997)(注意到"信义法的常见标准保护所有类型的信托受益人,不管信托是否实施赠与或商业交易……").

⑫ 请注意,我并没有否认更谦虚的多元观点,据此所有的信义关系都有一些基本的品质。然而,正文中的观点是,这种相似之处可能无法充分显示一般的忠义义务和适用于受托人(*trustees*)的特殊义务内容之间的联系。

供一个统一的解释所做出的努力。

非工具性策略(*The non-instrumental strategy*)。一些关于信义义务的非工具性一元论解释援引道德律令反对将受益人视为仅是受信人目的之工具。⑬ 不过,这未能解释在排除可能的利益冲突的情形下实施行为的严格义务。当然,绝对命令(Categorical Imperative)与严格程度较低的义务相一致。

另一个非工具性论点诉诸一个相当宽松的财产类比。忠义义务是对受信人为受益人利益行事权力的一项限制。财产类比暗示了所论及的权力实际上归属于(*belongs*)受益人。⑭ 基于这个原因,受信人以受信人的身份所赚取的任何利润本质上是受益人的。然而,类比财产是没有证据的。在许多信托情形中,受益人没有此种开始的权力(如当她是一个婴儿时)。但即使权力转移的观点也仅仅提示性地意味着,权力和义务内容之间不存在衍推关系。财产类比所能确立的全部是受信人不能不顾其受益人的利益。最好的情况下,类比将发现义务准确内容的挑战从信义法转移至财产法。最差的估计,其仅作为一个宽松的类比。当提及的信义关系之客体不是财产而是其他东西时,情况尤其如此。

工具性策略(*The instrumental strategy*)。信义义务的工具性一元论解释诉诸成本—收益论据,这一论据受到对诸如为受益人单一利益行事义务相关规则的支持。这一规则是简单清晰的行为规则。⑮ 当然,此种规则能够达到令人满意的经济效果。不过,这些效果是否担保该项规则必然取决于是否放弃更多的调节性标准的成本,如最佳利益标准。⑯

---

⑬ Ernest J. Weinrid,"The Fiduciary Obligation", 25 *U Toronto LJ* 1,7 (1975); Ernest J. Weinrib, "Restitutionary Damages as Corrective Justice", 1 *Theoretical Inq L* 1,33 -4 (2000) (hereinafter: Weinrib, "Restitutionary Damages"); Arthur Ripstein, "Authority and Coercion", 32 *Phil & pub Aff* 2,18 - 19 (2004).

⑭ *Boardman v. Phipps* [1967] 2 AC 46,107,115 (HL); Weinrib,"Restitutionary Damages" (n 13) at 33 -4; Ripstein (n 13) at 18 - 19. 在 Paul Miller 的描述中,"受信人权力应当被理解为是只属于受益人的手段",也就是说,这是"她的(*her*)手段之一"。在违反忠义义务的情况下,"受信人将受信人权力作为任由其处置的一种手段,这样做违背了受益人处置她的手段的排他性要求。"Miller,"Duties" (n 2) at 1021. 在电子邮件通信中,Miller 否认他的叙述中提到财产问题,并解释说引用的解释涉及财产相关的用语只为阐明的目的。

⑮ 支持排他利益规则的工具性论证,参见本章的 Dagan 和 Hannes。

⑯ 试图支持排他利益规则的 Dagan 和 Hannes(本章)自觉意识到问题的可能性。

另一个工具主义的策略利用心理因素,当引致其利益冲突时,受信人天然地易受日积月累形成的偏见形式影响。面对利益冲突的受信人在考虑如何继续行动时会系统地错误判断相关理由。[17] 受信人也可能参与虚假的协商形式以使不允许的行为方案合法化。[18]

人们认为,这些心理倾向提供了禁止利益冲突和禁止谋利规则的直接理由:受信人不得参与涉及具体交易的协商(*deliberation*),无论何时交易追求潜在地有利于他。部分受到自利驱动的受信人可能不能给予其受益人以充分的利益协商。

当我发现没有令人信服的理由相信这些倾向对信义关系特有害,我并没有否认它们可能偶尔会有害。话虽这么说,为什么它们尤其需要(*necessitate*)排他利益规则(以及其救济结果,即返还非法所得)并不清楚。毕竟,这些倾向以及它们的效果在识别(*identifying*)可能的冲突中同样重要。[19] 就识别而言,在很可能导致偏见的不同行为种类(*classes*)中同样有效。排他利益规则没有消除(*eliminate*)我们不完美的天性所构成的差别。实际上,与萨梅特的观点相反,[20] 这项规则没有排除潜在利益冲突阴影下的协商。

这不是说单一利益规则不会减少受信人权力的滥用。相反,要点在于规则的心理正当性证明不会产生所追求的击倒性结果,即有偏见的协商之消除(*elimination*)。所以,降低偏见的潜在水平的收益是否超过成本是一个未解决的问题。

存在一个由试图提供忠义义务之统一解释所引起的普遍怀疑。该怀疑根植于质疑这种观念,即信义的法律概念是必要的且足以发展出关于忠义义务的统一解释。

首先,忠义义务的任何理论面临一个常见的挑战。此种义务几乎能够在我们日常生活的任何领域出现,从一些单独的商业交易到大部分情感投入。而

---

[17] James E Penner(本章)讨论了不足和过度补偿的自然倾向。

[18] See Irit Samet, "Guarding the Fiduciary's Conscience-A Justification of a Stringent Profit-stripping Rule", 28 *Oxford J Legal Stud* 763 (2008).

[19] 在 Melanie B. Leslie 的报告中有一些来源于信托法生活经验的轶事证据,"Helping Nonprofits Police Themselves: What Trust Law Can Teach Us about Conflicts of Interest", 85 *Chic-kent L Rev* 551, 551 - 2 (2010).

[20] 参见 Samet (n 18) at 765(强调在潜在利益冲突面前"消除"和"预防"受信人协商的重要性)。

且,它能够在与任何数量的法律形式的联系中产生以及在各种环境中产生。一个统一的解释受到正确观察的激励,即所有信义关系减缓甚至调和如下紧张关系:正当理由的需求和那些与我们部分承诺相联系的需求。我没有(*not*)主张一元论事业是不可能的或不合逻辑的。相反,我怀疑的是一元论路径很可能使大部分重要的工作,在受信人忠义义务的存在和内容方面,处于实质上不完全的状态。我尤其怀疑的是信义原理在这些方面只能通过重视产生信义义务的相关法律形式得到充分的解决。因此,论证需继续推进,以寻求获得信托而不是信义关系的解释。

二、信托关系:发现简要框架

与信托相联系的能如愿解释信义关系的理论必须从解释信托形式开始。为了获得对信托形式的准确理解,首先要识别不足够清晰的信托关系情形。常见尝试是通过研究信托和可替代基于合同管理资产分割之间的差别来解释信托关系收益。[21] 一旦无差别,下一步就是比较分割资产的两种(或更多)所有权形式,典型的有信托与公司。

但令人失望的是,这种研究主题的方式并不准确。首先,合同—信托的比较涵盖太广,因为其所能确立的全部是通过使用物权(*in rem*)分割资产,定性上和定量上不同于引入债权(*in personam*)获得相类似的效果。换句话说信托形式,不是解决基于合同的分割资产安排不利情形的唯一方法。其他组织形式也可达到同样效果。[22] 不过,与此同时,比较信托和公司作为两种有效(*available*)分割资产的形式,其涉及对物的权利和承担的义务。[23] 尤其是,其假定信托仅仅是另一种财产形式,原则上总是取决于财产所有者来决定他采用哪一种资

---

[21] See Henry Hansmann and Ugo Mattei, "The Functions of Trust Law: A Comparative Legal and Economic Analysis", 73 *NYU L Rev* 434, 445 - 66, 469 - 72 (1998).

[22] 在某种程度上,信托和公司是资产分割的替代方案,可以追溯到 19 世纪后半期。See Harris (n 3).

[23] 我将在第三部分第(一)节中详细讨论可用性(*availability*)的概念。然而,一个初步的观察将会是恰当的。提及的形式是可用的,所有者可以根据适用于她的情况的适当对价平衡在它们中做出选择。因此,"灵活性"是在对比联系信托与公司时提到最多的优点(或缺点)。See text accompanying n 46.

产分割的财产性方法最适合。[24] 这种假定,由于其简单地从所有权之事实(*fact*)开始,所以遗漏了有关信托形式的关键洞见。如下所述,与公司或私人所有权本身不同,信托允许不能或不会(*cannot or would not*)对某物行使所有权权利者在不是其普通法所有人情况下从该物获益。该论点遗漏了信托的突出成就。[25]

我有两项关于信托和合同之间关系的基本主张:信托关系根本(*at all*)不取决于合同关系,并且前者在某种程度上与后者是对立的。不是信托关系不能被合同所创设,而是合同约定没有且甚至不应当在理解信托关系结构中发挥必不可少的作用。[26]

考量信托关系的框架类型,源于对缺席者的财产控制和管理。这是个事涉阿拉伯—巴勒斯坦人的臭名昭著案例,他们在 1948 年战争期间被驱逐出他们的土地,并被剥夺了他们的私人财产(有点类似 1967 年战争期间)。[27] 这些所有者中的大部分不能要求归还和重新主张他们的财产。以色列通过颁布《1950 年缺席者财产法》(*Absentees' Property Act of* 1950)和后续的立法作为回应。该法授权官僚担任缺席者的受托人。这个明显善意的努力因为以色列政府犯下的几个错误最终失败了。但是这个道德失败超越了我在此寻求做出的理论概念要点。这个案例为研究信托关系的标准结构提供了有用的分析视角。

受托人和每个避难者之间存在的信托关系甚为明显(appropriated thin)。其表征为授予受托人财产的普通法权利,同时受制于为避难者—受益人的(单一)利益行事的义务,受难者—受益人反过来对信托财产享有所有权权益

---

[24] 这种假设在现代信托法的经济分析中起着重要的作用。在最近试图将代理成本理论应用于信托法的尝试中,这是最明显的。参见 Robert H. Sitkoff, "An Agency Costs Theory of Trust Law", 89 *Cornell L Rev* 621 (2004); Jesse Dukeminier et al, *Wills, Trusts, and Estates: Teacher's Manual* (8th edn., 2009) § 10 – 3。

[25] 在这个程度上,我的批评与 Lee – ford Tritt, "The Limitations of an Economic Agency Cost Theory of Trust Law", 32 *Cardozo L Rev.* 2579 (2011) 的观点完全不同,在他看来,强调作为信托法典型的非经济动机。在我看来,他的方法也忽略了信托的独特之处。

[26] 这并不是要否认历史上(*historically*)信托提供了合同可能无法提供的优势。特别是对价原则和[在英国至少直到 1999 年合同法(第三方权利)制定]合同相对性原则。信托可以绕过这两项原则所构成的障碍,但关键是它在概念上和规范上独立于合同理念。

[27] 我说臭名昭著,因为以色列没有遵守它的官方(法定的)承诺托管缺席者的争议财产。其中的大部分都没有阻碍地被转移到其他国家机构。Cf CA 58/54 *Habab v. Custodian of Absentee's property of Israel* PD(10) 912 (1956).

(propriety interest)。这就排除(leave out)了与信托关系具有广泛联系但最终无关紧要的几个特征。我将论述三个最重要特征:委托人地位、受托人动机和信托的合同基础。接下来我依次分析每一个特征。

(一)信托形式可以归纳为如何产生因果关系问题吗?

构造受托人—受益人关系的通常方法背离《缺席者财产法》中的方法。尽管所有人—委托人通常建立关系,在此非所有者(*non owner*),而是以色列立法机关,发起了这个关系。为什么这没有破坏我使用缺席者判例作为信托例子,有很多原因。[28] 但最重要之处在于没有令人信服的理由认为,在观念上和规范上信托的形成与信托一旦形成所引起的标准情况不可分割。[29]

更普遍地,一个信托通常以不依赖委托人积极参与的方式产生,只考虑"通过法律运作"所产生的信托。在更基本的层面上,忠义义务采用一种关系形式。毕竟,受托人对(*to*)受益人负有义务。相应地,担任受托人之成功和失败与否要根据受托人处理受益人利益之效果如何进行评估。当然,委托人可能影响评估方式,例如,委托人可以决定什么算作符合受益人利益和受益人的利益要求是什么。不过,这并没有使他成为所设计信托关系的参与者。[30]* 因此,即使在信托关系中形成方法起到因果关系作用,但不构成继续推进信托关系的必要部分。[31] 这正是为什么通过信托形式(*form*),不同的代理人(私人个体、营利和非营利组织、政府)使用单一的(*single*)正式结构能够实现众多不同目标的原因所在。

㉘ 最直截了当的解释是,《缺席者财产法》(*Absentees' Property Act*)旨在制定出以色列面临的特殊情况的临时解决方案。问题的部分原因是,管理一种允许难民在远处充当所有者的私有产权制度的困难,或者是令人望而却步的成本。

㉙ 因此,我的解释可以说明,为什么减少对受托人自愿承诺的信任的理论不能解释适当构思的信托形式。例如,Edelman 法官采取这种简化主义的立场,但这样做是通过明确忽略法律运行所产生的信托实例(如立法法令)。参见本章的 James Edelman。从理论上讲,这样的举动是人为的,因为它没有原则性的正当理由。而且,减少对自愿承诺的信任,可能对信托形式没有任何理论上和教义上的重要意义。在这个观点上,信任的法则(*law*)仅仅解释了争议承诺的意义。关于其所产生的"忠义义务"或"托管机构",没有什么有趣的事可说;这一切都归结于特定承诺的实际条款。

㉚ 即使那样,反对 *Claflin v. Claflin* 20 NE 455(Mass 1889)一案判决的普通法司法管辖区,也允许由受益人通过行使解除信托的权利对受信人的行为进行事实上的控制。

* 也就是英美法中信托一旦成立,委托人退出信托法律关系。——校者注

㉛ 通过类比,美国政府及其选民之间存在的信义关系不包括开国元勋,尽管他们对这段关系施加了巨大的影响。

(二)受托人需要根据美德行事吗？法定信托需要遵循或体现信托伦理吗？

信托法的语言富含伦理观念，如信任和忠义。因此用"基于正当动机作为(或不作为)的义务"的措辞来表明忠义义务可能看起来很自然，㉜在此情形下忠义取决于受托人是否已经对受益人形成适当的心理倾向。

然而，缺席法判例表明，不需要有伦理上的重要意义归于受托人承诺。毕竟，受托人在此(只)是一个官僚，其工作是免除国家管理缺席者财产的责任。我们并不清楚应当期望受托人按伦理美德行事的原因，这些伦理美德适用于有德行的受托人。如果有什么的话，公职人员应当受到公正无私的激励。这意味着，要求他承诺放弃自身利益，以韦伯式官僚精神作为他公职的范导性理想(regulative ideal)。㉝ *

缺席者判例同时提供了清晰的紧张关系，这种关系内在于善良动机之法律实施。就忠义义务使基于正当动机行为成为信义关系的决定性原则而言，没有什么私法能够或应当对此实施。因为正像礼貌准则一样，法律实施真诚的忠义是矛盾的，强迫的忠义不是所谓正当的忠义。要求政府官僚"真诚地"㉞表现忠义，置法律于固定动机内容难以置信的地位，在固定动机内容基础上，受托人应依此行为(或克制行为)。㉟

㉜ Lionel Smith, "The Motive, Not the Deed", in Joshua Getzler (ed.), *Rationalizing Equity, Property and Trusts* (2003) 53, 65. 康德关于这一主题的发展，参见本章 Irit Samet。

㉝ 政府官员"骄傲于……克服他自己的倾向和观点，以一种认真、有意义、他被要求的方式来执行……甚至(尤其是)当其不符合他的政治观点时"。Max Weber, "Parliament and Government in Germany under a New political Order", in *Weber: poijtical Writings*, ed. P. Lassman and R Speirs (1994) 160.

* 指引导性的理想，不是构建性的理想，本身不具有知识性。——校者注

㉞ Paul D Finn, Fiduciary Obligations (1977) 15.

㉟ 请注意，与那些批评法定信托过度道德化的理论家[such as Penner (n 17) and Dagan and Hannes (this volume)]相比，我并不认为信托不符合核心的道德要求。法律没有或不应该强迫受信人基于忠义的道德考量而不是保持一致的事实，并不意味着这个法律主体的道德基础不能与忠义或信任伦理观相联系。这样的解释可能不会停留在动机(*motivation*)上，因为有充分的理由说明为什么法律没有强制性地抽取仁慈的态度或善意。一个合理的信托法德性理论将使特定行为理性化以及实际上符合道德要求作为其主要目标。

（三）信托是一个合同吗？

缺席者判例自觉撤销（set aside）的信托关系第三个方面就是其据称的合同基础。缺席者判例突出强调信托的正式结构独立于合同。更一般地说，完全可以想象一个拥有私有财产制度的社会，同样拥有信托制度，但没有合同的法律实践（尤其是待履行合同的实践）。[36]

关于合同构成信托关系的基础观点，我将从两种常见的说法开始。第一种已经在与信托形成的联系中提及。那个讨论应当足以驳回这种借助合同解释信托关系的方法：委托人和受托人之间的合同代表了一种而非唯一的形成信托的方式。

一个更加看似有理的观点是，为受托人—受益人关系打下基础的组织思路是合同思路。这个观点最好理解为表达一个观念上的主张，即忠义义务仿制合同约定。这项义务的存在和内容被解释为反映合同条款，信托的形成应当（*would*）已经当事人一致同意。

这个观点的最佳阐释来自信义法的经济分析。[37] 基于经济分析的路径，信义义务正是节约这些成本涉及固定量身定制的合同条款和监督这些条款遵守情况的交易成本。该观点认为忠义义务排除了对具体条款的需要，这些具体条款会规制涉及受益人对信托财产利益的受托人行为。

请允许我解释一下，为什么我认为这个观点没有准确地把握合同和信托之间的联系。我不否认，在一个足够高的抽象层面，即科斯式交易的当事人所处的水平，所有（*all*）提高效益的私法归根结底是引导行为，以最接近零交易成本世界里达成协议的方式进行。在这个程度上，伊斯特布鲁克和费舍尔引起争论的断言，在信义法中“没有发现什么特殊之处”，[38]结果变得太过于谦虚也就是说他们应当说在所有（*all*）不能还原为假定合同分析的私法中没有什么特殊之处。例如，过失法中合理注意标准的规范经济证明实质上是一个基于风险制造

[36] 至少根据梅因的著名论点，身份（财产归属于身份）先于合同产生。Henry Sumner Maine, *Ancient Law* (1861).

[37] Frank H. Easterbrook and Daniel R. Fischel, “Contract and Fiduciary Duty”, 36 *JL & Econ* 425 (1993).

[38] Easterbrook and Fischel (n 37) at 438.

者和风险承受者在零交易成本世界里达成(假定的)合同的论证。[39]

这种宽泛的“合同”观点是完全一致的。[40] 更重要的是,可能有很好的理由来决定受托人忠义义务的内容,至少在一定程度上基于受益人实际的或建设性的选择。也就是说,对交易成本的强调掩盖了信托关系的显著(*distinctive*)特征。首先,对交易成本的强调曲解了信托关系的正式结构。信托不仅仅可以帮助人们在聘用专家时明确合同条款和监督遵从。更确切地说,它还对缺乏法律人格(*legal personality*)的受益人引起的不同困难作出回应。信托受益人包括后代成员和婴儿。而且,缺席者法判例也例证了,受益人可能是完全有能力的人,尽管如此他们还是在法律上被剥夺了与相关财产所在地的公民和政府进行交易的资格。这种经济分析方法因此忽略了信托的一个独特的正式特征:承认受托人—受益人关系,即使(*even when*)这种关系都不能采用合同交易形式。

此外,当然并非所有的受益人都缺乏签订和履行合同的法律能力。不过,即使他们有能力,合同模式也忽视了内置于受益人地位的被动性(*passivity*)。考虑一种简单的情况。假设我愿意把我在一家有前途的制药公司中持有的股票赠送给我的岳父以使其受益,但我不相信他在财务方面的判断。我因此宣布自己为了他的利益,成为股票受托人。[41] 受益人处于被动地位,以两种重要的方式与合同关系紧张:第一,在这种情况下没有“合同”,因为我已经实在地征召受益人加入与我的法律关系中。[42] 第二,自愿义务的单方面承诺并不能因此建立合同(*contractual*)关系,因为受益人没有回报,其地位相当于“受约人”的地位,所以不需要在积极的交易关系中与受托人接触。如果你喜欢,需要接触或需要对价很重要,因为其能够解释为什么仅有自愿的承诺不会产生对受益人负有的

---

[39] 对注意义务的经济解释表明,人们不应该从事成本超出其收益的行为。因此,强制侵权法的注意义务代替了(*stands in*)科斯比喻的参与者之间进行的自愿交易。它促使个人凭借自己通过将成本合理预防措施纳入他们偏好的行动方案中来平衡解决这个问题。William M. Landes and Richard A. Posner,“The positive Economic Theory of Tort Law”, 15 *Ga L Rev* 851,854 (1980).

[40] 尽管如此,这样理解的合同观点是极其简单和简化的。

[41] 这是设立信托的最普遍的原因。Restatement (Third) of Trust (1992) &15 cmt a(“大多数信托都是无偿设立的”).

[42] 合同自由包括来自(*from*)合同的自由,如此一个人不能被迫参与合同约定。

或由受益人承担的合同(*contractual*)义务。[43] 信托制度为忠义义务的产生开辟了道路,尽管(*in spite of*)存在受益人被动性两种表现。将信托限缩为合同必然导致我们忽视信托不取决于适当构思的合同的重要方式。

在本部分中,我试图强调信托的非基本要素。我现在将把我的注意力转向基本要素。第一步涉及确定剩余,非基本的要素被搁置一旁。我将论证,信托关系围绕财产形成,尤其是私人所有权。而且,是在私人所有权错综复杂的情况背景下,受托人和受益人之间的信义关系获得其正式的形式和(其中一些)实质。

三、信托和过度的私人所有权:概要

信托形式是财产创造物(且最终是私人所有权),这最好参照物权法定(*numerus clausus*)原则加以理解。[44] 当一个财产所有者寻求一位专家服务来管理他的资产时,为了看清信托形式之新颖,考虑单独通过合同建立信托不可能。从合同角度的论点正确地假定,原则上由所有者和专家决定确立他的合作期限(term)。然而,信托不仅仅是合同约定,因它诉请(invoke)财产权利和义务,这些权利义务具有物权(*in rem*)效果,会改变第三方的规范情况(normative situation)。

相应地,不应以私人当事人财产的权利和义务形式(*forms*)进行私人立法。从这个意义上来说,物权法定(*numerus clausus*)原则消极地对所有者可能通过合同与非所有者建立的规范关系类型施加限制。肯定地,该项原则公开承认一些其他类型的关系,如出租人和承租人之间产生的关系或与地役权有关的关系。[45]

---

[43] 在此我不认可合同一般(*generally*)必须涉及对价。大多数民事司法管辖区都不认可对价的必要性。相反,我提出了一个不那么有野心的假设:既然法律经济学家关注的是一种由对价支撑的合同,那么我的反驳则试图通过表明信托关系即使在没有交易的情况下也会出现,从而否定对议价合同的信任减少。因此,我认为受益人的被动性和对信托关系的经济、契约性分析基础是不相容的,这个观点与这篇(*this*)文章相悖。

[44] See Generally, Thomas W. Merrill and Henry E. Smith, "Optimal Standardization in the Law of Property: The Numerus Clausus Principle", 110 *Yale LJ* 1 (2000).

[45] 我在 Avihay Dorfman,"Property and Collective Undertaking: The Principle of Numerus Clausus", 61 *U Toronto LJ* 467 (2011)一文中发展了物权法定原则的合法性基础理论。

信托是这些公开承认的关系中的一种,其以基本财产形式也即所有权形式发挥作用(*operate on*)。例如,正像租赁形式允许物权(*in rem*)上权利基于所有权权利的排他性使用资产相关联的义务分离,因此,信托形式创造了其自身独特的重新配置的所有权形式。特别是,它使所有权权利能够被分解为两种有关所有之财产方式:作为一名代理人主导有关财产的行为和决定,以及作为其他代表其行事的受应者(patient)。忠义义务有助于包含代理人—受应者关系的分离,通过声明前者直接以后者的名义说和做。

(一)信托和私人所有权

将信托与其他资产分割法律方式进行类比,会产生遗漏其特殊性的风险。作为管理(*management*)他人资产的安排,信托和公司之间的类比也存在这样的问题。通常注意到,两种安排在所表现出来的组织灵活性程度上和约束受信人之市场有效性上有所不同。[46] 现实的问题变成对更适合管理(*manage*)我们资产的受信人的选择即受托人或公司高级管理人员和董事。

然而,这种路径也未能解释信托的特殊性。信托不仅仅是管理私人所有(*privately owned*)财产的一种替代性方式(尽管其当然也是)。信托一开始就预设私人所有权能力可能缺乏,对此困难提供解决办法(*solution*)。受托人提供所有权,而非仅仅是管理和服务。这凸显信托特殊性方式也可以延伸至其他的争论。[47]

(二)过度的私人所有权和信托形式要点

私人所有权产生了各种各样的过度。这些过度使所有权要么对一些人

---

[46] 关于灵活性,参见 F. W. Maitland, *Equity-A Course of Lectures* (2nd edn. ,1936) 23; Tony Honoré, *The South African Law of Trusts* (2nd edn. ,1976) 10; Langbein (n 11) at 184; Hansmann and Mattei (n 21) at 472 – 3; Robert H. Sitkoff,"Trust as ‘Uncorporation’: A Research Agenda", *U Ill L Rev* 31,44 – 6 (2005)。关于市场约束机制,参见 Robert H. Sitkoff,"The Economic Structure of Fiduciary Law", 91 *BU L Rev* 1039,1045 (2011); Melanie B. Leslie,"Trusting Trustees: Fiduciary Duties and the Limits of Default Rules", 94 *Geo* LJ 67,99 – 100 (2005)。

[47] 这一论点究竟能走多远,超出了本章的范围。可以这样说,在提供所有权服务方面审视受托人的立场表明信托形式与信义关系相关案例(如律师—客户,公职人员—选民,以及可能是父母—子女关系)有着特殊的联系。因此,我们有另一个理由怀疑统一论者跨越信义法运作的不同法律形式修正其内容的企图。

来说绝对地不可用,要么对其他一些人来说相当昂贵。信托形式选择了这个困难,允许那些不能或不会成为所有者的人有机会接近所有权制度。其通过受托人和受益人之间熟悉的所有权分工提供机会:前者被授予针对特定资产的权利,同时后者至少拥有对该资产的另一个所有权(*ownership of another*)。[48] 换句话说,信托受益人最基本的权利是使另一个人处于有关资产的所有权地位。

为展开论证,我将从概述私人所有权理念的核心主题开始,然后讨论其产生的相关过度类型。[49]

1. 作为一种地位的私人所有权权力凌驾于(所有)他人之上[50][*Private ownership as a status authority over* (*all*) *others*]

正如我在其他地方已经论证的,私人所有权的概念选择了一种规范地位(*normative standing*),即改变与特定对象相关的他人之规范情况的权力。因此,私人所有者拥有不同寻常的地位,该种地位不仅在非所有者之矛盾诉求的背景下从物理上或精神上控制对象,[51]而且决定他人可以或不可以在法律上有权处理该对象。这种与他人相关的地位观念统一了与通常被视为所有权特征的排他和让渡权利相关联的各种事件。[52] 这些事件是具有独特地位的事件,所有者不得不以权利授予和义务施加的方式满足他人。

---

[48] 自始至终,我都避免展开普通法的与衡平法的所有权之间区别。我这样做是为了强调,我的解释并没有转向历史的特性(例如,普通法法院和衡平法法院之间的司法管辖分工)。

[49] 我强调了相关的(*relevant*)过度类型,承认私人所有权可能产生比目前所讨论的更多的过度类型。

[50] 接下来这两段话吸收 Avihay Dorfman, "Private Ownership", 16 *Legal Theory* 1 (2010); Dorfman, "Private Ownership and the Standing to Say So", 64 *U Toronto LJ* 402 (2014)。

[51] 所有权具有特殊的规范地位,关涉排他性的使用或决定什么可以做,这个观点在不同的场合中被强调。关于排他性的使用,参见 J. E. Penner, *The Idea of Property in Law* (1997) 147 (normative position vis - à - vis the thing); Henry E. Smith, "Mind the Gap: The Indirect Relations between Means and Ends in American Property Law", 94 *Cornell L Rev* 959 (2009)。关于一样东西可用于什么地方的规范性权力,参见 Robert Nozick, *Anarchy, State, and Utopia* (1974) 171("X 中的财产权观念的核心……是决定对 X 应当做什么的权利;选择哪一个关于 X 的有限选项应当被实现或尝试的权利。");A. Alchian and H. Demsetz, "The property Right Paradigm," 33 *J Ecom Hist* 16, 17 (1973)(注意到"权利的力量可以被定义为一个所有者决定如何使用资源的程度实际上决定了使用");Larissa Katz, "Exclusion and Exclusivity in Property Law", 58 *U Toronto LJ* 275, 297 (2008)。

[52] See eg., A. M. Honoré, "Owenership", in A. G. Guest (ed.), *Oxford Essays in Jurisprudence* (1961) 107; J. W. Harris, *Property and Justice* (1996) 5, 29, 31, 126, 136; Thomas W. Merrill, "The property Strategy", 160 *U Pa L Rev* 2061, 2068 (2012).

所有者像这样通过一系列复杂的意图和态度来操作。考虑一个简单的例子：如果我有一本《资本论》(*Das Kapital*)，你想要简单地咨询一下，我对于你享有不一般的地位。如果我严格限制你使用这本书，说“这是我的”。我真正要做的是要求你承认我为你提供理由(*reason-providing*)的地位。所有者可以通过私人所有权的特殊地位制造原因。[53] 尤其是，在适当情形下通过说“这是我的”，我希望你同意我关于书的使用的判断之原因是，你应该认识到是我作为所有者这样判断，或者在通俗的意义上这样说。

复杂的系列意图只会在所有者和他人就论及的资产进行合同和其他商业交易的相互作用中变得复杂和强烈。而且，就在对资产做出决定的过程中要求大量时间或特殊技能的投资背景情况来说，风险甚至更高。

2. 过度的私人所有权：简短介绍(*The excesses of private ownership: a brief sketch*)

在这种背景下，我将详细阐述一些过度类型，其产生于与私人所有权的联系中。我会将它们分成绝对的和假设的过度两类。[54] 然而一些过度是私人所有权的必然结果，其他情况仅仅是这个概念的延伸。[55]

绝对的过度(*Categorical excesses*)(或所有者法律人格的障碍)。在此最明显的一类例子是关于那些低于自然能力门槛(*threshold*)的人：会想到婴儿和智障的成年人。另一类例子是关于那些有自然能力但缺乏法律人格的人。一些被迫离开他们家园和土地的阿拉伯—巴勒斯坦人不能主张他们的所有权，其他人因国家制裁那些与敌国居民进行商业交易的人而被有效地禁止这样做。而且，所谓的马萨诸塞州商业信托最初是作为应对(当时)禁止公司出于某种目的对土地享有所有权的法律限制的方法，而不是从事其商业

[53] 更多关于认知和实践原因之区别的哲学讨论，参见 David Owens，“Rationalism about Obligation”，163 *Euro J Phil* 403 (2008)；David Enoch，“Giving Practical Reasons”，11 *Philosophers' Imprint* 1 (2011)。

[54] 我用康德词义中的假设来表达追求目的的条件形式(例如，如果你想更好地了解一位朋友，你应该花更多的时间和他在一起)。

[55] 值得指出的是，我将讨论的过度行为集中在享有所有权的人所面临的巨大困难上。也许有人会说，虽然信托可以减轻某些过度行为，但它也会导致另一些行为，例如，那些与委托人意图之统治有关的行为。毫无疑问。目前的问题是，这些成本是否超过了克服私人所有权过度的优势。这尚不清楚(至少可以说)，我将要讨论的案件必须成为这种担忧的牺牲品。

的方法。[56] 这些示例表明,有时所有权存在于缺少所要求的所有权法律人格范畴不及之处。信托形式创造了法律空间,在其中受益者(*patients*)(出于选择或偶然)能够获得接近私人所有权制度的机会。

假设的过度(*Hypothetical excesses*)。私人所有权可能产生相反的结果(例如,在放弃有价值的选择方面),远远超过通常(*ordinarily*)与私人所有权相联系的成本。[57] 那些负担私人所有权假设的过度成本原则上能够获得或维持所有权地位。然而,所有权过高的成本刺激求助于信托。为了说明的需要,这个范畴内的例子可以再细分为三个子类别:异端、职业、福利。

异端(*Heterodoxy*)。追求某人的政治异端有时可能意味着所有权的剥夺。一个熟悉的历史例子发生在玫瑰战争期间,"对政治感兴趣的人已经不可能在没有失去他们所有财产的危险情况下参与那类游戏",因为背叛国王。[58] 这些人在采取政治和军事行动时利用信托应对这种威胁。更近些时候,英属巴勒斯坦托管地的犹太复国主义运动在推进其目标的过程中,经历了一些私人所有权的过度。在那个时候犹太复国主义的政治计划是购买和开发,以支持巴勒斯坦的定居点建设,为建立一个犹太国家做准备,然后将土地卖给犹太移民。这要求对购买的土地进行登记,确立私人所有权的一个正式行为。中枢犹太复国主义机构(如犹太国家基金)的所有权确立必然会遭到授权官员和当地精英们的抵制。[59] 信托再一次被要求解决过度的私人所有权。实际上,通过辞去所有者,代之假定为受益人的消极地位特征,犹太复国主义机构如犹太国家基金在实现其政治目的方面能取得更好的进展。[60]

职业(*vocation*)。现在考虑面对私人所有权过度的相反追求。两个熟悉的历史例子是十字军和早期的方济会修士,他们对宗教信仰的虔诚追求与私人所

---

[56] 可能是由于对财团法人不动产永久保管的传统担忧,马萨诸塞州禁止"合作组织根据一般法律经营不动产",这样"所有现代化办公大楼和酒店不得不由自治组织提供资金……" S. R. Wrightington, "Voluntary Associations in Massachusetts", 21 *Yale LJ* 311,312 (1911 - 12)。

[57] 我说通常(*ordinarily*)是为了承认大多数私人所有者所承担的费用,而规避这些费用显然是非法的。两个常见的例证是避税和绕过竞争法(反垄断法的根源)。这两种情况都涉及私人所有者援引信托来避免成本。

[58] Austin W. Scott, "The Trust as an Instrument of law Reform", 31 *Yale LJ* 457,461 (1922).

[59] Adam S. Hofri-Winogradow, "Zionist Settlers and the English Private Trust in Mandate Palestine", 30 *L &Hist Rev* 813,854 (2012).

[60] Hofri-Winogradow (n 59) at 855.

有权处于紧张关系。信托形式被采用以减少这种紧张关系。如果没有信托(或受益权),十字军将不得不在继续东征与待在家里为自己和家庭保留财产之间进行选择,修士将不得不在无财产生活的圣洁与一系列有保障的物质生活方式之间面临权衡。

如今,在拥有某些商业企业的高层公职人员不能担任公职的情况下,类似的结构困境也出现了。例如,林登·约翰逊(Lyndon Johnson)在得克萨斯州拥有一个电台和一个电视台,当他登上美国副总统职位时,约翰逊创建了一个“保密”信托,以确保他的所有权利益不会在道德上不允许其公职人员的职业。约翰逊因此占据受益人的位置,对一个完全独立的受托人的所有权服务享有权利。[61]

福利(*Welfare*)(所有权的不便)。最后一类所有权假设的过度关注捐赠人、第三方或社会整体的福利。个人和社会福利的提升常常被视为私人所有权制度的主要理由。[62] 也就是说,私人所有权的福利提升效果不是自发产生的。其在一定程度上依赖于享有所有权之人的行为。通常来说,成功的表现取决于技能。在许多情况下,只需要普通的技能就能对一个对象进行最优的使用。但在其他情况下,特殊的技能被需要或是有利的。

这里也有一些例子。例如,考虑贵族中的一个经典担忧,即有关一个完全无远见的儿子或女儿,其注定会接管家族财产。[63] 或者考虑一个富有的人通过给予有前途的初级法学院慷慨的奖学金,希望支持优秀的法律理论。在这些情况下成功地采取行动要求捐赠者可能不具备的专业技能。作为所有者行事(*Acting as an owner*)(站在自己的立场上这样说)可能会弄巧成拙。诉诸信托,接受另一个人的所有权服务,能够进行必要的区分。

前面的讨论突出了有关信托形式之要点的一个更为一般的主题,即减轻某些私人所有权的过度。信托不仅仅是私人所有者(*private owners*)可以选择的财产形式清单上的另一种形式。相反,信托为那些不能或不会援用所有权追求

---

[61] 关于历史的细节,参见 Megan J. Ballard,“The Shortsightedness of Blind Trusts”, 57 *Kan L Rev* 43,54 – 5 (2007)。

[62] 常被引证的文章(*locus classicus*)是 Harold Demsetz,“Toward s Theory of Property Rights”, 57 Am Econ Rev 347 (1967)。

[63] 关于这一点的历史讨论, 参见 Ron Harris, *Industrializing English law*: *Entrepreneurship and Business Organization*,1720 – 844 (2000) 149。

他们或他人之目的的人创造了接近所有权的相当可能性。如此理解,信托是一种不可完全地(*simpliciter*)还原为私人所有权的财产形式。其也不可还原为公司形式,受托人提供所有权,而非仅仅是(或甚至必然是[64])管理和服务。[65]

信托形式因此与众不同,就其设立私人所有权通道本身(*itself*)而言,为了提供所有权服务,[66]通过建立法律职责,即受托人职责由于信托的形成,受托人成为了与信托财产有关的所有事项上受益人的行为和决定的代理者(*author*)。或如我将要论证的那样。

四、受托人的忠义义务:霍布斯的解释

几乎所有常见的忠义义务路径都在两种相矛盾的解释之间分离。第一种路径是义务的约束观念(*constraint conception*),据此受托人享有按照他认为适当行为的自由,受到禁止利益冲突规则施加于他的约束之限制。第二种路径从根本上否认有这样的义务存在。许多这样的义务虚无主义者(*duty nihilists*)是律师经济学家(lawrer econonists)[67]或一些还原论者——现实主义者[68],他们将法律"义务"的观念(在我看来是错误的)(在信托法或其他方面)视为不是行动的强制理由。例如,詹姆斯·帕纳最近认可这样一种观点,即信义责任是独立的,在

---

[64] See eg. ,James Edelman,"Two Fundamental Questions for The Law of Trusts", 129 *LQR* 66,66 (2013).

[65] 关于股东权力的主要讨论是 Lucian Arye Bebchuk,"The Case for Increasing Shareholders Power", 188 *Harv L Rev* 833,837,843 -50 (2005)。请注意,这里的观点即使是在美国的情况下也是适用的,当与英国相比时,股东积极主义的范围非常有限。

[66] 关于受托人职责是一项职责的观点,参见例子 Honoré (n 46) at 4; Bernard Rudden,"Things as Things and Things as Wealth", 14 *Oxford J Legal Stud* 81, 88 (1994); Joshua Getzler,"'As If:' Accountability and Counterfactual Trust," 91 *BU L Rev* 973,981 -2 (2011); Tamar Frankel,*Fiduciary Law* (2011) 279 -84。受托人承担一项特殊的职责,一项法律职责而不仅仅是职责,尤其是所有权的职责。这种处理信托问题的方式,让人对最近一种将私人所有权本身描述为一项职责的趋势产生怀疑。参见 Christopher Essert,"The Office of Ownership", 63 *U Toronto LJ* 418 (2013); Larissa Katz,"Governing through Owners: How and Why Formal Private Property Rights Enhance State Power", 160 *U Penn L Rev* 2029 (2012)。在我看来,从概念上和规范上来讲,私人所有权与职责的观念无关。进一步理解,参见 Dorfman,"Ownership and the Standing to Say So" (n 50)。

[67] See eg. ,*Edwards V Honeywell,Inc* 50 F 3d 484,487 (7th Cir 1995) (Posner CJ)(想要知道"为什么义务在过失案件中应当成为一个问题,然而这并不完全清楚").

[68] See eg. ,Percy H. Winfield,"Duty in Tortious Negligence", 34 *Colum L Rev* 41,48 -51,65 -6 (1934); W. Jonothan Cardi and Michael D Green,"Duty Wars", 81 *S Cal L Rev* 671,726 (2008).

其没有预先假定一个先存的忠义义务的意义上，尽管他没有为此提供任何支持。[69]

相反，我会认为存在忠义义务。然而，我也会主张，约束观念未能把握其突出特征。与注意义务的侵权和许多其他私法义务不同，忠义义务与时俱进构成了法律义务观念，即避免利益冲突的义务（以及返还经由违反该种义务所获得的利益）部分地由其是受托人构成（*constitutive*）。

（一）设置阶段：受托人和所有权人格的见解

回想我们的核心挑战是解释信托法对排他利益较之最佳利益的忠义标准偏好。禁止利益冲突和禁止谋利规则共同表达了这种需求。[70] 我将试图论证，这两项规则反映前述分析的信托关系的正式结构。尤其是，我将提出，如在霍布斯（Hobbes）的政治权力论证中，受托人提供的所有权服务需要扮为（personating）受益人，如此受托人以受托人的身份做出的行为和决定从根本上是受益人的。[71] 这正是认为受益人的基本权利是就信托财产享有另一个所有权所指的含义。

要了解这一点，首先要了解绝对的（*simpliciter*）私人所有权的财产制度。通常，自由和平等的个体通过创造行为和决定协商他们的实际事务。法律尤其

---

[69] Penner（n 17）. 也可参见本章 Lionel Smith。然而，在我看来，Smith 并没有真正否认义务的存在。他将忠义义务（以及禁止冲突和禁止谋利规则）描述为"忠义的要求"（*requirement*）和"法律规范"（本章）。我觉得这个描述令人困惑。抛开语义不谈，谈论"规则"，"要求"以及最终"规范"意味着行为理由的存在。而且，由于这些原因也是强制性的（*mandatory*）（正如 Smith 可能承认的），不清楚"义务"如何从 Smith 的解释中消失。

[70] 有空间提出这样的问题，这些规则是否有内涵上的区别，以使每一个代表不同的逻辑。参见例子 Matthew Conaglen，*Fiduciary Loyalty*：*Protecting the Due performance of Non-Fiducuary Duties*（2010）114 - 20。解释为什么这两项规则就它们是同一种关注和尊重受益人原则的事前（ex *ante*）和事后（*ex post*）表现的意义而言实际上是相等物，这超出了当前论证的范围。为了提供一种粗略的基本直觉，从道德上讲，仅有利润很难证明恢复或返还的义务具有正当性。因此，一定有一些事情——一个先前的错误，即违反某些行为预先存在的义务——这可能会将获利的事实（*fact*）转变成一个引起责任的事件。

[71] 根据 Hobbes 的观点，最高统治者的规范性权力是由"对他们所有人负责的权利"所决定的。Thomas Hobbes，*Leviathan*，ed Richard Tuck（1996）122. Hobbes 认为，在这种情况下，每一个主题共同勾勒了"苏维埃共和国的行动和判断"。在这种程度上，利维坦的绝对主义在于其试图迎接适用政策的挑战，与其说通过接受主体的意图、兴趣和偏好，不如说通过完全地占用它们。Cf Hanna Fenichel Pitkin，*The Concept of Representation*（1967）.

是私法，在这个意义上有时赋予且有时促进代理者身份。[72] 私人所有权在人们就外界事物的交互作用中使行为和决定的代理者身份得以实现。它调整着一个实际的竞技场，固然是众多中非常重要的一个。[73]

也就是说，如此构成的私人所有权排除了那些不能或不愿在这个意义上享有权力的人。信托的独特目的是培养所有权的派生形式，借此法律授予受益人就信托财产赋予而非仅仅管理另一个人权力的权利。在这种程度上，受托人成为受益人在所有关于信托财产事项上的行为和决定的代理者(*author*)。

注意这个论证不是(*not*)或不一定是因果关系的论证。我不是在论证替代效应，借此受益人(或捐助人)将其创造行为和决定的权力转移给受托人，在这种情形下该项权力可以被认为来源于前者的法律人格。[74] 正如我所观察到的，受托人可能享有信托权力，即使(*even when*)受益人从一开始就没有该种权力。[75] 实际上，是信托形式创造了标准的框架，在其中受托人可以主张就信托财产以受益人的名义创造行为和决定的权力。

人们可能认为[76]信托法只是复制(*replicates*)受益人在追求一些目的过程中接受受信人帮助的领域。但这种界定方式掩盖了以受益人的名义(*in the name*)行为和为(*for*)受益人行为之间的一个重要差别。[77] 信托使前者成为可能，但不清楚这是否适用于所有的(*all*)信义关系。在我看来，主流学者已经强调受信人为(*for*)另一个人行为的权力，这并非偶然。[78] 当然，如果我买一家上市公司的股票，我会寻求利用这家公司的优势为我做商业决定，我想用它来管理我的钱。然而，公司的决定不是我的，即使它们是为我做出的(增加我的物质

---

[72] 当然，法律可以而且经常对这种能力进行限制。

[73] 平行观察可以用于其他的、部分重叠的、相互作用的领域，例如关于身体完整和合资经营(分别对应侵权和合同的法律实践)。

[74] 我所反对的因果主张，可以被放在根据受益人实际的或假定的同意受益人将其权力部分转移给受托人的方面。从受益人(或委托人)的法律人格中衍生出的替代和权力的观点在 Miller,“Duties”(n 2); Miller,“Remedies”(n 2)中得到支持。

[75] 参见在 n n 51 – 3 相关文章中关于私人所有权绝对过度的讨论。

[76] Weinrib,“Restitutionary Damages”(n 13) at 33 – 4; Ripstein (n 13) at 18 – 19; Paul B. Miller,“A Theory of Fiduciary Liability”, 56 *McGill LJ* 235,262 (2011).

[77] 我在 Avihay Dorfman and Alon Harel,“The Case against Privatization”, 41 *Phil & Pub Aff* 67 (2013)详细地阐述了这一差别。

[78] See Austin W. Scott,“The Fiduciary Principle”, 37 *Cal L Rev* 539,540 (1937); Finn (n 34) at 15.

财富)。相比之下,受托人不仅仅为受益人或受益人的利益行为,而且"冒充"受益人。尤其是,受托人基于法律人格实施行为——一个所有权人格——法律将其归于受益人,即使(*even when*)且实际上有时因为(*because*)受益人什么都没有。[79]

(二)详细阐述:禁止利益冲突,禁止牟利和受托人的角色道德

将上述分析与受托人的特殊角色(*role*)联系起来可能有所助益。基于角色道德的论证评估对一个人的行为参照他们的角色之令人满意的限制。[80] 忠义义务的解释通常留意受托人所承担的角色,尤其在资产管理方面,有一些强调对最大化受益人之财富的专业责任,[81]其他一些强调避免利用不允许的管理自由裁量权之优势的道德承诺。[82] 相比之下,就我提议的解释而言,受托人占据了信托财产所有者而非仅仅是管理者的角色。为了成功地担任这样一个角色,信托形式创造了独特的法律人格:所有权人格,以供受托人在创造与信托财产相关的行为和决定时享有。

在这样的背景下,禁止利益冲突和禁止牟利规则可以被视为是界定构成受托人地位之组成部分的所有权人格的规则。它们反映了对信托形式的概念上的担忧,尤其是,提供所有权而非仅仅是管理和服务的可能性。它们有效地要求受托人承担独特的受益人所有权人格。

因此,这些规则不是或不一定是关于受托人履行管理信托财产之任务的好的或坏的方式。就我提议的解释而言,真正关注受托人管理信托财产之行为的

---

[79] 这种对比并不是信托和公司特有的区别。以立法者作为公共受信人为例。在代议民主制下,选民代表可能仅在他们有充分的准备忠于一般利益的程度上履行他们的职责。也就是说,目前尚不清楚(至少可以说),我们是否应当将他们的立法行为视为自己的行为。他们为我们说话,而非以我们的名义说话。沿循这一思路的关于民主代议制度的相关解释,参见 Bruce A. Ackerman, *We The People: Foundations* (1991) Vol.1,181-6。另外,也可能认为民选的政治家们被期待基于他们的良知而不是我们的偏好进行投票。参见 Edmund Burke,"Speech on the Fox's India Bill(Dec. 1,1783)", in *The Writings and Speeches of Edmund Burke: India: Madras and Bengal*,1774-1785,ed. Paul Langford et al. (1981) Vol.5,378。此外,还有另一个理由怀疑寻求提供统一的信义法的解释。

[80] 可以肯定的是,这种说法是有争议的。举例来说,一个基本问题关系到我们应该如何对士兵的行为进行评估。他们必须被视为普通人(*ordinary persons*)参与某些暴力活动或作为士兵(*soldiers*)参与政治行为,尤其是暴力形式吗?

[81] 参见本章的 Langbein (n 7),Easterbrook and Fischel (n 37); Dagan and Hannes。

[82] See sources cited in n 13.

规则是那些关于受托人管理权力(*powers*)的规则。[83] 实际上,受托人在为受益人的最佳利益行为时可能违反禁止利益冲突和禁止牟利规则。[84] 违反这些规则意味着受托人未能遵守其以另一个人的名义创造行为和决定的能力。

在所提出的解释中,承担受托人职责需要具备两种有区别的(*distinct*)法律人格,即受托人自始至终享有的和在与所承担职责的联系中享有的所有权人格。禁止利益冲突和禁止牟利规则提供了所有权人格的必要隔离,将其实际地与受托人创造行为和决定的自然能力相区分。禁止利益冲突规则以这种提议的方式发挥事前(*ex ante*)作用,而禁止牟利规则从事后(*ex post*)的角度表达相同的目的。

首先是禁止利益冲突规则。该规则旨在引导受托人的行为,通过要求她排除考虑自身的利益以及第三方的利益。这因此表达了一种暗示,受托人将自己变体为(*transubstantiating*)另一个人所有权人格的受应者。[85] 这其实是在消极的意义上明确以受益人的名义创造行为和决定的过程中什么利益应当被搁置一边。通过暗示,禁止利益冲突规则设定了允许的范畴,在其中受益人的利益成为受托人以受托人的身份可以追求的唯一利益。

从这一观点来看,禁止利益冲突规则不仅仅是对履行受托人职责的单边约束,其部分地由受托人承担该种职责的主张构成(*constitutive*)。凭借禁止利益冲突规则,受托人是另一个人的所有权人格的受应者。这是使他成为受托人的规则。[86]

禁止牟利规则对非忠义给出事后的(*ex post*)回应:返还非法利益

---

[83] 正如 Lionel Smith 正确观察,法院不愿审查受托人决定行使这些权力(或避免行使)的智慧。参见 Smith(注释 32)。据说,这种不情愿可能有充分的理由(其中是一些常见的商业判断规则),其与受托人管理权的目标是合理管理信托财产的主张不相一致。

[84] 这正是重申在 Langbein(注释 7)中的著名论断的另一种方法。然而,现在应该清楚,我和 Langbein 的分歧在于信托的本质。

[85] 在信义法的语境中,"变体"的隐喻与其他有用的隐喻形成鲜明对比。正如 Deborah DeMott 所提出的,代理法将代理人视为委托人的延伸。其他形式的信义关系,如公司形式,产生替代效应;即受信人享有来源于受益人的权力。这种信托的独特之处在于,它可以创造(*create*)一种前所未有的法律权力。

[86] 当然,压制(受托人自己的利益)和延迟(受益人的利益)的要求不需要等同于受托人一方的谦让行为。

(disgorgement of profit)。[87] 这项规则的任何成功解释必须说明三个令人费解的特征。第一,该规则反映一种恢复(*restorative*)逻辑,而不是基于威慑逻辑;[88]第二,它可以采用所有权(*proprietary*)形式,而不是对人(personal)形式;[89]第三,它触发严格(*strict*)责任,而不是基于过错责任。[90]

在所提议的解释中,这三个特征都是单一思想的外在体现,即受托人在构成另一个人所有权人格过程中所承担的角色。像它的事前(*ex ante*)对应规则一样,禁止牟利规则最好理解为受托人将自己变体(transubstatiate)为另一个人的所有权人格的承担者所采取的事后(*ex post*)表达。受托人(以受托人的身份)创造的行为和决定被声称为受益人的(*of*)行为和决定。尽管如此,受托人违反其忠义义务所获的利益是一个意图以受益人的名义行为(在这种情况下,同时牟利)的人所获的利益,而不是他自己的。受托人已经违反其忠义义务的事实不能被援引为剥夺受益人享有受托人所有权服务之权利的理由。实际上,违反这种义务是对一项规范的违反,该项规范界定(*defines*)而不是仅仅约束承担受托人职责意味着什么。

五、结论

在本文中,凭藉考察信托产生的核心[91]结构问题:过度私人所有权,发展了对信托的解释。在此背景下,信托的独特要点是培育所有权的衍生形式,借此

---

[87] 事实上,这种传统的规则描述方式可能有些复杂。参见 Getzler (n 66) at 978 – 9。另一种描述规则的方法是,除非明确地做出相反决定,受托人就信托财产所产生的所有(*all*)利益都是受益人的。因此,有趣的问题变成了财产(谁拥有什么和为什么)而不是受信人忠义。我将抵制这种方法,因为真正的问题不是财产和责任,因为即使是财产问题也不能避免最终作为两者基础的规范性问题。

[88] 这是出于两个相互强化的原因。首先,一项追缴救济不能阻止失败的尝试;即对受托人来说是无利可图的不忠诚行为。其次,它不能提供足够的威慑,因为受托人常常可以轻易地隐藏他的收益。这是一种结构性缺陷,对于追缴救济来说系统地(*systematically*)具有较少抑制。任何缺乏惩罚性损害赔偿的救济措施都可能无法产生适当的威慑水平。对此的一般性讨论,参见 Jules L. Coleman, *Risks and Wrongs* (1992) 185; A Mitchell Polinsky and Steven Shavell, "Punitive Damages: An Economic Analysis", 111 *Harvard Law Review* 869, 887 – 97 (1998)(在侵权行为法的语境中,论证逃脱义务的机会必须被纳入对所造成损害的赔偿责任的计算中)。更多关于恢复而不是基于威慑的义务逻辑,参见 *Restatement (Third) of Trusts* (1992) &100 cmt d。

[89] See, eg., *AG for Hong Kong v. Reid* [1994] 1 AC 324, 336 (PC).

[90] See, eg., *Regal (Hastings) Ltd. v. Gulliver* [1942] 1 ALL ER 378, 386 (per Lord Russel).

[91] 我解释了两种意义,在其中我使用"核心"概念是恰当的。参见 nn 2 – 6 的相关文本。

受益人就信托财产享有赋予另一个人权力的权利。受托人是受益人在与信托财产有关(在适当的意义上)的所有事项上的行为和决定的代理者(*author*)。更加具体地说,信托创造了独特的法律人格,即所有权人格(*ownership personality*),是受托人在就信托财产创造行为和决定过程中享有的。信托本身(*itself*)创立了这种人格形式,受托人凭借承担其职责构成了这种人格形式。这种理解信托的方式有助于解释忠义义务,尤其是禁止利益冲突和禁止牟利规则。

还有一个理由,从过度所有权视角阐释信托很重要,信托规范地缓和令人困惑的过度所有权观念有助于促成财产理论中未曾充分阐述的主题:私人所有权制度的正当限制是什么?[92] 当一些人拥有一切而剩下的人什么都没有,这种私人所有权制度不能被视为正当的。[93] 我对过度的所有权重视产生一个不同的对整个所有权制度正当性的限制。在其他方面令人满意的法律制度可能缺乏正当性,就其排除人们享有其给予的利益而言,他们自己没有过错或能选择(*through no fault or choice of their own*)。毋庸置疑,这些利益不是微不足道的。因此,信托形式的特殊规范性与整个私人所有权制度的正当性有着密切的联系,由此信托可以被理解为私人所有权正当性的一种情形。[94]

---

[92] See eg. ,Jeremy Waldron,*The Right to Private Property* (1988) 115 – 17,444; [Carol M Rose, "Canons of Property Talk,or,Blackstone's Anxiety", 108 *Yale LJ* 601 (1998)]; Arthur Ripstein,*Force and Freedom* (2009) chs 4 and 9; Ernest J. Weinrib,*Corrective Justice* (2012) ch 8.

[93] 关于这种限制的简要讨论,参见 Avihay Dorfman,"The Normativity of the Private Ownership Form", 75 *M L Rev* 981,1008 (2012)。

[94] 所提主张使我们看到,在所有权/信托联系之下(或之上)存在一个比较法的微妙问题。倘若传统民事司法管辖区完全不提供减轻私人所有权过度的法律方案,那么他们私人所有权体系的合法性将是欠缺的。似乎有些民事司法管辖区至少提供了一些这样的制度,但评估这些制度是否足以单独地和/或联合地达到合法性标准超出了当前论证的范围。

第五部分　公法背景之下的信义法

第十八章　受信人权威和服务观念

埃文·福克斯·迪森特(Evan Fox-Decent)[*]

引　言

当代理论界对实践权威(practical authority)的探讨,关注度最高的要数约瑟夫·拉兹(Joseph Raz)的服务理论了。其研究包括三个命题:依赖命题(the dependence thesis)、优先命题(the pre-emption thesis)和常规证成命题(the normal justification thesis)。依赖命题主张,权威应根据适用于其对象的一阶(first-order)或背景理由来发出指令。例如,一阶理由包括两名争议者可能向仲裁员提出的论点和考虑因素。[①] 优先命题认为,必须将权威指令理解为替代和排除对象在评估如何行为时本应予以考虑的至少部分一阶理由。[②] 一旦仲裁员做出裁决,"在其做出裁决前本可籍以证明其行为正当性的理由,在做出裁决后便不能再提出了"。[③] 但服务观念的核心却是拉兹的常规证成命题(NJT)。该命题提供了区分合法权威和仅属事实权威的(主要)标准。在拉兹看来,事实权威有效地将其意志强加于他人,且必定声称其有权指示他人;而合法权威被赋予权利指示他人,且他人有义务服从。[④]

根据常规证成命题,如果史密斯遵守琼斯的指示,认为与其直接遵守自身判

---

* 感谢 Michaël Lessard 杰出的研究协助,也感谢 Evan Criddle, Ian Dahlman, Andrew Gold 和 Paul Miller 等人对本文所提的建议和意见,同时感谢社会科学及人文研究委员会的慷慨资助。

① Joseph Raz, *The Morality of Freedom* (1986) 41 -2.

② Joseph Raz, *Ethics in the Public Domain: Essays in the Morality of Law and Politics* (rev edn., 1994) 214.

③ Raz (n 1) at 42.

④ Raz (n 2) at 211,341.

断相比，将帮助史密斯更好地遵守适用于她的理由，那么琼斯就是史密斯的权威。[⑤] 例如，当我开车时，我有审慎和道德理由进行安全驾驶，与我自行决定在每一场合是否在交叉路口停车、靠右行或靠左行等相比，如果我认为交通法规是权威并应予以遵守，我认真遵守的可能性就会更大。常规证成命题旨在解释该交通法规的权威，指出其如何帮助我更好地遵守已对我适用的原因（与本人安全和公众安全相关的原因）；即与我直接遵守自身判断相比，如何帮助我更好地遵守权威。

不同学者对常规证成命题口诛笔伐、痛下针砭。[⑥] 概括地说，批评者指出，即使所谓的权威可帮助其对象更好地遵守理由，[⑦]但这并不等同于所谓的权威具有统治的资格或其对象有服从的义务。批评认为，拉兹将建议（counsel）与命令（command）相混淆，[⑧]从而无法解释合法权威在要求对象遵守时享有的特殊资格。在第二部分，本人简要阐述相关批评，指出问题源于拉兹将权威解释为一项调解人与各项理由之间关系的概念，但如果正确理解，权威表示的是人与人之间的某种特定关系。

在第三部分，本人谈及拉兹的一个新论点，出现在其关于统治权的一篇论文草稿中。该论点借鉴了其权利利益论，尽管最终无法令人信服，但提出了两个重要且相关的问题。其一，所谓的统治权是否意味着国家拥有索取权（claim right），还是道德权力（moral power）。若国家针对国民拥有索取权，则该国民对

⑤ 关于历年来拉兹对常规证成命题的表述，see Joseph Raz，*The Morality of Freedom*（1986）53；Raz（n 2）at 214；Joseph Raz，*The Problem of Authority*：*Revisiting the Service Conception*，90 Minn L Rev 1003，1014（2005）. 拉兹认为，常规证成命题受制于一种“独立”的条件，即指令无法干涉本应由史密斯自己所做出的决定，比如她所要追求的事业。

⑥ See eg，Jules L. Coleman，“Beyond Inclusive Legal Positivism”，22 *Ratio Juris* 359－94（2009）；Stephen Darwall，“Authority and Second-Personal Reasons for Acting”，in David Sobel and Steven Wall（eds.），*Reasons for Action*（2009）150；Stephen Darwall，“Authority and Reasons：Exclusionary and Second-Personal”，120 Ethincs 257－78（2010）；Scott Hershovitz，“The Role of Authority”，11 *Philos Impr.* 1－19（2011）；Kenneth Einar Himma，“Just ‘Cause You're Smarter than Me Doesn't Give You a Right to Tell Me What to Do：Legitimate Authority and the Normal Justification Thesis”，27 *Oxf J Leg Stud* 121－50（2007）；Stephen Perry，“Political Authority and Political Obligation”，in Leslie Green and Brian Leiter（eds.），*Oxford Studies in Philosophy of Law*（2013）*Vol.* 2.

⑦ 为便于表述，我有时候会采用“更好地遵守理由”来表示“更好地遵守应独立适用于对象的审慎和道德理由”。

⑧ 关于“建议”与“命令”的区别，来自 Thonms Hobbles，*Leviathan*：*with selected variants from the Latin edition of* 1668，ed. Edwin Curley（1994）ch xxv，paras. 2－3，165－6. See Darwall（n 6）at 259（引用自霍布斯的区分）。

国家负有相关义务。但若统治权实际上是一种道德权力，则国民就承担相关责任，让国家对其施加义务，或改变其在其他方面的法律地位。其二，应向谁负有遵从义务。如针对第一个问题，我们认为国家拥有索取权，则意味着国民对国家负有义务。但正如我随后所论，如国家权力存于道德权力，则无法得出国民对国家负有义务的推论。我将在第五部分中指出，该义务实际上是针对服从国家管辖权的其他人。

在第四部分，本人指出，权威关系特有的人际关系类型是信义关系。这种关系形式是我们理解权威关系中人际规范结构的关键。作为说明，我关注的是亲子关系和船长必要代理的案件。其为国家权威的性质提供了重要指标，原因是，从性质上来说，两者均属非自愿，且都涉及由法律授权权力持有人在未经义务承担者事先同意的情况下强加义务，但两者又以不同方式揭露了权威的信义理论如何能够解释合法当局有资格对不能或未能表示同意者施加责任。换句话说，这有助于我们回答拉兹所述的权威的道德问题：即“个人为何有责任将自身意愿和判断受制于他人的意愿和判断？”⑨

正如伊凡·克里德尔（Ivan Kridder）和本人在先前著述中所阐述，⑩信义模式提出的答案是，权威本身部分由信义责任构成，其行使受信人权力的方式与康德的平等自由理想相一致。此处，在讨论亲子和船长案件时，对于信义理论，我提供了一种替代性拉兹式说明。根据拉兹模式，掌权者责任从常规证成命题中获得启示：推定权威在行使其权力时，所采取的方式要尽量帮助国民更好地遵守单独适用于她的理由，对此推定权威责无旁贷。总而言之，该想法通过将其最有价值的贡献（常规证成命题）嵌入一种能够解释权威资格的信义框架中，来解决那种影响拉兹理论的资格问题。

本人在第五部分将拉兹的信义模式应用于公共权威问题，我所说的公共权

---

⑨ Raz (n 5) at 1012; but see Perry (n 6) at 38 –41（作者认为，拉兹提出的“道德问题”其实是佩里所谓“服从问题”的强制版本，这与证明合法权威的问题有所重叠，但不相等同）.

⑩ Evan Fox-Decent, *Sovereignty's Promise*: *The State as Fiduciary* (2011); Evan J. Criddle and Evan Fox-Decent, “A Fiduciary Theory of Jus Cogens”, 34 *Yale J Intl L* 331 (2009); Evan J. Criddle and Evan Fox-Decent, “Human Rights, Emergencies, and the Rule of Law”, 34 *Hum Rights Q* 39 –87 (2012); Evan Fox-Decent and Evan J. Criddle, “The Fiduciary Constitution of Human Rights”, 15 *Leg Theory* 301 – 36 (2009); Evan Fox-Decent and Evan J. Criddle, “Interest-Balancing vs Fiduciary Duty: Two Models for National Security Law”, 13 *Ger Law J* 542 –59 (2012).

威,是指国家或类国家机构公布、解释、管理和实施法律的权威。在该情况下,国家的常规证成命题知情责任(the NJT – informed duty),就是在行使其法律制定权时,其方式就是要帮助国民更好地遵守针对拥有国家适用于其的理由。我认为,该理由取决于每个国民在法律秩序内生活的利益,秩序为其提供安全保障,使其免受单边行为影响,不必听从其他私人主体的指示。该利益反映了国家—国民信义关系的构成属性之一,即私人主体在司法上无法行使公共权力,因此,我们从该关系的构成中,提出国家存在及其合法性的论据。对于国家的常规证成命题知情责任如何支持针对其他国民而非国家应负的守法义务,我将在最后提出个人思考。

一、资格问题

最近,史蒂芬·达沃尔(Stephen Darwall)对拉兹的服务性权威观实际上是否属于权威观表示质疑。[11] 为了便于讨论,达沃尔让我们假设,如乙将甲的指示视为优先理由,乙就能更好地遵守独立存在的理由,在此情况下,乙有充分理由将甲的指示视为优先,且甲的指示实际上对乙而言是优先理由。换句话说,达沃尔让我们假设依赖和优先论正确(甲的指示至少部分代替和排除先前适用于乙的一阶理由),且满足常规证成命题的条件(乙将甲的指示视为优先理由,便可更好地遵守理由)。达沃尔声称,甲要求乙遵守甲的指示,且乙有责任遵守,也并不意味着甲对乙拥有权威。

依据拉兹在《自由的道德》(*The Morality of Freedom*)中所举一例,达沃尔指出,如某人的最大心愿就是准备一顿丰盛的中餐,而约翰是中餐专家,其指示在该情况下使该人有了行动的优先理由,该人有理由应遵守约翰的指示。[12] 拉兹自己也同意,根据该等假设,"常规证成命题确认约翰有资格"为其所在领域的权威。[13] 但是,可以说,该人"应"遵循约翰指示的理由完全是为了审慎起见。正如达沃尔所言,"该人要是不遵循约翰的指示,只能说他愚蠢,但即使不这么

---

⑪ Darwall (n 6) at 150.

⑫ Darwall (n 6) at 151 [citing Raz (n 1) at 64].

⑬ Raz (n 1) at 64.

做,也很难看出约翰有任何资格抱怨或以其他方式要求对方说明理由。”⑭如不存在其他情况,该人不理智并不意味着该人因违反服从责任而应受谴责。

斯蒂芬·佩里(Stephen Perry)的观点与上述观点大同小异,但对拉兹的前提条件解释更为宽泛。⑮ 佩里指出,假设问题是如何运输危险物质,且适用于物质运输商的相关背景,(一阶)理由也涉及避免给他人造成风险,那么,这是合乎道德和绝对的(适用于运输商的理由独立于其碰巧拥有的任何愿望或目标)。假设政府机构比我更了解该等物质的运输,那么,如果我遵守政府机构指示,而非自行决定如何运输该等物质,在遵守涉及安全的背景理由方面,我将表现更佳。再假设该机构指示赋予我遵守的优先理由,即防止我通过以新的强制性理由直接替代该背景理由对其加以考虑。最后,让我们假设,新的理由,与其替代的背景理由相同,也是绝对的。佩里认为,如果该机构的指示向我提供的理由也具有强制性和绝对性,“这似乎足以确定我有道德义务遵守其指示”。⑯ 如果是这样,似乎该机构就有合法权威通过基于安全的指示施加义务。

佩里令人信服地辩称,即使我们毫不动摇地追随拉兹来到其论证的倒数第二步,即创设并遵守义务,也并不意味着该机构拥有合法权威。他认为,假设所有其他条件保持不变,但该机构发布的是可选建议而非意图具有强制性的指示。有道德义务遵守该机构指示的论点仍站得住脚,原因是背景理由仍具绝对性,且如果我将该机构的建议视为优先理由并由此具有绝对性,我将更好地遵守背景理由。但如果这样,则论证的最后一步,从道德义务到合法权威,如何证明其正当性就无从得知,因为在即使没有声称具有权威性指示的情况下,基于常规证成命题的论证也会产生道德义务。

更麻烦的是,即使提出相关建议或指示的是朋友,或可能不受他人控制的黑匣子,针对道德义务的论证似乎也有理。无论提出该建议或指示的实体源自何处或地位如何,如其内容适当,使我能更好地遵守理由,似乎根据常规证成命题,我就有遵守义务。既然认为朋友或神秘黑匣子有法律权威向我施加义务实属荒谬,根据常规证成命题,有道德义务按指示行事这一事实并不表明,推定权

---

⑭ Darwall (n 6) at 151.

⑮ Perry (n 6) at 44 - 8.

⑯ Perry (n 6) at 45.

威具有合法权威。佩里总结道，常规证成命题面临着"重大反向蕴含问题"：即使它可以产生遵守特定指示的道德义务，该义务也绝不意味着该指示来源是合法权威。[17] 再次，资格问题浮出水面。

在拉兹回复达沃尔的论文草稿中，拉兹承认，与他在《自由的道德》一书中讨论约翰（中餐烹饪专家）和露丝（金融投资专家）的主张相反，"合法权威不能仅基于优先知识"（superior knowledge）*。[18] 在财务顾问向客户提供专家指示的情况下，拉兹声称，顾问告知客户如何投资（并假设客户具有投资的充分背景理由），则客户与顾问的知识将迟早相同。拉兹指出，一旦如此，客户遵从顾问指示，与直接基于其新学知识行事相比，在遵守相关背景理由方面并不会表现更好，其在遵守背景理由方面取得的成功是相同的。换句话说，一旦顾问将专家知识传达给有理由针对其行事的客户，顾问"不再满足常规证成命题的条件。（顾问）不知道（客户）在哪方面表现比其优异"。[19] 因此，在拉兹对常规证成命题的新解读中，顾问对其客户而言不是权威。

然而，拉兹的论证取决于客户将顾问指示视为行动优先理由，且根据拉兹的服务观念，其以顾问是权威为先决条件。如指示并非优先理由，在评估如何行事时，基于实际理由，客户有权依靠自身判断。因此，客户有权将该指示列入同意或反对特定投资的背景理由清单中。即使顾问向客户表明其已考虑所有该等理由，正是因为顾问的指示，就我们当前假设而言，并非行事的优先理由，所以客户亦有权进行再权衡。客户在无中介判断的情况下仍可获取适用于投资的所有背景理由。如果是这样，同其将顾问指示视为权威和优先理由相比，其是否能同样遵守相关背景理由，同样进行投资，尚不明朗。因此，似乎常规证成命题确实适用于当前情况，客户通过将顾问指示视为具有权威性由此具有优

---

[17] Perry（n 6）at 48.

* 美国合同法和侵权法的一个原则，对合同正常履行非常关键。该原则是指财产所有者对现存的有害和不利信息应向合理谨慎者披露，或者在政府项目招标中，政府部门应向投标者合理公开披露信息。——校者注

[18] Joseph Raz, *The Possibility of Partiality*（2008）21. 载 http://josephnraz.googlepages.com/ThePossibilityofPartiality-temp.pdf（2013 年 12 月 11 日访问）。赫什维茨正确地指出，由于这是一份不完整的草稿，它可能不能反映拉兹成熟的观点，因此，在将该草稿中辩驳的观点坚决地归责于拉兹时应有所谨慎。See Hershovitz（n 6）at 7 – 11.

[19] Raz（n 1）at 20.

先性，客户很可能更好地遵守相关背景理由。看来，客户在进行无中介自我判断时，就会被排除在服务观念明确旨在提供的福利之外。

其强调，如果我们简单规定顾问指示是行动优先理由，正如《自由的道德性》中所假定，则顾问就是服务观念项下的权威：针对权威指示可单独作为行动优先理由的该观念而言，其是权威的一项标志。[20] 但是，拉兹试图将专家指示与常规证成命题相分离，其目的在于表明，专家不能仅凭其专业知识而成为权威。从服务观念的角度来看，该论点没有说服力，因为，如我所论，只有当专家指示被视为优先理由时，这才貌似可信。如果其被视为优先理由，则该指示就被认为是行使服务观念项下的权威，拉兹试图将其从常规证成命题的范围中移除，但因优先命题存在于服务观念本身而无法实现。

拉兹的反专业知识论证还存在另一问题：如论证充分，结论将蔚为可观。根据拉兹对常规证成命题的早期解释，人们可轻易理解常援以类比国家权威的特定种类权威，即父母权威。[21] 如果成熟子女能够理解和遵循父母指示，因将其父母指示视为权威，而可能更好地遵守理由，那么父母便是其权威。原因为何？因为一般来说，在其他条件相同的情况下，父母比子女更了解什么对其最有益。我将在下文指出，该论证受上述资格问题困扰，但在服务理念的旧有解释中，部分论据至少可适用于父母权威。然而，根据拉兹对常规证成命题的最新解释，父母可能对其子女不具备权威，因为一旦其针对子女最大利益向其作出指示，子女就与其父母拥有相同知识。就像财务顾问和受指示的客户一样，父母一旦向其子女做出指示，根据拉兹对常规证成命题的最新解读，针对哪些符合其最大利益而言，就不再比其子女了解更多：他们均拥有相同知识。因此，父母似乎不是子女的权威，因为其“不再满足常规证成命题的条件”。如果拉兹对常规证成命题的最新解释意味着废除父母权威，我们有进一步理由对此表示怀疑。

现在，拉兹将仅基于专业知识的权威主张和基于旨在实施协调方案的指示主张进行严格区分，后者如我在引言中所举的交通法例子：“当使行动表现最佳的是其在协调方案中的作用，且遵守协调方案是因为权威指示人们如此遵守，

---

[20] 正是权威的优先特性引起了其独特的“道德问题”。也就是说，使个体意志服从于他人。

[21] See eg. , Himma (n 6) at 137(关于合法的强制权威，要找到无可争议的例子是很难的，但父母权威作为类似的例子，似乎对此问题的解决有所裨益).

此时,知识晚于指示而非先于指示。”[22]拉兹的意思似乎是,专家指示说明的是事件事实,其存在独立于专家所言或所行,而实施协调方案的指示灌输的是对有理由做某事的知识,而其至少部分是由指示本身构成。在获得靠道路右侧行驶的指示且禁止任何形式的自发协调前,我并不了解靠右行驶最有益。但该指示一旦做出,并假定获得普遍遵守,我现在知道我有理由将其视为权威,遵守该指示。在该意义上,“知识晚于指示,而非先于指示”。

这并不是说,专业知识在权威构成中不起任何作用,现在,拉兹主张其作用总是与他物相结合:“专家立法权威大都涉及信赖元素:例如,使消费者信赖产品,或信赖满足特定标准的服务提供方,使道路使用者或可能受他人行为影响的其他人信赖符合特定标准的人等。”[23]然而,佩里的“反向蕴含问题”和资格问题仍然存在。个人有道德义务遵守确立公共标准的指示,无论其涉及产品安全、协调方案的实施,抑或任何其他,这一事实(假定其为事实)并不意味着推定权威实际上拥有设定和执行该等标准的权威。针对标准的道德义务性,情况亦如此,无论推定权威将其作为建议还是指示提出,且无论发布指示的推定权威是我的朋友或黑匣子还是公共机构。为了表明某机构发布指示确立公共标准具有如此行事的权威,拉兹须证明该机构本身享有独特权利,可对受其管辖之人施加义务。

二、统治权

拉兹的论文草稿提出了一项旨在解决资格问题的论点,该论点基于其权利利益论,据此权利保护特定利益。该论点虽最终不具说服力,但亦值得注意,原因有三个:第一,其引出了服务理念值得称道的一项特点,即权威只有在向其人民提供某项服务时才可称之为权威。第二,在阐述该论点的含义时,拉兹提出,遵守的义务最终不是针对权威,而是针对自身,这点惹人注目。第三,且相关的是,严格意义上的霍菲尔德权威观认为,与拥有索取权的权威相配的是针对该权威应负有的相关遵守义务,拉兹的论证邀请我们探究,以此来看,是否真正存在所谓的统治权利。显而易见的是,拉兹认为遵守的义务针对的是自身而非权

---

[22] Raz (n 18) at 20.

[23] Raz (n 18) at 21.

威,该观点对其所热衷的统治权利提出了质疑。我认为,更可取的权威观是,权威意味着霍菲尔德式的权力,而非权利,且与该权力相关的是改变自身规范性立场的责任,最显著的是通过(而非仅通过)[24]施加义务。

基于其利益论,拉兹认为:权威是某种法人实体,该法人实体拥有基于利益的权利,"但其利益又源自其组成时意图服务且通常是自然人的他人"。[25] 同样,拉兹指出:虽然"权威针对其对象的权利……源自该权威的利益,即成为善的权威",但服务理念在解释权威时,严格参照适用于处在权威之下人们的理由,而非参照拥有权威之人的利益。[26] 因此,权威的统治权基础是权威拥有的二阶衍生利益,即因其能帮助对象更好地遵守理由而成为善的权威的权威利益。

遵守的义务同样与服务观念对权威的基本解释相关:"义务针对权威,因其产生于权威指示其客体的权利,该权利本身符合客体的单独利益。不妨说这是你针对自身应负的义务,因为根据服务理念,权威即仆人,蔑视权威即辜负自己。"[27]似乎,拉兹脑海中的失败无异于运动员不服从尽职尽责的教练。不服从教练,运动员便无法遵守适用于其的相关背景理由(运动卓越、竞争准备等),所以,"不妨说",他辜负了自己。

拉兹此处针对权威的统治权利所述内容实际上如何确立该权利无从得知,充其量也只是说明如何将统治权利以可预想的方式置于权利利益论的范围内。但其并未提出任何论据证明,权威作为善的权威的衍生利益是一种统治权利附加的利益。也许其是唯独建议自由所附加的利益。正如斯科特·赫什维茨(Scott Hershovitz)所指,拉兹的论点似乎是丐题(question-begging)。[28] 被认为是统治权利基础的衍生利益是权威成为善的权威的利益,但可以说,一人只有成为权威才会被赋予权威的相关利益,这正是要求权利利益论解决的问题。

在《自由的道德性》一书中,拉兹写道:"(权威)主张(统治权利),即他们是事实权威,因为其主张统治权利,且因为其成功地确立和维持其统治。只有在

---

[24] 法律授予人们权力、豁免权、权利、自由和特权,同时也施加义务。但是,从权威的立场来看,义务的施加仍然是核心内容,因为义务的施加使"个体意志服从于他人"这个道德问题变成了最为强大的信念。因此,我随后的讨论将限于探讨公共权威施加义务的权利的正当性。

[25] Raz (n 18) at 17.

[26] Raz (n 18) at 18.

[27] Raz (n 18) at 18.

[28] Hershovitz (n 6) at 9.

其主张具有正当性,且他人对其负有遵从义务时,其才具有合法权威。”[29]他在别处又指出“拥有权威即意味着有权统治受其统治之人,且统治的权利意味着服从的义务”。[30] 诸如此类论述表明,拉兹从传统立场出发,认为权威一方面涉及索取权,另一方面涉及相关服从义务。然而,拉兹最近又认为,遵从义务最终只对自身负有,这表明拉兹并未将权威视为主张权,而将其视为道德权力,因为如果权威是主张权,人们就会期望权威本身将被负有义务。事实上,在《自由的道德性》中,拉兹申明“因断言某人具有合法权威而被普遍视为有义务遵从该人,只不过是赋予其约束他人的权力”。[31]

将权威视为权力而非主张权的直接意义是,遵从的义务并不必然针对权威。因为与权力相关的是责任,而非(就主张权而言)特别针对权利持有人负有的义务,原则上责任可被触发由此产生针对任何数量当事方的义务(包括但并不必然是权威)。拉兹认为对象(不妨说)对其自身负有义务的提议实属善变,因为通常义务是对他人负有。但是,我们可对拉兹的主张进行修订,这样义务根据相关权威的管辖权而针对他人负有,由此,即使关于义务性质的另一面言之有理,同时也保留权威是人民仆人这一有价值的思想。我将在下面针对该经修订的观点提供论据。

但首先,我们需考虑,是否存在将权威本质上视为权力而非主张权的独立理由。我认为存在,但只能稍加论证。论证假定权威可接受,并假定权威必须由权力或权利(但非两者同时)构成,因此,权衡不利于泾渭分明选言的考量就会默示支持将权威解释为彼面。

考虑到该假设,我们会注意到,统治权的概念与我们对权利的一般理解相违背。在标准情况下,权利对己有利,因为其代表或体现了个人有权自行且为其自身利益做出的主张,没有必要进一步证明。根据利益论,权利保护法律认可的个人利益。根据康德理论,权利是在个人与他人交往时保护其平等自由的“强迫权”。[32] 这两种理论均认为,权利对己有利,因为其正当性追溯至拥有权利的特定代理人的权利拥有状态。就国家或其他公共实体而言,不能如此解

[29] Raz (n 1) at 26.

[30] Raz (n 3) at 341.

[31] Raz (n 1) at 24 (emphasis added).

[32] See eg. ,Arthur Ripstein, *Force and Freedom*: *Kant's Legal and Political Philosophy* (2009) 30.

释，因为公共实体，如正确理解，无法做出对己有利的主张。这就是拉兹将权威的利益视为其对象利益之衍生的原因。权威自身不具备对己有利的目的或利益，其只是受委托实现公共目的或公共利益。如果说国家拥有统治权，可以说它是一种受限制且附条件的排他性权利，就国家对内治理和对外代表的主权权力而言，不受干涉。[33] 说其受限制，是因为其范围与国家合法权威的范围同时扩大但又不超越其范围；说其附条件，是因为如果国家代理人不可救药地滥用其地位，从而破坏其拥有主权权力正当性的理由时，该权利可予以（全部或部分、暂时或永久）没收。但是，作为合法权威的简略表述，将统治权解释为改变其对象规范性地位的道德力量最好不过，包括通过对其施加义务。[34] 根据该解读，法律权威是获授权通过行使道德主权权力确立法律秩序的公共代理人。

以此方式看待权威的结果是，遵守的义务原则上可向隶属于相同权威的他人负有，[35]或向整个社会负有。[36] 这一结果可能令某些人感到不安，因其似乎超越了传统观点，即遵守的义务必然针对权威负有。例如，在讨论父母权威时，肯尼斯·希马（Kenneth Himma）认为"最终解释父母强制权威的是，子女对其父母有义务"。[37] 道德力量观也可能超出达沃尔的第二人称道德论。在达沃尔看来，只有当请求人被认为具有向相对人提出有效要求的权威时，道德主张才可如此理解，在该情况下，提出要求的权威意味着相对人对提出要求之人负有责任。[38] 我将在下一节指出，我们能够将对象应向谁负责的问题与其应向谁负有遵守义务的问题加以区分。两者不必相同，因为一人可就其对他人所负义务（包括一般义务）对权威负责。这似乎就是拉兹在讨论权威衍生权利和"不妨说"对自身所负义务时脑海所想。

我们来总结一下拉兹服务性权威观的主要优缺点。拉兹认为，权威的目的

---

[33] 为便于讨论，see David Copp，"The Idea of a Legitimate State"，28 *Philos Pubilc Aff* 3 – 45（1999）.

[34] See Perry（n 6）at 24 – 38（作者认为，权威是一种权力而不是一种请求权，因此，理解这一点也为权威可能采取的形式进行了限制）；David Enoch，"Authority and Reason – Giving"，*Philos Phenomenol Res* 1，34（2012）［作者断言：权威存在于强劲施加义务（或者类似义务、准保护的理由）的霍菲尔德权力中］.

[35] Enoch（n 33）at 28 – 33.

[36] Stephen Perry，"Law and Obligation"，50 *Am J Juris* 263，282 n 36（2005）.

[37] Himma（n 6）at 137. 我会马上认为希马（Himma）恰好把情况弄反了：最终解释父母强制权威的应是父母对其子女负有义务。

[38] See，eg.，Darwall（n 6）at 266.

是"在最终理由和其所适用之人间进行调解"。[39] 通过使用常规证成命题确定合法权威,拉兹能够回答遵从他人意志的道德问题,因为该遵从只有在可能帮助自身更好地遵守理由的情况下才是合理的。正如佩里所言:"拉兹以理性抗争理性。"[40]此外,拉兹的理论以深入人心的前提开启,即合法权威必为人民仆人,甚至事实权威的存在条件即为主张合法。也就是说,必须主张为人民服务,声称帮助人民更好地遵从理性。掌权实体如未提出该主张,便会沦为奥斯汀笔下放大版的枪手而已。

然而,由于服务观念将权威视为人与理由间的关系,其无法避免资格问题,原因是,即使能够证明对象具有遵循推定权威指示的优先理由,即使我们假设该等指示对对象施加了道德义务,也仍然无法说明该权威有权要求遵从或在不遵从时提出控诉。如果不对假定权威和对象的关系进行某种说明,解释权威有资格发布有约束力指示和在对象不遵从的情况下提出控诉,佩里的"反向蕴含问题"则难以驾驭。正如科尔曼所指:"有权威之人,位居特殊关系之中,不是针对理由,而是针对他人。"[41]简言之,所需要的是一个将权威解释为人与人之间关系的人际间框架,人与理由间的二级关系最终可融入其中的框架。广义来说,拉兹认为权威是关乎他人的服务的思想正好有助于发展该框架。

三、受信人权威(Fiduciary Authority)

我曾论称,有一类独特的人际关系是一般意义上权威关系的典型,即信义关系。[42] 科瑞多和我发展了康德的信义关系理论,以康德关于父母责任和权威的讨论为起点。[43] 该理论借鉴了康德关于人性固有权利的思想(获得可与他人

---

[39] Raz (n 2) at 215.

[40] Perry (n 6) at 43.

[41] Coleman (n 6) at 372.

[42] Fox-Decent (n) 10.

[43] Immanuel Kant, *The Metaphysics of Morals*, *trans Mary J Gregor* (1996) 98 – 9. See references herein at n 10. 在该书的这一卷中,詹姆斯·帕纳反对父母是其子女的受托人这一观点。帕纳主张,"除非基于合法授权或法律义务,否则信义义务旨在确保受信人采取最有利于本人的方式进行决策"。帕纳还主张,"由于没有人有权力或者裁量权对他人实施性侵犯,"所以对子女实施了性虐待的父母并不因此违反了信义义务,因为该义务本身并不存在。但是如果法律授权父母行使自由裁量权从而引导子女的性发育,假设确实如此,那么帕纳的主张将自相矛盾,因为性虐待是对这种权力的直接滥用。

自由共存的最大限度自由的权利),以及康德认为权利(包括人性固有权利)体现了使他人负有义务的道德能力的观念。[44] 康德将父母的义务解释为一项司法后果,其产生于子女的人性固有权利和父母的生育行为。该生育行为向父母特定化其责任,理由是父母对其生育子女负有法律责任。子女的人性固有权利将父母的责任解释为一种暗含责任,源自子女在其无法针对亲子关系表示同意的情况下使其父母负有义务的道德能力。子女的固有权利还解释了父母责任的内容:父母有责任热切管理和照顾子女,只有如此,父母和子女才能处于彼此平等自由的关系中,任何一方均不会受另一方单方面意愿的制约。即使子女受父母意愿的制约,该意愿也取决于子女人性固有权利的要求(平等自由的要求),因此,子女受制于具有实质道德限制的法律制度,而非父母单方面意愿。这样,父母指示子女的权威就被解释为既由父母管理和照顾子女的责任构成又受其调整的权威,科瑞多和我认为该责任性质上属于信托。

我不断发现康德理论的魅力所在,但有人会怀疑康德所谓的人性固有权利是否存在及其性质或意义,还有人仍怀疑我们需要借助其理论从法律的内在观点角度解释信义关系。在本节第一部分,我将对父母权威的信义观进行另类解读,其并未提及人性固有权利,将父母权威解释为由父母责任构成并受其调整的道德权力。这一解读显然是拉兹式解读,因为其纳入了常规证成命题。我指出,常规证成命题能够高度概括地为父母针对子女的信义义务提供内容,由此可作为父母合法权威的标准。该解读亦确定了子女遵从义务的最终对象是其未来自我,而非父母,从这一点来说,也属于拉兹式解读。在本节第二部分,我将讨论另一信义关系——必要时代理。最后,以父母子女和必要时代理案件为基础,对信义关系进行总结。

(一)父母的权威

如前文所述,拉兹在《自由的道德性》中对常规证成命题的解读为父母权威提供了现成解释:如果父母的指示可帮助子女更好地遵从理性,其便是子女的合法权威。然而,该解释易受到达沃尔和佩里针对父母是否有资格发出权威指示提出异议。父母指示为其子女提供优先理由,并不意味着父母是子女的权

---

[44] Kant (n 43) 63.

威,也不意味着子女有责任遵从,这点可从下列故事窥见一斑。

一日,女儿与我在公园里玩耍时,偶遇超级老爸。他殷勤但不傲慢、威严但不专制、不吝赞美、和风细雨。当时,我耳中听着 MP3 音乐,脑中思考着信义关系的本质,女儿在离我不远的一处鸭塘边,正在喝塘中不太干净的水。超级老爸走上前去,告诉她不要喝塘中的水。我因心有所思,什么也没听到,但单凭两人头上同样风格的滑稽帽子,一看我们就是父女。我的女儿性格乖戾,十足的无政府主义者,对超级老爸充耳不闻。他提高声调,再次命令她别喝了。女儿让他走开,说话方式与其年龄不相符(毕竟她也是一个性格乖戾的无政府主义者)。然后,超级老爸伸手将我的女儿从池塘边拉回来,开始训斥她,说池塘的水有多不卫生。女儿让他别管闲事。超级老爸用双臂举起她,放在一条长凳上,告诉她因表现不好,要接受 5 分钟"反省"的惩罚。

让我们假设,如果我的女儿在超级老爸告诉她时便不喝池塘的水,就会更好地遵从理性。这并不表示超级老爸对她有任何权威,更不用说她有义务遵从了。如果(就算)超级老爸在其互动开始有一定权威,也是因为基于救援的有限目的,他暂时充当了家长的角色,履行相关义务。但在超级老爸一开始告诉我女儿不要喝池塘水的时候,他就应该告诉作为父亲的我,由我加以管教。也就是说,尽管假设我的女儿会因服从超级老爸的命令而更好地遵从理性,但其没有发布和执行该命令的权威,因为作为生父的我仅站在几英尺外,他不具备代替父母地位的资格。这解释了超级老爸好管闲事教育我女儿,其行为的不当性,而其粗暴对待我女儿的行为也构成殴击,原因是其不具备触摸或惩罚她的权威,即使他这样做会导致她更好地遵从理性。

希马不无道理地指出:如果"别人的孩子偷了我的东西,这个孩子就违反了针对我应负的义务;但通常情况下,我单方面惩罚孩子是错误的"。[45] 他认为,孩子的父母可以这样做,因为"(1)……孩子违反了按父母要求行事这一独立于内容的义务;且(2)……应向父母负有该独立于内容的义务"。[46] 首先,请注意,希马提出其论点的前提是父母的权威由主张权构成,而我认为最好将权威视为一种道德权力,这样事实上就存在不针对父母负有该义务的可能性。此外,即使

---

[45] Himma (n 6) at 137.

[46] Himma (n 6) at 137.

假设孩子针对父母负有责任，既然孩子明确针对父母负有按父母要求行事的责任，为什么父母还需要获得权利或权力来惩罚孩子呢？这就让人有些茫然不解。也许，所获得的只是惩戒的权利或权力。这样，与拉兹的服务观念相同，希马的论证似乎同样会遭受反向蕴涵问题的困扰：孩子对其父母负有责任，除此并无其他，这并不意味着父母有权惩罚其过错。可以说，对于父母负有责任，并非证明惩罚正当性的必要条件。除孩子违反相关义务外，必要的是，儿童对其父母负责，且该惩罚属于父母权威范围。只要父母有权惩罚其违反责任的行为，向谁负有该责任就无关紧要了。是这样吗？

根据本文所论及的拉兹信义理论，父母的权威部分取决于其发布和执行指示帮助孩子更好地遵从理性的信义义务。我对女儿负有该责任，这有助于解释我指示其行为的权威，而超级老爸不负有该责任。赫什维茨指出："我们针对父母权力所谈及的故事（如惩罚或作出治疗决定）似乎无法与我们针对父母义务所谈及的故事相分离，"[47]由此对上述观点表示赞同。

父母责任源于父母对无法律行为能力子女的监护和禁止单边主义的结合，根据后一原则，私人主体无权单方面针对对方规定条款或强制履行正当主张。[48]禁止单边主义暗含的思想是，私人主体在道德上是平等主体，该平等性阻止其自我僭取单方面权威。

作为父母责任基础的监护要求，意指子女处于父母实际控制之下。在该情况下，如果无行为能力的子女受其父母控制，禁止单边主义有两层主要含义。第一，法律必须授权某人对子女和其事务拥有父母权力（父母、子女或其他私人主体均无法自行拥有该权力），[49]因为如果没有监护人，就无人可代表子女发言。子女实质上就成了法律上的沉默者，被剥夺法律人格，一如奴隶被剥夺法律人格。原则上，法律可授权除生育或收养子女的父母以外的人担任监护人，但惯常及经济的方式是法律将监护权赋予父母，因其已对子女负有义务。

---

[47] Hershovitz（n 6）at 17.

[48] 关于霍布斯法律理论中禁止单边主义的中心性的讨论，see Evan Fox - Decent，"Unseating Unilateralism"，in Lisa Austin and Dennis Klimchuk（eds.），*Private Law and the Rule of Law* 116（2014）。

[49] 因此，霍布斯声称，监护权仅在公民社会存在，因为公民社会的公众权威可以界定监护权。Hobbes（n 8）at ch xvi，paras. 10，103. 法律对于监护权的认可避免了一种可能问题的产生，即子女面对与其他所谓受托人之间的义务冲突（除了父母内部冲突外，这是所有关于父母权威的似是而非的解释均无法摆脱的问题）。

在该情况下,禁止单边主义的第二层含义是,法律授权父母拥有监护权的同时,亦要求父母权力行使的方式要能够帮助子女更好地遵从理性。[50] 换言之,这一要求保证父母权利的行使将受到法律标准的规范,以符合子女利益。如受到规范,父母—子女关系就不违背禁止单边主义的原则,因为子女对父母意愿的遵从,只有在其符合服务于子女长期最大利益的法律标准时,才是允许的。总而言之,父母和子女能够根据法律作为平等主体相处,这符合禁止单边主义的原则,正是因为法律规定了其关系存在的条件。

假设父母—子女关系本质上属信义关系,我们可以更准确地阐述法律对父母权威受规管的授权。父母—子女信义关系是通过一项信义原则建构的,根据该信义原则,授予父母权力,受到源自禁止单边主义的情境敏感要求限制。换句话说,拉兹的理论将康德的人性固有权利放在一边,而把其蕴含理论之一"禁止单边主义"作为情境敏感的司法原则之一,要求权威关系必须遵守。在父母—子女关系中,禁止单边主义使父母受制于移植于常规证成命题的信义要求,从而在概念上将父母权威的合法性与规范其行使的要求相联系。如下文所示,信义约束是父母权威的必要条件,而该等限制与子女的无行为能力共同提出了触发授予父母法律权力的信义原则的充分条件。

回到惩罚是否属于父母权威范围的问题,根据拉兹的理论,在且仅在惩罚能够帮助子女更好地遵从理性的情况下才在其权威范围内。父母针对子女的常规证成命题责任,为父母权威的规范性维度提供了内容,由此常规证成命题提出了可评估惩罚合法性的标准。

子女的遵从责任暗含在父母权威之中,因为该权威存在于仅在责任符合子女利益时对其施加责任的道德权力。子女针对其遵从行为对父母负责,但这并不意味着子女对父母负有遵从责任。我认为,子女对其未来的自我负有责任,这点可通过观察父母针对子女的责任推断出来。在如何抚养子女方面,父母当然享有广泛的自由裁量权。但是,在首次尝试明确其针对子女一般责任的内容时,我们可能会说,父母应采取合理步骤,为子女做好准备,使其能以正直有能力的成人身份进入社会。父母说"你长大后会感谢我的",他们表达的思想是,

---

[50] 在这一卷中,莱昂内尔·史密斯(Lionel Smith)认为,由于在受托人的自由裁量权与以特定方式行事的义务之间存在冲突,将受托人的所谓义务理解为"行使权利的一种必要方式"更为可行。

为人父母,至少部分任务是,将子女抚养成全面发展、正直无私的人。按照常规证成命题来说,尽责的父母向子女做出指示,帮助其更好地遵从使其成为有能力和正直之人的原因。如果这是正确的,也不难推断出,子女负有遵从责任的人是其未来自我,是有意成为德才兼备、全面发展的人。父母实际上是子女当前和未来自我的代理人,因此,其有权施加责任使当前的子女从事对其未来自我最有益的事情。子女的遵从责任是一项道德责任,因为其未来自我的福祉是一个道德考量,并且似乎其未来自我与当前自我相比是一个相关但不同的人(一个具备完全法律行为能力,另一个则不具备)。

我们可能还会问,为什么父母的责任赋予其对子女的权威,即使该责任的存在能让我们区分超级老爸和作为女儿父亲的我。当然,父母责任本身并不能解释父母的权威。父母权威还依赖于子女无行为能力或至少不成熟这一事实。鉴于子女尚处幼年这一突出特点,法律通过信义原则授权父母引导其子女,并有时代其行事。在这种情况下,父母的责任说明了父母获授权的范围和内容。父母的责任对其如何与子女相处设置了实质性限制,从而限定了父母权威的范围。此外,也解释了父母权威的实质内容,因为其与父母的责任完全相同——引导子女以便其更好地遵从理性。

更重要的是,父母的职责还解释了为何我对女儿拥有权威,而超级老爸没有。因为我在法律上有义务以符合女儿长期最大利益的方式对其行使父母权威,所以,我的指示在法律上受到保障与该等利益相一致。虽然我的女儿对我应付责任,但我最终对法律负责。由于超级老爸对可能针对我女儿滥用父母权威的行为不对法律负责,所以,超级老爸无权以父母的身份向其做出指示。按标语性的话来说:责任产生权威,因为责任使对公共标准负责成为可能。[51] 那么,说父母权威是公共权威的形式之一也就不无道理了:父母权威部分由父母对法律标准负责组成,没有父母的责任,就难以解释该对法律标准的责任。

我无意夸大该论证。不能通过演绎推理认为,由于父母对其子女负有责任,并对法律负责,因此,其就拥有权威指示其子女,且其子女有责任遵从。相

---

[51] 关于法律规则下负责的权威,see Gerald Postema,“Fidelity in Law’s Commonwealth”, in Austin and Klimchuk (n 48)。

反,该论证应采用归纳推理,从两个层面着手。第一个层面,它应从拉兹和信义角度对父母权威提供合理说明。据此,父母权威的合法性依赖于其向受其约束的子女所提供的服务。也就是说,在第一个层面,重点是要表明,对于父母对其子女拥有权威这一传统观点存在充分理由,父母权威并非海市蜃楼。第二个层面,论证暂时将父母权威视为理所当然,然后从法律和道德角度对父母子女关系的性质进行探究,推断得出最佳解释。希马正是采用这一方法结论认为,解释父母权威的是子女负有遵从父母的责任,并使用这一所谓的父母—子女关系特点,对亲生父母和管闲事的超级老爸进行区分。我曾指出,其论证错误地利用了统治索取权,对父母权威更合理的解释是借助父母的信义责任,而非子女的遵从义务。

现在,对于试图将父母权威的信义经验转喻给国家权威而言,明显的反对意见是,前者部分依赖于子女的无行为能力,而后者旨在适用于具有行为能力的成年人。将国家权威的合法性建立在同意基础上的唯意志论者,可以接受将父母—子女的关系视为合法权威独特(*sui generis*)的信义说明(说其独特,是因为未成年人和其他无行为能力的人无法表示同意),但拒绝将其扩展至有权表示同意或拒绝同意的法律主体。在下一节中,我将简要讨论一种代理形式——必要时代理,目的在于调和该反对意见。

(二)必要时代理

代理关系是指代理人有权针对第三方改变委托人法律地位的关系。通常,代理人可通过代表委托人缔结合同或向第三方转让其财产的行为改变委托人的法律地位。代理人必须始终遵守信托限制,尽合理注意义务,仅为委托人的排他性利益善意行事。调整常规证成命题以适应该语境,我们可以说,代理人的权力行使受到限制,使适用于委托人并从委托人的角度证明其针对代理人权力应负责任的背景理由言之有理。当然,众多代理人,如经纪人和管理者,通过与委托人之间订立合同获得其代理权力。在当前语境下,必要时代理的情况尤其有趣,原因是其产生于代理人和委托人之间未订立合同或未事先约定的情形。

该情况的常见类型之一涉及船长,其发现船舶和货物遇险,并代表货主与第三方签订合同，以出售[52]或保护货物。[53] 除遵守上述的信义约束外，船长必须尽合理努力与货主沟通。如果无法与货主取得联系，船长有义务（不仅仅是获许可）作为货主的代理人行事，并采取谨慎行动挽救货物。船长的权力包括与第三方订立合同，从而使货主承担针对第三方的合同义务。换句话说，船长需要并有权在未经货主事先同意的情况下，对其施加新的法律义务。我们如何解释这一特殊权力呢？乍看之下似乎与禁止单边主义完全相悖。

在《主权承诺》（*Sovereignty's Promise*）一书中，我指出，法律授予船长代理权源自船长拥有货主的财产——其不能漠然置之，信义义务要求其在行使权力时适当考虑货主的最大利益。[54] 受到这样的限制，货主就并非受制于船长单方面意愿，因为船长在行使其代理权时必须符合法律标准。所提出的理由根据自身情况援引相关法律，同时亦对船长代理权提出道德解释。说其具有道德性是因为，其对船长代理权正当性的说明与其对货主的忠义义务相联系。该责任通过确保货主并非受制于船长的单方面意愿，来保证双方的道德平等性，且对平等性的关注是一种道德关切。

安德鲁·戈德曾对我的书进行深入评论，他认为，似乎可从假定同意的角度将必要时代理理解为，"法律尽最大努力规定如果存在合同货主本应同意的内容"。[55] 戈德的该观点源自原则中规定船长必须尽合理努力获得货主指示。虽然承认"必要时代理的原则可根据法律产生"，但他仍认为"其应始终关注同意的重要性"。[56] 在这些段落中，戈德似乎针对必要时代理说明法律的自我理解，因为他提及"法律的最大努力……"（强调）以及沟通要求在法律原则内所宣称的重要性。但要是查询相关案件，了解法官在联系货主了解其本意后会如何定夺，或船长是否有责任在无法联系货主时猜测其意图定会徒然。相反，案件都是涉及是否可以联系到货主由其做出指示，如果无法联系到货主，船长是否根据其信托义务行使代理权。如果船长行使其代理权，则货主应对第三方负

---

[52] *The Gratitudine* (1801), 3 CH. Rob 240; *Australasian SN Co v. Morse* (1872) LR 4, PC 222.

[53] *China-Pacific SA v. Food Corporation of India*: *The Winston* [1981] 3 All ER 688; 1982 AC 939.

[54] Fox-Decent (n 10) at 134.

[55] Andrew S. Gold, "Reflections on the State as Fiduciary", 63 *Univ Tor Law J* 655, 666 (2013).

[56] Gold (n 55) at 667.

责。当然,在 *Garriock v. Walker*[57] 案中,取得联系的货主拒绝了船长的指示请求,并表示船长应对其所做任何决定负责,但法院仍裁定船长有权采取行动挽救将腐败的货物。相关案例表明,要求船长试图联系货主与无法取得联系时产生代理权的性质之间没有必然联系。

戈德随后声称,“真正的关注点在于找出调整该等关系的道德原则,而非弄清楚法律理解”。[58] 然而,戈德“真正关注点”前提是“法律理解”不包含或指向“调整该等关系的道德原则”。但是,正如我所建议,如信义关系可通过援引禁止单边主义及其对当事人平等权的默示确认自圆其说,我们就拥有内生于法律的道德原则以调整该关系。因此,没有理由基于外生于其的假定同意的想法,转向对该原则进行修正主义论述。

戈德还指出,必要时代理案例不能完全类比国家—公民关系,因为如果后者完全以前者为模型,我们便可预计,只要能够与公民取得联系,其就有权选择不遵守国家的命令。[59] 但请注意,如果多名货主牵涉其中,且其对于处理方式意见不一,我们针对必要时代理选择退出的直觉可能会有所改变。假设被困船长能获得的唯一方案是挽救船上所有货物,且如不接受该方案将导致船上所有货物灭失。船长无法与拥有多数货物的公司取得联系,而剩余货物的所有者态度坚决,其指示船长让其货物灭失。然而,船长仍做出决定,救助公司善意行事,视船长权力具有约束力,挽救了船上货物。随后,该固执货主拒绝支付救助公司,并因违约而被起诉。在该等情况下,法官必须任选其一做出裁决,要么让执拗的个人货主“搭便车”(可能由船长负责赔偿救助公司),要么赋予船长权限,可使该固执的个人货主与其他人一样承担相同合同义务。上文援引的 *Garriock* 案表明,法官会裁决支持船长,赋予其约束执拗货主的权力。如裁定支持货主,可能产生赋予该货主一票否决权的预期效果。我认为,不能容许否认或选择不接受合法公共权力,因为这样一来,在与他人交往中,无政府主义者因拥有单边权力会习惯性地“搭便车”,这在道义上无法容忍。

但是,戈德正确地指出,国家可主张有权对其公民施加责任,但船长无法以

---

[57] 1 Rattie 100 (Sess 1873).

[58] Gold (n 55) at 667 n 23.

[59] Gold (n 55) at 667.

任何类似方式使货主承担义务。[60] 该观察似乎对必要时代理案件是否有助于讨论公共权力所具有的信义性质表示怀疑。但在整体论证过程中,该等案件的作用相当有限;其只能用以表明,具有行为能力的成年人原则上可在未做出事先同意的情况下承担法律义务,且对该代理形式的最佳解释必然援引调整代理人的信托标准。因为有行为能力的人有可能在未同意的情况下承担新的法律义务,信托理论的意义并不必然局限于父母子女的情况。我们与国家权威之间距离遥远,这部分由于非自愿权威的案件凤毛麟角且相距甚远,但至少意味着,父母—子女和必要时代理关系在本质上都属信托。

下一节,我将从这两类关系中抽象出通常构成信义关系的实际大致情况和规范性前提。有了这些一般特征,我们可以了解,父母—子女和必要时代理案件与公共权威之间具有相同基本信义结构(fiduciary structure),但又并非与其完全一致。我们还将发现,隐含在公共权威信义结构内的是支持国家的论证。

(三)信义关系

父母和代理人均享有具有特定共同和一般要件的酌情权。其权力具有目的性,即必须出于特定有限目的而不得出于其他目的行使;具有涉他性,即仅可为除权力持有人外的其他人的利益行使;具有制度性,即其必然属于法律许可制度所调整的关系(如家庭,而非绑架团体)。其权力定位如此,原因是其获得信义原则授权,可随着时间推移保持稳定。科瑞多和我称这一集目的性、涉他性和制度性的权力本质上具有管理性,因为其表示的是一种适于个人管理他人法定和实际利益的权力,[61]是信义关系的构成属性,我们认为,据此受信人对他人或其利益拥有管理权。

第二项构成属性针对信义关系的另一面。[62] 在货主受制于船长必要时代理的情况下,船长无法与货主取得联系,意味着货主事实上无法告知其指示。在该特殊情况下,货主无法指示或行使代理人的酌情权。为此,我们可能会说,货主情境上无法指示或行使代理人的酌情权。在其他情况下,如船长与货主取得

---

[60] Gold (n 55) at 668.

[61] See eg. ,Fox-Decent (n 10) at 96 – 101; Criddle and Fox-Decent (n 10); Fox-Decent and Criddle (n 10).

[62] Fox-Decent (n 10) at 101 – 5.

联系，货主并非无法行事，船长由此不能获得代理人的酌情权。

然而，在父母—子女情况下，受益人无法行事则另当别论。在该情况下，子女在法律上无法行使父母的权力；其原则上无权行使该权力，无论其所处事实情况如何。此无行为能力，与信托中成年受益人无法行使受托人权力相比，形式不同且范围更广。在后一情况中，受益人在法律上无法行使受托人的权力，但该无行为能力是情境性而非法律性（在相关意义上），因为在其他情况下，受益人可行使受托人的权力。因此，信义关系的第二项构成属性是，受制于相关受信人权力之人必须因其所处情境（情境性无行为能力）或相关受信人权力的性质（法律性无行为能力）无法指示或行使该权力。

当满足这两项构成条件时便触发信义原则，成立信义关系，因此，受信人有责任以特定方式针对一名或多名受益人做出判断。我曾指出，就最一般意义而言，该责任可被理解为“忠于为其持有受信人权力的涉他目的”。[63] 如对该责任进行拉兹式解读，则意味着受信人所做决定必须忠实于涉他或“服务”理由，保证受信人拥有法律权力。例如，代理人在决定与哪方订立合同符合其委托人利益时公正地做出最佳判断，此时，其行为忠于证明其权力正当性的服务理由。如此理解，权威的信义理论亦即权威的服务观念。受信人的义务解释了其改变受益人法律地位的权力，因为该义务对受信人行使其权力的约束，反映了其最初具有相关法律权力的理由。

四、公共权威

根据上述对信义关系的解读，国家—公民关系因满足两项构成条件而属于信义关系。国家的立法、裁判和行政权力从性质上均具有涉他性、目的性和制度性。同样重要的是，私人主体无权行使国家的公共权力，其在法律上无法如此行事。从对上述信义关系的叙述中可以看出，一旦触发信义原则，国家应以特定方式针对其公民而非他人行使其公共权力。科瑞多和我为该要求提出实

[63] Fox-Decent（n 10）at 37. 忠义义务可能是私法中单一受益人案例体现的基本义务，但在多类受益人存在时，情况则有所不同。此时，受信人在做决策时同样不能考虑其个人利益（某些情况下，缺乏披露），但他同时必须公平合理地对待不同的利益群体。（可能存有争议的）在这些情况下，自我克制无法解释信义义务在这种情况下的后一种特征，但是对相关目的的忠诚性则可以解释。

质性辩护,认为国家必须遵守由富勒详述并在普通法立宪制度范围内以制度化巩固的法治原则,[64]更重要的是,国家必须保证向其公民提供一个安全和平等自由的康德式政体*(kantian regime)。[65] 我们主张,一个国家的合法性取决于其符合该要求的规范必要性(国家规范性地始终符合法律标准),以及遵守构成本要求的法律标准。换言之,国家对其公民的总体信义义务构成了国家权威的规范性层面,同时调整公共权力的行使。国家信义义务内容所规定的国家合法性理由也是国家必须遵守的公共、法律标准。因此,国家权威的构成和规范层面相互交织,不可分割,因为构成层面源自调整规范层面的相同整体信义义务。

广义来说,拉兹对一般信义义务的解读可囊括富勒和康德的解读。根据该常规证成命题提供信息的解读,国家的一般责任是宣布和执行法律,帮助其公民更好地遵守针对拥有国家适用于其的理由。富勒/康德的解读则说明了该等理由。但是,在理论上,公平竞争、唯意志论、自然责任和对国家合法性的其他解释,如其碰巧明确说明公民拥有国家所适用的理由,可作为拉兹责任的实质性内容。对于那些猜忌富勒/康德国家合法性解读,或认为其解读不完整的理论家而言,拉兹的方法提供了更广泛的载体,能容纳不同或额外的合法性依据。尽管我此处无法说明其含意,但对于善的合理概念,拉兹的解读和罗尔斯的理解之间可能存在结构相似性:两者均阐明了充分性标准,其限度由所有人都必须能够获得的公共理由确定。

在剩余篇幅中,我简要回答两项可能存在的异议。其一,信义理论,包括拉兹对其的解读,假定存在国家和公民均主张归属的关系,但其本身没有为国家提出论据。其二,与第一项密切相关,拉兹对信义理论的解读,与拉兹的服务观念相比,并没有更好地解释遵守法律的责任,因为国家遵守一般信义义务(假设存在该责任)并不意味着公民有遵守法律的真正道德责任。

信义理论对国家的论证始于国家—公民信义关系的两项构成属性之一:公民在法律上不具备行使公共权力的行为能力。该无行为能力意味着禁止单边主义,根据该原则,私人主体无权向他人施加条件。尽管私人主体无权实施单

[64] See eg. ,Evan Fox-Decent,"Democratizing Common Law Constitutionalism", 55 *McGill Law J* 511 (2010); Criddle and Fox-Decent (n 10).

* 即立法权、行政权和司法权三权分立的共和政体。——校者注

[65] See eg. ,Criddle and Fox-Decen (n 10); Fox-Decent and Criddle (n 10).

边主义，但每一私人主体均对免受单边主义影响具有利害关系，因为接受单边主义即意味着受支配，或受他人任性意志约束。[66] 在通常情况下，[67]信义原则授权国家机关（立法机构、司法机构、行政机构）以符合其首要信义义务的方式代表所有公民建立法律秩序，因为每名公民对免受单边主义影响均具有利害关系。该授权由此保护该国公民免受单边主义和支配。

我在上文指出，拉兹对国家信义义务的解读可在理论上涵盖对国家合法性的各种解释。然而，任何该等解释都必须符合禁止单边主义所依赖的道德平等原则，因为该禁止是信义理论（法律上无行为能力）构成要件的含义之一。由于针对国家合法性的所有合理理论均假定个人的道德平等性，这并不是一项过高标准。对于其他合法性理论的支持者而言，问题是，从说明合法性的角度来看，是否真正有必要提出更多理论，且激发其观点的规范性问题是否无法通过民主政治予以解决。

同样值得注意的是，国家—公民关系中无法律行为能力的性质，解释了国家权威和船长颇为有限权威之间的差异。船长针对货主的货物行使有限权力，该权力反映了货主无法自行（或通过其指示）处理货物的情境性无行为能力。除了其行使代理权使货主针对挽救其财产免受损失的第三人负有责任外，船长无权向货主施加责任，且其永远无权像法院判定救济那样，仅告知货主应如何行事。在船长的例子中，禁止单边主义通过两种方式调整其与货主的关系。第一，将其权限严格限制于为挽救货主货物而施加必要合同责任。第二，船长行使权力受信义要求限制，其行使必须按照法律标准服务于货主。

就法律主体而言，其不具备行使公共权力的法律行为能力范围广泛。在不存在授权或许可实际上将其变为公共行为人的情况下，该法律主体完全无法行使公共权力。该等公共权力的范围反过来决定了该主体不具备法律行为能力的范围，因为其无行为能力是针对该等权力进行界定的。为了解决可能影响法律制定、解释、执行和实施的单边主义问题，信义原则赋予法律机构建立法律秩

[66] 康德学派展现了单边主义出现的几种不同的方式，see Arthur Ripstein（n 32）at 145 – 76（作者讨论了作为单边主义实例的单方选择、保证以及不确定性）。

[67] 我无力解决这种由于多个实际权威方在同一区域争夺管辖权而产生的复杂性，但我认为，国际法与国内政治活动为公平地解决这些争端提供了唯一的可行路径。对于国际法可能扮演的角色，see Patrick Macklem，"What is International Human Rights Law? Three Applications of a Distributive Account"，52 *McGill LJ* 575（2007）。

序的权力。该权力使国家有权制定法律、裁决争端、施行公法制度，并强制遵守公法和私法。简言之，该主体不具备行使公共权力的法律行为能力与单边主义针对国家概念提出质疑的威胁相结合，而授予国家权力的信义原则将理论上的国家概念变成实际、现实的存在，具有实际和现实权威。由此产生第二项异议，即该主体遵从义务的问题。

怀疑论者可能同意国家与其公民间存在信义关系，可能同意国家负有一般信义义务建立符合其存在理由的法律秩序，但对该主体具有一般服务责任表示怀疑。怀疑论者甚至同意国家有权向其主体施加强制性责任，但是除了耦合其法律责任的独立道德责任外（例如，存在不杀人的责任，只是因为商人是一项独立的道德过错），该主体没有遵守的义务。根据该观点，主体缺乏不受胁迫的自由权利，但其没有责任遵守产生于国家权威的责任。

此处还可以提出另一论点，其在形式上与针对父母权威的论点相似。假设在与我们颇像的世界中有两个国家，阿斗国（Bumbleville）和超级国（Superstate），都是致力于多元文化的自由民主国家。阿斗国政府虽不腐败，但行事拖沓，犹豫踟蹰，朝令夕改，却换来道路年久失修、学校资金不足、基础设施滞后、医疗水平低下，如此种种。他们虽满足针对人民的一般信义义务，但仍差强人意。超级国则有所不同，其政策堪称公平高效之典范。火车正点运行、公园干净整洁、社会服务经济高效，但超级国有成为帝国的雄心。一日，超级国通过立法，如该立法得以实施，将大大改善阿斗国的道路。如果阿斗国的公民及其官员将超级国的指示视为具有约束力（尽管必须调整其承认规则），那么阿斗国的公民将更好地遵从针对公共道路适用于其的理由。

根据《自由的道德性》一书中所述的常规证成命题，似乎阿斗国公民有理由视超级国立法为权威。但尚不明朗的是其是否有责任遵从，或其是否应向超级国负有责任。有人可能认为，超级国的立法对阿斗国没有约束力，因为其通过并未诉诸阿斗国的民主程序。但该观察仅有助于凸显常规证成命题的另一缺点，仅此而已，即无视做出指示的（民主或其他）程序。[68] 虽然对常规证成命题

[68] See eg.，Hershovitz（n 6）at 3－6. 关于行政信义理论与民主之间关系的讨论，see Evan J. Criddle，"Fiduciary Administration：Rethinking Popular Representation in Agency Rulemaking"，88 Tex Rev 441（2010）。

的这一程序性异议必然会搅浑分析之水，但如果认为超级国的指示对阿斗国公民无效，因为超级国与其并不存在信义关系，也不无道理。超级国只是处在好管闲事之人的位置，这与超级老爸无异。另一方面，阿斗国政府却与其公民间存在信义关系，其遵守（即便只是勉强遵守）范围广泛的信义义务，故有资格统治其公民。

遵守法律的责任源自国家合法拥有并行使向其主体施加责任的道德权力。就像父母权力，国家权力可因其遵从信义要求获得部分解释。由其产生的遵守义务属一般性道德责任，因为国家权力的正当性和性质便具一般性和道德性。该权力对通过建立法律秩序确保个人摆脱单边主义和支配实属必要。然而，虽然主体对国家负责，但或许其对国家不负有遵从责任，其负有遵从责任的对象是受制于国家管辖的每一其他主体。该责任具有水平而非垂直轨迹，究其原因，是因为根据信义理论，法律责任的根本要点在于，允许个人在与他人相处时相互限制，排除单边主义。换句话说，法律责任是针对单边主义问题的部分制度性解答，其提供了国家可据以实现其信义义务的方式，因为其首先使主体能够遵从拥有国家的理由，这样做的方式是保护其（和他人）免受单边主义影响。主体尊重针对他人所负有的遵守法律的一般责任，由此拒绝为自己破例，并默示放弃针对单边主义的任何主张。虽然国家是主体与之互动并负有特殊法律责任的“他人”，但还是最好将遵从的一般责任理解为针对所有其他人应负的责任，因为国家从来都只不过是仆人和公民代表而已。

针对信义理论，拉兹的观点与康德式的解释似乎有不一致之处，这取决于如何解读该观点。康德将国家公共权力视为“公共权利”问题，[69]其可解释为国家拥有索取权，且公民对国家负有相关遵守义务。[70] 基于前文和上述理由，我认为对公共权威的道德权力解读更可取，因为公民的一般遵守义务针对的是其他公民而非国家（当然，也不否认公民可能对国家负有各种具体法律责任）。

现在，让我们谈谈，对于公民负有一般遵守义务这一论点，国家的整体信义义务如何解释。与父母的情况相同，对于如何与公民相处，国家责任施加了实质性限制，从而确定国家权威的范围。并且，也要解释国家权威的内容，因为其

---

[69] Kant（n 43）123.

[70] 但请注意，康德认为，国家的立法机关、司法机关和行政机关等不同机构拥有不同的权力。

与国家责任具有相同实质内容，即以帮助其公民遵守拥有国家的理由的方式宣布和执行法律。此外，由于国家应以确保其国民免受单边主义影响的方式行使公共权力，国家行为应符合法律标准。其应符合国内法律标准和制度，特别是司法制度，最终符合国际法律标准和制度。但是，国家要符合法律，其必须遵守允许法律使其负责的义务或要求。有了问责制，公民可被要求承担道德上的遵守义务，因为其有了国家无权支配他们的法律保证。总之，国家自身遵守责任使其宣布和执行法律的权利变得具有规范性效力，因为对所有权力的行使都以合法为前提，服务于公民利益，免受私人和公共形式的支配。公民无法选择退出国家，也无法否认其遵守法律的责任，这样做即意味着其坚持单边主义，并默示否认其同胞的道德平等性。

五、结论

我曾论称，拉兹在其《自由的道德》和最近作品中阐述的常规证成命题，就实践权威的说明而言，不具说服力，原因是其总是受制于资格问题。由于拉兹将权威视为人与理性的关系，而非人与人的关系，所以其无法解释权威享有改变其公民规范性地位的资格。

但我也指出，拉兹的服务理论颇具价值，首先便是其合法权威必然是充当其人民的仆人这一基本思想。具有相同价值的还有常规证成命题的另一思想，即一项权威只有在其指示帮助人们更好地遵从理性的情况下才具合法性。考虑到这些贡献，我所阐述的是权威的受信人和拉兹式观点，将常规证成命题置于前面和中心，对其加以借鉴，并以较高的抽象性为国家针对其公民的信义义务提供内容。常规证成命题，在被置于人际间信义框架之内时，便可实现其最初任务，即提供一种评估权威合法性的方法。

第十九章　公共信义关系映射研究

伊森 J. 里布、大卫 L. 波内特、米契尔 · 塞罗塔*
(Ethan J. Leib, David L. Ponet, Michael Serota)

引　言

"受信政治理论"(fiduciary political theory)这一学术课题旨在重塑公共权力的信义基础(fiduciary foundation)。依这一理论,政治机构本质上属于公共信托(public trust),其管理必须小心谨慎,并与公务人员的信托服务职能相辅相成。保罗 · 费恩(Paul Finn)、①艾文 · 克里德尔(Evan Cridd)②和艾文 · 福克斯 · 蒂森特(Evan Fox – Decent)的个人③和合

---

* 伊森 · J. 里布是福特汉姆大学法学院的法学教授;大卫 · L. 波内特是联合国儿童基金会的议会专家; 米歇尔 · 塞罗塔拥有加州大学伯克利分校法学院的法学博士学位。感谢福特汉姆大学法学院的资助,本文的撰写源于德保罗大学法学院举办的研讨会,马丁 · 盖尔特(Martin Gelter)激发了本文的写作灵感,迪克 · 斯奎尔(Dick Squire)和卡洛琳 · 詹蒂莱(Caroline Gentile)为本文澄清了某些问题并提供专业反馈,安德鲁 · 戈尔德(Andrew Gold)和保罗 · 米勒(Paul Miller)则提供了富有价值的书面反馈,在此一并致以谢意。

① See Paul Finn, "Public Trust and Public Accountability", 3 *Griffith L Rev.* 224 (1994); Paul Finn, "The Forgotten 'Trust': The People and the State", in Malcolm Cope (ed.), *Equity: Issues and Trends* (1995) 131; Paul Finn, "A Sovereign People, A Public Trust", in Faul Finn (ed.), *Essays on Law and Government: Principles and Values* (1995) Vol. 1.

② See Evan J. Ciddle, "Fiduciary Foundations of Administrative Law", 54 *UCLA L Rev* 117 (2005); Evan J. Criddle, "Fiduciary Administration: Rethinking Popular Representation in Agency Rulemaking", 88 *Tex L Rev.* 441 (2010).

③ See Evan Fox-Decent, "The Fiduciary Nature of State Legal Authority", 31 *Queen's LJ* 259 (2005); Evan Fox-Decent, *Sovereignty's Promise: The State as Fiduciary* (2011).

作著作,[4]以及近来一些学者的研究都显示,[5]公法领域的理论家们从西塞罗(Cicero)和洛克(Locke)所提理论中汲取灵感,重新提出这一观点:私法领域的信义原则(fiduciary principles)恰恰体现了公共机关的道德准则。

对民主理论家而言,这一课题极具研究价值。他们意识到,信义法的基本观点(对他人物质、现实和法律利益行使自由裁量权必须受到相应义务的约束,才能将代理人和委托人之利益相结合)对于阐述代表理论、民主协商理论、政治和行政权力理论、政治认同理论和合法性理论都有借鉴意义。以往只有环境法和印第安法领域的专家才会关注信义原则,[6]概因这两个领域的法律原理具有最鲜明的信义性。但近年来,公法领域的信义研究也逐渐成型,并衍生出多个分支,例如,宪法理论、[7]国际法、[8]行政法[9]以及选举法。[10] 然而,这一广泛庞杂的研究似乎忽视了信义原则基本结构的复杂性。

换言之,受信政治理论家(fiduciary political theorists)未能充分认识到在公共领域进行受信人—受益人关系映射的困难程度。鉴于受信人—受益人关系

---

④ See Evan J. Criddle & Evan Fox-Decent, "A Fiduciary Theory of Jus Cogens", 34 *Yale J Int'l* L 331 (2009); Evan Fox-Decent & Evan Criddle, "The Fiduciary Constitution of Human Rights", 15 *Legal Theory* 301 (2009).

⑤ See David L. Ponet & Ethan J. Leib, "Fiduciary Law's Lessons for Deliberative Democracy", 91 *BUL Rev* 1249 (2011); Ethan J. Leib & David L. Ponet, "Fiduciary Representation and Deliberative Engagement with Children", 20 *J Pol Phil* 178 (2012); Ethan J. Leib, David L. Ponet and Michael Serota, "Translating Fiduciary Principles into Public Law", 126 *Harv L Rev* 91 (2013); Ethan J. Leib, David L. Ponet, and Michael Serota, "A Fiduciary Theory of Judging", 101 *Calif L Rev* 699 (2013); Ethan J Leib, Michael Serota, and David L. Ponet, "Fiduciary Principles and the Jury", 55 *Wm & Mary L Rev* 1105 (2014).

⑥ See Joseph L. Sax, "The Public Trust Doctrine in Natural Resource Law: Effective Judicial Intervention", 68 *Mich L Rev* 471 (1970); Mary Christina Wood, "Advancing the Sovereign Trust of Government to Safeguard the Environment for Present and Future Generations (Part Ⅰ): Ecological Realism and the Need for a Paradigm Shift", 39 *Envtl L* 43 (2009); Mary Christina Wood, "Advancing the Sovereign Trust of Government to Safeguard the Environment for Present and Future Generations (Part Ⅱ): Instilling a Fiduciary Obligation in Governance", 39 *Envtl L* 91 (2009); Mary Christina Wood, "Indian Land and the Promise of Native Sovereignty: The Trust Doctrine Revisited", 1994 *Utah L Rev* 1471 (1994).

⑦ See Robert G. Natelson, "The General Welfare Clause and the Public Trust: An Essay in Original Understanding", 52 *U Kan. L Rev* 1 (2003); Robert G Natelson, "The Constitution and the Public Trust", 52 *Buff L Rev* (2004); Robert G Natelson, "Judicial Review of Special Interest Spending: The General Welfare Clause and the Fiduciary Law of the Founders", 11 *Tex Rev L & Pol* 239 (2007).

⑧ See Criddle and Fox-Decent (n 4).

⑨ See Evan J. Criddle, "Fiduciary Administration: Rethinking Popular Representation in Agency Rulemaking", 88 *Tex L Rev* 441 (2010).

⑩ See D Theodore Rave, "Politicians as Fiduciaries", 126 *Harv L Rev.* 671 (2013).

的合理映射研究与公司法领域最负盛名之争论渊源颇深,因此,政治理论家会产生如此疏漏,便颇有些耐人寻味。理论家们就如何认定公司信义义务的受益人喋喋不休争论了几十年,依旧是各持己见,未能得出统一结论。然这一争论对公共信义理论家而言却是意义重大:若想将信义理论应用于公共领域,公共信义关系(public fiduciary relations)的映射研究势在必行。毕竟,只有先认定相关受益人和受信人,方可确定信义框架道德架构的界限几何。同样地,若公共领域内受信人—受益人关系的映射研究散漫且毫无侧重点,则很难明晰和确定公共受信人所代表的利益主体以及受益人利益冲突时公共受信人的应对之法。

因此,本章旨在探索公司法领域内的受信人—受益人关系,借此将信义原则迁移至公法领域。笔者有意厘清公法领域信义原则适用的可行办法,至于这些办法孰优孰劣,并不在考量范围之内。笔者还希望借此抛砖引玉,给公私法信义理论家提供一定的借鉴。

接下来,笔者首先对私法领域的映射研究进行阐述(第一部分)。其次,指出受信政治理论(fiduciary political theory)对这一问题的疏忽(第二部分)。再次,对受信政治理论中“股东优先”论和“利益相关者”论的最佳甄别方法进行阐述(第三部分)。最后,得出结论:公共政治领域内代表的“表里不一”这一观点对研究私法领域代表也有相当的借鉴意义。

一、私人信义关系映射

有些时候,区分受信人和受益人是轻而易举的事情。之于委托人,代理人为受信人;之于特定当事人,律师为受信人;之于被监护人,监护人为受信人。但在公司领域内有关受信人和受益人映射研究的争论非常激烈,且此间公司代表、授权人和相关主体三者之间的权力关系极其复杂。股东优先论和利益相关者论各有其拥趸,本部分对两者之间的核心分歧进行探讨。只有以此为前提,方可在公共政治领域对上述关系开展映射研究。

代表行为应代表何人之利益?高质量的代表需要何种制度结构护持方可成型?针对这两个问题,政治代表理论家争论了数十年。就第一个问题,理论家们已达成基本共识:代表人之自由裁量权源于授权方的正式授权,因此必须以授权方之利益为先。然而,在许多代表案件中,这种授权令代表人享有决策权,得以左右其他未参与直接授权主体的法律和实际利益。那么问题来了,对上述其他主体的利益,代表人在行使权力的过程中是否应当加以考虑或者对其负责?对于这一问题,理论家们各持己见,而其带来的影响也并不仅仅局限于理论层面。鉴于各群体之间的利益往往难以调和,[11]确定代表的对象是万里长征的第一步。由于各群体均有权对代表提出合法要求,如何平衡其间相互冲突的利益就是代表需要慎重处理的难题。

代表行为的监督是政治代表理论的难题之一,除此之外,制度设计亦非常棘手。怎样的制度安排才能最大限度地保证代表人尽忠职守,严格维护相关主体的利益或福祉?由于代表人对被代表人的关键资源拥有自由裁量权,且其本身专业程度更高,掌握的信息也更丰富,因而所有代表关系必然会产生一定的代理成本。代表人和被代表人在资源、专业知识和信息等方面往往存在不对等的情况,因此,这种失衡往往会令被代表人极为被动,成为砧板上的鱼肉,任人宰割。鉴于此,我们需要建立相应的机制,将代表人和被代表人之利益统一起来,同时给予代表人施展才能履行职责的空间。

私法领域中,公司实体的管理者是不同的代表,其决策会对多方利益产生实质性的影响,包括授权方、公司所有者以及其他主体(如公司员工、生意伙伴、慈善受助人、将来的股东以及公司所在的社区)的利益,对这一领域的代表行为而言,上述探讨研究同样意义深远。公司所有者的利益是不是公司决策的唯一决定因素?换言之,董事会、董事或管理者是否需要考虑所有受其决定影响的相关主体的利益?[12] 若想得出以上问题的答案,首先要解决以下这一问题:代表行为究竟代表"谁的利益"?

关于"谁的利益"展开的争论顺理成章地转化为制度设计问题,即应该建立怎样的公司治理体系,才能对代表进行恰当合理的监督。私法领域中,应对公

---

⑪ See Stephen M. Bainbridge, "Much Ado About Little? Directors' Fiduciary Duties in the Vicinity of Insolvency", 1 *J. Bus & Tech L* 335 (2007).

⑫ 这种探讨最终会引发一些有趣的问题,例如公司董事和管理者等不同类别的公司受托人是否负有不同的受托责任?甚至,不受股东选举约束的管理者本身是否为代表? See generally Lyman P. Q. Johnson and David Millon, "Recalling Why Corporate Officers Are Fiduciaries", 46 *Wm & Mary L Rev.* 159 (2005). 就本文目的而言,我们采用传统的假设,即董事会、董事和管理者都是类似的受托人。

司代表关系所产生的代理成本的方式是对公司代表施加信义义务。为促进公司受信人遵守道德，以受益人利益为先，公司通常会给予高额报酬，目的是为了激励受信人履行上述信义义务(通常指忠义义务和注意义务)。然而，受信人到底应当向谁履行义务？

考虑到管理性决策带来的影响，受影响利益的种类以及不同阵营利益冲突的频率很大程度上取决于如何认定公司法内部受信人—受益人关系。自1930年开始的“伯利－多德”论战起，⑬直至今日，⑭如何认定上述关系一直是学者、法院和政策制定者激烈争论的焦点。

针对这一问题，通常有两种说法：⑮一是股东优先论。这一论点的拥趸坚持契约主义，并将“公司法旨在建立能够实现股东财富最大化的法律架构”⑯这一传统假设奉为圭臬，据其看来，公司董事和管理者仅需代表公司所有者的利益。事实上，这一论点的支持者也承认：股东的利益通常与其他主体之利益相一致。但在某种程度上，公司代表在为股东谋取福利之时可能会损害非股东的利益。对此，股东优先论支持者认为公司代表无须考虑非股东利益。

依据股东优先论，公司代表“有且仅对股东负有信义义务”。⑰ 相应地，当代表违反信托义务时，也只有公司的所有者才有资格要求其承担责任。公司董事会、各独立董事以及公司管理者均应以为股东谋取最佳利益为目标。事实上，虽然诉讼是以公司的名义提起的，但依照惯例，除公司管理层之外，在法律层面上，只有股东才有资格代表公司起诉。

---

⑬ See A. A. Berle, Jr, “Corporate Powers as Powers in Trust”, 44 *Harv L Rev* 1049 (1931); A. A. Berle, Jr, “For Whom Corporate Managers Are Trustees: A Note”, 45 *Harv L Rev* 1365 (1932); E. Merrick Dodd, Jr, “For Whom are Corporate Managers Trustees?”, 45 *Harv L Rev* 1145 (1932); E. Merrick Dodd, Jr, “Is Effective Enforcement of the Fiduciary Duties of Corporate Managers Practicable?”, 2 *U Chi L Rev* 194 (1935).

⑭ See Martin Gelter, “Taming or Protecting the Modern Corporation? Shareholder-Stakeholder Debates in a Comparative Light”, 7 *NYU JL & Bus* 641 (2011); Lawrence E Mitchell, “A Theoretical and Practical Framework for Enforcing Corporate Constituency Statutes”, 70 *Tex L Rev* 579 (1992); Mark E Van Der Weide, “Against Fiduciary Duties to Corporate Stakeholders”, 21 *Del J Crop L* 27 (1996); Jonathan R Macey, “Fiduciary Duties as Residual Claims: Obligations to Nonshareholder Constituencies from a Theory of the Firm Perspective”, 84 *Cornell L Rev* 1266 (1999).

⑮ See Gelter (n 14).

⑯ David Millon, “Communitarians, Contractarians, and the Crisis in Corporate Law”, 50 *Wash & Lee L Rev* 1373, 1374 (1993).

⑰ Macey (n 14) at 1281.

纵然股东优先论内部存在一定的差异。但众多相关理论在这一点上是一致的,即"商业公司组建及运营之首要目的是为股东谋取利益"。⑱ 一方面,在概念层面,代表的形式主义模式为股东优先观点提供了理论支撑:由于公司股东是董事代表权利的唯一赋权主体,因此,其利益理所应当成为代表行为的唯一对象。另一方面,从实用主义角度出发,董事仅代表股东这一单一主体之利益,避免了多主体受信代表的复杂性。鉴于公司股东在偏好和利益观方面存在冲突,⑲如何调和因此产生的异质性也是公司董事和管理者面临的挑战之一。若进一步拓宽这一关系矩阵,将额外的受益人集体囊括进来,公司治理体系难免会捉襟见肘。此外,股东优先论的拥趸认为其他主体(如债权人和雇员)能够通过合同保障自己的利益。

利益相关者或"实体"(entity)论也非常值得讨论。这一理论通常被认为具有社群主义性质。依照这一理论,公司作为法律实体,对其发源的社会和法律体系负有一定的责任。⑳ 利益相关者论的支持者认为,凡是依附于公司,仰赖公司生存的主体,公司代表必须对其利益负责,这包括公司雇员、供应商、债权人、受赠人以及周边社区。㉑ 根据利益相关者论,公司就是"由专业管理者管控的官僚阶级组织",管理者则是"自治主体,有权按照自己的意愿(或社会要求)谋取利益"。㉒ 鉴于社群主义精神要求公司代表考虑诸多主体之利益,股东利益的重要性被弱化,成为"代表关系方程中的变量之一,等同于其他利益相关群体之利益"。㉓

这一利益代表的扩展研究使信义关系映射变得越发复杂。利益相关者论

⑱ *Dodge v. Ford Motor Co* 204 Mich. 459 (1919).

⑲ See Iman Anabtawi, "Some Skepticism About Increasing Shareholder Power", 53 *UCLA L Rev* 561 (2006).

⑳ 也可以说,公司对公众利益负有某种义务,无论这种倾向是否有利于股东和利益相关者,或者仅是作为受托义务的一种限制或者首要原则。See Einer Elhauge, "Sacrificing Corporate Profits in the Public Interest", 80 *NYU L Rev.* 733 (2005).

㉑ See Margaret M. Blair and Lynn Stout, "A Team Production Theory of Corporate Law", 85 *Va L Rev* 247 (1990); Kent Greenfield, "The Impact of 'Going Private' on Corporate Stakeholders", 3 *Brook J Crop & Fin L* 72 (2008).

㉒ Stephen M. Bainbridge, "The Board of Directors As Nexus of Contracts", 88 *Iowa L Rev.* 1,5 (2002).

㉓ Douglas M. Branson, "Corporate Governance 'Reform' and the New Corporate Social Responsibility", 62 *U Pitt L Rev.* 605,636 (2001).

的支持者将所有弱势主体都视为公司代表关系矩阵中的受益人,“要求管理者考虑所有利益阵营的利益,做到利益均沾”。[24] 然而,学者们却在如何将这一体系运用于实践上产生了极大的分歧。例如,劳伦斯·米契尔(Lawrence Mitchell)提出,管理者仅需对非股东主体承担较为有限的责任,只要不损害其利益即可。据此,“公司组成成员得以直接针对董事会提起诉讼,但这一权利仍会受到相对义务的制衡,组成成员需要履行与封闭公司信义义务类似的义务”。[25] 利益相关者优先论的其他支持者则热衷于为特定非股东主体(如公司雇员或债券持有者)创建一套更为复杂全面的信义义务体系。[26] 但无论使用何种模式,受信人都是相同的,均为董事会、独立董事和管理者,而受益人及其拥有的相对优先权却不尽相同。

无论利益相关者论各观点之间存在多少差异,其本质上的实用性或道德性却毋庸置疑。利益相关者和股东一样,均对公司投入了大量的时间、金钱和(或)人力成本,因此在经济或物质上依赖公司。[27] 但这种依赖性会令利益相关者陷入和股东一样被动的境地,公司代表如何行使决策权几乎可以左右利益相关者的命运。同时,由于利益相关者对公司决策的影响微乎其微,他们别无选择,只能相信公司代表在行使权力的过程中可以做到严谨负责(即使有些利益相关者和公司签订了合同,且合同赋予其有效对抗公司的权利)。若从受信人三要素(自由裁量权—信托—脆弱性)来看,利益相关者论的理论家们认为上述事实充分证明,应当将非股东主体视为受益人,并要求公司受信人对其利益负责。[28]

如前文所述,理论界对公司法内部信义关系众说纷纭,分歧巨大,并未达成统一可信的定论,因此,很难开展清晰的映射研究。制定法内部也存在这样的分歧。尽管支持股东优先论的理论家们所提出的论点有理有据,令人信服,但利益相关者论的拥趸不遑多让,同样也为多受益人理论提供充分的理论支撑。

---

[24] Van Der Weide (n 14) at 31.

[25] Mitchell (n 14) at 585 – 86.

[26] See Marleen A. O'Connor, "Restructuring the Corporation's Nexus of Contracts: Recognizing a Fiduciary Duty to Protect Displaced Workers", 69 *NC L Rev* 1189 (1991).

[27] See O'Connor (n 26).

[28] See Leib, Ponet, and Serota, "A Fiduciary Theory of Judging" (n 5).

判例法是股东优先论的重要理论基础,已有数十年的历史。早在1891年,法院就将管理者和董事视为股东的受信人:“公司管理者和董事均为股东的受信人,其为确保自身享有有别于股东的优先权所作之行为,构成对受信人义务之违反。”[29]自此之后,许多法院重申这一主张,认为公司管理者无须对非股东主体承担任何信义义务。[30] 近期的司法裁决拒绝拓宽受益人范围,没有将公司外部(可能成为有力竞争者的)利益阵营纳入受益人的范畴,进一步提升了股东优先论的定义精准度。首先,针对慈善公司(以为公众谋福利作为唯一目的的组织),法院普遍认定,利益相关者并无资格就董事违反信义义务的行为提起诉讼。[31] 虽然起诉资格和履行义务的对象之间并无必然的一对一联系(毕竟股东在起诉受托人时,并不会直接以自己的名义起诉,通常是以公司的名义起诉),但在股东优先论理论家看来,起诉资格这一问题,一定程度反映出信义义务的可诉性。若公益性质组织的谋利动机变质,利益相关者无法就受托人违反信托义务的行为提起诉讼,那么同理,在以营利为目的的公司中,股东也应当是唯一有权提起违反义务之诉的主体。

其次,特拉华州法院对公司资不抵债时债权人之地位的确认一度不甚明了,但这一问题最近基本有了定论,法院更倾向于支持股东优先论:特拉华州最高法院认为,“公司资不抵债的,其独立债权人无权直接对公司董事提起违反信义义务之诉”。[32] 不可否认,资不抵债公司的债权人可以退而求其次,以公司的名义提起派生诉讼(股东也可);但根据特拉华州现行法律,债权人作为受益人,其本身不得从受信人信义义务之履行中获得直接利益。上述例外情况似乎佐证了这一规则,即股东必须是管理者所负信义义务的首要维护者。

然而,对于非营利性公司而言,谁有资格以公司的名义提起诉讼(通常是股东,极少数情况下债权人也可)以及受信人到底应对谁负责才是需要谨慎考量

㉙ *Ark Val Agr Soc'y v. Holtz* 45 Kan 164 (1891) (emphasis added).

㉚ See *Metro Life Ins Co v. RJR Nabisco, Inc* 716 F Supp 1504 (SDNY 1989); *Simon v. Cogan* 549 A 2d 300, 303 (Del 1988).

㉛ See Linda Sugin, "Improving Charity Governance with Advance Rulings". Working paper, available at < http://web. law. columbia. edu/sites/default/files/microsites/attorneysgeneral/Sugin% 20draft% 20columbia. pdf > (2013); Rob Atkinson, "Unsettled Standing: Who (Else) Should Enforce the Duties of Charitable Fiduciaries?", 23 *Iowa J Corp L* 655 (1998).

㉜ *N Am Catholic Educ Programming Found, Inc v. Gheewalla* 930 A 2d 92 (Del 2007).

的问题。事实上,即使是股东优先论的支持者也不得不承认,法院非常重视董事和管理者对公司的义务,且这一义务的履行对象应包括一众相关主体。[33] 就其本身而言,利益相关者论日渐为国内外立法机关所接受,社会各界也对这一理论表示支持。[34] 相关理论家指出,"传统观点认为,股东'作为公司的所有者,其利益优先于其他主体',然而,抛开这一观点不论,现行的州公司法并无任何规定要求公司董事仅对股东承担信义义务"。[35] 更重要的是,无论是国内抑或国外,立法都逐渐朝着利益相关者导向型转化,例如,近期,美国已经有超过 40 个州通过了所谓的"利益相关者立法",此立法允许或要求公司代表对外部主体(如雇员、供应商、债权人以及社区)之利益负责,且这一立法趋势同样席卷了英美法系各国。[36]

尽管美国法律体系并不认同利益相关者论,但信义法相对灵活多变,针对不同情况设立了多种受益人模式。[37] 这为利益相关者友好型理论未来的发展奠定了良好的基础。"随着公司信义义务的不断发展,(美国的)法院发现大股东对小股东负有信义义务,而在封闭公司中,股东们对彼此负有信义义务。"[38]美国之外的英美法系法院近期所做的裁决也证明,利益相关者论证逐渐被各国所接受。[39] 假设能够说服法官们接受并承认利益相关者观点,那么将之运用于实践便指日可待。举例而言,法院适用信托法,赋予受托人代表多方受益人的权利,条件是受托人要公平公正地对待各方受益人。同样地,法院还适用代理法的规定,允许代理人代表对立利益,但应事先充分告知被代理人相关信息并取得其同意。此外,公司代表所做决定涉及大股东和小股东之间的利益冲突的,法院

---

[33] See Adolf A. Berle and Gardiner C. Means, *The Modern Corporation & Private Property* (1932; 1991) 226.

[34] See Andrew Keay, "Stakeholder Theory in Corporate Law: Has It Got What It Takes?" 9 *Rich J Global L & Bus* 249 (2010).

[35] Edward S. Adams and John H. Matheson, "A Statutory Model for Corporate Constituency Concerns", 49 *Emory LJ* 1085 (2000).

[36] See Keay (n 34).

[37] Andrew S. Gold, "Dynamic Fiduciary Duties", 34 *Cardozo L Rev* 491 (2012).

[38] O'Connor (n 26) at 1248.

[39] See *People's Dep't Stores v. Wise* [2004] 3 SCR 461 (Can); *BCA Inc v. 1976 Debentureholders* [2008] 3 SCR 560 (Can).

需对其进行公平性测试。[40] 因此,管理和执行多受益人模式可能引起的复杂情况并不会对实践造成阻碍。但利益相关者论的拥趸何时能够说服法院迈出这一步还未可知。

从广义范围而言,股东优先论和利益相关者论都拥有规范性和理论性基础。单一受益人模式和多方受益人模式均具有有利的规范性论据,且各方均能提出相应的理论依据来支持其观点。因此,想要在公司法或其他私法领域开展信义关系的映射研究仍备受争议且困难重重,能否成功还未可知。但就受信人的认定,学界已有普遍共识:受信人指公司的董事会、独立董事和管理者。

二、受信政治理论

尽管长久以来,受信条款(fiduciary terms)具有鲜明的政治博弈色彩,但令人意外的是,近年来(可以称得上是"受信政治理论复兴"时期)鲜少有人关注公共领域受信人和受益人多重身份的区分问题。[41] 另外,将信义原则运用于不同形式的公共机构纵使极具创造性,也割裂了信义原则(fiduaiery principle)与映射研究的联系。尽管如此,将信义原则应用于公法,势必会涉及(或体现)受信人—受益人关系矩阵。在本部分,笔者对公共受信领域声名赫赫的理论家们的作品加以分析,意图梳理并总结出他们所提模式的隐式映射。

保罗·费恩是受信政治理论复兴当之无愧的奠基人。[42] 费恩发现,"我们无法忽视人民主权的必然逻辑",并提出这一问题,"若政府的权力属于并来自于人民,那么依照我们现有的宪法性规定,这些权力的受让人,除了成为受信人下的受托人,被赋权主体可否依照其所赋权力进行相应分类呢?",虽然费恩应用信义原则主要以澳大利亚政治体系为研究对象,但他提出的理论启发了美国殖民者,他们随即提出这一言论:政府所有部门"均应为人民而存在,为人民服务且对人民负责"。[43]

---

[40] See O'Connor (n 26); Steven L. Schwarcz, "Fiduciaries with Conflicting Obligations", 94 *Minn L Rev* 1867 (2010).

[41] See Leib, Ponet, and Serota, "A Fiduciary Theory of Judging" (n 5).

[42] Finn's papers are cited in n 1.

[43] Finn, "A Sovereign People" (n 1) at 14.

大多数当代受信政治理论研究都将政府所有机构视为受信人,并指出“人民”是对应的受益人。但这种观点存在一定的问题。费恩认为,“人民”是所有公共信义关系唯一的不变量。然而,若将公法领域信义关系的抽象概念转化为具体关系的治理,情况就复杂得多。在另一篇文章中,费恩承认,在私人领域中,向受益人进行信息披露并获取其同意这一要求能够防止受信人违反义务,但在公共领域中,由于受益人是公众,属于大型集体,受益人很难获取一致同意,因而这一推论很难成立。[44] 费恩提出的公共受信模式极具启发性,为该领域之后的诸多研究奠定了坚实的基础,但美中不足的是,费恩并未提出准确的关系坐标。

埃文·福克斯·蒂森特对公共信义关系的研究可谓承前启后,他延续了传统,以统一的标准来衡量信义关系。福克斯·蒂森特承认,“公法领域存在众多受益人可谓司空见惯”,但其将国家这一广义的独立主体视为受信人,[45]并将居住在主权领土不同地方的个人视为一般主体。因此,福克斯·蒂森特提出,信义关系“存在于国家和受其未劝和权威管辖的每一个人之间。被管辖人的社会或政治地位对此并无影响”。[46]

事实上,福克斯·蒂森特清楚地知晓,“国家”这一主体是可分的。但就我们应如何理解不同主权形式下的信义关系,福克斯·蒂森特并未给出答案。同样地,其对“主体”这一术语的理解也过于笼统。他承认,在私法领域,受信人通常对“单一受益人”负有忠义义务,然而公职人员“则必须兼顾广大群众的利益和直接受其决定影响的个体的利益”。[47] 福克斯·蒂森特在个体、利益受影响的个体和“广大群众”之间摇摆不定,未能就受益人的身份给出准确的定义。这与其近期提出的论点不谋而合,运用信义原则来描述国民关系(sovereign - subject relation),并再次提出将国家作为受信人。[48] 公共利益和公共权力的一一对应关系极具启发性,但这种对应关系内部也存在细微差异。举例说明,并非所有的主体都生活在同一国家或地区,且政府的不同机构和部门在授权级别、义务以及委

---

[44] Finn,“The Forgotten ‘Trust’”(n 1) at 150.
[45] Fox-Decent,“The Fiduciary Nature of State Legal Authority”(n 3) at 256.
[46] Fox-Decent,“The Fiduciary Nature of State Legal Authority”(n 3) at 272.
[47] Fox-Decent,“The Fiduciary Nature of State Legal Authority”(n 3) at 261.
[48] See Fox-Decent, *Sovereignty's Promise*: *The State as Fiduciary* (n 3).

托人上也存在差异。如何针对不同公职人员构建与其享有的公权力相符的公共信义义务,必须从上述差异中汲取灵感,解决了这些差异,问题便能迎刃而解。

艾文·克里德尔利用信义原则来化解行政规则制定和人民主权之间的明显矛盾。[49] 简言之,克里德尔指出,行政机构作为公共受信人,必须依照相应原则行使其规则制定权。[50] 他指出,通过规定受信人有义务促进"公共利益",行政立法的受信模式有机调和了行政国家和人民代表的关系。换言之,"机构监管主体必须尊重国家作为自由和平等自治代理人的主体身份,以促进为公共利益行事目的,而非为公共意志所驱使"。[51] 和福克斯·蒂森特一样,克里德尔强调,公共受信人对促进公共利益负有义务,但无须按照人民意志行事,但人民意志这一概念"过于抽象,现实中很难找出可信的例证"。[52] 此外,克里德尔还将受信人代表与选举责任或授权相分离。行政国家存在"错综复杂的信义关系网"。[53] 克里德尔指出,公共受信人职位包含总统、立法者、法官、行政官员以及所有其他"以受益人(授予其行政权力且受其管辖的人民)之受信人代表行事的"公职人员。[54]

尽管上述理论家们都意识到,受益人主体存在多样性,甚至是对立性,克里德尔、福克斯·蒂森特以及费恩均将独立选民、"人民"、"广大群众"以及"公共利益"视为相关受益人,并未对这四者加以区分。同时,他们都强调国家及其所有部门和机构的受信人身份,但却忽略了各独特关系之间存在的区别。

近期,泰迪·拉夫(Teddy Rave)提出将独立立法者视为受信人并将其选民视为受益人的观点。[55]他认为,国家代表通过划分选区来帮助其自身或其所属党

---

[49] See Criddle, "Fiduciary Foundations of Administrative Law" (n 2); Criddle, "Fiduciary Administration: Rethinking Popular Representation in Agency Rulemaking" (n 2).

[50] See Criddle, "Fiduciary Administration: Rethinking Popular Representation in Agency Rulemaking" (n 2).

[51] Criddle, "Fiduciary Administration: Rethinking Popular Representation in Agency Rulemaking" (n 2) at 466.

[52] Criddle, "Fiduciary Administration: Rethinking Popular Representation in Agency Rulemaking" (n 2) at 473.

[53] Criddle, "Fiduciary Administration: Rethinking Popular Representation in Agency Rulemaking" (n 2) at 491.

[54] Criddle, "Fiduciary Administration: Rethinking Popular Representation in Agency Rulemaking" (n 2) at 491.

[55] See Rave (n 4).

派获取利益,这种行为属于假公济私,且违背了忠义义务。拉夫挑选独立的国家立法者和选区作为相关分析单位,得出这一结论:政客所作出的利己主义选区划分行为是可耻的,整个选区重划足以使程序失去效力。这一结论看似可信,但若拉夫将立法机关(相对于立法者)视为受信人,得出的结论就可能会迥然不同。[56]詹姆斯·麦迪逊(James Madison)在《联邦党人文集》第10辑提出了支持代议制政府的著名言论,他指出,代表机构可以先容许私人利益的存在,然后通过立法程序将之"筛除",以此一雪假公济私之耻。这与公司法中冲突交易的处理方式有异曲同工之妙:在公司法领域中,存在利益冲突的交易一经披露,在获得无利害关系董事批准后,即为可行且合法之交易。

在与受信政治理论其他研究互不冲突的前提下,拉夫将信义原则运用于选举法,但这一运用忽略了受信人—受益人关系的复杂性。事实上,拉夫承认"将相关群体视为委托人并不够直接",但他认为,这一问题"很快便能迎刃而解"。[57]拉夫总结道,虽然"公众利益和选民利益哪个才是代表行为的主体这一问题尚无定论",但无论如何,赤裸裸的私利都不可能成为代表行为的主体。再次强调,虽然上述观点极富讨论性,但正如公司对冲突交易的"净化"处理和麦迪逊的筛除观一样,分析单位(unit of analysis)对于信义义务的调整方式具有重要意义。

前述讨论显示,对公共领域受信人—受益人关系的描述收效甚微。在下面一个部分,笔者将公法领域和私法领域的讨论研究进行交叉对比,以期为映射研究提供一些帮助。

三、公共信义关系映射

在私法领域中,公司管理者作为受信人,其服务主体的确定对于公司代表行为的实践至关重要;以此类推,在公法领域中,特定公职人员作为受信人,其服务主体的确定对于民主代表行为的实践的重要性自然不言而喻。因此,若想将信义原则转化为公法规定,首先要对这一转化的关系矩阵有一个彻底的了

[56] See Leib, Ponet, and Serota, "Translating Fiduciary Principles into Public Law" (n 5).

[57] Rave (n 10) at 719.

解。无论是公法领域还是私法领域的代表行为,法律本身的结构决定了受信框架的准确界限,在本部分中,笔者决定攻克这一难题。通过对比公司信义法领域内的股东优先利益相关者争论和前述各项将私人信义法转化为公共受信理论的研究,我们发现,公司法领域的难题同样存在于公法,且对于政治理论的发展意义重大。

以众议员简(Jane)为例,简是州立法委员,来自州议会150个选区之一。[58]为了阐述之便,笔者主要以选举产生的州级公职作为研究对象,并加以必要的变通,使其论点能够更具包容性,能够适用于其他州以及联邦公职人员(如司法人员、行政人员和其他实施强制性政府行为的人员)。简在就任时,宣誓拥护该州宪法以及美利坚合众国宪法。若其来自新泽西州,那么其宣誓誓词应当如下:

> 本人简,经人民授权,在此庄严宣誓,本人将支持、忠诚信仰并效忠于美利坚合众国宪法和新泽西州宪法,并忠诚信仰和效忠美利坚合众国政府和新泽西州政府。愿上帝保佑。

依照基本受信政治理论,简就是一名受信人,这一点毋庸置疑。但作为受信人,其对应的受益人是谁呢?

从公司法领域主流的"股东优先论"观点出发,简仅仅代表赋权主体之利益:换言之,就是简所代表的特定选区内,根据新泽西州宪法有权参与代表选举的人。因此,简看似成为其选区居民(包括支持她的选民、反对她的选民以及保持中立的选民)的受信人,同时,他们也授予简州级代表权,令简得以为其利益代言。传统的信义特征由此显现出来:由于简控制了其选民的法律和实际利益,其顺理成章地对其选区拥有自由裁量权。例如,简可以制定州级刑法以及通过州级预算。因此,若简假公济私,盘剥其选民(这是很可能发生的事情),他们也别无他法,只能选择相信简。

证明简受信人身份的例子还有很多。首先,在立法领域,代表和被代表人的专业程度存在极大的差距,这一差距会妨碍被代表选民对代表实施有力的监

[58] 本节部分内容源自:Leib, Ponet, and Serota, "Translating Fiduciary Principles into Public Law" (n 5)。

督。这意味着简的选民很难有效监督其行为。其次,简的选民缺乏相应渠道,难以参与到候选人遴选和代表问责中。选举作为民主的主要构成形式,实际上就是政治党派对政治职务、概念选区以及选区地理划分的控制权,这意味着一般公民在州议会代表问题上的选择权非常有限。此外,简可能会有任期限制,这令后期的追责难以实现。因此,建立代表与被代表人之间不可分割的联系就变得至关重要,信义拘束(fiduciary constraints)多少捕捉到了政治代表伦理道德的精髓。简应当忠信谨慎,努力履行其忠义和注意义务。[59]

虽然股东优先论已涉公共信义领域,但其忽略了另一组潜在受益人,即整个州的公民(包括并未参与简选举活动的那些人)。这种认定多数受益人的方式与公司信义义务的"主体"论有许多共通之处。简因其职位获得自由裁量权,可制定州级政策决定,因而是该州公民的受信人,这种关系与管理者和股东之间的关系类似。此外,相较于选区的公民,该州其他地区的居民更易受到侵害。因为就理论上而言,选区的公民至少可以通过选举罢免公职人员。由此可见,通过简与其授权选区选民以及非授权州级选民之间的关系,笔者对信义关系三要素的其中之二(自由裁量权、信托)进行剖析。接下来,笔者将讨论简与该州公民之间存在的信义拘束。[60]

信义拘束也具有相当的复杂性。换言之,私法领域内存在的多受益人利益冲突问题,公法领域同样难以避免。不同受益人群体之间,必然存在利益冲突。事实上,若简为了能够再次当选,可能会批准某些政治拨款,或者迁就选区的偏好,这些行为都构成对其服务公众利益之义务的违反。然而,若在私法领域,这些冲突并不难解决,因为私法规定,简的信义义务主要是对各阶层受益人"一视同仁"。对于这一问题,保罗·费恩这样认为:"一名受信人要服务不同层级受益人,且各层级受益人所拥有之权利也不尽相同,这在信义法中司空见惯……因此,在作出可能影响各阶层受益人权利和利益的决定时,受信人必须……尽可能地做到公平公正。"[61]福克斯·蒂森特指出:"公法领域同样存在多受益人的情况,公正理性便是忠义义务的最佳体现。"[62]

---

[59] See Ponet and Leib,"Fiduciary Law's Lessons for Deliberative Democracy" (n 5).

[60] See Leib, Ponet, and Serota,"A Fiduciary Theory of Judging" (n 5).

[61] Finn,"The Forgotten 'Trust'" (n 1) at 138.

[62] Fox-Decent,"The Fiduciary Nature of State Legal Authority" (n 3) at 265.

当然，这两种说法可能都不够准确。举例而言，传统的政治理论和政治代表的宣誓对此另有见地。尽管从选区内的"股东"和选区外的"利益相关者"这一角度看来，政治代表多少有些表里不一，但简的确曾宣誓会对整个州的成员而非仅对其选民履行忠义义务。[63] 所以，如果我们希望简可以在议会中为其选民争取利益，又何必多此一举采用地理区域代表的方式呢？[64] 大多数的公法理论家认可"自由授权学说"。[65] 这一学说要求割裂代表与选民或选拔者之间的羁绊，将代表从这种关系中解放出来。只有这样，代表才能不受其选民明显偏好的影响，"心无旁骛地"为广大民众服务。在实践中，当选区的偏好与该州非选区民众利益出现冲突时，即使区内选民有权解除简的职位，信义原则要求代表以该州的利益为先仍是合情合理的。一旦这一举措得以实施（笔者坚信这是必然），股东（选民）首要受益人之地位便岌岌可危，整个州的民众将取而代之成为首要受益人，而选民的诉求则须退居二线，成为次要的考量对象。因为他们仅仅是州这一政治体的一部分，而非全部。

但潜在受益人的数量并不仅如此。简至少还要对两个受益人群体负责，一是全国的公民，二是后代子孙。无论是美国的政治思想还是当代法学理论都"清醒地认识到，在特定时间对特定阶级的个体作出的代表行为，不仅要对该特定阶级个体负有责任，还须对'整个国家的民众'（即使并不归该代表管辖）以及'前人后代'负责"。[66] 相应地，若代表行为的实施对象是整个国家，那么代表进行联邦宪法宣誓时，就必须承诺其将忠诚捍卫广大"民众"的利益，且这里的民众与前述相比应当具有更广泛的含义。

想象一下，简参与"摇摆州"的选区重划程序，或者参与州选民身份法的表决，且其行为会对国家总统选举产生影响。鉴于简的工作对国家的影响，其应履行义务的范围也相应扩大了。同样地，若简是其州的州长，负责该州残疾或

---

[63] See Nadia Urbinati, *Representative Democracy* (2006).

[64] See Andrew Rehfeld, *The Concept of Constituency: Political Representation, Democratic Legitimacy, and Institutional Design* (2005).

[65] See Marc Van Der Hulst, "The Parliamentary Mandate: A Global Comparative Study" (2000), available at <http://www.ipu.org/PDF/publications/mandate_e.pdf>.

[66] Marci A Hamilton, "Discussion and Decisions: A Proposal to Replace the Myth of Self-Rule with an Attorneyship Model of Representation", 69 *NYU L Rev.* 477, 536 (1994).

离世政府成员的更换工作,其履行义务的范围自然也会扩大。[67] 许多州都允许州政府公职人员任命临时的联邦公职人员,此举会引发这一问题:在作出任命决定之前,这些州政府公职人员应当仅仅考虑本州的"民众",还是应当将相关联邦机构代表的"民众"一同纳入考量范围?再者,若有一份政府预算案摆在简的面前,这一预算案能够促进该州的社会事业,并可造福许多选民,提高其生活水平,但代价是让年轻一代的选民背负巨额债务,简应当何去何从?对于年轻一代的负债水平,简又该如何权衡轻重呢?

这些难题都尚无定论,由此可见:即使是最善良的代表,也很难克服代表行为表里不一的本质特性。尽管如此,笔者认为,公司法理论的股东优先——利益相关者之争为解决上述政治代表难题提供了新思路。举例而言,假如赞成股东优先论对代表的形式主义理解,那么鉴于代表仅为其授权主体的受信人,国家"民众"(或后代子孙)之利益都不在其考量范围之内。相比之下,利益相关者论则可能会强调:尽管代表是由各选区当地民众选拔而来,在某种程度上代表了其故乡选区,但其服务"民众"的范围以及掌握的权力远远不仅于此,因此其他人的利益也应受到保护。当自由裁量权、信托以及脆弱性这三者在政治代表中合而为一,将信义义务适用于多方受益人便指日可待。

公司信义法的类比不仅对清楚理解相关受益人的认定有所启发,还为受信人设立了有效标准。正如第二部分对拉夫所作研究的讨论,公共受信领域真正的受信人可能是立法机构。[68]在《联邦党人文集》第 10 辑中,詹姆斯·麦迪逊提出:由于立法机构拥有特权,能够"通过特定的公民主体"来"谋取"私人利益;[69]审议和立法程序应运而生,旨在筛除和杜绝此类假公济私的行为。[70] 当然,对于其辖下的公民而言,立法机构同样满足自由裁量权、信托和脆弱性这信义三要素。因此,依据信义拘束,立法机构同样可被视为民众的政治代表。

这并不意味着受信政治理论家将独立公共机构视为公共受信机构的观点

---

[67] See Ethan J. Leib and David Ponet,"Representation in America: Some Thoughts on Nancy Pelosi, Gavin Newsom, Tim Johnson, and Deliberative Engagement", 16 *Good Soc'y* 1 (2007); Ethan J. Leib and Michael Serota,"Christie's Pick: Duty or Politics", *LA Times*, 5 June 2013 at A15.

[68] See Rave (n 10).

[69] *The Federalist* No. 10, 78 (James Madison), ed Clinton Rossiter (1961).

[70] See Michael Serota and Ethan J. Leib,"The Political Morality of Voting in Direct Democracy", 97 *Minn L Rev* 1596 (2013).

是错误的。当公司董事会作为一个独立主体行事时,其担当的就是受信人的角色;独立的董事会成员在以公司或个人名义行事时,也是受信人。许多当事人提起的主要违反信义义务之诉都是针对独立董事的,董事会各成员均负有信义义务。[71] 因此,简既是独立的受信人,也是受信机构的一部分,这两种角色都对相关受益人负有相应的义务,但义务的内容和范围可能不尽相同。

如果上述说法准确无误,那么,为什么立法机构就是公共受信主体的上限?为什么不进一步扩大这一主体范围?能否将"政治体系"或"法律体系"或"国家"也认定为受信人呢?[72] 尽管上述做法可能具有可行性,但若要真正施行的话,还需谨慎斟酌。鉴于政治受信代表有资格在不同时间代表不同群体"民众",且须遵守不同的信义拘束,近年来学者们都非常重视政治受信代表的关系维度。[73] 然而,一旦信义义务的定位变得抽象模糊,人们很可能会认为"体系"对"民众"负有普遍的信义义务,且只有通过公正的程序和政府机构掌握的广泛的政治权力(包括司法审查、立法和行政宽恕)才能保证上述义务的切实履行。要实现这一目标,代价就是要对特定信义关系设立"特定"信义义务(义务的主体从独立的公职人员直接转变为独立的公民),但这显然很难实现。然而,笔者所做的映射研究并不止于此,本文仅旨在抛砖引玉,为以后的进一步研究奠定基础。

四、结论

本章就私法领域内受信人和受益人身份转换展开讨论,揭示上述研究对其他公法理论家解决受信政治理论中最根本也最棘手的问题大有裨益。但笔者同样认为,这种借鉴是相互的,私法理论家同样能从受信政治理论中汲取灵感,

---

[71] See Leib, Serota and Ponet, "Fiduciary Principles and the Jury" (n 5).

[72] See Fox-Decent, *Sovereignty's Promise: The State as Fiduciary* (n 3).

[73] See Ponet and Leib, "Fiduciary Law's Lessons for Deliberative Democracy" (n 5); Leib and Ponet, "Fiduciary Representation and Deliberative Engagement with Children" (n 5); Leib, Ponet and Serota, "Translating Fiduciary Principles into Public Law" (n 5); Leib, Ponet and Serota, "A Fiduciary Theory of Judging" (n 5); Serota and Leib (n 70).

来解答本领域中饱受争议的问题。[74]

举例说明,从政治理论角度出发,笔者对"股东优先论"的不足以及政治代表"表里不一"的本质特征进行详细阐述。至于美国乃至全世界公司的董事应该代表哪一主体的利益,想要解决这一问题,民主政治代表的上述特征或许能够提供一些借鉴。无论私法法学家研究的是一般的美国公司还是"利益阵营董事型"公司,政治理论多少对厘清不同阶级受益人对应的信义义务有所助益。[75]正如对公共"谨慎参与"信义义务的进一步说明能够对探索受信人在司法领域的最佳实践模式有所启发,对公共领域受信人—受益人关系的映射研究同样能够给传统的股东优先——利益相关者争论注入新的活力。[76]

再次申明,笔者无意夸大公—私领域的共生关系。这种融合并非易事:无论是公共领域还是私人领域,在制度设计方面都存在特殊的问题。尽管笔者相信,让更多的公私法学者从自己的专业领域出发,就受信代表展开讨论和对话,必定会迸发新的火花,但笔者也知道,权力的行使因时因地而异,方式不同,民众所承受的风险也不同。信义原则之所以能够吸引众多学者,原因就在于其能够灵活适用于不同的情况,但这种适应性并非没有限度。要想继续这项研究,还须实事求是,谦虚谨慎。

---

[74] 在某种程度上,Andrew Verstein 最近的工作可能预示着这一趋势,其恢复了由 Harold Marsh 开创的一系列工作。See Andrew Verstein, "Trustee or Delegate? Understanding Representation to Illuminate Shareholder Governance and Regulatory Change", 9 *Eur Co & Fin L Rev* 74 (2012) [drawing upon the work of Harold Marsh, Jr., "Are Directors Trustees? Conflicts of Interest and Corporate Morality", 22 *Bus Lawyer* 35 (1966)].

[75] See E. Norman Veasey and Christine T Di Gugliemo, "How Many Masters Can a Director Serve? A Look at the Tensions Facing Constituency Directors", 63 *Bus Lawyer* 1 (2012).

[76] See Leib and Ponet, "Fiduciary Representation and Deliberative Engagement with Children" (n 5).

第二十章　文明的神圣信托

——国际法的信义基础

伊凡·J. 克里德尔*(εvan J. Criddle)

在《主权的责任》(Sovereignty as Responsibility)一书中,针对20世纪90年代一系列大规模的人权侵犯行为,弗朗西斯·邓(Francis Deng)和多名合著者指出:国家主权意味着"促进公民福利和自由的责任"。① 邓和其同事首先关注的是利比里亚、卢旺达和苏丹等国遭遇的危机,这些国家无法向面临国内武装冲突、种族灭绝和危害人类罪的群体"提供保护和援助"。② 他们强调,根据国际法,所有国家都负有保护其人民免受暴力行为迫害的基本责任,并主张如果一国"丧失或拒绝运用能力为其公民提供保护和援助",就必须向国际社会负责。③ 如果一国无法或不愿保证其公民的基本安全,国际社会作为"维护全人类权利的普遍标准的最终保障",必须做好准备,承担起"为国内冲突和严重侵犯人权的受害者提供必要保护和援助的责任"。④

在接下来的二十年间,国家主权意味着"保护责任"的思想,将对国际层面针对法律和政策的辩论产生强大引力作用。当时的联合国秘书长科菲·安南(Kofi Annan)很快接受了邓的论点,认为"最根本意义上的主权正被重新

---

* 威廉玛丽法学院法学教授。作者希望对德保罗法学院信托法的哲学基础会议的与会者表示感谢,其中 Richard Brooks, Hanoch Dagan, Avihay Dorfman, Evan Fox-Decent, Joshua Getzler, Andrew Gold, Ethan Leib, Daniel Markovits, Paul Miller, James Penner, Robert Sitkoff, and Lionel Smith 给予了宝贵的意见。也感谢 Greg Donaldson 和 Jayne Olm-Simpson 对研究的特别援助。

① Francis M. Deng et al., *Sovereignty as Responsibility: Conflict Management in Africa* (1996) xi.

② Deng (n 1) xii, xvii, 211.

③ Deng (n 1) xii, xvii.

④ Deng (n 1) xii, xvii.

定义……现在,人们普遍认为,国家是为其人民服务的工具,而非人民是为国家服务的工具”。[⑤] 2001 年,加拿大政府成立了干预国家主权委员会,作为专家机构考虑国际社会对波斯尼亚、科索沃和卢旺达等国暴行的应对,并发表了一份具有里程碑意义的报告,其中赞同的观点是“国家当局负责保护公民的安全和生命,并促进其福利”,且“对内向其公民对外通过联合国向国际社会”承担责任。[⑥] 联合国大会和联合国安理会随后均接受保护责任观念的核心特征,承认在保护人类免受种族灭绝、战争罪和反人类罪方面,各国和整个国际社会均可发挥重要作用。[⑦] 一些法学学者对上述发展表示赞赏,认为其代表了向以人类为中心的国家主权概念的根本转变,各国和国际社会各自承担着保障全球人权的责任。[⑧] 也有人辩称,国际社会的“保护责任”主要是道德或政治理想,不具备既定的国际法基础。[⑨]

在本文中,我认为,最好将国际法项下的保护责任理解为源自国家主权的受信特征(the fiduciary character of state sovereignty)。[⑩] 由各国和国际社会共同担负保护人类安全和基本权利的责任,这一思想可追溯至国际法殖民时期的起源,当时西方国家通过将自己塑造成仁慈的人类“监护人”或“受托人”,以合理化其征服土著人民的行为。尽管历史记载表明,殖民国家滥用受信人言辞作为其征服、剥削甚至摧毁土著群体的借口,但随着时间推移,受信人理念不断渗透和传播,主权概念本身也发生了巧妙的变化,成为人民委托给国家并由其作

---

⑤ Kofi Annan,“Two Concepts of Sovereignty”, *The Economist*,18 Sept 1999; UN Secretary-General, “Implementing the Responsibility to Protect”, UN Doc A/63/677 (12 Jan 2009).

⑥ “The Responsibility to Protect”, Report of the International Committee on Intervention and State Sovereignty,13,para. 2. 15 (2001).

⑦ 2005 World Summit Outcome,GA Res 60/1,A/RES/60/1,24 Oct 2005,paras. 138 – 39; SC Res 1970,S/Res/1970,26 Feb 2011; SC Res 1973,S/Res/1973,17 Mar 2011.

⑧ Ruti Teitel,*Humanity's Law* (2011).

⑨ William W. Burke-White,“Adoption of the Responsibility to Protect”, in Jared Genser and Irwin Cotler (eds.),*The Responsibility To Protect* (2012) 17.

⑩ 我在这里提出的观点建立在之前与 Evan Fox-Decent 教授合作的基础之上:Evan J. Criddle and Evan Fox-Decent,“The Fiduciary Constitution of International Law” (manuscript in progress); Evan J. Criddle and Evan Fox-Decent,“A Fiduciary Theory of Jus Cogens”, 34 *Yale J Int'l L* 331 (2009); Evan Fox-Decent and Evan J. Criddle,“The Fiduciary Constitution of Human Rights”, 15 *Legal Theory* 301 (2009); Evan J. Criddle and Evan Fox-Decent,“Human Rights,Emergencies,and the Rule of Law”, 34 *Hum Rts Q* 39 (2012); Evan Fox-Decent and Evan J. Criddle,“Interest Balancing vs. Fiduciary Duty: Two Models for National Security Law”, 13 *German LJ* 542 (2012).

为受信人行使的法定权限,目的是为了造福人类。国家主权的这一受信理论反过来又促进了国际法众多领域中人道主义保障的逐渐发展,包括国家承认法、国际领土管理、军事占领和国际人权。

尽管各国被赋予主权全力作为其人民的主要监护人,但国际法和国际机构对调解国家与其人民之间的信义关系也是有必要的,确保该关系不受统治(易产生专断权)或工具化(任意行使权力)腐蚀。邓和其同事指出,如果国家公然忽视其保护本国人民不受伤害的责任,或断然侵犯其人民的人权时,国家主权的受信特征面临最为严峻的考验。在上述两种情况下,国际法赋予整个国际社会(主要在联合国安理会的领导下行事)为保护被压迫人民从中调解的附属责任。尽管国际社会的保护责任需要进一步实现体制性发展,但其却构成了国际法律秩序的一项基本特征。

一、域外受信人国家

国家作为国际法项下的受信人这一观点,可追溯至弗朗西斯科·维多利亚(Francisco de Vitoria,1483 - 1546)的著作中,他是西班牙神学家和萨拉曼卡大学多米尼加教授,经常被誉为国际法早期“先驱”[11]或“国际法之父”[12]。尽管未曾受过律师教育,但维多利亚对自然法原则适用于国际关系(万民法)的哲学反思为此后国际法的发展奠定了重要基石。

维多利亚生活在西班牙帝国时代,当时,西班牙正积极扩大其政治和军事影响力,促进其商业利益,并在整个新大陆传播天主教。伴随着西班牙征服的是残酷统治,包括奴役土著人民和强迫其皈依天主教,这使维多利亚时代的神学家们不禁思考,西班牙对美洲的统治主张是否能够与自然法相契合。

西班牙君主最初试图以“受命于天,得享天下”证明其行为的正当性,由教宗颁布诏书授权费迪南德(Ferdinand)和伊莎贝拉(Isabella)对美洲享有“全面、

---

⑪ Lassa Oppenheim, *International Law* (2nd edn. ,1912) Vol. 1,83 - 4; David Kennedy, “Primitive Legal Scholarship”, 27 *Harv Int'l LJ* 1 (1986).

⑫ Christopher R. Rossi, *Broken Chain of Being: James Brown Scott and the Origins of Modern International Law* (1998) 5.

自由和完整的权力、权限和管辖”。[13] 肩负着向新世界“蒙昧之人”传播基督教的精神责任，相应地，西班牙获得了美洲的合法所有权及享有其现世帝国扩张战利品的权利。

维多利亚坚决反对关于西班牙统治的这一论点。在1532年《论新发现的印第安人》著名演讲中，[14]维多利亚指出，被赋予理性和道德行为能力的美洲土著人拥有与欧洲人相同的天赋权利，包括拥有财产的权利。因此，土著人“与基督徒一样，在公共和私人事务上享有实际支配权，并且……其统治者和私人不能因其并非真正的所有者而被剥夺财产”。[15] 在维多利亚看来，教皇不能支持西班牙剥夺美洲土著政治团体的主权，或者否认土著人针对自由和财产的天赋权利，原因是其对新世界中的不信教者缺乏世俗权力。[16] 即便西班牙对美洲主权权威的主张合理，也必须基于其他基础，即与土著人的天赋尊严保持一致。

维多利亚认为，西班牙统治的最正当理由是，有必要通过外国干涉以保证尊重天赋权利。维多利亚注意到，新大陆的一些土著社区拒绝尊重西班牙公民的天赋权利，如“进入相关土地并逗留”[17]、“在本土印第安人之间开展贸易”[18]、“传播福音”[19]、“靠野生动植物维持生计、提取矿物及开采其他自然资源”。[20] 如果土著人违背了其根据万民法应承担的责任，即尊重西班牙移民的上述天赋权利，并且无法通过和平手段说服其改弦更张，西班牙就可合法参战，“征服美洲土著人”，确保其公民的天赋权利获得尊重。[21] 他认为，西班牙征服的另一正当理由是，保护土著人免受其自身统治者的“暴虐和压迫行为”，包括人祭和食人。[22] 因此，西班牙可基于保证西班牙公民、土著人和外国人天赋权利的人道目的，建立对美洲的主权权威。

---

⑬ Robert A. Williams, Jr., “The Medieval and Renaissance Origins of the Status of American Indians in Western Legal Thought”, 57 *S Cal L Rev* 1, 25 - 36 (1983).

⑭ Francisco de Vitoria, “On the Indians Lately Discovered” (1532), published in Franciscus de Victoria, *De Indis et de Ivre Belli Relectiones* (Classics of International Law edn., 1917) (translation based on Boyer ed 1557, Muñoz ed 1565, and Simon ed 1696) 115.

⑮ Vitoria (n 14) 128.

⑯ Vitoria (n 14) 128.

⑰ Vitoria (n 14) 151.

⑱ Vitoria (n 14) 152.

⑲ Vitoria (n 14) 157.

⑳ Vitoria (n 14) 153.

㉑ Vitoria (n 14) 155.

㉒ Vitoria (n 14) 159.

实质上，维多利亚对西班牙殖民主义的辩护使西方国家承担了监护人的角色，被监护人是那些在其领域内不愿或无法确保尊重天赋权利的土著人。维多利亚谨慎地指出，一些曾在新世界生活过的西班牙人认为，美国土著人“智商不足”，因此，自然“不适合建立或管理符合人类和公民权利主张所要求标准的合法国家”。[23] 对于这一说法的可信度，维多利亚表现犹疑，尽管他承认，如果属实，西班牙就更有权利根据万国法作为土著人的监护人管理新世界，但管理应“明显符合后者利益”。[24] 然而，维多利亚最终认为西班牙统治的论点并非建立在所谓的土著人智力不足的基础上；相反，维多利亚强调，在美洲部分地区，正如其他“未开化”地区一样，为了能够保障尊重全人类的天赋权利，包括土著人的权利，外国监护可能是必要的。在维多利亚看来，这一权利的法律基础不仅是军事征服或教皇法令，而是由此建立的关系是信义性质(fiduciary character)。万国法赋予西班牙在新世界维护基本安全并保证基本权利的权力，但根据信义义务，其对所赋予权力的使用应当符合居住在相关领土内所有人的利益。

将西方殖民统治视为法定监护，这一思想影响着数世纪以来的国际法理论。正如罗伯特·威廉姆斯(Robert Williams)所言，维多利亚关于土著政治社会根据万国法对其本国和外国人民所负义务以及西方国家以武力强制履行该等义务的相应权利的说明，“针对欧洲文明入侵并征服长期分化民族的优等权利，为西方法律话语首次提供了基于世俗的系统阐释”。[25] 在此后二十年间，西班牙国王形式上虽接纳了维多利亚的理论，但在很大程度上忽视了其理论对土著人民天赋权利的深刻影响。尽管维多利亚强调，西班牙应把握一切机会通过说服而非使用武力维持海外安全和保护个人权利，诉诸土著社会的理性和恻隐之心，但西班牙政客们却将维多利亚的监护理论曲解为军事征服和帝国主义剥削的委任统治。[26]

其他殖民国家也开始关注维多利亚的受信理论，并经常(尽管并不一致地)[27]援引作为其帝国扩张行为在国际法上的正当理由。例如，英格兰国王詹姆

㉓ Vitoria (n 14) 161.

㉔ Vitoria (n 14) 161.

㉕ Robert A. Williams, Jr., *The American Indian in Western Legal Thought: The Discourses of Conquest* (1990) 106.

㉖ Williams (n 13) 93.

㉗ *Johnson v. McIntosh* (1823) 21 US (8 Wheat) 543.

斯一世(James I)在授权弗吉尼亚公司(Virginia Company)设立后来的詹姆斯敦殖民地时,便援引文明监护原则,目的是"宣传基督教",并"将居住于此的异教徒和野蛮人带入人类文明,还之以安定和平和的政府"。[28] 1783年,英国政治家埃德蒙·伯克(Edmund Burke)针对福克斯的东印度法案(Fox's India Bill)在众议院发表演讲,同样援引了受信理论,认为"每一种政治统治,从最严格意义上而言都是信托,如果背离其合法存在的目的时,该信托也不复存在"。[29] 殖民统治受信理论的力量便在于此,欧洲国家借此定义欧洲列强对殖民地和保护国长达一个多世纪的统治,从1884年至1885年召开的柏林非洲会议便可窥探一斑,该会议确认"文明"世界应承担持续义务以"监督对土著部落的保护,并关心其精神和改善其物质财富"。[30]

时至20世纪,西方国家同样以受信人名义控制外国领土,但在委托和监督领土治理方面,国际机构发挥着更为核心的作用。例如,在《国际联盟盟约》中,成员国同意,位于中东、非洲和太平洋的部分"殖民地和领土"在一战期间努力挣脱德国和奥斯曼帝国控制,"居住于此的民族还无法在现代世界的残酷条件下自立"。[31] 要做好准备承担自治相关的国际义务,其还需进一步"监护"。[32] 联盟应对去殖民化压力的解决之道是接受维多利亚的受信理论,并稍作变通;西方列强将根据"受托民族的福祉和发展构成文明的神圣信托(sacred trust)的原则",继续为上述民族的利益管理其领土。[33]

由此产生的国际联盟委任统治制度(Mandate System of the League of Nations)明确地以私人信义法为模式。委任统治制度由南非的斯姆茨(Smuts)将军提出,据此,"一战"后德国和奥斯曼帝国的财产将被"清算",国际联盟成

---

[28] Williams (n 25) 201[citing "The First Charter of Virginia", in H. S. Commager (ed.), *Documents of American History* (8th edn., 1968) 8 - 10)]. 与受信理论相对立的观点是将美洲土著人视为永恒的敌人,他们不能被引导入文明的治理,并且必须被摧毁。Robert A. Williams, Jr., *Savage Anxieties* (2012) 192 - 6.

[29] Edmund Burke, *Works* (1834) (1 Dec 1783) 276, quoted in George Thullen, *Problems of the Trusteeship System: A Study of Political Behavior in the United Nations* (1964) 11.

[30] General Act of the Berlin Conference, 26 Feb. 1885, art VI, 165 Consol TS 485, reprinted in R. J. Gavin and J. A. Betley, *The Scramble for Africa: Documents on the Berlin West African Conference and Related Subjects, 1884/1885* (1973), 291; H. Duncan Hall, *Mandates, Dependencies and Trusteeship* (1948) 95.

[31] Covenant of the League of Nations, art 22.

[32] Covenant of the League of Nations, art 22.

[33] Covenant of the League of Nations, art 22.

为“该巨额财产”的受托人或执行人。㉞ 新解放民族缺乏建立独立国家的机构能力或魄力，在此情形下，国际社会将通过国联承担对相关民族的责任。《国际联盟盟约》(the League)声明，“实行此项原则最妥善的方法莫如以此种人民之保佑委诸资源上、经验上或地理上足以承担此项责任而亦乐于接受之各先进国，该国即以委任统治之资格为联盟施行此项保佐”。㉟ 将指定个别国家“为了土著居民利益”管理国际社会而设置的“神圣信托”，通过提供临时治理并帮助此前的殖民地或领土做好准备，由其最终承担与主权国家有关的全部信义义务。不同于先前的殖民地监护权，各殖民国“仅对其良知负责”，㊱盟约本身“载入”了“信托履行之保障”，由受任统治国向一常设委员会负责，常设委员会接收年度报告并监督受任统治国对其信义义务的尽职程度。㊲

第二次世界大战后，委任统治制度被新的托管制度所取代，接受联合国监督。㊳ 针对此前的十个委任统治地和由意大利控制的一块领土(索马里)设立了十一个托管协定。㊴ 联合国的托管制度旨在“促进托管领土居民之政治、经济、社会及教育之发展；并以适合各领土及其人民之特殊情形及关系人民自由表示之愿望为原则，促进其趋向自治或独立之逐渐发展”。㊵ 托管制度的其他明确目的是“促进国际和平及安全”，“提倡全体人类之人权和基本自由之尊重”，“于社会、经济和商业事件上，保证联合国全体会员国及其国民之平等待遇”。㊶ 国际社会力求确保，与《国际联盟盟约》相比，《联合国宪章》(the UN Charter)治下的托管监督体制结构要“更广泛且更有效”。㊷ 联合国托管制度与先前的委

㉞ Antony Anghie, *Imperialism, Sovereignty and the Making of International Law* (2004) 119 [quoting J. C. Smuts, “The League of Nations: A Practical Suggestion” (1982), reprinted in David Hunter Miller, *The Drafting of the Covenant* Vol. 2 (1971) 26]; and quoting John Fischer Williams, *Some Aspects of the Covenant of the League of Nations* (1934) 205 – 8(注意到《国际联盟盟约》第 22 条确立了“Anglo-Saxon 的信托概念……这可能是强制执行体系的开端”，从而挑战了“国家主权的威权主义”).

㉟ Covenant of the League of Nations, art 22, paras. 1 – 2.

㊱ Thullen (n 29) 11.

㊲ Covenant of the League of Nations, art 22, paras. 1.

㊳ UN Charter art 77(1).

㊴ Eugene Parker Chase, *The United Nations in Action* (1950) 284 – 315.

㊵ UN Charter art 76(b).

㊶ UN Charter art 76(a), (c) and (d).

㊷ *Legal Consequences for States of the Continued Presence of South Africa in Namibia* (*South West Africa in Namibia*) *Notwithstanding Security Council Resolution* 276 (1970), *Advisory Opinion*, 1971 ICJ Rep 16 (June 21) 33, para. 56.

任统治制度类似,将西方国家列为外国民族的受信人,目的是帮助地方当局获得必要的机构能力,确保其人民的安全和基本权利。监督受托国的责任在联合国安理会、联合国大会和联合国托管理事会之间分配。[43]

国际法院曾多次确认委任统治和托管制度的受信性质。例如,在 1950 年关于西南非洲国际地位的咨询意见中,国际法院指出,委任统治制度"是为了委任统治地居民和整个人类的利益而创立的一项国际制度,具有国际目标:文明的神圣信托"。[44] 20 年后,在另一涉及西南非洲的咨询意见中,国际法院也强调了该原则。在谈及国际社会对委任统治地的"神圣信托"时,法院解释道:

> 不言而喻,"信托"(trust)的行使必须有利于有关人民,他们被承认拥有自身利益,并在达到特定发展阶段后实现独立生存:委任统治制度旨在向那些"还无法"管理其自身事务的人民提供必要帮助和指导,使其达到"能够自立"的阶段。[45]

国际法院认为,南非对该信托涉他性尽忠职守是合法行使受托权力的基本要求。法院解释道:"调整由此设立的国际关系的基本原则之一是,对于否认或不履行自身义务的一方,不能承认其保留主张源自该关系的权利。"[46]因此,受任统治国或受托国管理外国领土的权力,取决于管理国使用其自由裁量权,以承担受其统治人民的忠义和注意之信义义务。

尽管存在形式上的信义结构(fiduciary structure),委任统治和托管制度也受到了合理批判,被认为是西方永续统治的手段。正如维多利亚的人道监护概念在前几个世纪为西方帝国主义铺平道路一样,委任统治和托管制度为 20 世纪的新殖民主义提供了法律掩护。特别是,安东尼・昂吉(Antony Anghie)指出:"国际法的普世使命,藉由接受托管概念,能够继续确保西方法律和行为模式被视为理所当然、不可避免且无法逃避,"同时加深了老牌国家和新兴国家之间的社会和经济不平等。[47] 他坚称,具有专门公共官僚机构和确定领土边界的

---

[43] UN Charter arts 75 – 91.

[44] *South-West Africa (International Status) Case* 1950 ICJ Rep 128, 132.

[45] *South West Africa in Namibia Case* (n 42) para. 46.

[46] *South West Africa in Namibia Case* (n 42) para. 96.

[47] Antony Anghie, *Imperialism, Sovereignty and the Making of International Law* (2004) 146.

现代民族国家才是唯一可接受的治理形式，殖民国家无法认识到部落制度和其他政治组织形式如何在土著社区内建立法律秩序。实践证明，国际联盟和联合国对委任统治和托管的国际监督，无法充分回应人民要求自决的合法主张。

毫无疑问，殖民国家对土著社区存在偏见，这也妨碍了委任统治和托管成为政治自决的有效孵化器。例如，1921 年，一位英国法律专家关于美索不达米亚委任统治的文章被广泛散发，其宣称：中东需要英国人道托管的原因，是因为“阿拉伯人”是“野蛮、骚动的民族”、“不习惯自治”。[48] 作者表明：“该领土会适时迎来完全主权，但只有当其人民获得独立国家的尊严时。”[49]本着类似的精神，斯姆茨将军提倡将委任统治限于欧洲和中东，因为他认为“位于太平洋和非洲的德国殖民地”“居住着野蛮人，其不但无法自治，而且要对其适用欧洲意义上的任何政治自决思想，也不切实际”。[50] 这一传统已延续数百年，许多西方国家因担心当地居民尚未获得承担完全自治责任所必要的秉性和制度，由此拖延赋予委任统治和托管地以政治独立。[51]

尽管适用受托原则劣迹昭著，但西方国家有义务作为土著社区受信人管理委任统治和托管地的思想，可以说的确为土著居民带来一些切实利益。例如，密克罗尼西亚岛屿（Micronesian）的瑙鲁（Nauru）曾是受澳大利亚管理的信托领土，于 1989 年向国际法院针对澳大利亚提出索赔。瑙鲁声称，澳大利亚从事自利交易，为了自身而非瑙鲁的利益管理该岛的磷酸盐矿。在应对澳大利亚提出的初步反对意见时，国际法院裁定，澳大利亚有义务仅为瑙鲁人民的利益将瑙鲁资源作为“神圣信托”进行管理。[52] 最终，澳大利亚与瑙鲁达成和解，支付和解金，其中包括瑙鲁主张其因澳大利亚自利交易而遭受的损失。[53]

除委任统治和托管制度外，对于各国在海外行使实际主权权利的其他地区

---

[48] Duncan Campbell Lee, *The Mandate for Mesopotamia and the Principle of Trusteeship in English Law* (1921) 22.

[49] Lee (n 48) 19; James Lorimer, *Institutes of the Law of Nations* 1 (1883) 123（反对“受宗教教义”统治的民族的国家地位，“此种宗教教义使人们无法假定往复的意志，例如伊斯兰教”）.

[50] J. C. Smuts, *The League of Nations: A Practical Suggestion*, quoted in Hall (n 30) 13.

[51] Williams (n 28) 28.

[52] *Case Concerning Certain Phosphate Lands in Nauru* (*Nauru v. Australia*), Preliminary Objections, 1992 ICJ Re 240, paras. 41 – 4.

[53] Ramon E. Reyes, Jr., “*Nauru v. Australia*: The International Fiduciary Duty and the Settlement of Nauru's Claims for Rehabilitation of Its Phosphate Lands,” 16 *NYL Sch J Int'l & Comp L* 1 (1996).

而言，信义原则也提供了国际法上的依据。例如，一国在外国领土建立军事占领时，国际法要求其关注外国人民福祉，尊重私有财产权，不得侵犯他人尊严。[54]国际法并未赋予占领者对外国人享有主权，[55]而是占领者有义务作为被取代国的临时代替者，拥有“根据该领土已生效的法律维护公共安全、实施法律和维持秩序”的法定权利和义务。[56] 正如一位专家所言，“指导交战国占领所适用法律的原则……是被占领领土的平民在当时可行的情况下必须获得最大保障。保护平民是相关国际法律规范的重要关注点，无论其依据的是习俗还是条约”。[57]实际上，就像国际受托人或委任统治国一样，国际法赋予占领者以监护责任，为占领区内包括其自身武装和当地居民在内的人员建立基本保障并保护人权。因此，信任和忠诚原则（principles of trust and fidelity）是国际占领法的核心，尽管事实上占领者和被占领领土的民众之间几乎无真正信任可言，甚至可能存在血海深仇。如同委任统治和受托人制度，统治交战国占领领土的国家充当着临时“监护人”或“受托人”的角色，对被占领人民承担着相应的忠义和注意义务。

总之，维多利亚关于大国充当外国受信人的观点，决定了国际法如何规制殖民主义、国际联盟和联合国的新殖民主义方案以及交战国占领法。尽管外国干涉的受信模式（fiduciary model）有时会招致压迫，[58]但这并不是其唯一影响。国家只有在得到国际社会授权后才能在国外行使公共权力，且该权力的行使必须与针对外国人民所承担的信义义务相一致，该原则提供了一个概念框架，通过禁止历史上伴随外国干涉所发生的野蛮行径，推动国际法努力使外国干预文明化。主权国家在国际关系中的受信性质也可能对国际法未来的渐进式发展

---

[54] Yoram Dinstein, *The International Law of Belligerent Occupation* (2009) 146 – 209; Hall (n 30) 9.

[55] Martti Koskenniemi, “Occupied Zone—A Zone of Reasonableness”, 41 *Isr L Rev* 13, 17 – 18 (2008)（指出以色列最高法院曾多次在不同的场合将其在约旦河西岸和加沙的军队的角色描述为“阿拉伯人民的受托人”）.

[56] Nils Melzer, *Targeted Killing in International Law* (2008) 154.

[57] Dinstein (n 54) 286.

[58] 正如 Philip Alston 最近指出的那样，比利时国王 Leopold 在柏林会议上支持了一种殖民统治的信托概念，主张通过新的“欧洲运动”来“刺穿笼罩在整个人民身上的黑暗”。Philip Alston, “Does the Past Matter? On the Origins of Human Rights”, 126 *Harv L Rev* 2043, 2056 (2013) [quoting Adam Hochschild, *King Leopold's Ghost* (1998) 4]. 历史证明，Leopold 表面上的“文明化”介入“给非洲带来了无穷的痛苦，造成了多达一千万人的人口损失”。Alston, 2056.

产生重要影响。[59]

二、域内受信人国家

维多利亚引入了国际监护的概念来作为大国与受其权力支配的外国公民之间法律关系概念化的司法模式。然而，维多利亚认识到，公共管理的受信性质不囿于一国对外国公民的法律责任。维多利亚对西班牙殖民主义的辩护中，认为关于一国境内公共权力受信性质的观点同样重要：万国法调整的不仅是西方大国与国外土著社区之间的关系，还有其国内土著社区与其本国人民之间的关系。

尽管维多利亚没有将土著社区与其人民之间的关系明确界定为"监护"或"受信"关系，但其对土著社区或有自治权利的说明与受信人的公共权力概念是一致的。回想一下，在维多利亚看来，万国法要求土著社区尊重迁徙、宗教信仰、持有财产和从事商业等天赋权利。由于上述自由源于自然法，因此土著人民、西班牙商人和传教士以及偶然发现自己进入新世界的任何其他人都可以平等地主张。根据自然法，土著社区也有义务不得实施诸如人祭或食人等"暴虐和压迫行为"。如若违反，土著社区的政治独立权将受到影响，并可能成为外国征服的正当理由。该说法的核心是一项关于万国法中公共权力性质的内隐理论，即政治社区的自治权取决于其尊重和保护个人权利的承诺。

国家主权的受信理论还会引出荷兰著名公法学家雨果·格劳秀斯(Hugo Grotius)的著作。正如卡斯滕·施塔恩(Carsten Stahn)所述：格劳秀斯关于万国法的观念与维多利亚相似，"是基于下列假设，即调整国家组织和行为的规则最终是为了作为相关权利和义务实际主体的单独人类个体的利益"。[60] 格劳秀斯

---

[59] Eyal Benvenisti, "Sovereigns as Trustees of Humanity: The Concept and Its Normative Implications", 107 *Am J Int'l L* 295 (2013).

[60] Carsten Stahn, "Responsibility to Protect: Political Rhetoric or Emerging Legal Norm?" 101 *Am J Int'l L* 99, 111 (2007) [citing Hugo Grotius, *De Mare Liberum* (1609), trans Ralph Deman Magoffin (1916) ch V; Hugo Grotius, *De Jure Belli ac Pacis* (1625), trans Francis W Kelsey (1925), bk Ⅱ, ch 2]; Hersch Lauterpacht, "The Grotian Tradition in International Law", *Brit YB Int'l L* 1, 27 (1946)(认为对于格劳秀斯而言"个人是所有法律、国际和城市的最终单位，从双重意义上来说，国际法的义务最终是针对个人的，独立个体的发展、生存和尊严是国际法直接关切的问题").

声称:该观念的影响之一便是其他国家可以使用武力防止暴虐统治者虐待人民。[61]

一百五十年后,瑞士法学家瓦泰尔(Emerich de Vattel)对国家主权提出了类似说法。他指出,每一位君主:

> 头脑中应时刻铭记,其被委以主权权力完全是为了国家安全和人民幸福;不允许在事务管理过程中以己为大、如己所愿或中饱私囊;应将其所有思想和行动都用以实现国家和被统治人民的最大利益。[62]

瓦泰尔认为,将"人民幸福"视为"受托"主权国家"主要客体"的责任,不仅是国王良知的道德义务,更是王室权威赖以依存的法定责任。他接着指出:"如果统治者伤害其任何"臣民,其"行为则不具有真正权威","丧失统治者的所有情感,……不再保有赋予该高贵阶层的特权"。[63] 因此,统治者的"权力源于责任":行使公共权力为其人民提供基本安全并保障基本权利的法定义务。[64]

当然,并非只有维多利亚、格劳秀斯和瓦泰尔以信义关系阐述主权概念。公共机构和官员充当其人民受信人的思想可追溯至柏拉图(Plato)[65]、亚里士多德[66]和西塞罗[67]的著作。英国的清教徒革命者引用该等观点证明其限制王权的合理性。例如,1642 年,亨利 · 帕克(Henry Parker)在《评论》中否认了皇室的绝对权力主张,坚称"所有统治都是基于信托(fiduciarie)",且"任何国家……沦为奴性状态都是非自然的"。[68] 理查德 · 奥文顿(Richard Overton)同样指出,公共权力"要么在被授信者(*the Betrusted*)手中,要么在受托人(*the Betrustees*)手中",如果"被授信者(*the Betrusted*)背叛并失去信任(*Trust*)……一切将复归原位:因为所有的人道主义权力都是经共同同意而获得委托、授予和让与的",其

---

[61] Grotius, *De Jure Belli ac Pacis*, bk Ⅱ, ch ⅩⅩⅤ, pt Ⅷ(2).

[62] Emmerich de Vattel, *The Law of Nations: Or Principles of the Law of Nature Applied to the Conduct and Affairs of Nations and Sovereigns* (1758) (trans 1876) 13.

[63] Vattel (n 62) 21 – 22.

[64] Vattel (n 62) lv.

[65] Plato, *The Republic*, trans H. D. Lee (1961).

[66] Aristotle, *The Ethics of Aristotle*, trans D. Chase (1950); Aristotle, *Politics*, trans H. Rackham (1932).

[67] Cicero, "Moral Goodness", in *De Officiis*, trans Walter Miller (1997) I. ⅩⅩⅤ. 85, 87.

[68] Richard Tuck, *Natural Rights Theories: Their Origin and Development* (1979) 146.

目的是为了保护人民的“自身安全和福利”。[69] 一个世纪后，约翰·洛克（John Locke）将“立法权”定义为“为实现特定目的而行使的受信人权力”，如果人民发现立法行为违背立法者获赋予的信托时，其保留“废除或变更立法的最高权力”。[70] 在大西洋彼岸，《联邦党人文集》的作者们利用信义理论发展出新的人民主权理论，该理论基于下列思想：即主权最终归于人民，而公共机构和公职人员以信托方式享有该权力，权力行使应完全代表人民。[71] 久而久之，上述观念影响着全世界范围内的政治理论和公法。[72]

当然，国家主权受信理论（fiduciary theory of state soveignty）也并非从未受到挑战。长时间以来，多名权威国际公法学家倾向于提出另一相对立的观点：让·布丹（Jean Bodin）认为国家主权是“绝对永久权力”、“至高无上”且“不受法律约束”。[73] 例如，格劳秀斯赞同布丹将“主权”定义为“不受他国法律控制”而行事的权力。[74] 到19世纪末，绝对主义国家主权已成为当时国际法法律实证主义者的共识。国际法学者拒绝承认维多利亚国家权力受信理论的自然法基础，逐渐接受主权国家拥有“最高权威”、排他性管辖权，且在国内事务方面相互独立。[75]

然而，即使在19世纪末至20世纪初国际法法律实证主义的巅峰时期，国家主权受信理论仍继续影响着法律理论。例如，国际法法学家坚持认为，要获得国际承认，欲独立的国家必须表现出为其人民利益治理国家的实际能力和承诺。除此之外，这意味着欲独立国家获得独立的前提是“建立稳定政治组织，且

---

[69] Tuck (n 68) 149[quoting Leveller, *Manifestoes of the Puritan Revolution*, ed D M Wolfe (1944)]; John Milton, "The Tenure of Kings and Magistrates", in John Milton, *Areopagitica and Other Political Writings of John Milton* (1999).

[70] John Locke, "An Essay Concerning the True Original, Extent and End of Civil Government" (1690), in *Social Contract: Essays by Locke, Hume and Rousseau*, ed Ernest Barker (1947) 87.

[71] *The Federalist* No. 46 (James Madison), ed Clinton Rossiter (1961) 294; *The Federalist* No. 65 (Alexander Hamilton) 397.

[72] *Stone v. Mississippi* 101 US 814, 820 (1879)（国家治理的权力来源于人民基于信任对国家的委托）；*Black River Regulating Dist v. Adirondack League Club* 121 NE 2d 428, 433 (NY 1984)（将立法权定性为“类似于为共同利益而行使的公众信托的权力”）；Frederick William Maitland, "Trust and Corporation," in *Selected Essays*, ed H D Hazeltine et al. (1936) 151, 220.

[73] Jean Bodin, *Les Six Livres de la République* (1576) (1986) 179 – 228, 295 – 310[quoted in Paul Gordon Lauren, *The Evolution of International Human Rights: Visions Seen* (1998) 26].

[74] Grotius, *De Jure Belli ac Pacis*, 102.

[75] Oppenheim (n 11) 109, 177 – 9.

公共当局强大到足以在没有外国军队协助的情况下能够在整个国家领土上展现自身权威”。[76] 尊重少数民族和宗教少数群体的公民和政治权利，这也成为正式加入国际社会的硬性要求，与私人信义法中对少数受益人的尊重异曲同工。[77] 如果无法满足上述标准，欲独立国获得国际承认的企图注定会失败。1965 年，南罗得西亚种族隔离政府便是一例教训。[78] 尽管国际社会针对国家承认所设置的具体条件因国而异，但新国家必须承诺以非歧视方式为其人民利益行使主权的原则基本不变。[79]

由于国际社会将国家承认与主权权力的信义理论相联系，现存国家对其本国人民负有的信义义务也变得更为突出。根据国际法受信人忠义义务适用于各国，要求国家必须为其公民的平等利益公平行使权力。用康德的话来说，一个国家不得将任何受其权力支配的人仅作为出于自身目的可以剥削或毁灭的对象。对维多利亚而言，这至少意味着国家不得实施“暴虐和压迫行为”。[80] 今天，国家的信义义务可以最贴切地表现为必须尊重、保护和实现人权。[81]

到 20 世纪后半叶，上述原则在国际法中已站稳脚跟。国际社会接受所有国家均有义务“尊重和保证在其领土内和受其管辖的一切个人”享有人权这一观点，“不分种族、肤色、性别、语言、宗教，政治或其他见解、国籍或社会出身、财产、出生或其他身份等任何区别”。[82] 其中部分人权限制，如禁止奴役、酷刑和种

---

[76] The Aaland Islands Question: Report of the Committee of Jurists, League of Nations *Official Journal*, Special Supp 3 (Oct. 1920).

[77] Robert H. Sitkoff and Jesse Dukeminier, *Wills, Trusts & Estates* (9th edn. ,2013) 657 – 8(讨论在信托法中的公正义务); Anupam Chander, “Minorities, Shareholder and Otherwise”, 113 *Yale LJ* 119 (2003) (观察到公司董事对可能容易受控股股东剥削的小股东承担更高的受托责任，并为公法提供了经验教训).

[78] SC Res 216, S/RES/216, 12 Nov. 1965(呼吁“所有国家不要承认南罗得西亚的非法种族主义少数政权”); GA Res 2024 (XX), UN Doc A/2024, 11 Nov. 1965(谴责南罗得西亚单方面宣布独立); W Michael Reisman, “Private Armies in a Global War System: Prologue to Decision”, 14 *Va J Int'l L* 1, 4 (1973)(声称南罗得西亚争取独立失败的教训是，“现在建国的先决条件是，在一定程度上，确立了包括对现在和未来符合最低人权标准的期望”).

[79] Paul R. Williams and Frencesca Jannotti Pecci, “Earned Sovereignty: Bridging the Gap Between Sovereignty and Self-Determination”, 40 *Stan J Int'l L* 347, 350 (2004); Michael Scharf, “Earned Sovereignty: Juridical Underpinnings”, 31 *Denv J Int'l L & Pol'y* 373 (2003).

[80] Vitoria (n 14) 159.

[81] Fox-Decent and Criddle, “The Fiduciary Constitution of Human Rights” (n 10).

[82] International Covenant on Civil and Political Rights, art 2. 1, 16 Dec 16 1966, 999 UNTS 171.

族隔离，构成强制性规范（绝对法），即国家在任何情况下均不得违反的禁止性规定。[83] 从信义理论角度来看，各国在任何情况下均不能违反该强制性规范，因为一旦违反，该国就不能主张其建立法律秩序是为了保障作为国家主权平等受益人的每个人的权利。[84] 言论自由和迁徙自由等其他人权保护不属于强制性规范，因为各国可以在不违背其信义义务的情况下，基于不歧视原则对所有个人自由施加合理限制。尽管国际人权法仍然处在发展阶段，但不断扩大的国际人权体系表明，国际社会不懈努力，共同界定各国对其人民所负信义义务的法律影响。

作为国际法律秩序的基本原则，自决的出现也与国家主权的受信性质相呼应。现在，国际法承认，在尊重人民基本权利和自由的独立自主国家内，所有人民有权充分参与政治并获得文化认同。[85]《联合国宪章》所载的"人民权利平等和自决原则"[86]有两个层面："外部"和"内部"。[87] 一方面，就外部自决而言，国家团体有权"自由决定其政治地位，自由谋求其经济、社会和文化发展"，而不受殖民统治。[88] 另一方面，内部自决赋予地方团体充分平等参与自治过程的权利，确认国家管理人民的权力取决于其是否"代表领土内全体人民，符合平等、不歧视和自决原则"。[89] 为了满足该平等对待的要求，各国必须尊重少数民族的文化和语言特性，为平等参与公共事务提供机会，为每个群体分配"公平份额"的公共资金，并建立可靠的体制机制，维护少数群体权利。[90] 如果拟议国家行为将侵犯

---

[83] *Restatement (Third) of Foreign Relations of the United States* (1987) § 702 cmts d-i, § 102 cmt k.

[84] Criddle and Fox-Decent, "Jus Cogens" (n 10) 356.

[85] ICCPR art 1(1); Declaration on Principles of International Law Concerning Friendly Relations and Cooperation Among States in Accordance with the Charter of the United Nations, GA Res 2625, Annex, UN GAOR, 25th Sess, Supp No. 28, p. 122, UN Doc A/8028 (1970); Convention Concerning Indigenous and Tribal Peoples in Independent Countries, International Labor Organization, Convention No. 169, 27 June 1989, ILO Official Bull 59 (1989) (entered into force 5 Sept. 1991).

[86] UN Charter art 1, para. 2.

[87] Antonio Cassese, *Self-determination of Peoples: A Legal Appraisal* (1995) 67 – 140.

[88] ICCPR art 1(1).

[89] Patrick Macklem, "What Is International Human Rights Law? Three Applications of a Distributive Account", 52 *McGill LJ* 575, 587 – 8 (2007).

[90] Brad R. Roth, *Governmental Illegitimacy in International Law* (1999) 206 – 7（援引国际联盟时代的少数条约）.

土著人民的权利,可能还必须与土著人民进行磋商并努力排解其关切。[91] 在某些情况下,如果特定群体在其国家统治下遭受系统性压迫,内部自决原则甚至可以支持其建立独立国家。[92]

融合自决原则方方面面的是下列思想,即所有人民均有权在一个国家内获得代表,并被视为国家主权的平等受益人。国家行使主权的对象是国际法根据自决原则完全赋予人民的合法利益。正如监护人或受托人可以代表拥有法定权利可行使自由裁量权但(因年龄或其他无行为能力)缺乏法律行为能力的受益人行使该权力,国际法允许各国代表(在法律上和实际上)因没有机构代表而无法实施有效自治的人行使公共权力。此外,正如监护人或受托人承担着尊重其指定受益人实益权益的信义义务,国际法要求各国为其人民的平等利益行使受托酌处权,否则就要承担因国际干预、分割、受影响地区联邦自治或其他救济而丧失部分主权的风险。因此,在私法和国际法背景下,信义原则通过调整形式上的不平等关系,尊重受益人作为自主自决行为人的尊严。

三、保护责任

主权国家基于国际法肩负提升人类安全和保护人权的责任,这是一个相对没有争议的主张。[93] 相反,历来备受争议的是,国际社会也承担着保护世界各国人民免受国家权力重大侵害的积极法律义务。现如今,鲜有国际法学者会质疑《联合国宪章》授权安理会阻止种族灭绝、战争罪行或反人类罪等大规模侵犯人权的行为,但一些学者却拒绝接受该权力必然意味着存在作为法律义务的观点,各国实践也显然不支持这一观点。这些法律学者提醒到,最好将国际社会

---

[91] Convention Concerning Indigenous and Tribal Peoples in Independent Countries art 6,27 June 1989, 28 ILM 1382; Declaration on the Rights of Indigenous Peoples,GA Res 61/295,UN Doc A/RES/61/295 (13 Sept 2007)(支持自决);*Case of the Saramaka People v. Suriname*, Judgment, Inter-Am Ct HR,28 Nov. 2007 (Ser C), No 172 (2007); *Seminole Nation v. United States* (1942) 316 US 286,297 ; *British Columbia v. Haida Nation* (*Minister of Forests*) [2004] 3 SCR 511 (Can); *R v. Sparrow* [1990] 1 SCR 1075,1077 (Can); *New Zealand Maori Council v. Attorney-General* [1987] 1 NZLR 641 (HC).

[92] Morton H. Halperin and David J. Scheffer with Patricia L. Small, *Self-determination in the New World Order* (1992) 49 - 51.

[93] Saira Mohamed, "Taking Stock of the Responsibility to Protect", 48 *Stan J Int'l L* 63,68 (2012).

保护人权的责任理解为道德理想，而非具有法律约束力的义务。[94]

然而，从国家主权的受信角度来看，国际社会承担着保护人类的法律义务的主张，就不太易于驳斥了。尽管在全球范围内各国才是人权的主要监护人，但有必要由国际机构确保国家与受其管理人民之间的关系符合国家主权的受信性质。只有在国际层面存在解决国家与人民之间冲突的机构，将主权委托给国家才能与国际法针对人类尊严和自决的基本承诺相一致。因此，国际公法作为规范性制度的一致性和可靠性，取决于国际社会能否通过联合国安理会等机构履行其保护责任。的确，正如私人信义法依赖法院保护受益人，否则就会受自利受信人所累，国际公法也依赖于国际社会的调解，由此保护公民免受国家伤害或忽视。

国际社会保护权力的一个重要方面是涉及成立新国家。国际法理论为国家获得主权资格主要提供了两点解释。一种理论认为，对于任何欲独立的国家，只要其能够表明其有能力和决心在特定领土范围内进行统治，并代表其人民开展外交关系，国际法便可赋予其主权。[95] 根据该理论，国际社会正式承认新国家是基于客观法律标准的既存法律地位（宣告说）。另一理论认为，国际社会作为整体的正式承认构成国家地位的独立和必要标准（构成说）。第二种方法表明，欲独立国家在根据国际法主张行使主权权利前，国际社会必须肯定性地向该欲独立国家授予权力。[96]

国家承认的宣告说和构成说，无论何者更具说服力[97]，都与国家主权的受信理论相符，[98]且在保护人类最大利益方面都为国际社会留有重要位置。根据构成说，国家和国际组织必须经独立判断，评估对新国家的承认是否符合人类最大利

---

[94] William W. Burke-White，"Adoption of the Responsibility to Protect"，in Jared Genser and Irwin Cotler（eds.），*The Responsibility to Protect: The Promise of Stopping Mass Atrocities in Our Times*（2011）.

[95] Montevideo Convention on the Rights and Duties of States，164 LNTS 19，USTS 881（1934）.

[96] 虽然国际法规范国家间主权权力的分配，但它也要求各国在制度上组织起来，以既约束又尊重本国人民自决的方式行使其权力。因此，国际法规定的国家主权可以理解为既"来自上层"（通过国际法的分配职能），也"来自下层"（通过行使人民的自决权）。

[97] Fox Decent 教授和我在"国际法受托宪法"中详细讨论了宣告性和构成性理论各自的优点。

[98] 有趣的是，关于国际社会对新国家的认可的争论，反映了私法理论中类似的紧张局面，即政府在宣布或建立亲子关系方面的作用。Sarah Abramowicz，"English Child Custody Law，1660 - 1839: The Origins of Judicial Intervention in Paternal Custody"，99 *Colum L Rev* 1344（1999）; Jeffrey Blustein，"On the Doctrine of Parens Patriae: Fiduciary Obligations and State Power"，2 *Crim Just Ethics* 39（1983）.

益。因此,构成说将国际社会置于保护性监护的角色,类似于衡平法院传统上在监督父母和监护人看管方面所起的作用。尽管可能不太显而易见,但宣告说也赋予国际社会以核心角色:如果针对欲独立国家是否满足承认的形式标准而出现争议时,国际社会作为整体将处于中立第三方协调人的位置,负责解决现有国家、欲独立地方实体和处于两者间人民之间的争端。在此情况下,国际社会保障人民尊严的方法是,确保新国家具有履行其信义义务所必要的体制能力。

更具争议但同样重要的是,国际社会有责任确保现有国家不会因虐待或忽视而使其人民遭受严重伤害。该责任有多项内容。正如联合国秘书长潘基文(Ban Ki-moon)所言:国际社会保护性责任的一个关键部分是提供培训、资源和体制支持,使各国有能力履行其尊重、保护和实现人权的义务。[99] 如果有国家拒绝履行忠义和注意义务,国际裁判庭可要求该国对其行为负责。国际社会也可采取各种和平强制措施,包括外交压力和共同经济制裁,迫使偏离正轨的国家履行其人道主义义务。相比之下,只有在为拯救人类生命而绝对必要的极少数情况下,国际军事干预才具有合理性。[100] 无论采取何种方式防止人类遭受苦难,国际社会都必须针对特定危机的紧急情况采取相应的措施,以尽量减少其对国际法赋予国家主权酌情权事项的干涉。

不论好坏,国际社会保护世界各国人民免受国家掠夺和忽视的责任,主要(即便未必完全)落在安理会身上。《联合国宪章》明确赋予安理会主要责任,由其确定国际社会对严重侵犯人权行为的共同应对。如果安理会授权或要求采取共同行动,责任承担则转至联合国成员国,所有成员国"均应共同承担责任,使(安理会)成为推动落实有关保护责任原则的有效工具"。[101] 可以说所有成员国均根据国际法承担积极义务,与安理会合作制定有效战略,保护人类免遭大规模暴行伤害。[102] 如果安理会以及其表决成员国或联合国其他成员国对人

---

[99] UN Secretary-General, "Implementing the Responsibility To Protect", UN Doc A/63/677 (12 Jan 2009) 15 – 22.

[100] UN Secretary-General (n 99) 22, paras. 49 – 50.

[101] UN Secretary-General (n 99) 27, para. 61.

[102] Articles on the Responsibility of States for Internationally Wrongful Acts, art 41(1), in Report of the International Law Commission on the Work of Its Fifty-third Session, UN GAOR, 56th Sess, Supp No. 10, at 43, UN Doc A/56/10 (2001)(主张各国有积极的合作义务,"通过合法手段制止严重违反一般国际法的强制性规范"). But see art 41 commentary, para. 3(注意到这一条款"可能反映了国际法的逐步发展").

道主义危机不合理地不予以应对(如在卢旺达种族灭绝期间便是如此),国际法律秩序的受信性质表明,被压迫人民有权呼吁该类实体履行其保护义务,以确保“外部自由”的条件,即“尊重每个人权利的世界”。[103]

可以肯定的是,目前执行国家信义义务的体制机制显然不足以保证各国将为其人民的利益行事。在各种背景下,政治僵局使得安理会无法有效应对种族灭绝、战争罪行和反人类罪。国际人权法院和委员会不能总是依靠国家遵守其判决。因此,虽然20世纪已开始制定国际法律标准正式规定国家信义义务,且有所进展,但要发展成为一家可靠并一以贯之地执行该义务的国际机构,仍有许多工作要做。随着工作不断开展,国家主权的受信理论不仅阐明了国际法的历史发展,还为国际法律制度在21世纪的渐进式发展勾勒出议事框架。

四、结论

历史表明,国际法的受信结构是通过帝国主义国家与原住民之间的殖民对抗发展而来。通过将殖民统治视为信义关系,维多利亚及其支持者奠定了国际法律秩序的基础,所有国家都会被视为受信人,有责任尊重、保护和实现本国国民和受其管理之人的人权。[104] 无论是在国内还是在国外,国家为人民利益行使权力的责任,已逐渐成为安妮·彼得斯(Anne Peters)所说的“主权的原初和终极”。[105]

在众多方面,这一自由愿景仍在进展中。正如国际法院在西南非洲一案中所强调:“公共机构代表着“神圣信托……这必须超越道德或人道主义理想。为了创设法律权利和义务,必须赋予其司法表达,并裹以法律形式的外衣。”[106]在西南非洲案之后的数年中,国际人权法和其他人道主义保障取得发展,加快了将国际社会的道德义务转化为实体法的进程。尽管取得了这些进展,但经验表明,目前可用于强制履行国家信义义务的法律机制还不足以保证世界各地众多人民的基本安全和自由。因此,要做的工作还很多,需要明确国家信义义务的

[103] Christine M. Korsgaard, *Creating the Kingdom of Ends* (1996) 21.

[104] Teitel (n 8).

[105] Anne Peters, “Humanity as the A and Ω of Sovereignty”, 20 *Eur J Int'l L* 513 (2009).

[106] *South West Africa Cases*, 1966 ICJ Rep 6, 32 para. 51 (18 July 1966) (second phase).

内容,并建立更强有力的机构促使国家遵守其义务。在此期间,各国将继续保护人民免受以主权和自决为幌子的虐待行为,一如殖民国家以人道主义"监护权"为借口剥削原住民那样。

因此,对国家主权受信理论的热忱必须加以引导,要清醒地认识到,各国需要加强对主权权威受信性的承诺。当然,国际法在这方面并非独一无二。私法向来都是依赖受信人对社会规范的道义承诺,以确保受信人勤勉忠义,而不仅仅是法律行为的威胁。[107] 社会规范在公法中的作用可能比私法更为突出,因为可用以针对违反公共信义行为进行救济的法律途径通常相对作用甚微。因此,马尔蒂·科斯肯涅米(Martti Koskenniemi)认为:最好将基于信义义务的国际法律秩序所面临的挑战理解为不仅是"建筑工程项目",而是"道德和政治的重塑计划"。[108] 该"计划"成败与否取决于各国对"人民的福祉构成文明的神圣信托"这一思想的认可程度。

---

[107] Margaret M. Blair and Lynn A. Stout, "Trust, Trustworthiness, and the Behavioral Foundations of Corporate Law", 149 *U Pa L Rev* 1735, 1794 (2001); Melvin A. Eisenberg, "Corporate Law and Social Norms", 99 *Colum L Rev* 1253, 1269 – 80, 1265 (1999); Edward B. Rock, "Saints and Sinners: How Does Delaware Corporate Law Work?", 44 *UCLA L Rev* 1009, 1016 (1997).

[108] Martti Koskenniemi, "Constitutionalism as Mindset: Reflection on Kantian Themes About International Law and Globalization", 8 *Theoretical Inq L* 9, 18 (2007).

索　　引*

* 索引中标注的页码为原著页码。

图书在版编目(CIP)数据

信义法的法理基础 / (美) 安德鲁 · S. 戈尔德 (Andrew S. Gold), (美) 保罗 · B. 米勒 (Paul B. Miller) 编著 ; 林少伟, 赵吟译. -- 北京 : 法律出版社, 2020

(衡平法译丛)

书名原文: Philosophical foundations of fiduciary law

ISBN 978-7-5197-4247-8

Ⅰ. ①信… Ⅱ. ①安… ②保… ③林… ④赵… Ⅲ. ①信托法-研究 Ⅳ. ①D912.282.04

中国版本图书馆 CIP 数据核字(2020)第 028111 号

信义法的法理基础 **XINYIFA DE FALI JICHU**	[美]安德鲁 · S. 戈尔德 编著 [美]保罗 · B. 米勒 林少伟 赵 吟 译 汪其昌 校	策划编辑 郑 导 责任编辑 郑 导 装帧设计 汪奇峰

出版 法律出版社
总发行 中国法律图书有限公司
经销 新华书店
印刷 三河市兴达印务有限公司
责任校对 杨锦华
责任印制 张建伟

编辑统筹 独立项目策划部
开本 710 毫米 × 1000 毫米 1/16
印张 34
字数 510 千
版本 2020 年 6 月第 1 版
印次 2020 年 6 月第 1 次印刷

法律出版社/北京市丰台区莲花池西里 7 号(100073)
网址/www.lawpress.com.cn
投稿邮箱/info@lawpress.com.cn
举报维权邮箱/jbwq@lawpress.com.cn
销售热线/400-660-8393
咨询电话/010-63939796

中国法律图书有限公司/北京市丰台区莲花池西里 7 号(100073)
全国各地中法图分、子公司销售电话:
统一销售客服/400-660-8393/6393
第一法律书店/010-83938432/8433 西安分公司/029-85330678 重庆分公司/023-67453036
上海分公司/021-62071639/1636 深圳分公司/0755-83072995

书号:ISBN 978-7-5197-4247-8 **定价**:198.00 元
(如有缺页或倒装,中国法律图书有限公司负责退换)